Knut Stang

Das andere Prinzip Trotz

Dilettantenvorträge, nicht gehalten auf der 41. Tagung der Akademie zu Bad Meinungen an der Glaubste

Originalausgabe

Dieses Werk ist urheberrechtlich geschützt. Alle Rechte, auch die der Umschlaggestaltung, liegen beim Autor.
Bärenbücher, Grassel 2015
Herstellung und Verlag: BoD - Books on Demand, Norderstedt
Printed in Germany
ISBN 978-3-7386-5965-8

Vorangesetzte Nachbemerkung
(Nach der Lektüre zu lesen)

Zehn Jahre? Schon? Den Dübel ook, Kaptein, oder wat?

Vor zehn Jahren habe ich die Akademie mit einem ersten Tagungsband zu Wort kommen lassen, anliegend der zweite. Was zu sagen ist, steht folgend, das hätte hier in der einleitenden Nachbemerkung nichts zu suchen. Aber natürlich, Danksagungen gehören an diese Stelle, darunter insbesondere den vielen Freunden und Kollegen, denen ich immer wieder mal meine verrückten Ideen vor die Füße schmeißen durfte. Namentlich nennen möchte ich hier vor allem Stefan Harms, Gefion Apel, Christian Nimtz, Mahzad Hoodgarzadeh und Frank Huismann.

Ein literarisches Selbstgespräch ist vor allem eins: ein Selbstgespräch. Man gerät leicht in den Ruf, ein wenig meschugge zu sein, wenn man mit sich selbst diskutierend durch die Fußgängerzone schlendert, insbesondere, wenn man nicht zur Ehrenrettung eine Freisprecheinrichtung im Ohr vorweisen kann. Aber ich bin jetzt über fünfzig, die Zahl der Leute, deren Einschätzung meiner Zurechnungsfähigkeit mir nicht mehrfach mehrfarbig wurstegal ist, nimmt offensichtlich rapide ab, auch wenn die Null wohl nie ganz erreicht werden wird.

Wie der erste Band der Akademie-Vorträge enthält auch dieser nichts, für dessen Originalität ich mich verbürgen kann. Etliches dürfte so oder ähnliches schon von Leuten geäußert worden sein, die sich mit den behandelten Themen deutlich besser auskennen als ich. Ist ja irgendwie auch ganz schmeichelhaft. Aber immerhin habe ich mich bemüht, die unmittelbar genannten Bezugsstellen mit den entsprechenden Verweisen zu versehen. Das ich dabei, insbesondere wo es um Verschwörungstheorien geht, auch Werbung für Publikationen machen musste, deren Tendenz nicht bis ins letzte meinen eigenen Vorstellungen entspricht, ist zwar betrüblich, ließ sich aber leider nicht vermeiden.

Letztendlich habe ich mich in diesem Buch wenigstens genauso oft geirrt wie in dem vorangegangenen Akademieband oder in jedem anderen meiner Bücher. Wenn ich wenigstens nicht die seinerzeitigen Irrtümer ganz und gar wiederholt habe, will ich schon zufrieden sein.

Grassel, im Oktober 2015

Inhalt

1	Karl Robert Schorle, M.A.: Wenn Niederlagen zu Erfolgen werden: Statt eines Geleitworts	15
2	Arlt Neeskens: Was sich zusammenfindet, und was nicht	19
3	**Bernd Schierbrook: Was wir nicht sind**	**27**
3.1	*Eigentlich eine simple Frage*	*27*
3.2	*Sinn ohne Dort*	*31*
3.3	*Das hierseitige Dort im Anderen*	*35*
3.4	*Stufen zum Sinn*	*37*
3.5	*Zwischen Geburt und Tod*	*41*
3.6	*Stufen zum Glück*	*46*
3.7	*Trotz und Sinn*	*51*
3.8	*Zitierte Publikationen*	*55*
4	**Martin Kladerer: Notizen zu Tolkien**	**57**
4.1	*Mittelalter ohne Klerus*	*58*
4.2	*War Tolkien ein Rassist?*	*66*
4.3	*Anachronismen*	*74*
4.4	*Skizze und Gemälde: Das Niggle-Writing*	*81*
4.5	*Die Geister der Erde: Halblinge, Bombadil, Beorn*	*85*
4.6	*Tolkien und Blake*	*96*
4.7	*Zusammenfassung*	*100*
4.8	*Zitierte Publikationen*	*104*
5	**Bengt Malte Schmickler: Der Topf am Ende des Regenbogens**	**107**
5.1	*Der Chor der Jammrigen*	*107*
5.2	*Die Legenden des Reaganismus*	*108*
5.3	*Steuern und Kredite*	*111*
5.4	*Staatsaufgaben und der aufgegebene Staat*	*115*
5.5	*Die Freiheit des Einzelnen als Aufgabe des Gemeinwesens*	*118*
5.6	*Die Rückgewinnung staatlicher Verfügungsmöglichkeiten*	*123*
5.7	*Alternativlosigkeit und Fantasielosigkeit*	*127*
5.8	*Fazit*	*130*
5.9	*Zitierte Publikationen*	*131*

6	**Jacqueline Merot-Beconde: Der Begriff des Richtigen in der Geschichtswissenschaft**	**133**
6.1	*Warum Geschichtswissenschaft kein leichtes Unterfangen ist*	*133*
6.2	*Sprechen über Geschichte*	*137*
6.3	*Der Begriff des Richtigen und die Kontextualität von Aussagen*	*139*
6.4	*Der Begriff der Vergangenheit*	*146*
6.5	*Temporalität und Wahrheit*	*148*
6.6	*Der Begriff der Gegenwart*	*154*
6.7	*Das Gestern im Heute: Kombinatorik und Amalgamisierung*	*157*
6.8	*Wahre und falsche Aussagen über die Geschichte*	*160*
6.9	*Wahrheit, Wissen und Verstehen*	*170*
6.10	*Die historische Wahrheit als Berufsziel*	*173*
6.11	*Zitierte Publikationen*	*176*
7	**Charles Lewis Whitey: Als würd bei Nachbars eine totgeschlagen**	**179**
7.1	*Aktuelle Vorbemerkung*	*179*
7.2	*Gewalt gegen Frauen im Internet*	*182*
7.3	*Prostitution und Menschenhandel*	*183*
7.4	*Unsere ach so aufgeklärten Freunde*	*187*
7.5	*Soziologie, Moral und geltendes Recht*	*194*
7.5.1	*Die beliebige und die prädestinierte Segregation*	*194*
7.5.2	*Was die Seele tut mit der Gewalt*	*197*
7.6	*Was man tun kann*	*205*
8	**Elias Koeldemans: Heraklit und Adam Smith**	**211**
8.1	*Heraklit und die Zitierer*	*211*
8.2	*Der Krieg als schöpferische Kraft*	*212*
8.3	*Der Konflikt in der Wirtschaft*	*218*
8.4	*Konflikt und Kooperation in der Wirtschaftstheorie*	*229*
8.5	*Kooperatives Handeln als Leitkultur großer Unternehmen*	*234*
8.6	*Kooperative Unternehmensführung im Kontext von Liberalismus und Kapitalismus*	*237*
8.7	*Fazit*	*247*
8.8	*Zitierte Publikationen*	*248*
9	**Bertha Graanz: Die andere Seite der Gitterstäbe**	**251**
9.1	*Gefängnishaft gab es schon immer*	*252*
9.2	*Gefängnisse sind notwendig*	*259*
9.2.1	*Klarheit des Zwecks von Gefängnishaft*	*259*

9.2.2	Eignung von Gefängnishaft zur Erreichung dieses Zwecks	265
9.2.3	Vorhandensein alternativer Mittel zur Erreichung des Zwecks	279
9.3	*Gefängnisse sind gerechtfertigt*	*283*
9.4	*Gefängnisse wird es immer geben*	*287*
10	**Haldert Gudmunsson: Das Ich und sein Ich: Individuelle Kohärenz und Vielheit**	**293**
10.1	*Einleitung: 666 oder die Zahl des Tiers*	*295*
10.2	*Kohärenz und Konsistenz*	*300*
10.3	*Die dreistufige Inkohärenz*	*304*
10.4	*Die Welt ein Scherbenhaufen: Die Inkohärenz des Physischen*	*305*
10.4.1	Vielheit der erlebten Welt	310
10.4.2	Vielheit der vermittelten Welt	312
10.4.3	Vielheit der vermuteten Welt	314
10.5	*Die Korrespondenz von Mensch und Umwelt*	*316*
10.6	*Wer bin ich, und wenn ja wieviele: Die Inkohärenz des Körpers*	*321*
10.7	*Wer bin wir: Die Sehnsucht nach der kohärenten Seele*	*325*
10.7.1	Die unäre Seele als Mythos der europäischen Philosophie	328
10.7.2	Die Sehnsucht nach der inneren Kohärenz	337
10.7.3	Was hilft mir denn die eine, diamantene Seele?	340
10.8	*Jenseits der Fragmente: Das Ich und sein Körper*	*348*
10.8.1	Der Rückgriff auf die Kohärenz des Körpers	350
10.8.2	Vielheit und die Selbstheit des fragmentarischen Ichs	355
10.9	*Zusammenfassung und Ausblick*	*358*
10.10	*Zitierte Publikationen*	*361*
11	**Georg Porten: Verschwörungstheorien für jedermann**	**363**
11.1	*Verschwörungen, Theorien und Verschwörungstheorien*	*363*
11.2	*Das Bild der Verschwörung*	*368*
11.3	*Frühe Verschwörungstheorien*	*372*
11.4	*Katharer, Ketzer, Hexen*	*375*
11.5	*Juden, Jesuiten, Illuminaten und Spatzen*	*385*
11.6	*Verschwörungstheorien heute: Milizen, Katrina und die Morgellonen*	*400*
11.7	*Die Popularität von Verschwörungstheorien*	*410*
11.7.1	Ich sehe was, was du nicht siehst: Individualpsychologische Erklärungen	411

11.7.2	Wenn ihr draußen seid, dann sind wir drinnen: Soziologische Erklärungen	414
11.7.3	Feinde nützen mehr als Freunde: Politologische Erklärungen	417
11.8	*Das Ende der Verschwörungstheorien*	*420*
11.9	*Anhang: Das können wir besser*	*424*
11.9.1	Lolek, Lech und Bolek	424
11.9.2	Die Sonne geht auf: Sun, Apple und die anderen	432
11.9.3	Wenn Eva geschossen hätte…	447
11.9.4	Schwarze Erde, braune Herren	458
11.9.5	Wer nach Westen fliegt…	478
11.9.6	Steuerhinterzieher und Bordelle	483
11.10	*Zitierte Publikationen*	*485*
12	**Albert Svargt: Was ist Philosophie?**	**487**
12.1	*Eine alte Frage zu Beginn*	*487*
12.2	*Die Frage, was Philosophie sei, im gesellschaftlichen Diskurs*	*489*
12.3	*Philosophie – Interpretin der Ergebnisse der Wissenschaften?*	*492*
12.4	*Die Anfänge der Wesensbestimmung von Philosophie*	*498*
12.5	*Philosophie als Lebenshaltung*	*501*
12.6	*Klarheit der Begriffe: die Analytische Philosophie*	*503*
12.7	*Wissenschaft als Dienstleister*	*509*
12.8	*Philosophie als Dienstleister*	*511*
12.8.1	Einigkeit in der Themenwahl	512
12.8.2	Einigkeit, was die leitenden Themen bestimmt	515
12.8.3	Konsensfähige Aussagen innerhalb der vereinbarten Themen	524
12.8.4	Konsens, was die aktuell relevanten Fragen der Philosophie sind oder sein sollen	531
12.8.5	Einhellige Antworten auf die aktuell relevanten Fragen	536
12.9	*Was Philosophie ist, was sie soll und was sie außerdem vermag*	*539*
12.10	*Zitierte Publikationen*	*549*
Arlt Neeskens: Statt eines Schlussworts: Der Aufbruch ins Sein		**551**
12.11	*Zitierte Publikationen*	*559*

1 Karl Robert Schorle, M.A.: Wenn Niederlagen zu Erfolgen werden: Statt eines Geleitworts

Als Bürgermeister einer kleinen Stadt hat man nicht viele offizielle Anlässe, zu denen man etwas mehr oder weniger Gehaltvolles zu sagen hat. Da ist es umso betrüblicher, wenn einem dann auch noch einer dieser wenigen Anlässe abhanden kommt.

Als ich vor drei Jahren in dieses Amt gewählt worden bin, habe ich von meinem Vorgänger, dem unvergessenen Dr. Schröder-Huppendohl, neben vielen anderen Aufgaben auch die schöne Pflicht übernommen, die alle fünf Jahre stattfindende Tagung der Akademie zu Bad Meinungen als Schirmherr zu begleiten und, soweit es in den bescheidenen Möglichkeiten der Stadt liegt, zu unterstützen.

Wenn in diesem Jahr erstmals seit dem Ende des Zweiten Weltkriegs die Tagung nicht stattgefunden hat, so ist dies nicht als Ausdruck zu verstehen, dass die Stadt Meinungen sich nicht mehr hinter die erklärten Ziele derjenigen stellen will, welche seinerzeit die Tagung ins Leben gerufen haben. Unverändert fühlen alle Bürger von Bad Meinungen sich dem Geist der Aufklärung und des freien Gesprächs mutiger Denker verpflichtet. Meine Damen und Herren, Sie wissen jedoch auch, dass wir anders als frühere Verwaltungen der Stadt uns dem Gesetz strikter Haushaltsdisziplin unterworfen haben. Wir sehen darin mehr als in allem anderen einen Beitrag, dass auch unsere Kinder und Enkelkinder noch sorgenfrei in unserer schönen Stadt leben werden und die Verwaltung ohne Diktate des Landkreises oder der Landeshauptstadt auch weiterhin agieren kann.

Haushaltsdisziplin heißt aber eben auch, dass alle Ausgaben ohne Vorbehalte und Parteilichkeiten auf den Prüfstand gestellt werden. Hier hat manch ein lieb gewonnenes Ereignis, mancher Verein, manche traditionsreiche Einrichtung der Stadt Federn lassen müssen. Wir konnten hiervon auch die Tagung der Akademie, in der wir natürlich unverändert einen wichtigen Teil unserer Stadtchronik sehen, nicht gänzlich aussparen. Denn in der Vergangenheit hat die Stadt immerhin bis zu einem Viertel der unmittelbaren Aufwände für die Durchführung der Akademietagung übernehmen müssen. Gleichzeitig haben wir aber in diesem Jahr diverse zusätzliche Lasten schultern müssen, nicht zuletzt durch die erstmals auch durch unsere Stadt geleitete Landesrundfahrt der Radsportler, die, man muss das so sagen, nun einmal ein weitaus größeres Interesse der Öffentlichkeit findet als die alle fünf Jahre stattfindende Tagung der Akademie.

Letztlich musste die Verwaltung eine Entscheidung treffen, und man hat sich dies nicht leicht gemacht. Der Stadtrat hat zwei ganze Sitzungen fast ausschließlich auf diese Frage verwendet, ich selbst bin noch im Dezember vergangenen Jahres auf dem Landratsamt vorstellig geworden, um vielleicht doch noch zusätzliche Mittel zu beschaffen. Leider war es dann aber unumgänglich, die auf diese Art freigestellten Gelder für die Neugestaltung der Fußgängerzone vor dem Tagungsgebäude mitzuverwenden, was sicherlich mit Blick auf spätere Tagungen der Akademie eine sinnvolle und vernünftige Investition gewesen ist. Auch ist allseits bekannt, dass für unsere Stadt der Tourismus immer wichtiger wird. Warum sollen nicht auch die architektonisch so reizvollen Räume der Akademie hierfür geöffnet werden, nun da durch die Fußgängerzone ein direkter Anschluss zum Busparkplatz hinter dem Rathaus gegeben ist. Ich kann nur alle Leser dieses Buchs herzlich einladen, sich einmal, vielleicht auch im Rahmen eines Kurzurlaubs, die architektonischen, kulinarischen und künstlerischen Reize unser kleinen Stadt zu gönnen.

Was das vorliegende Buch betrifft, muss man es der Akademie nur umso mehr als Verdienst anrechnen, dass sie es trotz aller Beeinträchtigungen sich nicht hat nehmen lassen, die z.T., soweit ich weiß, bereits skizzierten Beiträge einiger Tagungsteilnehmer in dem Band zusammenzufassen, den Sie jetzt in Händen halten. Natürlich wäre es schön gewesen, die hier zusammengetragenen Gedanken und Ausführungen auch im Rahmen der Tagung und erhellt durch eine frische und muntere Diskussion zu Gehör zu bekommen. Aber auch in dieser Form meine ich, werden die Beiträge ihre Wirkung nicht verfehlen, haben sich doch auch in diesem Jahr wieder einige der ausgezeichnetsten Geister dieses Landes bereitgefunden, hierzu etwas beizutragen.

Ich meine daher, dass es der Leitung der Akademie, allen voran Herrn Dr. Nessken als ihrem Vorsitzenden, gelungen ist, eine scheinbare Niederlage in einen schönen Erfolg umzumünzen, indem diese, wie ich nicht zweifle, erstklassige Sammlung innovativen Denkens doch noch ans Licht der Welt gebracht werden konnte. Ich bin sicher, dass mit dieser Zähigkeit und dieser Kreativität auch und gerade in den Dingen des praktischen Lebens es der Leitung gelingen wird, in fünf Jahren dann auch wieder zahlreiche Freunde eines gehaltvollen Worts in den ehrwürdigen Räumen unserer schönen Akademie begrüßen zu können. Bis dahin hoffe ich, dass jeder Leser viel Nutzen und Gewinn aus der Lektüre der vorliegenden Beiträge ziehen und dass viele wichtige Diskussionen wie schon in der Vergangenheit hierdurch angestoßen und angeregt werden.

2 Arlt Neeskens: Was sich zusammenfindet, und was nicht

Die Geschichte der Akademie zu Bad Meinungen an der Glaubste ist eine Geschichte voll von Auf und Ab, das ist das Wesen der Geschichte überhaupt, könnte man sagen. In diesem Band sind einige der Beiträge versammelt, die wir eigentlich gehofft hatten, auf der Akademietagung zu hören. Diese Tagung ist entfallen, weil die Stadt Bad Meinungen an der Glaubste ihrer Budgetsteuerung andere Prioritäten gemeint hat geben zu müssen, als dies in der Vergangenheit der Fall gewesen ist. Dass eine Verpflichtung gegenüber der Tradition der Aufklärung und dem freien Spiel des Geistes höher zu werten ist als manches, was sich in Geld ausdrücken lässt, hat sich offensichtlich noch nicht in allen Winkeln unseres Landes oder auch unseres Denkens gleichermaßen verbreitet. Diese Akademie wird aber insbesondere hieran weiter arbeiten. Der Weg scheint doch noch länger zu sein, als wir alle noch vor wenigen Jahrzehnten vermutet hätten.

Es fehlen dadurch in diesem Band wichtige Beiträge, deren Autoren mit einer reinen Drucklegung nicht einverstanden gewesen sind. Nicht wenige haben zu Recht darauf hingewiesen, dass erst der Vortrag und der sich daran anschließende Diskurs im Rahmen der Akademietagung das eigentlich Besondere der Dilettantenvorträge ausmacht. Auch wollte man in einer solchen Form trotzigen Aufbegehrens ein klares Zeichen setzen gegen den in diesem Jahr nun einmal zu verzeichnenden Traditionsbruch. Ich werde weiter unten auf die Bedeutung und Dimension von Aufbegehren und Trotz noch eingehen und meine in der Tat, dass genau deshalb auch die nun nicht in diesem Band vorhandenen Aufsätze allein schon durch ihr Fehlen einen wichtigen Beitrag zum Gesamtanliegen darstellen. Dennoch ist es schade, dass dadurch vieles hier nicht erscheint, aber vielleicht in der nächsten Tagung – wir werden wieder versuchen, eine solche abzuhalten – vorgetragen werden kann. Erwähnen möchte ich daher hier nur zwei Beiträge, die dadurch für immer dahin sind. Adalbert Schick ist leider verstorben, bevor er seinen Beitrag zur Theorie der globalen Parallelphänomene am Beispiel des Pyramidenbaus in verschiedenen Teilen der Welt fertigstellen konnte.

Wir verneigen uns in Erinnerung an diesen großen Lehrer und Forscher, dessen Lebenswerk im Bereich der elliptischen Kurven sicherlich noch weit in die Zukunft wirken wird. Wir haben dem Wunsch seiner Erben entsprochen, den uns vorliegenden, aber noch nicht von letzter Hand bearbeiteten Beitrag nicht zu veröffentlichen. Zweitens wäre hier Kerstin Siggebord anzuführen, deren Beitrag erst auf Basis eines mit den Zuhörern durchgeführten Experiments zur Kommunikation zwischen Hunden und zufällig ausgewählten Probanden zustande gekommen wäre. Sie wird dieses Experiment an anderer Stelle durchführen und entsprechend dann dort ihre Erkenntnisse veröffentlichen. So ist immerhin der wissenschaftlichen Gemeinschaft nichts, nur unserem vorliegenden Band ein wichtiger und zweifellos interessanter Beitrag verloren gegangen.

Dennoch ist es aber m.E. gelungen, hier eine recht stattliche Sammlung zusammenzutragen, zumal der eine oder andere die Gelegenheit genutzt hat, dann auch etwas ausführlicher seine Gedanken darzulegen, als dies im Rahmen eines Vortrags möglich gewesen wäre. Zudem haben die meisten Autoren auch anders, als es sonst Tradition der Dilettantenvorträge ist, ihre Aufsätze mit Verweisen auf die unmittelbar genannte Literatur versehen. Vor allem aber konnten wir in mehreren Fällen den Autoren bereits frühzeitig die Beiträge in diesem Band wenigstens in einer ersten Fassung zur Verfügung stellen. Insbesondere Haldert Gudmunsson hat in seinem Beitrag hierdurch an mehreren Stellen auch Bezug nehmen können auf andere in diesem Band befindliche Aufsätze, darunter vor allem jene von Bernd Schierbrook und von Albert Svargt. Schließlich will ich hier auch den Ergänzungsteil des Beitrags von Georg Porten nennen, der in einer Vortragsveranstaltung sicher der begrenzten Zeit zum Opfer gefallen wäre. Ich habe gerade diese Seiten, ich gestehe es, stellenweise durchaus auch mit Vergnügen gelesen. In diesem Fall tritt für mich deutlich zutage, wie eng beieinander Realität, Fantasie und eben auch Satire manchmal liegen.

Alle Beiträge durchzieht jedoch noch etwas anderes, und es war dies auch ein zusätzliches Motiv, diese Aufsätze trotz des Entfalls der ihnen eigentlich vorausgehenden Tagung zusammenzustellen und in den

Druck zu geben. Es ist dies das Prinzip Trotz, welches dem Band daher auch den Namen gegeben hat. Sie werden freilich dem Beitrag von Bernd Schierbrook entnehmen, dass wir hier von einem Prinzip Trotz sprechen, dass deutlich anders gemeint ist als es seinerzeit im bekannten Werk von Robert Jungk der Fall gewesen ist. Daher haben wir diesen Band als „Das andere Prinzip Trotz" betitelt. Es bildet vielleicht nicht wirklich einen roten Faden, der quasi alle Beiträge in diesem Band durchzöge, ist aber doch mehr als nur ein gelegentliches Motiv. Das führt mich zu der Überlegung, dass, wenn doch eine ganze Reihe interessanter Autoren, wie wir sie hier versammelt haben, ohne sich untereinander großartig abzustimmen, die eine oder andere Form von Trotz als wichtiges Element ihrer Beiträge einführen, dieser vielleicht insgesamt ein noch nicht hinreichend diskutiertes oder auch nur beschriebenes Element dessen ist, was man meist mit dem unschönen Wort „Zeitgeist" bezeichnet. Oder vielleicht eher noch Element eines Geists, der Zeitgeist werden sollte, dies aber jedenfalls heute vielleicht noch nicht ist.

Was meine ich damit? Die vergangenen Jahrzehnte waren stark geprägt von verschiedenen Spielarten eines schlichten Engineering in allen Wissenschaften, aber auch in der Politik und auf weite Strecken sogar in der Kunst. Wir haben uns, jeder einzelne, oftmals sehr rasch abgefunden mit den angeblichen oder tatsächlichen Gegebenheiten des Felds, auf dem wir uns bewegten. Jede beliebige Disziplin wurde auf diese Art zur Kunst des Machbaren, um einmal einen Ausdruck von Bismarck zu verwenden. Aber es war dies dann immer auch eine Reduktion der Kunst auf das Machbare, auf das lediglich Machbare eigentlich. Und wir haben alle zu wenig, zu selten, mit zu wenig Hartnäckigkeit gefragt und immer wieder nachgefragt, ob das, was uns als machbar erschien oder was andere als die Grenzen des Machbaren umrissen haben, tatsächlich die Grenzen unseres Tuns bildet. Das Festhalten an etwas, von dem scheinbar längst festzustehen scheint, dass es nicht geht, nicht klug ist oder keine Mehrheitsfähigkeit aufweist, das mag dem einen oder anderen als Trotz oder Sturheit ausgelegt werden. Ich erinnere an dieser Stelle an die viel zu früh verstorbene

Regine Hildebrandt, die oft einen Satz benutzt hat, der dann auch den Titel eines Buchs über sie bildet: „Erzählt mir doch nich, dasset nich jeht!" Wir akzeptieren alle zu schnell, dass dieses oder jenes nicht geht und vergessen dabei, dass das Verwirklichen dessen, was wir denken oder träumen, nicht selten erst die Wirklichkeit erschafft, in der es möglich ist.

Unser Ehrenpräsident, Elias Koeldemanns, hat die Tagungsteilnehmer im Vorfeld der Erstellung des vorliegenden Bands dazu ermuntert, ihre Vorträge mögen sich in mehr als nur der erwarteten oder vielleicht auch beabsichtigten Hinsicht als ungehalten erweisen. Denn es ist, so meine ich dies verlängern zu dürfen, nun in der Tat gerade dies ungehaltene Aufbegehren, dieser vielleicht ganz kindische, jedenfalls bestimmt kindliche Unverstand, was sich auf mittlere Sicht vielleicht geradezu als Leitstern und Licht in dunkler Nacht des Denkens erweisen wird.

Auch die weiteren Beiträge in dieser Zusammenstellung sind in der einen oder anderen Hinsicht ein deutlicher Beleg dafür, wie zeitgemäß, ja wegweisend dieses neu definierte Prinzip Trotz ist. Nicht nur Elias Koeldemanns hat das in seinem eigenen Beitrag, auf den wir naturgemäß besonders stolz sind, sehr deutlich gemacht. Charles Lewis Whitey meint man in seinen Zeilen geradezu gegen Türen und Möbel treten zu hören, und auch Bertha Graanz lässt trotz schweizerischer Vornehmheit und intellektueller Zurückhaltung an ihre Verärgerung über die unzureichende Grundlegung unserer heutigen Strafrechtspraxis keinen Zweifel.

Sie wissen vielleicht, dass die Kinderpsychologie den Begriff der Trotzphase inzwischen weitgehend durch den Begriff der Autonomiephase ersetzt hat, weil dem Begriff des Trotzes eine starke Wertung innewohnt. In der Autonomiephase erreicht das Kind mehr oder weniger weitgehend die Herausbildung einer eigenständigen Ichkonzeption in klarer Abgrenzung von der Welt der Anderen. Dabei schlägt es oft über die Stränge, muss das tun, um sich im ersten Moment vielleicht weiter zu distanzieren, stärker abzugrenzen, als das der Sache nach notwendig wäre. Ansichten und Meinungen werden entsprechend nicht zurückgewiesen, sie werden zurückgeschleudert, Unmut wird nicht durch Stirnrunzeln ausgedrückt, sondern durch Toben und Schreien. Zugleich begreifen wir in dieser Phase häufig auch, dass es keine unbedingte Korrelation zwischen unseren Bedürfnissen und Wünschen und deren Erfüllung gibt. Enttäuschung ist ein biografisches Element, das in dieser Phase oft zum ersten Mal in unser Leben tritt.

Den Trotz als Moment unseres Denkens in den intellektuellen Diskurs zu bringen, scheint daher zunächst den Ideen der Rationalität und Aufklärung, welchen die Akademie zu Bad Meinungen sich verpflichtet fühlt, zuwider zu laufen. Man hält an offensichtlich widerlegten Ansichten fest, man bemüht ein erhebliches emotionales Reservoir, wo nüchterner Verstand vollkommen hinreichend wäre.

Es gibt bekanntermaßen die verbreitete Neigung, von einem Gegensatzpaar aus Rationalität und Emotionalität zu sprechen. Aber tatsächlich erzeugt unsere Emotionalität den gesamten Seinsraum unserer Eigenwahrnehmung und umschließt damit auch alles Rationale. Das eigentliche Gegensatzpaar in diesem Raum ist, hingewendet auf die Rationalität, mithin nicht die Emotionalität, sondern e verbo ipso die Irrationalität. Jene aber ist nicht synonym zur Emotionalität, sie ist synonym zu einer inneren Haltung des Handelnden. Diese Haltung, die man Irrationalität nennt, ist die Gleichgültigkeit gegenüber der Begründbarkeit des eigenen Handelns.

Wenn einer sagt, es ist mir egal, welche Begründungen ich für mein Handeln nennen kann, heißt das nicht, dass es solche Begründungen nicht geben kann; es heißt auch nicht, dass er diese nicht kennt. Da Handeln immer aus Gründen geschieht, kann man immer auch Begründungen formulieren, die insoweit zutreffend sein können, wie sie auf einer richtigen Annahme über diese Gründe beruhen. Doch ist nicht auszuschließen, dass ich meiner Handlungsgründe unsicher, mithin zu Begründungen nicht imstande bin. Es kann aber auch sein, dass ich diese möglichen Begründungen durchaus kenne, über sie aber nicht Rechenschaft ablegen mag.

Für Irrationalität ist dies alles im wahrsten Sinne gleichgültig. Sie weist die Forderung nach Begründung der eigenen Handlung zurück: als lächerlich, als Zeitverschwendung, als unlösbar, als belanglos.

Mithin wäre Rationalität zunächst der Wunsch, die eigenen Handlungen begründen zu können, sowie die Tätigkeit, über diese Begründungen bzw. über die hierdurch formulierten Gründe des Handelns nachzudenken. Es wäre sodann aber im sozialen Miteinander auch der Wunsch, diese Begründungen kommunizieren zu können. Dies hat zwei Erfordernisse: Zum einen muss man die jeweilige Begründung kommunizieren können, sie muss also in eine Form gebracht werden, die sie intersubjektiv verstehbar macht. Dies erfordert immer eine Form von Sprache, und sei es auch die Sprache von Kunst oder Musik. Zweitens muss die Begründung aber so sein, dass man sie nicht nur kommunizieren kann, sondern dass man sich auch bereit dazu findet. Nicht jeder Handlungsgrund ist sonderlich schmückend, wenn man ihn anderen berichtet; manches ist geradezu peinlich. Ein rationaler Mensch wird also auch versuchen, so zu handeln, dass das Vertreten seiner Beweggründe, also das Begründen seiner Handlungen, nicht zu Beschämung, Skandal oder gar Gefängnisaufenthalt führt.

Der Trotz ist keine Haltung, welche sich der Forderung nach Begründbarkeit des eigenen Handelns verweigert. Er wird auch häufig zu Unrecht gleichgesetzt mit einer Haltung, die Ansichten auch dann nicht aufgeben will, wenn Vernunft und gute Gründe dagegen sprechen. Aber das ist hier nicht der Fall. Das Festhalten an unseren Ideen aus einem Moment des Trotzes heraus speist sich eher aus einem starken Misstrauen gegenüber den allzu leichten und schnell gefundenen Argumenten gegen unsere Ideen. Wer einer neuen Idee entgegen wirft: „Tun Sie das nicht, das haben wir noch nie so gemacht!", muss damit rechnen, dass ihm ein „Ist mir doch wurscht!" entgegenschallt.

Es hilft ein wenig, das Wort „Trotz" im ursprünglichen Sinne zu verstehen: Es ist der Trotz sprachgeschichtlich eng dem Trutz verwandt, also dem kämpferischen Widerstand. Auch dieser ist in gewissem Maß unvernünftig, ist aber zugleich auch vernünftig hinsichtlich des eigentlichen Ziels, nämlich der Wahrung der eigenen Autonomie gegen den Versuch eines anderen, uns seiner Verfügungsgewalt zu unterwerfen. Schon deshalb ist der Trotz, also das Aufbegehren gegen die Macht des tatsächlich oder auch nur scheinbar Faktischen eine unmittelbare Voraussetzung, die Freiheit zu gewinnen und zu verteidigen, welche unabdingbare Voraussetzung jeder Autonomie ist. Und es ist zur Freiheit vielleicht der einzige Weg, den zu beschreiten nicht voraussetzt, dass er schon bis zu seinem Ende beschritten ist. Auch in größter Unfreiheit kann der Mensch zum Trotze finden. Das nützt ihm dann vielleicht nichts mehr, aber es erlaubt ihm eine Stiftung seiner Identität aus diesem Erleben des eigenen Trotzes heraus. „Ich bin, der widersteht", kann eine durchaus sinnvolle Seinsdefinition werden.

Insgesamt ist also der Trotz ein wichtiger Krückstock der Einsichtsmehrung, auf den gestützt sie auf der Straße der Ahnungslosigkeit vorwärts humpelt. Wie viele Fallstricke dabei ihrer lauern, das ist auch etwas, womit sich direkt oder zwischen den Zeilen der eine oder andere der nachfolgenden Beiträge auseinandersetzen wird. Das betrifft nicht nur die hier wiedergegebenen Gedanken und Einsichten, sondern mindestens hier und da auch ein stures Festhalten nach dem Suchen nach Antwort, wo andere vielleicht längst gesagt haben, dass zu antworten in dieser Frage nicht möglich, oder wenn, so doch jedenfalls kaum hilfreich und zielführend sein könne. Die Autoren in diesem Band sagen mehrheitlich, Sie werden das bemerken: „Na und? Ist mir doch wurscht!"

3 Bernd Schierbrook: Was wir nicht sind

Bernd Schierbrook ist den meisten Lesern wahrscheinlich vor allem aufgrund seiner sportlichen Erfolge bekannt, war er doch einer der ersten, denen es gelang, in nur einem Jahr alle zwölf bedeutenden Meerengen der Welt zu durchschwimmen. Darüber hinaus ist er seit geraumer Zeit ein wichtiger Forscher und Lehrer im weiten Feld der praktischen Sportwissenschaften.

3.1 Eigentlich eine simple Frage

Also das ist leicht zu sagen: Was wir nicht sind: Wir sind nicht unsterblich. Leider. Oder zum Glück. Keine Ahnung. Je nach dem.

Was das dann heißt, ist natürlich eine ganz andere, wahrscheinlich auch eine deutlich kompliziertere Frage.

Also noch mal von vorn.

Um zu beantworten, was wir nicht sind, kann man vielleicht zunächst mal festhalten, was wir sind. Das mag Wunder nehmen, neigen wir doch eher dazu, der Frage, was wir sind, uns darüber anzunähern, was wir denn offensichtlich oder jedenfalls mit großer Wahrscheinlichkeit nicht sind. Egal, sehen Sie es mir nach, dass ich es viel leichter finde, eine freche Hypothese in den Raum zu werfen, was wir sind, um diese dann zur Grundlage meiner weiteren Ausführungen zu machen.

Vielleicht schütteln wir erstmal den Ballast von uns. Heißt, ich möchte alles zurückweisen, was man zwar hier und da noch glaubt oder doch jedenfalls als möglich nicht bestreiten mag, was zu glauben es aber eigentlich keine Veranlassung gibt. Das betrifft insbesondere die vornehme Zurückhaltung, derer sich der eine oder andere hinsichtlich eigentlich längst hinreichend geklärter Fragen befleißigt. Anders gesagt, Agnostiker sind Feiglinge, die eine Restwahrscheinlichkeit nicht bestreiten mögen, dass das Licht im geschlossenen Kühlschrank vielleicht doch an sein könnte. Sie wissen ziemlich genau, wie und durch wen ein Kühlschrank konstruiert wird, wie er funktioniert, kennen seine historische Entwicklung, sind im Bilde, was Elektrizität ist und dergleichen. Und dann kratzen sie sich am Kopf und sagen: Naja, aber völlig ausschließen kann man es trotzdem nicht.

Dagegen möchte ich hier sagen: Es gibt keinen Gott, es gibt keinen Teufel, keine Engel, es gibt keine Seele als eigenständige Entität, es gibt auch kein Leben vor der Zeugung oder nach dem Tod, Horoskope, Homöopathie und Chiliasmus sind einfach bloß Quatsch.

Vielleicht bleiben wir mal einen Moment bei dem einfachsten der aufgeführten Begriffe, nämlich dem Wort „Gott". Ich hätte diesen kleinen Vortrag auch nennen können: Was Gott nicht ist. Neben vielem anderen ist er nämlich vor allem eins nicht: existent.

Über Gott sprechen, heißt natürlich über etwas zu sprechen, davon ich nichts verstehe. Das gilt in anderen Themen als eher unfein, aber wenn man über Gott spricht, nimmt man am ehesten übel, wenn jemand von sich behauptet, er verstünde etwas von Gott oder womöglich gar mehr als andere. Höchstens dem Papst ist der eine oder andere diese Haltung zu vergeben bereit, andere aber auch in diesem Fall und in diesem Fall sogar ganz besonders nicht. Nun ja.

Was meinen wir, wenn wir Gott sagen? Damit meine ich zunächst noch nicht unsere christlich-abendländische Vorstellung von Gott, nur einfach irgendeine, die Menschen irgendwo auf diesem Planeten haben. Nun, zunächst stellt sich hier das altbekannte Übersetzerproblem. Nehmen wir mal die gängigen Wörter verschiedener Sprachen, die wir mit „Gott" zu übersetzen gewohnt sind. Offensichtlich haben die vielen tausend Götter des hinduistischen Glaubens kaum etwas mit unserer Idee eines alleinigen Gottes zu tun. Trotzdem reden wir hier von Göttern, nicht von Dämonen oder Geistern, ebenso wie hinsichtlich etwa der germanischen Götter, die aber in der christlichen Rezeption dann zu Dämonen umdefiniert wurden. Wotan etwa soll eine Art Rentnerdasein als Anführer der Wilden Jagd fristen und hat es in dieser Rolle in jüngerer Zeit sogar in das eine oder andere Computerspiel geschafft.

Es scheint wenig zu geben, was den gemeinsamen Kern bildet, der uns berechtigt, Wotan, Vishnu, Wakan Tanka und Verdandi allesamt mit demselben Begriff zu belegen wie Jahwe oder den Dreifaltigen Gott der Christen. Schon dessen Bild hat durch die Jahrtausende offensichtlich so viel an Wandlung mitmachen müssen, dass man allenfalls biografisch hier noch von Identität reden kann.

Einiges Religionswissenschaftler sehen als gemeinsamen Kern des Gottesbegriffs lediglich an, dass es sich um ein übernatürliches Wesen handeln soll, welches die Menschen zu ehren verpflichtet sind. Dann wäre aber, jedenfalls in den Augen der Satanisten, auch der Teufel ein Gott. Zudem verschiebt das die Diskussion nur auf die Frage, was eigentlich „übernatürlich" bedeutet. Außerhalb der Naturgesetze stehend? Außerhalb der uns bisher bekannten Naturgesetze stehend? Ersteres gibt es mit einiger Sicherheit nicht, letzteres hingegen sichert dann in der Tat jedem viertklassigen Außerirdischen Göttlichkeit, was wiederum die Anhänger des allerdings jedenfalls bisher nicht vergöttlichten Erich von Däniken leidlich freuen sollte.

Nehmen wir aber mal die jüdische Religion mit ihren beiden missratenen Kindern, dem Christentum und dem Islam. Da hat sich irgendwann die Ansicht herausgebildet, Gott sei allmächtig und allwissend, er habe die Welt geschaffen und bestrafe bzw. belohne den Menschen für seine jeweiligen Handlungen in dieser Welt, manchmal noch in derselben, auf jeden Fall aber in einer jenseitigen Welt. Als Gott wiederum sei er gut, fürsorgend usw., während das Böse in der Welt lediglich Ergebnis der menschlichen Willensfreiheit sei, welche er uns habe gewähren müssen, weil sonst im gottgefälligen Handeln kein Verdienst zu sehen sei.

Ein Blick in die Welt lässt nun drei Antworten auf diese Vorstellungen zu. Entweder Gott hat die Welt geschaffen, wie sie sich darstellt. Dann ist er kein liebender, sorgender, allmächtiger Gott. Oder er ist so, wie die jüdisch-christlich-islamische Tradition behauptet. Dann ist unsere Wahrnehmung der Welt fehlerhaft, ja möglicherweise dramatisch falsch. Oder, drittens, es gibt keinen Gott.

Im Grunde muss man sich entscheiden: Glauben wir wenigstens halbwegs unseren Sinneswahrnehmungen, unserem analytischen Denken, unserer Logik und dergleichen, wenn auch mit allen Einschränkungen und offenen Fragen, dann können wir nicht an Gott glauben. Oder wir glauben an Gott, dann sagen wir uns in essentiellen Fragen von unserem Verstand los und behalten bloß noch ein bisschen Gebrauchsvernunft, damit wir es heil zum Supermarkt schaffen und daselbst nicht ausschließlich Schokoriegel erwerben.

Was zeigt uns das Beispiel unseres Umgangs mit dem Begriff „Gott"? Offensichtlich leben und bewegen wir uns wundervoll in einer Art Raum voll wenig oder gar nicht definierter Begriffe, die genauso lange funktionieren, wie wir sie nicht definieren, während jeder Versuch, ihnen genau eine, zudem eng umrissene Bedeutung zuzuweisen, uns zweierlei deutlich macht: Unsere herkömmlichen Vorstellungen der Bedeutung jener Begriffe trägt nicht, und es ist unmöglich, eine andere, erst recht von allen geteilte Vorstellung zu finden. Folglich ist es nicht nur, um Wittgenstein zu antworten, nicht möglich, klar zu sagen, was sich überhaupt sagen lässt, wir verstellen uns auch mit dem Versuch, etwas klar zu sagen, jeden Weg in eine funktionierende Kommunikation hinein.

Zugleich zeigt das aber auch noch etwas anderes. So wie wir andere Kulturen, andere Religionen hinsichtlich ihres Gottesbegriffs in einem ersten Schritt über unseren eigenen verstehen, so – jedenfalls in unserem Fall – europäisch ist das Bild der fremden Kultur. Dennoch sehen wir, dass wir nicht gezwungen sind, dabei zu verharren, sondern den außereuropäischen Gottesbegriff dahingehend überprüfen können, ob die Götter der Maori zum Beispiel ebenfalls männlich, allmächtig, allwissend, dreifaltig und dergleichen sind. Kleiner Hinweis am Rande: Sie sind es nicht, auch wenn es mit Rangi und Papa ein göttliches Urpaar gibt. Übrigens, Papa ist die Frau in diesem Paar.[1]

---

[1] Tikao: Tikao Talks, S. 23–50

Das zwingt uns zu einem fortlaufenden Diskurs über die Bedeutung unserer Wörter und Ausdrücke, ein Diskurs, der zunächst einmal uns selbst, dann aber auch anderen ein besseres Verständnis verschafft, was wir aktuell, zum jetzigen Zeitpunkt mit diesen oder jenem Begriff zu sagen versuchen. Wohl gemerkt, zu sagen versuchen, denn jede Kommunikation ist immer auch ein Versuch hinein in ein Nebelland von Sprache, in dem wir auch dann beliebig spektakulär auf Grund laufen können, wenn wir eigentlich das Schiff, in dem wir segeln, aufs Beste zu kennen glauben.

3.2 Sinn ohne Dort

Warum habe ich jetzt so lange darüber gesprochen, was Gott nicht ist, wenn ich doch eigentlich darüber reden wollte, was wir Menschen nicht sind. Nun, erstaunlich viele Weltkonzepte erklären den Menschen als etwas hin auf etwas anderes, meistens, wenn auch nicht immer, in seiner Hinwendung zu Gott. Sorry, aber da ist nun mal nichts, dahin wir uns wenden könnten. Und deswegen müssen wir mal schauen, ob von einer wie auch immer gearteten Sinnhaftigkeit unseres Seins und So Seins mangels sinnstiftenden Gottes eigentlich noch irgendwas übrig geblieben sein kann.

Gut, wenn Sie aus dem Zustand der Schockstarre erwacht sind und auch die spontane Entrüstung sich halbwegs gelegt hat, will ich fortfahren zu skizzieren, was wir in meinen Augen sind.

Der Göttinger Philosoph Günther Patzig hat mal ein großartiges Büchlein geschrieben, worin er der Frage nachgegangen ist, ob es eine Ethik ohne Metaphysik geben bzw. wie diese aussehen kann. Wenn der Sollensraum der Ethik dem Seinsraum der Welt deckungsgleich ist, fragt sich, ob eine Letztbegründung des Sollens aus dem Sein heraus erfolgen kann oder eines Ankerpunkts bedarf, der sich außerhalb ihres Bezugsrahmens befindet. Das Ergebnis war, dass es nicht nur möglich ist, eine solche Begründung zu geben, sondern dass es im Gegenteil wahrscheinlich unmöglich ist, eine nicht in diesem Bezugsrahmen liegende, also metaphysische Begründung so zu formulieren, dass sie für alle Menschen zwingend, also nicht nur der Frage überlassen bleibt, ob jemand aus außerrationalen dem zu folgen bereit ist oder nicht.[2]

Entsprechend kann man die Frage stellen, ob dem Menschen eine intransitive, also autonome Sinnstiftung möglich ist, die das Hier nicht in Hinsicht auf ein Dort begründet, sondern ausschließlich aus dem Hier schöpft. Um diesem ein bisschen näherzukommen, möchte ich daher zunächst einmal ein paar triviale Einsichten aufführen.

Zuerst und vor allem sind wir Tiere, das will ich mal als Ausgangspunkt annehmen. Zwar ist auch dieser Begriff reichlich unscharf; trotzdem kann er helfen, und sei es nur, um zunächst einmal zu überlegen, was denn eigentlich allen Tieren gemeinsam ist.

Das Tier wird geboren, es lebt, es beschafft sich Nahrung, es schläft in halbwegs regelmäßigen Intervallen, vielleicht vermehrt es sich, und irgendwann stirbt es. Vielleicht hat Krankheit den Tod gebracht, vielleicht Gewalt, manchmal war es einfach nur die Zeit, die es den Selbstheilungskräften des Tieres unmöglich machte, länger mit den wachsenden Abnutzungserscheinungen des Organismus Schritt zu halten.

Nun können wir nicht sicher sagen, wieviel Tiere von sich selber wissen oder voneinander, dass sie sterben werden. Ob sie wenigstens ahnen, dass sie sterblich sind, wird gemeinhin bezweifelt. Ob sie überhaupt ein Denken haben, das hinreichend entwickelt ist, um sich ein Konzept von Ich zu machen und dies in Zusammenhang zu setzen nicht nur zu einer insgesamt umgebenden Welt, sondern auch zu anderen Wesenheiten in dieser Welt, die offensichtlich ebenso einem Konzept von Ich unterliegen, also wissen, dass sie sind und als solche sich von anderen absetzen.

Man darf getrost annehmen, dass nicht alle Tierarten hier gleich weit fortgeschritten sind, zudem es unter Tiefseeschwämmen wie unter Delfinen eine Schwankungsbreite der Intelligenz geben mag, die den einen deutlich, den anderen aber deutlich weniger deutlich im Grenzbe-

---

[2] Patzig: Ethik, S. 39-43

reich von Genialität platziert hat. Sicher aber ist, dass der Mensch zu den Tieren gehört, welche diese Konzepte intellektuell gesehen wenigstens mit, vielleicht überhaupt am weitesten gemeistert und entwickelt haben. Der Mensch gehört also zu den Tieren, die um ihre Sterblichkeit wie auch um Sterblichkeit insgesamt wissen.

Das macht den Menschen zu einem Tier, das im Bewusstsein unausgesetzter und unüberwindbarer Bedrohtheit lebt. Voraussetzung hierfür ist zweierlei. Erstens die Einsicht in unsere Unvollkommenheit, also die Tatsache, dass der Mensch in nichts, nicht in seinen Fähigkeiten, nicht in seinen Erkenntnissen und Einsichten, nicht einmal in Verständnis seiner selbst frei von Defiziten und Behinderungen ist. Arnold Gehlen, den ich freilich aus bekannten Gründen äußerst ungern hier nenne, hat dafür den Ausdruck des Menschen als Mängelwesen geprägt.[3] Danach ist der Mensch das Tier ist, dass mehr als alle andere Arten mit derlei Defiziten geschlagen ist, weil seine Befähigungen nicht zu Ende entwickelt sind. Zudem weiß der Mensch um diese Mängel oder könnte jedenfalls darum wissen. Dadurch sind für Gehlen diese Mängel die genetisch vorgegebenen Motoren unserer Entwicklung, während man in ihnen häufig eher Hemmnisse einer sonst deutlich rascher, vielleicht auch erfreulicher verlaufenden Entwicklung sehen würde. Wären wir in jeder Hinsicht vollkommen, müsste unsere Sterblichkeit uns nicht unbedingt schrecken, da auf dem Weg dorthin ja eigentlich nichts schiefgehen könnte. Aber wir wissen um unsere mehr oder weniger große Unvollkommenheit und die Unausweichlichkeit, dass angesichts dieser Unvollkommenheit fast alles, was wir beginnen, einem massiven Risiko des Scheiterns ausgesetzt ist. Das macht uns mit etwas Glück bescheiden, mit etwas weniger Glück ängstlich und verzagt.

Zweite Voraussetzung aber und auch nötig für das zuerst Genannte ist eine Einsicht in die Tatsache, dass es eine Gegenwart gibt und ein zeitlich Anderes, das man gemeinhin Zukunft nennt. Das, was der Fall ist oder was der Mensch jedenfalls der Fall zu sein meint, kann dann

---

[3] Gehlen: Mensch, S. 33

verglichen werden mit dem, was der Fall sein wird, möglicherweise oder vielleicht nur unter ganz bestimmten, unwahrscheinlichen Voraussetzungen der Fall sein wird. Dabei ist zunächst unübersehbar, dass es eine Zukunft geben wird, in welcher der sterbliche Mensch als Individuum nicht mehr sein wird. Doch bei dieser mehr oder weniger unerfreulichen Erkenntnis bleibt es leider nicht. Die Einsicht in die individuelle Bedrohtheit des unmittelbaren Seins greift rasch über von bloßer Sterblichkeit auf die Einsicht in die zu oft unzureichende Kongruenz des Erreichten mit dem ursprünglich Angestrebten sowie in die zeitliche Begrenztheit des Erreichten. Was der Mensch hat, das droht verloren zu gehen, und was er anstrebt, wird er nicht oder nur zu einem Teil erhalten.

Dies setzt das tierhafte Verhalten des Menschen, sein Streben nach Nahrung, nach einer Befreiung von Leid und von Angst, nach einer möglichst erfolgreichen Verlängerung der eigenen Lebensspanne unter Vorbehalt. Wer weiß, dass er auch morgen noch wird essen müssen, wird es vielleicht nicht mehr als hinreichend empfinden, sich vom nächsten Strauch ein paar nahrhafte Beeren zu pflücken, es sei denn, er könnte sicher davon ausgehen, dass dieser Strauch mit solchen Beeren auch in Zukunft vorhanden sein und ihm auch in Zukunft unverändert zur Verfügung stehen wird. Sonst fände er sich vielleicht bemüßigt, für beides Sorge zu tragen, nämlich erstens den Strauch zu pflegen, zweitens ihn zu umzäunen und am Tor Wache zu stehen, dass kein anderer ihm den Zugriff auf diese Früchte streitig machen möge. Der Mensch ist damit ein Tier – vielleicht das einzige – welches sich um seine Zukunft Sorgen machen kann und dies in der Regel auch tut, nicht selten auch dort, wo es gar nicht nötig ist.

Daraus ergibt sich für den Menschen ein fortgesetzter Druck des Notwendigen, dessen Verfügbarkeit nie auf Dauer, allenfalls für den Augenblick sichergestellt ist. Der Mensch muss essen, er muss trinken, er muss sich vor Kälte schützen und dergleichen, wobei er nie sicher sein kann, dass auch nur diese unmittelbaren Erfordernisse morgen noch ebenso wie heute erfüllt sein werden.

Der Mensch ist mithin das Tier, das um seine Notwendigkeiten weiß, das weiß, mit wieviel Mühe und wie unzureichend es ihm gelungen ist, diese Notwendigkeiten jedenfalls für den Augenblick zu befriedigen, das weiß, es wird auch morgen vor dieselben Herausforderungen gestellt sein. Es macht heute schon Pläne für morgen, um einiges an Sicherheit zu gewinnen, und weiß doch, diese Pläne können alle scheitern, ja mehr noch, was heute gegeben, scheinbar auf immer und ewig gegeben ist, kann morgen allen Erwartungen zum Trotz doch verloren gehen. Der Mensch ist mithin das planende Tier, dem immer wieder Pläne scheitern und welches darum weiß.

3.3 Das hierseitige Dort im Anderen

Planen und Scheitern sind nur zwei Teile des menschlichen Seins. Es ist immer auch ein Sein auf andere hin. Der Mensch ist nicht vor die Wahl gestellt, ob er allein auf der Welt sein will oder in Gemeinschaft. Er hat vielleicht in begrenztem Maß die Wahl hinsichtlich der Art dieser Gemeinschaft, er kann sich auch lossagen von der Gemeinschaft. Aber noch als Robinson auf der einsamen Insel ist er Mensch hin auf andere, selbst wenn diese nicht zugegen sind, sondern nur eingebildet oder in der Erinnerung existieren. Und er ist Mensch hin auf andere – vor allem natürlich auf die Mutter – lange bevor er lernt, Mensch hin auf sich selbst zu sein.

Schon unsere Sprache ist kein um sich selbst kreisender Vogel, sondern eine Brieftaube auf dem Weg zu anderen. Wir bräuchten sie nicht, aber vor allem hätte sie nicht erfunden werden können, wenn nicht im Diskurs mit anderen. Vielleicht lassen sich nur von einer Person in einem sonst leeren Universum erfundene Sprachen denken; aber alle uns bekannten Sprache gehören hierzu nicht.

Doch Sprache ist nur Teil unseres unausweichlichen zum und in den Anderen Gewendetseins. Die Notwendigkeiten des Menschen und sein Wissen um die Fortexistenz dieser Notwendigkeiten in die Zukunft hinein, sein fehlerhaftes und fehlschlagbedrohtes Planen für diese Zukunft vor allem finden nicht in der Leere eines existenzialistischen bloßen Seins statt, sondern sind Teil einer Kooperation in einer wie auch immer gearteten Gesellschaft. Anders ausgedrückt, der Mensch ist das Tier, welches dankbar annimmt, dass andere Tiere seiner Art etwas tun, was ein wenig mehr Sicherheit hinsichtlich jetziger oder zukünftiger Notwendigkeiten verschafft, und im Gegenzug bereit ist, einen entsprechenden eigenen Beitrag zu leisten.

Der moderne Mensch ist somit der arbeitsteilige Mensch. Wer sich fragt, was oder wer er ist, beantwortet heute diese Frage meist in Hinblick auf die Dinge, die er tut, um zu leben. Dies sind nicht mehr alle Dinge, die man hierzu tun könnte, die Menschen haben sich mehr oder weniger spezialisiert und lassen viel von dem, was hinsichtlich ihrer aktuellen oder zukünftigen Bedürfnisse getan werden muss, von anderen bewältigen, denen sie im Gegenzug in entsprechender Weise dienlich sind.

Was macht das aus des Menschen Leben? Es ist dies eine Zeitspanne, die mit der Zeugung beginnt, die mit dem Tod endet, die ein Davor oder danach nur als Gedachtes, aber nicht als Erlebtes aufweist. Zwischen den beiden Grenzpfählen der Geburt und des Todes bewegt sich der Mensch durch den Raum und durch die Zeit, wie jedes andere Tier bemüht, seine heutige Bedürfnisse zu befriedigen, wie vielleicht nicht jedes andere Tier bemüht, dies auch für zukünftige Bedürfnisse durch Planen und Vorbereiten sicherzustellen, eingedenk seiner unzureichenden Fähigkeiten und der allgemeinen Möglichkeit, dass Pläne schief gehen. Er tut dies im Zusammenspiel, manchmal auch in Konkurrenz oder in Feindschaft zu anderen Menschen, und er ist sich seiner Hinwendung zum Anderen in der Regel bewusst und handelt und plant unter Einbeziehung der heutigen und zukünftigen Existenz anderer.

Damit sind Menschen in einer merkwürdigen Ambiguität verfangen. Viele Richtungen der Philosophie haben den Menschen gesehen als Geworfenen in ein letztlich leeres Universum. Ich weiß von nichts als von mir, und was ich von mir weiß, mag Illusion, Irrtum oder Wunschdenken sein. Ich vermute, dass Zeit vergeht und mein Wirken in der Zeit die Welt gestaltet, aber beides weiß ich nicht sicher. Eine Sinnstiftung des Seins folgt diesem nach und ist nur auf dieses Sein hin denkbar, damit aber wie dieses zeithaft und von Irrtum und Fehlschlag bedroht, keinesfalls ewig und sicher. Nichts weiß ich, als dass ich bin, nicht jedoch was, wer oder wo. Aber andererseits verwendet dieser erste Satz bereits Begriffe wie „ich" und „wissen", die ich ohne das Kollektiv, in dem Sprache stattfindet, wahrscheinlich gar nicht finden könnte. Ist also das Vorhandensein von Sprache der Nachweis einer Denkwelt außerhalb der meinen? Nein, denn der Nachweis bedient sich bereits der Sprache, setzt also voraus, was erst bewiesen werden soll. Wenn nichts als nur ich existierte und ich hätte, warum auch immer, das Kollektivmonstrum der Sprache erfunden, erschaffen, erarbeitet, so würde mein Denken einen Rückweg in die Sprachlosigkeit nicht mehr finden. Ich könnte mir also eine Welt ohne andere nicht mehr vorstellen, die, so behauptet die Sprache aus ihrer Eigennatur heraus, Voraussetzung von Sprache sind. Aber dass ich mir das, ins Korsett der selbstgemachten Sprache geschnürt, nicht mehr vorstellen kann, heißt nicht, dass es notwendig nicht so sein kann.

Anders gesagt: Wir können von der Existenz der anderen nicht sicher ausgehen, vielleicht ist alles Illusion, erst recht aber sind die anderen in ihrem Verhalten uns gegenüber nicht berechenbar, nicht planbar. Zwar verstehe ich Wir, bevor ich Ich verstehe, aber aus diesem einmal gefundenen Ich scheint dann kein einfacher Weg zurück zum Wir zu führen. Das Gewendetsein in den anderen ist also kein natürlicher, kein einfacher Schritt, da er erfordert, einen Abgrund von Zweifel und Nichtwissen zu überspringen. Im Dort des Anderen findet das Ich sein Hier nur, wenn es sich im Hier zurücklässt. Je mehr Ballast ich mitnehme auf die Reise zum Anderen, umso geringer die Wahrscheinlichkeit, jemals diesen Ort zu erreichen. Doch ist dies ein Ort, wo ich immer schon war, da von dort mein Denken, meine Sprache stammen. Die Reise zum Anderen ist also auch eine Reise zu mir selbst.

3.4 Stufen zum Sinn

Aus dem Vorgesagten ergibt sich: Wir sind Tiere, die zunächst mal überleben wollen, dabei wissen, dass alles, was wir haben, von Verlust bedroht ist, und alles, was wir planen, schiefgehen kann. Wir wissen, dass unser Leben endlich ist und es weder ein Leben nach dem Tod gibt noch jemandem, der uns vorgibt, was der Sinn unseres Lebens zu sein hat. Damit bleibt uns nur das Streben nach Überleben, zweitens das Streben nach einem gewissen Maß von Glück als Zwecksetzung unseres Daseins. Dieses Glück ist zunächst die Abwesenheit von Unglück, dann aber auch etwas, das über die Befriedigung unserer bloßen Grundbedürfnisse hinausgehen kann. Erst hier beginnt die individuelle Sinnsetzung des Lebens, indem der Mensch sich fragt, was das sein kann, dieses Glück, das zu erlangen die Befriedigung von Hunger, Durst, Kälte, Schlafmangel, Angst usw. anscheinend in den meisten Fällen zur Voraussetzung hat, jedoch hiermit nicht gleichzusetzen ist.

Das ist etwas, das man insbesondere in den Wohlstandsgesellschaften beobachten kann. Menschen, von denen man objektiv vielleicht sagen kann, dass sie alles haben, aber jedenfalls sicher weiß, dass ihre Grundbedürfnisse hinreichend befriedigt sind, fragen sich, zum Teil verzweifelt, ob das schon alles gewesen sein soll. Ob da nicht mehr sein muss, ohne dass sie auch nur im Entferntesten angeben könnten, wo denn dieses Mehr zu finden sein kann oder was es überhaupt ist. Das scheint manchmal dazu zu führen, dass man, da nichts anderes zu entdecken ist, versucht, die Grundbedürfnisse ein bisschen mehr als normal zu befriedigen, wo das denn geht. Aber schon dieser Begriff, da „müsse" mehr sein, zeigt, dass Menschen insgeheim eine äußere Setzung, eine nicht von ihnen selbst ausgehende Sinngebung erwarten. Man kann hier Gott in der Pflicht sehen, die eigenen Eltern oder notfalls die Gesellschaft, den Staat, meinethalben den jeweiligen Fußballverein. Bei näherem Hinsehen erweisen sich alle diese externen Sinngeber als ungeeignet, ihre Aufgabe zu erfüllen, zum Teil, weil sie, wie Gott, gar nicht existieren, in der Regel aber, weil ihre Sinngebungskompetenz einfach dadurch limitiert ist, dass sie auch wiederum aus Menschen bestehen, sodass der Mensch sein Sinnfindungsproblem nur auf andere delegiert, die vor genau demselben Problem stehen.

Anscheinend liegt hier ein mehrstufiges Sinnstiftungskonzept vor, welches ich im Folgenden darstellen möchte.

- Zunächst einmal muss das Individuum seine Existenz voraussetzen können, was durch das cartesianische „cogito, ergo sum" hinreichend belegt ist. Hinreichend belegt heißt dabei aber nur, dass wir innerhalb des durch unsere Sprache umgrenzten Raums unseres Denkens keine Alternative hierzu formulieren können. Wenn wir meinen, dass es eine Welt jenseits unserer in Sprache beschreibbaren Welt gibt, so wird auch Descartes' Beleg einer unmittelbaren Existenz, sagen wir mal, wacklig. Daher ist es zwingend, für eine autonome Sinnstiftung die Nichtexistenz einer metaphysischen Welt anzunehmen. Anders ausgedrückt, wo es Religion gibt, gibt es keine Moral. Dazu später.
- Die cartesianische Existenzgewissheit lässt den Einzelnen allein in einem unbewiesenen und hinsichtlich Existenz und Eigenschaften unbeweisbaren Universum, in dem es jenseits dieser einen Einsicht keine Sicherheiten gibt. In einem nächsten Schritt muss der Mensch also ein Fülle von Annahmen hinsichtlich der ihn umgebenden Welt, davor aber hinsichtlich seiner selbst treffen, die alle mehr oder weniger plausibel oder durch erfolgreichen Beitrag zum täglichen Überleben abgesichert sind, aber nicht bewiesen und zumeist auch gar nicht beweisbar. Das beginnt bei der Annahme, dass der Mensch nicht nur einfach existiert, sondern jedenfalls einigermaßen in der Form, in der er sich selbst wahrnimmt, physisch und psychisch. Das setzt sich fort in diversen Annahmen über die uns umgebende Welt und endet in Annahmen über die Welt außerhalb unserer Welt, über die viele Menschen detailreich Auskunft geben zu können glauben, während andere meinen, dass da nichts ist, über das man sprechen könnte, weil unsere Sprache ihre Grenzen an den Grenzen unserer Welt – spätestens dort – findet, während noch wieder andere – wie ich – sagen, dass es außerhalb der Grenzen unserer Welt, die freilich nicht im Mindesten deckungsgleich mit den Grenzen unserer Sprache sind, schlicht gar nichts gibt.
- Auf Basis dieser zwei Grundpfeiler – Existenzgewissheit und Umgebungspostulate – kann eine dritte Setzung erfolgen, nämlich die Definition, was das eigene Glücksmoment sein kann oder sein soll. Dies

hat noch keinen Universalisierbarkeitsanspruch, sondern ist ausschließlich privat.
- Erst in einem nächsten Schritt erfolgt die Prüfung auf Universalisierbarkeit. Dies kann man in Anlehnung an Kants Goldene Regel als Prüfung der eigenen Lebensmaxime dahingehend formulieren, ob man wollen kann, dass die eigene Maxime zugleich das Gesetz aller sein soll.[4] Das heißt nicht, dass man anstrebt, diese Maxime tatsächlich zum Gesetz aller zu machen, sondern lediglich, dass man überlegt, wie weit man eine insgesamt erstrebenswerte Gesellschaft unter dieser Voraussetzung erreichen könnte.
- Auf dieser Basis lassen sich dann die Rahmenbedingungen zur Erreichung dieses Ziels definieren, wobei die Frage, ob die Rahmenbedingungen mit wenigstens einiger Wahrscheinlichkeit erreicht werden können, unter Umständen auch zu einer Neuformulierung oder Relativierung des Ziels führen müssen.

Die individuelle Moral, also das eigene Sittengesetz, welchem Menschen ihr Handeln mehr oder weniger konsequent unterwerfen, aber auch die gesellschaftliche Sittlichkeit als der Versuch, ein allen Menschen verbindliches Kompendium von Verhaltensregeln zu erfinden, das die Umsetzung der individuellen Glückserreichung erleichtert, entstehen also beide erst nach dieser oben ausgeführten Kaskade. Wenn an irgendeiner Stelle die Kaskade durchbrochen wird, lassen sich die folgenden Schritte nicht mehr vollziehen. Deswegen sage ich, dass man sich entscheiden muss zwischen Religion und Moral. Kant vermutete, die Religion müsse trotz der grundlegenden Unbeweisbarkeit der Existenz eines Gottes oder von Göttern und trotz offensichtlicher Zweifelhaftigkeit der religiösen Setzungen im Staat aufrecht erhalten werden als Tragbalken der Moral.[5] Dagegen meine ich, dass die Religion, also letztlich die Annahme einer Welt außerhalb der unserem Denken und unserer Sprache zugänglichen Welt, die Absage an die cartesianische Gewissheit und damit die Unmöglichkeit der Findung einer individuellen

---

[4] Kant: Kritik, S. 41
[5] Kant: Kritik, S. 169

Moral, erst recht eines allgemeinen Sittengesetzes für die Gesellschaft bildet. Und das gilt für alle Spielarten von Religion bzw. für alle Ideen, welche ein Reich jenseits des Reichs unserer Sprache behaupten. Religion, Esoterik, der Glaube an Geister, Gespenster, Dämonen, Engel, Teufel, Tarotkarten, Reiki, Homöopathie, morphische Felder und was derlei Ideen mehr die Welt erfüllen, bedeuten letztlich immer eine Absage an die oben aufgeführte Kaskade und damit eine Absage an die Autonomie des Individuums und seine selbst zu verantwortende Wahl eines individuellen Glücksmoments und einer darauf basierenden Moral.

3.5 Zwischen Geburt und Tod

Nun gibt es beliebte Metaphern, die das Leben des Menschen als eine Reise bezeichnen, als eine Wanderung oder ähnliches, also als etwas, das an einem bestimmten Punkt beginnt, aber dann einem Ziel zustrebt, einer Vollendung, einem krönenden Abschluss, der möglicherweise auch gleich den Anfang von etwas Neuem darstellt.

Sorry, sehe ich nicht. Unser Leben hat zwar einen Anfang und ein Ende, aber es ist keine Reise. Wenn wir schon in Metaphern sprechen wollen, für mich ist das Leben eher eine Vulkaninsel. Sie taucht irgendwann aus dem Meer auf, irgendwann geht sie darin wieder unter. Die Materie, aus der sie besteht, war vorher schon da, geht auch nicht verloren, wenn die Insel versinkt. Aber die Insel als solche existiert nicht weiter unter dem Meer, so wie sie vorher nicht vorhanden war. Dass wir sie als Vulkaninsel ansprechen, ist primär davon abhängig, dass sie oberhalb der Wasserlinie aufgetaucht ist. Es hat diese Insel keinen Sinn, nicht von sich aus, schon gar keinen, der ihr quasi als Lebensaufgabe mitgegeben ist und sich erst im Moment ihres Versinkens zu erfüllen vermag.

Ist der Mensch also eingepfercht in dieses kurze Leben zwischen Geburt und Tod? Ja und nein. Denn wiewohl darin eingeschlossen, vermag er doch über die Grenzen dieses Lebens schauen und sich die Zäune, die ihn umschließen, wenigstens für kurze Momente einfach wegzudenken.

Zunächst einmal muss man dabei die Vergangenheit des Menschen, also die Zeit vor seiner Geburt, und die Zukunft, also die Zeit nach seinem Tod, von seinem Leben als seiner übergreifenden Gegenwart unterscheiden. Sodann gibt es aber einen deutlichen Unterschied zwischen Vergangenheit und Zukunft: Die vor der Geburt liegende Vergangenheit liegt zwar außerhalb der Wirkungsmöglichkeiten des Menschen, er kann sie, soweit man weiß, nicht mehr verändern. Aber sie hat oft genug dramatische Auswirkungen auf seine Erlebenswirklichkeit. Die Zukunft, soweit sie nach dem Tod des Menschen stattfindet, liegt mindestens in begrenztem Umfang noch im Bereich seiner Wirkungsmöglichkeiten, aber eigentlich außerhalb seiner Erlebenswirklichkeit. Demzufolge ist es Zeitverschwendung, darüber nachzudenken, ob die Welt vor der eigenen Geburt oder nach dem eigenen Tod in irgendeiner Weise beeinflusst oder gar verändert werden kann.

Doch ist es eine der großen Errungenschaft menschlichen Denkens, beide Begrenztheiten der eigenen Erlebenswirklichkeit überwunden zu haben. Menschen vermögen sich zukünftige und vergangene Situationen vorzustellen und ein Urteil darüber zu entwickeln, ob sie diese Situation für wünschenswert halten, halten würden, gehalten hätten oder eben nicht, gerade so, als wären sie selbst Teilnehmer dieser Situation, wären dies gewesen oder würden dies einmal werden. In gewisser Weise mag man das als Denkfehler bezeichnen, weil man eine Situation auf sich selbst bezieht, die das keinesfalls sein kann. Aber es erlaubt dem Menschen die Abstraktion von den nur eigenen Interessen zugunsten von Prinzipien oder Ideen, aber auch zugunsten anderer Menschen, zuvorderst meist der eigenen Kinder, deren Zukunft halbwegs akzeptabel Eltern auch noch für jene Zeit sich gerne vorstellen, in welcher sie mit großer Wahrscheinlichkeit nicht mehr existieren werden.

Auch die Projektion der eigenen Existenz in die Vergangenheit hinein kann eine Stärke sein, weil auch sie es erlaubt, Motive für sinnvolles oder vernünftiges Handeln zu stiften, die aus einer reinen Betrachtung des Augenblicks vielleicht nicht ausreichend motiviert sind. Der Blick in die Geschichte ist immer auch ein Überprüfen der eigenen Moral und Urteilsprinzipien in einem geschützten, weil bereits vollendeten und unveränderlichen Bezugsraum. So werden viele Menschen bei Berichten über den Holocaust, bei der Lektüre von Anne Franks Tagebuch zum Beispiel, emotional berührt. Wissend, dass sie diese Vergangenheit nicht mehr ändern könnten, fassen sie den Entschluss, wenigstens für die Zukunft einer Wiederholung derlei Schreckens soweit wie möglich entgegen zu stehen.

Wonach strebt der Mensch dann vernünftigerweise, wenn sein Dasein eingekastet ist zwischen Geburt und Tod, dieweil er über diese beiden Grenzen hinauszudenken vermag? So unerfreulich das auch klingen mag, er sollte zunächst mal versuchen, in seinem Daseinskontext zu funktionieren. Das bedeutet, die eigene Daseinssicherung eingedenk des fortgesetzten Risikos des Scheiterns in Korrelation mit anderen im Rahmen einer arbeitsteiligen Gesellschaft zu sehen. Also den eigenen Nutzen zu verfolgen, indem er zu einem auch anderen Menschen in gewissem Umfang nützlichen Mitmenschen wird. In der arbeitsteiligen Gesellschaft, aber eigentlich in jeder Herde, in jedem Rudel, in jedem Dorf, jedem Verein usw. kann der eigene Nutzen nicht getrennt vom Nutzen aller gedacht werden. Ein Nutzen auf Kosten einiger anderer ist sicherlich möglich, und vielleicht gelingt es auch dem einen oder anderen, sein ganzes Leben auf Kosten aller anderen zu verbringen. Als Lebensmaxime ist das aber ungeeignet, weil die Wahrscheinlichkeit, dies tatsächlich über ein Leben lang erfolgreich umzusetzen zu gering ist und man zudem mit einiger Wahrscheinlichkeit zu einem Menschen wird, der man eigentlich nicht sein möchte. Auf die eine oder andere Art fällt die Bilanz eines solchen Verhaltens also fast unausweichlich negativ aus, auch wenn man vielleicht mehr oder weniger lange Phasen von Glück auf Kosten einiger anderer, womöglich aller anderen durchaus sicherstellen kann.

Freilich, die meisten von uns und nachgerade jene in den glücksüberschütteten westlichen Demokratien leben ihr ganzes Leben auf Kosten anderer, nur dass wir das zum Teil nicht wissen, zum Teil mehr oder weniger erfolgreich verdrängen. Damit meine ich weniger das Leben auf Kosten der Dritten Welt, auch wenn dies natürlich ein fortgesetztes

Ärgernis ist, für das Antworten zu finden wir vielleicht weniger denn je bereit sind. Aber fast alle, die wir heute leben, haben die meiste Zeit auf Kosten unserer Eltern gelebt und das als Selbstverständlichkeit akzeptiert. Wir leben auch alle – und auch der Satz ist recht abgegriffen – auf Kosten späterer Generationen. Aber wir leben auch, und wissen es nicht oder wollen es nicht wissen, auf Kosten anderer, die zugleich vielleicht auf unsere Kosten leben, ohne dass sich eine ausgeglichene Gesamtbilanz herstellte. Nehmen wir etwas so Triviales wie Fahrtlärm, wenn wir auf einer Autobahn unterwegs sind. Der Lärm beeinträchtigt nicht nur uns und andere, die auf derselben Strecke unterwegs sind; da mag noch von einem gewissen Maß an Freiwilligkeit sprechen. Aber der Lärm beschädigt auch Menschen, Tiere und sogar Pflanzen, welche allesamt das zweifelhafte Glück haben, nahe der Autobahn – und zwar vielleicht schon seit Generationen – zu leben. Wissen wir das zu jedem Zeitpunkt? Ja, wahrscheinlich. Aber spielt es für unser Handeln eine Rolle? Selten, bestenfalls. Oft genug reden wir uns darauf raus, in ein Gespinst aus Geben und Nehmen gebunden zu sein. Opfer von Lärm seien wir mindestens so sehr, wie wir Täter sind, und wir tun so, als gliche sich das letztendendes aus.

Dabei wissen wir im Grunde, dass sich auf lange Sicht für uns gar nichts ausgleichen wird. Denn wir werden sterben, und das wird in die eine oder andere Richtung einen Haufen Bilanzen in Schieflage belassen. Folglich können wir nicht hoffen, dass was wir tun und was wir erleiden, am Ende sich balancieren werden. Denn das wäre nur dann wahrscheinlich, wenn dieses Ende endlos weit in der Zukunft läge. Aber faktisch ist es beinahe schon morgen.

Dass der Bilanztag so nah ist, gilt freilich nur für diejenigen Menschen, für die es ein Leben nach dem Tod nicht geben wird. Also für uns alle. Wir hoffen zwar nicht selten auf ein Leben nach dem Tod, sodass das Universum mehr Zeit bekommt, unsere Waagschalen ins Gleichgewicht zu bringen. Aber insgeheim wissen wir, dass die kurze Zeit zwischen Geburt und Sterben alles ist, was uns bleibt. Damit ist es aber offensichtlich auch so, dass das der Bewertungshorizont unseres Lebens nicht jenseits, sondern diesseits von dessen Begrenzungen liegt und mithin immer vorläufig ist, selbst wenn wir letztmalig eine Stunde vor unserem Ende Bilanz gezogen haben. Und weil das so ist, macht der Wunsch nach einem langen Leben eigentlich überhaupt keinen Sinn.

Man kann aus zwei Gründen ein langes Leben wünschen. Man kann sagen: „Sieh doch, die Welt ist so schön, ich möchte dieses Glück noch oft genießen, sie zu sehen und mich an ihr zu freuen." Ich will hier nicht diskutieren, ob dieser Eindruck berechtigt ist und sich auch noch angesichts eigener Erkrankungen oder des Wegsterbens aller, die man liebt, halten ließe. Ich möchte nur zu bedenken geben, dass Freude an der Welt die eigene Existenz zur Voraussetzung hat und damit nicht als Begründung für dieselbe dienen kann. Denn wer nicht existiert, vermag sich zwar nicht an der Schönheit der Welt zu erfreuen. Aber er kann sich angesichts dieses Verlusts auch nicht grämen, da er ja nun mal nicht da ist. Nicht hier und nirgendwo.

Man kann zweitens hoffen, durch ein langes Leben etwas zu erringen, was durch ein kurzes Leben nicht zu bewerkstelligen wäre. Das gilt natürlich für das Schaffen von Kunstwerken, das Schreiben von Romanen, das Komponieren von Opern und Sinfonien. Was aber viele Menschen zu bewegen scheint, ist die unausgesprochene Hoffnung, ein langes Leben würde eine Belohnung bescheren, die durch ein kurzes Leben nicht zu erringen wäre. Als wäre das Leben eine Art Weitsprungwettbewerb, wo derjenige, der es weiter als alle anderen geschafft hat, einen Preis, einen Pokal, eine Medaille am Ende erwarten darf. Aber auch die Medaille im Sport lohnt sich für den Moment des Erringens; das mag dann für ein langes Leben ähnlich gelten. Aber sodann lohnt sie in dem langen Leben nach der kurzen Zeit im Leistungssport, da sie, jedenfalls bei manchen, über dem Kaminsims einen dauerhaften Ehrenplatz gefunden hat und immer wieder gut ist für Momente glückvollen Erinnerns und des Stolzes. Das alles hat ein langes Leben nicht zu bieten, da es nun einmal kein Danach gibt, darin man mit stolzgeschwellter Brust jedem anderen unter die Nase reiben kann, dass man es als einziger weit und breit in den Nahbereich von hundert Lenzen gebracht hat.

Diese ernüchternde Bilanz ergibt sich aus der schlichten Einsicht, dass es kein Leben nach dem Tod gibt, auch kein Nirwana, in das des Menschen Seele nach dem Tode eingehen könnte, sich selbst auflösend und darin sich doch auch ganz vollendend. Wenn die Uhr steht, ist das Ticken nicht in andere Gefilde abgewandert, sondern hat einfach aufgehört zu sein.

3.6 Stufen zum Glück

So deprimierend karg wie bis hier beschrieben ist es leider auch um den ganzen Rest der in unserem Denken jenseits von unserem Sein und So Sein angesiedelten Sinnstiftung bestellt. So wie es kein Leben nach dem Tod gibt, keine Sündenstrafen, keine Hölle, kein Fegefeuer, auch keine Belohnungen für die Tugendsamen, kein Paradies, kein Elysium, so gibt es auch in unserem Diesseits keinen Plan, der uns einen Ort in der Welt zuwiese. Kein göttliches Wollen, kein Heilsplan, keine unausgesetzte Schöpfung hin zu einem noch gänzlich unbeschreiblichen Dort in der Zeit. Alles, was es gibt, ist des Menschen Wanderung von der Geburt zum Tod, und seine eigene, freie, hoffentlich freie, hoffentlich bewusste und begründete Entscheidung, welchem Pfad er dabei folgen will.

Das ist letztlich auch das Ende aller Teleologie, soweit man damit die Idee eines der Welt mitgegebenen allgemeinen Plans und Ziels meint. Es gibt diesen Plan nicht, schon deshalb nicht, weil niemand da ist, der ihn der Welt, womöglich schon im Zuge des Erschaffens, hätte mitgeben können. Es gibt ihn aber auch deswegen nicht, weil es den Ort seiner Vollendung oder den Zeitpunkt seiner Vollendung nicht geben kann. Dieser kann offensichtlich nicht in dieser Welt und in dieser Zeit liegen, da sich sofort die Frage nach dem „Und danach?" stellen würde. Folglich wäre jedes fremdgesetzte Ziel utopisch, es läge also jenseits unseres Erlebens- und Erwartungshorizonts. Auch aus diesem Grund geht dann jeder Teleologie die BEgründung verloren, da jedes fremdgesetzte, also z.B. von Gott vorgegebene Ziel seine Verwirklichung erst nach dem Ende der Zeit, der Welt und der Menschheit finden kann. Warum aber soll der Mensch ein Ziel anstreben, dessen Erreichen die Vernichtung der Welt, der Zeit und der Menschheit zur Voraussetzung hat?

Wenn dem Menschen also angesichts der biografischen Endlichkeit seiner Existenz und der Unmöglichkeit einer übergeordneten Sinnstiftung das Streben nach Glück zwischen diesen beiden unüberwindbaren Grenzpfählen Geburt und Tod als einzige Seinsmöglichkeit anheim gestellt ist, so fragt sich, wie er diese erfolgreich umsetzen kann. Das eine oder andere hierzu ist im Vorherigen schon angeklungen, trotzdem möchte ich hier noch einmal einige Überlegungen gebündelt darlegen.

Wenn es keinen fremdbestimmten Sinn noch auch eine Art Wettlauf um die besten Plätze in einem mehr oder weniger wunderbaren Jenseits gibt, so ist das Glück im Leben das einzige, wonach man überhaupt streben kann; die Alternative ist dann nicht eine andere Sinnstiftung, sondern schlichte Antriebslosigkeit und ungezieltes Vegetieren.

Nur leider scheint es so zu sein, und ich will das hier sehr vorsichtig formulieren, weil daran mehr Spekulation ist als schon in dem, was ich bisher ausgeführt habe, doch ich neige zu der Vermutung, dass das Glück im Leben nichts ist, was sich als solches anstreben lässt.

Sie kennen sicher Märchen, die damit beginnen, dass einer auszieht, sein Glück zu suchen, sein Glück zu machen, das Glück zu finden. Das suggeriert, das Glück sei etwas, das man finden, danach man streben, das man auf direktem Weg erlangen könnte. Aber die meisten Menschen formulieren Sätze beginnend mit „Glücklich bin ich, wenn ich…" oder „Glücklich werde ich, indem ich…" Das Glück des Menschen ist also nichts, was wir direkt anstreben, sondern wir müssen etwas ganz anderes erreichen, erhalten, gewinnen, das wiederum uns dann zur Erlangung des Glücks dient. Daraus entstehen Vorstellungen, hätte ich nur genug Geld, nichts stünde meinem Glück im Wege, hätte ich nur meine Gesundheit zurück, hätte ich nur Vater und Mutter noch bei mir, hätte ich nur, hätte ich nur, hätte ich nur. Viel von dem, was wir als Voraussetzung von Glück bezeichnen, unsere Gesundheit, unsere Eltern, die Heimat, unseren guten Namen usw. bezeichnen wir erst dann als Voraussetzung unseres Glücks, wenn wir es verloren haben. Als wären wir glücklicher gewesen, da wir es hatten. Doch auch was wir anstreben, erweist sich fast immer als ungeeignet, mehr als nur einen kurzen Glücksmoment sicherzustellen.

Das bekannte Märchen „Hans im Glück" beschreibt einen Mann, der nach sieben Jahren Arbeit in unbekanntem Berufe einen Klumpen Gold als Lohn erhält, so groß wie sein Kopf.[6] Nebenbei, nehmen wir das durchschnittliche Kopfvolumen europäischer Männer mit ca. 1.450 cm^3, so entspricht dieser Klumpen auf sieben Jahre Gehalt gerechnet nach heutigem Wert einem Jahreseinkommen von 129.474 € – offensichtlich netto und unbeachtet der zusätzlichen Aufwände für Kost und Logis, die wohl ebenfalls der Dienstherr für diesen Angestellten übernommen haben dürfte. Da fragt man sich, ob Hans Fußballer war oder Manager eines mittelständischen Unternehmens. Für uns wichtig aber ist etwas anderes. Während nach landläufiger Meinung Hans auf seinem späteren Weg ständig von cleveren Zufallsbekanntschaften über den Tisch gezogen wird, sodass er am Ende mit gar nichts in der Hand bei seiner Mutter anlangt, ist das Märchen in der Fassung bei den Brüdern Grimm wohl eher als Gleichnis der großen Reise zur Mutter Tod zu sehen. Niemand kommt auf Hans zu und bietet ihm die zweifelhaften Geschäfte an, die er eingeht, er selbst spricht erst den Reiter auf sein Pferd, dann den Bauern auf seine Kuh usw. an, und am Ende fallen ihm Feldstein und Schleifstein, die er für die Gans erhält, durch Ungeschick oder Zufall in den Brunnen. Hans aber dankt Gott, ihn auch noch von dieser Last befreit zu haben, und läuft fröhlich heim zu seiner Mutter.

Die Idee dieser Erzählung ist – jedenfalls in meiner Lesart – das die Dinge, die wir zu erjagen versuchen, damit sie uns zur Erreichung unseres Glücks verhelfen, dem eher im Wege stehen. Glück ist, in mittelalterlichem Verständnis, ohnehin nur durch und letztlich auch erst bei Gott, also nach dem Tode, zu erlangen. Aber selbst wer diese Hoff-

---

[6] Grimm: Märchen, Bd. 2, S. 95-101

nung nicht zu teilen vermag, kann das Märchen so verstehen, dass es keine einstufige Korrelation zwischen bestimmten Dingen und dem Glück gibt. Zum einen, darauf hat Ludwig Marcuse in Auseinandersetzung mit dem Märchen hingewiesen, gibt es kaum eine monolineare Korrelation von genau einer Sache und dem Glück.[7] Glück hat eine Fülle von Voraussetzungen, die zu erfüllen zwar noch kein Glück verschafft, aber die nicht zu erfüllen fast, aber eben nur fast unausweichlich unglücklich macht.

Schon Epikur schreibt an Menoikeus, dass ohne eine Befriedigung unserer minimalsten Bedürfnisse wie Essen oder Trinken kein Glück zu erlangen sei.[8] Insbesondere aber die Angst, vor allem die – in Epikurs Verständnis sinnlose – Angst vor dem Tod steht unserem Glück im Wege, Angstfreiheit durch besseres Verständnis der Welt also eine Voraussetzung unseres Glücks.

Aber auch jenseits hiervon ist es wohl nie nur eine Sache allein, die uns umfassendes Glück verspricht, zumal dieses in sich auch meist mehrschichtig ist. Glück kann an vielen Stellen verloren gehen, es muss entsprechend auch an vielen Stellen gewonnen werden. Vielleicht tröstet Glück im Privatleben über Unglück im Beruf eine Weile hinweg, aber auf die Dauer wird niemand einen solchen Mittelwert mit Glück verwechseln. Abgesehen davon, dass es im Glück der Menschen offensichtlich Abstufungen gibt und „ist ganz okay" noch nicht das maximal Erreichbare darstellt, ist also die erste Lehre des Märchens, dass nur eine Sache allein uns nicht glücklich machen wird und manches, was uns zunächst Glück verspricht, sich eher als Last erweist und daher klugerweise beizeiten durch etwas anderes – oder zuletzt durch nichts – ersetzt werden sollte.

Die meisten von Ihnen werden die Freude einer großen „Wegschmeißaktion" in den eigenen vier Wänden schon mal erlebt haben. Gibt es etwas

---

[7] Marcuse: Philosophie, S. 45
[8] Epikur an Menoikeus, 130-132, in: ders.: Briefe, S. 49

Erfrischenderes, Befreienderes, als kistenweise den Krempel der letzten zwanzig Jahre aus Regalen, Schubladen und Dachboden zu räumen und in den Müll zu werfen oder allenfalls noch auf den Flohmarkt zu tragen? Trotzdem sind wir alle viel zu selten und viel zu zögerlich nur bereit, den Ballast früherer Glücksversprechen fahren zu lassen. Auch dies kann man von Hans im Glück sicher lernen. Aber ich meine, und hier verlassen wir die Lesart des Märchens, die Quellen unseres Glücks sind nicht nur multipel, weil nie nur eine Sache allein umfassendes Glück garantieren kann, sondern sie sind auch wenigstens dreistufig: Wenn wir nach dem Glück streben, so gibt es zunächst einmal kein direktes Erwerben des Glücks. Auch das indirekte Erwerben einer Sache, die dann monokausal umfassendes Glück hervorruft, scheint aufgrund der multiplen Natur des Glücks unmöglich.

Man kann daher eine Liste aufstellen, die in einer Reihe von Punkten nennt, was vorhanden oder erfüllt sein muss, damit man glücklich ist. Dabei ergibt sich aber rasch ein merkwürdiger Umstand. Nennen wir die nötigen Dinge einmal die Faktoren A_1, A_2, …, A_n. Dann müssen die meisten Menschen zugeben, dass sie zu irgendeiner Zeit, meist in ihrer Jugend, A_1 bis A_n schon einmal besessen haben. Fragt man dann: „Aber warst du damals glücklich?", so wird mancher wohl antworten „Nein, war ich nicht." – „Warum nicht?" – „Weil es noch an diesem oder jenem gefehlt hat, das ich wohl auf meiner Liste vergessen habe." – „Also willst du es noch dazuschreiben?" – „Nein, eher nicht." – „Weil?" – „Ich brauche vielleicht doch keine 1000er Kawasaki zum Glück, wie ich damals dachte." – „Hättest du also heute, was du damals hattest, so wärest du glücklich?" – „Müsstest es wohl sein, nach dieser Liste." – „Also brauchst du heute zum Glück weniger als damals?" – „Vielleicht." – „Vielleicht?" – „Vielleicht war ich damals bereits glücklich, und habe es nur nicht bemerkt."

Dennoch ist das Glück nichts, was nur in der Rückschau als Eigenschaft längst vergangener Zeiten aufscheint. Viel eher meine ich, dass Glück auch als mehrkausales Ergebnis anderer Dinge schlecht beschrieben ist. Wir erreichen Glück nicht, indem wir A_1 bis A_n verwirklichen. Vielmehr könnte es sein, dass es eine Anzahl Faktoren A_1 bis A_n

gibt, die zu Glück führen, wir aber diese Faktoren ebenso wenig wie das Glück direkt anstreben können. Vielmehr scheinen andere Faktoren B_1 bis B_n in unbekannter Relation, in wechselnden Konstellationen und von Mensch zu Mensch anderen Justierungen und Priorisierungen zu den genannten Faktoren A_1 bis A_n zu führen, die dann wiederum – aber auch hier kennen wir die Relationen und Wirkungsweisen nicht – zu Glück zu führen vermögen.

Wir tun also bestimmte Dinge, erreichen das eine, verzichten auf das andere, um irgendwie etwas zu erreichen, das ebenso irgendwie dann vielleicht einer von mehreren Helfern zu unserem Glück werden kann. Wer also bemüht ist, ein netter Kerl zu sein, will das ja nicht um der Sache selbst willen, sondern weil er sich dann mit sich selbst eher im Reinen fühlt. Und das ist halt auch kein Selbstzweck, sondern es mit sich nicht zu sein, dürfte jedenfalls für diesen betreffenden Menschen in seinem Selbstverständnis dem Streben nach Glück abträglich, jedenfalls nicht hilfreich sein.

Man könnte auch sagen, wir jagen im Nebel Pferden nach, die uns dann durch diesen Nebel an ein gänzlich unbekanntes Ziel tragen sollen. Von diesem Ziel glauben wir nur, es wäre dort, wohin die Pferde rennen. Aber selbst wenn wir ein solches Ross erhaschen, oder eigentlich ein Gespann, das uns dann dorthin verfrachtet, kaum dort angekommen ist es anscheinend so, dass das Ziel längst andernorts entschwunden ist, wohin zu gelangen wir selbstverständlich der schon angeschirrten Klepper, doch zudem noch eines, zweier, dreier weiterer bedürften.

Anders gesagt, uns bleibt in diesem sinnlosen Leben nichts als das Streben nach Glück. Doch das ist die Jagd nach dem goldenen Topf am Ende des Regenbogens, oder eigentlich nach dem Regenbogen, um an seinem Ende vielleicht, ganz vielleicht den Topf zu finden und dann festzustellen: Ach du Schreck, das Gold ist weg. Vielleicht war es nie da.

3.7 Trotz und Sinn

Was bleibt dann? Wenn die Welt keinen Plan und kein Ziel hat, wenn unser Leben endlich und unausgesetzt vom Scheitern bedroht ist, wenn die Jagd nach Glück oder glückverheißenden Dingen unausweichlich aussichtslos ist, wenn wir uns als ganz Vereinzelte, die sich nur immer auch in Bezug auf andere Menschen denken können? Es ergibt sich, dass wir das, was uns fehlt, in eigener Herrlichkeit definieren können, da keiner es uns auf dem Silbertablett serviert. Um der Einsicht in die Kargheit unseres Seins ein durch nichts als durch Trotz legitimiertes „Ja und?" entgegenzusetzen.

Das ist natürlich hochgradig trivial und findet sich gern in Lebensratgebern für Pubertierende: „Sei dein eigener Gott, sag deiner Welt, sag dir selbst, was der Sinn von alldem ist. Verlache deine Endlichkeit, denk, träum, liebe in die Welt hinein, in der du allzubald schon nicht mehr sein wirst." Dennoch ist das der einzig mögliche Aufbruch aus unserer selbstverschuldeten Ernüchterung. Der unserem besseren Verständnis der Welt geschuldeten Einsicht in die Endlichkeit unserer Existenz, ihrer Sinnlosigkeit und fortgesetzten Bedrohtheit sowieso unserer selbst als in jeder Hinsicht mangelhaftes und beschränktes Wesen kann man zunächst natürlich die Einsicht in die Notwendigkeit, in dieser Welt trotzdem erfolgreich zu funktionieren entgegen setzen, sodann aber vor allem den Trotz als Lebensmaxime, der kurzerhand den Sinn des Lebens und der Welt definiert, obgleich und gerade weil wir diesen in jenem und in jener nicht finden werden. Damit kann man als ethisches Leitmotiv statt Blochs Idee eines „Prinzip Hoffnung" oder Jonas' Idee eines „Prinzip Verantwortung" ein „Prinzip Trotz" setzen, also ein Handeln aufgrund eines sich dem aktuell als das Faktische Erkannten durch einen autonomen Sinnstiftungsakt verweigert.

Robert Jungk hat diesen Begriff Ende der 1980er Jahre schon einmal verwendet. In seiner Vorstellung ist das „Prinzip Trotz" der Gegenentwurf zur in seinen Augen zunehmenden resignierten Lähmung der potenziell oder jedenfalls in ihrer inneren Haltung kritischen Kräfte, welche eben immer nur zu einem geringen Teil aus ihrer Ablehnung einer bestimmten Politik, einer gesellschaftlichen Entwicklung oder einer ökologisch problematischen Situation zu Protest und Widerstand gelangen.⁹ Diese Lesart des Begriffs ist hier freilich nicht gemeint. Zum einen ist Jungks Verständnis des Zustandekommens politischer Bewegungen zweifelhaft. Die Erfolge von Attac, Occupy Movement oder Podemos zeigen, dass erfolgreicher Protest sich nicht aus Verbissenheit, Trotz, oder Wut speist, sondern aus Kreativität, einem analytischen, kritischen Denken und natürlich auch aus dem Spaß am Ungehorsam und am Miteinander mit anderen kritischen Geistern.

Der Trotz als Lebensprinzip ist kein Rezept für den politischen Diskurs, sondern für unsere Positionierung als sinnsuchendes Wesen in einer sinnlosen Welt, als Schutz anstrebendes Wesen im Erleben ständiger Bedrohtheit und als Erfolg erhoffendes Wesen unter dem Eindruck unseres fortgesetzten Scheiterns. In dieser Hinsicht kann mann auch nur eingeschränkt von einem Prinzip sprechen. Prinzipien sind fixiert, in Stein, Marmor oder Bronze niedergelegt und auf Marktplätzen und in Tempeln zu Verehrung und Anbetung freigegeben. Hingegen ist das Prinzip Trotz in hohem Maße volatil. Es gebiert nichts Festes, kein Verlässliches, Ewiges, wenn damit mehr gemeint ist als das Festhalten am Suchen nach etwas, das wir nie erjagen, kaum einmal und schemenhaft im Nebel ahnen können, der uns umgibt. Sie kennen vielleicht die Szene, da Gregory Peck in „The Million Pound Note" der durch die Luft wirbelnden Banknote nachrennt. Er erreicht dieselbe irgendwann, immerhin, ohne damit aus dem Schlamassel herauszukommen. Uns aber wird selbst dies erste Erlangen, fürchte ich, nicht gelingen. Allein das unverzagte wieder und wieder sich Einlassen auf diese Suche ist eine unmittelbare Sinnstiftung, ist ein „Ich bin, der ich bin, weil ich genau dies tue".

Albert Camus hat dies in ähnlicher Weise durch das Bild des mit der Aussichtslosigkeit seines Tuns einverstandenen und genau hierin seine Existenz begründenden Sisyphos beschrieben.¹⁰ Vor der Absurdität der

---

9 Jonas: Prinzip Verantwortung, passim; Bloch: Prinzip Hoffnung, passim; Jungk: Projekt, S. 9
10 Camus: Mythos, passim

Welt oder eigentlich der im eigenen Denken aufgebauten Repräsentation der Welt kann man sich in scheinbare Sicherheiten flüchten – Religion, Metaphysik, Zweckrationalismus, um nur einige zu nennen. Oder man stellt sich dieser Absurdität in einer Dynamik zwischen einer Revolte gegen dieselbe und einem Akzeptieren ihrer Unausweichlichkeit. Wer die Absurdität verstanden und als unabdingbare Eigenschaft der Welt akzeptiert hat, rebelliert gegen sie nicht mit einer konkreten Hoffnung, sondern um des Aufbegehrens willen.

Wenn man an Camus' Bild etwas kritisieren kann, dann dass Sisyphos in seiner Selbstheit und damit in der Leere seines Universums verharrt. Aber es wird keinen Sisyphos geben, wenn er nicht in der Hinwendung zu anderen hierzu geworden ist. Auch in der griechischen Legende bedarf Sisyphos kein von allen Menschen geschiedener Eremit, er ist König von Korinth, Sohn des Aiolos und Großvater von Bellerophon, der später den Pegasos ritt. Er kommt auch nicht etwa als Toter in den Hades, er ist keine Seele, die im Tartaros Qualen leidet, sondern ein Sterblicher, der den Tod überlistet hat. Mit Gewalt wird er in die Unterwelt verbracht und seiner Aufgabe überantwortet. Doch auch hier ist er nicht ohne Bezug zu anderen, auch wenn er kaum noch von diesen erreicht werden kann. Während bei Homer Odysseus Sisyphos sieht und seine Plackerei beobachtet, ist Orpheus in Ovids Darstellung in der Lage, durch seinen Gesang selbst Sisyphos' Aufmerksamkeit zu erregen, sodass er seinen Fels zu Boden legt und auf diesem kauernd dem Gesang des Rhapsoden lauscht.

Das ist, was Camus, vorsichtig gesagt, nicht hinreichend berücksichtigt. Wir sind als Menschen gar nicht denkbar außer in Hinsicht auf andere, unser Werden und Sein ist nur denkbar im Wechsel mit anderen. Der einsame Titan, der mit der Absurdität der Welt ringt und von nichts als nur seinem Sein ausgehen kann, ist ein solipsistisches Gespenst, kein realer Mensch. Wir sind im Anderen, wir teilen unsere Unvollkommenheit und Mangelhaftigkeit, teilen die Absurdität und Rätselhaftigkeit der Welt und irgendwann dann auch die Einsicht in das Fehlen aller Transzendenz und Metaphysik. Daher ist das Prinzip Trotz, und hier dann vielleicht doch wieder näher an Robert Jungk, immer auch ein das Existenzialistische überschreitendes Denken, indem es nur in seiner sozialen und politischen Dimension Sinn zu gewinnen vermag.

Der Sinn des Miteinanders ist dabei nicht zuerst das Finden gemeinsamer Antworten auf die uns bewegenden Fragen, wenn diese doch anscheinend auf weite Strecken gar nicht beantwortet werden können. Aber darauf kommt es gar nicht an, da das Miteinander im trotzigen Suchen nach Sinn bereits das Äußerste an Antwort darstellt, das auf die Sinnfrage mindestens jetzt, vielleicht überhaupt gegeben werden kann. Das gemeinsame Erleben unseres fortgesetzten Scheiterns, gemeinsam und jeder für sich und jeder in der Beobachtung des anderen, ist letztlich, was uns Bescheidenheit der eigenen Ziele, Miteinander und dass wir füreinander da sind, lehrt. Und auf dieser Ebene ist das Prinzip Trotz eben doch, gerade wie in Jungks Vorstellung, politisch. Revolutionär oder jedenfalls renitent ist es sowieso.

3.8 Zitierte Publikationen

Bloch, Ernst: Das Prinzip Hoffnung (=Werkausgabe: Band 5), Frankfurt am Main (Suhrkamp) 1985

Camus, Albert: Der Mythos von Sisyphos: Ein Versuch über das Absurde. Reinbek (Rowohlt) 1995

Epikur: Briefe, Sprüche, Werkfragmente, hrsg. durch Hans Wolfgang Kraus, Stuttgart (Reclam) 1982

Gehlen, Arnold: Der Mensch. Seine Natur und seine Stellung in der Welt. 14. Aufl., Wiebelsheim (Humanitas) 2004

Grimm, Jacob, Wilhelm Grimm (Hrsg.): Kinder- und Hausmärchen, Bd. 2, Frankfurt/M. (Insel) 1984

Jonas, Hans: Das Prinzip Verantwortung, Frankfurt/M. (Suhrkamp) 1984

Jungk, Robert: Projekt Ermutigung: Streitschrift wider die Resignation, Berlin (Rotbuch Verlag) 1988

Kant, Immanuel: Kritik der praktischen Vernunft, Hamburg (Felix Meiner) 2003

Marcuse, Ludwig: Philosophie des Glücks, Zürich (Diogenes) 1972

Patzig, Günter: Ethik ohne Metaphysik, 2. erw. Ausg., Göttingen (Vandenhoeck & Ruprecht) 1983

Tikao, Teone Taare: Tikao talks: Traditions and tales told by Teone Taare Tikao to Herries Beattie, Wellington (Reed) 1939

4 Martin Kladerer: Notizen zu Tolkien

Martin Kladerer, bekannt vor allem durch seine musiktheoretischen Abhandlungen zur Neotonalität und zur Zwölftonmusik, ist den Angehörigen der Akademie seit vielen Jahren ein guter und vertrauter Kollege und Freund. Zugleich gehört er auch zu denjenigen, welche uns immer wieder auch zum Anschluss an die Popularkultur mahnen. Er selbst vor allem mit dem Kornett als Jazzmusiker hier immer wieder schöne Ergebnisse verzeichnen können. Dass er darüber hinaus auch mit Tolkiens Werk wohlvertraut ist, hat er uns hingegen als überraschenden und erstaunlichen Beitrag in den nachfolgenden Ausführungen unter Beweis gestellt.

Ich verstehe nichts von Tolkien, vielleicht sollten wir damit mal beginnen. Etwas von einem Autoren verstehen, heißt ja nicht nur, seine Bücher gelesen zu haben. Man muss seinen biografischen Hintergrund kennen, seine Briefe, seinen sonstigen Nachlass analysiert haben, muss die tausend kleinen und großen Hinweise, Anekdoten und Legenden kennen, welche seine Familie, seine Freunde, auch seine Gegner und erklärten Feinde über ihn tradiert haben. Man muss den intellektuellen und kulturellen Kontext kennen, in dem und mit Bezug auf welchen die jeweiligen Werke entstanden sind, und nicht zuletzt sollte man natürlich einen Gutteil dessen gelesen haben, was andere Autoren, Biographen, Literaturwissenschaftler und dergleichen über den jeweiligen Autoren publiziert haben.

Sie sehen, keine Chance. Ich werde daher stattdessen einen, sagen wir mal, okkupatorischen Ansatz verfolgen. Die Tatsache, dass ein Autor einen Text schreibt, der in der einen oder anderen Weise interpretiert werden kann, macht beide Interpretationen in dieser Vorgehensweise legitim, selbst wenn der Autor an anderer Stelle, etwa in einem Brief an seinen Verleger, eine der beiden Interpretationen als nicht gewollt abgelehnt hat. Solange nicht aus seinem publizierten Gesamtwerk dies geschlossen werden kann, sind beide Interpretationen gleichermaßen zulässig.

Okkupatorisches Vorgehen im Umgang mit Literatur bedeutet aber noch mehr. Da, wo das vom Autoren entworfene Gemälde aufgrund der Begrenztheit literarischer Detaillierung quasi weiße Flecken enthält, kann man es in der okkupatorischen Vorgehensweise mit mehr oder weniger eigenen Geschichten und Ideen ausmalen, die nur einer Bedingung gehorchen müssen, sie dürfen nicht im Widerspruch zum Gesamtgemälde stehen. Ein Beispiel: Wie Leser haben sich schon gefragt, was Freitag eigentlich gemacht hat, bevor er zu Robinson Crusoe kam. Ein bisschen davon deutet Defoe an, aber viel bleibt unklar. Wenn jetzt jemand, sei es in seiner Fantasie, sei es in einem weiteren Roman, Freitags Biografie beschriebe, hätte er darin alle Freiheiten, solange Freitag nicht aus einem Hubschrauber auf Robinsons Insel abgesprungen ist oder in Wahrheit ein Agent der französischen Kolonialbehörden ist.

Wenn ich im Folgenden also einige Ideen zu Tolkiens Werk vorstelle, so entspringt dies wenigstens teilweise einem okkupatorischen Vorgehen. Ich nehme die weißen Flecken in Tolkiens Werk – einige davon jedenfalls – und fülle sie mit etwas an, was, so hoffe ich jedenfalls, nicht in Widerspruch zu Tolkiens Werk steht, aber von ihm auch nicht unbedingt so gedacht oder intendiert worden ist.

4.1   Mittelalter ohne Klerus

Eine der Fragen, die man jedem Fantasy-Autor stellen muss, ist, ob die von ihm beschriebene Welt eigentlich funktionieren würde. Andere Autoren haben dieses Problem nicht, ihre Bezugswelt ist ohnehin „real", was immer das dann bedeutet. Man kann ihnen vielleicht vorwerfen, die Welt, in der ihre Geschichten spielen, unkorrekt zu beschreiben. Aber Fantasy-Autoren müssen zunächst einmal den Vorwurf fürchten, ihre Welt könnte gar nicht existieren. Nehmen wir mal Stangs Geschichten aus dem Ewigen Krieg; ähnliches gibt es ja inzwischen auch von anderen Autoren, und der eine oder andere wird vielleicht sich auch an Haldeman deutliche ältere Science Fiction zu dieser Idee erinnern.[1] Eine

---

[1]   Stang: Der Schwarze Stein, 2013; Haldeman: Forever War, 1974

Welt, in der immerfort Krieg wäre, könnte nicht funktionieren, meine ich, weil es nichts mehr gäbe, um das Krieg zu führen sich lohnen würde. In der Militärwissenschaft sagt man, der Krieg habe sich totgelaufen, so etwa in der Endphase des Dreißigjährigen Krieges geschehen. Also entweder wird der Krieg tatsächlich ewig geführt, was dann aber nur bis zum Ende von allem und allen sein kann, oder er endet irgendwann aus Erschöpfung.

Wie ist das nun mit Tolkien, kann die von ihm geschilderte Welt existieren?

In Gänze lässt sich das wahrscheinlich nicht beantworten, weil Tolkiens Welt sehr groß, sehr komplex und vielfältig ist. Man kann natürlich fragen, ob die Erschaffung einer Welt aus Musik heraus astrophysikalisch sinnvoll sein kann.[2] Aus musiktheoretischer Sicht könnte man auch anführen, dass dies dem grundsätzlich volatilen, ganz und gar dem Augenblick verhafteten Wesen der Musik zuwider läuft und zudem – aber das teilt Tolkien mit den Autoren anderer Schöpfungsmythen - eine möglicherweise nur Menschen gegebene Perzeption der Welt, hier der Welt der Geräusche, kurzerhand zum Grundprinzip der Schöpfung insgesamt erhebt. Aber dass Gott ein Faible für sinfonische Werke hat, kann man, muss aber nicht glauben.

Spannender sind ohnehin Fragen, die etwas bodenständiger sind.

Ich nehme mal das Beispiel einer mittelalterlichen Feudalgesellschaft, wie Tolkien sie mit Rohan beschreibt. Was zeichnet die von Tolkien beschriebene Gesellschaft aus?

Rohan ist ein Königreich, wenn auch von geringerer Bedeutung als Gondor, von dem es, vergleichbar mit der Gründung der Normandie durch Karl den Einfältigen, vor geraumer Zeit mehr oder weniger abgetrennt worden ist. Das Reich ist vor allem bedeutend wegen seiner Pferdezucht, wobei es aber kaum Export in andere Länder gibt. Die

---

[2] Tolkien: Silmarillion, S. 3-6

Landesverteidigung beruht wesentlich auf der Kavallerie, mit Schild und Speer bewaffnete Reiter, die Eorlingas, welche in den weiten Grasländern umherziehen, um für Sicherheit zu sorgen. Infanterie gibt es zwar, aber dabei handelt es sich im Wesentlichen um Bauernaufgebote, die fast nur zur Verteidigung von Siedlungen und befestigten Plätzen eingesetzt werden.

Das Reich ist in sechs Bezirke unterteilt, vier südliche, zwei nördliche. Wo ein von den Bergen kommender Fluss ein Tal verlässt und in die Ebene fließt, liegt auf einem Hügel die Hauptstadt Edoras. Die Stadt ist neben ihrer Höhenlage gesichert durch einen Dornenhaag, einen Wall und schließlich eine hohe Mauer. Innerhalb der Mauer finden sich gepflasterte Straßen, an deren Seiten kleine Bäche fließen, dahinter hölzerne Häuser, und schließlich, in der Mitte der Stadt, die Große Halle, Meduseld, goldgedeckt, mit goldenen Türsäulen. Hier residiert der König, zur Zeit der Handlung des Romans Theoden, was im Altenglischen das Wort für König ist. Die Halle selbst ist deutlich beeinflusst von Beschreibungen der angelsächsischen und nordeuropäischen Sagenwelt. Daneben hat wohl vor allem die Hervarar-Saga Tolkiens Gestaltung von Rohan inspiriert.

Nehmen wir mal an, Tolkien habe eine tatsächliche mittelalterliche Feudalgesellschaft beschreiben wollen. Was hätten Gandalf, Aragorn, Legolas und Gimli gesehen, wenn sie sich dieser Hauptstadt genähert hätten?

Zunächst einmal macht Tolkien sich hier einen stillen Spaß, weil er weiß, dass wohl nur wenige Leser das Groteske dieser Situation verstehen. Legolas, der Elb mit den weit sehenden Augen, beschreibt das goldene Dach der Königshalle, dieweil Gimli neben ihm. Tolkien war natürlich bestens bekannt, dass „Gimli" in der nordischen Mythologie für den paradiesischen Ort steht, an den die Überlebenden nach dem Ende der Ragnarök ziehen. Hierauf bezieht Tolkien sich mit den Glitzernden Höhlen, den wundervollen Tropfsteinhöhlen, die Gimli entdeckt und wohin er und Legolas für einige Zeit gingen, als der Ringkrieg zu Ende war. Doch ursprünglich war „Gimli" der Name des goldenen

Dachs der Großen Halle in Asgard, auf deren Beschreibung sich Tolkien bei der Beschreibung von Meduseld bezieht.

Nun wollen wir Tolkien einmal zugestehen, dass Rohan überhaupt eine Hauptstadt hatte, zumal eine, in welcher der König mehr oder weniger unausgesetzt residierte. Im Mittelalter verfügten nicht alle Reiche über eine Hauptstadt, insbesondere das Deutsche Reich kannte keinen entsprechenden Ort. Aber auch da, wo, etwa in England, Frankreich oder Polen, eine Hauptstadt im eigentlichen Sinne schon frühzeitig definiert war, befand sich der Herrscher fast durchgehend auf Reisen durch sein Herrschaftsgebiet. Das war unabdingbar, weil zum einen die Informationswege zu unzuverlässig waren, zum anderen aber auch der Herrscher sich immer wieder vor Ort zeigen und seinen Gefolgsleuten und Untertanen ins Gedächtnis bringen musste. Zudem war er als Rechtsgeber und Rechtsprecher wichtig; viele bedeutende Rechtsakte erforderten einen Entscheid des Herrschers, der nur vor Ort erfolgen konnte.

Nennen wir es also einen glücklichen Zufall oder Theodens Bezauberung durch Saruman geschuldet, dass sie den König tatsächlich in Edoras angetroffen haben. Aber Tolkien beschreibt ein Grasland, aus dem unvermutet der Hügel mit der golden glänzenden Halle auftaucht. Wäre Edoras hingegen eine mittelalterliche Stadt gewesen, hätten die Gefährten auf Meilen hinaus Ackerland durchwandert, bevor sie auch nur in Sichtweite der Großen Halle gelangt wären. Denn man fragt sich natürlich einerseits, was essen die Bewohner von Edoras, wenn ringsum nur Grasland ist. Gras? Oder womöglich ihre Pferde? Die Versorgung mit Nahrungsmitteln aus den anderen Provinzen des Reichs dürfte angesichts fehlender zur Stadt führender Straßen, vor allem aber der allgemeinen Problematik des Frischhaltens von Nahrungsmitteln in einer mittelalterlichen Gesellschaft, kaum machbar sein. Aber selbst wenn die Bewohner sich zu ernähren wüssten, was machen die Leute denn den ganzen Tag, wenn nicht wie in einer mittelalterlichen Stadt wenigstens die Hälfte von ihnen ein Leben als Ackerbürger fristet, also als Bauern mit Wohnsitz in der Stadt und Ackerfläche draußen vor den

Toren? Wie viele Schreiber, Diener, Köche, Knechte, Wachen usw. benötigt denn Theodens Hofhaltung, dass er damit eine ganze Stadt im Atem halten kann?

Es gibt bei der Beschreibung von Edoras freilich etwas ganz anderes, was einem sofort auffällt, wenn man es mit Beschreibungen von Städten vergleicht, wie man sie aus dem europäischen Mittelalter kennt. In vielen Städten gab es in der Tat große Stadtburgen, Königspaläste oder in späterer Zeit regelrechte Festungen. Aber diese bildeten nur einen Teil des Stadtpanoramas, wenn man sich den Mauern näherte. Der zweite wichtige Teil der Optik waren in der Regel die Türme der Stadtmauer, welche Tolkien Edoras vorenthält. Aber der dritte und in der Regel überwiegende Teil der spektakulären Teile des Panoramas bildeten die zahlreichen Kirchen der Stadt. Nicht immer waren es Kathedralen, da nicht jede Stadt auch Sitz eines Bischofs war. Doch es gab viele Städte, deren Stadtkirchen jedenfalls den kleineren Kathedralen nur wenig nachstanden, auch wenn die Dimensionen des Kölner Doms nirgendwo erreicht wurden.

In Tolkiens Gestaltung von Edoras gibt es keine Kirchen, Tempel oder sonstigen sakralen Gebäude. Das ist nicht sonderlich überraschend, weil es in Tolkiens gesamter Welt keine Religion gibt. Tolkien beschreibt im Grunde eine weitgehend atheistische Gesellschaft.

Man kann darüber diskutieren, warum er sich dafür entschieden hat, dies zu tun. Unzureichende Kenntnis der Bedeutung der Kirche für das europäische Mittelalter bzw. von Religion und Religiosität für das Leben der Menschen dürfte es kaum gewesen sein. Für Tolkien selbst scheint die Religion eine erhebliche Bedeutung gehabt zu haben, war er doch bereit, nicht nur den ungewöhnlichen Schritt zu tun, vom anglikanischen Konsens seines Umfelds zum Katholizismus zu konvertieren, er ließ es u.a. über diese Entscheidung auch zu einer Entfremdung im Verhältnis zu C.S. Lewis kommen, der bis dahin einer seiner besten Freunde gewesen war.

An dieser Stelle will ich aber fragen, ob eine mittelalterliche Gesellschaft europäischer Prägung ohne eine entsprechende Religiosität und zugehörende Geistlichkeit überhaupt vorstellbar gewesen wäre. Nun steht eine „Was wäre gewesen, wenn"-Frage Historikern selten gut zu Gesicht. Ich will an dieser Stelle trotzdem einmal überlegen, ob sich das europäische Mittelalter, genauer gesagt die Feudalgesellschaft in Deutschland, Frankreich, England und Dänemark wenigstens einigermaßen gleich entwickelt hätte, wenn es keinen Klerus gegeben hätte.

Tolkien scheint beeinflusst von den Sagas auch in der Weise, dass hier das Priestertum der germanischen Stämme, sei es bei den Goten, sei es bei den Wikingern, kaum in Erscheinung tritt. Andererseits beschreibt er mit Rohan keine frühmittelalterliche, pagane Gesellschaft. Auch diese hatte natürlich ihre Priesterschaft, wiewohl diese kaum den Einfluss der Kirche im Hochmittelalter aufwies. Aber vor allem gab es eine dem Mittelalter durchaus vergleichbare Präsenz des Religiösen im Alltagsleben. Man kann natürlich fast nichts über frühmittelalterliche Sprache aussagen, erst recht nicht über die Rolle von Göttern oder anderen religiösen Elementen in der Alltagssprache. Spärliche, sehr zurückhaltend zu verwendende Hinweise gibt es erst aus dem heidnischen Hochmittelalter, also vor allem aus Skandinavien und aus Island. Auch ein Blick auf das erst im 14. Jahrhundert christianisierte Litauen lohnt an dieser Stelle.

Detailreicher als die schriftlichen Überlieferungen sind die diversen archäologischen Fundstücke zum Alltagsleben in vorchristlicher Zeit. In den überlieferten Artefakten finden sich immer wieder Bezüge auf das Religiöse, die sich bis ins Hochmittelalter hinein in eine klare Formensprache entwickelten, mit Thorshämmern, Drachen oder Schlangen, Rädern und diversen anderen religiös konnotierten Zeichen.

Dies alles fehlt in Tolkiens Rohan völlig. Auch das eher dem christlichen Hochmittelalter entsprechende Gondor kennt keinerlei Religion, keinen Klerus, keine Sakralbauten und dergleichen. Und das, obwohl es in Tolkiens Welt durchaus entfernt dem griechischen Olymp verwandte Wesen gibt, die Valar, die jenseits des Meeres in einem den Menschen, nicht jedoch den Elben unerreichbaren Refugium leben, in Valinor, eine Aufnahme vor allem keltischer Vorstellungen von einem westlich gelegenen mystischen Zauberland.

Was wäre geschehen, wenn die nordeuropäischen Staaten nicht ab dem 10. Jahrhundert schrittweise christianisiert worden wären? Hätte die dänische, norwegische, schwedische Gesellschaft sich deutlich anders entwickelt? Fest steht, dass die Christianisierung zur Festigung der jeweiligen Königsmacht benutzt wurde. Ob die Rückdrängung des Einflusses der zunächst noch übermächtigen Grundherren sowie der demokratischen Elemente der Thing-Verfassung auch ohne die Einführung des Christentums in ähnlicher Weise gelungen wäre, darf bezweifelt werden. Dies umso mehr, als sich die Kirche auch eine erhebliche Rolle bei der Einführung eines Steuer- und Abgabensystems nach deutschem und englischem Vorbild spielte. Ohne diese neue Einnahmequelle wäre eine Stärkung der Zentralmacht schon finanziell praktisch ausgeschlossen gewesen.

Das führt zu einem dritten Problem hinsichtlich Tolkiens Beschreibung von Rohan. Nicht nur fragt sich, wie die Hauptstadt hätte ernährt werden sollen und oder ob eine mittelalterliche Feudalgesellschaft ohne Religion, eigentlich ohne Christentum, hätte funktionieren können. Es scheint auch zweifelhaft, dass sich ein Staat frühmittelalterlicher Prägung eine stehende Kavallerie hätte leisten können, welche Tolkien mit den von Eomer geführten Eorlingas schildert. Stehende Heere, selbst wenn sie klein sind und fast nur aus Fußsoldaten bestehen, sind kostspielige Einrichtungen, welche in Europa sich die Herrscher meist erst nach dem Dreißigjährigen Krieg allmählich zu leisten begannen, und auch das nur, weil andere Staaten dies bereits machten. Zum einen verursachte eine solche Armee natürlich Rekrutierungs- und Unterhaltskosten, vor allem hinsichtlich Sold, Ausrüstung und Unterhaltung der Standorte. Kam es zum Krieg, stieg der Aufwand noch einmal erheblich, da es kaum einmal gelang, sich durch den Einsatz eines solchen Heeres einen lukrativen Happen zu rauben, wie Friedrich II. das im Ersten Schlesienkrieg hinbekam – aber im folgenden Krieg und vor allem im Siebenjährigen Krieg auch schrecklich dafür zu bezahlen hatte. Zweitens aber entzog die dauerhafte Verwendung junger Männer in der Armee jene natürlich auch dem zivilen Wirtschaftsleben. In einem bevölkerungsarmen Land wie Rohan dürfte dies noch einmal von erheblich größerer Bedeutung gewesen sein als in mitteleuropäischen Ländern vergleichbarer Größe, die jedoch ihrerseits auch schon deshalb immer wieder versuchten, eher durch Import von Rekruten als durch Rekrutierung im eigenen Land die Reihen der Armee zu füllen.

Zudem hat Tolkiens Reiterarmee noch ein weiteres Problem. Während seine sonstigen militärischen Skizzen meist recht plausibel sind, ist fast alles, was die Reiter von Rohan machen, ausgesprochen fragwürdig. Keine Armee hätte sich jemals auf Kavallerie konzentrieren können, weil auf dem Schlachtfeld – selbst in Ermangelung von Feuerwaffen – es ausgesprochen unwahrscheinlich war, dass Reiter sich gegen eine gut aufgestellte Truppe von Fußsoldaten hätten durchsetzen können. Die große Stunde der Reiterei schlug in den meisten Schlachten erst, wenn es gelungen war, die feindliche Ordnung aufzubrechen oder gar den Feind zur Flucht zu zwingen. Bei Hastings 1066 etwa trugen die normannischen Reiter den Sieg nur deswegen davon, weil Harald Godwinsons von der Schlacht bei Stamfordbridge bereits erschöpften und durch unerfahrene Aufgebote ergänzten Truppen glaubten, die Normannen in die Flucht geschlagen zu haben. Wilhelm hatte seinen Reitern einen Angriff und anschließenden raschen Rückzug befohlen. In der Hoffnung auf einen schnellen Sieg öffneten die Angelsachsen den bis dahin unüberwindlichen Schildwall und gaben so Wilhelms Reitern die Möglichkeit, erneut zu wenden und in die völlig überraschten Fußtruppen einzubrechen, ein Trick, der Wilhelm mehrfach gelang und ohne den die englische Geschichte mit Sicherheit deutlich anders verlaufen wäre.

Man mag Tolkien zugute halten, dass er die Orks als einen ungeordneten Haufen brutaler Schläger und Marodeure beschreibt, nicht als eine disziplinierte Truppe mit klarer Führung und Zielorientierung. Aber selbst dann erscheint zweifelhaft, dass die Eorlingas wirklich eine nennenswerte Chance gegen die offensichtlich zahlenmäßig dramatisch überlegenen Orks gehabt hätten. Erst recht gilt das für Theodens Sturmangriff auf die feindlichen Truppen auf dem Pelennor-Feld. Hier trifft er ja nicht nur auf die Orks, sondern auch noch auf eine große Zahl von unter Saurons Knute lebende oder mit ihm verbündete Völker der Menschen aus dem Osten bzw. dem Süden von Mittelerde, die Ostlinge und die Haradrim. Der Organisationsgrad dieser Einheiten ist zwar eher noch unklarer als Tolkiens Hinweise auf die Kommandostruktur der Orks. Aber es wäre doch recht wahrscheinlich, dass der Angriff der Reiter – zwar bergab, aber auf erschöpften Pferden, ohne nennenswerte Unterstützung durch eigene Fußtruppen – in einem blutigen Desaster geendet hätte, das auch die überraschende Unterstützung durch die heransegelnde Verstärkung unter Aragorns Führung nicht mehr hätte wenden können. Beide Völker scheinen über eine große Zahl von Pikenieren verfügt zu haben, eine Truppe, gegen die jede Kavallerie der Welt chancenlos gewesen wäre, solange sie nicht darauf bauen konnte, dass zunächst durch massives Musketen- oder Artilleriefeuer der fest stehende „Gewalthaufen" oder das Karree der Speerträger aufgebrochen worden wäre.

Insgesamt ist Tolkiens Darstellung von Rohan also nicht wirklich plausibel. Man kann die leeren Flecken seiner Beschreibung nicht so füllen, dass ein funktionierendes Feudalsystem mittelalterlicher Prägung entsteht, das sich zugleich ein stehendes Heer, noch dazu in Form einer Reitertruppe hätte leisten können. Als literarische Leistung ist die Darstellung Rohans unbestritten, als historisches Gedankenexperiment darf man hier allerdings Zweifel anmelden.

4.2 War Tolkien ein Rassist?

Tolkien wird häufig Rassismus vorgeworfen. Es gibt auch eine große Zahl von Wertungen, welche in Sauron – nicht nur wegen der Namensähnlichkeit oder der geographischen Lage Mordors östlich von Gondor – einen Bezug zu Stalin sehen wollen. Einige meinen sogar, Denethor sei als Gegenstück zu Hitler zu sehen, ein zunächst wichtiger Führer seines Volks gegen den Angriff aus dem Osten, dennoch, vielleicht ohne es zu wollen, Steigbügelhalter eines Ausgreifens der bolschewistischen

Herrschaft nach Westen, oder aber eben doch nur ein Stellvertreter des eines Tags aus dem Exil zurückkehrenden Kaisers.

Zwar verkennt diese letzte Position gründlich das Verhältnis von Hitler und Wilhelm II. in seinem Exil in den Niederlanden. Aber es lässt sich nicht abstreiten, dass es innerhalb der britischen Intellektuellen diese Interpretation der Vorgänge in Deutschland zeitweise durchaus gab. Das endete im Wesentlichen mit der Münchner Konferenz, setzte sich vereinzelt aber noch bis weit nach Kriegsende fort.

Man kann auch spekulieren, dass Tolkien Denethor an andere Autokraten anlehnte, welche – wie etwa Horthy in Ungarn – grundsätzlich als Statthalter eines exilierten Königs auftraten. Es ist aber auch relativ offensichtlich, dass sich seine Darstellung – selbst wenn derlei ihn beeinflusst haben mag – sich hiervon relativ rasch emanzipierte und verselbständigte. Insbesondere die komplexe Persönlichkeit und Entwicklung von Denethor ist viel eher in Korrespondenz zur Entwicklung von Boromir und über diesen ausgreifend auf den Fluch des Rheingolds bei Wagner zu sehen, als im Kontext tagespolitischer Bezüge.

Spannender ist die Frage, ob Tolkiens Beschreibung der verschiedenen Völker Mittelerdes rassistisch ist. Zwar ist es nicht ganz einfach, den Begriff „Rassismus" so zu schärfen, dass man sinnvoll hierauf prüfen kann. Aber man kann vielleicht als „rassistisch" Positionen und Haltungen bezeichnen, welche auf einer oder mehreren der folgenden Annahmen beruhen. Solche rassistischen Prämissen könnten sein:

- Es gibt übergangslose Rassen, also etwa hinsichtlich der Menschen Weiße, Neger und Mongolen.
- Die Eigenschaften eines Menschen entstammen zu einem erheblichen Teil seiner Zugehörigkeit zu einer bestimmten Rasse.
- Die einer Rasse zugehörenden Eigenschaften sind in ihrer Gesamtheit mehr oder weniger wert als die Eigenschaften einer anderen Rasse.
- Die geringere Wertigkeit einer Rasse kann genetisch oder historisch bedingt sein, ist aber irreversibel. Folglich kann niemand seine ras-

sisch bedingten Defizite vollständig überwinden, auch wenn sich einzelne talentierte Vertreter der jeweiligen Rasse in die Wertigkeit einer anderen Rasse hineinarbeiten können.
- Eine Vermischung zwischen den Rassen wird tendenziell die negativen Aspekte beider Rassen begünstigen, führt also zu Mischvölkern von noch geringerer Wertigkeit.

Die Haradrim entstammen den südlichen Landen Mittelerdes, sind dunkel- oder schwarzhäutig und kämpfen u.a. mit Krummschwertern und Lanzen, verfügen über Fußsoldaten und Reiter und setzen in ihren Reihen auch Kriegselefanten ein.[3] Tolkien bedient sich hier offensichtlich bei zwei zeitlich weit entfernten Beispielen, den Karthagern und den Truppen des Mahdi. Beide stellten in der Wahrnehmung konservativer britischer Intellektueller eine Bedrohung der europäischen Kultur und Kulturentwicklung durch eine Gegenkultur dar. Insbesondere der Mahdi-Aufstand im Sudan ab 1881 und die massiven Niederlagen, welche die britischen Truppen hier hinnehmen mussten, hatten das rassistische Konzept einer grundsätzlichen Unterlegenheit der afrikanischen Völkern gegenüber den Europäern in Frage gestellt; Ähnliches wurde in den vier Kriegen gegen die Ashante zwischen 1826 und 1898 sowie gegen die Zulu 1879 deutlich. In keinem dieser Kriege hatte sich eine unbedingte Überlegenheit der Europäer gegenüber den Afrikanern bestätigen lassen. Aber umso mehr erzeugte der Mahdi-Aufstand das Bild zweier unvereinbarer Kulturkonzepte, woraus sich leicht eine Linie bilden ließ, die von den Kreuzzügen über die Verteidigung Wiens gegen die angreifenden Türken bis hin zum Mahdi-Aufstand 1881 gezogen werden konnte. Immerhin dreizehn Jahre lang hatte sich das Mahdi-Reich seit der Einnahme von Khartoum und dem Tod des britischen Befehlshabers Charles G. Gordon den britischen Angriffen erwehren können, vor allem aber hatte es das Bild des schwarzen Kriegers mit Turban, Lanze, Krummschwert und Tätowierung oder Bemalung fest in der britische Gedankenwelt etabliert.

---

[3] Tolkien: Two Towers, S. 217; ders.: Return, S. 139

Neben den südlich von Gondor lebenden Völkern kennt Tolkien auch zahlreiche im Osten lebende Völker und Nationen. Für diese findet er den Sammelbegriff „Easterlings", was zur Zeit der Abfassung des Buchs wohl weniger übel schmeckte als in der Nachfolge des NS-Terrors, als Begriffe wie „Ostvölker" oder „ostische Völker" die sprachlichen Vehikel eines auf mehrere Jahrzehnte geplanten Genozids an der slawischen Bevölkerung Europas waren.

Hinsichtlich dieser „Easterlings" beschreibt Tolkien mehrere Einwanderungswellen, welche alle drei von ihm geschilderten Zeitalter durchziehen. Es beginnt mit einer ersten Einwanderung aus dem Osten von Menschen, die Tolkien mit einem Begriff aus dem Standardrepertoire rassistischer Autoren als „swarthy people" bezeichnet, also „dunkelhäutige Menschen". Mit deren bedeutendsten Herrschern Bor und Ulfang gehen die Elben allerdings ein Bündnis ein. Die Krieger Bors erweisen sich als treu und tapfer, während Ulfang anscheinend von Anfang an mit dem Feind verbündet war.[4]

Sodann berichtet Tolkien von einem Angriff eines über lange Zeit fast unbesiegbaren Volks aus dem Osten gegen Gondor. Dieses Volk, die Wainrider, sind vor allem durch ihre Streitwagen gekennzeichnet, die ihnen auch den Namen gegeben haben.[5] Hier bezieht Tolkien sich offensichtlich auf die Hyksos, welche im 17. Jahrhundert v. Chr. das Nildelta eroberten, aber auch auf die Hunnen. Die Wainrider werden besiegt, als sie in ihrer Wagenburg den Sieg über den König von Gondor, Ondoher, feiern und während der Siegesfeier von dessen Heerführer Eärnil überrascht werden. Hingegen wurden die Hunnen, so das zu Tolkiens Zeit verbreitete Bild, von Aetius 452 auf den Katalaunischen Feldern besiegt, aber der erwartete Schlussangriff auf die Wagenburg der Hunnen erfolgte nicht, sodass Attila sich in sein Hauptlager in Ungarn zurückziehen konnte.

---

[4] Tolkien: War, S. 60-64
[5] Tolkien: Return, S. 403-404

Tolkien zeigt sich hier als Vertreter eines konservativen Bilds der europäischen Geschichte, welches in der Schlacht auf den Katalaunischen Feldern die Rettung Europas vor dem Angriff der Hunnen sah, ähnlich wie später in der Schlacht bei Liegnitz die Rettung des Abendlands vor den Mongolen. Beides ist jedoch zweifelhaft: Aetius und Attila waren sicher Konkurrenten um die vorherrschende Rolle in Italien, aber sie verstanden sich nicht als Vorkämpfer kollidierender Kulturen. Zudem: Attila zog sich zwar zurück, plünderte aber zunächst mal Italien, auch wenn Papst Leo I. durch eine erhebliche Geldsumme einen Angriff auf Rom anscheinend verhindern konnte. Doch es war der Ausbruch einer Seuche, was Attila letztlich zum Rückzug nach Ungarn in sein „Großes Lager" an der Theiß zwang, ehe mit seinem Tod 453 das Hunnenreich zerfiel. Entsprechend war die Schlacht bei Liegnitz 1241 für die verbündeten polnischen und schlesischen Ritter ein blutiges Desaster, auch wenn es den Mongolen nicht gelang, die Stadt Liegnitz zu erobern. Aber zum Rückzug veranlasst wurde die mongolische Armee durch den Tod des Großkhans Ögedei Khan im Dezember desselben Jahres. Der mongolische Heerführer Batu Khan marschierte zurück ins ferne Karakorum, um den Thron an sich zu reißen, was ihm freilich erst zehn Jahre später und nach einem blutigen Bürgerkrieg gelang.

Aus Ungarn, aus der Theißebene, wo die Hunnen sich wohl nach dem Zerfall ihres Reichs angesiedelt hatten, erfolgte ein halbes Jahrtausend später ein weiterer großer Angriff auf Europa, bevor Otto I. 955 den Ansturm der Magyaren auf dem Lechfeld bei Augsburg brechen konnte. Wiewohl es aus heutiger Sicht keine Abstammung der Maygyaren von den Hunnen gibt, führt Tolkien als ein weiteres, ebenfalls Streitwagen fahrendes Volk die Balchoth ein, die einige Jahrhunderte nach den Wainriders Gondor wiederum attackieren.[6] Er folgt hier der Vorstellung britischer Historiker seiner Zeit, es gebe auf der Welt „belligerent nations", die immer wieder zu Unruhestiftern in der Welt werden müssten, weil sie sich zur Kriegführung aufgrund ihrer genetischen Disposition eher eigneten als andere Völker. Solche Völker suchten britische Histo-

---

[6] Tolkien: Return, S. 410-411

riker quer durch die Geschichte und fanden sie in Goten und Vandalen, in Hunnen und Mongolen, so wie man in der eigenen Epoche entsprechende Völker in den Gurkha, den Zulu, den Mohawk oder den Maori identifiziert zu haben glaubte.

Andere Völker, welche Tolkien östlich von Gondor ansiedelt, erinnern ebenfalls an historische Beispiele, so die Variags und in der Schlacht um Minas Tirith bärtige, gedrungene Männer mit schweren Äxten, ersteres ein Bezug auf die Wikinger, auch wenn diese im üblichen Klischee als eher hochgewachsen galten.[7] Variag war immerhin einer der weniger gebräuchlichen Namen für die Waräger, also Wikinger, die ursprünglich eine Elitetruppe in Konstantinopel bildeten, dann aber nach Russland ausgriffen und unter Rurik das Reich von Kiew gründeten. Die Wikinger insgesamt galten insbesondere auf dem Höhepunkt ihrer Raubzüge an Europas Küsten als eine den Hunnen vergleichbare Bedrohung. In zahlreichen Kirchen wurde in dieser Zeit gebetet: „A furore Normannorum libera nos, Domine!" („Befreie uns vom Schrecken der Normannen, Herr!"), was eindeutig auf die zuvor erfolgte Rettung des Abendlands vor den Hunnen Bezug nahm, die man – dem heidnischen Heerführer Flavius Aetius konnte man schlecht dankbar sein – kurzerhand Papst Leos Gebeten zuschrieb. Die Axtkrieger hingegen beziehen sich offensichtlich auf eine andere Bedrohung der abendländischen Kultur, nämlich auf die Langobarden, die gegen Ende des 6. Jahrhunderts ihr Reich in Norditalien errichteten. Tolkien greift hier gleich beide Erklärungen des Namens der Langobarden auf, da einige Historiker seiner Zeit vermuteten, der Name sei auf die Bärte der eigentlich den Sueben zugehörenden Angreifer zurückzuführen, während andere meinten, hier läge ein Bezug auf das lange Blatt der von den Langobarden verwendeten Form der Streitaxt vor.

Insgesamt vereint Tolkien in diesen menschlichen Verbündeten Mordors also diverse Beispiele, welche im Kontext seiner historischen Bildung als Bedrohung der Zivilisation und des erreichten Stands der jeweiligen

---

[7] Tolkien: Return, S. 143

Kultur angesehen wurden; Hyksos, Karthager, Hunnen, Langobarden, Wikinger, Ungarn, Anhänger des Mahdi.

Man kann Tolkien hier vom Vorwurf freisprechen, eine rassistische Ideologie zu vertreten. Er sieht keine genetische Inferiorität der Angreifer aus dem Osten oder Süden, ist aber deutlich getragen von der Idee fortgesetzter Kulturenkonfrontation zwischen Westen und Osten. Diese heute unter dem Modewort „clash of cultures" wieder zu Ehren gekommene Vorstellung ist aus Sicht der historischen Forschungslage wie auch in der gegenwärtigen Weltlage Unfug, auch wenn man es in der politischen Propaganda immer wieder gern heranzieht.[8] Man kann Tolkien aber kaum vorwerfen, von einer Idee beeinflusst zu sein, die zu seiner Zeit fast alle Intellektuellen Westeuropas teilten.

Kritischer beurteilen muss man, dass in Tolkiens Arbeiten sich rassistische Gedanken wie selbstverständlich einschleichen, die zwar dem Zeitgeist mindestens teilweise geschuldet sind, aber schon zu seiner Zeit als problematisch diskutiert wurden. So werden etwa die bärtigen Axtkämpfer, welche als neuer Feind auf dem Pelennor auftauchen, durchweg als gedrungen und kleiner als die sonst hochgewachsenen Krieger aus dem Osten bezeichnet. Diese Typisierung eines ganzen Volks ist rassistisch, weil sie die Varianz und Vielfalt, die man dem eigenen Volk selbstverständlich zugesteht, hinsichtlich anderer Völker nivelliert. Dass die Gegner alle Äxte benutzen, mag noch einer gewissen Standardisierung der Ausrüstung entsprechen, was dann aber bereits für eine relativ fortgeschrittene Kultur und Wirtschaft spräche. Aber dass diese Krieger alle gedrungen und alle bärtig sein sollen, folgt trotz der Anlehnung an die Langobarden dem Muster der Bildung rassistischer Feindbilder. Allerdings kann man Tolkien hier teilweise entschuldigen, weil er diese Beschreibung der Axtkrieger nicht aus Autorenperspektive gibt, sondern Leute in Gondor einander von diesen Kriegern berichten lässt. Eine solche Typisierung im Rahmen von Gerüchten in einer belagerten Stadt wäre nicht überraschend, auch wenn sie auf das

---

[8] Huntington: Clash, passim

Vorhandensein rassistischer oder mindestens xenophober Gedanken in der Bevölkerung Gondors hindeutet. Dies setzt sich übrigens im selben Abschnitt fort, wenn Tolkien die Bevölkerung darüber spekulieren lässt, dass die Ritter von Dol Amroth dem Schrecken der Schwarzen Reiter weniger leicht unterlägen, weil in ihren Adern Elbenblut flösse, könne man doch nicht ausschließen, dass die ehemals in Nimrodel lebenden Elben zu ihren Vorfahren gehörten.[9]

Eigentlich kennt Tolkien nur Elros und Elrond als Söhne eines Menschen und einer Elbin, bzw. dann deren Nachfahren als Angehörige einer entsprechenden Blutlinie. Insofern ist diese Spekulation der Bewohner von Minas Tirith überraschend. Auch hier legt Tolkien diesen aber kritiklos rassistische Ideen in den Mund, nicht nur weil hier das überholte Bild der Blutstradition wieder aufgegriffen wird, sondern weil es die genetischen Eigenschaften des einen oder anderen Volkes sein sollen, welche bestimmte psychische Fähigkeiten begünstigen.

Die Entscheidung, welche die Valar die Brüder Elros und Elrond zu treffen zwingen, ob sie Elb oder Mensch sein wollen, lässt sich noch leichter rassistischen Ideen zuordnen, wonach „Rassenmischung" grundsätzlich verwerflich sei und man sich für die eine oder andere Rasse zu entscheiden habe. Ob Tolkien die entsprechende Praxis bekannt war, welche in diversen rassistisch beeinflussten Systemen zeitweilig üblich war, dass entsprechende Kinder sich letztlich für die eine oder andere Rasse entscheiden mussten, weil man „gemischtrassige" Personen nicht akzeptieren wollte, lässt sich kaum sagen. Aber diese eine Entscheidung von Elros bzw. Elrond, welche dann über Jahrtausende das Leben und Werden ganzer Völker beeinflusst, ist im Grunde auch jenseits der Rassismusfrage eigentlich hochgradig unfair und wirft ein ausgesprochen schlechtes Licht auf Tolkiens Olymp.

Insgesamt muss man sagen, dass Tolkien kein rassistisches Pamphlet verfasst hat. Aber die zahlreichen rassistischen Ideen, Gedanken, Re-

---

[9] Tolkien: Return, S. 114

densarten etc., welche die britische Geisteswelt wenigstens in der ersten Hälfte des 20. Jahrhunderts noch fast unkritisiert durchzogen, lassen sich auch ihm an zahlreichen Stellen nachweisen. Das Leitthema des Angriffs auf Gondor oder dann vor allem auf Minas Tirith ist aber der Angriff anderer, nicht einmal notwendig niedriger einzuschätzender Kulturen und Völker auf die präferierte Kultur und deren allen Erwartungen zum Trotz erfolgreiche Verteidigung gegen die Angreifer.

4.3 Anachronismen

Tom Shippey hat mal ein wegweisendes Buch über Tolkien im Vergleich mit James Joyce geschrieben, in dem er, verkürzt gesagt, die Ansicht vertreten hat, Bilbo Beutlin zöge, indem er den Shire verlasse, nicht nur in eine andere Region, er verlasse vielmehr auch seine Zeit, bei der es sich nämlich eigentlich um ein, wenn auch mehr oder weniger idealisiertes, Mittelengland der ersten Hälfte des 20. Jahrhunderts handele. Bilbo und letztlich die Hobbits insgesamt seien also personifizierte Anachronismen in einer archaischen, mythenschweren Welt.[10]

Offensichtlich ist der Shire nicht Mittelengland in mehr als einer Hinsicht: Es gibt keine Industrie, das Wetter ist deutlich besser als in England, und den Einwohnern ist die Urkatastrophe des Ersten Weltkriegs offensichtlich vorenthalten geblieben. Aber das beantwortet nicht, ob Shippeys Annahme zutreffend ist.

Tatsächlich ist die Zahl der Anachronismen, also der Dinge, welche in einer mittelalterlichen Welt deplatziert werden, umfangreich, wenn man sich Tolkiens Beschreibung des Shires ansieht. Ich will im Folgenden einige hiervon darstellen, um dann auf die Frage zu kommen, ob Shippeys Annahme haltbar ist. Das wäre nämlich nur dann der Fall, wenn die Anachronismen sich auf die Beschreibung des Lebens im Shire beschränkten.

---

[10] Shippey: Author, passim, v.a. S. 46

Zunächst einmal fragt man sich natürlich, warum Bilbo eigentlich sich von Gandalf in dieses Abenteuer manövrieren lässt. Etwas anderes als die Tookseite in ihm kann es kaum gewesen sein, denn er handelt offensichtlich nicht aus finanzieller Not heraus. Eher fragt man sich, wie er zuvor eigentlich seine Tage verbracht hat. Er ist mit fünfzig Lebensjahren ja auch für einen Hobbit ja schließlich nicht mehr ganz jung, als Gandalf ihn eines Morgens aufsucht. Offensichtlich arbeitet Bilbo nicht, während es im Shire ansonsten doch wohl üblich ist, dass jeder seinem Tagewerk nachgeht und es dabei auch durchaus soziale Schichtungen gibt. Sam Gamgees Familie etwa ist offensichtlich als arm zu betrachten, auch wenn es in Hobbington ein Landproletariat wie im England des 19. Jahrhunderts nicht zu geben scheint. Zugleich ist der Umgang von Angehörigen wohlhabenderer Familien mit ärmeren Hobbits höflich und respektvoll, in der Beziehung zwischen Sam und Frodo, aber auch zu Merry und Pippin auch durchaus kameradschaftlich. Dennoch kommt an der unterschiedlichen sozialen Schichtung und Sams Rolle als Knecht, Bediensteter, Butler, Leibdiener nie Zweifel auf. Erst Frodos Weggang nach Valinor macht Sam zum Eigentümer von Bags End und damit zum Mitglied der lokalen Oberschicht, jedenfalls in finanzieller Hinsicht.

Bilbo scheint also das Leben eines wohlhabenden Junggesellen zu führen, der sich um seinen Lebensunterhalt nicht kümmern muss, sondern im Wesentlichen seinen Interessen nachgeht. Welche dies sind jenseits von Rauchen und Essen wird nicht recht deutlich. Es wird auch nicht ganz klar, woraus sein Wohlstand eigentlich besteht. Klar ist, dass es sich um ererbtes Vermögen handelt, welches Bilbo erst im Zuge seiner Rückkehr vom Erebor, dann allerdings erheblich, erweitert. Aber mögliche Parallelen zum britischen Landedelmann sind insofern fragwürdig, als die entsprechenden Angehörigen der britischen Gentry mit der Verwaltung ihres Landbesitzes durchaus beschäftigt waren. Bilbo scheint aber weder über großen Landbesitz zu verfügen noch werden Pächter erwähnt, die diesen Boden bestellen müssten. Bags End selbst hat sein Vater offensichtlich hauptsächlich mit der Mitgift seiner Frau Belladonna Took finanziert; deren Familie ähnelt schon eher einer britischen Adelsfamilie mit Latifundien, die einen entsprechenden Reichtum begründen. Aber Bilbos Vermögen kann eigentlich auch schon in frühen Jahren nur aus Mobilien, also etwa größeren Geldsummen, Aktien, Pfandbriefen oder Stillen Teilhaberschaften bestanden haben, wozu er dann mit den zwei Kisten, eine voller Silbermünzen, die andere voller Goldmünzen, noch einmal bewegliches Gut beigesteuert hat. Aber schon dieses Münzvermögen setzt einen gewissen Modernisierungsgrad voraus; in einer mittelalterlichen Gesellschaft war der Umgang mit Geld eher ungewöhnlich, auch wenn Geld seit seiner Erfindung in der Jungsteinzeit nie ganz aus der Mode gekommen ist. Auch die eine oder andere Form der Anteilseignerschaft, welche Einnahmen sicherte, ohne sonderliche Aktivitäten zu erfordern, war seit der Antike durchaus bekannt. Daher ist Bilbos Wohlstand zwar in seiner Form als eher untypisch für das Bild eines mittelenglischen Landedelmanns anzusehen, aber es ist nicht unbedingt anachronistisch.

Schwieriger ist es mit den kleinen Dingen des täglichen Lebens, die nun in der Tat eher dem späten 19. Jahrhundert zuzurechnen sind, als einer spätmittelalterlichen oder frühneuzeitlichen Lebensweise eines Angehörigen der englischen Gentry. Hier sind nicht nur die Kartoffeln zu nennen, die Sams Vater anbaut, oder der Tabak, den Bilbo ebenso wie Gandalf oder später auch Aragorn und Gimli als Selbstverständlichkeit annimmt. Wäre das englische Mittelalter das alleinige Vorbild für Tolkiens Welt, dürften diese der Entdeckung Amerikas zu verdankenden Annehmlichkeiten nicht vorkommen. Doch dies ist nur ein Detail, während insgesamt das Wirtschafts- und Agrarsystem des Shire zweifelhaft erscheint. Als die Zwerge mit Gandalf in Bilbos beschauliches Leben einfallen, ist er zunächst einmal in der Lage, alle befriedigend zu bewirten. Auch wenn sein eigener Appetit anscheinend gelitten haben dürfte, wären wahrscheinlich wenige Haushalte in der Lage, eine entsprechende Bewirtung von fünfzehn Personen zu bewerkstelligen, die zudem offensichtlich eine weitgefächerte Erwartungshaltung hinsichtlich Speisen und Getränke an den Tag legen. Abgesehen von den erstaunlichen Vorräten, welche Bags End offensichtlich aufweist, passen unter den genannten Speisen und Getränken vor allem weder Tee noch Kaffee in eine mittelalterliche Gesellschaft, durchaus aber in eine mittelenglische Umgebung der ersten Hälfte des 20. Jahrhunderts. Für Kaffee- oder Teepflanzungen bietet der Shire nicht das richtige Klima, also muss es einen weitspannenden Handel geben, mit den entsprechenden Herausforderungen hinsichtlich Infrastruktur und Geldwirtschaft. Zwar öffnete in Oxford das erste Kaffeehaus bereits 1650, in die wohlhabenderen Privathaushalte hielt der Kaffee aber erst etwa hundert Jahre später Einzug. Zunächst rösteten die meisten Familien ihren Kaffee selbst, was aber relativ geruchsintensiv und zeitaufwändig ist, da der Kaffee nach dem Rösten mindestens einen halben Tag ruhen muss. Wahrscheinlicher ist, dass Bilbo die Bohnen bereits geröstet beim örtlichen Krämer erwarb und in gewisser Menge vorrätig hielt, was aber eine entsprechende, keinesfalls mittelalterliche Handelsstruktur voraussetzt.

Entsprechendes gilt für Tee, der ebenfalls kaum in Bilbos Haushalt gelangen konnte, wenn nicht in ganzen anderen Gegenden umfangreich Anbau betrieben wurde, danach der ebenfalls tropisches Klima erfordernde Fermentierungsprozess durchgeführt worden wäre. Schließlich musste das Produkt irgendwie nach Hobbington gebracht werden, eine eigentlich von der Außenwelt weitgehend abgeschiedene und im Grunde xenophobe Gemeinschaft, in welcher eine Institution wie die East India Company eindeutig deplatziert wirken würde. Ohnehin ist auch der Tee kein Teil einer mittelalterlichen Kultur, da er erst zu Beginn des 17. Jahrhunderts schrittweise in Europa Verbreitung fand. Wohl aber ist er in geradezu klischeehafter Weise fester Bestandteil jener mittelenglischen Idylle, die Tolkien offensichtlich mit dem Shire darstellen wollte.

Die gleichen Fragen stellen sich hinsichtlich der Herkunft des offensichtlich beliebten Tabaks. Was England betrifft, war er zwar schon seit früher Neuzeit sehr populär. Aber er kam, wie bereits erwähnt, aus Nordamerika und wurde nie ein typisches englisches Erzeugnis. Zwar scheint der Shire über freundlicheres Klima verfügt zu haben. Es scheint trotzdem schwer vorstellbar, wie hier Tabankanbau möglich gewesen sein soll. Zum Vergleich, in Deutschland gab es zwar seit Ende des 16. Jahrhunderts in geringem Umfang einen Tabakanbau, er beschränkte sich aber weitgehend auf Süddeutschland, während in England entsprechende Versuche weitgehend gescheitert sind. Den besonders hochwertigen Tabak, den Merry und Pippin unter den Trümmern Isengards entdecken, kann der Shire nicht hervorgebracht haben. Dennoch gab es offensichtlich eine so umfangreiche Produktion, dass die Familie Hornblower als Tabakhändler Tabak in Fässer verpacken, mit ihrem Brandzeichen versehen und exportieren konnten.[11] Aber dies, ebenso wie der Tee ist jenseits aller Anachronismen ein wesentliches Element der mittelenglischen Idylle, die Tolkien insbesondere mit dem Picknick nach der Zerstörung Isengards noch einmal – ein bisschen wehmütig – zitiert.

Das ist auch genau der Grund, warum die scheinbaren Anachronismen in der Beschreibung der Gesellschaft von Hobbington Sinn machen. Tolkien will die Idylle der kleinen Leute – hier wörtlich genommen – beschreiben. Ihre kleinen Freuden, ihre einfachen, bodenständigen Wünsche und Sehnsüchte, ihre überschaubaren Horizonte und Perspektiven, auch ihr Leben, das von großen Katastrophen weitgehend verschont bleibt. Diese Welt ist natürlich so irreal, wie sie nur sein kann, sie ist die eigentliche Fantasy, die Tolkien schreibt. Hier ist das eskapistische Ideal, in das Tolkien gern umsiedeln würde, zugleich aber auch der umgrenzte und topologisch wie intellektuell beschränkte Raum, von dem er ganz genau weiß, dass er es hier auf die Dauer nicht aushalten würde.

In diese Traumwelt bricht die Außenwelt mit den Zwergen bzw. später, in erheblich drastischerer Form – mit Saruman ein. Tolkien lässt, in bester Nachfolge zu William Morris, wenig Zweifel, dass ihm die Moderne mit ihren Maschinen, ihren Ziegelbrennereien, Fabriken, aber auch mit ihrer umgestülpten Sozialordnung unangenehm ist. Die Anachronismen, welche Tolkien verwendet, sind also nicht wahllos, sondern verbinden sich durchweg mit der Idee einer idealisierten mittelenglischen Idylle. Deswegen gibt es in Hobbington eine Zeitung, mindestens

---

[11] Tolkien: Two Towers, S. 207

in Bywater ein Postbüro, hat Bilbo eine Uhr auf dem Kaminsims und Regenschirme in einem Ständer an der Tür. Aber es gibt auf dem Marktplatz eben keinen Pranger, es gibt keine Bettler, keine Kriegswaisen, keine Alkoholiker, es gibt auch keine Zwangsrekrutierung und anscheinend noch nicht einmal einen Landgendarmen oder etwas Vergleichbares, also anscheinend auch keinerlei Kriminalität im Shire.

Hätte Shippey Recht, wäre Tolkien mindestens an mindestens zwei Stellen ein gravierender Fehler unterlaufen. Alle Anachronismen hätten dem Shire zugeordnet sein müssen, während die umgebende Welt einer anderen Zeit zuzurechnen gewesen wäre. Daher konnte Bilbo eine Uhr besitzen und Kaffee und Tee ausschenken, Theoden oder Denethor konnten das nicht. Aber tatsächlich sind auch die Angehörigen jener anderen, nach Shippeys Ansicht vorzeitigen Welt, in die Bilbo dann aufbricht, in Bilbos Welt des frühen 20. Jahrhunderts nicht fremd. Bilbo muss Kaffee und Tee nicht als exotisches Getränk anbieten, er offeriert Gandalf eine Einladung zum Tee als etwas Selbstverständliches und begrüßt auch Dwalin als den ersten eintreffenden Zwerg mit dem Hinweis, dass der Tee gerade fertig sei. Aber vor allem rufen dann die anschließend kommenden Zwerge ganz selbstverständlich nach Kaffee und übrigens auch nach Porter, eine Art Bier, welche ebenfalls eindeutig neuzeitlich ist, da es erst seit dem frühen 18. Jahrhundert gebraut wird. Später verwenden Bifur und Bofur bei dem anschließenden Musizieren keine mittelalterlichen Instrumente wie Thorin mit seiner Harfe oder Bombur mit seiner Trommel, sondern sie spielen Klarinetten, ein Instrument, das erst Anfang des 18. Jahrhunderts entwickelt wurde und weitere hundert Jahre brauchte, um eine befriedigend spielfähige Form zu erreichen.

Diese Beispiele verorten auch Bilbos Besucher in der Moderne; eine galvanische Trennung zwischen Shire und Außenwelt, wie sie Shippey vorschwebt, ist also nicht möglich. Entsprechend sagt Gandalf zu Bilbo, es sei doch sonst nicht seine Art, die Tür „like a pop-gun" zu öffnen. Ein entsprechendes Kinderspielzeug gab es anscheinend ebenfalls erst seit Mitte des 19. Jahrhunderts. Wenn hingegen Bilbos Erregung als Schrei aus ihm herausbricht „like the whistle of an engine coming out of a tunnel", so passt dies durchaus in die mittelenglische Idylle mit ihren Dampflokomotiven, auch wenn es hier deplatziert wirkt, weil es in Bilbos Erfahrungswelt eine Eisenbahn nun in der Tat nicht gegeben haben dürfte.

Aber genau dies ermöglicht eine Variation von Shippeys Theorie. Tolkien beschreibt keine Zeitreise aus einem idealisierten frühen 20. Jahrhundert in eine fantastische Variation des Mittelalters. Tatsächlich wirken die Orks viel moderner, von denen Tolkien sagt: „wheels and engines and explosions always delighted them."[12] Und die Drachen, welche Morgoth erschafft, sind in Tolkiens ersten Entwürfen zur Schlacht um Gondolin ihrerseits Nachahmungen von Morgoths Kriegsmaschinen. Einige dieser Maschinen dienen dem Angriff, andere sind eher gepanzerte Truppentransporter, beides Konzepte, welche Melkor bzw. Morgoth eindeutig einer technisierten Moderne zuordnen, nicht etwa dem Bild eines feindseligen Urdämons.[13] Es ist also die Moderne, und nachgerade die Vernichtungsmaschinerie des rationalisierten Militarismus, welches den Menschen seiner Menschlichkeit beraubt; der Ork ist der Mensch des 20. Jahrhunderts und ist auch der seiner Kindlichkeit und Fantasie beraubte erwachsene Mensch.

Man darf nicht vergessen, dass Tolkien bei der Abfassung des Hobbits ähnlich wie bei Roverandom immer auch an seine Kinder als Leser gedacht hat.[14] Bilbo bricht aus einer beschützten, vertrauten Idylle, dem Shire, auf in eine rätselhafte, bedrohliche Welt. Wenn er dann am Ende auch in seine Idylle zurückkehrt, so ist er doch nicht mehr derselbe, die Idylle ist nicht mehr dieselbe, und vor allem bringt er aus der Welt da draußen etwas mit in diese Idylle, das unweigerlich ihre Vernichtung bedeuten muss, wenn es in derselben auf Dauer verbleibt. Anders gesagt, Tolkien ermöglicht seinen Kindern, erst dann auch anderen Lesern, einen friedlichen, freundlichen, vertrauten Einstieg in

---

[12] Tolkien: Hobbit, S. 69
[13] Tolkien: Lost Tales, Bd. 2, S. 175-176
[14] Tolkien: Roverandom, S. IX-X

das Buch, um sie dann quasi auf eine Reise ins Erwachsenwerden zu schicken. In entsprechender Weise verfährt er auch im Herrn der Ringe, nur dass hier die Außenwelt mit dem Ring längst Einzug ins Shire gehalten hat. Das macht die Bedeutung des fremden Reisenden aus, welcher zu Beginn des Buchs in der Bierrunde mit Sam Gamgees Vater und einigen anderen sitzt.[15] Es gibt die Abgeschiedenheit schon jetzt nicht mehr, die Tolkien am Anfang des vorherigen Buchs noch dem Shire nachgesagt hat. Als dann Frodo nach vielen Jahren ebenfalls fortgeht, sind längst alle Mauern eingerissen, lässt er hinter sich etwas zurück, das sich, und er hatte das bei seiner Rückkehr aus dem Ringkrieg schmerzlich lernen müssen – mindestens so schnell verändert hat wie die Welt da draußen.

4.4 Skizze und Gemälde: Das Niggle-Writing

Die Welt, die wir in uns auf Basis unserer Wahrnehmungen, Meinungen und Traditionen errichten und immer wieder verändern, ist kein geschlossenes Ganzes. Zum einen, weil die Beschränktheit unserer Wahrnehmungsfähigkeit das gar nicht zulassen würde, zum anderen aber auch, weil nicht so ganz klar ist, was mit diesem geschlossenen Ganzen eigentlich dargestellt oder umschlossen wäre. Denn wir könnten über dieses geschlossene Ganze nur durch unsere Sprache Auskunft geben. Wenn das Ganze aber mehr umfasst, als unsere Sprache auszudrücken vermag, so können wir wahrscheinlich weder sagen, was es ist, noch es detailliert beschreiben, vor allem aber könnten wir uns innerhalb der Grenzen unserer Sprache keine Gewissheit verschaffen, dass unsere Versuche, mit dieser Sprache etwas zu beschreiben, was außerhalb derselben liegt, tatsächlich erfolgreich waren.

Mithin ist alles Denken und Sprechen bruchstückhaft. Es beschreibt Aspekte und Fragmente, nie ein Ganzes. Das aktuelle Wissen jedes Menschen stellt nur einen Bruchteil des aktuellen Wissens der Menschheit dar. Dies wiederum ist – hoffentlich – nur ein sehr kleiner Teil dessen, was Menschen aufgrund ihrer intellektuellen Kapazitäten

---

[15] Tolkien: Fellowship, S. 42

und evolutionären Entwicklungsmöglichkeiten zu wissen grundsätzlich offen steht. Und dies wiederum dürfte – aber da kann ich nicht sicher sein – nur einen Bruchteil des Wissens darstellen, welches zusammenkäme, wenn es gelänge, alles mögliche Wissen über das Universum, seine Bestandteile, seine Geschichte usw. zusammenzutragen. Das Universum reichte nicht aus, das Wissen über das Universum zu speichern.

Zugleich ist aber auch nicht alles Wissen gleichermaßen relevant. Wieviel Salz der Sachbearbeiter Karl S. im Rahmen seiner Frühstückspause am 13.02.2009 auf sein hartgekochtes Ei gestreut hat, gehört zweifellos zum Wissen, das Menschen nicht unbedingt verschlossen ist. Hätte der brave Mann jeden Tag entsprechend Buch geführt, wäre diese Information zweifellos Teil des geballten Wissens der Menschheit geworden. Nur hätte er sich zugleich den Ruf eines unheilbaren Zwangsneurotikers erworben, da die Aufzeichnung dieser Details wahrscheinlich von den allermeisten Zeitgenossen als überflüssig, als sinnlos, als psychopathologisch bezeichnet worden wäre.

Daraus folgt, dass man nicht alles Mitteilbare mitteilen muss, um über das, worüber man etwas mitteilen will, hinreichend zu informieren. Nicht das Mitteilbare ist hier das entscheidende Kriterium, sondern das Mitteilenswerte. Und zugleich muss jedes Mitteilen in dem Bewusstsein erfolgen, dass unser Wissen vorläufig und fragmentiert ist. Der Versuch, in einem Bericht über ein interessantes Thema Abgeschlossenheit des Wissens zu suggerieren, wird nicht nur der Sache nicht gerecht werden, sondern ignoriert auch an den eigentlichen Charakter allen Wissens.

Der Versuch, das Wissen der Menschheit umfassend in Enzyklopädien zu versammeln, ist seit der Antike immer wieder versucht und meist als aussichtslos verworfen worden. Schon der Ursprung des Worts bezieht sich auf den Rundgang von einem Lehrer zum anderen, den ein Schüler in der Idealvorstellung des Bildungswegs nach Meinung antiker Autoren vornehmen sollte. Der Schüler soll also nicht alles Wissen der Welt aufnehmen, sondern denjenigen Teil des Wissens der Welt, der für ihn, für seine Entwicklung usw. relevant ist. Ein Konvolut des gesamten Wissens der Welt hingegen hätte schon in der Antike Bibliotheksdimensionen erreicht. Heute würde das allermeiste in einem solchen Papiermonster enthaltene Wissen niemanden interessieren.

Ein Schriftsteller, erst recht ein Autor von Fantasy ist hier natürlich in einer besseren Ausgangslage. Er muss ja nichts Reales beschreiben, er kann seine Welt, wenn auch in den Grenzen der allgemeinen Logik und unter Beachtung von Kausalprinzip und Konsekutivität der Zeit frei gestalten. Er kann alles erfinden, wenn er das will, sogar die besagte Salzmenge auf dem Frühstücksei. Aber auch hier ist es nicht klug, das zu tun, weil es die literarische Welt der realen Welt, über die jeder Autor irgendwie immer zu schreiben versucht, entfremdet und entzieht.

Daraus folgt, dass traditionelle Ansätze eines geschlossenen Romans aussichtslos sind, erst recht, wenn sie einem quasi enzyklopädischen Ansatz folgen und alles mitteilen wollen, was es nur irgend mitzuteilen geben könnte. Man kann das auch anders formulieren: Wieviel Seiten hätte der Herr der Ringe wohl, wenn G.R.R. Martin statt J.R.R. Tolkien ihn geschrieben hätte? Nun, ich vermute, mehrere tausend Seiten, allerdings wären wir bisher auch allenfalls bis Rivendell vorgedrungen. Dafür kennten wir aber alle anlässlich von Bilbos Geburtstag gereichten Speisen einschließlich Kochrezepten und wüssten, wer dem hier verwendeten Nelkenpfeffer besonders zugetan, wer ihm im Gegenzug eher abhold gewesen sei und ob dies auf eine alte Familientradition zurückzuführen sei oder doch eher Ergebnis eines Erlebnisses in früher Jugend, da es nämlich geschah, dass...

Viele moderne Autoren scheinen Detailreichtum mit Handlungsfülle zu verwechseln. Tolkien hingegen ist ein moderner Autor, indem er stets in Fragmenten erzählt, noch härter gesagt, Handlungsbrocken hinschmeißt, diese manchmal mehr oder weniger detailreich ausführt, aber die Verbindungsstücke zwischen diesen Brocken allenfalls andeutet, in Rückblenden berichtet oder ganz offen lässt.

Tolkien schreibt seine Bücher, wie eine seiner weniger bekannten Figuren Gemälde produziert. Die Rede ist von Niggle, der recht gut Blätter malen kann, aber nie einen überzeugenden Baum zustande bringt. Irgendwann beginnt er, einen gewaltigen Baum zu malen, den zu vollenden aber zusätzlich dadurch erschwert wird, dass Niggle alle seinen bisherigen Bilder, meist detaillierte Bilder von Blättern, an die irgendwann mehrere Meter hohe Leinwand anheftet.[16]

Tolkien verstand die Erschaffung der Welt in seinen Romanen als „Zweitschöpfung", einen aus einem katastrophalen Ereignis erwachsenden Beginn einer gleichsam dialektischen Antithese der bisherigen Welt. Die Geschöpfe des Schöpfergotts werden im Guten wie im Bösen die Welt nicht neu erschaffen, sondern was sie schaffen, wird, ob sie das nun wollen oder nicht, immer nur Schöpfung in der Schöpfung sein und damit letztlich dem eigentlichen Schöpfer dienen und ihn preisen.[17] Entsprechend kann ein literarisches Werk nicht anders als Niggles Gemälde nie vollständig sein, solange es nicht durch den Erstschöpfer in diese Vollständigkeit gehoben wird. Dies erlebt Niggle erst, als er stirbt und im Paradies seinen gewaltigen Baum findet, der fertig gestaltet und so, wie Niggle ihn sich kaum hätte erdenken können, auf ihn wartet.

Die Tatsache, dass Tolkiens Werke anders als die enzyklopädischen Papierfluten eines George R. R. Martin, eines Stephen King oder Ryo Mizuno eben gerade nicht vollständig und umfassend erzählen, sich aber hier und da trotzdem auf ein hohes Maß an Detaillierung einlassen, ist also nicht Zeichen schriftstellerischen Unvermögens oder einer für das Schreiben eines hinreichend ausgestalteten Werks fehlenden Zeit. Es ist vielmehr Ergebnis eines philosophischen, theologischen und erkenntnistheoretischen Ansatzes, welcher den Herrn der Ringe, stärker noch als den Hobbit, in eine Beziehungslinie setzt mit den zeitgleich entstandenen großen Versuchen fragmentierter Literatur, also etwa mit

---

[16] Tolkien: Tales, S. 121-122
[17] Tolkien: Silmarillion, S. 5-6

„Manhattan Transfer", den John Dos Passos 1925 veröffentlichte, oder mit Döblins „Berlin-Alexanderplatz" von 1929. Wahrscheinlich gibt es auch Bezüge zu James Joyce, besonders zum Ulysses, der 1922 erstmals erschienen war. Doch näherte sich Tolkien der fragmentierten Erzählweise aus einer ganz anderen Perspektive als die genannten drei Autoren. Für diese war die Fragmentierung der Welt Bestätigung des endgültigen und unausweichlichen Scheiterns des Menschen in der Moderne und durch ihre Besonderheiten. Hingegen folgte der im Grunde konservative Tolkien der Idee einer Neustiftung des verloren Geglaubten durch eine kontrafaktische Schöpfung in der Schöpfung. Tolkien steht damit den in diesem Band versammelten Beiträgen näher als der erwähnten literarischen Moderne, da ihn offensichtlich eine eigene Version des „Prinzip Trotz" trägt, also ein Festhalten am Moralisch Gebotenen im vollen Bewusstsein des unausweichlichen Scheitern an den Inhalten dieses Gebotenen, getragen von nichts als von Sturheit und der vagen Hoffnung, am Ende werde dieses Festhalten als solches ein den aktuellen Protagonisten keinesfalls schon bekanntes, womöglich verstehbares Drittes erschaffen, welches das eigentlich verteidigte Gut um ein mehrfaches übersteigen werde.

4.5 Die Geister der Erde: Halblinge, Bombadil, Beorn

Über Tom Bombadil scheint Saurons Meisterring keine Macht zu haben. Er steckt ihn auf, ohne zu verschwinden, und später in Rivendell führt Elrond ebenfalls aus, dass der Ring Bombadil nicht zu verderben vermöchte, wohl aber das Risiko bestünde, dass Bombadil den Ring vergäße oder irgendwann verlöre, würde er ihn zur Aufbewahrung erhalten.

Es fragt sich, wohin in Tolkiens Universum Bombadil gehört. Dazu muss man sich vor Augen führen, wie überhaupt denkende und empfindende Wesen Tolkien zufolge in der von ihm geschaffenen Welt entstanden sind.

Tolkiens Erschaffung der Welt geht auf den Urgott Eru zurück, der unter Einbeziehung der Gestaltungsfähigkeit von ihm erschaffener Geistwesen, der Ainur, die Welt aus Musik entstehen lässt. Alles Seiende geht auf Erus Schöpferakt zurück, also auch die Ainur, in deren

Werdung jedoch noch nicht ihre eigenen Themen eingehen konnten, die also aus der Unmittelbarkeit des Schöpfungsakts entstanden sind. Aus diesem Konzept heraus hat Tolkien dann auch seine ursprüngliche Idee, dass die Ainur sich auch verbinden und Kinder haben könnten, die wiederum Ainur seien, verworfen.

Einige der Ainur, berührt von der Schönheit der aus Erus Musik entstandenen Welt, nehmen eine physische Gestalt an, um in diese Welt eintreten zu können. Diese Ainur werden als Valar bezeichnet, geführt von den acht Mächtigsten unter ihnen, den Aratar.[18] Die Aratar ähneln stark den führenden Göttern diverser Religionen, auch wenn Tolkien hierfür den anfangs verwendeten Begriff „gods" durch „mights" ersetzt hat.

Tolkien nahm Motive zahlreicher Religionen auf; auch in der Bibel wird Gott umgeben von seinen Söhnen dargestellt, deren liebster und mächtigster analog Melkor Satan gewesen sei. Und wie Satan als Luzifer später in die Hölle gestürzt wird, so verwandelt sich auch Melkor in Morgoth und wird schließlich von den Valar besiegt und durch die „Door of Night" in die Zeitlosigkeit des leeren Raums Avakúma verbannt, in die hinein Eru die Welt Arda erschaffen hatte.[19]

Tolkien hat nicht genau beantwortet, ob die Ainur aus Erus Geist und Schöpfungsmacht entstanden sind oder ob sie das Ergebnis planhaften Handelns waren. Letzteres würde natürlich vor allem mit Blick auf Melkor das Theodizee-Problem aufwerfen, wenn man von einer Allmacht des Schöpfergotts ausgeht. Das ist aber nicht zwingend der Fall; Tolkien beschreibt Eru nicht als allmächtig, sondern als denjenigen, zu dessen Zielen auf lange Sicht auch das beitragen würde, was sich scheinbar gegen diese richtet. Das entspricht dem bekannten Zitat im Faust, wo Mephisto sich als Teil jener Kraft bezeichnet, die zwar stets das Böse wolle, jedoch immer nur das Gute schaffe.[20] Allerdings ist diese Fokus-

---

[18] Tolkien: Silmarillion, S. 21
[19] Tolkien: Silmarillion, S. 306
[20] Goethe: Faust, S. 36

sierung auf die Endbilanz nur bedingt christlich. Durch die Jahrhunderte haben verschiedene Theologen immer wieder die Gottgefälligkeit nicht nur des Ziels oder der Gesamtbilanz, sondern auch der auf diesem Weg vollzogenen Schritte als Teil des göttlichen Heilsplans definiert. Dann freilich gerät der Christ in die Notwendigkeit, die nonchalante Ignoranz zu erklären, mit denen der allmächtige, allwissende und allgütige Gott offensichtlich den Kollateralschäden auf dem Weg zur Vollendung der Schöpfung begegnet.

Hinsichtlich Tolkiens Welt ergibt sich aus der Kosmogonie die auch in anderen Kontexten immer wieder gestellte Frage, was denn war, bevor etwas war. Offensichtlich ist Eru von extemporaler Aeternität; er existierte, bevor Zeit existierte, welche erst durch die Musik der Welterschaffung werden konnte. Doch er erschafft diese Welt in den ebenfalls zeitlosen und leeren Raum hinein, in welchen später Melkor verbannt wird. Eä, die Welt allen Seienden, mit Arda, der materiellen Welt, tritt also in die Leere hinein, die in ihrer Zeit- und Dimensionslosigkeit durch dieses erste Schöpferwort „Eä!", also „Es sei!", analog zum biblischen „Es werde Licht!" die materielle Antithese erhält, welche der selbst immaterielle und zeit- und grenzenlose Eru nicht bildet.

Der Raum, Avakúma, die umgebende Dunkelheit, ist nicht einfach der Weltraum, sondern der zeit-, licht- und weltlose Zustand der Leere, die schon bestand, als sonst nur Eru existierte.[21] Zwar kennt Tolkien auch den leeren Raum, in welchem die materielle Welt sich befindet, aber beide Arten der Leere sind voneinander schon deshalb unterschiedlich, weil Avakúma zeitlos ist, der Weltraum hingegen wie alle materielle Welt der Zeit unterworfen ist.

Damit existiert als Kontrapunkt zum Schöpfergott zunächst einmal Avakúma, der nicht schöpfende, der nur leere und in sich zeitlich und räumlich endlose Raum des Nichts. Dessen Antithese ist zwar die zeitlich und räumlich endliche Welt Arda, aber Arda wird damit auch zur

---

[21] Tolkien: Lost Road, S. 379

Antithese Erus, der in seiner Eigennatur dem endlosen Raum viel ähnlicher ist, nur dass dieser aus sich heraus nichts ist, jener aber alles, dieser machtlos, jener allmächtig. Mithin kann Eru zwar Arda erschaffen, aber nicht in ihr erschaffen oder in nur sehr begrenztem Umfang, da die Durchdringung von These und Antithese, also von Eru und Arda, letztere wieder zurückzwingen würde in die nichtstoffliche Leere des Raums.

Dieser primäre Dualismus setzt sich auf der Ebene der Ainur fort durch die Dichotomie von Melkor und Valar. Aber anders als Eru und Avakúma sind Melkor und die Valar keine wirklichen Antithesen, sondern die Valar sind, was Melkor war. Ähnlich ist Sauron Gandalfs Antipode, aber nur bedingt Antithese, da auch Sauron – oder der Balrog – wie seinerzeit Gandalf dem Kreis der geringeren Ainur entspringt, welche als die Maia ebenfalls in körperlicher Form in Arda eingezogen sind. So gesehen ist auch Curumos bzw. Sarumans Wandlung kein Bruch, sondern lediglich die Wahl einer biografischen Alternative, welche Sauron und etliche weitere Maia bereits vorgelebt haben.

Damit existieren allerdings bereits drei weitgehend unabhängige Wesenheiten in Tolkiens Kosmos, nämlich Eru, Avakúma und Melkor bzw. Morgoth. Auch die Valar sind wie auch Melkor, der ihrem Kreis entstammt, zwar Emanationen des urgöttlichen Schaffens, aber sie treten ihm wie Kinder gegenüber als dann doch zu eigenständigem Denken und Wollen befähigt. Eru lässt keinen Zweifel, dass alle ihre Handlungen am Ende zur Vollendung seines Gesamtwerks beitragen werden. Dennoch sind auch die Valar oder insgesamt die Ainur als eigenständige Wesen zu begreifen.

Diese vererbte Autonomie, beschränkt nur durch ihre Ausrichtung auf einen insgesamt unbekannten göttlichen Heilsplan, kennt aber mehr als nur zwei Generationen. Eru und Avakúma sind die unmittelbare Zweiheit der Welt, und sie sind beide nicht materiell. Aus Eru heraus entstehen die Ainur oder werden erschaffen. Ebenfalls nicht stofflich, sind sie doch bereits in begrenztem Umfang autonom, nämlich so weit, wie Kinder ihren Eltern gegenüber autonom sind. Die Valar treten aus dem Kreis der Ainur in die Stofflichkeit der im Zusammenwirken mit Eru aus Musik erschaffenen materiellen Welt Arda ein, und gewinnen hierbei eine zusätzliche Ausweitung ihrer Autonomie, die freilich nur Melkor gegen Eru zu wenden versucht. Dann erheben sich in der Welt die materiellen Geschöpfe Erus, nämlich die Elben, und später die sterblichen Menschen, in denen das Nichtmaterielle Erus und die Leere Avakúmas sich verbunden haben mit der irdischen Stofflichkeit. In der Genealogie wären auch Elben und Menschen der zweiten Generation zuzurechnen, da sie nicht anders als die Ainur unmittelbar auf Erus Wirken zurückgehen.

Tolkien ist von der Idee von Nachkommen der Ainur nach ersten Ansätzen hierzu abgerückt. Dennoch gibt es auch einige Wesen, die Nachkommen der verstofflichten Ainur, also der Valar sind. Hier sind vor allem Elrond und Elros zu nennen. Zwar werden diese als Halbelben bezeichnet, aber ihre Mutter Lúthien Tinúviel war keineswegs nur Elbin. Lúthiens Mutter, Melian, war eine Maia, die sich in den Elben Elwë Singollo, verliebte, der später als Elu Thingol mit ihr gemeinsam Doriath regierte.[22] Und im Gegenzug gibt es mit Sauron und Saruman wenigstens zwei Maia, welche ihres nichtstofflichen Elements letztlich verloren gehen und daher, als sie in ihrer Stofflichkeit letztlich ihr Ende finden, nicht, wie sie offensichtlich gehofft haben, nach Westen und von dort in die Nichtstofflichkeit zurückkehren können, sondern in der Welt der nur stofflichen Dinge verbleiben und in ihr vergehen müssen.[23]

Es gibt auch eine dritte Generation stofflicher Wesen, die wie die Elben über keinen immateriellen Teil verfügen und damit ganz der Welt verhaftet sind. Es handelt sich dabei um die Zwerge und die Baumhirten oder Ents. Erstere werden von Aulë, dem Schmied der Valar, erschaffen, letztere erschafft Eru auf eine Idee Yavannas hin, die am ehesten einer Fruchtbarkeits- oder Frühlingsgöttin entspricht. Beide, Zwerge und Ents, erhalten ihr Leben letztlich von Eru, auf den aber alles Leben

---

[22] Tolkien: Silmarillion, S. 54-55
[23] Tolkien: Return, S. 273, S. 365

in Arda zurückgeht. Ihre Eigenschaften, ihre Anlagen etc. entspringen aber nicht Erus Wollen, sondern dem der beiden Valar. Auch die Orks, Trolle usw., die Melkor erschafft, stellen eigenständige Wesenheiten dar, auch wenn hier kein von Eru letztlich legitimierter Schöpfungsakt im eigentlichen Sinne vorliegt. Vielmehr entstehen diese Völker, als Melkor Elben entführt, versklavt und wie Vieh in seiner Festung über Generationen hin zu diesem Ergebnis züchtet.[24]

Aber es gibt auch Wesen, die sich in diese Abstammungskaskade nicht recht einordnen lassen. Deren wichtigstes ist Ungoliant, die Spinne der Dunkelheit, eine Art Nachtdämon, welcher sich schon früh mit Melkor verbündete. Das bedeutet aber, dass hier ein Wesen existierte, das weder eine Schöpfung Erus war noch eine von Melkor mutierte Abart einer solchen Schöpfung. Wenn Móru nicht überhaupt wie Eru oder wie der leere Avakúma ein Wesen quasi der ersten Generation war, so war sie am ehesten eine Emanation der Leere und der Dunkelheit, der sie selbst entstammt[25]. Entsprechend wären auch alle ihre Nachfahren Wesen Avakúmas und mithin – wie zuletzt Shelob oder die Spinnen im Mirkwood – Verbündete, nicht etwa Diener Morgoths oder Saurons. Und tatsächlich scheint die Kooperation von Sauron und Shelob mindestens so fragil wie der Bund zwischen Morgoth und Ungoliant, die sich letzthin einen furchtbaren Kampf lieferten um den Besitz der von Morgoth geraubten Silmaril.[26]

Tatsächlich gibt es in Tolkiens Welt neben den Drachen eine Fülle von denkenden, sprachbegabten Wesen, welche den oben genannten drei Generationen nicht zuzuordnen sind. Eine Erklärung etwa für die sprachbegabten Wölfe, die Verbündeten der Orks, gibt es nicht unmittelbar.[27] Nur an einer einzigen Stelle deutet Tolkien an, dass wie im Märchen in seiner Welt alle Tiere denken und sprechen können, wenn auch vielleicht nicht mit der Sprache der Menschen. Als Frodo, Sam

---

[24] Tolkien: Silmarillion, S. 47
[25] Tolkien: Silmarillion, S. 76-77
[26] Tolkien: Silmarillion, S. 84-86
[27] Tolkien: Hobbit, S. S.103-104

und Merry ihre Reise beginnen und das erstemal unter freiem Himmel nächtigen, wundert sich ein vorbeikommender Fuchs darüber.[28] Hierbei greift Tolkien auf die Anlage des Hobbit zurück. Wie weiter oben ausgeführt, ist der Shire für Tolkien die Welt der Kindheit, die zu verlassen als Reise in die schrecklichere Welt der Erwachsenen angesehen werden kann. In der Kinderwelt können alle Tiere denken und sprechen, in der Erwachsenenwelt nur noch mythische, sagenhafte Wesen in Tiergestalt wie die Warge im Hobbit oder die Adler, die auch im Herrn der Ringe wieder vorkommen. Ansonsten bedarf es einer ihrerseits mythischen oder magischen Gestalt, um mit Tieren zu sprechen, also Beorn, der mit Ponys und Bienen spricht, oder Radagast, der mit Vögeln in ihrer Sprache sprechen kann.

Offensichtlich gibt es also eine Gruppe von Wesen, die Eru entspringen oder wiederum von diesen abstammen, und eine zweite, namentlich kaum bekannt Gruppe, welche auf die Leere zurückgeht wie Ungoliant und ihre Nachkommen. Diese Abstammung kann direkt sein, wie bei den Ainur, den Elben oder Menschen, oder mittelbar wie bei den Zwergen oder den Ents auf der einen Seite, wie bei Shelob und den Spinnen im Mirkwood auf der anderen Seite. Aber einige Wesen scheinen damit noch nicht etabliert. Es sind dies Wesen wie Tom Bombadil, Beorn oder die Hobbits selbst. Es gibt also in Tolkiens Welt Platz für eine dritte Gruppe, nämlich Emanationen von Arda, also chthonische Wesenheiten, welche ihre Kraft gleichsam aus der Erde selbst beziehen und auf Eru nur insoweit zurückzuführen sind, als alles Leben letztlich von ihm ausgegangen sein muss.

Die materielle Welt erschafft natürlich keine Wesen; Tolkien geht nicht soweit, esoterische Ideen einer denkenden, intentionalen Schöpfung zu vertreten, wie sie gemeinhin in einer verkürzten Sicht der Theorien von Lynn Margulis und James Lovelock propagiert wird. Hinsichtlich der entsprechenden Wesen in Melkors bzw. Saurons Diensten bezeichnet Tolkien diese als Ergebnis von magisch unterstützten Zuchtprozessen,

---

[28] Tolkien: Fellowship, S. 105

welche Wesen der Erde in der Frühphase von Melkors Rebellion hätten durchlaufen müssen. Diese insgesamt als Ùvanimor bezeichneten Völker umfassten einer Äußerung Tolkiens zufolge neben Monstern, Riesen und Ogern auch eine pervertierte Art von Zwergen, die Nauglath, auch wenn nicht ganz klar ist, ob diese lediglich Verbündete in Morgoths Armee waren oder tatsächlich von ihm pervertierte Nachfahren von Zwergen.[29]

Alle Völker der Ùvanimor entstehen vor oder in der Frühphase des elbischen Daseins, müssen aber, da Melkor nichts selbst erschaffen konnte, eine Art Urstoff verwendet haben, den Melkor sich zunutze machen konnte. Das bedeutet, es muss in Tolkiens Welt quasi das Ausgangsmaterial für die in Morgoths Dienst stehenden Trolle, Riesen und Oger gegeben haben, auch wenn er es nicht ausdrücklich bezeichnet. Immerhin behauptet Fangorn, die Trolle wären als Nachahmung von Ents entstanden, wenn er auch nicht so weit geht zu sagen, Morgoth hätte tatsächliche Ents zu Trollen oder Riesen gemacht.[30]

Es sind chthonischen Wesen, welche als letztlich erdentstammende Gruppe neben die dem Urgott zuzurechnenden Geschöpfe und den wenigen der Leere entstammenden Wesen – namentlich Ungoliant – treten. Es fragt sich nun aber, um welche Wesen es sich dabei handelt und was sie auszeichnet. Außer Bombadil, den Hobbits und Beorn sind hier vor allem die Adler zu nennen, vielleicht auch der Wächter im See am Eingang zu Moria. Auch andere erdverbundene Wesen entwickeln anscheinend ein chthonisches Bewusstsein. Dies wäre die Erklärung, warum z.B. der Old Man Willow weder den Ents noch den Huorns anzugehören scheint.[31] Aber Tolkien geht noch erheblich weiter, wenn z.B. der Caradras, also einer der drei höchsten Gipfel im Nebelgebirge, möglicherweise über ein eigenes Bewusstsein, Absichten usw. verfügen soll.

---

[29] Tolkien: Lost Tales, Bd. 1, S. 268
[30] Tolkien: Two Towers, S. 107
[31] Tolkien: Fellowship, S. 179

Über ihn sagt Gimli, dass er bereits als grausam und hasserfüllt bekannt war, bevor Saurons Herrschaft begonnen habe.[32]

Ein solches Konzept könnte auch die Frage beantworten, woher eigentlich die Drachen gekommen sind. Sie stellen nämlich sonst ein besonderes Problem in Tolkiens Bestiarium dar. Es fällt ein bisschen schwer zu glauben, hier handele es sich lediglich um das Ergebnis intensiver Zuchtbemühungen mit Eidechsen und Lurchen. Stattdessen kann man vermuten, dass Morgoth nicht nur Elben in Orcs habe verwandeln können, also Wesen der ersten Gruppe pervertiert habe. Sondern auch Wesen der dritten Gruppe, chtonische Wesen, hat er vielleicht in seine Dienste genommen, vielleicht gezwungen, vielleicht auch in gewissem Maße verändert und zum Bösen verlockt. Eine solche Sicht würde auch die weitgehende Autonomie der Drachen erklären. Schließlich läuft Bilbo praktisch unter Smaugs Nase mit dem Ring umher, nicht anders als Frodo und Sam später in der Auseinandersetzung mit Shelob. Aber während die mächtigen Wesen der ersten Gruppe, vor allem natürlich die Nazgûl, den Ring zu wittern vermögen, scheinen sich die Wesen der zweiten und dritten Gruppe wenig aus dem Ring zu machen, ja ihn vielleicht nicht einmal zu bemerken. Das rückt die Drachen dann in den Bereich chtonischer Wesen der beseelten Natur, also in die Nähe von Bombadil und den Hobbits, aber auch des Old Willow Man oder eben auch des Caradras.

Dass Berge Bewusstsein und Intentionen haben können, nimmt einen sehr archaischen Gedanken auf, den man in der Regel als Animismus bezeichnet. Demzufolge haben alle Dinge der Natur eine Seele und sind zu Denken, Empfinden und Intentionen fähig. Schon an etwas früherer Stelle findet sich eine entsprechende Äußerung im Herrn der Ringe, wenn während der Ratsversammlung Galdor darauf verweist, Sauron vermöge selbst Hügel zu foltern.[33] Man kann offensichtlich nur foltern,

---

[32] Tolkien: Fellowship, S. 377
[33] Tolkien: Fellowship, S. 348

was leiden kann, was also wenigstens rudimentär bewusst und zu Gefühlen befähigt ist.

Diese Passage ist aber noch aus anderem Grund für das Verständnis der chthonischen Wesen in Tolkiens Welt wichtig: Es ist die tiefe Verwurzelung Tom Bombadils bzw. Iarwain Ben-Adars in der Erde, die den Ring aller Macht über ihn beraubt. Sein elbischer Name bedeutet „der Vaterlose", lässt sich aber durch Verschieben nur eines Buchstabens auch in hebräischer oder arabischer Weise als „ben-arda", also „Sohn der Erde" lesen. Von Tolkien ursprünglich als Hauptfigur eines Nachfolgers für „The Hobbit" vorgesehen, ist Bombadil ein Erdgeist, seine Frau Goldberry ein Fluss- oder Wassergeist. Entsprechend hat Tolkien auch alle Überlegungen abgelehnt, Bombadil sei z.B. ein Maia, der sich in die Wälder Mittelerdes aus Liebe zurückgezogen habe, vergleichbar etwa Luthiens Mutter Melian. Bombadil sei als Rätsel in den Text eingeführt, das er nicht aufzulösen gedenke.[34] Immerhin kann man viele mehr oder weniger interessante Spekulationen anstellen, etwa auch, dass der Name „Bombadil" sich an den letzten Herrscher der rings umschlossenen maurischen Enklave Granada anlehnt, Muhammad XII., der in spanischen Quellen meist Boabdil genannt wurde. Tolkien selbst lässt sein literarisches Ich ausführen, der Name „Bombadil" sei von den Hobbits im Buckland erfunden worden und habe keine besondere Bedeutung.[35] Bombadil soll, so Tolkien, einst Herr über alle Wälder Mittelerdes gewesen sein, eh er sich mit den sich ändernden Zeitläuften in sein kleines Refugium im Old Forest zurückgezogen habe.[36] In einer relativ frühen Phase, als Bombadil noch der Protagonist eines sich an den Hobbit anschließenden Romans sein sollte, sah Tolkien in ihm den „spirit of the (vanishing) Oxford and Berkshire countryside".[37]

Bombadil wohnt wie die Hobbits mehr oder weniger in der Erde; ähnliches berichtet Tolkien auch bereits von Smeagols Volk, welches in

---

[34] Brief an Naomi Mitchison, 25.05.1954, in: Tolkien: Letters, S. 174
[35] Tolkien: Tales, S. 63, Anm. 4
[36] Tolkien: Fellowship, S. 347
[37] Brief an Stanley Unwin, 16.12.1937, in: Tolkien: Letters, S. 26

Höhlen am Flussufer gelebt habe.[38] Alle drei erweisen sich dem Ring gegenüber als erstaunlich widerstandsfähig; aber so wie Galdor die Hügel als letztlich Sauron nicht ebenbürtig bezeichnet, erliegen die Hobbits nach und nach dem Einfluss des Rings, würde Bombadil ihn verlieren oder wegwerfen, kann auch Smeagol dem Ring nicht für alle Zeit widerstehen und wird zu Gollum.

Bombadil und die Hobbits verstehen sich vielleicht auch deshalb so rasch, weil sie letztlich vom selben Stamm sind. Aber auch Bilbo und Smaug sind letztlich enger miteinander verwandt, als vielleicht beiden klar war. Und Smaug scheint offensichtlich völlig unbeeindruckt von der Aura des Rings, den Bilbo trägt, als er zu dem Drachen kommt. Wenn die gängige Interpretation, der Ring habe keine Macht über Bombadil, weil dieser frei von aller Habgier oder der Freude an Besitz sei, korrekt wäre, so hätte der Ring Bilbo geradewegs vom Finger und an Smaugs Klaue springen müssen. Das geschieht aber nicht. Stattdessen erinnert das Gespräch, welches Bilbo mit Smaug führt, stark an das Rätselgespräch zwischen Bilbo und Gollum. Die Leitthemen beider Gespräche sind ähnlich, und zugleich sind beide deutlich unterschieden von allen Gesprächen mit den Zwergen, den Elben oder den Menschen. Sie ähneln aber wiederum dem Gespräch mit den Trollen, die ebenfalls, nicht anders als die Drachen, ursprüngliche chthonische Wesen waren, aber von Melkor zu einem der Völker des Úvanimor pervertiert worden sind. Selbst den Zwergen, Aulës Geschöpfen, sind Hobbits und Drachen ähnlicher als den Menschen oder den Elben. Denn wie diese leben sie bevorzugt unter der Erde, sind klein und nicht Teil des ursprünglichen Schöpfungskonzepts, welches Eru in Elben und Menschen abgebildet hat. Man könnte Tolkiens Ideen vielleicht sogar dahingehend überzeichnen, dass man sagt, die chthonischen Wesenheiten wie Drachen oder Hobbits müssen sich ihrer Teilhaftigkeit der Erde letztlich nicht versichern, sie sind Teil von ihr. Zwerge hingegen, die nachträglich mit Leben versehen Geschöpfe eines der Valar, müssen Gold nicht aus Freude an demselben horten wie Drachen, sondern um

---

[38] Tolkien: Fellowship, S. 80-81

dem Urgrund sich anzuschließen, dessen Stiefkind sie bestenfalls sind. Daher auch das immer tiefere Aufgraben der Erde, bis hin zur Entdeckung von Mithril in den Tiefen unter Moria, daher auch, und nicht aus Konkurrenz um Gold und Juwelen, der fortgesetzte Antagonismus zwischen Drachen und Zwergen.

Insgesamt ist Tolkiens Welt also in drei Hauptvölker aufgeteilt:

- Erus Geschöpfe, die in mehrere Gruppen geteilt werden können
  - die Ainur, von denen einige eine stoffliche Form annehmen und in Arda eintreten als Valar und Maia, zu denen auch die fünf Zauberer, Sauron und die Balrogs gehören
  - die Elben und die Menschen, die anders als die Ainur in Arda entstehen und nicht in diese eintreten wie einige der Ainur
  - die Zwerge und Ents, die Eru nicht plant, aber deren Existenz er im Fall der Zwerge zulässt, nachdem Aulë sie erschaffen hat, während er die Ents auf Yavannas Bitten hin werden lässt
- die Ausgeburten des leeren, lichtlosen Raums Avakúma, darunter vor allem Ungoliant und ihre Nachkommen
- die Geschöpfe der Erde, die wahrscheinlich aus zwei Gruppen bestehen
  - die ursprünglichen chtonischen Wesen, darunter die Hobbits, die Adler, Tom Bombadil oder Beorn.
  - die pervertierten chtonischen Wesen, darunter Drachen, Trolle, Oger und Riesen, vielleicht auch die Warge oder das namenlose Reittier, auf welchem der König der Nazgûl gegen Theoden antritt.

Dabei nehmen die Menschen in Tolkiens – auch von christlichen bzw. katholischen Ideen teilweise beeinflusstem – Denken insofern eine Sonderrolle ein, als sie anders als die Elben zwar in Arda hinein erschaffen sind, aber aus dieser Welt mit dem Tod hinaustreten, also in die Geistwelt hineingehen, der die Ainur letztlich zuzurechnen sind.

4.6 Tolkien und Blake

Ich will noch einen kurzen Blick auf eine vielleicht etwas exotische Idee werfen, nämlich dass Tolkien die Werke Willam Blakes nicht nur, wenigstens teilweise, gekannt hat, sondern diverse seiner Schöpfungen sich auch mehr oder weniger direkt auf Blake beziehen.

Man mag das spontan als Unsinn bezeichnen, findet sich doch in Tolkiens schriftlicher Hinterlassenschaft, namentlich in seinen Briefen, keinerlei Hinweis auf Blake. Lediglich in einem Brief an seinen Sohn zitiert Tolkien einmal aus „Jersualem", aber diese Stelle ist so sehr allgemeiner Sprachgebrauch im England der ersten Hälfte des 20. Jahrhunderts, dass hiermit kaum eine sonderliche Nähe zu Blake begründet werden könnte.[39]

Dennoch meine ich, gibt es deutliche Bezüge auf Blake. Da ist zunächst die biografische Ähnlichkeit. Beide sahen ihre Zeichnungen als untrennbare Elemente ihres literarischen Schaffens, beide hatten einen mythologischen, fast parareligiösen Anspruch an ihr eigenes Werk, in dem England eine besondere chiliastische Dimension gewann. Beide sahen sich auch gleichermaßen als Autoren von Prosa wie Lyrik und versuchten beide Gattungen in einem Gesamtwerk zu vereinen.

In Tolkiens Werk ist Eru als der Schöpfergott am ehesten zu den oben genannten Geistwesen zu rechnen, doch ist er anders als diese anfangslos und zeitlos wie Avakúma, sodass letztlich als grundlegende Dichotomie der Zeit vor der Zeit wie in entsprechenden dualistischen Religionen der Spätantike, also etwa in der Gnosis, der Gegensatz von Lichtwelt und Dunkelwelt die Grundlage von Tolkiens Kosmologie bildet. Dieser dualistische Gegensatz ist den eigentlich immer wieder genannten keltischen und germanischen Mythen weitgehend fremd, er ist auch nicht christlich zu nennen. Der christliche Konflikt zwischen Gott und Satan entspricht dem Konflikt zwischen Eru und Melkor, aber nicht dem Gegensatz von Eru und Avakúma. Dies findet sich viel eher bei Blake und ähnlichen neognostischen Autoren des 18. und 19. Jahrhunderts.

---

[39] Brief an Christopher Tolkien, 12.08.1944, in: Tolkien: Letters, S. 90

Man kann bezweifeln, dass Tolkiens gottähnliche Wesen „Valar" heißen und es keinerlei Bezug geben soll zu Blakes „Vala, or The Four Zoas".[40] Zum einen ist Vala bei Blake das Gegenstück zu Luvah. Beide entstammen einer Quelle, dem Herzen des Menschen, doch wird Luvah zur Gestalt des Tages, Vala zur Nachtgestalt. Luvah als Vertreter von Vernunft und Wissenschaft ist von Blakes Kritikern nicht selten als Luzifer gelesen worden, sodass Tolkien hier in gezielter Ablehnung von Blakes Denken das Bild von Vala und Luvah bzw. Valar und Melkor exakt umkehrt.

Dies setzt sich fort. Blake führt ein Wesen namens Orc ein, welches für das Aufbegehren gegen die göttliche Ordnung steht und für Chaos, in einem früheren Text auch für die Amerikanische Revolution.[41]

Insgesamt würde es sich lohnen, der Frage nachzugehen, wo in Tolkiens Werk sich Blakes Spuren finden. Mir scheint, Tolkien versucht sehr gründlich, eine Art „Anti-Blake" zu schaffen. Doch fragt sich, woher diese harsche Ablehnung rührt.

Man kann hier überlegen, dass Blake für all das steht, was Tolkien ablehnt. Einig sind sie sich darin, dass man das Theodizee-Problem nicht lösen kann, sodass man letztlich zu einer dualistischen Weltsicht gelangen muss oder zum Atheismus – was beiden fern war. Aber Tolkien sah Blake – weitgehend zu Recht – auf genau jener Seite der Dualität, der er nicht angehören wollte. Blake propagierte Ekstatik, Chaos, Rebellion, Aufruhr, sexuelle Befreiung und eine materielle Besserstellung der Unterschicht, zugleich aber auch die Entrümpelung des Denkens von den raunenden Geheimnissen archaischen Denkens. An deren Stelle sollte die helle, klare Wissenschaft treten, was Blake offensichtlich auch zu einem Grenzgänger zwischen Gnostik und Aufklärung

---

[40] Blake: Poetry, S. 300-407
[41] „America: A Prophecy", in: Blake: Poetry, S. 51-58

macht – auch wenn er gelegentlich den Folgen der frühen Industrialisierung, deren Zeuge er war, kritisch begegnete.[42]

Tolkien hingegen war zum einen natürlich Kind des viktorianischen Zeitalters; alles Ekstatische, erst recht sexuelle Befreiung war ihm, milde gesagt, unheimlich. Aber viel wichtiger ist, dass Tolkien in den Jahren nach dem Ersten Weltkrieg wesentliche Linien seines Werks skizzierte. Der freudevolle Optimismus, den Blake mit Wissenschaft und Technik verband, war im Ersten Weltkrieg zugrunde gegangen. Insbesondere der Gaskrieg, den Tolkien als Teilnehmer der Abnutzungsschlacht an der Somme erleben musste, wurde als das schrecklichste Gesicht des bis dahin gepriesenen technischen Fortschritts angesehen. Aber auch der fortschreitende Verlust dessen, was Tolkien, wohl nicht ganz zu Recht, als die agrarische Idylle des 19. Jahrhunderts ansah, lastete er wie viele seiner konservativen Zeitgenossen der Entwicklung von Wissenschaft und Technik an, die Blake noch so gepriesen hatte.

Des Weiteren muss man sehen, dass Tolkien nicht nur unter dem Eindruck des Ersten Weltkriegs schrieb, sondern auch der Russischen Revolution, die vor allem in ihrer zweiten Phase die anfangs vorsichtig positive Haltung zahlreicher westlicher Intellektueller ins Gegenteil verkehrt hatte. Tolkien war aber ohnehin ein Gegner jeder Form von Sozialismus, selbst in der schwächsten Form, die nur auf eine materielle Besserstellung der ärmsten Schichten der Gesellschaft abzielte. Die nonchalante Haltung, die Tolkien angesichts der materiellen Unterschiede zwischen Sam Gamgee und Frodo Beutlin bzw. ihren Familien an den Tag legt, ist also auch seiner konservativen Haltung geschuldet. Materielle Gefälle sind für ihn kein Problem, erst das Einbrechen der Moderne in die wohlgeordnete agrarische Gesellschaft erzeugt ein Lumpenproletariat, versinnbildlicht durch die Vertreibung des alten Gaffer Gamgee aus seinem Haus, was Sam in Galadriels Spiegel sieht.

---

[42] So in „Holy Thursday", in: Blake: Poetry, S. 19-20, „London", ebd., S. 26-27.

Tolkiens antisozialistische Ressentiments waren also wohl schon vor dem Ersten Weltkrieg angelegt, wurden aber in den Jahren nach 1916 wie bei vielen seiner Zeitgenossen verstärkt. Eine Ursache war sicher der als Verrat empfundene Separatfrieden, welchen die bolschewistische Regierung mit dem Deutschen Reich 1916 geschlossen hatte. Aber vor allem der – von den konservativen Zeitungen in düstersten Farben gemalte – rote Terror ließ Tolkien jede Art Revolution oder revolutionärer Umgestaltung der bestehenden Ordnung als Irrweg erscheinen. Die Ereignisse in Deutschland nach 1918 und vor allem in Ungarn 1919, auch hier von der britischen Presse mit eindeutiger Orientierung geschildert, verstärkten das weiter, erst recht dann der Eindruck des stalinistischen Regimes. Noch 1943, als man Stalin als unerwartetem Verbündeten in der britischen Presse mit skeptischer Freundlichkeit gegenüberstand, nannte Tolkien ihn einen „bloodthirsty old murderer".[43] Seine wohl ohnehin konservative Grundhaltung fand sich also durch die Entwicklung in der UdSSR, aber auch durch die als Revolution empfundene Umgestaltung des Deutschen Reichs ab 1933 noch einmal deutlich unterstützt. So erklärt sich wohl auch teilweise seine antithetische Positionierung zu Blake und die Tatsache, dass er diesen in seinen schriftlichen Zeugnissen so überhaupt nicht erwähnt, obwohl er offensichtlich auf diesen immer wieder Bezug nahm.

4.7 Zusammenfassung

Vielleicht fragen Sie sich, was unterm Strich als Einsicht über Tolkien folgt aus diesen verstreuten Beobachtungen und Überlegungen, die ich Ihnen auf den letzten Seiten präsentiert habe. Zunächst einmal folgt etwas für das Verständnis von Tolkien selbst, oder eher noch unserem, meinem ganz privaten Verhältnis zu diesem Autor. Sodann gibt es aber vielleicht noch etwas, das über Tolkien hinausgeht.

Was mein privates Verhältnis zu Tolkiens Werk betrifft, ist dieses in meiner Wahrnehmung vor einer großen Zahl ähnlicher Publikationen hervorzuheben. Es ist dies eine Folge der literarisch vielleicht nicht

---

[43] Brief an Christopher Tolkien, 09.12.1943, in: Tolkien: Letters, S. 65

neuen, aber doch immer wieder aufregenden Erkenntnis, dass ein gutes Buch meist eine Mischung darstellt aus Dingen, die gesagt, und solchen, die eben nicht gesagt werden. George R. R. Martin sagt alles, gnadenlos, in erschöpfender Detaillierung, bis hin zu länglichen Darstellungen der jeweils aufgetragenen Speisen, die stets, achten Sie mal drauf, mit dem einen oder anderen Getränk „hinuntergespült" werden, als schwappe der Atlantik durch die Gänge der Titanic. Auch viele andere haben auf diese Art eigentlich kurze Erzählungen zu voluminösen Schinken aufgepumpt. Stephen King war unter den zeitgenössischen Autoren fantastischer Literatur sicher einer der Vorreiter dieser Art zu schreiben, und anscheinend gibt es eine hinreichend große Leserschaft, die ihre Lektüre danach auswählt, wieviel Pfund Buch sie für jeden ausgegebenen Euro denn wohl erhält. Das Weglassen von Antworten, die man vielleicht noch hätte geben können, das Legen von Fährten, an deren Ende nichts als nur ein weiteres Rätsel steht, das macht einen nennenswerten Teil von Tolkiens Werk aus.

Die Beschäftigung mit Tolkien zeigt umgekehrt, wie wenig simpel das Schreiben einer scheinbar einfachen Fantasy-Erzählung ist, mindestens, wenn sie den Leser noch auf lange Zeit beschäftigen soll. Da gibt es vielleicht gar keinen Unterschied zwischen der Herausforderung, vor der sich etwa James Joyce immer wieder sah, und Tolkiens kreativem Arbeiten. Es folgt daraus die betrübliche Erkenntnis, dass man nicht alle paar Monate ein Werk finden wird, welches den Rang eines Lord of the Rings – oder eines Ulysses – auch nur im eigenen Erleben einnehmen kann. Es gibt ein paar Autoren, die hier und da in die Nähe dieser Eindrücklichkeit gekommen sind, auch Autoren von Fantasy. In jüngerer Zeit könnte man etwa Ursula Le Guin mit ihrer Erdsee-Reihe nennen, Donaldsons erste zwei Covenant-Zyklen, Glen Cooks Black Company, und geht man etwas in der Zeit zurück, sicher auch Moorcocks Elric-Erzählungen. Aber, jedenfalls in meiner Wahrnehmung, würde Peakes Gormenghast hierher nicht gehören, auch nicht die Narnia-Bände oder das Werk von H. P. Lovecraft, und was ich von George R. R. Martin halte, ist vielleicht schon einigermaßen deutlich geworden. Aber warum nicht Katherine Kurtz nennen oder Robin Hobb? Nun, schlicht gesagt, weil diese Werke vielleicht interessant, spannend oder faszinierend sind. Aber ein Zauber geht von ihnen nicht aus, oder ich bin dafür nicht empfänglich. Sorry.

Ich hatte Ihnen aber auch eine deutlich über Tolkien hinausgehende Erkenntnis versprochen, welche man aus der Beschäftigung mit Tolkiens Werk gewinnen kann. Tolkien erschafft eine Welt, die aus der Sicht von Mediävisten oder Soziohistorikern nicht hätte funktionieren dürfen. Sie funktioniert aber doch, und sei es nur als Literatur. Was folgt daraus?

Wir alle neigen dazu, Konstrukte und Utopien einer Welt, die deutlich anders ist als die Welt, die wir kennen, einfach deswegen zu verwerfen, weil wir insgeheim glauben, wir lebten in der einzig vorstellbaren, in der einzigen funktionierenden Welt. Tolkiens stellenweise Gleichgültigkeit hinsichtlich seiner eigenen profunden Kenntnisse der mittelalterlichen Gesellschaft zeigt, dass man in der Überwindung traditioneller Vorstellungen gelegentlich einfach wider besseres Wissen auszuprobieren bereit sein muss, was vielleicht nur eine minimale Restchance hat, möglich zu sein oder möglich zu werden, wenn nur ausreichend Menschen bereit sind, dafür einzustehen. Es ist dies eine Art kreativer Trotz, für die Tolkien exemplarisch herangezogen werden kann.

Dabei lässt er sich, und auch das ist eine Lehre aus der Beschäftigung mit seinen Werken, nicht einfach in Schubladen wie „konservativ" oder „innovativ" einordnen. Er gehört mit seiner fragmentierten, selbstzitierenden, aber zugleich aus einem gewaltigen Fundus schöpfenden, zitierenden, verfremdenden, neuschaffend Erzählweise eindeutig zur Moderne, obgleich sein Sujet, seine Protagonisten auf den ersten Blick, vorsichtig ausgedrückt, altmodisch wirken. Und er ist ein Autor, der jeder politischen Interpretation seines Werks eine klare Absage erteilt hat, weil er sich der tagespolitischen Auslegung verweigern wollte. Dennoch ist sein Werk politisch in einem weitaus tiefer greifenden Sinn: Tolkien erteilt den scheinbar einfachen, naheliegenden Lösungen eine klare Absage. Die Berücksichtigung langfristiger Folgen und der direkten und indirekten Seiteneffekte unserer Handlungen – wir haben uns an den schmutzigen Ausdruck „Kollateralschäden" inzwischen fast gewöhnt – bilden in seinem Verständnis ein gleichrangiges Moment der Entscheidungsfindung in allen Handlungen, aber besonders dort, wo man nicht nur über das eigene Schicksal entscheidet, sondern die eigenen Entscheidungen Konsequenzen für eine große Zahl von Menschen haben werden, aber auch einen Wirkungshorizont von etlichen Generationen. Deswegen verweigert Gandalf sich nicht nur Boromirs Wunsch, den Ring für die eigene Sache zu verwenden, sondern auch der Idee, den Ring im Meer zu versenken.

Eine weitere, wie ich meine, sehr politische Lehre insbesondere aus The Lord of the Rings ist, dass man angesichts eines offensichtlichen Übels nicht abwarten kann, bis man es ins Allerletzte analysiert und verstanden hat. Frodo hat so wenig wie Sam, der heimliche Held des Romans, irgendeine Idee, worauf sie sich einlassen, als sie in Elronds Rat sich bereit erklären, den Ring zum Orodruin zu bringen. Merry, Pippin, aber auch Butterbur, Maggot oder der Gaffer handeln nicht aus Einsicht in das Gesamtgeschehen heraus, sondern aus einer vielleicht nur diffus empfundenen moralischen Pflicht und einem spontanen, aber tief sitzenden Widerwillen gegen das, was sie vielleicht nicht einmal als das Böse zu benennen wüssten, sondern was für sie schlicht inakzeptabel ist. Dieses trotzige Nichthinnehmen, was nicht hinnehmbar ist, stellt ein ausgereiftes Programm des zivilen Ungehorsams dar, das man ohne weiteres in Zusammenhang bringen kann mit Robert Jungk oder Stéphane Hessel.[44] Wo die einen Ausländerwohnheime abbrennen wollen und die anderen ihnen entgegentreten, weil sie das inakzeptabel finden, wo im Zweiten Weltkrieg Tausende Dänen, Holländer, aber auch viele andere Menschen in ganz Europa ihre jüdischen Mitbürger vor den deutschen Mörderbanden retteten, da ist kein ausgefeiltes politisches Verständnis zu vermuten, kein langfristiger Plan, sondern Unbehagen und Entrüstung. Es ist das Aufbegehren der nicht verstehenden, der stattdessen aus moralischer Pflicht und konservativer Sturheit handelnden Hobbits, was Elrond meint, wenn er sagt: „This is the hour of

---

[44] Hessel: Indignez-vous!, 2010; Jungk: Projekt, 1988

the Shire-folk, when they arise from their quiet fields to shake the towers and counsels oft he Great. Who of all the Wise could have foreseen it? Or, if they are wise, why should they expect to know it, until the hour has struck?"

4.8 Zitierte Publikationen

Blake, William: The Complete Poetry & Prose of William Blake, New York (Random House) 1988
Cook, Glen: The Chronicles of The Black Company, New York (Tor Books) 2007
Döblin, Alfred: Berlin Alexanderplatz, München (Franklin) 1982
Donaldson, Stephen: The Chronicles of Thomas Covenant, the Unbeliever, Hammersmith (HarperCollinsPublishers) 1993
Donaldson, Stephen: The Second Chronicles of Thomas Covenant, Hammersmith (HarperCollinsPublishers) 1994
Dos Passos, John: Manhattan Transfer: A Novel, Boston (Houghton Mifflin) 2003
Goethe, Johann Wolfgang von: Faust, Leipzig (Zenith) 1927
Haldeman, Joe W: The Forever War, New York (St. Martin's Press) 1975
Hessel, Stephane: Indignez-vous! Montpellier (Indigène) 2010
Hobb, Robin: The Farseer Trilogy, 3 Bde., Hammersmith (Voyager Books) 2011
Huntington, Samuel Phillips: The Clash of Civilizations and the Remaking of World Order, New York (Simon & Schuster) 1998
Joyce, James: Ulysses, London (Penguin) 2002
Jungk, Robert: Projekt Ermutigung: Streitschrift wider die Resignation, Berlin (Rotbuch Verlag) 1988
Kurtz, Katherine: The Chronicles of the Deryni, 3 Bde., New York (Ace) 2008-2009
Le Guin, Ursula: The Earthsea Quartet, London (Penguin) 1993
Lewis, Clive Staples: The Chronicles of Narnia, Hammersmith (HarperCollinsPublishers) 2006
Lovecraft, Howard Phillips: The Complete Fiction of H. P. Lovecraft, New York (Race Point) 2015
Martin, George R. R.: A Song of Ice and Fire, 5 Bde. (geplant 7 Bde.), London (Voyager) 1996-2013
Moorcock, Michael: Elric of Melniboné, London (Hutchinson) 1972
Peake, Mervyn: The Gormenghast Trilogy, London (Mandarin) 1992
Stang, Knut: Der Schwarze Stein: Geschichten aus dem Ewigen Krieg, Hamburg (BoD) 2013

Tolkien, John Ronald Reuel: Roverandom, Hammersmith (HarperCollinsPublishers) 2002
Tolkien, John Ronald Reuel: Tales from the Perilous Realm, Hammersmith (HarperCollinsPublishers) 2002
Tolkien, John Ronald Reuel: The Book of Lost Tales, Bd. 1, Hammersmith (HarperCollinsPublishers) 2002
Tolkien, John Ronald Reuel: The Book of Lost Tales, Bd. 2, Hammersmith (HarperCollinsPublishers) 2010
Tolkien, John Ronald Reuel: The Hobbit, London (Unwin) 1987
Tolkien, John Ronald Reuel: The Letters of J. R. R. Tolkien, Hammersmith (HarperCollinsPublishers) 2006
Tolkien, John Ronald Reuel: The Lord of the Rings: Vol. 1: The Fellowship of the Ring, Hammersmith (HarperCollinsPublishers) 1999
Tolkien, John Ronald Reuel: The Lord of the Rings: Vol. 2: The Two Towers, Hammersmith (HarperCollinsPublishers) 1999
Tolkien, John Ronald Reuel: The Lord of the Rings: Vol. 3: The Return of the King, Hammersmith (HarperCollinsPublishers) 1999
Tolkien, John Ronald Reuel: The Lost Road and Other Writings, Boston (Houghton Mifflin) 1987
Tolkien, John Ronald Reuel: The Silmarillion, Hammersmith (HarperCollinsPublishers) 1999
Tolkien, John Ronald Reuel: The War of the Jewels, Boston (Houghton Mifflin) 1994

5 Bengt Malte Schmickler: Der Topf am Ende des Regenbogens

Bengt Malte Schmickler ist mit Leib und Seele Historiker, das merkt man seinen Beiträgen auch dann an, wenn er sich einmal, wie hier, in die Gefilde der Wirtschaftswissenschaft und Politologie wagt. Immerhin gehört er aber auch als Historiker zu denen, daran besteht wohl kein Zweifel, die in ihren Fragestellungen und Ergebnissen sich einem eher linken Spektrum zuordnen lassen, soweit entsprechende Begriffe des 19. und 20. Jahrhunderts heutzutage noch Gültigkeit haben. Insbesondere seine Untersuchungen zur Ghettoisierung chinesischer Einwanderer in den USA des späten 19. Jahrhunderts und die Verkitschung der hier gegründeten Zwangsquartiere zu den Chinatowns unserer Tage tragen deutlich diese Handschrift. Daher war es wohl nur folgerichtig, wenn er sich auch in seinem Tagungsbeitrag der aktuellen Schieflage der weltweiten Verteilungsgerechtigkeit zugewandt hat.

5.1 Der Chor der Jammrigen

Es gibt Ideen, die sollte man besser gar nicht haben. Und dann gibt es Themenfelder, da scheint Ideen zu haben insgesamt wenig populär. Denn was auch immer einer vorschlägt, sofort erhebt sich geballter Widerstand, um unmissverständlich und jedem Zweifel enthoben darzulegen, dass durch diese neue spinnerte Idee alles nur noch schlimmer würde, mal abgesehen davon, dass man ähnliche Ideen schon vor Jahren oder Jahrzehnten gehabt und nach reiflicher Prüfung verworfen habe.

Shakespeare ließ Hamlet sagen, dass wir wohl lieber ertrügen, was an Übeln uns wohlvertraut sei, statt vor denselben zu fliehen und in unbekanntes Land aufzubrechen, über dessen Schwierigkeiten wir bisher noch nichts wüssten.[1]

---

[1] Shakespeare: Hamlet, 3.1, S. 284-287

Nehmen wir mal das Beispiel der diversen Volkswirtschaften auf der ganzen Welt, da findet sich kaum ein Unterschied, deswegen reden wir mal pauschal über alle. Natürlich durchzieht die Weltgeschichte ein vielstimmiger Chor der Jammrigen, der im Prinzip aus fünf Fraktionen besteht. Die ersten, die sagen, die Armen würden immer ärmer, die Reichen immer reicher, die zweiten, die sagen, der Staat nähme den Menschen durch Steuern und Abgaben immer mehr Geld weg, die dritten, die sagen, der Staat käme auch seinen dringendsten Aufgaben kaum noch nach, sondern, viertens, verpulvere das Geld für irgendeinen Unfug oder gäbe es, fünftens, weit über das sinnvolle Maß hinaus den Armen und Bedürftigen.

Ich bin ganz sicher, dass man mit wenig Aufwand in der Geschichte Beispiele finden wird, wo mal das eine, mal das andere richtig war. Das muss uns im Moment aber weniger interessieren als die Frage, wie es heute damit bestellt ist. Also noch mal die fünf Behauptungen:

- Umverteilung von unten nach oben;
- Unverhältnismäßig hohe Belastung der Bürger durch Steuern und Abgaben;
- Unzureichende Umsetzung der eigentlichen Staatsaufgaben;
- Verschwendung von Steuergeldern;
- Unverhältnismäßig gute Versorgung von Armen und Bedürftigen.

Ich werde Ihnen im Folgenden zu zeigen versuchen, dass von den fünf Behauptungen aktuell drei zutreffen, eine vierte teilweise, die fünfte hingegen nicht.

5.2 Die Legenden des Reaganismus

Die zweite Behauptung, dass die Bürger insgesamt zu hoch belastet seien, hatte großen Einfluss auf die Wirtschaftspolitik, welche in Europa sich mit dem Namen Margaret Thatcher, in den USA mit dem Namen Ronald Reagan verbindet. Beide Regierungen traten an mit dem erklärten Ziel, die Steuerlast der Bürger zu senken. Unter Reagan wurde der Spitzensteuersatz der Einkommenssteuer von 70% auf 33% gesenkt, außerdem die Steuern auf Verkaufserträge und Unternehmensgewinne, was insgesamt einen dramatischen Einbruch der Steuereinnahmen zur Folge hatte, wovon sich das US-amerikanische Fiskalsystem bis heute nicht erholt hat. Und dies, obgleich insgesamt auch unter Reagan die Steuerbelastung der Bevölkerung nicht gesenkt, sondern deutlich gesteigert wurde. Das führt dazu, dass bis heute viele Kritiker Reagans Steuerpolitik als klassisches Beispiel für eine Umverteilung innerhalb der Gesellschaft zugunsten der wohlhabenden Familien anführen.

Auch Margaret Thatcher hat – entgegen der Außenwahrnehmung und zahlreicher entsprechender Reden ihrerseits – erst gegen Ende ihrer Amtszeit einige Steuern nennenswert reduziert, und auch hier in einer Weise, dass insgesamt die Steuereinnahmen des Staates kaum geringer wurden, sondern der vom oberen Drittel der Gesellschaft erbrachte Anteil der Gesamtsteuermenge zu Lasten der übrigen zwei Drittel deutlich gesenkt wurde. Gleichzeitig steigerte ihre Regierung durch den Verkauf zahlreicher Staatsunternehmen und -beteiligungen den privat gehaltenen Anteil am nationalen Vermögen Großbritanniens in erheblichem Umfang, sodass auf diese Weise das Vermögen der reichsten Familien Großbritanniens eher noch deutlicher als in den USA vermehrt wurde.

Margaret Thatcher ebenso wie Ronald Reagan lösten eine weltweite Konkurrenz darum aus, wer den – so ein gern propagiertes Bild – ständig auf Wanderschaft befindlichen reichen Familien und den diesen gehörenden Firmen und Konzernen die günstigsten Bedingungen bieten, sie also zum Bleiben bzw., noch besser, zum Einwandern veranlassen könnte. Von Japan, wo die ohnehin sehr wirtschaftsfreundliche Haltung der Regierung noch einmal forciert wurde, bis hin zum westlichen Deutschland, das schon unter Helmut Schmidt, aber dann vor allem unter der Regierung Kohl/Lambsdorff im Rahmen des Möglichen und Durchsetzbaren versuchte, dem von Großbritannien und den USA vorgezeichneten Kurs zu folgen. Auch hier war es nicht nur die Reduzierung der den oberen Einkommen und den Unternehmen auferlegten Last von Steuern, Abgaben, Lohnnebenkosten usw., was insgesamt einer Umverteilungspolitik Vorschub leistete. Sondern man hat zum einen eine sehr restriktive Lohnpolitik begünstigt, nicht zuletzt auch bei den Angestellten der Öffentlichen Hand selbst. Vor allem aber man hat auch in Deutschland – nicht anders als in zahlreichen anderen europäischen Staaten – in großem Stil Staatsvermögen an private Investoren zu meist geringen Preisen verhökert. Das betraf in Deutschland vor allem die Energieversorger und die ursprünglich noch zusammen gehörenden Kommunikationsdienstleister von Post und Telekom. Und nicht zuletzt hat man der angeblich überbordenden Flut von Regelungen und Bestimmungen eine Deregulierungspolitik entgegen gesetzt, die in vielen Bereichen im Wesentlichen nur ein Vorwand war, missliebige Restriktionen eines freien Spiels der im Markt befindlichen Kräfte zu beseitigen.

Die Wirtschafts- und Steuerpolitik der meisten Staaten ist also seit Beginn der 1980er Jahre geprägt von der offiziell propagierten Ansicht, die Steuern seien insgesamt zu hoch und müssten deswegen radikal gesenkt werden. Gleichzeitig werden aber Steuern kaum gesenkt, sondern es findet eine massive Umverteilung der insgesamt zu erbringenden Steuerlast von den Besserverdienenden auf die unteren Einkommen statt. Selbst in Ländern, wo der Spitzensteuersatz nicht oder nur wenig gesenkt worden ist, hätte er angesichts des rasch wachsenden Gesamtvermögens der wohlhabenderen Familien eigentlich eher noch deutlich erhöht werden müssen. Das ist aber nicht geschehen, sodass man mit Blick auf obige fünf Behauptungen in der heutigen Zeit sagen kann, ja, es findet eine Umverteilung von unten nach oben statt, hat in der Vergangenheit stattgefunden und zeichnete sich als Tendenz weiterhin ab. Weltweit ist seit 1970 der Anteil der reichsten Personen und Familien am weltweiten Gesamteinkommen dramatisch gestiegen, nachdem er in den hundert Jahren davor fast kontinuierlich rückläufig war. Inzwischen sind wir zu den Verhältnissen der Jahre vor dem Ersten Weltkrieg zurückgekehrt, und es ist kein Ende dieser Entwicklung absehbar. Hundert Jahre Annäherung sind also in zwanzig Jahren wieder zunichte gemacht worden, was nicht nur eine finanzpolitische Dimension hat, sondern auch im Lichte von Gleichheits- und Gerechtigkeitsprinzipien sowie unter sozialpolitischen Aspekten betrachtet werden müsste. Hingegen gibt es keine allgemein zu hohe steuerliche Belastung, diese ist insgesamt eher viel zu niedrig. Aber es gibt eine zunehmend ungerechte Verteilung der Steuerlast unter den Vorzeichen einer massiven Begünstigung der oberen Einkommen.

5.3 Steuern und Kredite

Wenn ich eben gesagt habe, dass die Steuereinnahmen insgesamt zu niedrig sind, nicht zu hoch, dann nimmt das den einen oder anderen vielleicht Wunder. Wir sind ja nach dreißig, vierzig Jahren neoliberaler Intensivbeatmung gewöhnt, den Staat als gefräßiges Monster zu sehen, das frisst, was immer es kriegen kann, aber wenig oder gar nichts Sinnvolles mit dem Erbeuteten anzufangen weiß.

Man kann aber auch eine eher der Kooperativen Theorie zuzurechnende Sicht auf die Volkswirtschaft haben.[2] Danach wird von einem Gemeinwesen beliebiger Größe zu jeder Zeit ein bestimmtes Maß an Leistung erbracht. Diese Leistung umfasst den Grundbestand der in ihr verwendeten Rohstoffe, die verwendeten Werkzeuge und Maschinen und vor allem die Tätigkeit jedes Einzelnen in diesem Konzert. Daraus ergibt sich die Frage, wie dieser erwirtschaftete Ertrag verteilt werden soll. Soll, wer die nicht reproduzierbaren Rohstoffe zur Verfügung gestellt hat, hierfür schadlos gehalten werden, und wenn ja, in welchem Umfang? Soll zunächst einmal jeder das zum Leben Nötige garantiert bekommen, sodass wir nur über die Verteilung des dann noch verbleibenden Rests nachdenken müssen?

Wollte man alten Theorien von Staatsvertrag und kollektivem Handeln des Volks nachgehen, könnte man sagen, das Gemeinwesen identifiziert eine Anzahl von Aufgaben als solche, welche am besten die Gemeinschaft durch ihre Institutionen umsetzt, während andere eher von jedem Einzelnen verwirklicht werden sollten. Liberale einerseits, Sozialisten und die meisten Konservativen andererseits unterscheiden sich dann nur noch darin, ob im Zweifelsfall eine Aufgabe eher dem Einzelnen oder eher dem Staat zugewiesen wird. Um die von einer solchen Gemeinschaft wahrzunehmenden Aufgaben sicherzustellen, muss ein

---

[2] Gescaut: Arbeitslose, S. 26-31

Teil des erwirtschafteten Ertrags den genannten Institutionen zur Verfügung gestellt werden. Dies geschieht traditionell auf drei Arten. Vor allem im Mittelalter hat der Souverän Aufgaben wenigstens teilweise aus seinem Privatvermögen heraus bestritten; diese Option ist heutzutage nicht mehr gegeben. Die zweite Möglichkeit ist eine Finanzierung über Steuern, die dritte eine Finanzierung auf Kreditbasis.

Wenn nun das Gemeinwesen feststellt, dass die anstehenden Aufgaben die bisherigen Finanzierungsmöglichkeiten im Rahmen der Steuereinnahmen übersteigen, hat es daher zwei Möglichkeiten. Es kann beschließen, einen höheren Anteil des gemeinsam Erwirtschafteten der gemeinsamen Aufgabenpalette zuzuordnen. Oder es kann beschließen, dass diese Aufgaben lieber durch Kredite sichergestellt werden sollen.

Kredite sind natürlich erst einmal attraktiver, da sie den Einzelnen ungeschoren lassen. Sie sind auch eine Option, der alle beipflichten werden, die zu den potenziellen Kreditgebern gehören könnten. Nicht nur sind Staatsanleihen meist eine sichere Anlageform. Auch wer hieran gar kein Kaufinteresse hat, wird ihre Ausgabe zu schätzen wissen, weil es hierdurch zu einer Verknappung des für den freien Markt verfügbaren Geldes kommt und damit zu einer größeren Attraktivität von Vermögen, die man etwa auf dem Aktienmarkt investieren will. Negativ ist das nur für diejenigen, die sich ihrerseits um das dann knapper werdende Geld bemühen.

Kredite haben aber noch eine unschöne Eigenschaft: Es sind Leihgaben. Und was man leiht, muss man über kurz oder lang zurückgeben. Mit Zinsen. Man muss also mehr zurückgeben, als man bekommen hat, und da der Staat kein gewinnorientiertes Unternehmen ist, besteht auch kaum Aussicht, dass mit dem Kredit mehr Ertrag erwirtschaftet wird, als Kredit und Zinsen im Zuge der Rückzahlung beanspruchen werden. Der Keynesianische Wechsel auf die Zukunft kann also nur aufgehen, wenn man die staatliche Ausgabenpolitik radikal auf die entsprechende Erträge versprechenden Aktivitäten beschränkt oder geplante Aufwände in entsprechender Weise umwidmet.³ Eine zur Abschreckung aufgebaute Armee – totes Kapital – könnte man also z.B. einsetzen, um eine lukrative Eroberung zu machen; allerdings erweisen sich selbst übersichtliche Kriege im Nachbarschaftsbereich eher als gewaltige Kapitalvernichtungen und sind auch sonst eher scheußliche Angelegenheiten. Und wenn man die ohnehin geplanten Sozialaufwände an eine Aufgabenzuweisung bindet, also Arbeitslose im Deichbau oder bei der Waldbrandbekämpfung einsetzt, wird man sich damit auch kaum Freunde machen.

Daher führen Kredite fast unausweichlich dazu, dass die heute vorhandenen Finanzierungsprobleme lediglich in die Zukunft verlagert werden, für die sie aufgrund der Verzinsung und aufgrund der Unwägbarkeit zukünftiger Entwicklungen aber ein erhebliches Risiko bedeuten.

So gesehen ist es also nicht klug, sich über Kredite zu finanzieren, wenn man dasselbe Ziel auch über Steuern erreichen könnte. Das stößt aber auf mehrere Probleme. Zum einen ist eine hohe Steuerquote einer erfolgreichen Entwicklung der Wirtschaft insgesamt abträglich. Das behauptet jedenfalls die große Mehrheit aller Wirtschaftswissenschaftler. Und man müsste schon Verschwörungstheorien anhängen, um zu vermuten, dass sich all diese honorigen Hochschullehrer im Interesse der Wohlhabenden geirrt haben sollten. Zweitens muss das Geld natürlich verfügbar sein. Im oben skizzierten Modell wurde ignoriert, dass Teile der insgesamt vorhandenen Mittel gar nicht in jüngster Vergangenheit erwirtschaftet worden sind, sondern quasi angesparte Erträge früherer Zeiten sind. Eine Volkswirtschaft kann immer wieder in die Situation geraten, dass die aktuellen Erträge zur Bewältigung der insgesamt anstehenden Aufgaben nicht ausreichend sind. Dann muss man auf das zugreifen können, was quasi als Reserve bei dem einen oder anderen vorhanden ist. Das geschieht am einfachsten über Kredite. Denn einer Finanzierung über eine Besteuerung dieser Rücklagen stehen Gerechtigkeitsüberlegungen entgegen. Man kann diese Rückla-

---

3   Keynes: Open Letter, passim, v.a. Pt. 5

gen ihren Eignern nicht einfach wegnehmen, wenn das System wenigstens irgendwie gerecht sein soll. Denn wenn zwei Personen jeweils eine bestimmte Summe zur eigenen Verfügung bekommen und davon zunächst einen bestimmten Anteil an Steuern bezahlen müssen, wird das beide vielleicht nicht glücklich stimmen. Wenn dann aber einer von beiden bis zur nächsten Steuererhebung es sich hat wohl sein lassen, während der andere gespart, geknausert und gedarbt hat, so würde vielleicht bei beiden Verwirrung entstehen, wenn der Sparsame für sein Sparen dann noch bestraft würde, indem er im neuen Jahr auf das noch übrig Behaltene erneut Steuern bezahlen soll. Dann ist sein Einkommen nämlich wenigstens teilweise zweimal besteuert worden, das des anderen aber nur einmal.

Nun kennt aber das Rechtssystem der meisten Länder durchaus die Enteignung von Gütern oder Finanzmitteln jenseits einer Besteuerung, wenn es dem Allgemeinwohl dient. Selbst vergleichsweise moderate Rechtssysteme wie das deutsche beinhalten sogar die entschädigungslose Enteignung, also die Konfiskation von Privateigentum, wenn ein erheblich höheres Allgemeininteresse dies rechtfertigt. Dies ist im deutschen Rechtssystem allerdings nur bei unerlaubten Waffen in Privatbesitz der Fall, weil man hiervon eine erhebliche Gefährdung der Allgemeinheit ausgehen sieht, welche deutlich höher zu werten ist als das Eigentumsrecht des Einzelnen an Dingen, die zu besitzen das Gesetz ohnehin verbietet, die er aber vielleicht in gutem Glauben und unter Aufwendung möglicherweise erheblicher Mittel erworben hat. Zudem kann die Verfügungsgewalt über Eigentum grundsätzlich oder in Einzelfällen eingeschränkt werden. So limitiert die Straßenverkehrsordnung die freie Verfügungsgewalt über Fahrzeuge, kann durch zwangsweise Stilllegung eines Fahrzeugs infolge verkehrstechnischer Bedenken sogar die Verfügungsgewalt faktisch nichtig werden. Doch sind diese Rechtspraktiken nicht ohne weiteres auf die teilweise Konfiskation von Privatvermögen übertragbar. Das Grundgesetz setzt als zusätzliche Hürde die Junktim-Klausel, die Enteignungen nur im Kontext eines Gesetzes erlaubt, welches Art und Höhe der jeweiligen Entschädigung regelt. Dabei ist freilich nicht klar, ob im Einzelfall das Gesetz auch die

Höhe der Entschädigung auf Null festlegen kann. Auf jeden Fall würde man aber für den Zugriff auf private Sparvermögen den Weg einer faktischen Enteignung wählen, indem man hierauf, aber auch auf entsprechend in Anlagen gebundene Sparguthaben eine – möglicherweise drastische – Steuer erhebt.

5.4 Staatsaufgaben und der aufgegebene Staat

Wenn wir uns nun noch einmal den obigen Behauptungen zuwenden, so wäre zu prüfen, ob die europäischen Staaten eigentlich aktuell jenseits eines normalmenschlichen Umfangs Steuergelder verschwenden und ob im Gegenzug der Staat seinen Aufgaben evtl. nicht hinreichend nachkommt.

Beides hängt natürlich zunächst von einer Definition, damit wenigstens teilweise auch von der Perspektive des Betrachters ab. So würden die meisten Analysten den Erwerb einer großen Zahl von Panzern durch Griechenland im Jahre 2003 als Steuerverschwendung bezeichnen. Dass die Eigner, aber auch die Mitarbeiter von KMW, die den Leopard 2 produzieren, dies nicht so sehen, dürfte wenig überraschen. Aber auch zahlreiche, vor allem rechtspopulistische Kräfte in Osteuropa haben stets die Idee einer starken griechischen Armee zur Abwehr angeblich drohender Eroberungswellen aus der Türkei oder dem Nahen Osten befürwortet.

Bleiben wir noch einen Moment beim vielgescholtenen Griechenland. Aus Sicht vieler Politiker, aber auch selbsternannter Wirtschaftsexperten in deutschen Gazetten und an deutschen Stammtischen stellt die griechische Sozialpolitik eine exzessive Verschwendung von Steuermitteln dar bzw., schlimmer noch, von zusammengeliehenem oder aus dem europäischen Sparstrumpf stibitztem Geld. Doch auch dies ist eine Haltung, die insbesondere die Empfänger griechischer Renten, Arbeitslosenunterstützungen usw. wahrscheinlich nicht teilen werden. In nüchternen Zahlen betrachtet gibt es die oft behauptete Alimentierung der Griechen aus dem Staatssäckel nicht. So betrug 2013 das Durchschnittseinkommen in Griechenland nur ca. 56% des Durchschnitteinkommens in Deutschland, bei annähernd gleich hohen Lebenshaltungskosten. Auch die Behauptung einer massiven Ungleichverteilung der Einkommen in Griechenland ist sachlich falsch. Der beste Indikator einer solchen Ungleichverteilung ist der Vergleich zwischen dem Durchschnittseinkommen aller Bürger und dem Medianeinkommen, also dem Durchschnittseinkommen der Mittelschicht, d.h. aller Bürger unter Nichtberücksichtigung der obersten und untersten Einkommen und Vermögen. Dann ergibt sich, dass die Spanne zwischen Arm und Reich oder eigentlich zwischen Mittelstand und Oberschicht in Europa nirgends so groß ist wie in Deutschland, wo Durchschnittseinkommen und Median ca. 35% voneinander abweichen, während Deutschlands Nachbar im Westen, die Niederlande, nur eine Abweichung von 12% verzeichnen. Gleichzeitig hat aber die Belastung der unteren und mittleren Einkommensschichten in Griechenland vor allem durch die Eurokrise dramatisch zugenommen. So gesehen gibt es vielleicht auch außerhalb Griechenlands nicht wenige Menschen, die einer großzügigen Versorgung gerade der Ärmsten und Schwächsten der Gesellschaft keine Steuerverschwendung erkennen können.

Mithin ist es also nicht ganz einfach zu entscheiden, ob ein Staat Steuergelder verschwendet. Ebenso schwer ist eine Antwort auf die Frage, ob ein Staat evtl. seinen eigentlichen Aufgaben nicht oder nicht ausreichend nachkommt. Denn hierzu muss man zunächst einmal festlegen, was denn diese Aufgaben des Staates sind. Traditionell wird hier der Schutz der Bürger vor Gewalt gesehen, also sowohl der Schutz vor der gegeneinander gerichteten Gewalt wie vor Gewalt und Zwang von außen, etwa durch Kriegseinwirkung oder Piraterie. Auch die Abwendung weiterer Gefahren, welche den Einzelnen betreffen können, wird meist als Aufgabe des Staates genannt, soweit hierzu eine kollektive Anstrengung oder Regelungen für alle nötig sind. Dies betrifft vor allem den Bereich der kollektiven Gesundheitsfürsorge, insbesondere die Bekämpfung von großen Krankheiten und anderen katastrophalen Ereignissen. Zweitens gilt traditionell als Aufgabe des Staates die Regelung des Zusammenlebens der Menschen untereinander. Geht man von traditionellen Vertragstheorien aus, so gründen die Menschen eines Volks einen Staat, indem sie miteinander direkt oder über gewählte Vertreter Regeln vereinbaren, die auch dann für alle gelten sollen, wenn der Einzelne in der besonderen Situation durch die jeweilige Regel sich benachteiligt sieht. Die Wahrung dieser Regeln, aber auch ihre Verteidigung und Ahndung von Verstößen gegen die Regeln ist entsprechend auch Aufgabe des Staats.

Schon bei diesen beiden Aufgaben haben Kritiker in der Vergangenheit immer wieder übertriebene Aktivitäten des Staates zu sehen geglaubt. Vergleich man die Situation in diversen europäischen Staaten, so wird zudem rasch klar, dass unterschiedliche Staaten hier unterschiedlich weit gehen, etwa was Umfang, Detaillierungsgrad und Geltungsbereich von gesetzlichen Regelungen des Miteinanders betrifft. Umso mehr gilt dies aber hinsichtlich der dritten Aufgabe, welche in der Regel erst seit der zweiten Hälfte der Neuzeit zu den Aufgaben des Staates gerechnet wird, nämlich die soziale Sicherung der Bürger.

Verschiedene Stimmen in den USA, die sich – zu Unrecht – in der Tradition von Adam Smith, von Edmund Burke oder auch der Gründungsväter der USA sehen, propagieren immer wieder mal, dass der Staat sich aus den Lebensentwicklungen jedes Einzelnen rauszuhalten habe. So wie er ihn in seiner Entfaltung nicht beschneiden dürfe, so dürfe er im Gegenzug ihn auch an keiner Stelle fördern oder gar alimentieren. In radikaler Form läuft das auf ein Ende nicht nur von Arbeitslosenversorgung, Sozialsystemen und Krankenkassen hinaus, sondern auch auf das Ende öffentlich finanzierter Schulen, Krankenhäuser, Straßenbau usw., da der Staat ausschließlich Aufgaben nach außen, also die Landesverteidigung, wahrzunehmen habe. Aber selbst die Garantie von Ruhe und Ordnung, also die innere Sicherheit, erwachse aus dem Handeln des Einzelnen. Es überrascht wenig, dass die Anhänger dieser Haltung auf den Jahrestreffen der amerikanischen Milizverbände, bei den großen Shows der Waffenhändler oder den Jahrestreffen der NRA fast immer ein offenes Ohr finden.

Das ist letztlich die Propagierung einer Selbstaufgabe des Staats oder seiner Reduzierung auf Außen- und internationale Sicherheitspolitik. Gemäßigtere Stimmen sehen es immerhin als Aufgabe des Staats an, dem Einzelnen in einer akuten Notlage beizustehen, aber nicht, ihn auf Dauer zu unterstützen. Arbeitslosengeld etwa dient in dieser Sicht dazu, dem Einzelnen zu helfen, die Zeit der Suche nach einer neuen Arbeitsstelle zu bewältigen, sich evtl. auch fortzubilden oder in eine Region umzusiedeln, wo die Chancen für ihn besser stehen. Nur wer auf Dauer außerstande ist, seinen Lebensunterhalt selbst zu fristen, also v.a. Schwerstbehinderte oder wer aufgrund fortgeschrittenen Alters nicht mehr arbeitsfähig ist, soll in dieser Sicht unbefristet unterstützt werden, allerdings auf einem Niveau, welches diese Menschen nicht zu einer Belastung der produktiven Teile der Gesellschaft werden lässt.

5.5 Die Freiheit des Einzelnen als Aufgabe des Gemeinwesens

Die aktuell wieder häufiger diskutierte Idee einer bedingungslosen Grundversorgung ließe sich auch mit der zuletzt genannten neoliberalen Haltung nicht vereinbaren. Sie entspricht eher einer anderen Form von Liberalismus, auch wenn die meisten Liberalen das mit Verve bestreiten würden. Die Freiheit des Einzelnen erfordert, dass der Staat sich nicht in seine Lebensentwürfe einmischt. Doch fragt sich, ob der Staat umgekehrt die Aufgabe hat, den Einzelnen zu schützen, wo andere Mitglieder der Gemeinschaft die Freiheit dieses Menschen bedrohen. Anders gesagt, sind unsere Freiheitsrechte lediglich Garanten gegen eine vom Staat ausgehende Bedrohung unserer Freiheit oder allgemeine Freiheitsgarantien, zu deren Schutz der Staat aktiv werden muss, wenn sie – durch wen auch immer – bedroht sind?

Wenn das Recht auf körperliche Unversehrtheit, Freizügigkeit usw. durch aktive Gewalt anderer Personen bedroht sind, schreitet der Staat nicht nur ein, um sein Gewaltmonopol zu verteidigen, sondern zur Verteidigung der jeweils bedrohten Grundrechte. Im Konflikt zwischen Parteien um deren Grundrechte macht er sich auch zum mehr oder weniger unparteiischen Richter, indem er z.B. das Recht auf künstlerische Selbstentfaltung dem Schutz der körperlichen Unversehrtheit eindeutig nachordnet, man also nicht einfach im Interesse eines künstlerischen Akts einen anderen Menschen verstümmeln darf, solange dieser nicht ausdrücklich und im Vollbesitz seiner geistigen Kräfte danach verlangt hat. Wohlgemerkt, wir reden hier von einem ziemlich idealisierten Staat. Die verfassungsrechtliche Ausrichtung, erst recht aber die gelebte Wirklichkeit entspricht leider in schrecklich vielen Ländern der Erde nicht einmal ansatzweise diesem Anspruch. Das geht so weit auseinander, dass man versucht sein kann, den Staat als ein Instrument zur Durchsetzung von Herrschaftsinteressen, Besitzstandwahrung, Entrechtung und Unterdrückung wahrzunehmen, während das, was wir als Demokratie oder als freiheitlichen Staat bezeichnen, allenfalls eine Sonderform, eine Aberration des Staats darstellt, kurzlebig und keinem wirklich wichtig. Oder woran sonst liegt es, dass selbst Staaten wie die USA unter dem Leitstern ihrer manifest destiny, irgendwo auf ihrer crusade for democracy beschlossen haben, eigentlich nur Mörder, Diktatoren und Unterdrücker zu protegieren, oder wahlweise selbsternannte Kämpfer für die Demokratie, die letztlich nur eins erreichen werden, nämlich Chaos, größere Unfreiheit und letztlich nichts, was irgendjemandem dient oder allenfalls nur der US-amerikanischen Sicherheitspolitik und vielleicht noch den Finanzinteressen einiger weniger US-amerikanischer Konzerne.

Wenn aber dem Staat der Schutz der Freiheitsrechte jedes Einzelnen als Aufgabe zugewiesen ist, muss er dann nicht auch aktiv werden, wenn eine finanziell prekäre Situation den einzelnen an der Ausübung wesentlicher Grundrechte hindert? So würden wir wahrscheinlich alle das Recht auf sexuelle Selbstbestimmung als ein wichtiges Menschenrecht ansehen. Aber wir wissen auch und akzeptieren meist, dass etliche Prostituierte nicht aufgrund brutaler Gewalt diesem Gewerbe nachgehen, sondern aus massiver materieller Not heraus.

Die diesbezüglich ausgesprochen zurückhaltende Zweckbestimmung des Staats in der Schweizer Verfassung von 1999 definiert vier grundlegende Aufgaben der Eidgenossenschaft. Nur eine hiervon berührt überhaupt das Zusammenleben einzelner Menschen, und das auch recht schwammig: „Sie sorgt für eine möglichst grosse Chancengleichheit unter den Bürgerinnen und Bürgern."[4]

Was genau das heißt, ist immer wieder Gegenstand zahlloser Diskussionen. Allerdings wird die Bundesverfassung weiter unten sehr konkret: „Mann und Frau sind gleichberechtigt. Das Gesetz sorgt für ihre rechtliche und tatsächliche Gleichstellung, vor allem in Familie, Ausbildung und Arbeit. Mann und Frau haben Anspruch auf gleichen Lohn für gleichwertige Arbeit."[5]

Verglichen damit ist die deutsche Verfassung weniger invasiv. So heißt es im Grundrechts-Kapitel des Grundgesetzes: „Männer und Frauen sind gleichberechtigt. Der Staat fördert die tatsächliche Durchsetzung der Gleichberechtigung von Frauen und Männern und wirkt auf die Beseitigung bestehender Nachteile hin."[6]

Die Durchsetzung der Gleichberechtigung von Männern und Frauen wird damit zur Aufgabe des Staats auch da, wo der Staat in seinem Wirken oder in seinen Institutionen gar nicht berührt ist. So leitet sich aus dieser Vorgabe automatisch ab, dass der Staat die Ungleichbehandlung von Männern und Frauen z.B. in der Gehaltsfestlegung nicht akzeptieren darf.

Da dem so ist, wird eigentlich auch die Forderung nach einer hinreichenden materiellen Sicherung zur Aufgabe des Staats. Sie darf in einem freiheitlichen Staatswesen nicht schon dadurch erreicht sein, dass das physische Überleben des Einzelnen gesichert ist. Ein der Idee der individuellen Freiheit verpflichteter Staat muss unausweichlich die Bedrohung der Freiheit durch materielle Not verhindern. Er muss auch die Bedrohung der Freiheit durch ein Ungleichgewicht der Macht in

---

[4] Bundesverfassung der Schweizerischen Eidgenossenschaft, 1. Titel: Allgemeine Bestimmungen, Art. 2: Zweck, §3
[5] Bundesverfassung der Schweizerischen Eidgenossenschaft, 2. Titel: Grundrechte, Bürgerrechte und Sozialziele, Art. 8: Rechtsgleichheit, §3
[6] Grundgesetz, Art. 3, Abs. 2

einem Staat verhindern. Wo der Einzelne z.B. der Macht einer Bank hilflos gegenübersteht, muss der Staat zu seinem Schutz aktiv werden.

Schwieriger wird es hinsichtlich der Frage, ob er dies auch vorbeugend tun muss. Aber selbst wenn hierzu keine verfassungsrechtliche Notwendigkeit vorläge, müsste er dies tun, weil die gewachsene Macht einer Gruppe, einer Institution, einer Partei, eines Konzerns oder einer Religionsgemeinschaft nicht adhoc überwunden werden kann. Daher sollte der Staat im Interesse der individuellen Freiheit frühzeitig und vorbeugend allen zu mächtig werdenden Teilen der Gemeinschaft Einhalt gebieten, also in der heutigen Situation in Westeuropa insbesondere den Banken, den Kirchen und einigen, aber nicht allen großen Konzernen. Betrachtet man freilich die Verfassungswirklichkeit nicht nur, aber besonders in Deutschland, kommen einem gelegentlich Zweifel, dass der Staat die Wahrung der individuellen Freiheiten in diesem Sinn als seine wichtigeren Aufgaben ansieht.

Daraus folgt dann aber auch mit Blick auf die oben genannten Fragen, dass es durchaus nicht so ist, dass der Staat seine Mittel verschwendet. Im Gegenteil erfüllt er auf weite Strecken noch nicht einmal seine wichtigste Grundfunktion, nämlich die Freiheit des Einzelnen, seine Selbstbestimmtheit usw. nicht nur vor Übergriffen des Staats, sondern eben auch vor anderen, materiell deutlich überlegenen Mitgliedern des Staats zu schützen.

Wollte man freilich, dass der Staat seinen eigentlichen Aufgaben wieder nachkommt, handelt man sich rasch den Vorwurf ein, nach einem starken Staat zu rufen. Nun kann man der Gegenseite durchaus nachsagen, dann zwar offensichtlich einen schwachen Staat zu propagieren, aber trotzdem meist die Rüstungsfahne zu schwenken. Interessanter ist jedoch ein anderer Vorwurf, nämlich dass derlei Forderungen völlig unrealistisch seien, da die Macht längst bei den Banken und den großen Konzernen läge und der Staat weder materiell noch in seiner Machtfülle auch nur ansatzweise imstande sei, sich hiergegen durchzusetzen.

Nun, was die Machtfülle angeht, ist dies ein Mythos, der von den Banken und der Industrie immer wieder gern mit Leben erfüllt wird. Insofern trifft sich sozialistische Kritik und eine – meist subtilere – Propaganda der Wirtschaft. Aber tatsächlich ist das schlichter Blödsinn. Man möge sich nur mal an die Absatzkrise der Automobilwirtschaft 2009 erinnern. Auf Knien sind die angeblich so mächtigen Konzernchefs nach Berlin gepilgert, um aus dem Sumpf gezogen zu werden, in den sie sich weitgehend selbst manövriert hatten. Auch in der Kaskade von Griechenland- und Eurokrise haben die angeblich allmächtigen Fürsten von Deutscher Bank, Commerzbank, UniCredit und BNP Parisbas beim ersten Krisenzeichen verzweifelt nach der helfenden Hand der jeweiligen Regierung gegriffen, die ihnen auch großzügig gereicht wurde, meist noch mit einem voluminösen Scheck zwischen den Fingern. Im Gegenzug hat schon vor fast einem Jahrzehnt Paul Krugman nachweisen können, dass die wachsende Kluft zwischen Arm und Reich seit der Ära Ronald Reagans durchaus keine Folge marktwirtschaftlicher Entwicklungen war, sondern im Wesentlichen aus staatlichen Maßnahmen rührte.[7]

Gegen die Macht der jeweiligen Regierung kann nach wie vor kein Konzern, nicht national, nicht international. Jeder Konzern weiß das auch sehr gut. Man kämpft nicht gegen Staaten, man kämpft noch nicht mal gegen Regierungen. Man kauft sie vielleicht, man schmeichelt, man kooperiert, macht sich lieb Kind, man macht gleichzeitig das eigene Unternehmen systemrelevant, wird also zum angeblich unabdingbaren Bestandteil des Staats, den der Staat aber in keiner Weise steuern kann. Und auch hier liegt eine zu oft vernachlässigte Aufgabe des Staats: Er darf nicht zulassen, dass ein Konzern oder ein Bankhaus systemrelevant werden, weil er dann die eigenen Handlungsspielräume fast beseitigt findet. Allerdings gibt es zum heutigen Zeitpunkt weltweit keine systemrelevante Bank. Regierungsvertreter, welche das dennoch behaupten, sind entweder unlauter oder unzureichend sachkundig;

---

[7] Krugman: Conscience, S. 7-9

beides sollte den geneigten Beobachter hier und da nachdenklich stimmen.

Was freilich die finanziellen Möglichkeiten des Staats betrifft, so ist dies nicht gänzlich falsch. Aus der oben geschilderten Transferierung von Staatseinnahmen in die Privatkassen der wohlhabendsten Familien ergibt sich automatisch ein Rückgang staatlicher Handlungsmöglichkeiten. Diese werden durch die Finanzierung der unverändert fortgeschriebenen Staatsaufgaben seit den 1970er Jahren durch Kredite anstelle von Steuern nur noch kleiner und kleiner werden, da man Kredite anders als Steuern zurückzahlen muss, und zwar mit Zinsen. Es fragt sich also, wie der Staat zur Erfüllung seiner Aufgaben die nötigen Spielräume wieder erhalten kann.

5.6 Die Rückgewinnung staatlicher Verfügungsmöglichkeiten

Eine Möglichkeit, den Staat von seiner selbstverschuldeten Unmündigkeit zu befreien, ist oben schon diskutiert worden, nämlich die nachträgliche Besteuerung der großen Einkommen, entweder in Form einer rückwirkend erhobenen veränderten Einkommens- und Vermögenssteuer oder in Form von drastischen Besteuerungen, womöglich von einer Einziehung großer Spargutvhaben. Verfassungsrechtlich sind alle rückwirkenden Regelungen fragwürdig und meist auch politisch nicht durchsetzbar. Damit bleibt im Wesentlichen eine erhebliche Erhöhung der Besteuerung der großen Vermögen und der oberen Einkommen. Jenseits der verfassungs- und eigentumsrechtlichen Vorbehalte sprechen gegen eine solche Maßnahme aber die z.T. massiven Konflikte, die das zur Folge hätte. Es würde sich ja beileibe nicht nur der Widerstand der wohlhabendsten Familien hiergegen formieren. Betroffen wären mit Sicherheit mehr als nur eine Handvoll Superreicher, sodass auch der Protest größere Kreise erfassen würde. Aber wichtiger wäre die Gegnerschaft jener, die selbst gar nicht von derlei Maßnahmen betroffen wären. Entweder, weil sie fürchten, dass sich der Kreis der Erfassten über kurz oder lang vergrößern und dann auch auf sie erstrecken könnte. Oder weil sie grundsätzlich dagegen sind, dass der Staat seine Machtmittel vergrößert, direkt, indem er sich mehr Geld verschafft, indirekt, indem er einen Präzedenzfall schafft, im Interesse des großen Ganzen oder was immer man dafür deklariert, skrupellos in Lebensplanung und Besitzstand größerer Kreise der Bevölkerung eingreifen zu dürfen. Gerade die deutsche Geschichte scheint es angeraten sein zu lassen, dem Staat nicht unbegrenzt zu vertrauen und ihn daher im Umfang seiner Machtmittel streng zu limitieren bzw. bei ihrer Ausübung fortgesetzt zu kontrollieren. Und schließlich wird es auch jene geben, die glauben, jene Maßnahme träfe gerade diejenigen, von deren Begeisterung für den Staat, von ihrer Arbeitsfreude, von deren Schaffenskraft usw. das Wohl der Nation in solchem Maße abhinge, dass man sie stets schonend behandeln müsse, jedenfalls um keinen Preis auf diese Weise desavouieren dürfe. Ob diese Ansicht letztlich berechtigt ist oder nicht, spielt dabei kaum eine Rolle, so wenig wie die Frage, ob sie durch sorgfältiges Studium und intensive Reflexion gewonnen oder als das Ergebnis allmorgendlicher Lektüre der einen oder anderen großbuchstabigen Tageszeitung zustande gekommen ist.

Interessanter als die Frage, ob es diese Widerstände geben wird, ist, ob ein Staat sie überwinden kann, und wann es geboten sein kann, es hierauf in der Tat ankommen zu lassen. Erstere Frage lässt sich schon anhand der Entwicklung nach dem Zweiten Weltkrieg eindeutig bejahen. Aber ist es auch klug, das zu tun?

Man kann das nicht pauschal beantworten. Für die griechische Regierung ist ein Auskreuzen der gigantischen Staatsschulden eigentlich das einzig Sinnvolle. Die Folgen wären aber auf europäischer wie auf innergriechischer Ebene so verheerend, dass auch die sozialistische Regierung unter Alexis Tsipras hierzu kaum zu gewinnen sein dürfte.

Anders wäre es, wenn auf gesamteuropäischer Ebene ein solcher Schritt erfolgen würde. Die Bedingungen sind hierfür in Europa günstiger als etwa in den USA, wo die Altersvorsorge fast des gesamten Mittelstands zu einem erheblichen Teil wegbrechen würde, wenn man auf die Idee käme, auch nur die seit den 1980er Jahren verkauften T-Bonds, also Staatsanleihen mit einer Laufzeit zwischen zehn und dreißig Jahren für nichtig zu erklären. In Europa wäre je nach Land eine ähnliche Entscheidung ebenfalls für viele Menschen ausgesprochen unerfreulich, aber eben nicht katastrophal.

Die Folgen für die Rolle Europas in der Welt wären allerdings dramatisch. Die Macht der EU würde erheblich anwachsen, gleichzeitig der durchschnittliche Wohlstand seiner Bewohner signifikant zunehmen. Dies wäre insbesondere dann der Fall, wenn man die aktuellen Staatsschulden in einer noch relativ milden Maßnahme auf 50% ihres aktuellen Nennwerts reduzieren würde, gleichzeitig aber den Spitzensteuersatz wenigstens in den Staaten der Eurozone in etwa am schwedischen Exempel orientieren würde. Wenn man also den Eckwert, ab dem der Spitzensteuersatz zum Tragen kommt, auf ein Jahreseinkommen von wenigstens 50.000 € festlegte, ab dem eine Einkommenssteuer von 55% fällig würde. Zum jetzigen Zeitpunkt wird dies höchst uneinheitlich gehandhabt. So wird in den Niederlanden, in Dänemark, Belgien oder Österreich in der Spitzengruppe ein Steuersatz zwischen 52% und 59% erhoben, bei einem Eckwert zwischen 34.000 € und 60.000 €. Zum Vergleich, in Deutschland liegt der Spitzensteuersatz aktuell bei knapp 48%, der allerdings auch erst ab einem Jahreseinkommen von wenigstens 250.000 € zum Tragen kommt. Als so großzügig gegenüber den hohen Einkommen erweisen sich innerhalb Europas sonst nur noch die Schweiz und Spanien; letzteres hat einen Eckwert von immerhin 300.000 €. Noch exotischer sind Staaten mit einer Einheitssteuer, die so ziemlich das Ungerechteste ist, was man sich hier einfallen lassen kann. Bulgarien etwa erhebt lediglich eine Steuer von 10% unabhängig von der Höhe der Einkommen; in Litauen sind es 15%, in Rumänien 16%. Übrigens zeigt natürlich der Exodus gewaltiger Heerscharen von Reichen und Superreichen in diese Staaten, wie berechtigt die seit den 1980er Jahren immer wieder erhobene Forderung war und ist, im eigenen Land ein jedenfalls steuerlich attraktives Umfeld für die selbsternannten Leistungsträgern der Gesellschaft zu schaffen, um diese nicht in die Emigration in die genannten Staaten oder wahlweise auf die Bahamas zu treiben.

Käme es zu einer solchen Steuerpolitik, wäre die Kehrseite natürlich ein erheblicher Rückgang des auf dem freien Markt vagabundierenden Kapitals. Zwar würden die meisten eine Austrocknung von Hedgefonds und Großbanken wohl mit nur sehr begrenzter Anteilnahme zur Kenntnis nehmen. Doch zugleich wäre es der Industrie deutlich erschwert, Investitionsvorhaben auf dem freien Kapitalmarkt zu finanzieren. Dass man in Deutschland, in den USA oder Großbritannien in so erheblichem Umfang ursprünglich über Steuern eingesammeltes Geld seit Jahrzehnten in Privathand lässt, hat in diesen Staaten zu einem Überangebot an freiem Geld geführt und entsprechende Investitionsaktivitäten deutlich erleichtert. Andererseits leiden aber auch Industrien in Staaten mit hohem Steuersatz nicht unter Finanzierungsproblemen. Natürlich ist der Grund hierfür z.T., dass auch Investoren aus den genannten Staaten Investitionen in den Niederlanden, in Skandinavien oder Belgien einiges abgewinnen können. Aber in einem funktionierenden System pendelt sich ohnehin nach und nach ein Finanzierungsgleichgewicht ein, dessen Schwankungsintervalle lediglich die dynamischen Ausgleichsprozesse einer Volkswirtschaft spiegeln. Lediglich die Übergangsphase ist hier als ausgesprochen kritisch anzusehen. Sollte Deutschland also z.B. mit Beginn nächsten Jahres einen Spitzensteuersatz von 55% einführen, bei einem Eingangswert von 60.000 € Jahreseinkommen, so wäre eine wahrscheinlich mehrere Jahre umfassende Instabilität der Wirtschaft zu erwarten. Zwar würde aus den USA, vielleicht auch aus anderen Staaten mit weiterhin vorhandenem Kapitalüberschuss Geld nach Deutschland strömen, aber ein unmerkbarer Übergang wäre trotzdem nicht zu erwarten.

Anders wären die Folgen der genannten europaweiten Einführung einer solchen Politik Natürlich wäre auch hier mit einigen Turbulenzen zu rechnen, doch scheinen mir diese nicht schlimmer ausfallen zu können als das durch die jetzige unkoordinierte und auf weiten Strecken schlicht ungerechte Steuer- und Finanzpolitik verursachte Chaos. Zudem wäre nachgerade die deutsche Regierung nicht mehr in der betrüblichen Lage, eine in ihren Augen alternativlose Austeritätspolitik vertreten zu müssen, wohl wissend, dass man damit ganze Nationen ins

Elend kippt und Staaten wie Griechenland auf sehr lange Zeit auf einem Level industriepolitischer Handlungsunfähigkeit einfriert.

Es gibt noch einen Mittelweg zwischen den genannten Alternativen, nämlich eine Delimitierung der Laufzeit von Staatsanleihen. Auch so etwas wäre verfassungsrechtlich nur schwer vorstellbar und zudem politisch wahrscheinlich nicht durchzusetzen. Trotzdem kann man einmal den Unterschied zwischen einer Aktie und einer Staatsanleihe zur Diskussion stellen. Mit einer Aktie erwirbt man Eigentumsanteile an einem Unternehmen, was man beruhigend finden mag oder auch nicht, was aber nicht den eigentlichen Wert darstellt. Der Wert einer Aktie ist zum einen in ihrer jährlichen Dividende begründet, sofern sie denn eine solche aufweist, zum anderen in ihrem Wiederverkaufswert, der bei glücklichem Verlauf deutlich über dem Einkaufswert liegt. Mit Staatsanleihen hingegen erwirbt man keine Anteile am Staat, sondern lediglich einen Verzinsungs- und einen Rückkaufsanspruch. Da Verzinsung und Rückkaufwert festgelegt sind, tragen – jedenfalls in der Eurozone – Staatsanleihen kein nennenswertes Risiko, und zwar weder hinsichtlich Ertrag noch hinsichtlich Kapitalsicherung. Also warum nicht die befristete Laufzeit einer Staatsanleihe aeternieren. Man muss sich doch von der Vorstellung freimachen, ein nennenswerter Teil des in Staatsanleihen festgelegten Kapitals würde nach Laufzeitende liquidiert und für Ferienreisen, Hausbau oder wilde Parties ausgegeben. In aller Regel wird solches Geld sofort wieder in Staatsanleihen zurückgeschoben, jedoch zu für den jeweiligen Staat meist schlechteren Konditionen. Also warum nicht kurzerhand die Laufzeit einer Anleihe nachträglich für unbegrenzt erklären, den Handel mit den Anleihen aber weiterhin gestatten? Rechtlich, wie gesagt, bedenklich, aber vielleicht eine Möglichkeit, zahlreiche Staaten in erheblichem Umfang zu entschulden, auch wenn das ganze nur Sinn macht, wenn wenigstens danach Steuer- an die Stelle von Schuldenpolitik tritt.

5.7 Alternativlosigkeit und Fantasielosigkeit

Wenn es trotzdem wohl auch auf mittlere Sicht nicht zu einer Renaissance der materiellen Ausgleich und Gleichberechtigung aller gesellschaftlichen Kräfte wenigstens in begrenztem Umfang favorisierenden Politikkonzepte kommen wird, wie sie in den USA den New Deal bestimmten, in Deutschland knapp eine Generation später wesentlicher Bestandteil des Wirtschaftswunders und der Idee der Sozialen Marktwirtschaft wurden, so muss man um einer Erklärung willen nicht zu Krugmans Verschwörungstheorien Zuflucht nehmen.[8] Es gibt keine finstere Konspiration allmächtiger Großkonzerne, an deren Marionettenschnüren die deutschen, die amerikanischen, die britischen, japanischen, womöglich die chinesischen und russischen Regierungen muntere Tänzchen aufführen. Das Gerede von der Alternativlosigkeit des einen oder anderen Vorgehens dokumentiert hingegen vor allem die Fantasielosigkeit von Regierungen, oder schlimmer noch, ihre Denkfaulheit. Natürlich ist Politik immer auch den Interessen derjenigen verpflichtet, der die Angehörigen der regierenden Schicht sich am ehesten zugehörig fühlen. Das ist keine Besonderheit von Demokratien, wo der eine oder andere vielleicht unausgesetzt die nächste Wahl im Auge hat, selbst wenn diese noch mehrere Jahre entfernt liegt. Es ist im Gegenteil die Idee von Demokratie, dass Politiker sich angesichts dieses Korrektivs jederzeit fragen müssen, was denn wohl der Wille der Bevölkerung ist, statt einfach das zu machen, was sie zu Recht oder zu Unrecht für das Richtige halten. Und umgekehrt kommen auch Diktatoren selten umhin, vor allem das zu tun, was die Bevölkerungsmehrheit will, weil auch und gerade Diktaturen keinen langen Bestand haben, wenn das Volk ihrer Existenz nicht wohlwollend oder doch wenigstens gleichgültig gegenüber steht.

Umgekehrt führt aber das ständige Gerede von der Alternativlosigkeit der jetzigen Politik zu einer ganz neuen Diktatur, nämlich einer Diktatur des Desinteresses. Wenn man den Menschen lang genug erzählt, dass Politik sowieso bedeutungslos sei, weil es immer nur eine Möglichkeit des Handelns gäbe, dann fragt sich natürlich, wozu es dann noch Wahlen gibt. Nur wenn es in wichtigen Fragen mehrere mögliche Wege gibt und die zur Wahl stehenden Parteien stehen jeweils für einen die-

---

[8] Krugman: Conscience, S. 162-169

ser Wege, werden Menschen einen Sinn darin erkennen, an einem Sonntagnachmittag das heimische Fernsehzimmer zwecks eines Urnengangs wenigstens für ein Stündchen zu verlassen. Dazu wäre es aber notwendig, dass die Politik sich aus dem Korsett des alternativlosen Handelns befreit und zugleich die Politikabstinenz der Politik überwunden wird. Denn dies ist ein weiteres Phänomen, das uns wenigstens seit den Tagen von Ronald Reagan und Margaret Thatcher begleitet: die Annahme, wir hätten ein Zuviel an Staat und innerhalb dessen ein Zuviel an Politik. Wenn, und das ist Prämisse jeder demokratischen Verfassung, die Allgemeinheit handelt durch ihre gewählten Vertreter, so ist die Forderung nach einem Weniger an Politik letztlich die Forderung, die Allgemeinheit solle sich um weniger Dinge kümmern. Dann bleiben diese Dinge entweder ungetan, oder sie fallen Einzelnen zu, welche folglich entscheiden, wo die Allgemeinheit eigentlich zu entscheiden hätte. Wer also ein weniger an Staat fordert, propagiert eine Entdemokratisierung des jeweils diskutierten Themengebiets. Wer den Einfluss des Staats in der Wirtschaft beseitigen will, möchte die Wirtschaft entdemokratisieren. Wer den Einfluss des Staats auf den Umweltschutz reduzieren will, strebt hierin nach Entdemokratisierung und danach, dass Einzelne entscheiden, was alle etwas angeht. Das heißt natürlich nicht, dass alles sinnvoll, vernünftig oder zukunftsweisend wäre, was aus der Politik kommt. Aber eine falsche Politik muss nicht die Forderung nach Entpolitisierung nach sich ziehen, sondern nach einer anderen Politik. Die Schamhaftigkeit, mit der manche Politiker ihre Tätigkeit betreiben, ebenso wie die Schamlosigkeit ihrer Kollegen, hat vielleicht auch damit zu tun, dass beide – und mit ihnen viele Menschen – Politiker nicht mehr als Vollzieher des Volkswillens sehen, sondern als Berufstätige, die gelegentlich eine Evaluation durch einen ungeliebten, sonst kaum einmal in Erscheinung tretenden Kunden über sich ergehen lassen müssen, dessen Einschätzungen selten nachvollziehbar, vielmehr willkürlich, ungerecht und launenhaft sind.

Eine Rückkehr der Politik zu kreativer Gestaltung erfordert natürlich eine gewisse Bereitschaft, auch scheinbar aussichtslosen Optionen einen zweiten, einen wohlwollenden Blick zu gönnen. Viel zu rasch sind wir oft bereit, alternative Ansätze zu verwerfen, einfach weil sie unseren Denkgewohnheiten zuwider laufen oder es uns schwieriger zu machen drohen, uns in unserer Politikverdrossenheit zurückzulehnen. Man kann einer solchen Haltung dann zwar vorwerfen, den Realitäten gegenüber blind zu sein, ja kindisch zu handeln, da man an etwas doch so offensichtlich Falschem aus letztlich wohl kaum andrem als verbissenem Trotz festzuhalten bereit ist. Aber gegenüber den allfälligen Sachzwängen und Alternativlosigkeiten ist ein gewisses Maß an Sturheit vielleicht ein ganz guter Ratgeber. Mindestens der zu oft windelweichen Politik der europäischen Regierungen stünde er in vielen Fragen eindeutig gut zu Gesicht.

5.8 Fazit

Ich hatte Ihnen eingangs versprochen, zu fünf verbreiteten Ansichten eine Position zu entwickeln:

- Umverteilung von unten nach oben;
- Unverhältnismäßig hohe Belastung der Bürger durch Steuern und Abgaben;
- Unzureichende Umsetzung der eigentlichen Staatsaufgaben;
- Verschwendung von Steuergeldern;
- Unverhältnismäßig gute Versorgung von Armen und Bedürftigen

Die Umverteilung von unten nach oben gibt es, wie gesehen, wenigstens seit Ende der 1970er Jahre, freilich in unterschiedlich großem Umfang. In Deutschland ist sie, verglichen mit ähnlichen europäischen Staaten, weit fortgeschritten, bleibt aber hinter dem US-amerikanischen Vorbild nach wie vor weit zurück.

Eine übertriebene Steuerlast gibt es heute nicht; im Gegenteil fallen vor allem im oberen Viertel die steuerlichen Lasten deutlich zu moderat aus.

Seine Aufgaben nimmt der Staat heute insgesamt zu wenig wahr, das ist unübersehbar, und da, wo er sie wahrnimmt, tut er dies häufig mit den falschen Zielen und zudem mit einer oft genug unzureichenden intellektuellen Kompetenz.

Eine Verschwendung von Steuergeldern zu behaupten, ist lediglich ein Propagandainstrument. Kein Staat, kein Konzern, nicht einmal eine Privatperson kann jemals vollständige Effizienz im Einsatz der verfügbaren Mittel erreichen, ohne dass man den heutigen Staaten einen sonderlich großen Anteil auf diese Art verschwendeter Mittel nachsagen kann. Und dass Arme und Bedürftige unverhältnismäßig gut versorgt würden, gilt nicht einmal in einzelnen Staaten. Vor allem aber ist im globalen Mittel gesehen die Situation zahlloser Menschen insbesondere in Afrika verzweifelt wie niemals zuvor, kann also von einer Überversorgung keinesfalls die Rede sein.

Die Politik wäre aufgefordert, vom Verwalten zurückzukehren zum Gestalten. Sie kann ihre Handlungsspielräume deutlich erweitern, indem sie in der Steuerpolitik sich auf einen allgemeinen Schuldenschnitt und eine vereinheitlichte, deutlich höhere Besteuerung der oberen Einkommen, beginnend bei einem Jahreseinkommen irgendwo klar unter 100.000 € einlässt. Die jetzige Tatenlosigkeit in zentralen Fragen ist mindestens so unklug wie das Herumdoktern an Symptomen, das leider immer noch vielerorts und von vielen mit einer Therapie verwechselt wird. Aber ein Arzt, der dem Kettenraucher sagt, es gäbe letztlich zum Weiterrauchen keine Alternative, hätte vielleicht doch lieber Pressesprecher eines beliebigen Tabakkonzerns werden sollen. Die werden schließlich auch gebraucht. Sagt man.

5.9 Zitierte Publikationen

Bundesverfassung der Schweizerischen Eidgenossenschaft vom 18. April 1999 (Stand am 18. Mai 2014), in: www.admin.ch/opc/de/classified-compilation/19995395/index.html

Gescaut, Pierre: Arbeitslose massieren Arbeitslose, in: Knut Stang (Hrsg.): Fragmente, Aufklärung, das vereinzelte Ich, Hamburg (BoD) 2005, S. 25-49

Grundgesetz für die Bundesrepublik Deutschland, in: www.gesetze-im-internet.de/bundesrecht/gg/gesamt.pdf

Keynes, John Maynard: An Open Letter to President Roosevelt, Dec. 16th, 1933, in: http://newdeal.feri.org/misc/keynes2.htm

Krugman, Paul: The Conscience of a Liberal, New York (W. W. Norton) 2007

Shakespeare, William: Hamlet, London (Arden) 2006

6 Jacqueline Merot-Beconde: Der Begriff des Richtigen in der Geschichtswissenschaft

Jacqueline Merot-Beconde hat sich große Verdienste erworben als paläografische Biologin, vor allem hinsichtlich der Entwicklung neuartiger Datierungsverfahren durch die Analyse von koprolithischen Hinterlassenschaften der Murinae in Südeuropa. Sie hat zudem früher als andere diese Ergebnisse auch zur Entwicklung einer klimahistorischen Vorgehensweise in der Paläontologie entwickelt und in den letzten Jahren die vielbeachtete Forderung erhoben, diese wichtige Informationsquelle, welche auch wir Menschen hinterlassen könnten, konsequent als ein Jahrtausende überdauerndes Archiv unserer Kultur aufzubauen und an geeigneter Stelle zu sichern, statt mit diesen Informationsträgern in der nachlässigen Weise zu verfahren, die wir uns nun mal leider alle mehr oder weniger zu eigen gemacht haben.

6.1 Warum Geschichtswissenschaft kein leichtes Unterfangen ist

Wer von scharfem Verstande ist, möge Physik, idealerweise Quantenmechanik, andernfalls Zahlentheorie oder wenigstens Philosophie zu seinem Lebensinhalt machen, hört man meist. Bei geringerem Verstand reicht es vielleicht noch zum Ingenieur, und wer sich ganz hinten anstellt, wende sich, so es denn überhaupt eine akademische Laufbahn sein soll, den Geisteswissenschaften, zuvorderst der Geschichtswissenschaft zu.

Ich halte diese Ansicht für eine exakte Umkehr der tatsächlichen Gegebenheiten. Wer es einfach mag oder braucht, werfe sich freudevoll auf die Naturwissenschaften. Wer aber seelisch stabil genug ist, dem Chaos entgegenzutreten, immerzu zu wissen, wie gering und belanglos der eigene Wissensvorrat ist, schon an der verfügbaren Erkenntnis gemessen, erst recht am Umfang der Materie insgesamt, und wer akzeptieren kann, ein Fach zu betreiben, das aufgrund seiner Komplexität und Mannigfaltigkeit die Bildung von Theorien fast unmöglich macht, der ist in der Geschichtswissenschaft bestens aufgehoben.

Denn der Beruf des Historikers ist ein mühseliger, von Enttäuschung und Irrtum geprägter Trampelpfad durch einen Urwald, der zu groß ist, als dass wir auch nur über seine Größe insgesamt uns eine Vorstellung zu machen in der Lage wären.

Manchmal ist es nützlich, sich einer Frage vom Gegenpol her zu nähern: Nehmen wir einen intelligenten, jedoch gänzlich ungebildeten Menschen an, der beauftragt wird, eine Theorie zu bilden über die Natur eines bestimmten meteorologischen Phänomens. Nun weiß dieser junge Mensch dunkel, was Meteorologie und was Physik sind, hat aber von ihren Regeln und Gesetzmäßigkeiten keinerlei Ahnung. Auch ist er selbst niemals Zeuge dieses Phänomens gewesen, noch besteht Aussicht, dass er jemals Zeuge wird. Alles was er hat, ist eine Handvoll von Berichten, abgefasst von Menschen, die Zeuge des Ereignisses waren.

Leider erweisen sich diese Berichte bei genauer Lektüre durchaus nicht als einheitlich, sondern widersprechen sich, teilweise gerade in den wichtigsten Punkten. Die meisten Aufzeichnungen erwähnen eine dunkle Wolke, und fast alle nennen ein ohrenbetäubendes Krachen als Kern des eigentlichen Phänomens. Verschiedene führen auch ein kurzes, sehr helles Licht auf, sind aber durchaus uneins, ob dies vor, während oder nach dem Krachen aufleuchtete.

Unser junger Mensch ist unverdrossen und fleißig, und mit viel Mühe gelingt es ihm, hier und da noch einen weiteren Bericht aufzuspüren, meist von Menschen, die von eigentlichen Ort des Geschehens weiter entfernt waren oder davon nur über ihre Eltern oder andere Gewährsleute gehört hatten.

Leider verstärken sich durch die neuen Berichte die Widersprüche eher noch weiter. Der junge Mann geht daher sein Material noch einmal sorgfältig durch und bewertet jede einzelne Aussage auf ihre Glaubwürdigkeit. Dabei geht er von mehreren Kriterien aus, ohne immer zu wissen, welches nun gerade den Ausschlag gegeben hat. Ein solches Kriterium ist allgemeine Glaubwürdigkeit des Zeugen: Handelt es sich um jemanden, der von Berufs wegen gewöhnt ist, scharf zu beobachten und

Jacqueline Merot-Beconde: Der Begriff des Richtigen in der Geschichtswissenschaft

nüchtern und wahrheitsgetreu Bericht zu tun, etwa Polizisten oder Richter? Wie sind Bildungsstand und Lebenserfahrung des Zeugen? Ein Licht auf die Glaubwürdigkeit des Zeugen wirft auch sein Bericht selbst. Manchmal enthalten die Berichte Aussagen, die mit der Lebenserfahrung unseres jungen Mannes selbst unvereinbar sind. Auch wenn es sich dabei nur um nebensächliche Details handelt, so stellen sie doch auch die Beschreibung des eigentlichen Phänomens in Zweifel. Ein weiteres Kriterium ist die Nähe des Berichts zum Ereignis. Ist er unmittelbar nach dem Erleben verfaßt worden, als die Erinnerung noch frisch war? Oder entstand er erst zum Lebensende hin, enthält er gar Informationen aus zweiter Hand? Und wie weit kann der Autor daran interessiert sein, das Erinnerte ein wenig auszuschmücken oder zu verfälschen, vor allem, um selber eine gute Figur zu machen, etwa um der einzige zu sein, der sich bei jenem Krachen nicht flach auf die Erde warf und sich auch vom bald darauf einsetzenden Regen nicht erschüttern ließ. Ein Kriterium, über dessen Verwendbarkeit unser junger Mann im Zweifel ist, ist das Majoritätsprinzip. Er weiß, wenn er nur das für wahr hält, was die Mehrzahl der Berichte wiedergibt, dann opfert er die Einsichten gerade der scharfäugigsten und klügsten seiner Gewährsmänner.

Wie auch immer, mit viel Mühe und durchaus nicht sicher, in jedem Fall richtig über die Glaubwürdigkeit einer Beschreibung geurteilt zu haben, hat er schließlich doch einen Bericht fertiggestellt, den er hochgemut der örtlichen Akademie der Wissenschaften zum Vortrag bringt. Darin führt er aus, dass das besagte Phänomen im Wesentlichen unterteilt werden könne in das Annähern einer großen dunklen Wolke, die von den Bergen herabgekommen sei, sodann einem hellen Lichtschein, auf den binnen weniger Augenblicke ein starkes Krachen folgte. Abschließend fiel ein heftiger Regen, wobei aber nicht gesagt werden kann, in welchem Zusammenhang dieser mit dem eigentlichen Phänomen stand.

Als unser junger Mann geendet hat, blickt ihn der Akademiepräsident - er ist schon emeritiert und sieht etwas aus wie eine Eule - sorgenvoll an.

"Verdienstvoll, verdienstvoll", sagt er gütig, "Sie haben uns das Phänomen trefflich geschildert, lieber junger Freund. Nur glaube ich, Ihre Aufgabe lautete eigentlich, es nicht nur zu beschreiben, sondern auch zu erklären."

Während die Akademie mit der Tagesordnung fortfährt, schleicht der junge Mann tiefentmutigt nach Hause. Nach all der Plagnis erscheinen ihm jetzt die Stapel von Notizen und Übersichten auf seinem Schreibtisch unbedeutend und klein. Er ist wütend auf die Akademie, aber mehr noch auf sich selbst.

Über seiner Begeisterung für seine immer vollständigere Materialsammlung hatte er ganz vergessen, was seine eigentliche Aufgabe war, das gesteht er sich jetzt ein.

Nach einer in Sonderheit von Rotwein geprägten Woche setzt sich schließlich sein Trotz durch. Er nimmt sich noch einmal alle Unterlagen vor, vor allem seinen eigenen Forschungsbericht, und nach vier, fünf Wochen hat er tatsächlich eine Hypothese aufgestellt, die seiner Ansicht nach das beschriebene Phänomen befriedigend erklärt.

Wir wollen unseren jungen Freund hier verlassen, bevor er wieder vor der Akademie steht, um seine Ansicht vorzutragen, wo er dann nach gebührendem Applaus erfahren wird, dass sein Erklärungsmodell inzwischen das vierunddreißigste ist, dass der Akademie vorliegt, und leider sind auch nicht zwei dieser Modelle miteinander auch nur irgendwie vereinbar.

Man würde unseren jungen Mann für sein wackeres Bemühen zweifellos loben, aber kaum jemand verstiege sich wohl dazu, ihn als einen Meteorologen oder gar als einen Physiker zu bezeichnen. Endgültig kühn wird das Ganze, wenn die Akademie, höchst beeindruckt von dem jungen Mann, noch einen Schritt weiter geht und ihm stapelweise Beschreibungen höchst unterschiedlicher Himmelsphänomene zukommen lässt, mit dem Auftrag, binnen Jahresfrist eine umfassende Erklärung

Jacqueline Merot-Beconde: Der Begriff des Richtigen in der Geschichtswissenschaft

aller dieser Phänomene und Rückführung auf wenige, einfache und ohne weiteres einleuchtende Prinzipien abzuliefern.

6.2 Sprechen über Geschichte

Das Sprechen über Geschichte ist offensichtlich zuerst und vor allem ein Sprechen. Mithin kann man fragen, ob das Sprechakthafte des Sprechens auch der Geschichte zuzuweisen ist.

Offensichtlich ist das Sprechen über Geschichte insofern nicht hinreichend geklärt, als wir nicht einig sind, über was wir da eigentlich sprechen. Wir sprechen entweder über

- die Vergangenheit
- die Gegenwart hinsichtlich der ihr innewohnenden Fortwirkungen des Vergangenen
- die Vergangenheit aus Sicht der Gegenwart
- die Kausalität von Vergangenheit und Gegenwart als einem nur insgesamt als wirkungsmächtig zu Verstehendem

Diesen Ansätzen ist aber eins gemeinsam: Vergangenheit wie Gegenwart werden als separate Dinge aufgefasst. Vielleicht untrennbar verwoben, aber eben doch ontologisch getrennt.

Ein Gegenkonzept zu diesem Basiskonzept ist vor allem von Walter Benjamin formuliert worden.[1] Demzufolge sind Vergangenheit und Gegenwart keine ontologisch trennbaren Wesenheiten, sondern lediglich Teile eines Dritten, welches das eigentliche Sein ausmacht. Linguistisch formuliert, sind demzufolge Vergangenheit und Gegenwart Bausteine von Sätzen, die für sich keinen Sinn machen. Sie kennen vielleicht die Zeile „Dieser Satz kein Verb". Sie kennen auch Verben wie „haben", „benötigen" oder „sein". Einigen wir uns darauf, dass der Satz sich auf sich selbst bezieht, also keine Aussage über irgendeinen anderen Satz auf derselben Tafel oder Druckseite ist. Je nachdem, welches Verb wir in das Satzfragment einfügen, ergeben sich dann sinnvolle Sätze, nur

---

[1] Benjamin: Begriff der Geschichte, S. 701-702

eben immer ganz andere. „Dieser Satz hat kein Verb". Das ist offensichtlich falsch. „Dieser Satz ist kein Verb." Das ist richtig. „Dieser Satz braucht kein Verb." Das ist streng genommen keine sinnvolle Aussage, denn ohne ein Verb gibt es keinen Satz.

Benjamins Überlegung ist, dass Vergangenheit und Gegenwart in ähnlicher Weise überhaupt nichts Sinnvolles oder gar Verstehbares sind. Wenn dem aber so ist, dann entstehen Sätze über Geschichte als Amalgam aus beiden Zuständen der Zeit und des Seins.

Nun neigen wir dazu, das einmal Vergangene als nicht mehr wandelbar anzunehmen. Aber traditionell glauben wir auch, dass Sätze über das Vergangene mehr oder weniger richtig sind, je nachdem, wie weit sie das Vergangene wiedergeben. Folgt man aber Benjamins Ansatz, so sind Sätze über die Geschichte als Amalgam in ihrer Richtigkeit zwar immer noch graduierbar. Aber ein heute formuliertes Amalgam kann morgen falsch sein, weil die eine der beiden wesentlichen Zutaten dieses Cocktails, nämlich die Gegenwart, sich geändert hat.

Um die Leistungsfähigkeit dieses Konzepts zu prüfen, muss man etwas eigentlich Unmögliches tun: Man muss nachweisen, dass es tatsächlich kein unmittelbares So Sein der Vergangenheit oder der Gegenwart geben kann. Hierfür stehen aber nur die Mittel der Sprache zur Verfügung, was problematisch ist, da es, wenn die Hypothese zutrifft, ein entzeitlichtes Sprechen über das Zeithafte nicht geben kann. Die Richtigkeit der Hypothese würde also ihre Beweisbarkeit vernichten.

Man kann einen negativen Beweis versuchen. Annehmen, dass die Hypothese falsch sei und dann zeigen, dass daraus Inakzeptables folgt. Das will ich im Folgenden versuchen. Also schauen, ob es eine Vergangenheit an sich, eine Gegenwart an sich geben kann, als dispräsente bzw. disprätische Zeit. Erweist sich dies als nicht tragfähig, kann man schauen, was das dann für die Formulierbarkeit von Sätzen über die Geschichte bedeutet, welche hinsichtlich ihrer Wahrheit und Falschheit prüfbar werden.

Jacqueline Merot-Beconde: Der Begriff des Richtigen in der Geschichtswissenschaft

6.3 Der Begriff des Richtigen und die Kontextualität von Aussagen

Die Frage nach der Bedeutung oder den Bedingungen eines Satzes der Form: „Die Aussage A ist wahr." durchzieht die Geschichte der Philosophie mehr oder weniger seit ihren Anfängen. Dabei kann man zunächst einmal den Wahrheitsbegriff auf den einer Eigenschaft von Aussagen reduzieren. Dinge, auch Emotionen oder Zustände haben keinen Wahrheitsgehalt, sondern nur Sätze. Dabei sind dies nicht notwendig Aussagen über eine möglicherweise tatsächlich vorhandene, vielleicht sogar halbwegs in der wahrgenommenen Weise beschaffene Welt. „Frodo und Gollum waren leibliche Brüder." ist falsch im Kontext der von den Begriffen in ihrer üblichen Bedeutung und innerhalb der von Tolkien imaginierten Welt vorgegebenen Regeln. Damit haben Sätze, über deren Wahrheitsgehalt entschieden werden kann, eine Form wie: „Dies ist eine Aussage über einen Sachverhalt in der Welt W zum Zeitpunkt T. Innerhalb W ist es zum Zeitpunkt T der Fall, dass F." Angenommen, F ist tatsächlich innerhalb W zum Zeitpunkt T der Fall, so ist die Aussage wahr, andernfalls ist sie falsch. Natürlich kann sie falsch sein, aber „hinreichend wahr" oder „ziemlich wahr", wenn das, was in W zum Zeitpunkt T der Fall ist oder war, der Aussage, dass F der Fall ist oder war, hinreichend ähnlich ist, ohne dass man immer genau sagen kann, was eine Aussage „hinreichend wahr" macht.

Offensichtlich ist also die Wahrheit eines Satzes abhängig davon, wie weit der von ihm entworfene Wirklichkeitsausschnitt einer allgemeinen Weltbeschreibung entspricht. Nun liegt aber auch diese sonstige Weltbeschreibung zunächst einmal in Sprache vor. Die Aussagen, welche insgesamt der Weltbeschreibung zugrunde liegen, an denen die neue Aussage hinsichtlich ihres Wahrheitsgehalts geprüft wird, mögen ihrerseits von der umgebenden Wirklichkeit oder auch einer imaginierten Welt hervorgerufen sein. Aber die Wahrheitsprüfung erfolgt im Zuge einer Stimmigkeitsprüfung von Sätzen. Nur wenn A widerspruchsfrei ist zu allen sonstigen Aussagen über W, kann A wahr sein. Oder A enthält eine neue Erkenntnis, die dann dazu zwingt, die bisherigen Aussagen über W zu prüfen.

Wenn die Stimmigkeit von A zu den sonstigen über W geltenden Aussagen über seine Wahrheit entscheidet, ist dann die Frage nach seiner Wahrheit auch immer unmittelbar entscheidbar?

Unglücklicherweise ist das häufig nicht der Fall. Hierfür gibt es mehrere Gründe, aber der wichtigste ist, dass wir nur selten nur das sagen, was wir sagen, wenn wir etwas sagen. Zudem ist erstens das, was wir sagen wollen, zweitens das was wir bei näherem Hinsehen zu sagen glauben, und drittens das, was der jeweilige Empfänger tatsächlich bewusst oder unbewusst als unsere Botschaft perzipiert, nicht notwendig deckungsgleich. Folglich muss man genau klären, welche Bedeutung eines Satzes man meint, wenn man den Satz als wahr oder als falsch bezeichnet.

Der normalsprachliche Satz ist nie vollständig eindeutig in der Weise, dass jeder an der Kommunikation Beteiligte – Sprecher, Empfänger, Lauscher – ihm die exakt gleiche Bedeutung sowie auch keine weitere, nicht allen Beteiligten gemeinsame Nebenbedeutung zuweisen würde. Der Grund hierfür liegt zum einen in der Vagheit von Normalsprache, worin freilich auch eine ihrer großen Stärken zu sehen ist. Kaum ein Begriff ist hinreichend definiert, um ihn ohne weiteres immer genau gleich zu verstehen, egal wer ihn verwendet oder Zeuge seiner Verwendung wird. Zweitens aber hat kaum ein Begriff nur immer genau eine Bedeutung, erst recht hat die Zusammenstellung von Wörtern zu einem Satz nie nur genau eine Bedeutung, sondern jedem Satz kommen neben seiner möglicherweise intendierten Bedeutung Resonanzen in anderen Bedeutungskontexten zu, die gewissermaßen mitschwingen, wenn er ausgesprochen oder wahrgenommen wird. Es sind insbesondere diese Nebenbedeutungen, welche eine vollständige Kongruenz des Satzverständnisses zwischen allen Beteiligten faktisch ausgeschlossen machen.

Die diversen intendierten oder sich mehr oder weniger zufällig ergebenden Bedeutungen eines Satzes, erst recht einer Folge von Sätzen, sind also von Mensch zu Mensch unterschiedlich und werden sich umso mehr voneinander unterscheiden, je unterschiedlicher die Beteiligten einer Kommunikation sind. Aber schon der nicht ausgesprochene, der nur gedachte Satz eröffnet dem, der ihn denkt oder leise flüstert, unterschiedliche Bedeutungen, derer er sich vielleicht nur teilweise bewusst ist.

Wir nehmen mal einen einfachen Satz, den ich heute Morgen dachte, als ich, bevor ich meinen Mantel anzog, beim Blick aus dem Fenster schaute: „Sieht kalt aus, besser, ich nehme den Mantel statt der Jacke."

Aussagenlogisch gesehen, sind das bereits zwei Sätze, nehmen wir also nur den ersten: „Sieht kalt aus."

Dieser Satz ist ohne die nicht ausgesprochene, weil offensichtliche Kontextualität gar nicht verstehbar. Derselbe Satz könnte sich auf das Wetter vor dem Haus, einen Whiskey on the rocks oder vielleicht auch auf das Gesicht meiner Mannes beziehen, wenn ich ihm vorschlage, eine Woche Urlaub mit meiner Mutter zu verbringen.

Folglich benötigen die meisten Sätze, um verstehbar zu sein, entweder andere, erläuternde Sätze, oder den Kontext, in dem sie gesprochen werden. Daher ist beispielsweise das Schreiben von Protokollen, nachgerade in Konfliktsituationen, nicht etwa eine unliebsame Fleißaufgabe, sondern eine hohe Kunst, die dem Protokollanten eine erhebliche Macht zuweist.

Aber wenn schon das Verstehen eines Satzes seiner Kontextualität bedarf, so wäre erst recht das Katalogisieren seiner Bedeutungen und Konnotationen unmöglich, wenn man nicht zugleich seine Kontextualität kennt. Selbst dieser nur bei mir formulierte Satz weist eine Fülle von Assoziationen und Nebenbedeutungen auf, von denen ich nur mal einige nennen will:

- Wenn ich rheumatisch wäre, was ich glücklicherweise jedenfalls noch nicht bin, ergäbe sich vielleicht eine angstvolle Note dieses Satzes.
- Wäre ich um wachsende Heizkosten oder die Bedeutung des Verbrennens fossiler Brennstoffe für die Umwelt sonderlich besorgt, hätte dies ebenfalls einen sorgenvollen Aspekt meines Satzes zur Folge.

- Wäre ich umgekehrt ein Freund frostiger Landschaften oder insgesamt einem warmen Klima eher abhold, könnte vielleicht auch Hoffnung in meinem Satz mitschwingen.

Aber natürlich sind dies nur mögliche Erwartungen, die im Hintergrund des Satzes stehen. Lassen Sie mich von hier in das Feld der Assoziationen vagabundieren. Ich könnte bei dem Satz „Sieht kalt aus." auch denken an:

- erfrierende Soldaten bei Stalingrad;
- eine Frostlandschaft voll strahlendem Sonnenschein, wo ich vor vierzig Jahren ein paar der schönsten Fotos meiner Laufbahn als Hobby-Fotografin gemacht habe;
- die Tatsache, dass ich auch in diesem Sommer es versäumt habe, die Bäume am Zaun zu unseren Nachbarn zu beschneiden.

Man kann das als die Referenzialität eines Satzes bezeichnen: Die Bedeutung eines Satzes entsteht bzw. schöpft aus der Fülle von Referenzen, Bedeutungen, Nebenbedeutungen, Assoziationen, Konnotationen usw., die jedem Wort und jeder Zusammenstellung von Wörtern jeweils zukommen.

Nun ist diese Referenzialität bisher eine reinen Binnenreferenzialität gewesen: Ein nur für mich selbst formulierter Satz schöpft naturgemäß nur aus mir selbst heraus seine Bedeutung. Damit ergibt sich quasi ein innerer Kreis der Referenzialität: aus mir im meinem Hier und in meinem Jetzt.

Aber Sprache ist immer Kommunikation, und wenn sie keinen tatsächlichen Empfänger hat, so formuliert sie in Bezug auf einen imaginären Rezipienten, eine Rolle, die ich nötigenfalls natürlich auch selbst besetzen kann – auch wenn der eine oder andere sich vielleicht gelegentlich schon gefragt hat, ob die meisten Leute sich eigentlich selber zuhören, wenn sie reden. Doch in der Regel gibt es einen oder mehrere, die man als die intendierten Rezipienten einer Äußerung bezeichnen kann, und natürlich auch jene, die zu den nicht intendierten Rezipienten gehören,

Jacqueline Merot-Beconde: Der Begriff des Richtigen in der Geschichtswissenschaft

also quasi die Lauscher an der Wand oder gelegentlich am Nachbartisch. Diese Rezipienten bringen jeweils eine eigene Referenzialität in das Satzverständnis ein, eine Referenzialität, die sich vielleicht teilweise, aber nur in äußerst seltenen Fällen gänzlich mit meiner eigenen decken wird. Damit ist es zwar möglich, dass einige Bedeutungen einer Aussage, vielleicht sogar die von mir wesentlich intendierte, von einigen, vielleicht sogar von allen Rezipienten geteilt wird. Aber es ist faktisch ausgeschlossen, dass alle Beteiligten einer Kommunikation – Sprecher, Rezipienten, Lauscher – hinsichtlich aller möglichen Bedeutungen einer Aussage überein stimmen. Daher entsteht ein Mengengerüst von Bedeutungen, welche grundsätzlich jeder Kommunikation zugrunde liegt: Alle drei Parteien teilen eine Bedeutungsschnittmenge, die umso größer ist, je ähnlicher sich die Parteien sind.

Das ist zum einen ein topologisches Phänomen. Je weiter entfernt die Parteien voneinander sind – geografisch natürlich, aber auch kulturell, soziologisch etc. – umso kleiner wird in der Regel die Schnittmenge sein, die sich zwischen ihnen hinsichtlich der Bedeutungen einer Aussage bildet.

Aber dies ist auch ein chronologisches Phänomen. Nur sehr selten sind nachzeitige Rezipienten auch intendierte Rezipienten. Für die Leser von Memoiren gilt das zwar, aber schon wer Ciceros oder Lincolns Reden in einer handlichen Gesamtausgabe goutiert, ist kein intendierter Rezipient mehr, sondern letztlich ein deutlich nachzeitiger Lauscher. Die zeitliche Entfernung zum ursprünglichen Sprechakt und seiner Kontextualität reduziert in aller Regel die Bedeutungsschnittmenge zwischen Sprecher, also z.B. Cicero, und Rezipient, also etwa einem Schüler im Lateinunterricht. Zwar kann man die Schnittmenge zu vergrößern suchen, indem man sich mehr der Kontextualität der späten römischen Republik anzueignen versucht. Aber auch dann bleibt ein erhebliches Maß an heute nicht mehr erlangbarem Vorrat von Referenzen, bringt umgekehrt jeder heutige Rezipient Referenzen in das Verständnis ein, welche in diesem Fall Cicero in seiner Zeit gänzlich unbekannt waren und notwendig sein mussten.

Folglich ist jeder Rezipient auf seine Distanz zum Sprechakt hin zu prüfen. Je weiter zeitlich, räumlich, sozial usw. entfernt, umso geringer die Wahrscheinlichkeit einer sonderlich großen Schnittmenge des Satzverstehens.

Das mag den einen oder anderen an den linguistischen Relativismus erinnern, den man gemeinhin auf Edward Sapir und Benjamin Whorf zurückführt, obwohl seine Anfänge wohl mindestens schon bei Wilhelm von Humboldt zu suchen sind. Dieser Theorie zufolge limitiere jede Sprache aufgrund ihrer Semantik und Grammatik das, was in ihr gedacht und gesagt werden könne, sodass in jeder Sprache sich Gedanken oder Sätze formulieren ließen, die in einer anderen Sprache nicht ausgedrückt werden könnten.[2]

In gewisser Weise ist diese Annahme wahrscheinlich korrekt, aber sie stellt eine erhebliche Simplifikation dar, weil sie einseitig auf den linguistischen Aspekt fokussiert. Zunächst einmal: Man wird nicht zwei Menschen mit genau gleichen Händen finden, nicht einmal, wenn man die Papillen der Fingerabdrücke außer Acht lässt. Dennoch können zwei Menschen – sogar im Duett – das gleiche Klavierstück spielen. Die Varianz zwischen beiden Fassungen betrachten wir entweder als belanglos oder empfinden sie eher als reizvoll denn störend. Zudem hat die empirische Überprüfung der Annahmen von Sapir und Whorf gezeigt, dass in den meisten Fällen unsere Annahme, in einer Sprache ließe sich etwas nicht ausdrücken, was wir in unserer eigenen Sprache ausdrücken können, lediglich belegt, dass wir über die andere Sprache nicht genug wissen oder dass es in der anderen Sprache bisher keine Notwendigkeit gab, über den jeweiligen Sachverhalt sprechen zu können. Sobald dies aber der Fall ist, entwickelt die jeweilige Sprache sehr schnell Begriffe und Ausdrucksformen hierfür. Anders gesagt, würde es morgen in der Sahara zu Schneestürmen kommen, hätten die Tuareg übermorgen die nötigen Wörter hierfür.

---

[2] Hoijer: Language, S. 92-105

Jacqueline Merot-Beconde: Der Begriff des Richtigen in der Geschichtswissenschaft

Die Unterschiedlichkeit von Mensch zu Mensch, Schicht zu Schicht, Sprache zu Sprache, Epoche zu Epoche usw. führt also zu einer Vielfalt von Bedeutungskontexten jedes noch so simplen Satzes. Kundige Sprecher wissen um dieses Problem und versuchen mitunter, durch genaueres Sprechen, durch Definitionen und Erläuterungen das unsteuerbare Feld der Nebenbedeutungen möglichst klein zu machen, vielleicht sogar noch mit Blick auf zeitlich nachfolgende Rezipienten. Umberto Eco hat in diesem Sinne einmal vorgeschlagen, ein gutes Buch richte sich nicht an einen bestimmten Leser, der er verstehen und genießen könne, sondern ein gutes Buch versorge Seite für Seite den Leser mit Informationen und Eindrücken, die ihn irgendwann zu einem Menschen machten, der dieses Buch verstehen und genießen könne.[3] Sehr erfolgreich ist das in der Regel, vor allem mit Blick auf spätere Generationen nicht, da man wenig darüber wissen kann, welche möglichen Interpretationen einer nachfolgenden Generation möglich sind. Carl-Friedrich von Weizsäckers trefflicher Essay über Platons Parmenides-Dialog und die Korrelationen zur Quantentheorie ebenso wie meine eigene Spielerei, Epikurs spontane Seitwärtsbewegung grundsätzlich vertikal fallender Atome als Vorwegnahme der Kopenhagener Deutung des Doppelspaltexperiments zu beschreiben, tragen an den jeweiligen antiken Text Referenzen an, welche dem jeweiligen Autor unmöglich bekannt sein konnten.[4] So etwas ist natürlich unstatthaft, ahistorisch und jedenfalls in meinem Fall schon fast ein bisschen borniert. Aber es illustriert vielleicht, wie vollkommen unmöglich es ist, heute schon zu ahnen, was morgen oder vielleicht erst in zwei Jahrtausenden an Referenzialität mögliche Rezipienten meiner Äußerungen mitbringen werden.

Nun fragt sich, ob es überhaupt ein Satzverstehen ohne Referenzialität geben kann. Dies würde zweierlei erfordern:

- Der Aussagesatz muss seine gesamten intendierten Referenzen ausweisen, also sprachlich darlegen.

---

[3] Eco: Nachschrift, S. 59-60
[4] Weizsäcker: Blick, S. 46-75

- Alle Rezipienten müssen alle sonstige Referenzialität, welche sie mitbringen, ausblenden und sich lediglich auf die in der Aussage explizit gemachten Referenzen beziehen.

Beides ist offenkundig ausgeschlossen. Jedes Offenlegen aller intendierten Referenzen müsste wiederum in Sprache erfolgen, also in weiteren Aussagesätzen. Damit entsteht ein infiniter Regress, an dessen Ende eine Gesamtbeschreibung des Universums stünde, und zwar nicht nur hinsichtlich seines aktuellen Zustands, sondern auch hinsichtlich seiner Geschichte, also seiner Entwicklung hin zu diesem Zustand. Und zweitens kann man nicht einfach die eigene Referenzialität abschalten, schon deshalb nicht, weil sie eine notwendige Voraussetzung von Sprachbeherrschung ist.

Aber wichtiger als die Frage, ob es wenigstens theoretisch solche ganz aus sich und zweifelsfrei verstehbaren Sätze geben kann, ist die Einsicht, dass reale Sprache sich dem verweigert. Folglich kann man keinen Satz verstehen, ohne in dieses Verstehen die eigene Kontextualität und Referenzialität einzubringen.

6.4 Der Begriff der Vergangenheit

Das historische Moment begegnet uns vermittels seiner Formulierung in Sprache. Auch nonverbale Artefakte stellen in ihrer Weise wortähnliche Elemente dar. So wenig, wie man einen Satz aus Ciceros Reden gegen Verres verstehen kann, ohne den eigenen Kontext hier einfließen zu lassen, so wenig kann man einen antiken Bau oder eine Statue quasi ahistorisch betrachten. Im Gegenteil, der Versuch einer Kunstbetrachtung unter Verweigerung jeglicher Referenzialität ist nicht nur aussichtslos, er ist auch unhöflich dem Künstler gegenüber, der sein Werk ja als kommunikativen Akt geschaffen hat und dem man auf diese Art gleichsam wesentliche Voraussetzungen verweigert, welche er eigentlich als Basis und unsichtbare Seitenstücke seines Werks fest eingeplant hatte. Viel eher wäre man stattdessen aufgefordert, das historische Artefakt – es sei nun eine antike Statue oder ein bronzezeitlicher Hufnagel – soweit wie möglich sowohl in die eigene Referenzialität einzubetten als auch hinsichtlich seiner historischen Referenzialität zu rekonstruieren. Ich muss mich also beim Anblick von Stonehenge sowohl fragen, was es für mich heute darstellt, als auch, was es für die Zeitgenossen bedeutet hat.

So verstanden, gibt es aber kein historisch Abgeschlossenes, dem man sich quasi von außen und als reiner Betrachter nähern könnte. Die Vergangenheit wäre nur dann abgeschlossen, wenn keiner sie mehr beobachtet. Sobald auch nur einer sich ihr nähert, ist sie jedenfalls für diesen einen nicht mehr abgeschlossen, sondern korrespondiert und kommuniziert mit ihm als Rezipient eines wahrscheinlich nicht intendierten Sprechakts. Umgekehrt manifestiert sich aber in dieser Hinwendung zum Rezipienten die Vergangenheit als etwas Reales, dem der Rezipient bewusst als etwas anderes gegenüber treten kann. Die Vergangenheit ist damit nicht bloß reine Vorstellungswelt des Jetzigen, wie Augustinus meinte.[5] Sie ist vielmehr etwas, davon der Mensch sagen kann: „Da ist etwas oder war etwas, und das ist oder war nicht ich." Das gilt, selbst wenn das Sprechen über dieses Gewesene immer eine Emanation des Ichs sein wird, nicht anderes als in anderen Sprechakten auch. Wo ich über einen anderen spreche, spreche ich immer auch über mich, aber das heißt nicht, dass der andere nicht als ein anderer existiert. Natürlich kann die absichtsfreie und vor allem vergangene Vergangenheit den Beweis ihrer eigenständigen Existenz nicht führen. Aber das gilt für Berge, Taxifahrer und Frühstückseier auch, trotzdem bezweifelt man deren Existenz allenfalls im Kontext solipsistischer Gedankenexperimente.

Platon hat gemeint, es gäbe ein Reich des Zeithaften und daneben ein Reich des Zeitlosen, worunter er die Ideen verstand. Letzteres sich zu erschließen, sei die eigentliche Aufgabe der Philosophie und des erkennenden Denkens überhaupt.[6] Gleichviel, was man von diesem Ansinnen hält, fragt sich jedoch nicht nur, ob es dieses zeitlose Reich tatsächlich gibt. Viel spannender ist die Frage, ob unser Denken seiner Zeithaf-

---

[5] Augustinus: Confessiones, XI/18, S. 204
[6] Platon: Phaidon, 64-65

tigkeit entraten könnte, wenn es sich tatsächlich auf eine solche Suche nach dem Reich der Ideen einlassen wollte.

6.5 Temporalität und Wahrheit

Wenn sich aus dem bis hier Gesagten schließen lässt, dass Sätze immer ein Amalgam aus Extensionen hinsichtlich Vergangenheit, Gegenwart und Zukunft darstellen, so ergibt sich für klassische Wahrheitstheorien ein unerfreuliches Problem.

Zunächst muss man entscheiden zwischen einem Zeichen bzw. einer Zusammenstellung von Zeichen zu einem neuen Zeichen, also etwa Buchstaben zu einem Wort. Es gibt offensichtlich keine 1:1-Beziehung zwischen einem Wort und seiner Repräsentation durch Zeichen. Einem Wort können mehrere Zeichenzusammenstellungen zugeordnet werden. Das beginnt bei Rechtschreibfehlern, die einem Wortverständnis selten entgegen stehen. „Der Kölner Dom" wird nicht schlechter verstanden als „der Kölnr Dom". Bekanntermaßen sind selbst Sätze gut lesbar wie „In Pairs gbit es sher gtue Rsteruanrtas." Zweitens gibt es für dieselbe Sache nicht selten mehrere Ausdrücke, zu denen wir im Denken die gleiche Repräsentation abrufen, die natürlich zuvor angelegt worden sein muss – einschließlich des Wissens um die möglichen Repräsentationen. Sonst weiß man nicht, dass „Venus", „Morgenstern" und „Abendstern" das gleiche Objekt meinen, aber vielleicht auch eine Marmorplastik, einen Dichter (oder eine Nahkampfwaffe) und eine Station der Biebertalbahn; letztere Information verdanke ich der Begriffsklärungsseite der Wikipedia.

Also entscheidet derjenige, der eine Zeichengruppe wahrnimmt, im Rahmen des Textkontexts, seiner Vorinformation und seiner interpretatorischen Kreativität darüber, welche Bedeutung hier einschlägig und relevant ist. Nehmen wir als Beispiel: „Mit einem wilden Aufschrei haute er ihm seinen Morgenstern um die Ohren!" Wer in mittelalterlichen Waffen hinreichend bewandert ist und zudem die Szenerie des Satzes sich bildlich ausgestalten kann, wird kaum an die Venus denken, abgesehen davon, dass manchmal auch der Merkur als Morgenstern bezeichnet wird, je nach Jahreszeit. Aber wenn der vorangegangene Satz

Jacqueline Merot-Beconde: Der Begriff des Richtigen in der Geschichtswissenschaft

lautet: „Der Büchernarr starrte den Bibliothekar wütend an, schmiss ein Buch nach dem anderen auf den Boden, Goethe, Ringelnatz, Gernhardt, bis er eins fester packte und auf den entsetzten Mann losstürmte!" Wer nur die Waffe kennt, wird jetzt vielleicht verwirrt reagieren, wird jedoch bei hinreichender Fantasie aus dem Kontext schließen, dass es sich eher um ein Gegenstück zu Goethe, Ringelnatz und Gernhardt handelt als um einen Vertreter aus der Familie der Streitkolben.

Aber wir entscheiden, und das ist für das Folgende noch wichtiger, nicht nur über die jeweilige Bedeutung von Zeichen aus dem Kontext heraus, sondern auch, ob diesen überhaupt eine Bedeutung zukommt.

Nehmen wir mal eine Aussage wie: „1 + 1 = 2", dann fragt sich zunächst, ob dies dieselbe Aussage ist wie „1+1=2". Das ist linguistisch viel interessanter als die durch die Prämisse zur Kommutativität der Addition beantwortete Frage, ob „3 + 5 = 8" denselben Inhalt habe wie „5 + 3 = 8" Offensichtlich haben die Leerzeichen in der mathematischen Schreibweise keine Bedeutung, sie dienen lediglich der besseren Lesbarkeit. Es ist aber nicht etwa so, dass es in der formalen Sprache der Mathematik bedeutungslose Zeichen gäbe wie z.B. das Leerzeichen, sondern es handelt sich bei obiger Schreibweise um die Verwendung eines Zeichens, welches in der Festlegung der mathematischen Symbole nicht berücksichtigt worden ist.

Wie alle formalen Sprachen geht auch die Mathematik davon aus, dass, sofern überhaupt über die Wahrheit oder Falschheit eines in ihr formulierten Satzes entschieden werden kann, dies unter Bezug lediglich auf den intrinsischen Gehalts der verwendeten Zeichen geschieht. Das führt aber zu dem Problem, dass in der formalen Sprache der Mathematik formulierte Aussagen nicht auch in dieser Sprache gedacht werden, sie nicht in dieser Sprache ausgesprochen werden, schon gar nicht diskutiert werden. Schon wenn jemand hier oder andernorts die Reihung der Zeichen {1, 1, 2, +, =} zur Aussage „1+1=2" sieht, übersetzt er sie bereits beim Lesen, erst recht beim Vorlesen in eine Aussage wie „Eins plus Eins gleich Zwei." Vielleicht sagt er aber auch „Eins und Eins macht Zwei." oder „Eins zu Eins ergibt Zwei." Mal abgesehen davon, dass, was

Sie eben gelesen haben, auch schon wieder eine mehr oder minder genaue Repräsentation von gedachter oder gesprochener Sprache durch Zeichen, diesmal durch Buchstaben des Lateinischen Alphabets, darstellt.

Sind diese normalsprachlichen Wiedergaben des Satzes äquivalent? Auf den ersten Blick ist das so. Aber ich selbst hatte das zweifelhafte Vergnügen, in jungen Jahren in der Schule gerügt zu werden, wenn ich statt „plus" „und" gesagt habe oder statt „ist gleich" „macht" oder nur einfach „ist". Ich weiß bis heute nicht, warum unsere Lehrerinnen darauf so viel Wert legten, aber damals noch mehr als heute war daraufhin für mich und meine Freundinnen jeder eine hoffnungslos veraltete Eule und Ewiggestrige, die statt „plus" das antiquierte „und" benutzte. Anders gesagt, kaum haben wir die in der formalen Sprache abgefasste Aussage in Normalsprache übertragen, branden aus allen Richtungen die so mühselig exkludierten extrinsischen Aspekte der Wörter wieder auf uns zu.

Man kann das weiter treiben, indem man u.a. fragt, ob die normalsprachliche Übersetzung der Aussage in „Eins und Eins macht Zwei." eigentlich kongruent ist zu „One and One equals Two". Interessant ist auch, dass die meisten Menschen schon spontan ein anderes Verständnis haben, wenn jemand sagt: „Acht ist gleich Fünf plus Drei." als wenn er sagt „Fünf plus Drei gleich Acht." Normalsprachlich verstehen wir hier anscheinend das Gleichheitszeichen anders als mathematisch gedacht, nämlich eine zwingende Formulierung. „5+3" hat keine andere mögliche Lösung als „8". Aber „8" lässt sich in unendlich viele Additionen aufteilen. Selbst wenn wir nur natürliche Zahlen verwenden und kommutative Antworten ignorieren, sind es noch vier mögliche Terme, die hier stehen könnten. Wir erwarten, dass die rechte Seite der Gleichung notwendig aus der linken Seite folgt, was in der Festlegung der mathematischen Zeichen aber eigentlich falsch ist. Also verstehen wir das Gleichheitszeichen hier ungewollt eher als Subjunktion. „Alle Mönche sind Männer." akzeptieren wir vielleicht noch, aber „Alle Männer sind Mönche." würden wir ohne weitere Prüfung als falsch oder wenigstens als nur metaphorisch korrekt bezeichnen.

Jacqueline Merot-Beconde: Der Begriff des Richtigen in der Geschichtswissenschaft

Im Folgenden wird es aber um ein anders Problem gehen, welches man an der formalen Sprache der Mathematik gut zeigen kann. Die Zahlentheorie geht davon aus, dass in ihr formulierte Aussagen ebenso wie sie selber zeitlos sind. Entsprechend sind in der formalen Sprache der Mathematik abgefasste Aussagen eben keine Amalgame aus Vergangenheit, Gegenwart und Zukunft, weil die Zeithaftigkeit allen Seins aus den Selbstdefinitionen der Mathematik bewusst ausgegrenzt worden ist. Unser Verständnis der Zahlentheorie etwa mag sich im Laufe der Jahrhunderte ändern und erweitern, aber was immer ich im Rahmen der Mathematik als wahr bezeichnen kann, ist zeitlichen Wandlungen nicht unterworfen. Das Reich der Zahlentheorie, vielleicht der gesamten Mathematik ist ein ewiges Reich.

Für normalsprachliche Aussagen gilt das eben nicht, das haben wir ja schon gesehen. Sie bilden eine fröhliche Legierung aus Vergangenem, Gegenwärtigen und Zukünftigem. Anders als in der Mathematik ist es in der Normalsprache daher nicht möglich, aeternisch richtige Sätze zu formulieren. Richtigkeit und Falschheit eines Satzes ändern sich nicht nur einfach, wenn sich ein Bezugshorizont durch Fortlauf der Zeiten verändert, sie werden eigentlich zu neuen Sätzen, selbst wenn es bei der gleichen Ansammlung von Wörtern in gleicher Gruppierung bleiben sollte.

Wenn wir also über den Wahrheitsgehalt eines Satzes entscheiden, welcher in der Vergangenheit formuliert worden ist, so reden wir eigentlich über einen anderen Satz als den ursprünglich geäußerten. Denn wir entscheiden über diesen Wahrheitsgehalt nicht während, sondern mehr oder weniger deutlich nach der Perzeption des Satzes.

Besteht also ein Satz aus einem untrennbaren Gemisch aus jeweils einem Liter Vergangenheit, Gegenwart und Zukunft, so entscheiden wir über den Wahrheitsgehalt des Satzes, nachdem er gemischt worden ist. In der Zwischenzeit ist Gegenwart Vergangenheit geworden und Zukunft Gegenwart. Bleibt die Spannweite des zukünftigen Horizonts gleich, so beruht die Entscheidungsfindung hinsichtlich Wahrheit oder Falschheit des Satzes eben nicht auf dem seinerzeit geäußerten „1:1:1-

Amalgam", sondern auf einem wenigstens im Umfang größer gewordenen Gemisch aus „1,5:1:1"

Damit ist aber die klassische Idee der Wahrheitsfindung obsolet, weil man zwei verschiedene Dinge vergleicht: Zum Zeitpunkt (t) ist der Satz S formuliert worden, aber zum Zeitpunkt (t+n) wird die Wahrheit von S überprüft, während man eigentlich nur prüfen könnten, ob S*, die von S abstammende Aussage, korrekt ist – wenn wir einmal annehmen wollen, dass S* aufgrund biografischer Linie S irgendwie in die Zukunft fortgetragen hat. Dann sind trotzdem die Zutaten, aus denen diese Aussage zusammengekocht ist, andere geworden.

Die Außengrenzen von Vergangenheit und Zukunft sind diffus, weil

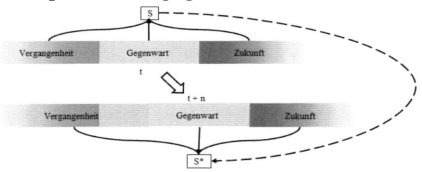

man selten genau angeben kann, auf welchen Anteil beider Zeiten man sich in einer Aussage bezieht. Außerdem ist bei t+n die Zukunft ja nicht länger geworden, allenfalls die vom Sprecher in den Fokus genommene Zukunft hat sich verlagert. Ähnliches gilt für die Vergangenheit, wobei sich fragt, ob der Sprecher stets die gesamte grundsätzlich als Referenzraum zur Verfügung stehende Vergangenheit tatsächlich referenziert. Das unterscheidet sich zwar von Aussage zu Aussage, aber insgesamt würde so die historische Referenzialität einer Aussage von Jahr zu Jahr größer. Dies gilt besonders, aber nicht nur dann, wenn dem Sprecher die historische Dimension seiner Begriffe auch bewusst ist. Wenn Bernardino de Sahagún in der zweiten Hälfte des 16. Jahrhunderts über die mittelamerikanischen Pyramiden schrieb, so bildeten die ägyptischen Pyramiden, vielleicht noch die römische Cestius-Pyramide mit einiger Wahrscheinlichkeit seinen Referenzraum. Aber wer heutzutage über die Pyramide im Louvre spricht oder schreibt, referenziert bewusst oder unbewusst auf Gizeh und Teotihuacán, auf Chichén Itzá, Güimar, vielleicht auch auf Silbury Hill oder das Luxor Hotel in Las Vegas.

Weiterhin ist in der obigen Grafik die Gegenwart in Relation zu Vergangenheit und Zukunft zu groß ausgefallen. Damit ist freilich nicht nur das unmittelbare Jetzt gemeint, sondern der gesamte Raum potenzieller Referenzen, von denen der Sprecher der Ansicht ist, dass sie zum jetzigen Zeitpunkt der Fall sind, also nicht nur in der Vergangenheit der Fall waren, aber es jetzt nicht mehr sind, oder zukünftig der Fall sein werden, aber es jetzt noch nicht sind. Zudem ist der Referenzraum aller drei Zeiten auch insgesamt diffus, was sich in der Grafik nicht niedergeschlagen hat. Immerhin nimmt aber die Vagheit der jeweiligen Bezüge mit der Nähe der zeitlichen Horizonte des Referenzraums deutlich zu.

Wenn nun der Bezugsraum zwischen der Formulierung einer Aussage und der Entscheidung über ihre Wahrheit sich ändert, so fragt sich, ob eine Wahrheitsaussage eigentlich über S oder über S* getroffen werden soll. Vielleicht ist es gar nicht möglich, bezüglich S hierzu eine sinnvolle Aussage zu treffen. Aber das heißt ja nicht, dass ein entsprechender Versuch nicht wichtige Erkenntnisse bringen kann. Folglich muss man, will man hinsichtlich S eine Aussage treffen, die seinerzeit geltenden Bezüge zu rekonstruieren versuchen. Auf diese Art entsteht eine neue Aussage M, welche eine Aussage über S enthält und in der eigenen Referenzialität wesentlich die Bedeutungen der in S verwendeten Begriffe und Bezüge zum Zeitpunkt t spiegelt.

S und S* werden sich in der Regel umso mehr unterscheiden, je größer n ist, also der Abstand zwischen der Formulierung von S und der Überprüfung der Wahrheit der inzwischen zu S* gewordenen Aussage. Das ist aber nur eine Faustregel, weil sich Referenzräume auch wieder einander annähern können, wenn die äußeren Bedingungen wieder ähnlicher werden. Insbesondere dramatische Ereignisse bringen mitunter eine solche Wiederannäherung der Referenzen mit sich. Das erklärt mindestens teilweise, warum Aussagen etwa aus zeitlich weit auseinander liegenden pandemischen Katastrophen oder als katastrophal erlebten Kriegen einander mitunter stark ähneln. Aber auch dann ist die Referenzialität eine andere. Natürlich kann man bei Bildern einer brennenden Stadt an Rom denken und so gesehen die Referenzen einander nähern, auch wenn man einmal über das brennende Pompeji, ein andernmal über das brennende London, dann über das brennende Dresden redet. Wiewohl alle diese Referenzen hinsichtlich Schrecken und Hilflosigkeit einander entsprechen mögen und den Bezug auf den Großen Brand von Rom in den Vordergrund rücken, wird hier insgesamt so viel an zusätzlicher Referenz aufgebracht, dass die Annäherung des ursprünglichen Bedeutungshorizonts dahinter zurücktritt – auch wenn sie rhetorisch attraktiv bleiben mag.

6.6 Der Begriff der Gegenwart

Im Vorangegangenen ist gesagt worden, dass insbesondere die Mathematik und die Aussagenlogik, aber oft genug auch das alltägliche Überprüfen von Aussagen hinsichtlich der Frage, ob sie wahr oder falsch sind, so tun, als würden alle Aussagen in einem Raum ohne Zeit formuliert bzw. in einem Raum, in dem das Verstreichen der Zeit an der Wahrheit der Aussage nichts ändern kann. Es ist aber wahrscheinlich so, dass es ein quasi zeitfreies Denken nicht geben kann, weil es kein Denken und Sprechen frei von Referenzialität gibt. Zudem hat jede Referenz immer auch eine zeitliche Dimension, welche man als die Spanne zwischen dem Zeitpunkt ihres Erwerbs und dem Ende ihrer Gültigkeit begreifen kann. Sie greift zweitens über diese Dimension hinaus, weil sie ihrerseits vor- und nachzeitiger Referenzialität zugeordnet ist. Dabei ist die rückwärtsgewandte Referenzialität auf der einen Seite unabdingbarer als ein in die Zukunft gewandter Kontext. Dennoch werden Aussagen selten nur mit Blick auf die unmittelbare Gegenwart und ihre Vergangenheitsdimension getätigt. Fast immer werden Aussagen um ihrer zukünftigen Dimension willen gemacht, obgleich diese Zukunft, selbst gemessen an der Vergangenheit, häufig genug vage und nur sehr schwer verstehbar, vor allem aber noch weitaus mehr als diese unter den Vorbehalt von Nichtwissen und Zweifel gestellt ist.

Jacqueline Merot-Beconde: Der Begriff des Richtigen in der Geschichtswissenschaft

Damit ist die Gegenwart der Ort in der Zeit, über den und in dem allein Sprechen möglich ist, über den zu sprechen aber unmöglich ist, ohne zugleich über Zukunft und Vergangenheit zu sprechen. Das scheinbar Sicherste in unserem unmittelbaren Sein, nämlich das Jetzige, ist also mehr als das Gewesene oder das – möglicherweise – Werdende unausgesetzter Bedingtheit unterworfen. Ein Sprechen über dieses Bedingte ist nicht möglich ohne ein Sprechen über seine Bedingtheit und damit über seine Mittelbarkeit, die ein unmittelbares Erleben des unmittelbar Seienden faktisch unmöglich macht.

Man muss hier freilich differenzieren zwischen der Unmöglichkeit, das Seiende in Sprache zu fassen, ohne seine Bedingtheit in der Referenzialität auf Vergangenes und Zukünftiges zu berücksichtigen, und der deutlich schwerer zu beantwortenden Frage, ob es denn ein Erleben des Seienden in einem nicht- oder vorsprachlichen Wahrnehmen geben kann. Es ist dies letztere aber vielleicht gar nicht sinnvoll zu beantworten, da es an die Frage rührt, ob Denken ohne Sprache möglich ist. Dem voran müsste man aber beantworten, ob ein Erkenntnisprozess, welcher zur Beantwortung dieser Frage sich selbst der einen oder anderen Sprache bedienen müsste, geeignet ist, über vorsprachliche Perzeption etwas Sinnvolles auszusagen. Der verbreitete Konsens, dass es kein Denken ohne Sprache geben kann, liegt vielleicht darin begründet, dass Nachdenken über Denken nicht ohne Sprache funktioniert, sodass die scheinbare Omnipräsenz und Omnivalenz der Sprache nicht aus der sprachlichen Begrenztheit des Denkens, sondern der sprachlichen Umgrenzung des Nachdenkens über Denken, man könnte auch sagen, aus den Grenzen des Metadenkens, resultiert.

Nun ergeben sich aber aufgrund der mannigfaltigen Referenzialität von Aussagen über die Gegenwart annähernd unendlich viele mögliche Aussagen von zunächst gleicher Wertigkeit. Die Entscheidung über ihre Wertigkeit erfolgt mithin nicht auf die Vergangenheit hin noch auf die Zukunft, sondern, wie oben aufgeführt, durch Kontextualisierung in das sonstige Agglomerat von Aussagen über das Jetzt. Während also Vergangenheit und Zukunft wesentlichen Anteil an der Bedeutungsbestimmung einer Aussage haben, bestimmt über ihren Wahrheitsgehalt vor allem die Gegenwart.

Nun ist aber Wahrheit oder Falschheit nur ein Aspekt der Valenz einer Aussage. Die Gegenwart stiftet alleinig noch ein anderes Kriterium, nämlich das der Relevanz. Weder die Vergangenheit noch die Zukunft bestimmen darüber, welche Aussage nicht nur wahr oder falsch, sondern auch wichtig ist. Diese Eigenschaft wird ausschließlich im Hier und Jetzt festgelegt, wenn auch vielleicht in Hinblick auf das Zukünftige bzw. auf eine Anzahl von anderen Aussagen über ein bestimmtes Zukünftiges.

Wann ist eine Aussage relevant hinsichtlich des Zeitpunkts, zu dem sie getätigt wird? Eine Aussage ist dann relevant, wenn die in ihr enthaltene Information den Empfänger der Aussage interessiert. Sie ist also umso relevanter für den Einzelnen, je mehr ihr Inhalt ihn – aus welchen Gründen auch immer – interessiert. Hingegen richtet sich Relevanz wohl nicht nach Mehrheitsentscheidungen – auch wenn Fernsehen und Zeitungen einen dies gelegentlich glauben machen wollen. Eine Nachricht von mäßiger Relevanz wird nicht dadurch relevanter, dass Millionen Menschen dieses Relevanzgefühl teilen. Umgekehrt aber sondert die gegenwartsbedingte Relevanz fast alle möglichen Aussagen aus dem Kreis der Aussagen aus, welche man tatsächlich tätigen würde. Die meisten Menschen machen keine Aussagen, wenn das Ausgesagte irrelevant wäre. Natürlich gibt es hiergegen scheinbar eine Fülle von Gegenbeispielen. Aber wenn wir miteinander über das Wetter sprechen, so ist zumeist die relevante Aussage nicht der Informationsgehalt hinsichtlich des Wetters oder als wie scheußlich man Graupelschauer empfindet. Sondern die auf diese Art kommunizierte Hinwendung auf ein Gemeinsames, das Stiften von Gemeinschaft und die Botschaft, bereit zu sein, sich auf des Anderen Empfindungen einzulassen, ist die Aussage, welche mit einem Gespräch über das Wetter oder auch über Popstars oder Horoskope transportiert werden soll.

Jacqueline Merot-Beconde: Der Begriff des Richtigen in der Geschichtswissenschaft

6.7 Das Gestern im Heute: Kombinatorik und Amalgamisierung

Auf Basis des zuvor Gesagten kann man Aussagen über die Vergangenheit zunächst nur anhand des Jetzigen dahingehend überprüfen, ob sie zum einen wahr, zu anderen relevant sind. Dabei werden die meisten rasch eingestehen, dass Relevanz historischen Wandlungen unterworfen ist. Es gibt zahlreiche Fragestellungen, mit denen man in der Vergangenheit an die Geschichte herangetreten ist, deren Relevanz in späteren Zeiten als deutlich geringer eingeschätzt wurde. So waren z.B. dynastische, insbesondere erbrechtliche Fragestellungen für weite Bevölkerungskreise in der Vergangenheit von erheblicher Bedeutung, entschieden sie doch nicht selten darüber, ob die Obrigkeit zukünftig vielleicht eine andere Sprache sprechen, einer anderen Konfession anhängen, andere Gesetze verhängen würde. Oder womöglich, ob aufgrund des Augsburger Reichsabschieds von 1555 durch einen dynastischen Wechsel womöglich ein ganzes Volk in eine andere Konfession genötigt werden würde. In späterer Zeit hingegen sind dynastische Fragestellungen allenfalls noch für die Yellow Press interessant, haben aber auf den Einzelnen kaum noch existenzielle Auswirkungen, sofern er nicht selbst der jeweiligen Dynastie angehört.

Aber während die Relevanz einer Aussage als einer Verbindung von Historischem und Gegenwärtigem leicht als zeitbedingt verstanden werden kann, scheint es überraschend, dass dies auch für die Wahrheit einer Aussage gelten soll.

Zwei Sichten auf eine Aussage und ihre historische Referenzialität sind dabei möglich: Man kann jede Aussage als eine Zusammenstellung von elementaren Aussagen über Vergangenheit, Gegenwart und Zukunft begreifen. Dann wäre eine Aussage immer eine Kombination aus Referenzen unter explizitem oder implizitem Ausschluss anderer Referenzen und elementarer Aussagen. Man kann aber auch sagen, dass eine Aussage nicht eine Kombination ist, sondern eine Verbindung. Anders gesagt, kann eine Aussage über Gegenwärtiges oder Vergangenes zunächst elementar formuliert werden, ehe sie dann im Zuge des Verstehens in den Kontext ihrer Referenzen eintritt? Oder sind die gegenwärtigen, historischen und zukünftigen Extensionen einer Aussage immer Teile der Aussage, sodass man, ließe man sie fortfallen, überhaupt keine Aussage mehr hätte, sondern bestenfalls Satz- bzw. Gedankenfragmente? Dann entginge man dem rauen Übergang zwischen Sprechen und Wahrnehmen, da in beiden Fällen es keine elementaren Aussagen gäbe, sondern immer nur Verbindungen, die man nicht aufspalten kann, ohne sie ihrer Sinnhaftigkeit zu berauben.

Man kann das an einem Beispiel verdeutlichen: Der Satz „44 v. Chr. wurde Caius Julius Caesar ermordet." erscheint auf den ersten Blick als elementare Aussage, der erst durch das Hinzufügen der jeweiligen gegenwärtigen und zudem individuellen Referenzialität verschiedene Bedeutungen zukommen. Diesen Satz beispielsweise Anfang Juli 1944 zu äußern, hätte insbesondere für einen Lauscher im Dienst der Gestapo vielleicht eine ganz andere Bedeutung gehabt als nur einen Monat später, selbst unberücksichtigt der Person des Sprechers oder seiner sonstigen politischen Haltung. Im ersten Fall fast eine Art „Sic semper tyrannis!", also eine Drohung gegen den aktuellen Diktator, mutet die gleiche Äußerung nur einen Monat später als ein warnender Verweis auf den Bürgerkrieg an, den Caesars Ermordung auslöste, klingt Dankbarkeit an das Schicksal oder „die Vorsehung" an, welche den „Führer" anders als Caesar doch noch einmal gerettet hätte. Auch lässt nach dem 20.07.1944, nicht aber einen Monat zuvor, der Satz auch eine Gleichsetzung von Hitler und Caesar anklingen, was historische Bedeutung, Genie und Feldherrentum betrifft.

Entkleidet man nun den genannten Satz aller Referenzialität, bleibt dann etwas Verstehbares, etwas Kommunizierbares übrig? So etwas scheinbar Harmloses, Elementares wie die Angabe des Jahres offenbart aber bereits, wie schwierig, vielleicht unmöglich das ist.

Natürlich muss jeder Rezipient wissen, was mit den jeweiligen Zeichen gemeint ist, soviel ist trivial. Aber gibt es ein unmittelbares Verstehen dieser Zeichen, oder enthalten sie immer eine Kontextualität, ohne die sie einfach gar nicht verstanden werden könnten?

Jacqueline Merot-Beconde: Der Begriff des Richtigen in der Geschichtswissenschaft

Marcus Iunius Brutus, einer der Anführer der Verschwörergruppe, hätte sich beispielsweise kaum dazu verstiegen, Caesar sei „ermordet" worden. Statt „necatus est" würde Brutus „supplicio affectus" sagen, also in etwa „hingerichtet". Daher gibt es hier keine neutrale Formulierung. Dies gilt aber eben auch für die Zeitangabe. Wer sagt, Caesar sei „44 v. Chr." ermordet worden, setzt nicht nur voraus, dass die Rezipienten mit dieser Zeitangabe etwas anfangen können. Er ordnet sich selbst auch einem bestimmten Kulturkreis, nämlich dem christlich-abendländischen zu. In Saudi-Arabien etwa würde man mit größter Wahrscheinlichkeit nicht „vor Christus" sagen und auch durch die Festlegung der Jahreszählung auf den Beginn der Hidschra eine andere Jahreszahl nennen, also wahrscheinlich 687 v.d.H., während Brutus oder Caesar selbst das Jahr wohl als 709 a.u.c., also Jahre seit Gründung der Stadt Rom genannt hättne.

Man kann also selbst eine Zeitangabe faktisch nicht immer neutral formulieren. Denn wollte man ein scheinbar neutrales Kalendersystem wählen, zB. die eher unhandliche Sternzeit oder andere Kalenderentwürfe wie Comtes Weltkalender oder den an Genauigkeit wie Kompliziertheit kaum zu überbietenden Maya-Kalender, so würde man implizit der christlichen oder islamischen Tradition des jeweils eigenen Kulturkreis eine Absage erteilen, was nun wiederum eine mindestens so starke Botschaft wäre wie im Iran den Todestag Mohammeds auf das Jahr 632 n. Chr. zu datieren. Ähnlich sind auch scheinbar neutrale Schreibweisen wie das vor allem von der DDR propagierte „44 v.u.Z." einzuschätzen, auch sie enthalten eine politische und im weitesten Sinne religiöse Botschaft.

Es ist also offensichtlich jedenfalls in diesen Fällen schwierig, eine gleichsam neutrale Formulierung zu finden, welche lediglich das historische Faktum ohne Referenzialität vermittelt. Damit ist dann aber auch die Wahrheit einer Aussage über das Historische abhängig von der Referenzialität, mit welcher die Aussage für Sprecher, Empfänger und Lauscher verbunden ist. So würden die meisten heutigen Rezipienten sich wahrscheinlich unwohl fühlen, sagte jemand „Im Juli 1944 scheiterte ein Mordanschlag eidbrüchiger Offiziere auf den Führer Adolf Hitler." Obwohl an den Fakten dieser Aussage wenig zu diskutieren ist, würden die meisten sagen, dass sie nicht im eigentlichen Sinne wahr sei, weil sie in falscher Weise einen bestimmten Fokus auf das historische Moment einnähme. Ebenso bezeichnet man Aussagen als falsch, die einen Kausalzusammenhang zwischen Ereignissen suggerieren, die lediglich koinzident sind. So würde man in der Regel einen Aussage merkwürdig finden wie „Am 22. November 1963 stirbt Aldous Huxley, der in *Brave New World* das Schreckensbild einer totalitären Gesellschaft mit strengem Kastenwesen gezeichnet hat. An genau diesem Tag wird John F. Kennedy, Vorkämpfer eines Aufweichens der Schicht- und als Katholik auch der Konfessionsgrenzen im amerikanischen Gesellschaftssystem unter nie ganz geklärten Umständen ermordet. Und dann stirbt an diesem Tag auch noch der christliche Propagandist Clive Staples Lewis, dessen Narnia-Erzählungen ja noch gar nicht nennenswert in Bezug zu Huxleys Novelle gesetzt worden sind."

Wenn die Unmöglichkeit, Aussagen ihrer Referenzialität zu berauben und sie dennoch als sinnhaft wahrzunehmen, umfassend gilt, so ist alles, was sich sprachlich beschreiben lässt, also eben auch das historische Moment, nicht trennbar vom Heutigen und Zukünftigen. Damit fehlt aber auch der scheinbar unwandelbaren, weil vergangenen Geschichte jedenfalls in der historiographischen Beschreibung diese Unwandelbarkeit, da sie immer nur die eine Zutat zu einem Cocktail ist, der erst verstehbar ist, wenn er untrennbar ineinander gerührt, also amalgamisiert ist.

6.8 Wahre und falsche Aussagen über die Geschichte

Was bedeutet das nun für die Frage, ob man bestimmte Aussagen über die Geschichte als „richtig" bzw. „wahr" oder als „falsch" bezeichnen kann? Offensichtlich ist keine Aussage über die Vergangenheit unbedingt, also unabhängig vom Sprecher oder seinem zeitlichen, kulturellen oder sonstigen Kontext, bzw. es ist offensichtlich unmöglich, eine solche unabhängige Aussage zu formulieren, weil jeder Sprechakt in einer sprachlichen Kontextualität und Referenzialität stattfindet. Folglich kann ein Satz über ein historisches Ereignis, eine bestimmte Gegebenheit oder einen zeitlichen oder kausalen Ablauf nur in seiner amalgamen Form verstanden und auf Wahrheit geprüft werden. Allerdings gibt es hierbei Aussagen, deren Referenzialität vergleichsweise gering oder für den Sprecher nur von geringer Bedeutung ist, während andere in hohem Maß in dieser Art aufgeladen sind. Aber selbst dieses Maß an Referenzialität ändert sich möglicherweise mit der Zeit oder dem kulturellen Kontext. Für den heutigen Sprecher ist die Aussage „Am 24. Dezember feiern wir Heiligabend" von geringer Referenzialität, während sie im 4. Jahrhundert für einen während des Donatistenschismas in Nordafrika lebenden Christen ohne weiteres eine Frage von erheblicher Bedeutung sein konnte, zumal sie sich nicht nur auf das diesseitige, sondern auch auf das jenseitige Leben auswirken konnte. Und auch in unserer Zeit ist die genannte Aussage nicht frei von Referenzialität, allein schon weil der Sprecher sich damit in einen christlich-abendländischen Kulturkontext einordnet, dem sich bekanntermaßen nicht jedermann gleichermaßen zugehörig fühlen dürfte.

Wenn Aussagen über die Geschichte aber nicht universell wahr oder falsch sind, sondern als implizites oder explizites Amalgam des Jetzt und des Damals verstanden werden müssen, so fragt sich, ob es wenigstens in ihrer augenblicklichen Kontextualität Wahrheit oder Falschheit geben kann.

Nun kann man offensichtlich Aussagen formulieren, welche eine große Mehrheit der Zeitgenossen für wahr hält, ohne dass sie bei genauerem Hinsehen wahr sind. Beispielsweise würden die meisten Menschen zustimmen, wenn man die Redensart „die Flinte ins Korn werfen" damit erklärt, dass desertierende Soldaten im 18. Jahrhundert ihre Waffen ins nächstbeste Kornfeld geschmissen hätten. Im Rahmen der begrenzten Wahrheitsmöglichkeiten von Aussagen über die Geschichte ist dies jedoch eindeutig falsch. Ebenso würden die meisten Menschen beistimmen, dass Nero für den Brand von Rom verantwortlich gewesen sei oder Karl der Große Deutschland gegründet habe.

Doch wie kann man überhaupt entscheiden, ob eine Aussage über die Geschichte wahrer oder falscher ist als eine andere? Denn offensichtlich gibt es ein Interesse von Menschen, hierzu eine Position begründen zu können. Wenn man z.B. auf einen „Auschwitz-Leugner" trifft, der also die Shoah insgesamt, in Teilen oder in ihrem Umfang in Frage stellt, so kann man seine Position natürlich mit Verweis auf §130 des deutschen Strafgesetzbuchs oder entsprechende Regelungen in anderen Ländern zurückweisen. Aber wichtiger ist, die entsprechenden Aussagen, Publikationen usw. aufgrund historischer Forschung als „falsch" bezeichnen zu können.

Die wesentliche Begründung, warum eine Aussage über die Geschichte als „falsch" bezeichnet werden kann, ist ihre Inkohärenz mit anderen Aussagen über die Geschichte oder, stärker noch, eine Kontradiktion zu entsprechenden anderen Aussagen, vor allem dann, wenn diese von allen Beteiligten, also auch den Vertretern der zu widerlegenden These, anerkannt und auch im Kontext der Erörterung der aktuellen These nicht bestritten werden. Wer sich etwa als Historiker auf eine der gängigen Methoden der Geschichtswissenschaft festgelegt hat, wird normalerweise Ergebnisse seines Fachs nicht deshalb bezweifeln, weil sie mit dieser Methode gewonnen worden sind, sondern allenfalls, obwohl das der Fall ist. Bewegt sich nun die These im durch das sonst Angenommene, Geglaubte und Vertretene aufgespannten Erwartungsraum, so wird man diese These jedenfalls für möglich halten.

Nimmt man das Beispiel der „Holocaust-Leugner", so kollidieren die hier oft zitierten Publikationen an zahlreichen Stellen in methodischer und inhaltlicher Hinsicht mit dem sonstigen Kenntnis- und Forschungsstand zur Geschichte des NS-Terrors, zur allgemeinen Kriminalgeschichte oder zur Vergleichenden Genozidforschung. Deborah E. Lipstadt hat in einer umfassenden Untersuchung zur Geschichte und zum politischen und sozialen Hintergrund dieser Veröffentlichungen zeigen können, dass hier konsequent und gegen besseres Wissen gelogen, gefälscht und ignoriert worden ist, sodass man den meisten entsprechenden Autoren wohl ein gewisses Maß an krimineller Energie unterstellen muss.[7] Dies bestätigte auch nach vierjährigem Rechtsstreit ein Londoner Gericht, als David Irving gegen die auf ihn bezogenen Passagen des Buchs geklagt hatte.[8]

Andere Aussagen sind wesentlich unproblematischer hinsichtlich ihrer aktuellen Bedeutung, trotzdem wollen wir über ihren Wahrheitsgehalt entscheiden können. Man kann eine Aussage formulieren wie „Caius Iulius Caesar wurden am 01.03.44 v. Chr. ermordet." Ist und wenn ja, in welcher Weise ist eine Entscheidung über den Wahrheitsgehalt dieser Aussage möglich?

Sei hier von den übrigen Referenzen und ihrer Bezweifelbarkeit abgesehen wie: „War das wirklich Mord?" – „Ist der Bezug zwischen Person und Name eindeutig?" – „Welchen Sinn macht die Projektion einer heutigen Zeitangabe in eine Epoche hinein, wo es naturgemäß diese Zeitangabe noch gar nicht geben konnte?"

Dann ergibt sich trotzdem die Frage, warum wir geneigt sind zu sagen, Caesars Tod sei am 15.03.44 v. Chr. erfolgt, also sei die vorherige Aussage falsch. Dies ergibt sich aus zwei Gedankenschritten. Zunächst einmal tauchen die Iden des März als Datum bei fast allen antiken Autoren auf, die über Caesars Ermordung geschrieben haben, beginnend mit Sueton, später dann Plutarch und zahlreiche andere antike Autoren.[9] Für diese alle gilt dann die zweite wichtige Frage: „Cui Bono?" Was hätte es einem der Autoren genützt, hier ein falsches Datum zu nennen? Was vor allem hätte über mehrere Jahrhunderte hinweg immer wieder Autoren bewegen können, ein falsches Datum zu nennen, selbst dann, wenn sie nicht nur einfach von Sueton abgeschrieben haben? Somit ist die Aussage nicht in Widerspruch zu anderen Aussagen, sie wird durch zahlreiche Autoren gestützt und es ist kein Interesse erkennbar, was jemanden bewogen haben soll, den 15.03. als Todes-

---

[7] Lipstadt: Denying, passim
[8] Nachzulesen unter http://www.hdot.org/en/trial/judgement.html
[9] Sueton: De Vita, 81/3; Plutarch: Caesar, 63/5

datum quasi zu erfinden oder womöglich ein bekanntes Todesdatum durch dieses zu ersetzen. Wenn aber diese Aussage im Rahmen gesunden Restzweifels als wahr bezeichnet werden kann, dann kann die eingangs genannten Behauptung nicht wahr sein, da auch Caesar nicht zweimal ermordet worden sein kann.

Nehmen wir als Gegenbeispiel das Datum des Tages, an welchem Jesus geboren worden ist. Dabei wollen wir der Einfachheit halber davon ausgehen, dass er existiert hat. Zu seinen Lebzeiten war die von Jesus ins Leben gerufene Glaubensbewegung innerhalb des Judentums unbedeutend, zudem auch nur eine von vielleicht Dutzenden chiliastischer und messianischer Sekten im Judentum der frühen römischen Kaiserzeit, sodass die bedeutenden jüdischen Historiker dieser Zeit, etwa Philo von Alexandria oder Flavius Josephus, jedenfalls in ihrem überlieferten Schrifttum jenen Wanderprediger und seine Anhängerschaft nicht für erwähnenswert hielten. Zwar gibt es zwei oft zitierte Stellen bei Flavius Josephus über Jesus.[10] Doch dürfte es sich mindestens bei der umfangreicheren Passage um einen erst Jahrhunderte nach dem Tod des Autors gemachten Einschub oder mindestens eine erheblich erweiterte Bemerkung handeln, wofür das Interesse einer historischen Herleitbarkeit des Christentums verantwortlich sein dürfte.

Jesus, wie die latinisierte Form seines wohl aramäischen Namens Jeschu lautet, wurde mit einiger Wahrscheinlichkeit im Jahr 30 unter Pontius Pilatus hingerichtet. Auch hier kann man an die Richtigkeit der Aussage halbwegs glauben, weil nicht recht erkennbar ist, welchen Nutzen einer der Autoren der Bibel gehabt haben sollte, das historische Ereignis der Hinrichtung des Religionsstifters hierhin zu datieren. Auch berichtet die jüdische Tradition von der Hinrichtung eines Scharlatans und Religionsfrevlers mit Namen Jesu für dieses Jahr. Allerdings ist die älteste Quelle hierzu wohl im 3. Jahrhundert verfasst worden und ignoriert zudem gänzlich die Rolle der römischen Besatzungsmacht,

---

[10] Testimonium Flavianum, in: Iosephus: Antiquitates, XVIII/3/3, S. 151bzw. ebd., XX/9/200, S. 310

sodass insbesondere Johann Maier an ihrer Authentizität Zweifel angemeldet hat.[11]

Aber wann ist dieser Mann Jesus geboren worden, und wo? Oder besser, sollen wir eigentlich den spärlichen Quellen hierzu, also letztlich nur zwei Erwähnungen in den Testamenten Glauben schenken, welche zudem fast ein Jahrhundert nach den fraglichen Ereignissen geschrieben wurden?

Aus dem bisher Gesagten lässt sich leicht folgern, dass das keine sonderlich gute Idee wäre. Zunächst ist die oben geforderte Konsistenz der fraglichen Aussage zu sich selbst und zu anderen Aussagen hier nicht gegeben. Hinsichtlich der historischen Überlieferung zu Jesu Geburtstag und übrigens auch Geburtsort ergeben sich nämlich aus beiden genannten Gründen Vorbehalte:

- Die Überlieferungen hierzu sind inkohärent und explizit hinsichtlich ihres eigenen Gehalts oder implizit hinsichtlich anderer, von uns allgemein für richtig erachtete Sätze widersprüchlich.
- Die Autoren der fraglichen Quellen hatten durch ihre Darstellungen etwas zu gewinnen, vielleicht nicht privat, aber doch hinsichtlich ihrer Sache, also der christlichen Religion. Die Frage „Cui Bono" lässt sich also eindeutig beantworten.

Ich will hier nur kurz darlegen, warum die biblischen Überlieferungen inkohärent und explizit oder implizit widersprüchlich sind.

Markus erwähnt Jesu erste Lebensjahre gar nicht, er setzt erst mit dem Wirken Johannes des Täufers ein; ähnliches gilt für das Johannes-Evangelium. Matthäus nennt zweiundvierzig Generationen, durch welche Jesus auf Abraham zurückgeht, nämlich vierzehn bis David, weitere vierzehn bis zur Babylonischen Gefangenschaft und schließlich vierzehn von dort bis Jesus. Geboren sei er zu Zeiten des Königs Herodes. Zu diesem seien Astrologen gekommen, weil sie einen neuen Stern

---

[11] Maier: Jesus, S. 132-134

entdeckt hatten als Zeichen für einen neuen König des jüdischen Volks. Herodes fragte die obersten Priester, wo man den Messias erwarten müsse, den er mit dem neuen König identifizierte. Die Priester nannten ihm das traditionell hierfür meist angeführte Bethlehem. Die Astrologen sandte der König dorthin, wo sie in der Tat das Kind mit seiner Familie ansässig fanden. Doch verrieten sie ihm den Ort nicht, sondern flohen in ihre Heimat, während die Familie vor der Eifersucht des Königs nach Ägypten entwich und dort blieb, bis Herodes gestorben war. Der König aber ließ alle Knaben von zwei Jahren in Bethlehem und Umgebung töten, da dies zu dem Datum passte, welches die Astrologen ihm genannt hatten.

Mit Jesu Geburt in Bethlehem, mit dem Kindermord und der Flucht nach Ägypten erfüllten sich Prophezeiungen des Alten Testaments, welche auf den Messias hindeuten. Wer Jesus als Messias darstellen wollte, musste also diese Elemente aufweisen können. Auch als die Familie aus Ägypten zurückkehrte und sich in Nazaret ansiedelte statt in Bethlehem, erfüllte sich eine dieser Prophezeiungen.

Bei Lukas hingegen lebt die Familie von Anfang an in Nazaret, muss aber unter der Herrschaft des besagten Herodes zu einer Steuererhebung in die Geburtsstadt des Ehemanns Joseph, nach Bethlehem. Diese Steuererhebung erfolgte, so Lukas, auf Weisung des römischen Kaisers Augustus zu einer Zeit, als Quirinius die Provinz Syrien verwaltete.

Die wenigen Quellen sind also inkohärent, da sie das Ereignis der Geburt nur teilweise beschreiben. Sie sind zueinander widersprüchlich, etwa was die Frage betrifft, warum die Familie in Nazaret lebte bzw. ob sie zunächst in Bethlehem ansässig war. Sie sind aber auch implizit zu anderen historischen Fakten widersprüchlich. Nimmt man den Text ansonsten wörtlich, so ergibt sich aus dem Matthäus-Evangelium, dass Herodes zu seinen Lebzeiten den Kindermord durchführen ließ, als Jesus ca. zwei Jahre alt war. Da Herodes 4. v. Chr. starb, muss Jesus wenigstens 6 v. Chr. geboren worden sein. Dazu würde auch passen, dass Herodes noch wenige Tage vor seinem Tod seinen ältesten Sohn

Jacqueline Merot-Beconde: Der Begriff des Richtigen in der Geschichtswissenschaft

Herodes Antipas hinrichten ließ, wie ein Jahr zuvor schon seine beiden Söhne Aristoboulos und Alexander, was sich vielleicht in der Geschichte vom Kindermord spiegelte.

Auch Lukas sagt, Jesus sei unter Herodes Herrschaft geboren. Aber Lukas erwähnt z.B. den Kindermord nicht, obgleich dies zweifellos für die Zeitgenossen ein einschneidendes Ereignis gewesen wäre – wenn es denn stattgefunden hätte. Er sagt stattdessen, Quirinius sei Statthalter in Syrien gewesen, ein Posten, den Publius Sulpicius Quirinius, um den es sich hier handelt, wahrscheinlich 3 n. Chr. antrat. Aber erst 6 n. Chr. ließ Augustus den Nachfolger des Königs Herodes, dessen Sohn Herodes Archelaus, absetzen und gliederte Judäa der Provinz Syrien ein, wodurch das bisher formal selbständige Königreich Teil des Imperiums wurde. Daher führte Quirinius wenig später eine Steuererhebung durch, was erheblichen Unmut in der jüdischen Bevölkerung nach sich zog.

Damit ist schon die Chronologie bei Lukas keinesfalls korrekt. Zwischen den von ihm angeführten Ereignissen liegen wenigstens zehn Jahre. Anders gesagt, hier werden zwei Generationen später – das Lukas-Evangelium entsteht wohl nicht vor 90 n. Chr. – historische Ereignisse zusammengebaut, die den Zeitgenossen nur noch grob im Gedächtnis waren, sodass man sich um eine exakte Chronologie wenig Sorgen zu machen brauchte. Diese Taschenspielertricks erlaubten aber eine Legitimierung des Religionsstifters als Messias. Dazu musste er in Bethlehem geboren sein, andererseits musste aber erklärt werden, wieso er dann als Jesus aus Nazaret bezeichnet wird. Andere Ereignisse sind hingegen vielleicht frei erfunden, etwa die nur bei Matthäus berichtete Erzählung von den einem Stern folgenden Astrologen, oder nehmen in starker Veränderung historische Ereignisse auf, wie den Kindermord, jedenfalls, wenn dieser wirklich eine legendäre Version der Hinrichtung von Herodes Antipas, Aristoboulos und Alexander darstellt.

Damit sind als historische Quellen die beiden Erzählungen im Neuen Testament zu Jesu Geburt unbrauchbar, sofern sie über diese als historisches Faktum berichten sollen. Sie sind aber von erheblicher Bedeutung, wenn man etwas über den selbstgefühlten Legitimationsdruck der frühchristlichen Gemeinden erfahren will. Das frühe Christentum verstand sich als Sekte innerhalb des Judentums; die Emanzipation fand erst später statt. Die Mehrheit der jüdischen Glaubensbrüder hielt aber den messianischen Nimbus des Predigers Jesus für eine schwärmerische Erfindung seiner Anhänger, zu der jener selbst sich nie verstiegen hätte.

Als Quellen taugen diese Texte auch hinsichtlich der Frage, wie die Evangelisten es eigentlich mit der zu dieser Zeit bereits verbreiteten Forderung nach historiographischer Genauigkeit und Exaktheit hielten. Man darf nicht vergessen, dass die Evangelien zu einer Zeit entstanden, als die historische Methode jedenfalls in ihren Grundzügen durch Thukydides bereits hinreichend festgelegt war. Auch wenn die Evangelisten sich nicht als Historiker verstanden und nicht entsprechend ausgebildet waren, dürfte es sich bei ihnen doch um gebildete Hellenisten gehandelt haben. Sie beherrschten wenigstens drei Sprachen – Griechisch, Aramäisch und Hebräisch, vielleicht auch Latein, und sie dürften auch mit der Forderung der meisten jüdischen Intellektuellen nach historisch genauem Umgang mit der Überlieferung gerade auch angesichts der Zerstörung der jüdischen Gemeinde von Jerusalem 70 n. Chr. vertraut gewesen sein.

Insgesamt zeigt dieses Beispiel aber, dass man Tatsachenbehauptungen historischer Quellen auch dann als sachlich falsch bezeichnen kann, wenn man der Tatsache eingedenk bleibt, dass eine Aussage in ihrem eigenen Beziehungskontext entsteht, aber hinsichtlich ihrer Wahrheit in einem anderen Beziehungskontext geprüft wird. Freilich mag daraus leicht der Eindruck entstanden sein, es gäbe eben doch absolut wahre Aussagen über die Geschichte, die also wahr seien, unabhängig von der erlebten Wirklichkeit und erwarteten Zukunft, mit denen das jeweilige historische Moment amalgamisiert worden ist. Das liegt aber nur an der vermeintlichen Einfachheit der oben angeführten Aussagen zu Caesars Todestag oder Jesu Geburt. Auch diese Aussagen sind bereit in einer Weise amalgamisiert, dass es nicht sinnvoll ist, quasi einen „historischen" Teil aus ihnen herauszuschälen.

Jacqueline Merot-Beconde: Der Begriff des Richtigen in der Geschichtswissenschaft

Hingegen lässt sich eine Art „schwacher Wahrheitstheorie" in diesem Zusammenhang formulieren. Zwar lassen sich „ewige Wahrheiten" über das historische Moment nicht finden, weil es sich dabei immer auch um Aussagen über die Gegenwart und über die Zukunft handelt. Viele Aussagen über das historische Moment lassen sich aber finden, die – insbesondere aufgrund ihrer Form – fast völlig unabhängig von ihrem gegenwärtigen oder zukünftigen Kontext als falsch bezeichnet werden können. Das betrifft zunächst einmal natürlich widersprüchliche oder gegen naturwissenschaftliche Erkenntnisse stehende Aussagen. „850 war Karl der Große noch Kaiser, nachdem er 814 gestorben war." ist offensichtlich nach allem, was wir aktuell über die Linearität der Zeit wissen, eine falsche Aussage, sofern nur unser gemeinsamer Bezugskontext uns auf ein gemeinsames Verständnis festlegt, welchen Karl wir denn mit dieser Aussage meinen .

Neben unlogischen Aussagen, also Aussagen, welche in sich einen oder mehreren Widersprüche enthalten, sind es vor allem Aussagen, welche im Widerspruch zu einer oder mehreren Aussagen unseres allgemein anerkannten Kontextes stehen, welche wir als zu jeder Zeit und in jedem Bezugsrahmen als falsch bezeichnen würden, solange die entsprechenden Aussagen des Kontextes Bestand haben. Dabei ist uns freilich die zeitliche Bedingtheit auch dieser Aussagen nicht immer ganz bewusst. Insbesondere bei Aussagen mit Bezug auf die Naturgesetze neigen wir dazu, von ewig geltenden und unverrückbaren Wahrheiten auszugehen, obgleich niemand die Naturgesetze selbst kennt, sondern wir lediglich unsere Interpretation der beobachteten Natur, vor allem innerhalb der Physik und Chemie, in mathematische Modelle übertragen. Diese Formulierung der Naturgesetze ist offensichtlich etwas anderes als diese Gesetze selbst. Sie ist in den letzten Jahrhunderten, vor allem aber im 20. Jahrhundert, dramatischen Veränderungen unterworfen gewesen, welche es zweifelhaft erscheinen lassen, dass ausgerechnet Aussagen mit naturgesetzlicher Begründung eine besonders hohe Lebenserwartung beschieden sein soll.

6.9 Wahrheit, Wissen und Verstehen

Die Kontextualität einer Aussage oder dass sie ein Amalgam ist aus Vergangenem und Gegenwärtigem, ist aber nicht die einzige Eigenschaft von Aussagen, der man insbesondere eingedenk sein sollte, wenn man Aussagen in Bezug auf die Geschichte zu formulieren versucht. Das wird sofort deutlich, wenn man die unterschiedlichen Eigenschaften der oben angeführten Begriffe Wahrheit, Wissen und Verstehen sich vor Augen führt.

Nehmen wir mal einen Satz wie „1648 wurde durch den Westfälischen Frieden der Dreißigjährige Krieg beendet." Zunächst einmal kann man natürlich jenseits der jeweiligen Verbindung mit Gegenwärtigem die Wahrheit dieses Satzes diskutieren. Man kann zunächst in einfacher Weise fragen, ob das tatsächlich stimmt. Vielleicht wurde der Frieden ja 1649 geschlossen, oder 1647. Diese triviale Fragestellung lässt sich freilich noch am ehesten bewältigen. Zwar bestand der Friede aus diversen Verträgen, deren Abschluss sich über fast ein halbes Jahr erstreckte, aber insgesamt kann man das Jahr 1648 trotzdem festhalten.

Man kann den Satz aber auch noch auf andere Art prüfen. Zunächst ist es eine germanozentrische Sicht, wenn man überhaupt vom Dreißigjährigen Krieg spricht. Mit einigem Recht kann man diesen als einen Teilschauplatz der Auseinandersetzung zwischen Frankreich und Spanien ansehen, deren Beginn schwer festzulegen ist, deren Ende aber wohl nicht der Frieden von 1648 markiert, sondern, jedenfalls in völkerrechtlicher Hinsicht, erst der Pyrenäenfrieden von 1659. Man kann den Krieg auch als Teilkrieg des Achtzigjährigen Kriegs ansehen, an dessen Ende die 1648 ebenfalls vertraglich vereinbarte Selbständigkeit der Niederlande stand. Fokussiert man sich hingegen auf den Krieg, welcher 1618 in Prag mit der Defenestration der kaiserlichen Gesandten begann, so dauerte dieser durchaus keine dreißig Jahre, sondern endete je nach Sichtweise mit der Niederlage der Truppen des Winterkönigs Friedrich V. und seinem Verlust der Kurwürde 1623, mit der Niederlage des Dänischen Königs Christian IV. 1629 oder dem Prager Frieden von 1635, mit dem der Krieg seine konfessionelle Basis verlor, da die protestantischen Reichsstände sich mit dem Kaiser einigten, jetzt aber das protestantische Schweden sich mit dem katholischen Frankreich gegen den Kaiser verbündete. Man kann zweitens die juristische oder völkerrechtliche Priorisierung, welche diesem Satz zugrunde liegt, als wenig relevant gegenüber der Wirklichkeit bezeichnen. Friede kehrte mit den Friedensverträgen ja noch nicht ein, nicht einmal im Gebiet des Deutschen Reichs. Zudem standen noch große Armeen und Söldnertruppen im Land, von Frieden im eigentlichen Sinne war man also noch weit entfernt.

Letztlich stellt man auf diese Weise das vom Sprecher nahegelegte Verständnis der in diesem Satz verwendeten Wörter zur Diskussion. Erst wenn man einen wenigstens groben Konsens hinsichtlich der Verwendung der Wörter im Kontext dieses Satzes und im Kontext des eigenen Damals, Jetzt und Zukünftig erreicht hat, kann man überhaupt über die Wahrheit des Satzes entscheiden.

Aber welche Korrelation besteht zwischen dem Begriff der Wahrheit und dem Begriff des Wissens? Angenommen, innerhalb der begrenzten Gültigkeit des Begriffs Wahrheit, wie sie bereits skizziert worden ist, ließe sich obiger Satz als wahr bezeichnen. Wenn nun jemand die in diesem Satz geäußerte Tatsachenbehauptung für sicher wahr hält, würden wir geneigt sein zu sagen, er weiß, dass 1648 der Dreißigjährige Krieg beendet wurde. Wenn er hingegen mit derselben Gewissheit glaubt, der Frieden sei in Oberammergau geschlossen worden, so würde wir nicht sagen, er wisse, dass der Frieden in Oberammergau geschlossen worden sei, allenfalls, er glaube dies. Also ist die Wahrheit eines Satzes Voraussetzung dafür, dass wir es als Wissen bezeichnen, wenn jemand von der Wahrheit dieses Satzes überzeugt ist.

Wenn dies zutrifft, wissen wir aber fast nichts. Denn all unser Wissen ist bestenfalls eine strauchelnde Annäherung an eine, uns wahrscheinlich meist ohnehin unerreichbare Wahrheit, wobei wir noch nicht einmal eine Vermutung darüber anstellen können, wie nah wir dieser Wahrheit inzwischen gekommen sind und allenfalls begründet hoffen dürfen, ihr jedenfalls näher zu sein als wir selbst vor zehn oder die Menschheit insgesamt vor hundert Jahren.

Karl Raimund Popper hat daher die Ansicht vertreten, alles Wissen sei nur Vermutung.[12] Allerdings gibt es hier Vermutungen, die besser, andere, die schlechter oder gar nicht begründbar sind. Damit ist aber der Begriff des Wissens so weit entfernt vom umgangssprachlichen Verständnis und Gebrauch, dass man wahrscheinlich Ansgar Beckermann folgen sollte, der vorgeschlagen hat, in der Erkenntnistheorie überhaupt hierauf zu verzichten.[13]

Wenn aber jemand von etwas, das anzunehmen gute Gründe vorliegen, überzeugt ist, er also in diesem Sinne „weiß", dass z.B. 1648 der Dreißigjährige Krieg durch die Verträge des Westfälischen Friedens beendet worden ist, so würden wir noch nicht automatisch sagen, er habe dies auch „verstanden". Der Begriff des Verstehens ist nachgerade in komplexen Fragen offensichtlich nicht deckungsgleich mit dem Begriff des Wissens. Jedoch ist nicht klar, was die Andersartigkeit beider Begriffe ausmacht. Möglicherweise findet im Zuge des Schritts vom Wissen zum Verstehen eine Bedeutungsverschiebung der jeweiligen Tatsache im eigenen Denken statt. Das Wissen wird über die ihm innewohnende Kontextualität hinaus in Zusammenhang mit anderem Wissen gebracht. Die zu seinem Verständnis notwendigen Bezüge treten in der Bedeutung zurück hinter Bezüge zur Person des Rezipienten. Es findet eine Aneignung des Wissens im Zuge der Entwicklung eines Verständnisses statt, welche verstanden werden kann als schrittweise Anbindung an und Einbindung in eigene Wissenskontexte.

Damit scheint alles Verstehen zunächst subjektiv und wird erst im Sprechen über dieses Verstehen vielleicht und jedenfalls nur in begrenztem Umfang intersubjektiv. Aber auch erst dann wird ein Satz über eine historische Tatsache relevant, weil diese erst dann etwas mit dem Rezipienten im eigentlichen Sinne zu tun haben kann.

Zugleich ist aber alles Denken, Sprechen und Formulieren nicht beschreibbar ohne einen wenigstens angenommenen Rezipienten. Die

---

[12] Popper: Objektive Erkenntnis, S. 30
[13] Beckermann: Inkohärenz, S. 591

scheinbare Subjektivität des ersten Verstehens einer Aussage über das historische Moment ist also immer schon eingebunden nicht nur einfach in einen privaten, sondern immer in einen intersubjektiven, in einen kommunikativen Kontext. Wir können lediglich uns entscheiden, diesen zunächst auf die imaginierten Zuhörer in unserem Denken zu beschränken, die uns weniger oft durch sprunghafte und verwirrende Einfälle irritieren, oder gleich uns in den offenen Kurs zu wagen. Früher oder später aber muss das Verstehen des Gesagten im Diskurs mit dem Unerwarteten, also mit anderen Menschen, errungen werden.

6.10 Die historische Wahrheit als Berufsziel

Wer sich mit der Geschichte als Gegenstand seiner intellektuellen Lebensaufgabe befasst, befindet sich – eigentlich nicht anders als Vertreter auch jedes anderen Fachs – in der fortgesetzten Herausforderung, nicht zu glauben, er vermöchte ewige Wahrheiten zu entdecken. Alle Aussagen über die Geschichte sind zeithafte Amalgame, die sich folglich auch dem Wunsch verweigern, man könne aus einer unersprießlichen Gegenwart quasi ins Hochmittelalter abtauchen – mal abgesehen von der Frage, wieviel angenehmer dasselbe eigentlich wäre. Wohin immer wir gehen, wir nehmen unser Nest im Kopfe mit, das ist eine nicht ganz neue Einsicht. Aber wohin immer wir unseren Blick in zeitlicher Dimension richten, wir tun das als Menschen des Jetzt, und was immer wir denken, sagen oder schreiben, ist Teil des Jetzt, ist nicht Teil der Geschichte.

Folglich ist ein Sprechen über Geschichte, das nicht im Bewusstsein geschieht, auch Sprechen über Gegenwart und Zukunft zu sein, zwar nicht unbedingt sinnlos, läuft aber Gefahr, aufgrund eines ganz falschen Verständnisses von Aussagen über die Geschichte in die Irre zu gehen, weil man sich selbst und anderen über die gegenwärtigen und zukünftigen Bestandteile des Amalgams nicht Rechenschaft ablegen kann.

Der sich dem Historischen annähernde Mensch tut das als heutiger Mensch. Eine Abgeschlossenheit des Historischen existiert nicht, der Versuch, die vergangene Epoche als unmittelbar zu Gott zu verstehen, wie Ranke formuliert hat, wird damit aussichtslos. Rankes Forderung, der Historiker müsse zeigen, „wie es eigentlich gewesen", scheitert damit schlicht daran, dass unser Denken, Sprechen und Schreiben dies nicht zu formulieren verstehen.[14] Wir können das Historische nicht benennen, nicht durchdenken usw., wenn wir es nicht untrennbar amalgamisieren mit dem Gegenwärtigen und dem Zukünftigen.

Andererseits hat Ranke auch der Idee einer alle Epochen durchziehenden Gesetzmäßigkeit in der Geschichte eine Absage erteilt. Diese Ansicht ist umso wichtiger, als es angesichts des immer amalgamen Charakters von Aussagen über die Geschichte offensichtlich unmöglich ist, derlei Gesetze, quasi Naturgesetze der Geschichte, zu erkennen, selbst wenn sie denn vorhanden sein sollten. Man kann noch nicht einmal sicher entscheiden, ob es solche Gesetzmäßigkeiten gibt, da hierzu ein unmittelbares Verstehen der Geschichte als etwas Abgeschlossenem notwendig wäre. Wir verstehen Geschichte aber nur hin auf uns, unsere Gegenwart, unsere mögliche Zukunft. Die Annahme, es gäbe in der Geschichte wirkende Prinzipien, besagt im Grunde,

    a) in der Geschichte gebe es vom Heute unabhängige Kausalbeziehungen;
    b) es wiederholten sich vergleichbare, also hinreichend ähnliche Situationen, die notwendig auch ähnliche Folgesituationen nach sich ziehen.

Ob diese Ansicht korrekt ist, lässt sich zwar nicht entscheiden. Aber sie ist für ein Verständnis der Geschichte belanglos. Sie ist wie die Ansicht, für die ungeschützten Augen des durchschnittlichen Ruhrgebietlers wäre es höchst ungesund, sähe er eines Nachts von seinem Balkon aus die Rückseite des Mondes. Mithin muss die sinnvollere Frage nach in der Geschichte wirkenden Gesetzen lauten, ob unseren stets zeithaften Aussagen über das historische Moment möglicherweise Gesetzmäßigkeiten innewohnen. Dies sagt dann zwar nichts über das Historische an

---

[14] Ranke: Vorrede, S. 7

Jacqueline Merot-Beconde: Der Begriff des Richtigen in der Geschichtswissenschaft

sich aus, wohl aber über unser Bild der Geschichte, über unser Sprechen über Geschichte, über unsere Vorurteile hinsichtlich der Geschichte – und unserer Gegenwart. Wer oftmals Sätze über die Geschichte formuliert, welche diese als eine Aneinanderreihung von Klassenkämpfen beschreiben, sagt also nichts über unmittelbare Gesetzmäßigkeiten der Geschichte als solcher aus, sondern beschreibt offene oder verdeckte Determinanten seines Denkens, mit welchem er u.a. an die Geschichte herantritt.

Das ist letztlich die viel spannendere Frage, denn sie berührt die Fähigkeit des Menschen, sich infolge der Auseinandersetzung mit dem Gewesen in seinem Jetzt und So Sein besser zu verstehen. Unwichtig die Frage, ob das Abendland immer wieder aus dem Osten heranbrandenden Kriegerhorden ausgesetzt sein wird, weil dem eine historische Notwendigkeit innewohne. Aber warum ich mich für sengende und brennende, plündernde und mordende Hunnen nicht begeistern kann und niemand darüber Heldenserien machte, sehr wohl aber über die keinen Deut besseren Wikinger, das berührt mich in meinem Selbstverständnis und ist zugleich auch eine Frage, die an unsere heutige Kultur mit Recht gestellt werden kann. Oder, um einen deutschen Kollegen zu zitieren, der auf die Frage, was er von der erfolgreichen Fernsehserie „Vikings" hielte, antwortete: „Sopranos mit Schiffen."

Womit wir dann wieder bei der alten Behauptung wären, dass die Geschichte ein Spiegel sei, in welchem wir nicht das Vergangene, sondern immer nur uns selber sehen. Doch es ist der Blick in die Vergangenheit kein Blick in einen Spiegel. So wie das Vergangene uns nicht eigenständig, sondern als Amalgam von Gestern, Heute und Morgen begegnet, so begegnet uns auch das Heute nicht eigenständig, sondern als entsprechendes Gemisch. Wir sehen also nicht in einen Spiegel, sondern in eine Glasscheibe, in der manche Partien durchsichtig sind, andere verspiegelt, aber viele auch halbdurchsichtig, sodass sich Spiegelbild und was hinter dem Spiegel ist, untrennbar vermischen. Ohne sagen zu können, was gespiegelt und was von hinter dem Spiegel gekommen ist, fragen wir uns doch manchmal, wie weit vor dem Spiegel das steht, was vielleicht gespiegelt ist. Und ob es wirklich werden wird, und ob es mehr ist als eine wirklichkeitsfremde Hoffnung, dass wir manches von der einen Seite des Spiegels besser verstehen und besser bewältigen werden, weil es Dingen ähnelt, die wir von der anderen Seite des Spiegels hergekommen glauben, ohne dass wir je uns dessen sicher wären. Aber wenn es um Wahrheit in unserer Hinwendung zu unserer eigenen Vergangenheit geht, ist Wahrheit vielleicht sowieso zweifelhaft und nur dem Augenblick verhaftet.

Wer die Geschichte von Berufs wegen erforschen will, muss also akzeptieren, dass alle Erkenntnis hier nur momenthaft ist, bestenfalls. Was wir sagen können, was wir sagen wollen, spricht mindestens so sehr über uns wie über das Vergangene und vergeht in seiner Richtigkeit mit uns. Insofern möchte ich hier auf den in diesem Band ebenfalls vorhandenen Beitrag meines Freundes und Kollegen Albert Svargt verweisen. Auch der Historiker, die Historikerin treten an das historische Faktum als Dienstleister ihres Jetzt heran. Sie beantworten zeithafte, gegenwärtige, gesellschaftsrelevante Fragestellungen, auch wenn sie nicht in direkter Auftragsarbeit der einen oder anderen Institution, Partei, Interessengruppe tätig sind. Die dem Historiker gestellten Fragen ändern sich mit der Zeit, das haben wir zu akzeptieren gelernt. Aber selbst wo die Fragen sich im Laufe der Zeit nicht oder jedenfalls noch nicht verändert und verlagert haben, muss jede Generation, muss jeder Historiker letztlich eigene, zeithafte, eigenständige Antworten auf diese Fragen finden. Von anderen kann er lernen, welche Antworten in ihrer jeweiligen Zeit und Kontext richtig erschienen. Die eigene Antwort vorwegnehmen, einem gar das mühselige Nachdenken ersparen, fürchte ich, wird einem das nicht.

6.11 Zitierte Publikationen

Aurelius Augustinus: Confessiones, www.hs-augsburg.de/ ~Harsch/Chronologia/Lspost05/Augustinus/aug_co00.html

Beckermann, Ansgar: Zur Inkohärenz und Irrelevanz des Wissensbegriffs: Plädoyer für eine neue Agenda in der Erkenntnistheorie, in: Zeitschrift für Philosophische Forschung, Nr. 55/2001, S. 571-593

Cassius Dio: remacle.org/bloodwolf/historiens/Dion/table.htm

Flavius Iosephus: Antiquitates Iudaicae, Liber XVIII, in: Benedictus Niese (Hrsg.): Flavii Iosephi Opera, Bd. IV, Berlin (Weidmann) 1890, S. 138-209

Flavius Iosephus: Antiquitates Iudaicae, Liber XX, in: Benedictus Niese (Hrsg.): Flavii Iosephi Opera, Bd. IV, Berlin (Weidmann) 1890, S. 274-320

Hoijer, Harry, (Hrsg.): Language in Culture, Chicago: University of Chicago Press 1954

Maier, Johann: Jesus von Nazareth in der talmudischen Überlieferung, Darmstadt (WBG) 1992

Platon: Phaidon, www.perseus.tufts.edu/hopper/text?doc=Perseus%3atext%3a1999.01.0169%3atext%3dPhaedo

Plutarch, eigtl. Lucius Mestrius Plutarchus: penelope.uchicago.edu/Thayer/E/Roman/Texts/Plutarch/Lives/Caesar*.html

Popper, Karl Raimund: Objektive Erkenntnis: Ein evolutionärer Entwurf, Hamburg (Campe) 1993

Ranke, Leopold von: Vorrede zu Geschichten der romanischen und germanischen Völker, in: Sämtliche Werke Bd. 33/34, Leipzig (Duncker und Humblot) 1885, S. 7

Sueton, eigtl. Gaius Suetonius Tranquillus: De vita Caesarum, in: http://penelope.uchicago.edu/Thayer/L/Roman/Texts/Suetonius/12Caesars/Julius*.html

Umberto Eco: Nachschrift zum „Namen der Rose", München (Insel) 1987

Walter Benjamin: Gesammelte Werke, Bd. I/2, Frankfurt/Main (Suhrkamp) 1991, Seiten 690-708

Weizsäcker, Carl-Friedrich: Ein Blick auf Platon, Stuttgart (Reclam) 1981

7 Charles Lewis Whitey: Als würd bei Nachbars eine totgeschlagen

Ist Charles Whitey ein Clown? Ist er ein Philosoph? Oder der kluge Unternehmensstratege, als den ihn die Öffentlichkeit wahrnimmt? In unserer Akademie ist dies mehr als einmal diskutiert worden, ohne Ergebnis natürlich, und er selbst grinst meinst nur verschmitzt, wenn er hiernach gefragt wird. In jedem Fall ist Charles Whitey immer für eine Überraschung gut. Die bis an die Grenze des Altmodischen reichende Entrüstung seiner nachfolgenden Ausführungen zeigt zudem, wie lebendig und wie wichtig auch heutzutage die moralischen Prinzipien sind, die er hier einfordert. Entsprechend kann man seinen Beitrag auch sofort nutzen, indem man die eigenen Maximen und alltäglichen Verhaltensgewohnheiten auf die von Whitey angemahnten Defizite immer wieder sorgfältig prüft.

7.1 Aktuelle Vorbemerkung

Im Bewerbungsgespräch sitzt mir eine Frau gegenüber, die auf die Frage, warum sie denn zu meiner Firma wechseln will, nach einer Weile und diversen Gemeinplätzen plötzlich über sexuelle Belästigung in ihrer aktuellen Anstellung spricht. Und ich ertappe mich dabei, dass ich mich frage, ob sie mir wohl die Wahrheit erzählt.

Sich das zu fragen, ist nicht deswegen unstatthaft, weil absolut sicher sei, dass Frauen so etwas nie erfinden würden. Mit derlei frauenfeindlichen Klischees bin ich auch lange hausieren gegangen. Frauenfeindlich, weil sie die Frau der Entscheidung über richtiges und falsches Verhalten berauben und sie zur Wahrheit qua Genetik verurteilen. Nein, die Frage ist aus anderem Grund inakzeptabel, auch wenn ich sie nur mir selbst stelle. Ja, ich war lange genug Angehöriger einer Art Ermittlungsbehörde, da lernt man, alles, was jemand sagt, auf Glaubwürdigkeit zu prüfen. Aber was diese Frau mir gesagt hat, ist im Grunde, dass sie Opfer sexuell konnotierter Gewalt geworden ist. Ob es dabei in dem konkreten Fall so gewesen ist, mag juristisch bedeutsam sein, für die biografische und soziologische Einordnung des Vorgangs ist es ohne Belang.

Ich will das an einem anderen Beispiel verdeutlichen. Nehmen wir an, da säße jemand und beklagte sich, er würde von den Kollegen ständig mies behandelt, weil sein Vorname mit einem D begänne. Dann würde ich Detlef oder Daniela oder Dracula verwirrt und mit großem Unglauben ansehen. Warum? Weil Gewalt gegen Träger von Vornamen, die mit einem D beginnen, keine gesellschaftliche Dimension hat. Ich würde zunächst mal vermuten, dass die Geschichte erfunden ist. Aber vor allem würde ich vermuten, dass der Mensch spinnt, weil er etwas erfindet oder in einer Weise interpretiert, dass mir Zweifel an seiner Nähe zu der jedenfalls von mir wahrgenommenen Wirklichkeit kommen. Es gibt eben diese Gewalt nicht, daher kann niemand wahrheitsgemäß eine solche Geschichte berichten, aber er kann sie eben auch nicht glaubhaft erfinden, ohne für verrückt gehalten zu werden. Die Frau, die von sexuell konnotierter Gewalt berichtet, bewegt sich in einer Welt, in der diese Form von Gewalt völlig ohne Zweifel vorhanden und weit verbreitet ist, sodass ich mich vielleicht fragen kann, ob in diesem konkreten Fall tatsächlich das beschriebene Ereignis vorliegt, aber die Frage nach der grundsätzlichen Richtigkeitsmöglichkeit der Geschichte sich mir nicht stellt.

Eine Frau, die von sexuell konnotierter Gewalt berichtet, dokumentiert also die Realität dieser Gewalt in unserer Gesellschaft, ob die einzelne Geschichte nun erfunden ist oder einen realen Hintergrund hat oder auch nicht. Und in jedem Fall ist die Frau Opfer sexuell konnotierter Gewalt, selbst wenn es nicht zu einem konkreten Übergriff gekommen ist. Denn sie kann sich – mit oder ohne realen Hintergrund – in einer genderbestimmten Opferrolle sehen. Man hat für sie schon mal eine Schublade bereit. Selbst wenn sie da nicht rein will, selbst wenn sie da nie reinkommt und sich auch nicht selbst reinfantasiert: Die bloße Existenz dieser Schublade ist, wiewohl angesichts der gesellschaftlichen Realität legitim, die nächsthöhere Form einer Gewalt gegen Frauen als Teil eines gesellschaftlichen Generalkonsens, dass Frauen eben Opfer von sexuell konnotierter Gewalt waren, sind und wohl auch auf immer sein werden.

Gut. Oder nicht.

Jetzt beginne ich meinen kleinen Beitrag mit dem Part, mit dem ich eigentlich einsteigen wollte.

Als ich das erste rosa Überraschungsei in Händen hielt, habe ich den Feminismus privat für mich als gescheitert deklariert. Das war vielleicht unfair, schien mir aber als Signal relevant, selbst wenn außer mir über lange Zeit niemand davon Kenntnis nehmen wollte.

Dabei wäre der Feminismus, nein, aber ein Humanismus, der sich u.a. auf die gesellschaftlich vollkommene akzeptierte Gewalt gegen Frauen fokussiert, heute mindestens so dringend wie vor ein oder zwei Generationen. Ich will im Folgenden zunächst umreißen, warum ich der Ansicht bin, dass die Gewalt gegen Frauen in unserer Gesellschaft weiterhin in den Diskurs getragen werden muss. Ich werde dann skizzieren, warum ich die jetzigen Formen dieses Diskurses für unzureichend halte und was an deren Stelle treten sollte.

Dass die Gewalt gegen Frauen so selbstverständlich ist, dass wir die Behauptung einer Frau, sie sei aufgrund ihrer Gender-Zugehörigkeit Opfer von Gewalt geworden, vielleicht noch auf den Einzelfall hin, aber nicht auf ihre grundsätzliche Möglichkeit prüfen, haben ich Ihnen eben schon geschildert. Ich behaupte aber darüber hinaus, wir alle, Männer wie Frauen, haben inzwischen eine so gleichgültige Haltung hinsichtlich der Gewalt gegen Frauen in unserer Gesellschaft entwickelt, dass man geradezu schon als Moralapostel und Spinner betrachtet wird, wenn man sich hierzu kritisch äußert. Zwar schütteln wir alle entrüstet den Kopf, wenn wir hören, dass mal wieder eine Frau vergewaltigt worden ist und Passanten vorbeigingen, vielleicht sogar zugesehen haben, ohne einzuschreiten. Als 1988 unter Jonathan Kaplans Regie Kelly McGillis die Zuschauer einer Vergewaltigung, deren Opfer Jodie Foster schauspielerte, vor Gericht brachte und eine Verurteilung erreichte, waren wir alle begeistert und hätten im Kino am liebsten laut applaudiert. Aber für unser tägliches Handeln bedeutet das rein gar nichts. Wir benehmen uns wie Leute, die das Fenster schließen, wenn unser Nachbar im Garten seine Frau verprügelt. Vielleicht nicht, weil wir das insgeheim toll finden und mit heißen Gefühlen durch den Vorhang schielen. Nur einfach weil sowas nun mal gang und gebe ist und wir das auch nicht ändern können, so leid uns das auch tut.

7.2 Gewalt gegen Frauen im Internet

Ich möchte jetzt zunächst mal den Baum anbellen, den alle am liebsten anbellen, wenn es um das Thema „Gewalt gegen Frauen" geht. Warum auch nicht?

Ein Mann rammt einer Frau seinen Penis so tief in den Hals, dass sie zunächst zu würgen beginnt, sich dann erbricht, was ihn aber nicht hindert, sein, sagen wir mal, Tun fortzusetzen. Das Erbrochene fängt er in einem Hundenapf auf, den er der Frau dann über dem Kopf ausleert. Die Frau hat am Anfang des Videos, denn darum handelt es sich, deutlich gemacht, dass sie nicht unter Zwang handelt. Nun ja.

Klingt gruselig? Abartig? Mag sein, aber dann gibt es eine nennenswerte Klientel für Abartiges und Gruseliges. Denn das Internet ist voll von sowas. Wohlgemerkt, nicht auf geheimen, nur mit Passwort und für schweres Geld zugänglichen Fetischisten-Seiten, sondern auf frei, sogar anonym verfügbaren Adressen. Da findet man auch Videos, merkwürdigerweise meist russischer oder japanischer Herkunft, auf denen Frauen unzweifelhaft vergewaltigt werden. Natürlich kann man sagen, es handele sich um eine Schauspielerin und einen oder mehrere Schauspieler, es läge also nicht wirklich eine Vergewaltigung vor. Trotzdem greift hier eigentlich das deutsche Strafgesetzbuch, demzufolge nach §184a die Darstellung von Vergewaltigungen strafbar ist, übrigens nach aktueller Rechtspraxis auch dann, wenn das Opfer sich mit der Gewalthandlung als solcher einverstanden erklärt hat.

Nun befinden sich die einschlägigen Server nicht in Deutschland, zudem wird für derlei Produkte jedenfalls auf diesen Seiten kein Geld eingefordert, sodass der rechtsnotwendige Umstand der Bereicherungsabsicht entfällt. Die auf solchen Seiten gegen entsprechende Zahlungen eingeblendeten Werbebanner für Penisverlängerungen oder Viagra-Großpackungen dürften hierzu nicht hinreichend sein.

Aber hier soll es auch nicht um die rechtliche, sondern um die moralische, soziale und politische Dimension des Ganzen gehen. Was sagt das über unsere Gesellschaft aus, wenn derlei konsumiert werden kann, wenn niemand das diskutiert und problematisiert und wenn es für den Konsum von derlei Produkten auch eine nennenswerte Rezipientenschicht gibt, gleichgültig wie klein oder groß diese sein mag?

Ein beliebter Einwand an dieser Stelle ist, dass sich hier seit Jahrzehnten, vielleicht seit Jahrhunderten kaum etwas geändert hat, weil die entsprechend disponierten Männer immer schon einen – in der Größe kaum schwankenden – Anteil an der Bevölkerung ausgemacht haben. Diese Gruppe sei also durch das Internet nicht größer und nicht kleiner geworden, es sei nur leichter geworden, an die entsprechenden Texte, Bilder und Filme zu gelangen.

Ja und? Das Problem ist doch nicht das Internet. Ob so etwas als Flashdatei oder auf Keilschrifttafeln gekratzt verbreitet wird, ist doch völlig unerheblich. Vielleicht ist es durch das Internet wahrscheinlicher geworden, dass jemand, etwa auf der Suche nach, sagen wir mal, Mainstream-Pornografie, quasi zufällig über sowas stolpert. Aber ob nun zehn oder hundert oder hunderttausend Männer hier Konsumenten sind, ob es vielleicht auch Frauen unter ihnen gibt, ist nachgeordnet der Tatsache, dass in unserer Gesellschaft es offensichtlich achselzuckend akzeptiert wird, dass diverse Produkte verbreitet werden, in denen Frauen ganz eindeutig das Opfer einer ebenso eindeutig männerbestimmten Gewalt werden.

7.3 Prostitution und Menschenhandel

In Deutschland gibt es, wie in faktisch allen anderen Ländern der Erde, Prostitution. Der Ausdruck beschreibt ein Institut, dem auch in Deutschland selbst politische Liberale, die Kirchen, aber auch die Frauenbewegung und die Parteien erstaunlich nonchalant gegenüber stehen. Worüber sprechen wir in der Realität?

Dass Prostitution in Deutschland ein gesellschaftlich nonchalant akzeptiertes Massenphänomen ist, weiß man. Da spielt es auch keine Rolle, ob die Zahl der Prostituierten in Deutschland wirklich fast eine halbe Million beträgt oder doch eher bei c. 100.000 liegt. Wichtig ist aber der hiermit erwirtschaftete Umsatz; er lag 2014 bei mehr als 15 Mrd. Euro. Damit ist die Prostitution nicht nur ein bereitwillig akzeptiertes soziales Institut, sondern auch ein erheblicher Wirtschaftsfaktor. Sie verbieten zu wollen, wäre so, als wolle man den Export von Waffen verbieten, der im selben Jahr freilich nur etwa ein Drittel des genannten Umsatzes gemacht hat. Aber schon daran haben sich Generationen von Politikern die Zähne ausgebissen.

Ansonsten, erstens: Prostituierte sind in aller, aller, aller Regel Frauen, bzw., wenn es denn einmal Männer sind, so zumeist Teenager. Das gern zitierte Bild des Callboys oder des käuflichen Kenyan Loverboys ist lediglich ein exkulpatorisches Gegenbild, welches nachgerade Stammtische und Kegelvereine gern zitieren.

Zweitens: Es gibt annähernd überhaupt keine freiwillige Prostitution. Das gilt, auch wenn nicht alle Prostituierten ihrem Gewerbe unter Androhung von oder infolge erfahrener physischer Gewalt nachkommen. Nicht jeder Freier macht sich direkt zum Handlanger einer Vergewaltigung. Aber: So wie wir spätestens seit Zille wissen, dass man einen Menschen nicht nur mit einem Beil, sondern auch mit einer Wohnung erschlagen kann, so kann man eine Frau auch nicht nur mit vorgehaltener Waffe, sondern auch mit unzureichenden Lebensperspektiven in die Prostitution zwingen. Eine Gesellschaft, in welcher die materiellen Perspektiven für Frauen grundsätzlich, insbesondere aber für unzureichend ausgebildete Frauen und allein erziehende Mütter massiv schlechter sind als für entsprechende Männer, leistet den Zuhältern dieser Welt strukturelle Schützenhilfe. Ein Mann, der den Unterhalt für die Kinder nur unregelmäßig zahlt, zwingt, wenn sie keinen anderen Ausweg weiß, seine geschiedene Frau dazu, täglich gegen ihren eigentlichen Willen Geschlechtsverkehr zu haben, macht sich also zum Handlanger ihrer indirekten Vergewaltigung.

Drittens: Auch wenn neben direkter Gewalt materielle Not, Perspektivlosigkeit, fehlende Alternativen usw. auch deutsche Frauen immer wieder in die Prostitution zwingen, manifestiert sich in der Prostitution unserer Tage doch auch die erhebliche materielle und emanzipatorische Schieflage in Europa und letztlich in der Welt. Die Einfachheit, mit welcher man Frauen aus Osteuropa in diese Tätigkeit zwingen kann, auch die Bereitwilligkeit, mit welcher man in Deutschland das Bild der osteuropäischen Prostituierten akzeptiert hat und die nur sporadischen Gegenmaßnahmen der Polizei sagen einiges auch über unser neokoloniales Verhältnis zu Polen, Rumänien oder den Staaten der früheren UdSSR aus. Das Familienministerium geht davon aus, dass etwa die Hälfte aller Prostituierten in Deutschland aus dem Ausland, vorwiegend aus Osteuropa stammt, während in der Gesellschaft insgesamt der Ausländeranteil lediglich bei ca. 8% liegt. Das ist kein geografischer Zufall. Und es geschieht auch nicht automatisch, hier müssen Politik, Polizei, Grenzbehörden, Zoll, organisierte Kriminalität usw. gut miteinander kooperieren, damit so etwas möglich wird.

Die Gesellschaft würde das alles nicht akzeptieren, wenn nicht einflussreiche Kreise in ihr, aber vielleicht auch insgesamt die Bevölkerungsmehrheit ein Interesse an der Fortexistenz der Prostitution hätten. Für Männer, selbst wenn sie nie zu einer Prostituierten gehen würden, hat das bloße „Wenn ich wollte, könnte ich ja!" etwas ungemein Beruhigendes. Und für Frauen? Wer fühlte sich nicht besser, wenn er einen hat, auf den er herabblicken kann? Mehr noch, wer fühlte sich nicht wohl bei dem Gedanken, dass das Viehischste, Widerlichste und Ekelerregendste an den Männern, mit denen man es gemeinhin zu tun hat, vielleicht einschließlich des eigenen Mannes, dort und nicht bei einer selbst einen Abladeplatz gefunden hat. Einen Platz zudem, wo der Mann nichts lässt außer seinem Dreck und ein bisschen Geld, aber eben keine Hinwendung, keine Zärtlichkeit, keine Liebe, kurz, nichts von dem, was die Frau auch weiterhin für sich begehren mag.

Weil dem so ist, hat keiner - von ganz links bis ganz rechts, von ganz oben bis ganz unten – sonderliches Interesse daran, dass die Prostitution rückgedrängt wird. Das mag man begrüßen oder bedauern, man mag es überraschend finden oder nicht, aber es gibt kaum eine andere Abscheulichkeit in unserem Land, gegen die sich so wenig Unbehagen artikuliert. Stattdessen kommen Scheinargumente wie jenes, dass ein Verbot von Prostitution das Problem nicht beseitigen, sondern lediglich in die Illegalität verlagern würde. Prima, das gilt für Mord auch, sollen wir Mord deswegen legalisieren? Auch die Legende der Freiwilligkeit der Prostituierten wird gern und oft zitiert, und nicht selten hört man auch, dass sei schließlich schon immer da gewesen, Prostitution sei der älteste Beruf der Welt. Mag sein, Henker ist dann bestimmt der zweitälteste, muss ich mich deswegen für die Wiedereinführung der Todesstrafe einsetzen? Und sonst recht vernünftige Leute wie Konstantin Wecker entblöden sich nicht einmal, die „Hure" als anarchistisches Gegenkonzept zur verklemmten, bigotten Bürgergesellschaft hinzustellen. Als wäre Prostitution eine Antithese hierzu und nicht vielmehr ihre notwendige Begleiterscheinung, ja finale Bestätigung der endlichen Sieghaftigkeit aller Ideologien, die den Menschen zur Sache machen und als monetär ausdrückbar beschreiben.

Aber bleiben wir noch mal bei der angeblichen Freiwilligkeit. Als in Australien das Werfen kleinwüchsiger Menschen eine Art Kneipensport wurde, haben diverse Verbände sich über diese menschenverachtende Praxis erregt und schließlich ein Verbot des Zwergenweitwurfs erreicht. Und das, obwohl in diversen Talkshows, in Zeitungen und in anderen Medien immer wieder kleinwüchsige Menschen auftraten, die nachdrücklich – und vielleicht sogar glaubhaft – versicherten, dies sei doch ihr Beruf, man bedrohe mithin ihre Lebensgrundlage, sie machten das gern, da sie endlich einmal genügend Aufmerksamkeit fänden, man beschneide ihr Recht auf ein selbstbestimmtes Leben. Um des allgemeinen Guts der Menschenwürde hat man darauf verzichtet, diesen besonderen Interessen – sofern sie denn wirklich gegeben waren – sonderlich Rechnung zu tragen. Zu Recht, wie ich meine, aber in gleicher Weise ist auch das Argument der Freiwilligkeit von Prostituierten ein Scheinargument – wo es denn tatsächlich einen realen Hintergrund hat. Ich nehme jedoch an, wenn wirklich nur Prostituierte diesen Beruf ausübten, die dies im eigentlichen Sinne freiwillig und womöglich mit Freude machten, dann gäbe es Warteschlangen von St. Pauli bis Regensburg, wäre die Verabredung eines Termins mit monatelanger Vorlaufzeit verbunden. Und keine Prostituierte der Welt würde noch jemanden in ihren physischen Nahbereich lassen, vor dem sie sich fürchtet, den sie widerlich findet oder der nicht ganz eindeutig belegen kann, jedenfalls in gesundheitlicher Hinsicht völlig unbedenklich zu sein.

7.4 Unsere ach so aufgeklärten Freunde

Das dritte Beispiel aus einer ganzen Reihe von aktuellen Manifestationen der allgegenwärtigen Gewalt gegen Frauen betrifft die nonchalante Gleichgültigkeit, mit der wir unsere Partner im Ausland ihre Frauen quälen und unterdrücken lassen, solange dies unseren strategischen oder wirtschaftlichen Interessen dient.

Ich will mal einige Länder als Beispiel nennen, und ich werde nicht den Iran anführen, weil dieses Land jedenfalls aktuell nicht zu unseren Freunden gehört. Aber schauen wir nach Saudi-Arabien, nach Abu Dhabi und Qatar, schauen wir nach Afghanistan, in den Irak oder nach Ägypten, dann begreift man rasch, wie wenig eine politische Nähe zu den westlichen Demokratien auch mit einer Annäherung an die westliche Lebensweise und Denkungsart verbunden sein muss.

Nehmen wir als Beispiel mal Saudi-Arabien, den Schutz und Schirm unserer aufgeklärt-kapitalistischen Weltordnung auf der arabischen Halbinsel. Das wahhabitische Regime, also eine der wenigen stabilen islamisch-fundamentalistischen Regierungen, verfolgt hier eine wenigstens eindeutige Politik. So hat Saudi-Arabien die CEDAW, also die UN-Konvention zur Beseitigung der Diskriminierung von Frauen, nur teilweise ratifiziert. Nicht ratifiziert bzw. unterzeichnet haben überhaupt nur das Neuseeland angegliederte Niue, außerdem der Iran, Somalia, Tonga, der Sudan und der Südsudan. Wie der letztgenannte haben auch die USA unter dem Einfluss christlicher Fundamentalisten die

Konvention bisher nicht ratifiziert, u.a. wegen der Haltung der Konvention zum Recht auf Abtreibung.

Die wahhabitische Auslegung des Koran geht zurück auf Muhammad ibn Abd al-Wahhab. Sie folgt der hanbalitischen Rechtstradition, die auch die Basis der meisten salafistischen Strömungen bildet. Der Grundgedanke dieser Tradition ist die Rückführung des Islams und der Rechtsprechung in islamischen Staaten auf die Regeln des Koran sowie die nach Mohammeds Tod in der ersten Generation gefundenen Rechtskompromisse der damaligen islamischen Gemeinschaft. Anders gesagt, die Wahhabiten propagieren die Abwendung des Islam von über tausend Jahren intellektueller Entwicklung und eine Rückkehr zu einem Gesellschaftsentwurf des späten 7. Jahrhunderts. Das wäre so, als wollte man in Deutschland und Frankreich die Lex Ripuaria des Merowingers Dagobert I. wieder in Kraft setzen und kurzerhand alles, was danach kam, über Bord werfen. Entsprechend ist seit 1992 offiziell die Scharia die Grundlage des saudi-arabischen Rechtssystems.

Die wahhabitische Ausrichtung des Staates – ibn Abd al-Wahhabs Lehren sind in Saudi-Arabien offizielle Staatsdoktrin – hat für das tägliche Leben in Saudi-Arabien, vor allem aber für die Lage der Frauen weitreichende Konsequenzen. Diese gehen an vielen Stellen auch noch weit über die Vorgaben der frühen islamischen Rechtstradition hinaus. In ihrem Kern wird Frauen in Saudi-Arabien durch diese islamische Tradition der Status der Eigenständigkeit als gesellschaftliche und juristische Person abgesprochen. Was sie ist, ist eine Frau nicht aus sich heraus, sondern immer nur als Anhängsel eines Mannes.

Für jede Frau gibt es daher einen offiziellen männlichen Vormund, den Mahram, in der Regel den Vater, ersatzweise einen Bruder oder Onkel, bzw. nach der Heirat dann den Ehemann. Stirbt der Mann, kann sogar der Sohn zum Vormund der Mutter ernannt werden. Für Straftaten der Frau muss außer bei Kapitalverbrechen sich meist nur der Vormund vor Gericht verantworten, was die Reduzierung der Frau zu einem Anhängsel des Mannes besonders drastisch verdeutlicht.

Charles Lewis Whitey: Als würd bei Nachbars eine totgeschlagen

Die Unterstellung unter den Mahram, aber auch die sonstige Rechtspraxis lässt Frauen in Saudi-Arabien vor Gericht fast chancenlos, auch z.B. in Scheidungs- und Sorgerechtsfällen und in Erbangelegenheiten. Ohne den Vormund ist die Frau auch sonst nicht geschäftsfähig, sie kann keine Verträge abschließen, keine Behördengänge unternehmen und keine juristischen Schritte unternehmen. Lediglich kann sie ihre Lossprechung von einem bestimmten Vormund vor Gericht erzwingen, wenn sie nachweisen kann, dass dieser sie zu unislamischen Handlungen zwingen wollte, also z.B. zur Prostitution. Letztere ist grundsätzlich illegal. Trotzdem sind in Saudi-Arabien mehrere tausend Prostituierte tätig, vor allem aus Ostafrika und von den Philippinen. Wenn eine Prostituierte verurteilt wird, droht ihr als Ausländerin in der Regel Deportation, während saudische Prostituierte gelegentlich schon zum Tode verurteilt worden sind.

Saudische Frauen haben keine freie Wahl ihres Aufenthaltsorts; insbesondere Auslandsreisen dürfen sie nur mit schriftlicher Genehmigung des genannten Vormunds unternehmen. Auch sonst ist ihre Freizügigkeit massiv eingeschränkt. Frauen ist es, anders als vielfach angenommen zwar nicht explizit verboten, Auto zu fahren, obgleich hierzu naturgemäß eine Regelung aus der Frühzeit des Islam fehlt. Sie können jedoch aufgrund ihrer fehlenden Rechtsmündigkeit keinen Führerschein erwerben. Auch die Benutzung öffentlicher Verkehrsmittel ist Frauen untersagt, auch wenn es in einigen Städten inzwischen separate Busse nur für Frauen gibt. Taxis zu benutzen, ist zwar nicht verboten, gilt aber allgemein als Schande, u.a., weil man der Frau anlastet, damit die Unfähigkeit des jeweils zuständigen Manns zu verdeutlichen, ihre Unabhängigkeit auf das gesellschaftlich konforme Minimum zu beschneiden.

Bekannt im Westen ist neben dem faktischen Autofahrverbot der rigoros durchgesetzte Schleierzwang. Getragen wird in den Großstädten meist das lange schwarze Abaya, dazu der Neqab, der die Augenpartie freilässt. Außerhalb der Großstädte wird in der Regel auch die Verhüllung der Hände und der Augenpartie erwartet.

Frauen dürfen sich in der Öffentlichkeit nicht mit fremden Männern zeigen; widrigenfalls drohen drastische Körperstrafen. Ehebruch kann mit dem Tod bestraft werden, uneheliche Schwangerschaft mit Gefängnis.

Das Verbot des Umgangs mit fremden Männern führt z.B. dazu, dass Studentinnen Vorlesungen männlicher Dozenten nur am Bildschirm verfolgen dürfen – in einem Land wo, das immerhin ein Fortschritt, 60% aller Studenten Frauen sind. Allerdings ist die offizielle Begründung des hohen Anteils gebildeter Frauen in Saudi-Arabien nicht, eine Bereicherung des Arbeitsmarkts zu bilden, sondern in der Erziehung der Kinder und hier besonders der Söhne eine höhere Qualität zu sichern. Daher untersteht die Bildungspolitik, soweit sie Mädchen und Frauen betrifft, auch nicht etwa dem Bildungsministerium, sondern dem Ministerium für Islamische Angelegenheiten

Auch in anderen Bereichen gilt diese „Gender-Apartheit". So gibt es Sportstätten, Parkanlagen und Restaurants, welche jeweils entweder nur Männern oder nur Frauen offenstehen. Hochzeiten werden nach Geschlechtern getrennt gefeiert, Banken haben – wenn überhaupt – separate Abteilungen für Frauen. Ebenso dürfen Männer und Frauen, die nicht verwandt oder verheiratet sind, nicht gemeinsam arbeiten, was faktisch Frauen von den meisten Berufen ausschließt. Ohnehin muss für jede Berufstätigkeit die schriftliche Einwilligung des jeweiligen Vormunds vorgelegt werden.

Signifikant ist, dass der emanzipatorische Diskurs, der ohnehin nur mühsam in Gang kommt, sich auf beiden Seiten in der Sunna, also der islamischen Lehre, rückversichert. Es gibt kaum eine Stimme für eine der Aufklärung, den Menschenrechten oder der Demokratie zugewandte, also letztlich post-islamische Reform des saudischen Staates.

So, nachdem nun wenigstens unser neorassistisches bzw. antiislamisches Klischee gegen die bösen, bösen Moslems und ihre widerstandsarmen Frauen schwungvoll bestätigt ist, wollen wir uns aber nicht wohlig zurücklehnen, sondern noch kurz auf andere uns eng

Charles Lewis Whitey: Als würd bei Nachbars eine totgeschlagen

befreundete Staaten blicken, wo die Gewalt gegen Frauen in ähnlicher Weise zum offiziell verordneten Kulturbegriff gehört und vom Westen sogar noch weniger zur Kenntnis genommen oder gar kritisiert wird. Hier könnte man einmal nach Japan oder nach Indien schauen. Da die Situation in Indien letzthin etwas mehr im Licht der Öffentlichkeit stand, gestatten Sie mir daher einen Blick ins selbsterklärte Kaiserreich der Morgenröte.

Japan ähnelt Saudi-Arabien zunächst einmal in der Hinsicht, dass eine Frau fast keine Chance hat, ohne einen männlichen Partner ein Geschäft aufzubauen, obwohl das, anders als in Saudi-Arabien, nicht explizit verboten ist. Frauen verdienen bei gleicher Arbeit ca. 30% weniger als Männer, und nur 1% aller Aufsichtsräte sind Frauen. Ihre Karrierechancen sind schon deshalb fast gleich null, weil niemand, der aufsteigen will, morgens erst nach dem Chef im Büro sein sollte und abends womöglich vor ihm geht. Dies ist mit der Mutterrolle noch weniger vereinbar als in europäischen Ländern oder in den USA. Hinzu kommt die inoffizielle Pflicht, nach der Arbeit mit den Kollegen und meist auch dem Vorgesetzten auf z.T. ausführliche Gelage zu gehen, wo Frauen grundsätzlich nicht gern gesehen sind.

Das japanische Frauenideal ist das der hilflosen, wehrlosen Kindfrau, welche auch sexuell konnotierten Übergriffen keinen Widerstand entgegensetzt. Die wichtigsten Begriffe für die Idealfrau sind kawaii (niedlich) und kirei (hübsch), beides auch für Kinder verwendete Begriffe. Hingegen ist der häufige verwendete Begriff Yamato Nadeshiko (大和撫子) nicht, wie man oft hören kann, ein Frauenname, sondern eine Verbindung aus dem traditionellen Namen für Japan und dem Namen für die Prachtnelke, deren japanischer Name wörtlich „streichelfrohes Kind" bedeutet, aber auch die Nebenbedeutung von „großäugig" enthält, was vielleicht ein Grund ist, dass in japanischen Comics und insbesondere in den auflagenstarken Porno-Comics, den Hentai, die Kinder stets Suppentassenaugen haben.

Zahlreiche Frauen kultivieren dieses Ideal der Kindfrau; dieses Verhalten wird als burriko (ぶりっ子) bezeichnet und seit Jahrzehnten von japanischen Frauenrechtlerinnen ebenso scharf wie ergebnislos kritisiert. Die als Nadeshiko beschriebene Kindfrau hat keine eigene Sexualität, sondern ist das willfährige Opfer von sexueller Übergriffigkeit, die ausschließlich als Projektion der sie kontaminierenden Männerwelt an sie getragen wird. (Pardon, ich sage kontaminierend statt missbrauchend, da von einem illegitimen Missbrauch zu sprechen suggeriert, es gebe einen legitimen Gebrauch eines Menschen – er sei nun Erwachsener oder Kind, männlich oder weiblich. Menschen sind aber keine Küchengeräte, die man bestimmungsgerecht gebrauchen kann oder eben nicht, unter Verlust des Garantie-Anspruchs.)

Nun ist die japanische Gesellschaft insgesamt sehr restriktiv, was insbesondere das Zeigen von Emotionen betrifft. Aber dennoch gibt es hier Unterschiede zwischen Männern und Frauen. Ihre Emotionen, Wünsche, Bedürfnisse usw. unterdrückt die Nadeshiko durchgehend, um sich ganz in das japanische Gesellschaftsideal einzufügen. Männern bietet die in Japan allgegenwärtige Gleichmacherei und Suppression traditionell Refugien an, insbesondere die schon genannten Saufereien, bei denen selbst das Beleidigen eines Vorgesetzten in der Regel als nötiges Ventil angesehen wird und entsprechend meist keine Sanktionen nach sich zieht.

Die Reduzierung der Frauen auf die Rolle als Hausfrau und Mutter setzt natürlich ein gewisses Einkommen des Mannes voraus; aber auch da, wo sich das nicht realisieren lässt, obliegen alle Aufgaben im Haus der Ehefrau. Sie hat dabei aber soweit möglich unsichtbar zu bleiben; insbesondere bei Besuchen wird man daher die Hausfrau allenfalls kurz und meist nur aus der Ferne zu sehen bekommen. Nur in sehr armen Familien oder in bäuerlichen Haushalten ist dies bis heute meist anders.

Eine Scheidung bedeutet für eine japanische Ehefrau fast immer den Weg in die Armut, da insbesondere kinderlose Ehefrauen auch vor Gericht meist allenfalls eine unbedeutende Abfindung, aber keinen Unterhalt zugesprochen bekommen. Entsprechend ist die Scheidungsrate zwar fast so hoch wie in Deutschland (2 Scheidungen auf 1000

Einwohner gegenüber 2,5 in Deutschland), aber anders als in Deutschland gehen Scheidungen fast immer von den Männern aus und sind meist eher Verstoßungen als gleichberechtigte Trennungsentschlüsse zweier autonomer Partner mit divergent gewordenen Lebensentwürfen.

Besonders grotesk ist für europäische Augen der Umgang mit der Prostitution von Frauen. Seit 1956 offiziell verboten, gibt es keine offiziellen Zahlen zur Prostitution in Japan, die von der Regierung autorisiert wären. Dies ist auch deswegen schwierig, weil sich eine Fülle von Spezialformen entwickelt hat, um den Regeln des Prostitutionsgesetzes zu entgehen. Da das Gesetz nur den Vaginalverkehr explizit unter Strafe stellt, bieten viele Prostituierte lediglich Ersatzhandlungen an oder verlegen den sexuellen Akt in einen erzählerischen Gesamtkontext, wo der Koitus nur noch als Randphänomen dargestellt werden kann. Dabei sind insbesondere in den letzten Jahrzehnten zwei Arten von Prostituierten sehr populär geworden. Dies sind zum einen solche, die ihren männlichen Kunden die Möglichkeit eröffnen, sie zu vergewaltigen bzw. in z.T. aufwändig hierzu aufgebauten Kulissen zu belästigen. Insbesondere nachgebaute U-Bahnen werden hierzu gern herangezogen. Die andere Art von Prostituierten mit wachsender Beliebtheit sind Enjokōsai (援助交際), wörtlich übersetzt die „Aushilfsbegleitungen", fast ausschließlich minderjährige Schülerinnen, die als Gelegenheitsprostituierte z.T. insbesondere das genannte burriko perfektionieren. Schätzungen gehen davon aus, dass aktuell bis zum Erreichen der Volljährigkeit etwa ein Fünftel aller japanischen Mädchen wenigstens eine Episode als Enjokosai verbracht hat, ohne dass freilich von hier ein direkter Weg in eine Biografie als Prostituierte führen müsste.

Insgesamt ist auch Japan eigentlich kaum geeignet, als Bollwerk westlichen, aufgeklärten Denkens in der Welt aufzutreten angesichts der Art, wie dort mit Frauen verfahren wird. Trotzdem gibt es keinen nennenswerten Widerspruch gegen diese japanische Lebensweise durch westliche Vertreter, sondern man verklärt auch dies zum Samuraifilm-Klischee kichernder Geishas und stolzer Schwertkämpfer, wobei nicht selten im Hintergrund mitzuklingen scheint, dass gar so schlecht dieses System doch auch nicht gewesen sei.

7.5 Soziologie, Moral und geltendes Recht
Wie nun gehen wir mit der offensichtlich allgegenwärtigen Gewalt gegen Frauen um?

Ethnologie, Soziologie, Moralphilosophie und selbst die sonst freudevoll restriktive Theologie befleißigen sich in dieser Frage nur sehr geringer Kreativität. Mancher scheint so panisch bemüht, nicht als Rassist oder Kulturimperialist bezeichnet zu werden, dass insbesondere die außerdeutschen Formen von Unterdrückung und Entrechtung von Frauen kaum diskutiert werden. Das betrifft selbst drastische Fälle wie die Beschneidungen von Mädchen in Ostafrika, vor allem im Sudan, oder den weltweiten Handel mit Vergewaltigungssklavinnen. (Sehen Sie es mir nach, dass ich hier den Ausdruck „Zwangsprostituierte" vermeide, da ich wie oben ausgeführt zweifle, dass es andere Prostituierte gibt, auch wenn der besagte Zwang natürlich viele Gesichter und viele Abstufungen von Scheußlichkeit aufweisen kann.)

Und die Rechtspraxis in Deutschland? Die geringe Aktivität gegen die Verbreitung von Gewaltpornografie durch das Internet habe ich ja schon oben angesprochen. Auch die Bekämpfung der Prostitution kappt allenfalls die schlimmsten Auswüchse derselben oder inszeniert gelegentlich medienwirksame, aber kaum sinnvolle Großrazzien, in deren Gefolge dann ein paar unbedeutende Zuhälter verhaftet, einige Dutzend Prostituierte nach Osteuropa abgeschoben werden – wo sie in der Regel umgehend wieder in die Prostitution gezwungen werden. Diejenigen, in deren Händen sich die genannten wenigstens 15 Mrd. € Jahresumsatz sammeln, stehen hingegen nie im Fokus entsprechender Ermittlungen und werden auch von den sonst allgegenwärtigen Medien nicht einmal mit einer Randnotiz bedacht.

7.5.1 Die beliebige und die prädestinierte Segregation
Dabei stellt die Gewalt gegen Frauen ein interessantes Phänomen auch aus soziologischer und ethnologischer Sicht dar. Ein neuer Ansatz

könnte z.B. der Frage nachgehen, wie weit und in welchen Fällen man von beliebiger Segregation sprechen kann und wo man von prädestinierter Segregation ausgehen muss. Der Unterschied ist leicht erklärt. Wir alle haben von Kindheit an gelernt, Leute, die uns ärgern, dadurch auszugrenzen, dass wir ihnen ein unterscheidendes Merkmal zum Vorwurf machen. Überquert jemand vor mir die Straße, sodass ich bremsen muss, werfe ich im Auto fluchen: „Du dämlicher Rentner!", „Du blöder Teenie!", „Du schwachsinniger Türke!" usw., je nachdem, durch welches Merkmal der Betreffende sich von mir unterscheidet. Das ist beliebige Segregation, welche sich jedes Unterscheidungsmerkmals bedient, das gerade zur Hand. Wiegt der Betreffende fünf Kilo mehr als ich, beschimpfe ich ihn als Fettwanst, fünf Kilo weniger machen ihn zur Bohnenstange. Und trägt er zufällig einen Geigenkasten, wird er auch schon mal als „Du blöder Fiedler!" beschimpft – es sei denn, ich spielte selber Geige.

Doch offensichtlich bietet gegen bestimmte Gruppen der kulturelle und soziale Kontext auch standardisierte Ausgrenzungshebel. Diese erkennt man meistens schon an einer spontan verfügbaren pejorativen Begriffswelt. Den Rentner beschimpft man vielleicht als blöden Rentner, aber den Türken nicht wie oben als blöden Türken, sondern als „ Du blöder Kanake!" Ärgere ich mich über eine Frau, ist es eben nicht einfach „Du blöde Frau!", sondern „Du bescheuerte Gans!", „Du blöde Tussie!", „Du dummes Huhn!", „Du beklopptes Weib!", „Du blöde Pute!"

Die Ausgrenzung von Frauen ist anders als die Ausgrenzung etwa von Geigenvirtuosen oder den eingangs erwähnten Leuten mit einem D im Vornamen also bereits gesellschaftlich präformiert und versieht uns mit dem nötigen abwertenden Vokabular, das so stark ist, dass es eines Adjektivs eigentlich gar nicht mehr bedarf. Gans, Pute, Sau, Ziege, Kuh, Huhn, Schnecke, Thusnelda, Spinatwachtel usw. müssen nicht mit „dumm" angereichert werden, um eine klare Front zu erzeugen. Zudem entstammen, was Frauen betrifft, eine Fülle von abwertenden Vokabeln dem Tierreich, was darauf hindeutet, dass es hier immer auch darum geht, die Frau als solche auf das Niveau – und damit auch auf den

Rechts- bzw. Verfügbarkeitsstatus von Tieren, genauer eigentlich von Nutztieren herabzudrücken. Zugleich werden damit vorwiegend die negativen Aspekte des Bilds des jeweiligen Tiers angesprochen.

Nur die oben genannten Thusnelda, bzw. das hiervon abgeleitete „Tussie" sowie Ausdrücke wie Xantippe, Krawallschachtel usw. gehören nicht in diese Kategorie. Aber auch das beliebte „Frauenzimmer" entpersönlicht die Frau und macht sie nicht einmal mehr zu einem weitgehend rechtlosen Tier, sondern wie die Krawallschachtel zu einem Gegenstand, dem überhaupt keine Rechte mehr zugestanden werden müssen.

Natürlich gibt es eine große Zahl von Schimpfworten, die sich nicht eindeutig Männern oder Frauen zuordnen lassen oder nicht dem Tierreich entstammen. Hier ist insbesondere die große Zahl von Substantiven und Adjektiven zu nennen, welche die geistigen Fähigkeiten des Angegriffenen bestreiten – „Idiot", „Schwachkopf", „Trottel" usw. und Adjektive wie „dumm", „blöd", „bekloppt" oder „bescheuert". Die physischen Eigenschaften werden hierbei übrigens seltener attackiert als die intellektuellen, auch wenn es Kombinationen von „Krüppel" oder „Spasti" mit „hässlich", „stinkend" oder „widerlich" gibt. Interessanter sind aber Schimpfworte, die sich fast ausschließlich gegen Frauen richten, allenfalls noch gegen Schwule, welche die sexuelle Integrität und Selbstbestimmtheit des Anderen attackieren: „Nutte", „Hure", „Schlampe" usw.; ähnliche Ausdrücke für Männer sind kaum verbreitet und haben keinen entsprechend abwertenden Gehalt. Das für Männer in analoger Weise vorhandene sprachliche Instrumentar ist auch insgesamt erheblich kleiner, weniger geübt und auch nicht so entwürdigend. Wenn man einen Mann als Ochsen oder Bock bezeichnet, schwingen immer auch positive Aspekte mit, also beim Ochsen stark, beim Bock viril. Lediglich „Esel" oder „Affe" sind weniger deutlich mit positiven Nebenaspekten versehen. Und ganz merkwürdig ist das Schimpfwort „Hund", wo man alle dem Hund eigentlich nachgesagten positiven Eigenschaften – Treue, Ehrlichkeit, Mut, Wachsamkeit – ins Gegenteil verkehrt und an Verschlagenheit und Feigheit denkt.

Die prädestinierte Segregation tritt nun ein, wenn wir nicht wissen, welches Segregationsmerkmal einschlägig wäre und genau deshalb am ehesten zu einem der prädestinierten Merkmale greifen. Im Straßenverkehr ist bei uns problematisch erscheinendem Fahrverhalten verbreitet zu sagen: „Was macht denn die dumme Tussie da?", auch wenn wir nicht wissen, ob am Steuer des anderen Fahrzeugs wirklich eine Frau sitzt. Denn der empirisch längst widerlegte Konnex zwischen schlechtem Fahrverhalten und weiblichem Fahrer ist bei den meisten von uns durch Erziehung, Anekdoten, Witze und mehr oder weniger lustige Sprüche nach wie vor tief verwurzelt. Anders gesagt, lautet die uns von Kindheit an nahegebrachte Verhaltensregel: „Wenn du noch nicht weißt, was du dem anderen vorwerfen kannst, wirf ihm einfach mal vor, eine Frau zu sein."

Diese zwei sozialen Probleme muss man fokussieren. Frau zu sein, sollte nicht per se ein Segregationsmittel sein. Aber vor allem sollte uns nicht zeitlebens beigebracht werden, dass man im Zweifel immer auf eine gesellschaftlich prädestinierte Segregation der Geschlechtszugehörigkeit zurückgreifen kann.

7.5.2 Was die Seele tut mit der Gewalt

Für die Psychologie und die Soziologie gibt es eine Fülle unzureichend diskutierter Fragen im Zusammenhang mit der unübersehbaren, vor allem unüberfühlbaren Gewalt gegen Frauen in unserer Gesellschaft. Die wichtigsten drei Fragen sind:

- Wer sind die Agenten dieser Gewalt?
- Was motiviert gerade diese Form der Gewalt?
- Wie gehen die Opfer dieser Gewalt mit dieser und mit ihrer Opferrolle um?

Und natürlich kann man gelegentlich auch mal fragen, was die Gewalt eigentlich mit ihren Agenten macht oder ob man eine von solchen Agenten wesentlich bestimmte Gesellschaft eigentlich wollen kann.

Beantworten lassen sich diese Fragen auf diesen paar Seiten natürlich nicht. Aber einige Aspekte lassen sich formulieren, die vielleicht Hinweise geben, in welcher Richtung man sich einer Beantwortung der genannten Fragen näher kommen könnte.

Zunächst zur Frage der Agenten gerade dieser Art von Gewalt. Die gängige These insbesondere der Frauenbewegung, Gewalt gegen Frauen sei Gewalt von Männern gegen Frauen, ist empirisch nicht haltbar. Für zahlreiche Phänomene von Gewalt gegen Frauen ist die genderspezifische Erklärung inzwischen widerlegt worden. Die bekanntesten Beispiele sind die Mädchenbeschneidungen im Sudan und die Denunziationen in den Hexenprozessen. In beiden Fällen gibt es empirische Forschungen, die jedenfalls eine alleinige Urheberschaft der Männer in der jeweiligen Gesellschaft zurückweisen.

Der Feminismus neigt gelegentlich dazu, die hier nachweisbare Urheberschaft von Frauen, etwa in den Hexenverfolgungen, dadurch zu erklären, dass es sich bei diesen „Täterinnen" eigentlich auch um Opfer gehandelt habe, welche durch ihre Männer oder schlicht durch die patriarchale Gesellschaft in die Täterschaft gezwungen worden seien bzw. in ihrem feministischen Befreiungskampf noch nicht weit genug fortgeschritten gewesen seien, um sich zu derlei Handlangerdiensten nicht mehr herzugeben.

Diese Argumentation wiederholt z.T. rhetorische Formen des traditionellen Rassismus, etwa Kiplings Diktum von „the white man's burden", bedient sich zugleich aber auch bei der intellektuellen Arroganz, aus der heraus Lenin die Vorstellung einer „Avantgarde des Proletariats" entwickelt hat. Kern der Argumentation ist: „Wenn eine Frau etwas tut, was uns nicht passt, dann nicht aus sich heraus, da sie qua Genetik nicht befähigt ist, etwas Böses zu tun, sondern gezwungenermaßen oder aus unzureichender intellektueller oder charakterlicher Werdung." Solche Muster sind eigentlich misogyn, da sie „richtiges" Verhalten nicht auf eine freie Entscheidung, sondern auf genetische Disposition zurückführen, der kein Verdienst innewohnt. Umgekehrt exkulpiert so etwas die Männer, die „Böses" tun, da sie ja qua genetischer Disposition jeglicher Wahl zwischen Gut und Böse beraubt sind.

In vielen Fällen sind Männer eindeutig die wesentlichen Agenten der Gewalt gegen Frauen. Das betrifft vor allem die verschiedenen Arten von Gewalt, die mehr oder minder deutlich mit Sexualität konnotiert sind. Aber auch wenn wir über Prostitution oder Pornographie reden, gibt es ein Interesse von Frauen, diese Gewalt fortzuschreiben. Kein pauschales Interesse aller Frauen, aber so etwas kann man nicht einmal allen Männern nachsagen. Dann aber ist die Gewalt gegen Frauen eine gesellschaftlich vereinbarte Gewalt, die nie alle Frauen trifft und nie von allen Männern noch nur von Männern ausgeht. Sondern die Gesellschaft einigt sich, getragen vielleicht von mehr Männern als von Frauen, aber doch als übergreifender Konsens, auf Gewalt gegen Frauen als konsensfähigste Form von Gewalt. Als sei dies der Preis für die Verbannung aller anderen Formen von Gewalt aus der Gesellschaft. Schon das funktioniert bekanntermaßen allenfalls mehr schlecht als recht, ja vielleicht übt uns die Gewalt gegen Frauen auch in anderen Formen der Gewalt, in die wir dann verfallen, wenn die Tabus brüchiger oder der Druck auf uns größer wird. Ganz sicher aber stiftet der misogyne Konsens der Gesellschaft Identität und Integrität in sowohl sozialer wie auch historischer Dimension. Das würde gar nicht funktionieren oder bliebe gruppenspezifisch, wenn nur Männer Treiber dieses Konzepts wären.

Kommen wir zur nächsten oben angeführten Frage. Hinsichtlich der Motivation dieser Gewalt muss man zunächst prüfen, ob wir es hier tatsächlich mit einem singulären Gewaltphänomen zu tun haben. Ist der gesellschaftliche Konsens zur Gewalt gegen Frauen eine Besonderheit, oder nur eine Spielart zahlreicher Formen von segregativer Gewalt?

Es gibt offensichtlich weitere Formen solcher Gewalt. Sie richtet sich gegen Behinderte, gegen Schwule, gegen Ausländer insgesamt oder einzelne Ethnien. Einige davon scheinen eher spontan zu entstehen und sind zeitlich begrenzt, andere bilden einen gesellschaftlichen Konsens von z.T. jahrhundertelanger Tradition. Vorurteile gegen Polen etwa sind in weiten Teilen Deutschlands so verbreitet, dass man sie als Teil der deutschen Kultur bezeichnen muss und ihnen einen Beitrag zur Stiftung einer deutschen Identität nicht absprechen kann. Was ja nicht heißt, dass uns das recht sein muss.

Dennoch kommt der Gewalt gegen Frauen eine erheblich größere Bedeutung zu, und zugleich wird sie viel weniger und vor allem viel weniger kritisch diskutiert. Das deutet auf ihre erhebliche gesellschaftliche Funktion hin. Durch Jahrhunderte zementiert, ist sie daher nicht beliebig ersetzbar, schon gar nicht dadurch zu überwinden, dass im Zuge von Aufklärung und vernunftorientierter Lebensweise schlicht gar nichts an ihre Stelle tritt. Sie erfüllt eine gesellschaftliche Funktion, und zwar sowohl für Männer wie für Frauen, wenn auch nicht notwendig und nicht durchgehend dieselbe. Sie verschwinden zu machen, erfordert, die ökologische Nische, in der sie Heimat gefunden hat, aufzuheben.

Auch hier kann an dieser Stelle nicht beantwortet werden, was diese ökologische Nische erzeugt oder wie man sie schließen kann. Daher auch hier nur einige Überlegungen. Da Gewalt gegen Frauen offensichtlich eine wichtige Funktion für unterschiedliche Gruppen erfüllt, gibt es vielleicht mehr als eine Ursache, welche diese Nische erschafft. Wenn Männer von Kindheit an beigebracht bekommen, dass Frauen das prädestinierte Opfer für zunächst ungerichtete Aggression sein dürfen, ja man auch ohnmächtige Wut gegen den eigenen Chef, die Regierung, das schlechte Wetter oder den zäh fließenden Verkehr jederzeit gegen die eigene Frau oder gegen irgendeine Frau ableiten darf, dann muss man zunächst einmal natürlich hier ansetzen. Und zugleich sieht man auch, dass es dann möglicherweise Interessengruppen ist – ohne in Verschwörungstheorien abzugleiten – denen es nicht unrecht ist, dass hier ein Ventil, ein Sündenbock bereitgestellt wird, sodass Wut nicht in Widerstand umschlägt, sondern sich an Frauen abreagieren kann.

Wenn es Frauen gibt, die insgeheim der Existenz von Prostituierten oder von Vergewaltigungspornos auch einen Nutzen abgewinnen können, nämlich den, dass der eigene Mann oder „die Männer" den allergrößten

Seelenunrat dort und nicht vor der eigenen Türschwelle abkippen, dann ist hier ein weiterer Ansatzpunkt. Selbstbewusstere, zornigere Frauen brauchen so etwas nicht; das Schweigen angesichts der Gewalt macht nichts besser. Das wissen alle Frauen, deren Mütter die Augen und Ohren und Herzen verschlossen haben, wenn Vater noch mal eben dem Töchterchen einen Gutenachtkuss geben ging.

Wenn schließlich die Gesellschaft sich u.a. durch diese Gewalt gegen Frauen in ihrer Identität konstituiert, dann muss der Diskurs über das, was die eigene Gesellschaft, was die Identität einer, dieser Nation ausmacht, ganz neu und viel radikaler geführt werden. Es gibt heute in Deutschland keinen antisemitischen Generalkonsens mehr, jedenfalls außerhalb der PLO-freundlichen deutschen Linken. Entsprechend muss in allen Schichten der Gesellschaft auch der misogyne Generalkonsens überwunden werden. Gewaltpornografie, Prostitution, aber auch frauenfeindlichen Witzen usw. muss man mit einer Zero-Tolerance-Policy begegnen, nicht mit weichgespültem Reformismus, der nur versucht, die „schlimmsten Auswüchse" zurückzuschneiden, aber gerade dadurch das Institut als solches stabilisiert. Wir akzeptieren heute auch unter starkem Alkoholeinfluss keine antisemitischen Witze mehr; aber Blondinenwitze erzählen Männer wie Frauen fröhlich weiter. Das muss man hinter sich lassen. Aber dazu muss, was diese Gewalt motiviert und möglich macht, was ihr also die ökologische Nische in unserer Gesellschaft einräumt, überwunden werden. Und, machen wir uns nichts vor, mit der Gewalt gegen Frauen werden nicht nur gesellschaftliche Wutpotenziale ins scheinbar Ungefährliche kanalisiert. Es werden auch viele Milliarden Euro damit verdient. Das betrifft nicht nur Prostitution und Pornografie. Eine klare Frontstellung gegen die frauenverachtenden Regime in Saudi-Arabien, Katar, Abu Dhabi oder Bahrain droht in den Augen verschreckter Wirtschaftspolitiker und kalt rechnender Industriebarone die deutsche Wirtschaft Milliarden zu kosten, einfach weil die Scheichs möglicherweise etwas verschnupft reagieren und deswegen ganz leicht an der Preisschraube drehen könnten.

Bleibt als dritte oben angeführte Frage, wie die Opfer dieser Gewalt mit der Gewalt und mit ihrer Opferrolle umgehen. Hierbei muss man natürlich zunächst mal differenzieren, dass wir alle – auch Männer – Opfer dieser Gewalt und alle – auch Frauen – in gewissem Maße Nutznießer dieser Gewalt sind. Wir alle werden durch sie zumindest gezwungen, in einer Gesellschaft zu leben, wo wir tägliche Gewalt gegen Frauen, mit roten Laternen geschmückte Tempel der direkten oder indirekten Vergewaltigung und den Bruderkuss mit den arabischen Staaten zu akzeptieren haben, auch wenn wir das alles nicht notwendig freudevoll begrüßen müssen. Umgekehrt haben wir Männer alle die schöne Option, im Bedarfsfall unseren emotionalen Abfalleimer jederzeit über einer Prostituierten auskippen zu können, indem wir endlich mal einen Menschen auf seinen Marktwert reduzieren und ihn uns demzufolge wie ein Wurstbrot um ein Handgeld kaufen können. Und auch Frauen sind in gewissem Umfang Nutznießer dieser Gewalt, können sie doch, wie schon ausgeführt, eine gewisse Hoffnung haben, eben nicht selbst Opfer dieser Gewalt zu werden, weil es hierfür explizit zur Vergewaltigung designierte Frauen eben schon gibt.

Aber Frauen sind viel stärker als Männer in ihrer Gesamtheit Opfer dieser Gewalt, schon dadurch, dass sie dieser designierte Opfergruppe angehören und sich fortgesetzt einer – vielleicht weit entfernten, nur theoretischen, aber eben doch vorhandenen – Drohung ausgesetzt finden, selbst in der einen oder anderen Variante dieser Gewalt zum Opfer zu werden. Auch dies wäre eine historisch, ethnologisch, soziologisch und sozialtherapeutisch interessante Frage, welche Strategien Frauen heute oder auch in früheren Zeiten entwickeln oder entwickelt haben, um für sich oder als Gruppe mit dieser Situation zurecht zu kommen. Schlichtes Augenschließen, Ignorieren und Verschweigen kann nicht jederzeit und nicht überall die einzige Antwort gewesen sein, die Frauen eingefallen ist.

Schließlich natürlich die Gruppe, die selbst direkt, konkret und täglich Opfer dieser Gewalt wird. Hier gewinnt die Opferrolle noch einmal eine ganz andere und häufig existenzielle Dimension. Wie gehen Prostituierte, wie gehen ihre Töchter, Schwestern, Mütter, Freundinnen mit der hier wirkenden Gewalt um, wie und in welchem Maß werden auch bisherige Opfer solcher Gewalt mit den Nachwirkungen fertig, wenn es ihnen gelungen ist, sich – teilweise erst nach Jahren – hiervon zu befreien? Und versuchen sie im Zuge des Gewalterlebens oder in der Rückschau das zu thematisieren, und wenn ja, in welchem Umfang, in welcher Weise und mit welchem Ziel?

Man kann aus diesem Konvolut von Fragen aktuell eigentlich nur eine einzige gute Nachricht vermelden, nämlich dass in den letzten Jahrzehnten Soziologie, Politologie und z.T. auch die Geschichtswissenschaft solche und ähnliche Fragen für sich entdeckt haben. Das Aufbauen standardisierter Opferrollen, das Drängen von Frauen in diese Rollen, auch der therapeutische Umgang mit der Gewalterfahrung sind zunehmend Gegenstand von Forschungsarbeiten. Und auch die konkrete Bekämpfung von Gewalt gegen Frauen ist deutlich mehr als noch vor dreißig Jahren Gegenstand diverser z.T. spannender Forschungsansätze. Dazu gehört auch, dass die unmittelbare Abwehr physischer Gewalt, also Selbstverteidigung für Frauen, heute deutlich anders diskutiert und mithin auch durch die Sportwissenschaft erforscht wird als in der Vergangenheit, sodass die verbreitetsten Legenden und insbesondere der Frauen durch wohlmeinende Volkshochschullehrer immer wieder nahegebrachte Unfug vielleicht doch irgendwann durch erfolgversprechendere Abwehrtechniken ersetzt werden wird.

Insgesamt ist allerdings die Forschungsbilanz deutlich freundlicher als die hieraus gezogenen alltagspolitischen Konsequenzen. Eine Frau, die das Opfer von Gewalt gegen Frauen geworden ist, müsste eigentlich unmittelbar Zugang zu psychischer Betreuung haben, wenn sie das will. Zahlreiche Studien haben belegt, dass dies Frauen durchaus bei der Aufarbeitung der Erinnerung an die auf sie ausgeübte Gewalt und vor allem bei der Auflösung der Erinnerung an die eigene Ohnmacht und Hilflosigkeit helfen kann. Aber in Deutschland beispielsweise genehmigen Krankenkassen nicht automatisch eine entsprechende Therapie. Daher müssen die Opfer meist auf das Opferentschädigungsgesetz hoffen, was, wenn keine vorherige Kostenübernahme durch die

Krankenkasse stattgefunden hat, sich häufig als aussichtsloses Unterfangen erweist.

Für Frauen, die unter den Regimen der uns befreundeten Staaten Opfer von Gewalt gegen Frauen werden, erst recht aber für die in die Prostitution gezwungenen Frauen ist die Situation noch deutlich schlechter. Sie beim Widerstand gegen diese Gewalt, bei ihrer Überwindung oder bei der Bewältigung der traumatischen Folgen zu unterstützen, hieße ja, die Existenz dieser Gewalt nicht länger unter den Teppich zu kehren. Das will man in der Regel natürlich nicht, da diese Gewalt ja, wie gezeigt, durchaus eine Funktion erfüllt. Daher streiten auch Politik, Medien, Kirchen usw. seit Jahrzehnten ab, dass Gewalt gegen Frauen ein systemimmanenter Bestandteil der Herrschaftsordnung in Staaten wie Saudi-Arabien ist. Eigentlich ist jede Frau in Saudi-Arabien Opfer politischer Verfolgung und müsste daher in Deutschland automatisch Asylrecht genießen. Das ist aber nicht der Fall, was in Deutschland vor allem an einer restriktiven Auslegung von § 168 Abs. 2 des Grundgesetzes liegt. Die Frage ist nämlich, wer Asylrecht genießt, wenn dem Grundgesetz zufolge politisch Verfolgte Asyl genießen. Sind es Menschen, die gegen die bestehende Ordnung in ihrer Heimat aktiv, also politisch opponiert haben und deswegen einer Gefahr für Leib und Leben ausgesetzt sind? Oder sind es darüber hinaus alle Menschen, die aufgrund der politischen Gegebenheiten in ihrer Heimat entsprechender Bedrohung ausgesetzt sind, unabhängig davon, ob sie gegen diese Bedrohung oder die politische Ordnung in ihrer Heimat aktiv geworden sind oder nicht. In letzterem Fall stünde einer Frau aus Saudi-Arabien oder vergleichbaren Staaten automatisch politisches Asyl zu, da die offizielle Politik ihrer Heimat sie eindeutig benachteiligt, unterdrückt, viktimisiert usw., und zwar auch dann, wenn sie sich dessen gar nicht bewusst ist oder sogar explizit bestreitet, Opfer einer sie unterdrückenden Politik zu sein.

Die rechtliche Praxis in Deutschland bestimmt jedoch weniger das Grundgesetz, sondern vor allem das Aufenthaltsgesetz, welches in §60 Abs. 1 als Flüchtlinge mit Aufenthaltsanspruch ausschließlich Menschen nennt, welche aufgrund ihrer Zugehörigkeit zu einer bestimmten

Rasse, Religion, Nationalität, politischen Überzeugung oder bestimmten sozialen Gruppe ihr Land verlassen mussten. Genderzugehörigkeit genügte also hiernach zunächst nicht, damit eine Frau Anspruch auf politisches Asyl hatte. Erst 2011 hat die Praxis Einzug gehalten, Frauen als „bestimmte soziale Gruppe" zu bezeichnen, was soziologisch zwar Unsinn ist, aber die Möglichkeit eröffnet hat, Frauen wegen nachgewiesener sexueller Verfolgung Asyl zu gewähren. Einen Automatismus gibt es hier aber weiterhin nicht, die Frau muss ihre Verfolgung im konkreten Einzelfall belegen. Entsprechend gibt es beispielsweise in Deutschland schon seit Jahren fast keine Asylbewerberinnen aus Saudi-Arabien; diese hätten ohnehin größte Schwierigkeiten, ihre Ausreise zu bewerkstelligen, müssten sich dann aber auch fragen, warum sie eigentlich in ein Land fliehen wollten, das dem saudischen Regime so freundschaftlich und allenfalls hier und da mit milder Kritik begegnet.

7.6 Was man tun kann

Bleibt als Quintessenz, dass Gewalt gegen Frauen keine naturgesetzliche Notwendigkeit zugrunde liegt. Sie ist auch nicht genetisch konditioniert, Männer wie Frauen können sich nicht achselzuckend auf eine biologische Konstante rausreden, wenn sie mal wieder das Falsche oder gar nichts tun, dieweil links und rechts Frauen beleidigt, unterdrückt, vergewaltigt werden.

Gewalt gegen Frauen basiert auf einem breiten gesellschaftlichen Konsens, ja ist für Teile der Gesellschaft, vielleicht insgesamt identitätsstiftendes Kultur- und Traditionselement. Sie ist tief eingewoben in alle Bereiche unserer und nicht nur unserer Kultur. Sie ist nicht nur in Werbung und Witzen zu finden, über die man sich ab und an milde echauffiert. Sie ist in Märchen, in Liedern, in Theaterstücken und Gemälden, vor denen wir alle bewundernd stehen. Sie ist in Gesetzen, in Arbeitswirklichkeiten, aber vor allem ist sie in unserem Schweigen. Sie zu überwinden, würde daher zunächst einmal erforderlich machen, die Omerta zu durchbrechen, mit welcher wir Gewalt gegen Frauen in der Regel begegnen. Das betrifft Pornografie und Prostitution, das betrifft die menschenverachtende Praxis in vielen uns gut befreundeten Staaten, das betrifft aber auch das Wegsehen und Wegerklären, wenn direkt neben uns jemand einer Frau seelisch oder physisch Gewalt antut, aus keinem anderen Grund als dem, dass sie eine Frau ist und mithin qua gesellschaftlichem Konsens ein unsichtbares Zielkreuz um den Hals zu tragen scheint. Wir müssen – Männer wie Frauen – unsere eigenen Vorteile reflektieren, die aus der gegebenen Situation resultieren. Wir müssen lernen, für eine Frau, wenn sie Opfer von Gewalt wird, nicht weniger mutig einzutreten als für jedes andere Opfer von Gewalt. Wir müssen Frauen eine Möglichkeit eröffnen, die eigene Widerstandskraft zu üben, und zwar auf allen Ebenen – intellektuell, rhetorisch, aber nötigenfalls auch mit der Handkante. Und nicht zuletzt muss man Kindern frühzeitig beibringen, dass es genau dieses genannte Zielkreuz nicht gibt, und dass jeder, der mit sowas hausieren geht, dumm und in einer scheußlichen Vergangenheit stecken geblieben ist. Man muss die Mechanismen der Gewalt und Unterdrückung aber auch der Lächerlichkeit preisgeben. Und ganz sicher muss man sich der Mythenbildung, der Romantisierung, der Glorifizierung verweigern. Wenn Fernsehserien, Comics, Computerspiele ein Bild stolzer Huren zeichnen, den Zuhälter als eigentlich netten, nur beruflich etwas merkwürdig orientierten Menschen, dann ist das nicht nur nicht akzeptabel, es ist lächerlich, peinlich und dumm.

Gerade die kulturelle Thematisierung unser aller achtlosen Umgangs mit der täglichen Gewalt gegen Frauen und ihre subtile Unterfütterung durch unsere gesamte gesellschaftliche Tradition ist unangenehm, anstrengend, schmerzhaft. Nicht selten macht man sich lächerlich oder setzt sich dem Ruf aus, langweilig, altmodisch, verklemmt zu sein. Dennoch ist es ein notwendiger Diskurs, der hier ansteht, und man kann und muss ihn auf ganz unterschiedlichen Ebenen führen. Man kann ja Uwe Bohm und Sabine Postel mal fragen, wie sie das Bild des Zuhälters rechtfertigen, dass Bohm in „Der Dicke" abgegeben hat. Man kann die 21st Century Fox mal fragen, wieso eigentlich ihre Tochter Sky Deutschland Werbung machen darf mit dem Bild einer Frau und dem beliebten Vergewaltigersatz „Du willst es doch auch!" Und vielleicht fragt man dann auch gleich noch, wieso wir eigentlich Siegfried und

Charles Lewis Whitey: Als würd bei Nachbars eine totgeschlagen

Gunther als Helden des deutschen Nationalepos bezeichnen, wo doch der eine im Auftrag des anderen eine Frau vergewaltigt – denn nichts anderes macht Siegfried mit Brunhild. Und Schüler mögen ihren milde lächelnden Kunstlehrer mal fragen, wieso man eigentlich Manets „Le Déjeuner sur l'herbe" nicht auch mal auf das Frauenbild hinterfragen darf, das hier transportiert wird.

Aber der gesellschaftliche Diskurs reicht nicht aus. Man muss Gesetze ändern, und man muss bereit sein, dem Gesetz dann auch die nötige Geltung zu verschaffen. Der Handlungsbedarf hierfür liegt offen zutage, man muss den Einsichten aber auch Taten folgen lassen.

Leute, die wollen, dass Frauen aus Saudi-Arabien ihr Asylbegehren durch den Nachweis der individuellen Verfolgung begründen, hätten auch 1942 von jüdischen Flüchtlingen verlangt, die individuelle Notsituation zu dokumentieren. Jude sein war in diesen Jahren in Deutschland gleichbedeutend mit Unterdrückung, Entrechtung und physischer Bedrohtheit. Nichts anderes kann man heute für Frauen aus Saudi-Arabien, Qatar, Japan oder Thailand sagen. Dem müssen Asyl- und Aufenthaltsrecht entsprechen; das tun sie heute nicht. Entsprechend muss man Prostitution, Zuhälterei und das Betreiben von Clubs und Bordellen verbieten, und es ist völlig belanglos, ob man ein paar Dutzend Frauen findet, welche dieser Tätigkeit mit Freude und freiwillig nachgehen. Die hat man beim Zwergenweitwurf auch gefunden und ihn trotzdem verboten.

Man muss aufhören, mittelalterliche, faschistische, menschenverachtende Religionen und Ideologien mit Samthandschuhen anzufassen, nur weil dahinter Öl, geostrategische Vorteile oder ein krauser Toleranzbegriff stehen. Ganz sicher darf man die entsprechenden Rituale nicht mitspielen, auch dann nicht, wenn man hier oder dort zu Gast ist. Der dem heiligen Ambrosius zugeschriebene Satz „Bist du in Rom, lebe wie ein Römer!" gilt nicht mehr, wenn die Römer moralisch Indiskutables zur Kultur erheben. Wenn man die Mohammed-Ali-Moschee in Kairo als Frau nur noch in einen grünen Sack gehüllt betreten darf, dann sollten Mann und Frau gemeinsam sagen: „Nö! Kein Gebäude der Welt ist das wert!" Und wenn Politikerinnen in Saudi-Arabien oder im Iran sich das Haupt mit einem Tuch oder Schal bedecken, ist dies kein Zeichen von Toleranz, sondern von Komplizenschaft und Kumpanei mit Unterdrückern und Verachtern. Aber das gilt auch, wenn ihre männlichen Kollegen bei entsprechenden Reisen präventiv ihr Begleitpersonal nach Geschlecht zusammenstellen oder im Gespräch in China zwar – schüchtern und im Nebensatz – die Menschenrechtssituation ansprechen, dies aber in Saudi-Arabien tunlichst unterlassen.

Natürlich, gegen den Islam mag mancher schon deswegen nichts sagen, weil man nicht in den Nahbereich von Sarrazin und PEGIDA geraten mag. Also klimmt man in diffizile Unterscheidungen, welche Art von Islam, Islamismus usw. man eigentlich kritisiert oder lässt sich von eilfertigen Imamen versichern, dass der Koran doch eigentlich weder Tschador noch Burka vorschreibe. Das dokumentiert einerseits natürlich erstaunliche Unkenntnis hinsichtlich der Morallehre des Islam, der Fiqh, und ihrer Quellen aus Koran und Hadith, also den Überlieferungen zu Mohammeds Leben und Handeln, der Sunna. Aber müssen wir akzeptieren, dass es in der katholischen Kirche keine Priesterinnen gibt, trotz der europäischen Rechts, dass niemandem aufgrund seines Geschlechts die Wahl seines Berufs unmöglich gemacht werden darf? Genauso sollten wir nicht hinnehmen, dass Frauen Moscheen nur als eine Art Fremdkörper betreten dürfen, es für islamische Schüler kaum weibliche Religionslehrer gibt und der Islam insgesamt noch weit mehr als das auch schon obsolete Christentum oder die meisten anderen Religionen autoritär, antirational und antiquiert ist.

Natürlich wird ein gesetzliches Verbot der Prostitution diese nicht aus der Welt bringen. Alle Regelungen gegen frauenverachtende Werbung scheint diese nicht aus den Fernsehkanälen zu vertreiben. Am Islam wird eine aufklärerische Kritik aus Westeuropa spurlos abperlen; McDonald's gefährdet das wahhabitische Regime deutlicher als alle Suffragetten dieses Planeten zusammen. An der Pflicht, diesem und ähnlichen Unsinn entgegenzutreten, ändert das aber nichts. Und selbst wenn man nicht alle Frauen davor retten kann, durch Armut oder durch nackte Gewalt in die Prostitution gezwungen zu werden, einige retten kann man vielleicht, und zudem dafür sorgen tragen, dass man nicht in einem Land leben muss, wo man fortgesetzte Vergewaltigung und Menschenhandel locker lächelnd mit Schweigen kaschiert. Vielleicht ist das ein letztlich nur trotziges, weil realitätsblindes Festhalten am Moralischen. Aber andererseits ist vielleicht die scheinbare Unüberwindbarkeit von derlei Scheußlichkeiten ja genau dies: scheinbar. Und selbst wenn nicht, jeder muss sich fragen lassen, ob er untätig bleibt, wenn der Nachbar seine Frau verprügelt. Auf Dauer retten kann man sowieso nichts, vielleicht nicht einmal für einen Tag. Aber sollen wir uns alle wirklich jeden Tag nachsagen lassen müssen, es nicht einmal versucht zu haben? Achselzuckend, wo nicht mit heimlicher Sympathie der rechtlich geschützten Massenvergewaltigung von Frauen ebenso zugesehen haben wie der Kumpanei unserer Staatenlenker mit den menschenverachtenden Regierungen, die zu unseren, damit auch zu meinen Freunden zu deklarieren jedenfalls ich nicht einmal gefragt worden bin? Ich sag mal, besten Gruß, aber ohne mich. Und wenn man mir das als kindischen Trotz auslegen will, dann ist das halt so.

8 Elias Koeldemans: Heraklit und Adam Smith

Es war uns eine besondere Freude, dass Elias Koeldemanns, der langjährige Präsident und jetzige Ehrenpräsident unserer Akademie einen eigenen Redebeitrag zur Tagung beizusteuern sich bereitgefunden hatte. Um so betrüblicher, dass wir an jene Tradition großartiger Akademietagungen so gar nicht anknüpfen konnten, welche sich nicht zuletzt auch mit seinem Namen verbindet. Doch hat gerade auch die intellektuelle Unverzagtheit dieses großen Denkers und scharfzüngigen Rhetorikers uns allen den Mut und die Zähigkeit nahegebracht, in diesen schwierigen Zeiten entgegen dem Krämergeist manches Lokalpolitikers nun wenigstens einen Band mit den ungehalten gebliebenen Vorträgen ans Licht der Welt zu heben. Und Koeldemanns war es auch, dem das bereits in der Einleitung erwähnte Bonmot zu verdanken ist, die gesammelten Vorträge mögen sich in mehr als nur einer Hinsicht als ungehalten erweisen.

8.1 Heraklit und die Zitierer

Der arme Mann. So oft geschmäht, und meist zu Unrecht oder auf Basis unzureichender Kenntnis des ohnehin nicht eben leicht verständlichen Sammelsuriums von Textfragmenten, die ihm mehr oder weniger sicher zuzuordnen sind. Damit meine ich natürlich Heraklit, nicht Adam Smith.

Lassen wir mal die Frage undiskutiert, wie Heraklit selbst sein bekanntes Diktum „Πόλεμος πάντων μὲν πατήρ ἐστι, πάντων δὲ βασιλεύς, καὶ τοὺς μὲν θεοὺς ἔδειξε τοὺς δὲ ἀνθρώπους, τοὺς μὲν δούλους ἐποίησε τοὺς δὲ ἐλευθέρους." gemeint hat, übersetzt in etwa: „Der Krieg ist Vater von allem, König von allem und macht die einen zu Göttern, die anderen zu Menschen, die einen zu Sklaven, die anderen zu Freien."[1] Entscheidend ist hier, dass sich daraus als verbreitete Sentenz herausgeschält hat, dass der Krieg der Vater aller Dinge sei. Das meint nichts anderes, als dass Krieg eine schöpferische Kraft zu eigen sei. Insbesondere in den Wirtschaftswissenschaften, aber auch in politischen und sonstigen nur

---

[1] Fragment 53, in: Heraklit: Herakleitos, S. 12.

mäßig vom Forschungsstand beeindruckten Diskussionen hat sich – nicht zuletzt unter dem Einfluss des Neoliberalismus – die Ansicht durchgesetzt, dass die Konfrontation, vielleicht sogar die weitgehend regelfrei geführte Konfrontation der Motor des Fortschritts, der Garant allgemeinen Wohlstands oder gar die einzig mögliche Form einer industrialisierten Wirtschaft sei. „Konkurrenz belebt das Geschäft" ist eine ebenso beliebte Redensart wie „Der Krieg ist der Vater aller Dinge" und meint in etwa dasselbe, mindestens im wirtschaftswissenschaftlichen Verständnis. Entsprechend militarisiert sich auch zunehmend die dortige Begriffswelt. Nicht nur gibt es in Unternehmen mit CIO, CEO usw. immer mehr „Officer" statt Vorständen.[2] Wir reden inzwischen auch alle ganz bedenkenlos von „feindlichen Übernahmen", „Marktoffensiven", Strategien, „operativer Planung", „Bereinigung", „Arondierung" und „Kriegskassen", um nur mal einige Beispiele zu nennen, die allesamt ursprünglich militärischen Charakter besaßen. Dahinter steckt die Überzeugung, das Militärische und Kriegerische eröffne eine Begriffs- und Gedankenwelt, die helfe, das Wirtschaftliche besser zu verstehen und zu beschreiben und letztlich auch erfolgreicher zu bestehen.

Lassen Sie uns daher zunächst mal schauen, ob die Idee, der Krieg oder das Kriegerische seien hilfreiche Begriffs- und Gedankengeber für die Führung großer Unternehmen, im Licht der historischen Erfahrung mit Kriegen Bestand haben kann.

8.2 Der Krieg als schöpferische Kraft

Wir fangen mal zeitgenössisch an. Hat man Ihnen als Kind auch erzählt, dass es ohne den Zweiten Weltkrieg keine Düsenflugzeuge gäbe? Keinen VW Käfer? Oder kein Penicillin? Ohne den Ersten Weltkrieg keinen Kunstdünger? Noch nicht einmal Heroin?

Bis heute werden Rüstungsprogramme auf der ganzen Welt unter anderem mit den sogenannten Offspin-Erträgen gerechtfertigt, also mit der

---

[2] Duller: Rückkehr, S. 134

Annahme, es werde aus dem militärischen Forschen und Fertigen schon auch das eine oder andere für die Zivilwirtschaft abfallen, übrigens das gleiche Argument, dass immer wieder auch für die bemannte Raumfahrt angeführt wird, welcher wir ja immerhin Teflonpfannen verdanken. Ist auch falsch, Teflonpfannen gibt es seit den 1950er Jahren, als die Frau eines Chemikers gesehen hat, dass ihr Mann seine Angelschnur mit dem Zeug umhüllt hat, damit die Windungen nicht mehr aneinander kleben.

Genauso dürftig wie hinsichtlich der Raumfahrt ist offensichtlich die zivile Ausbeute von Rüstung und Krieg. Fast alles, was scheinbar Offspin von Rüstungsforschung oder Rüstung ist, stammt in Wahrheit aus der zivilen Forschung und hat seinen Weg ins Militärische gefunden, nicht umgekehrt. Den Käfer, zunächst noch als KdF-Wagen bezeichnet, gab es lange vor dem Kübelwagen, der auf ihm basierte, auch wenn es faktisch bis 1945 fast keine zivilen Käfer gab, schon gar keine, die man frei erwerben konnte. Penicillin und Kunstdünger sind zivile Entwicklungen, die auch ohne Krieg ihren Weg gemacht hätten, ebenso Düsentriebwerke. Das erste strahlgetriebene Flugzeug, die Coandă-1910, flog bereits 1910, wenn auch nur einmal, bevor es ausbrannte. Und Heroin hat mal ganz bescheiden als Hustensaft seinen Anfang genommen.

Dennoch ist die Idee weit verbreitet, der Krieg sei gestaltend oder schöpfend. Große Literatur, große Kunst seien aus ihm erwachsen. Selbst gestandene Kunsthistoriker behaupten zum Beispiel, ohne die Urkatastrophe des Ersten Weltkriegs hätte es nie einen expressionistischen Aufbruch in Literatur und Malerei gegeben. Blöd nur, dass die wesentlichen Impulse des Expressionismus bereits aus der Vorkriegszeit stammen – auch wenn das ihnen zugrunde liegende Aufbegehren gegen die Süßlichkeit des späten Jugendstils und die erstarrte Staatskunst des Wilheminismus durch die Erfahrungen des Ersten Weltkriegs erheblich befeuert und fortentwickelt wurden. Doch muss man auch hier unterscheiden zwischen Gestalten und Zerstören. Der Krieg war nicht die gestaltende Kraft, die man hinter ihm vermutet. Sondern der Expressionismus bildete als gestaltende Kraft die zwingende Antithese zur zerstörerischen Wut des Krieges. Letztere machte erstere vielleicht nötig. Aber sie deswegen in eins zu sehen, führt weit in die Irre.

Also was meint die Idee, dem Krieg sei schöpferische Kraft eigen? Als Anhänger dieser Idee kann man hier in jüngerer Zeit Friedrich Nietzsche, Ernst Jünger oder Herman Kahn nennen.[3] Sie glauben zunächst einmal, dass der Krieg die zerstörerische und verwüstende Kraft sei, welche Platz schaffe oder den Boden bereite für Neues und, so die teleologische Überhöhung, auch für Besseres. Entsprechend wird das Bild der Pflugschar oder auch der Axt verwendet. Den Urwald roden, den Boden aufbrechen, alles nur Voraussetzungen, um am Ende vor einem Weizenfeld zu stehen. Aber in der Nachfolge Nietzsches glauben auch viele, der Krieg erschaffe selbst etwas und bereite nicht nur den Boden, damit etwas anderes erschaffen werden kann. Dies vom Krieg Erschaffene ist in der Nachfolge Nietzsches der zeitgebundene, ekstatische Akt, das Dionysische, welches sich in allem Rauschhaften, eben auch im Gewaltexzess des Krieges manifestiere.

Auf den ersten Blick mag das verwirrend sein, gehen wir doch meist davon aus, dass Schaffen und Schöpfen dem Bleibenden gelte. Aber tatsächlich kennen wir viele Arten des Kreativen, denen dieses Bleibende abgeht. Gesang, Tanz, Schauspielkunst, aber auch Pflastermalerei und Eisskulpturen sind geradezu durch das Augenblickhafte, das Momentane des Erreichten definiert. Also ist auch der Krieg als schöpfende Kraft Hersteller von kurzzeitigen, aber dennoch möglicherweise bedeutenden Werken, welche letztlich ihre Ausstrahlung nicht aus sich heraus, sondern durch die Erinnerung derjenigen erreichen, welche ihrer kurzen Existenz Zeugen geworden sind?

Sehr plausibel ist das alles nicht. Weder dient der Krieg, anders als Schauspielerei oder Gesang, einem solchen Ziel, das sich allenfalls nebenbei ergeben mag. Noch ist das Erleben des Kriegs von ähnlichem Einfluss auf die Menschen wie einen großen Sänger zu hören oder das

---

[3] Nietzsche, passim, v.a. in: Zarathustra, S. 40-42. Jünger: Kampf, S. 57; Kahn: Thinking, S. 27-28

Werden eines Bildes auf dem Straßenpflaster zu verfolgen. Der Krieg als solcher ist die Zerstörung und Verwrackung von allem und der Vater von gar nichts, und das setzt sich bis in die Köpfe fort. Krieg erschafft nicht, auch nicht nur dem Momentanen, nur dem Augenblick Verhaftetes. Krieg zerstört, physisch, psychisch, kulturell.

Dies bestätigt sich durch einen Blick auf die europäische Kriegsgeschichte. Zwar sind vielen Kriegen Phasen intensiven Aufbaus gefolgt. Aber es waren dies vorwiegend Wiederaufbau-Phasen, welche lediglich wenigstens die gröbsten Schäden oder Folgeschäden des Kriegs ausgleichen konnten. Es waren zweitens Nachholphasen, in welchen die durch den Krieg eingetretene Stauung der Befriedigung privater oder doch jedenfalls ziviler Bedürfnisse schrittweise aufgelöst wurde. Und es waren drittens Phasen überzogenen Konsumverhaltens, welche aus einem verbreiteten Reflex resultierten, dass wir alle uns für durchstandene Zeiten von Mühsal, Mangel und Schrecknis zu belohnen geneigt sind. Das ist übrigens auch einer der Gründe, warum so viele Diäten scheitern: Wir belohnen uns mit üppigen Mahlzeiten für unser tapferes Durchhalten im fünffach gesicherten Salatkerker.

Nicht vergessen darf man auch, dass Krieg zunächst einmal eine gewaltige Vernichtung angehäuften Kapitals, also letztlich materiell gewordener Arbeitsleistung und Rohstoffmenge darstellt. Soll die Wirtschaft nach dem Krieg in Fahrt kommen, bedarf sie also frischen Kapitals, nachdem die Nation einen nennenswerten Teil ihres bisherigen Kapitals abgebrannt hat. Das gelingt zunächst einmal natürlich den Gewinnern eines Krieges, sofern sie dem besiegten Feind hinreichend Reparationen auferlegen. Deswegen boomte z.B. die deutsche Wirtschaft ab 1871, da Frankreich neben dem Verlust des Elsass und Lothringens auch noch 5 Mrd. Francs Entschädigung an Deutschland zu tragen hatte. Und deshalb kam es auch 1945 nicht sofort zum kometenhaften Wiederaufstieg der deutschen Wirtschaft. Erst als es mit dem Marshallplan und dann vor allem mit dem Korea-Krieg einen umfangreichen Kapitalfluss nach Deutschland gab, war ausreichend Verfügungsmasse vorhanden, um dann das sogenannte Wirtschaftswunder zu ermöglichen.

Aber wie steht es mit den Gefilden jenseits der Wirtschaft und der Vermutung, wirkte dort der Krieg so befruchtend, wie für den Vater aller Dinge zweifellos zu erwarten wäre? Auch wenn es heutzutage wenig populär scheint zu vermuten, es gäbe jenseits der Börsengängigkeit noch etwas zu entdecken, lohnt sich doch der Blick etwa auf die Politik, auf Kunst und Kultur und nicht zuletzt auf die Naturwissenschaften.

Natürlich ziehen katastrophenhafte Phasen einer Nation immer auch politische Folgen nach sich, um mal mit diesem Feld zu beginnen. Bezweifeln darf man aber die fraglose Notwendigkeit des Krieges als Initiator dieser Entwicklung. Nehmen wir mal das Deutsche Reich 1918. Wie lange hätte sich Wilhelms Strampeln um ein „persönliches Regiment", also eine von Parlament und Kabinett nicht kontrollierte Herrschaft des Monarchen noch durchhalten lassen, wenn es nicht zum Krieg gekommen wäre? Die meisten Historiker meinen heute, Deutschland wäre in eine konstitutionelle Monarchie nach britischem Vorbild übergegangen, auch wenn derlei „Was wäre gewesen, wenn..."-Fragen in der Geschichtswissenschaft als unschicklich gelten. Aber es scheint doch wohl so, dass Wilhelm bereits 1909, mit der Entlassung des Reichskanzlers Bülow, den entsprechenden Versuch aufgegeben hatte und das Deutsche Reich wenigstens übergangsweise in eine Herrschaft von Bürokraten und Militärs überzugehen begann. Auch das Ende des Zarenreichs wäre auch ohne den Ersten Weltkrieg gekommen, wenn auch vielleicht nicht mit dem radikalen Ausgang, der sich dann in der Oktoberrevolution und dem anschließenden Bürgerkrieg manifestierte. Und die Befreiung der Sklaven in den USA wäre ohne den Bürgerkrieg wohl auch nur eine Frage der Zeit gewesen, weil man längst gelernt hatte, dass diese Art der Plantagenwirtschaft nicht lukrativ war. Der Aufstieg der USA zur weltweiten Führungsmacht wäre ohne den Ersten und den Zweiten Weltkrieg trotzdem das prägende Moment des Zwanzigsten Jahrhunderts geworden, vielleicht anders verlaufen, aber nicht grundsätzlich in Frage gestellt gewesen.

Dass der Expressionismus kein Kind des Ersten Weltkriegs war, habe ich bereits gesagt. Und welche Revolution der bildenden Kunst wir dem Zweiten Weltkrieg verdanken, vermag ich nun endgültig nicht zu erkennen. Auch die Literatur ist natürlich beeinflusst vom Ersten, vom Zweiten Weltkrieg. Aber dass der Krieg Vater aller Dinge gewesen sein soll, die nach 1918, nach 1945 etwa die deutsche Literatur ausmachten, ist kaum glaubhaft. Im Gegenteil ist es eher so, dass die von Adorno seinerzeit eingeforderte grundsätzliche Neubesinnung der deutschen Literatur weitgehend ausgeblieben ist und ihre bedeutendsten Vertreter – die bekannten und die weniger bekannten – selbstverständlich im Kontext ihrer höchst zivilen Vorgänger standen.[4] Selbst Autoren, die deutlich vom Krieg beeinflusst waren, schrieben und verstanden ihr Schreiben unter anderem als Antithese zum Krieg, nicht als dessen Ausfluss und Vollendung. Solche Autoren nach dem Ersten Weltkrieg waren neben vielen weniger bekannt gebliebenen z.B. Remarque, Toller, Tucholsky oder Frey, international vor allem natürlich Dos Passos. Auch nach dem Zweiten Weltkrieg gab es – bei naturgemäß größeren methodischen Schwierigkeiten – auch in Deutschland eine angebrachte literarische Auseinandersetzung, von denen, was die Prosa betrifft, u.a. Borchert, Böll, teilweise auch Grass oder Lenz stehen mögen. Dagegen gab es nur wenige, sehr wenige, die ihr Werk als Fortsetzung des Kriegs verstanden. Nach dem Ersten Weltkrieg ist hier vor allem Ernst Jünger, daneben Ernst von Salomon zu nennen, die jedenfalls in jungen Jahren den Krieg eindeutig verherrlichten.[5] Nach dem Zweiten Weltkrieg hingegen wird die Luft dünn, jedenfalls im deutschen Sprachraum, wenn man nicht gerade Fritz Wöss oder Josef Martin Bauer anführen will.[6]

Blicken wir schließlich in die Philosophie oder die Naturwissenschaften, so ist es gerade erstaunlich, wie ungerührt vom Krieg hier dem Tagesgeschäft nachgegangen wurde. Weder die deutsche noch die internationale Philosophie schafften nach 1945 eine überzeugende Auseinandersetzung mit Krieg im Allgemeinen und dem Zweiten Weltkrieg im Besonderen. Auch die Naturwissenschaften waren offensichtlich unbeeinflusst von den wechselnden Kriegen. Allenfalls verschob und ver-

---

4 Adorno: Kulturkritik, S. 30
5 Jünger: In Stahlgewittern, 1922; Salomon: Freikorpskämpfer, 1938
6 Bauer: So weit, 1955; Wöss: Hunde, 1958

schiebt die andere Prioritätensetzung bei der Vergabe von Forschungsgeldern in Aufrüstungs- und Kriegszeiten gelegentlich die Schwerpunkte weg von der Grundlagenforschung auf die Anwendungsforschung. Daran kann man aber für einen Fortschritt der Naturwissenschaften kaum einen Vorteil erkennen.

Folglich kann man die Idee getrost verwerfen, Kriege, Konflikte oder die Vorbereitung hierauf in Form von Rüstung, Propaganda oder geistiger Mobilmachung stellten ein wichtiges schöpferische Moment in der Entwicklung der Menschheit dar. Historisch ist dies eine Ansicht, die im 19. Jahrhundert – nicht zuletzt unter dem Eindruck der preußischen Erfolge – noch einmal zu Ehren gelangte, aber eigentlich da schon überholt war.

8.3   Der Konflikt in der Wirtschaft

Neu ist das alles nicht, was ich eben gesagt habe. Im Grunde wissen wir, dass Krieg und Gewalt keine schöpferischen Kräfte sind. Folglich tun wir viel, wenn auch vielleicht nicht genug, um sie aus der Welt zu verbannen.

Es gibt aber wie eingangs schon angeführt einen einzigen überlebenden Generalkonsens in unserer Gesellschaft, der lautet: Konkurrenz belebt das Geschäft. Im Zeitalter des Neoliberalismus glauben wir unverändert, die Konkurrenz und Konfrontation großer Unternehmen nütze insgesamt uns allen.

Was versprechen uns die Vertreter dieser Ansicht? Nun, zunächst einmal die Fortschreibung unseres mitmenschlichen Lebens in die Unternehmenssoziologie, sodass unsere Denkmodelle und geübten Verhaltensweisen hier ihre Analogien finden. Tolle Sache, findet man sich schnell zurecht, muss nicht allzuviel Neues lernen oder gar üben.

Man kann das als Analogie-Argument bezeichnen; es existiert seit geraumer Zeit ähnlich auch für das Miteinander von Staaten, auf die man – insbesondere seit Hegel – in gleicher Weise Verhaltensweisen und Erklärungsmodelle aus der Anthropologie übertragen wollte.

Dieses Analogie-Argument wird ergänzt durch den utilitaristischen Optimismus, der Konkurrenzkampf großer Unternehmen diene letztlich vor allem der Nutzenmaximierung der Gesellschaft insgesamt. Dieses Gesamtnutzen-Argument kommt übrigens als Legitimation der Konfrontation zwischen Staaten kaum einmal vor, begegnet uns hier also weitgehend eigenständig.

Schließlich das Naturalismus-Argument, demzufolge große Unternehmen, ja jedes marktwirtschaftlich gebundene Unterfangen auf solche Konfrontationen angelegt sei bzw. diese nun einmal zum Wesen einer kapitalistischen Marktwirtschaft gehörten. Demzufolge hat man dann nur noch die Wahl, sich hiermit abzufinden, vielleicht sogar es gut zu finden, oder aber den Kapitalismus insgesamt abzulehnen.

Auch das Naturalismus-Argument ist nicht neu und wird nicht nur für Unternehmen verwendet. Böse Zungen behaupten, wenn Soziologen, Philosophen oder Anthropologen nichts mehr einfällt, begründen sie ihre Ideen mit einer unwandelbaren Eigennatur des Menschen. Das ist nichts weiter als der gute alte Determinismus in mehr oder weniger neuem Gewand; insbesondere der genetische und in jüngster Zeit der neurobiologische Determinismus erfreuen sich aktuell einer ganz erstaunlichen Popularität – erstaunlich auch deswegen, weil sie mit weitgehend simplifizierten Theorien, kruden Methoden, aber viel Sendungsbewusstsein und ohne jeden Zweifel an der eigenen Vorgehensweise oder Theorie zu religionsähnlichen Lehren fortschreiten, die zur Lösung aktueller Herausforderungen eher wenig beizutragen vermögen.

Was ist nun von dieser Dreiheit zu halten: Analogie-Argument, Gesamtnutzen-Argument und schließlich Naturalismus-Argument?

Nun, das Analogie-Argument behauptet eine Analogie, die auf einem Menschenbild des 19. Jahrhunderts beruht. Die Gesellschaft bzw. das menschliche Miteinander sei in entsprechender Weise ein Kampf jeder gegen jeden, wo nur der Stärkste sich durchsetzen werde und der Staat diesem Aufsteigen des jeweils Stärksten keinesfalls im Wege stehen dürfe.

In der Auseinandersetzung insbesondere mit dem Sozialdarwinismus hat sich die westliche Gesellschaft dafür entschieden, dies nicht ohne Weiteres zu akzeptieren. Darwin selbst und die ihm eigentlich zugehörende Richtung der Evolutionsbiologie hat sich immer von den als „Sozialdarwinisten" bezeichneten Kreisen distanziert, wie schon vor mehreren Jahrzehnten Robert Bannister gezeigt hat.[7] Aber entscheidend ist, dass es einen weitgehenden Konsens gibt, nicht in einer Gesellschaft leben zu wollen, wo der Kampf jeder gegen jeden Leitthema ist, weil wir nicht oder nicht mehr glauben, dass eine solche Gesellschaft geeignet ist, die gesamtgesellschaftliche Nutzen- oder Glücksbilanz besser als jede andere Aufstellung der Gesellschaft zu fördern. Religionen, Verfassungen, Kindererziehung, Kunst und Literatur erteilen dem Kampf jeder gegen jeden eine klare Absage, insbesondere seit dem Ende der Nazi-Diktatur.

Man kann aber noch deutlich weiter gehen, indem man grundsätzlich bezweifelt, dass die Entwicklung der Menschheit über Begriffe wie Konkurrenz, Konfrontation oder Wettlauf beschrieben werden kann. Das heißt nicht, dass die Geschichte frei von zahlreichen Arten von Konfrontation wäre. Aber es führt nicht weit, wenn man Geschichte lediglich als Abfolge von Konfrontationen begreift. Historisch bilden Konfrontation und Kooperation gegenläufige Prinzipien, wobei Kooperation das wesentlichere Moment für die allermeisten historischen Abläufe ist. Selbst die Geschichte der großen Konfrontationen erzählt sich im Wesentlichen als Geschichte der damit verbundenen Kooperationen. Eine Geschichte des Amerikanischen Bürgerkriegs etwa wird den politischen Abläufen im Vorfeld und während des Krieges breiten Raum geben, wird auch die außenpolitischen Bedingungen vor allem mit Blick auf die Beziehungen zu Frankreich und Großbritannien berücksichtigen, wird aber selbst mit Blick auf den Ablauf einzelner Schlachten die logistische Leistung McClellans, die genialen Truppenverlagerungen Lees oder Grants Vormarsch auf Vicksburg als kooperative Abläufe beschreiben, ja wird noch bei der Darstellung der unmittelbaren Kampfhandlungen

---

[7] Bannister: Social Darwinism, S. 9

etwa bei Gettysburg den Zusammenhalt und das geschlossene Vorgehen etwa des 20th Maine Volunteer Infantry Regiment in den Vordergrund stellen.

Aber auch jenseits der Geschichte der Menschheit ist das, was man in der Vergangenheit die „Naturgeschichte" genannt hat, anders als Sozialdarwinisten meinen, von kooperativen Aspekten ebenso wie von konfrontativen Aspekten geprägt. Darwin selbst sah in der Evolution keinen Krieg jeder gegen jeden bzw. einer Art gegen die andere, er sah hier auch keine kontinuierliche Höherentwicklung. Die Evolution war in seiner Sicht der Auswirkung der sich ständig ändernden Herausforderungen, die das Biosystem, in welchem die Arten existieren, diesen in ihrer Gesamtheit stellt.

Gegen die Herausforderungen einer sich ständig wandelnden Umwelt gibt es keine standardisierte Antwort, aber sehr häufig haben sich Formen der Kooperation als erfolgreiche Mittel gegen solche Herausforderungen erwiesen. Dies gilt natürlich für die großen kooperativen Gemeinschaften von Termiten, Bienen oder Ameisen. Aber schon früh in der Evolution sind einzelne Lebensformen schon deshalb erfolgreicher als andere, weil sie sich zu kooperativen Formen entwickeln. So erklärt man nach der Endosymbiontentheorie z.B. Vorhandensein und Funktion der Plastide in Pflanzenzellen und der Mitochondrien in fast allen Eukaryoten und mehrzelligen Lebewesen dadurch, dass ursprünglich fremde Bakterien in den Organismus eingewandert oder von diesem aufgenommen worden seien. Dort hätten sie eine generationenübergreifende symbiotische Beziehung begonnen, in deren Verlauf die eigenständige Lebensfähigkeit beider Symbionten verloren gegangen sei.

Insgesamt ist die Geschichte ebenso wie die Evolution also keine Geschichte fortgesetzter Konfrontation oder eines ständigen Wettkampfs ums Überleben. Damit fällt das Analogie-Argument weg, dass die Konfrontation im Mit- und Gegeneinander von Unternehmen als Fortsetzung einer natürlichen Determinante der Geschichte erklären will. Im Gegenteil, man muss sich fragen, wenn wir die sozialdarwinistischen Ansätze spätestens seit 1945 überwunden und zu den Akten gelegt haben, warum wird ihnen dann ausgerechnet hier ein Rückzugsraum eröffnet?

Deutlich schwieriger ist das Gesamtnutzen-Argument zu bewerten. Das liegt zunächst einmal daran, dass der Nutzenbegriff hier unscharf ist. Wenn man nicht genau sagen kann, war wir eigentlich meinen, wenn wir vom allgemeinen Nutzen sprechen, ist es schwer zu entscheiden, worauf wir eigentlich achten wollen, wenn wir prüfen, ob die Konfrontation zwischen großen Unternehmen in sonderlicher Weise hierzu beiträgt.

Ich will mich hier darauf beschränken, Zweifel an der These zu formulieren. Offensichtlich haben gerade in der jüngeren Vergangenheit Konfrontationen zwischen Großkonzernen vorwiegend nachteilige Auswirkungen sowohl auf die Weltwirtschaft als auch die mikroökonomische Situation zahlreicher Familien und Einzelpersonen gehabt. Man kann das am Beispiel des Zusammenbruchs von Lehmann Brothers am Beginn der Subprime-Krise demonstrieren. Im Mai 2007 erwarb die Bank gemeinsam mit Tishman Speyer Properties für 22 Mrd. US-Dollar den Archstone-Smith Trust, den zu dieser Zeit zweitgrößten börsennotierten Wohnungseigentümer in den USA. Der Grund für die Übernahme war zum einen der wachsende Erfolgsdruck auf das Management der Bank. Die überhitzte Immobilienkonjunktur in den USA zwang jeden Manager, schon mit Blick auf die eigene Karriere immer größere Risiken in Kauf zu nehmen, wenn man auf diese Weise das eigene Immobiliengeschäft weiter wachsen lassen konnte. Im Vorfeld der Fusion wurde mit eindeutig sozialdarwinistischen Begriffen operiert, wenn man etwa von einer „Naturnotwendigkeit" zu aggressivem Wachstum sprach. Aber was wirklich geschah, war, dass Lehmann Brothers die eigenen Rücklagen stark beanspruchen musste, zumal der Ankauf der Aktienmehrheit mit einem 22,7%-Aufschlag über den letzten Börsenkurs verbunden war. Als dann die Subprime-Krise offen zutage trat, war Lehmann Brothers kaum noch zahlungsfähig, war aber auch über den gerade erst erfolgten Ankauf von Archstone noch tiefer, auch in der öffentlichen Wahrnehmung, in den Immobiliensektor geraten, sodass auch das Vertrauen in die Überlebensfähigkeit der Bank mit Bekanntwerden der ersten Turbulenzen schlagartig zusammenbrach.

Die Wirtschaftsgeschichte kennt zahlreiche Beispiele, wo direkte Konfrontation zwischen Unternehmen z.T. erhebliche Schäden verursacht hat, während es für die Hebung des allgemeinen Nutzens durch entsprechende Vorgänge kaum Hinweise gibt. Der Zusammenbruch der Banca Italiana di Sconto in Italien 1921 oder der DaNat-Bank in Deutschland 1931 haben hier wie dort erheblich dazu beigetragen, die Herrschaft Mussolinis bzw. Hitlers zu ermöglichen – mit den bekannten Folgen. Im Fall der Banca Italiana di Sconto etwa kann man zeigen, dass eine eigentlich solvente Bank an der Konkurrenz zu den beiden damals führenden Bankhäusern Credito Italiano und Banca Commerciale Italiana scheiterte. Auch die Darmstädter und Nationalbank, deren Zusammenbruch vom Konkurs der „Norddeutschen Wollkämmerei & Kammgarnspinnerei" aus Delmenhorst ausgelöst wurde, fiel letztlich ihrer Konkurrenz zur Deutschen Bank und zur Dresdner Bank zum Opfer. Diese verhinderte, dass die ohnehin einen restriktiven Austeritätskurs fahrende Regierung unter Reichskanzler Brüning sich zu einer Bankenrettung bereitfand. Hingegen hatte die Regierung die ebenfalls von Konkurs bedrohten Commerzbank und Dresdner Bank durch eine jeweils 90%-Übernahme gerettet und zudem der wesentlich stabileren Deutschen Bank mit 50 Mio. Reichsmark Staatskredit unter die Arme gegriffen.

Auch außerhalb des Bankensektors scheint der Gesamtnutzen durch die Konfrontation großer Unternehmen kaum einmal gemehrt worden zu sein. Es ist auch nicht ganz klar, warum das denn überhaupt so sein soll. Ein gängiges Argument ist bekanntermaßen, dass aus Konkurrenz bzw. Konfrontation ein Innovationsdruck resultiere, weil man ja stets vor der Notwendigkeit stehe, den potenziellen Kunden neuere, innovativere, interessantere Produkte anbieten zu können als der Konkurrent.

Nun ist zunächst einmal die Gleichsetzung von Innovation und Mehrung des Gemeinnutzens zweifelhaft. Ohne in allgemeinen Kulturpessimismus zu verfallen, lässt sich doch eine unbedingte Korrelation hier nicht erkennen. Der zweifellos atemberaubende Fortschritt der Rüstungstechnik im 19. und 20. Jahrhundert hat im Wesentlichen nur zu den Blutbädern vom Gettysburg bis Stalingrad, von Verdun bis Hiroshima geführt. Die oft geäußerte Behauptung, die irrsinnige Hochrüstung im Bereich strategischer Kernwaffen habe Europa immerhin eine nie gekannte Friedensepoche beschert, hält einer Überprüfung ebenfalls nicht stand. Es waren vor allem wirtschaftliche Interessen sowie eine Verlagerung des Krieges in die Peripherie, insbesondere nach Afrika und Südostasien, was den langen Frieden in Europa möglich machte.

Auch im zivilen Bereich bedeuten Innovation und Fortschritt nicht automatisch eine Mehrung des Gemeinnutzens. Die wachsende Bedeutung von Landmaschinen hat im 19. Jahrhundert das Gros der Zeitgenossen nicht glücklicher gemacht, sondern ein gewaltiges Landproletariat erzeugt, das dann nach und nach in die Städte und in die Industrie abwanderte. Ob die in dieser Zeit deutlich gewachsene Produktivität der Agrarwirtschaft im Wesentlichen auf die neuen Maschinen zurückzuführen war oder vielleicht doch hauptsächlich auf den intensiveren Einsatz von Kunstdünger, ist dabei von nachgeordneter Bedeutung. Zunächst müsste nämlich neben der Bedeutung für die Agrarbevölkerung auch abgewogen werden, ob die erhöhte Verfügbarkeit von Agrarprodukten eigentlich das Glück einer Mehrheit des urbanen Bevölkerungsteils mehrte oder stattdessen vom zeitgleich stattfindenden Bevölkerungswachstum und der Zuwanderung von Arbeitern aus ärmeren Regionen nicht wieder aufgefangen wurde.

Dass die Innovationen im Bereich industriell gefertigter Nahrungsmittel das Glück der Menschheit insgesamt gemehrt haben, darf angesichts zunehmender Verfettung in den Industriegesellschaften, Massentierhaltung, polyresistenten Erregern infolge Antibiotika-Einsatz in der Tiermast usw. getrost bestritten werden. Auch die rasante Entwicklung im Bereich von Videospielen und ähnlichem Elektronikschnickschnack dürfte kaum einen nennenswerten Beitrag leisten, das Glück der Menschheit insgesamt auf ungeahnte Höhenflüge zu katapultieren. Das heißt zwar nicht, dass Innovation per se hinsichtlich des Glücks der Menschheit indifferent oder gar diesem abträglich wäre. Aber man muss doch in jeden Fall gesondert prüfen, ob hier tatsächlich eine Verbesserung erreicht worden ist; eine zwingende Kopplung beider Effekte gibt es nicht.

Bliebe schließlich das Naturalismus-Argument. Große Unternehmen seien quasi genetisch auf Konfrontation programmiert, sagen die Vertreter dieses Arguments in der Frage, ob Konfrontation eigentlich ein hilfreiches bzw. unabdingbares Moment der Biografie von Großunternehmen sei.

Das Naturalismus-Argument wird in anderen Disziplinen, insbesondere in der Soziologie, in der Anthropologie und der Geschichtswissenschaft meist eher als faule Ausrede angesehen. In der Umgangssprache ordnet man derlei Argumentationen meist Stammtischen zu. „Richtige Männer sind eben so, basta." – „Er ist nun mal Bayer, da kann er nicht aus seiner Haut!" – „Meine Güte, Blondinen sind halt zickig."

Im privaten Bereich hat wohl jeder solche oder ähnliche Sätze schon einmal gehört und vielleicht auch selbst verwendet. Man würde sich nur hüten, sie in einem wissenschaftlichen Diskurs zu äußern.

Auch der Rassismus verwendet in seinen diversen Spielarten das Naturalismus-Argument. Bestimmte Phänomene im interkulturellen Miteinander werden gerne – mitunter durchaus wohlwollend – dadurch begründet, dass „der Neger", „der Asiate", „der Russe", „der Jude" etc. eben so sei. Wenn dann ein Mitglied der hier stereotypisch bezeichneten Gruppe ein anderes Verhalten an den Tag legt, kommt als rasche Ausflucht, dass natürlich „einzelne Ausnahmen" die Regel ja eher noch bestätigten, warum auch immer. Natürlich könnten „einzelne" unter starkem Bemühen sich dem Diktat ihrer eigentlichen Natur entziehen, aber das sei mit Blick auf das Ganze belanglos oder allenfalls ein amüsantes Detail am Rande.

In genau dieser Weise wird begründet, dass in ihrer großen Mehrheit Industrie-Unternehmen sich ihrer auf Konfrontation angelegten Natur nicht entziehen könnten. Nun ist es freilich nicht so, dass die meisten

Wissenschaften nicht durchaus mit „biologischen Determinanten", „anthropologischen Konstanten" oder ähnlichen Setzungen arbeiten würden. Diese unterscheiden sich aber von einfachen naturalistischen Argumenten in ihrer Herleitbarkeit. Eine solche Determinante in siedlungshistorischer Hinsicht ist z.B., dass Siedlungen mit Zugang zu sauberem Wasser sich eher zu Städten entwickelt haben als Dörfer mitten in ariden Gebieten oder in Sümpfen. Diese Determinante lässt sich aber herleiten aus der Tatsache, dass Menschen nun einmal Wasser benötigen. Hier wird eine Determinante durch eine andere begründet, die aber ihrerseits wiederum durch einen schlichten Blick in die Biologie des Menschen nachvollziehbar wird. Hingegen weisen naturalistische Argumente eben keine Herleitbarkeit auf, sondern greifen auf eine scheinbare Evidenz oder auf ein angeblich von Generation zu Generation tradiertes Gesellschaftswissen zurück.

Man müsste also prüfen, ob dem naturalistischen Argument hinsichtlich großer Unternehmen bzw. hinsichtlich des Kapitalismus insgesamt mehr als nur scheinbare Evidenz oder tradierter Konsens zugrunde liegt. Immerhin haben wir es hier mit einem – wissenschaftstheoretisch gesehen, mindestens unsaubereren - Kategorienübertrag zu tun. Eine Begrifflichkeit, welche zu Recht oder Unrecht für Individuen, für Arten, für Völker oder Staaten entwickelt worden ist, findet sich übertragen auf Großunternehmen, ohne dass die Legitimität dieser Analogie besonders begründet worden wäre.

Die Idee, dass Krieg oder Konfrontation das wesentliche Merkmal menschlichen Mit- oder eher Gegeneinanders sei, ist nicht neu. Selbst Völker, in deren Kultur Krieg und Kriegführung keinen besonders hohen Stellenwert einnahmen, also z.B. – entgegen unserem stark verzerrten Bild dieses Volks – die Römer insbesondere der Republik – vermochten meist nur, mehr oder weniger hilflose Versuche zu unternehmen, den Krieg einzudämmen, ihm Regeln zu geben, ihm vielleicht einen Teil seiner Schrecklichkeit zu nehmen.[8] Dies wurde in der zweiten Hälfte

---

[8] Schatewej: Gerechter Krieg, S. 163-164

des 17. Jahrhunderts wieder zu einer wichtigen Forderung. Nach den Schrecken der Glaubenskriege versuchte der Absolutismus, den Krieg, wenn schon nicht aus der Welt zu schaffen, so doch in seiner Schrecklichkeit zu reduzieren, indem man wenigstens die Bürgerkriege als meist grausamste Form von Krieg aus der Welt entfernte und alle anderen Kriege durch Regeln in „gehegte Kriege" verwandelte.

Diese Idee des „gehegten Krieges" brach im Bild der Zeitgenossen durch das Levée en masse der Französischen Revolution und die folgenden Napoleonischen Kriege zusammen. Das 19. Jahrhundert stand mithin unter dem Einfluss einer von Hegel auch in die Philosophie, Politologie und Geschichtswissenschaft getragenen Vorstellung, Krieg sei der Normalzustand der Geschichte und alle gesellschaftlichen Prozesse als Ergebnisse konfrontationsbedingter Dynamiken anzusehen. Von besonders großem Einfluss waren dann Karl Marx und Friedrich Engels sowie in ihrer Nachfolge auch Wladimir Iljitsch Lenin, welche Hegels geschichtsphilosophische Sicht auf die Geschichte auf die Wirtschaftstheorie erweiterten. Demzufolge gibt es in der kapitalistischen Wirtschaft zwei Dynamiken: Vertikal strebt das monopolisierte Kapital nach Beherrschung der Arbeiterklasse bzw. des ebenfalls in eine industrialisierte Landwirtschaft überführten Agrarproletariats. Horizontal streben kapitalistische Unternehmen danach, den unbefriedigenden Zustand der Heterogenität und Konkurrenz zu anderen Unternehmen zu überwinden und im jeweiligen Sektor zum Monopolisten zu werden. Die hierbei ausgetragenen Konflikte, egal wie erbarmungslos und existenziell geführt, stören aber nie die vertikale Unterdrückung, sodass eine Besserung der Situation der Arbeiterklasse aus diesen Konflikten nicht erhofft werden sollte, sondern nur von der Arbeiterklasse selbst erreicht werden kann.

Als Erklärungsansatz für die Geschichte insgesamt ist der sogenannte Historische Materialismus kaum tauglich, schon deshalb, weil die Komplexität der Menschheitsgeschichte monokausalen Ansätzen sich beharrlich verweigert. Aber auch für die Wirtschaftstheorie ist die von

Marx im ersten Band von „Das Kapital" entwickelte Theorie des Strebens der Industrie nach Monopolisierung wenig hilfreich.[9] Zum einen lassen sich diverse Beispiele finden, wo die Konkurrenz zwischen Unternehmen auch eine Konkurrenz um die besten Arbeitskräfte war und daher eben doch – einfach um die Attraktivität des eigenen Unternehmens zu erhöhen – eine spürbare Verbesserung der Situation der Arbeiterschaft nötig gemacht hat. Zweitens behindern heute fast alle kapitalistischen Staaten Tendenzen zur Monopolisierung, in Deutschland durch das Kartellamt, in den USA erstmals schon Ende des 19. Jahrhunderts durch den Sherman Act. Dies geschieht, weil gerade die kapitalistisch orientierten Staaten das Risiko einer Selbstüberwindung des Kapitalismus durch Oligarchisierung und Monopolisierung sehen. Anhänger des Historischen Materialismus, der in Regierungen nur die Lakaien der herrschenden Klasse vermutet, ignorieren zumeist diese Wehrhaftigkeit der kapitalistischen Idee. Stattdessen wird – vor allem seit Lenin – der Imperialismus als notwendige Folge der Ausbildung monopolkapitalistischer Unternehmen in der Spätphase rein nationaler kapitalistischer Strukturen interpretiert.[10] Das übersieht allerdings, dass selbst in den USA, wo sich oligarche Unternehmen relativ früh entwickelten, der Beginn des Imperialismus diesen Monopolisierungsprozessen zeitlich deutlich vorausging. Denn man kann den Beginn des US-amerikanischen Imperialismus zwar auf das Jahr 1890 festlegen, als das Verschwinden der „frontier" offiziell festgestellt wurde und der amerikanische Expansionswille sich unter dem Leitthema der „manifest destiny" neue Ziele suchen musste, die er vor allem im spanischen Restreich, dann auch in China fand. Aber eigentlich fand die Erschließung des Westens spätestens seit dem Mexiko-Krieg unter imperialistischen Vorzeichen statt und entsprach damit den fast zeitgleichen „binnen-imperialistischen" Expansionen des Zarenreichs in die Mandschurei.

---

[9] Marx: Kapital, Bd. 1, S. 727-729
[10] Lenin: Imperialismus, passim

8.4 Konflikt und Kooperation in der Wirtschaftstheorie

Wir haben uns bis hier drei Argumente angesehen, warum der Krieg eine auch für die Wirtschaft geeignete Begriffs- und Gedankenwelt liefern soll. Alle drei Argumente sind nur mäßig, auf weite Strecke gar nicht haltbar. Entsprechend fragt sich, woher diese Idee eigentlich stammt, bzw. ob man die Väter – und die wenigen Mütter – des Liberalismus und Neoliberalismus hierfür eigentlich in die Pflicht nehmen kann.

Zahlreiche Autoren haben in der Entstehung der liberalen Idee die Erwartung geäußert, die grenzüberschreitenden Interessen der Wirtschaft würden ein weitgehendes Ende der aus nationalstaatlicher Konkurrenz resultierenden Kriege bewirken. Der Freihandel zwischen den Staaten wirke, so Adam Smith, wie ein verbindendes Band, wenn erst die Antagonismen überwunden seien, welche der Merkantilismus verursacht habe oder die ihm selbst zugrunde lägen.[11] Auch Kant hat erwartet, dass zunehmende wirtschaftliche Verflechtung der Staaten eine militärische Konfrontation immer weniger wahrscheinlich, vor allem auch immer weniger gewinnversprechend machen würde.[12]

Dies Versprechen hat der Liberalismus offensichtlich nicht einlösen können, auch wenn man nicht notwendig annehmen kann, dass ausgerechnet wirtschaftliche Interessen von Privatunternehmen ganz Völker in Kriege geführt haben. Aber z.B. für den Krieg, welchen die USA 1898 gegen Spanien führten, und den Angriff der NATO gegen den Irak 2003 kann man so etwas relativ gut belegen.

Spannender ist jedoch die Frage, ob dieselben Autoren in der Wirtschaft auch einen Gegenentwurf zum nationalstaatlichen und militaristischen Denkmodell gesehen haben. Vor Adam Smith hat bereits sein Freund David Hume nachdrücklich die Ansicht vertreten, wenn alle gleichermaßen florierten, sei auch die Bilanz für alle am besten.[13] Der Einzelne,

---

[11] Smith: Wealth, Bd. 1, S. 459
[12] Kant: Frieden, S. 226
[13] Hume: Enquiries, S. 214

der versuche, auf Kosten aller zu leben, werde am Ende feststellen, dass er weniger davontrage als wenn er das Interesse auch anderer und deren Erfolg angemessen berücksichtigt und ermöglicht habe.

Diese Ansicht leitet direkt in den Utilitarismus über, welcher ebenfalls eine Mehrung des Gemeinnutzens aus einer Befreiung des individuellen Nutzenstrebens von möglichst allen Beschränkungen erwartete. Das zeigt, dass die Idee einer Übernahme militärischen oder kriegerischen Denkens in die Wirtschaftstheorie nicht der liberalen Grundlegung derselben geschuldet ist, sondern jedenfalls die wesentlichen Vertreter des Liberalismus in seiner Entstehungszeit Krieg und Konfrontation eher als zerstörerische Übel ansahen, welche man überwinden müsse, statt sie zu Lehrmeistern auch der Wirtschaftstheorie zu machen.

In einem jüngeren Ansatz einer in gewisser Weise neoliberalen Wirtschaftstheorie – wenn auch weit entfernt von typischen neoliberalen Autoren – hat Riane Eisler neben der Konkurrenz zwischen Dirigismus und Liberalismus einen zweiten Antagonismus in der Wirtschaft und darüber hinaus in der Soziologie menschlicher Beziehungen insgesamt gesehen, nämlich den zwischen einem dominatorischen und einem partnerschaftlichen Ansatz.[14] Zwar ist ihre auf diversen Matriarchatshypothesen fußende historische Herleitung ihrer Ideen schlichter Unsinn, aber der Grundansatz ist trotzdem hilfreich für eine Interpretation der Rolle von Konfrontation in der Wirtschaftstheorie und -geschichte. Beide, Dirigismus wie Liberalismus, ließen sich sowohl dominatorisch als auch partnerschaftlich umsetzen – oder in jedem beliebigen Mischungsverhältnis. Folgt man diesem Ansatz, so ist die zunehmende Militarisierung und Bellifizierung des wirtschaftlichen Denkens ein Anzeichen für eine zunehmende Vorherrschaft des dominatorischen vor dem partnerschaftlichen Denken in der Wirtschaft.

Eisler nimmt damit Vorstellungen der Rechtssoziologie wieder auf, welche ursprünglich Otto von Gierke unter dem Antagonismus von

---

[14] Eisler: Chalice, S. 35-38; dies.: Real Wealth, passim

Herrschaft und Genossenschaft bereits im 19. Jahrhundert entwickelt hatte.[15] Eisler fußt jedoch im Folgenden wesentlich auf Max Weber, der erstmals den Gehorsam als unabdingbare Voraussetzung von Herrschaft erkannt hatte, und Legitimität als Voraussetzung jedenfalls dauerhaften Gehorsams.[16] Herrschaft ist somit eine bereits institutionalisierte und in Regeln gebrachte Form der ursprünglich amorphen Macht, nach welcher der dominatorische Impetus strebt. Eine Herrschaft erfordert daher neben Macht auch ein gewisses Maß an Akzeptanz seitens einer Mehrheit der Beherrschten. Ein dauerhaft nur auf Macht statt auf Herrschaft gegründetes Gemeinwesen kann damit nicht bestehen, sondern wird an seinen Konflikten zerbrechen. Das von Eisler beschriebene dominatorische Streben versucht also etwas zu erreichen, nämlich amorphe Macht, dem keine Dauer beschieden sein kann, da diese amorphe Macht sich entweder zur Herrschaft institutionalisiert und damit auch limitiert oder wiederum einem Machtstreben einer anderen Gruppe erliegen wird.

Es ist daher sinnvoll, Eislers Begriffspaar auch mit Blick auf aktuelle Diskussionen in der Soziologie und Ethnologie zu ersetzen durch die Pierre Gescauts Begriffe „kooperativ" und „konfrontativ".[17] Konfrontative Ansätze können dominatorische oder herrschaftliche Ziele verfolgen, aber auch aus der vor allem durch Nietzsche formulierten Ansicht folgen, fortgesetzter Konflikt sei das eigentliche Wesen der Gesellschaft und strebe nicht nach seiner Selbstüberwindung durch eine Restabilisierung der Herrschaft in einem neuen System.[18] Kooperativ sind hingegen Vorgehensweisen, welche erstens glauben, dass fast alle Ziele durch ein kontinuierliches Miteinander eher als durch ein Gegeneinander aller Beteiligten erreicht werden. Die aber zweitens auch die Kooperation als solche für einen Wert halten und sich vielleicht durch diese schwer vorhersagbare, aber dennoch wichtige Nebenerträge versprechen. Also eine Haltung, die nicht nur sagt, wir erreichen unsere Ziele

---

[15] Gierke: Rechtsgeschichte, S. 12-13
[16] Weber: Wirtschaft, S. 163
[17] Gescaut: Arbeitslose, 26-29
[18] Nietzsche: Zarathustra, S. 40-42

am ehesten durch Zusammenarbeit, sondern die auch sagt, unabhängig davon, ob wir unsere Ziele besser oder schlechter erreichen, ist es gut, wenn wir miteinander reden und zusammenarbeiten.

Konfrontative bzw. kooperativ geprägte Phasen in der Wirtschaft stehen dabei in keiner chronologischen Abfolge; darauf weist auch Eisler bereits hin. In der Antike existierten z.T. zeitgleich vorwiegend kooperative Wirtschaftssysteme ebenso wie eher dominatorisch orientierte Volkswirtschaften mit konfrontativem Vorgehen. Ähnliches galt auch für das Mittelalter oder die Neuzeit, wobei freilich die zunehmende Verflechtung der Weltwirtschaft wenigstens seit der Mitte des 19. Jahrhunderts eine Parallelität vorwiegend konfrontativ orientierter und vorwiegend kooperativ orientierter Systeme zunehmend unmöglich macht. Jedoch ist die mit fortschreitender Integration der Weltwirtschaft um sich greifende Meinung, diese Wirtschaft könnte nur unter konfrontativen Vorzeichen befriedigend funktionieren, alles andere als zwingend. Im Gegenteil, immer höhere Verflechtung und Abhängigkeit lässt viel eher kooperative Ansätze als sinnvoll erscheinen. Entsprechend deutet die Entwicklung insbesondere seit dem letzten Viertel des 20. Jahrhunderts darauf hin, dass die Weltwirtschaft auch kooperativ aufgebaut sein kann und wahrscheinlich zur Bewältigung dringender Herausforderungen auch so aufgebaut sein sollte. Ein Primat des Konfrontativen würde es z.B. sehr schwer machen, die diversen ökologischen Herausforderungen zu bewältigen, mit denen sich die Weltwirtschaft konfrontiert sieht. Auch eine weitgehende Emanzipation von Männern und Frauen im Arbeits- und Wirtschaftsleben kann unter konfrontativen Leitgedanken kaum gelingen, ist aber für ein Weiterfunktionieren der Wirtschaft insbesondere unter den Veränderungen der Alterspyramide in den westlichen Industrienationen unabdingbar. Und nicht zuletzt wird man das Ungleichgewicht zwischen den Staaten der Nord- und der Südhalbkugel ohne eine stärkere Ausrichtung der Wirtschaft auf kooperative Ideen nicht bewältigen können. Dieses Ungleichgewicht aber droht so viel Sprengpotenzial zu entwickeln, dass es, unabhängig von konfrontativ oder kooperativ, die gesamte Weltwirtschaft zerstören könnte.

Daraus folgt, dass eine innovative Wirtschaftstheorie sich nicht notwendig – jedenfalls nicht deshalb – von Hume, Smith oder dem Utilitarismus verabschieden müsste. Wollte man für die Entwicklung einer umfassenden Theorie der kooperativen Wirtschaft Leitfragen formulieren, so können diese vielleicht auf den folgenden Gedanken beruhen, freilich ohne den Anspruch auf Vollständigkeit oder gar das Unterfangen, sie an dieser Stelle zu beantworten.

Für eine solche Grundlegung müssten wirtschaftshistorisch Beispiele für alle vier Kombinationen gefunden werden, ohne dass jemals quasi eine Reinkultur der jeweiligen Prinzipien existiert hätte. Dennoch sollte es möglich sein, Wirtschaftssysteme bzw. Volkswirtschaften zu finden, in denen in einer begrenzten Epoche dirigistisch-konfrontative Ordnungsprinzipien vorherrschend waren; man kann das spontan wahrscheinlich für die Wirtschaft des merkantil geprägten Absolutismus vermuten. Zweitens für entsprechende Beispiele dirigistisch-kooperativer Wirtschaft, also z.B. das Römische Reich unter Diokletian, vielleicht auch, wenigstens dem Anspruch nach, verschiedene sozialistische Staaten des 20. Jahrhunderts. Drittens ließen sich liberal-kooperative Beispiele finden, auch wenn diese rar gesät scheinen. Aber vielleicht wäre hier z.B. an die niederländische Wirtschaft der Frühen Neuzeit zu denken, mindestens was die Binnenwirtschaft betrifft, wenn auch vielleicht weniger das Auftreten auf internationaler Bühne, insbesondere natürlich im Konflikt mit England. Und schließlich wäre die aktuelle Wirtschaftsordnung darauf zu prüfen, ob sie wirklich in Reinkultur liberal-konfrontativ verfasst ist. Zugleich ist aus Sicht der Wirtschaftstheorie zu prüfen, unter welchen Bedingungen welche der genannten Kombinationen sinnvoll sein kann. Offensichtlich hat es Phasen in der Geschichte gegeben, wo jedenfalls in einigen Staaten eine der Kombinationen erfolgreicher war als andere. Folglich ist zu prüfen, ob sich Bedingungen ausweisen lassen, unter denen eher zu dem einen oder anderen Modell zu raten ist. Und natürlich ist die wirtschaftstheoretische Tradition dahingehend zu prüfen, welche Autoren sich welcher Kombination am ehesten zurechnen lassen.

8.5 Kooperatives Handeln als Leitkultur großer Unternehmen

Warum nun propagieren so viele Autoren die Orientierung großer Unternehmen, ja der Wirtschaft insgesamt, auf konfrontative Ideen? Nun, in der Regel propagiert ein Autor etwas, was er aktuell nicht aufzufinden vermag, aber – und vielleicht aus keinem anderen Grund als nur diesem – für wünschenswert hält. Wenn also so viele Autoren behaupten, Unternehmen sollten sich stärker von konfrontativen Ideen leiten lassen, dann nährt das den Verdacht, dass heute Unternehmen durchaus nicht hiervon bestimmt sind, sonst müsste man es ja nicht fordern.

Wahrscheinlich ist die entsprechende Forderung abwegig. Kleine Unternehmen können sich gar nicht konfrontativ aufstellen, weil es ihnen an der Kraft fehlt, die Macht zu erobern, die hier im Fokus steht. Und große Unternehmen sind von ihrem Wesen her wohl so stark kooperativ geprägt, dass eine konfrontative Ausrichtung ihrer Eigennatur diametral zuwider laufen müsste.

Beides mag zunächst überraschen. Beginnen wir daher mit den kleinen Firmen.

Kleine, auch mittelständische Firmen gehen häufig unter, wenn sie zu dominieren versuchen. Unternehmensberater, Insolvenzverwalter, Wirtschaftsanwälte kennen solche Fälle aus ihrer täglichen Praxis. In Japan besagt ein Sprichwort „*Deru kui wa utareru – Der hervorstehende Halm wird zurückgeklopft.*" Das bezieht sich zunächst einmal auf die Strohbedachung von Bauernhäusern, ist aber eigentlich die Beschreibung einer Sozial- und Wirtschaftsverfassung. Wenn kleine Unternehmen – nicht nur in Japan – quasi „aus der Reihe tanzen", formiert sich sofort der kollektive Widerstand auch der bisher durchgehend zerstrittenen Konkurrenz. Vor allem aber stoßen entsprechende Versuche bei den Kunden des jeweiligen Unternehmens auf wenig Gegenliebe, weil es eine spontane Aversion gegen das Streben nach Monopolen gibt. Das betrifft sowohl Einzelpersonen als Kunden als auch Fälle, wo größere Unternehmen als geschlossene Partnergruppe involviert waren. Das liegt zum einen daran, dass Veränderungen meist nur dann als positiv erlebt werden, wenn man sie selbst initiiert hat, ansonsten stören sie nur die eigenen Pläne oder die Fortschreibung eines insgesamt befriedigenden oder jedenfalls akzeptablen Status quo.

Hinsichtlich großer Unternehmen ist das komplizierter, weil man es aus soziologischer Sicht mit mehreren Ebenen zu tun hat, auf denen kooperative und konfrontative Bestrebungen in Konflikt geraten können.

Die meisten Mitarbeiter in großen Unternehmen empfinden auf jeder Hierarchie-Ebene ihre unmittelbare Umgebung als eindeutig von konfrontativen Tendenzen geprägt, vermuten aber auch, dass an der oberen und auch der unteren topologischen Grenze dieser Umgebung ein Umschlagen in ein im wesentlichen kooperatives System stattfindet.

Natürlich hält das keiner Prüfung stand. Weder sind die eigenen Bezugsräume so eindeutig zuzuordnen, noch gibt es außerhalb dieser ein Reich vollkommener Kooperation. Allerdings überwiegen in kleinen sozialen Gruppen insbesondere aufgrund des in den letzten zehn, zwanzig Jahren eher noch weiter gewachsenen Leistungsdrucks häufig die konfrontativen Elemente. Jenseits der Grenzen dieser Zellen werden aber in der Tat kooperative Tendenzen viel einflussreicher. Das führt dazu, dass z.B. Vorstände sich in der Vorstandssitzung als starke Führer profilieren und in den Vordergrund spielen können, aber bei der vertikalen Durchreichung solcher „Basta!"-Beschlüsse es zu einem häufig dramatischen Abrieb kommt. Was sich im menschlichen Miteinander kleiner Gruppen machtpolitisch durchsetzen lässt, muss in der größeren Sozialität von Unternehmensbereichen, Abteilungen und Teams, aber auch Aktionärsversammlungen und politischer und sozialer Einbindung vereinbart, relativiert, iterativ optimiert, konsensfähig gemacht, mit Augenmaß verfolgt werden, um nur mal einige der verbreitetsten „Weichmacher-Formulierungen" zu nennen.

Die Gründe für diese Aufweichung konfrontativer Bestrebungen beim Übergang vom Kleinsystem in das Gesamtunternehmen sind vielfältig, lassen sich aber letztlich darauf zurückführen, dass man gar nicht sagen könnte, wie eine konfrontative Haltung sich in einem großen

Unternehmen durchsetzen ließe. Es fallen dann Sätze wie „Wenn wir das wollten, müssten wir an jeden Schreibtisch eine Wache mit Maschinenpistole stellen." oder „Wenn wir das einführen, müssten wir Stalin zum Chef des Personalwesens machen."

Es zeigt sich, dass das Beharrungsvermögen der Horizontalen weitaus stärker ist als die Veränderungsmöglichkeiten oder die Konfliktfähigkeit der Vertikalen. Wo dies dennoch versucht wird, verbraucht das Unternehmen so viel Energie für diese inneren Konflikte, dass es für zwei andere Aufgaben kaum noch Kraft aufbringt, nämlich für die Durchsetzung gegenüber anderen, aber auch für die Fortentwicklung im Inneren. Innovationen kommen zum Erliegen, Kreativität wird zum persönlichen Risiko, sodass jeder Mitarbeiter eher auf Sicherheit orientiert ist. An so etwas können Unternehmen insgesamt scheitern. Andererseits entwickeln Unternehmen eine erhebliche Dynamik, wenn sie sich auf der horizontalen Ebene, also kooperativ, zu einer Veränderung durchgerungen haben. Dahin zu gelangen erscheint oft mühselig und sinnlos langwierig, aber wenn sich diese breite Masse einmal geschlossen in Bewegung gesetzt hat, ist sie nur noch schwer aufzuhalten. Dann wird die zunächst problematische Massenträgheit zur Stärke des Unternehmens. Die Begriffe, mit denen diese Findungsprozesse in Unternehmen meist belegt werden, zeigen die kooperative Haltung, die ihnen zugrunde liegt. Da müssen „alle Beteiligten ins Boot geholt werden", müssen „Leute da abgeholt werden, wo sie sind", muss man „zueinander finden", muss man „sich aneinander reiben". Nicht jedem ist vielleicht bewusst, dass der zweite Ausdruck sich auf Vereinsreisen bezieht, die eben nicht an einem Sammelpunkt beginnen, sondern wo der Vereinsbus von Haus zu Haus fährt, um die Teilnehmer einzusammeln. Aber selbst wenn der Hintergrund oft verloren gegangen ist, wirkt der kooperative Gehalt der Redensart weiter.

Weil kooperatives Umgehen miteinander in Unternehmen erheblich produktiver ist als ein an Hierarchien orientiertes, konfrontatives Vorgehen, sind diejenigen Unternehmen erfolgreicher, welche alle verfügbaren Strukturen und Elemente in diesen fortgesetzten kooperativen Findungs- und Entwicklungsprozess integrieren. So sind z.B. Betriebsräte und Gewerkschaften kein Hindernis auf dem Weg zum Unternehmenserfolg, sondern in kooperativ aufgestellten Unternehmen ein wichtiger Helfer in den internen Findungs- und Entscheidungsprozessen. Dies gilt unbeschadet ihrer Aufgabe, in einem dynamischen Spannungsverhältnis zur Geschäftsleitung oder zum Eigner der Firma die Interessen ihrer Mitglieder zu vertreten. Entsprechend sind Tarifverhandlungen, insbesondere in der innerbetrieblichen Auseinandersetzung, in kooperativ orientierten Unternehmen ein Spiel, wo alle Beteiligten sich darauf verlassen können, dass der andere sich an die Regeln halten wird, also nicht auf ein Ergebnis abzielt, dass dem Gesamterfolg des Unternehmens in der einen oder anderen Weise schaden würde, wobei beide Seiten überzeugt sind, dass sowohl ein zu hohes als auch ein zu niedriges Ergebnis der Verhandlungen schädlich wäre. Aber nur in Fällen, wo konfrontatives Verhalten in den Vordergrund tritt, werden Gewerkschaften und Betriebsräte zum Widerpart der entsprechend operierenden Geschäftsführung und wirken dann tatsächlich als Hindernisse, aber eben Hindernisse auf einem Weg, den zu gehen aus Unternehmenssicht ohnehin nicht klug ist.

8.6 Kooperative Unternehmensführung im Kontext von Liberalismus und Kapitalismus

Das bis hier Gesagte führt zur Frage, wie sich ein Unternehmen unter dem Leitziel eines kooperativen Handelns in traditioneller liberalistischer Hinsicht ausnimmt. Zuvor ist ja gesagt worden, dass Liberalismus und kooperatives Handeln entgegen landläufiger Meinungen keine Gegensätze sind, sondern die entsprechenden Gegensatzpaare Liberalismus und Dirigismus bzw. kooperative und konfrontative Verhaltensweisen sind.

Die Rechtfertigung der verschiedenen Spielarten einer kapitalistischen Wirtschaftsordnung erfolgt aktuell zumeist auf der Basis des liberalen Theorems in Verbindung mit dem Utilitarismus. Diese sind inzwischen so eng verknüpft, dass gemeinhin zwischen beiden kaum noch unterschieden wird. Aber tatsächlich haben dieselben ursprünglich nur wenig miteinander zu tun. Einer der Väter des Utilitarismus, James

Mill, kritisierte zwar die East India Company wegen ihrer weltumspannenden Monopols, wurde aber mit seiner Kritik an der traditionellen Gesellschaft Indiens der wichtigste Vordenker des staatlichen Dirigismus in der britischen Öffentlichkeit.[19] Er beeinflusste in erheblichem Umfang auch die Reformen, welche die britische Kolonialverwaltung unter Lord Dalhousie in der ersten Hälfte des 19. Jahrhunderts in Indien umzusetzen trachtete.[20]

Der Utilitarismus besagt im Wesentlichen, dass allen Menschen gemeinsam das Streben nach privatem Glück sei – was auch immer das dann für den Einzelnen heißt. Eine Gesellschaft sei mit allen ihren Institutionen, Gesetzen usw. mithin danach zu beurteilen, ob es ihr gelinge, den Gesamtnutzen aller ihrer Mitglieder zu optimieren. Das hat, darauf hat John Rawls hingewiesen, überhaupt nichts mit Gerechtigkeit zu tun. Im Gegenteil, der Utilitarismus steht möglicherweise achselzuckend dabei, wenn im Interesse des Gesamtnutzens einige wenige auf das Entsetzlichste leiden müssen oder sogar sterben.[21]

Die Frage ist nun, wie die Gesellschaft verfasst sein muss, damit der Gesamtnutzen optimiert wird. Aufgrund der inneren und zeitlichen Nähe haben in Beantwortung dieser Frage Liberalismus und Utilitarismus rasch zueinander gefunden. Die Hauptthese dieser Verbindung lautet: Da es die Aufgabe der Gesellschaft ist, den in ihr stattfindenden Gesamtnutzen zu optimieren, benötigt dieselbe eine liberal-kapitalistische Wirtschaftsordnung, denn diese ist am ehesten geeignet, diese Nutzenoptimierung – jedenfalls in ökonomischer Hinsicht – sicher zu stellen. Soweit die These.

Es ist nun dieser Schlussteil der These, welcher in den letzten Jahren unter dem Eindruck des Neoliberalismus zunehmend in die Kritik geraten ist. Man bezweifelt schlicht, dass eine kapitalistische Wirtschaftsordnung tatsächlich besonders tauglich sei zur Optimierung des Ge-

---

[19] Mill: History, passim, v.a. Bd. 2, S. 429-460
[20] Stokes: English Utilitarians, S. 37
[21] Rawls: Theory, passim, v.a. S. 24-30

samtnutzens. Hierzu lassen sich drei – miteinander vereinbare – Positionen formulieren.

Erstens: Der Liberalismus ist nicht in der Lage, eine stabile Ordnung zu schaffen, in welcher der freie Austausch als Basis der in ihm beschriebenen Wirtschaft in ausreichender Weise funktionieren kann. Werden dem freien Spiel der Kräfte nicht Schranken gesetzt und Zügel angelegt, kommt es im Gegenteil zur Bildung von Monopolen und Kartellen, zerstört sich also auf mittlere Sicht der Kapitalismus selbst und wird abgelöst durch die Oligarchie des Großkapitals. Schon anhand der antiquierten Begrifflichkeit wird dabei wohl deutlich, dass diese Kritik nicht eben neu ist; sie ist fast so alt wie der Liberalismus selbst.

Zweitens: Unabhängig davon, was der Kapitalismus auf lange Sicht realisieren oder nicht realisieren kann, ergeben sich in einer liberalen Wirtschaftsordnung zu starke Schwankungen der allgemeinen Grundlagen, welche das Streben nach Glück erst ermöglichen. Dessen Erfolg wird damit fraglich, mindestens aber risikobehaftet und fragil. Die damit verbundene Zukunftsangst lässt der liberalistisch orientierte Utilitarismus aber unberücksichtigt bei seiner Nutzenbilanz. Eine stabile, von Börsencrashs, Konjunkturzyklen usw., also den gängigen Begleiterscheinungen kapitalistischen Wirtschaftens wenig beeinflusste Gesellschaft ist hingegen zwar für den einzelnen Aktienzocker möglicherweise weniger prickelnd, durch ihre Stabilität aber zweifellos eher der Ort des Glücks aller.

Drittens: Der Liberalismus selbst ist irrig, wo er glaubt, sofern jeder nur seinen Einzelnutzen verfolgt, werde sich auch der Gesamtnutzen maximieren. Wenn ich das sage, mag der eine oder andere zusammenzucken, da es als unfein gilt, wenn man hinsichtlich soziologischer oder eben auch wirtschaftspolitischer Positionen einfach von richtig oder falsch spricht. Aber: Der Liberalismus sagt, dass der einzelne seinen Nutzen am ehesten maximieren wird, wenn er gezielt nach Maximierung genau dieses Nutzens strebt. Ich werde mein privates Glück also nicht dadurch optimieren, dass ich alle meine Kräfte darauf konzentriere, andere glücklich zu machen. Altruismus rechnet sich demzufolge nicht.

Die Interessen anderer in meinem privaten Planen zu berücksichtigen, ist unklug. Den Ausgleich privater Interessen hat der Markt zu regeln, nicht der Einzelne, auch keine staatliche Steuerungsinstanz.

Es gibt nun ein paar simple Gedankenexperimente, die zeigen, dass die liberale Position mindestens in ihrer starken Formulierung, dass dies immer so sei schlicht falsch ist. Ich zitiere hierbei das allseits bekannte Beispiel aus dem Film „A beautiful mind", in welchem der besagte John Nash in der Kneipe an Adam Smith zu zweifeln beginnt, als ihm klar wird, dass drei Männer, die alle auf die schönste von drei Frauen zusteuern, auf halber Strecke zusammen prallen und schlicht überhaupt nichts erreichen. Übrigens ein extrem frauenfeindliches Beispiel, da hier Frauen als bloße Güter des Markts ohne eigenen Willen und ohne alle Urteilskraft angesehen werden.

Aber wichtiger als die Frage, wie viele altbackene Chauvinisten in Hollywood aktuell eigentlich arbeiten, ist die Einsicht, dass ich gut beraten bin, bei der Verfolgung meiner Ziele von vornherein zu berücksichtigen, was die anderen eigentlich wollen, und nicht zu warten, bis der Markt für mich die offenen Fragen geklärt hat. Denn in diesem Beispiel wäre der erfolgreich gewesen, der sich mit der zweitbesten Lösung beschieden hätte und mit derselben grinsend nach Paris entschwunden wäre, dieweil die beiden Konkurrenten sich noch um die darob früh alternde Spitzenreiterin in Sachen Frisur und Oberweite zanken.

Wenn es also Fälle gibt, in denen eine präemptive Berücksichtigung der Interessen und Ziele anderer erfolgreicher ist als ein stures Verfolgen der eigenen Interessen, so ist mindestens widerlegt, was ich die starke Grundlegung des Kapitalismus nenne, nämlich, dass es in jedem Fall vernünftig ist, dem kapitalistischen Egoismus zu folgen und dass auch die Allgemeinheit dabei am besten fährt. Denn, um noch einmal das Beispiel aufzugreifen, hätten die drei balzenden Hähne sich zuvor verständigt und die Damen untereinander verteilt, wäre der Nutzen auch insgesamt erheblich größer gewesen, immer vorausgesetzt, die drei verfügbaren Güter des Markts hätten sich tatsächlich einfach so verteilen lassen und zudem nie erfahren, dass zwei von ihnen lediglich als zweite bzw. dritte Wahl angesehen worden sind. Es hätten sich aber auch alle sechs entsprechend verständigen können, mit vielleicht dem gleichen Ergebnis, vielleicht auch mit ganz anderen Konstellationen, aber in jedem Fall erfolgreicher, als wenn jeder wie ein wütender Stier nur seine eigenen Zielen zum Maßstab aller Dinge macht.

Der klassische Liberalismus verliert damit seine wichtigste Basis, nämlich die Verknüpfung zum Utilitarismus: Zur Maximierung des gesellschaftlichen Gesamtnutzens ist eine liberal-kapitalistische Wirtschaftsordnung nicht immer am geeignetsten, sodass man der Gesellschaft nicht mehr unbeschwert empfehlen kann, die eigenen Wirtschaft nach kapitalistischen Prinzipien zu organisieren.

Das genannte Beispiel zeigt, wieviel besser die Nutzenmaximierung unter der Maßgabe des Liberalismus erfolgt, wenn dieser kooperative statt konfrontative Handlungsweisen verwendet. Damit löst sich der Liberalismus im Interesse seiner Hauptmaxime im Grunde allerdings selbst auf, indem das Streben nach individuellen Glück am ehesten unter teilweiser Hintanstellung desselben erfolgreich sein kann.

Der Liberalismus hat in Reaktion darauf gelegentlich zu etwas gegriffen, was ich als die schwache Grundlegung des Kapitalismus als Staats- und Wirtschaftsordnung bezeichne. Danach gibt es zwar Fälle, in welchen der Gesamtnutzen im Rahmen einer kapitalistischen Ordnung deutlich suboptimal ausfällt. Aber in der Regel werde eben doch der Gesamtnutzen am ehesten durch besagte kapitalistische Ordnung optimiert.

Eine solche weiche These ist natürlich viel schwerer zu widerlegen. Einzelne Gegenbeispiele verfangen hier nicht. Man muss sich daher zunächst einmal anschauen, was mit dieser „schwachen" Grundlegung des Kapitalismus eigentlich gemeint ist.

Nun gibt es für den Ausdruck „in der Regel" zwei Interpretationen. Gemeint sein kann, dass der Kapitalismus in den allermeisten Fällen das aus Sicht des Utilitarismus bestmögliche Ergebnis erzielt. Oder –

nicht ausschließend – dass er jedenfalls in den Fällen, in welchen große Nutzenpotenziale auf dem Spiel stehen, die besten Ergebnisse zeitigt.

Um den ersten Fall zu widerlegen, müsste man zeigen, dass in den allermeisten Fällen der Kapitalismus bzw. eine liberale Organisation der Gesellschaft durchaus nicht das Optimum erreicht. Ich meine jedoch, dass man das gar nicht nötig hat. Denn diese allermeisten Fälle, von denen hier geredet wird, finden gar nicht im freien Spiel der Kräfte, also in einer liberalen Ordnung statt. Die meisten Wirtschaftsvorfälle, von denen wir hier reden, sind kleine und kleinste Vorgänge zwischen Menschen, die sich seit Jahrzehnten kennen, vielfach eng miteinander verbunden sind und wo deswegen das Anonyme als Voraussetzung des freien Markts fehlt, sind Vorfälle, in denen mindestens einem der Beteiligten das Risiko eines freien Markts viel zu groß ist, oder sind Vorfälle, in denen eine a priori oligarchische Aufstellung der Kräfte eine liberale Verfassung gar nicht zulässt. Wenn es in weitem Umkreis nur eine Quelle trinkbaren Wassers gibt, ist ihr Besitzer Monopolist, ob das ihm oder der reinen Wirtschaftslehre passt oder nicht. Wir reden also eigentlich immer über eine Gesellschaft, die mal mehr, mal weniger Liberalismus propagiert, diesen aber fast immer unter im Wesentlichen kooperativen Vorzeichen umsetzt.

Es gibt wenige Gegenbeispiele hierfür. Auf einige Zeit annähernd ungehindert verliefen z.B. die zwei großen Goldrausche der amerikanischen Geschichte, ab 1848 in California und ab 1896 in Alaska. Wenn sich auch binnen kürzester Frist Kartelle bildeten, war doch für einige Zeit der Konkurrenz zwischen einander fremden, ausschließlich auf den eigenen kurzfristigen Gewinn orientierten Einzelnen kaum eine Grenze gesetzt. In diesem wirtschafts- wie auch strafrechtlich zeitweilig weitgehend rechtsfreien Raum wurde für die Allgemeinheit nur wenig Nutzen, aber für fast jeden beteiligten Einzelnen Not und Leid durch das freie Spiel der Kräfte herbei geführt. Deutlicher noch lässt sich dies am Beispiel der großen amerikanischen Silberräusche, vor allem dem Silberrausch der 1880er Jahre zeigen. Zwar gelang es einzelnen, geradezu märchenhafte Vermögen anzuhäufen. Aber insgesamt war die Folge des stark anwachsenden Silbervorrats der amerikanischen Regierung, dass es zu einer massiven Deflation des – zu dieser Zeit noch durch Edelmetallreserven repräsentierten – Dollars kam, und im Gefolge dieser Deflation zum Zusammenbruch etlicher Firmen, zu Massenarbeitslosigkeit und zu einer Depression, aus der sich die amerikanische Regierung letztlich keinen Ausweg wusste, als die ständig wachsenden Silberreserven – und die ab 1896 hinzukommenden Goldvorräte – durch einen im Grunde völlig sinnlosen Krieg gegen Spanien 1898 zu verpulvern. Erst die spektakulären Siege auf Kuba und vor den Philippinen schufen die nationale Euphorie, welche die Wirtschaft wieder in Schwung brachte – und einen charismatischen jungen Mann namens Theodore Roosevelt letztlich bis ins Präsidentenamt trug. Es war eben dieser Roosevelt, der, wiewohl im Grunde überzeugter Liberaler, doch die ersten vorsichtigen Reformen des amerikanischen Wirtschaftssystems betrieb, letztlich freilich mit dem Ziel, den liberalen Kapitalismus im Wesentlichen zu erhalten, indem man ihm hier und da ein wenig die schlimmsten Triebe stutzte.

Eine umfassende Ausbreitung des Kapitalismus ist also fast allenthalben ausgeschlossen. Zu viele Bereiche sind heute dem liberalen Zugriff versperrt oder waren ihm nie offen, vor allem aber sind die meisten Bereiche im Wesentlichen kooperativ und nicht konfrontativ orientiert. Dies gilt letztlich immer dort, wo man – um mit Kant zu sprechen – den anderen nicht nur als Mittel, sondern auch als Zweck begreift, oder wo man durch ungehindertes Konkurrieren zu viel verlieren, zu wenig zu gewinnen hätte.[22] Entsprechend wird gesellschaftlich der weitaus größte Teil der allgemeinen Wertschöpfung kooperativ vollzogen. Das gilt nicht nur, wie gezeigt, für große Unternehmen, sondern auch für die gigantischen Wirkungsfelder, welche sich einer monetären Einschätzung weitgehend entziehen bzw. in monetärer Darstellung sinnlos verkürzt und verzerrt erscheinen müssten, also z.B. die Felder familiärer Wertschöpfung, von Kunst, Sozialarbeit, von Gemeinnützigkeit und politischem Engagement. Denn wer hier einseitig nach dem monetären Gegenwert eines Kinderlachens, einer Beethoven-Sinfonie oder eines mit Freunden

---

[22] Kant: Grundlegung, S. 429

verplauderten Abends fragte, bräuchte wohl weniger einen Anlage- als vielmehr einen Lebensberater.

Daher ist die zweite Interpretation der oben genannten Begründung von Kapitalismus erheblich interessanter, nämlich, die, dass der Kapitalismus jedenfalls in den wesentlichen, weil über große Nutzenpotenziale disponierenden Kontexten die geeignetste Verfassung sei.

Man mag sich zunächst einmal unschuldig stellen und fragen, ob und in welchem Umfang letzthin bei Vorfällen des besagten Umfangs sich eine ungehinderte, also liberale Entfaltung der Kräfte des Marktes als sonderlich dienlich erwiesen hat. Da fragt sich natürlich, an welche Vorfälle, an welches Volumen vor allem hierbei denn zu denken ist. Es müsste ja immerhin ein so großes Volumen zusammen kommen, dass gerechtfertigt ist, von einer weitgehenden Abdeckung des insgesamt anfallenden Nutzenpotenzials zu sprechen, wenn schon nicht auch die Mehrzahl aller entsprechenden Fälle abgedeckt ist.

Tatsächlich gibt es für das freie Spiel der Kräfte fast keine Beispiele im nationalen und nur sehr wenig Beispiele im internationalen Bereich. Denn insbesondere nationale Gesetze, aber auch Korporationen von Interessengruppen – Kartelle, Gewerkschaften, Unternehmerverbände usw. – stehen dem liberalen Ideal im Weg, wenn es sich nicht kooperativ, sondern konfrontativ geriert. Mithin muss man neben den wenigen tatsächlichen Fällen auch jene hinzuziehen, wo man zwar kaum von einem freien Spiel der Kräfte sprechen kann, wo man aber belegen kann, dass es aus utilitaristischer Sicht besser gewesen wäre, alle äußeren Schranken und Barrieren zu beseitigen.

Ein annähernd freies Spiel der Kräfte entfaltet sich in erster Linie im internationalen Bereich, und hier vor allem im Bereich der kurz- und mittelfristigen Spekulationen. Ein Paradebeispiel hierfür ist der internationale Ölhandel, der in den letzten Jahren zum Tummelplatz für Spekulanten geworden ist. Fünf Faktoren spielen hier eine zentrale Rolle:

- der Ölpreis ist jahrzehntelang zu niedrig gewesen und langsamer als andere Preise gestiegen;
- die Schwellenstaaten, vor allem aber die Volksrepublik China, treten als Käufer zunehmend in Erscheinung;
- die USA sind, wenn auch wohl nur für begrenzte Zeit, infolge des skrupellosen Einsatzes von Fracking-basierter Förderung weniger abhängig von Erdöl-Importen;
- Naturkatastrophen wie zuletzt im Golf von Mexiko haben die internationale Ölversorgung als bedrohbar gezeigt;
- Politische Ereignisse, vor allem im Mittleren Osten, haben für einen raschen Wechsel von Verknappung und hoher Verfügbarkeit von Öl geführt, zuletzt vor allem unter dem Einfluss des IS bzw. der gegen dessen Finanzierungspolitik eingeleitete Ölschwemme seitens der arabischen Staaten.

Die Volatilität des Ölmarktes erlaubt eine Spekulationsbewegung, die bei aller Nachvollziehbarkeit stellenweise irrationale Züge angenommen hat; gelegentlich staunt man doch, wie lange es dauert, bis eine Blase platzt. Entscheidend ist aber etwas anderes: Adam Smith hat unzweifelhaft Recht, wenn er sagt, dass die freie Entfaltung der Kräfte dem Einzelnen maximalen Nutzen zumindest verspricht. Die Ölspekulation wirkt wie alle Überspekulationen wie ein Spiel, bei dem es nur Gewinner gibt. Aber das ist aus drei Gründen falsch: Erstens pflegt ein solcher Rausch in einen scheußlichen Kater zu münden, wenn die Party erst einmal vorbei ist, zweitens gab und gibt es auch auf Spekulantenseite zu jedem Zeitpunkt durchaus Verlierer in diesem Spiel, und drittens, und darauf kommt es eigentlich an, wird das scheinbar nur Gewinner kennende Spiel ganz schnell zum Desaster, wenn man die tatsächliche Menge der Spieler berücksichtigt, also auch diejenigen, die schließlich allerorten die Verbraucher des Öls sind oder angewiesen auf Produkte, welche aus Öl oder doch jedenfalls mit dessen Hilfe hergestellt werden. Berücksichtigt man dies, bemerkt man, dass die scheinbar großartige liberale Bilanz der Ölspekulation schon jetzt kaum angetan ist, den Gesamtnutzen zu maximieren. Das kurze Vergnügen einiger bezahlen sehr, sehr viele mit Arbeitslosigkeit, sinkendem Lebensstandard und – jedenfalls in den ärmsten Ländern der Erde – auch mit sehr konkreter existenzieller Not.

Ebenso annähernd ungehindert und mit bekannt katastrophalen Folgen lief die Spekulation im Vorfeld der Weltwirtschaftskrise, welche die Überspekulation der späten 1920er Jahre beendete. Unter dem Mythos einer „eternal prosperity" hatten nicht nur Großinvestoren, sondern auch viele Kleinanleger unverhältnismäßig große Anteile ihres Vermögens im Aktienmarkt investiert, sodass dem zuletzt erreichten Gesamtwert des Aktienvermögens nicht einmal ansatzweise ein Realwert innerhalb der USA gegenüber stand, und das, obgleich bis heute nur ein vergleichsweise kleiner Teil des Gesamtvermögens eines Staates überhaupt in Aktien repräsentiert wird. Der Dow Jones war innerhalb weniger Jahre mehr als verdreifacht worden, eine Börsenaufsicht existierte faktisch nicht, sodass auch ausgesprochene Luftpapiere gehandelt werden konnten. Vor allem aber erweckte im Sinne eines Schneeballsystems der Mythos der ständigen Aufwärtsentwicklung an den Börsen die Illusion, es sei zu jedem Zeitpunkt der Kursentwicklung sinnvoll, eine Aktie zu kaufen, und das selbst dann, wenn dies nicht mit Eigenvermögen erfolgte, sondern kreditfinanziert war. Als Mitte Oktober 1929 die Dynamik der Kursentwicklung verflachte, wurde vielen Anlegern erstmals bewusst, dass es eine Sättigung des Marktes geben würde und insbesondere Späteinsteiger die abgeschlossenen Kredite einschließlich der anfallenden Zinsen nicht aus der Aktienentwicklung würden zurückzahlen können. Daher war die Hoffnung, der Dow Jones würde wenigstens sein hohes Niveau stabil halten, völlig illusorisch. Die erste ernsthafte Krise, in diesem Fall ausgelöst durch den Zusammenbruch eines Londoner Spekulanten und den folgenden Rückzug britischen Kapitals vom amerikanischen Markt, musste sofort zu Panikverkäufen führen, zu denen es dann ja auch kam, mit den bekannten Folgen.

Damit ist nun nicht gesagt, dass staatlicher Dirigismus unausweichlich die besseren Chancen bietet. Die Geschichte kennt für fehlgeschlagene staatliche Eingriffe in die Wirtschaft oder erst recht eine schlichte Staatswirtschaft mindestens so viele Beispiele wie für gescheiterte Experimente des Liberalismus. Im Gefolge des Crashs 1929 hat sicher auch die dilettantisch durchgeführte Geldverknappung der US-Notenbank um ca. 30% erheblich dazu beigetragen, dass die Aktienkrise in eine umfassende Depression auslief. Aber entscheidend ist, dass das Generalversprechen des Liberalismus, das allgemeine Glück jedenfalls in jenen großen Vorfällen zu maximieren, wenn man nur die Kräfte ungehindert walten lässt, angesichts zahlreicher Beispiele aus Gegenwart und Geschichte kaum haltbar ist.

8.7 Fazit

Man kann Heraklit kaum die zahlreichen Autoren vorwerfen, die ihn falsch verstanden haben. Adam Smith gehörte offensichtlich nicht dazu, da er den Krieg nicht für ein notwendiges Element menschlichen Zusammenlebens, womöglich den Motor des Fortschritts hielt, sondern im Gegenteil von der Liberalisierung der Märkte eine zunehmende grenzüberschreitende Verflechtung der Wirtschaftsinteressen und damit letztlich ein – weitgehendes – Ende aller Kriege erhoffte. Dass diese Hoffnung realistisch war, darf man bezweifeln, doch ihre Ernsthaftigkeit steht an dieser Stelle außer Frage. Der Antagonismus von Herrschaft und Genossenschaft lag und liegt aber orthogonal zu Liberalismus und Dirigismus. Jede vorstellbare Kombination dieser vier Elemente kann als Begründung für Kriege herhalten, jede einzelne hat das schon getan, jedenfalls dann, wenn im internationalen Miteinander Konfrontation an die Stelle von Kooperation trat. Der Übertrag von Heraklits Formulierung auf die Wirtschaftswissenschaften als solche oder auf die Strategie großer Unternehmen ist aber mit Sicherheit unklug. Wir haben gesehen, dass große Unternehmen von ihrer Sozialität her ohnehin auf Kooperation hinauslaufen, gleichgültig, wie martialisch die Reden der jeweiligen Vorstände ausfallen. Und kleine und mittelständische Firmen drohen jederzeit sich aufzureiben, wenn sie sich auf einen konfrontativen Kurs festlegen, oder sie werden am sich dann formierenden Widerstand der Konkurrenz schlicht abprallen, meist mit fatalem Ausgang.

Es ist daher klug, Unternehmensstrategien auf kooperative Prinzipien auszurichten und konfrontative Eskapaden auf Ausnahmesituationen zu beschränken. Volkswirtschaftlich bzw. in der staatlichen Wirtschaftspolitik hingegen scheint es angeraten, statt sich vor die Wahl zwischen Liberalismus und Dirigismus stellen zu lassen, lieber – jedenfalls in der aktuellen Situation – eine Förderung kooperativer zuungunsten konfrontativer Prinzipien zu betreiben. Dies entspricht viel eher dem Wesen von Industrienationen im beginnenden Zeitalter der Informationsgesellschaften. Und es bietet auch eine deutlich größere Hoffnung, weiterhin in einer Welt zu leben bzw. eine solche zu schaffen, in welcher nicht das Gegeneinander, sondern das Miteinander jenseits aller Grenzen und Unterschiede den Leitstern unseres Lebens und Arbeitens bildet.

8.8 Zitierte Publikationen

Adorno, Theodor Wiesengrund: Kulturkritik und Gesellschaft I (Gesammelte Schriften, Band 10.1), Frankfurt/M. (Suhrkamp) 1977

Bannister, Robert Corwin: Social Darwinism, Science and Myth in Anglo-American Social Thought. Philadelpha (Temple University Press) 1979

Bauer, Josef Martin: So weit die Füße tragen, München (Ehrenwirth) 1955

Dos Passos, John: Three Soldiers, New York (George H. Doran Company) 1921

Duller, Rudolf: Die Rückkehr des Militarismus, in: Knut Stang (Hrsg.): Fragmente, Aufklärung, das vereinzelte Ich, Hamburg (BoD) 2005, S. 131-135

Eisler, Riane Tennenhaus: The Chalice and The Blade: Our History, Our Future, New York (Harper & Row) 1989

Eisler, Riane Tennenhaus: The Real Wealth of Nations: Creating a Caring Economics, San Francisco (Berrett-Koehler) 2007

Frey, Alexander Moritz: Die Pflasterkästen: Ein Feldsanitätsroman. Berlin (Kiepenheuer) 1929

Gescaut, Pierre: Arbeitslose massieren Arbeitslose, in: Knut Stang (Hrsg.): Fragmente, Aufklärung, das vereinzelte Ich, Hamburg (BoD) 2005, S. 25-49

Gierke, Otto Friedrich von: Rechtsgeschichte der deutschen Genossenschaft, (Das deutsche Genossenschaftsrecht, Bd. 1), Berlin (Weidmann) 1868

Heraklit: Herakleitos von Ephesos, hrsg. durch Herman Diels, Berlin (Weidmannsche Buchhandlung) 1901

Hume, David: Enquiries Concerning the Human Understanding and Concerning the Principles of Morals, Oxford (Clarendon) 1962

Jünger, Ernst: Der Kampf als inneres Erlebnis, 2. üb. Aufl. Berlin (Mittler) 1925
Jünger, Ernst: Der Kampf als inneres Erlebnis, 2. üb. Aufl. Berlin (Mittler) 1925
Jünger, Ernst: In Stahlgewittern: Aus dem Tagebuch eines Sturmtruppführers, 2. Aufl., Berlin (E. S. Mittler & Sohn) 1922
Kahn: Herman: Thinking about the Unthinkable in the 1980s, New York (Simon and Schuster) 1984
Kant, Immanuel: Grundlegung zur Metaphysik der Sitten, in: ders.: Akademie-Textausgabe, Bd. 4, S. 385-463
Kant, Immanuel: Zum ewigen Frieden: Ein philosophischer Entwurf, in: ders.: Werke, Bd. 9, Darmstadt (WBG) 1983, S. 195-251
Lenin, Wladimir Iljitsch: Der Imperialismus als höchstes Stadium des Kapitalismus, in: ders.: Werke, Bd. 22, Berlin (Ost) 1960. S. 189-309
Marx, Karl: Das Kapital, Bd. 1: Der Produktionsprocess des Kapitals, 4. Durchg. Ausg., Hamburg (Otto Meissner) 1890
Mill, James: The History of British India, 6 Bde., London (Baldwin, Cradock & Joy) 1826
Nietzsche, Friedrich: Also sprach Zarathustra, Köln (Lingen) ohne Jahr
Rawls, John: A Theory of Justice, 2. üb. Aufl., Cambridge/Ms. (Belknap) 1999
Remarque, Erich Maria: Im Westen nichts Neues. Berlin (Propyläen) 1929
Salomon, Ernst von (Hrsg.): Das Buch vom deutschen Freikorpskämpfer, Berlin (Wilhelm Limpert Verlag) 1938
Schatewej, Ruud: Gibt es einen gerechten Krieg, in: Knut Stang (Hrsg.): Fragmente, Aufklärung, das vereinzelte Ich, Hamburg (BoD) 2005, S. 161-188
Smith, Adam: An Inquiry into the Nature and Causes of the Wealth of Nations, 2 Bde., London (Methuen) 1904
Stokes, Eric T.: The English Utilitarians and India, Oxford (Clarendon Press) 1959
Weber, Max: Wirtschaft und Gesellschaft, (Grundriß der Sozialökonomik, III. Abteilung), Tübingen (J.C.B. Mohr) 1922
Wöss, Fritz: Hunde, wollt ihr ewig leben, Wien (Paul Zsolnay Verlag) 1958

9   Bertha Graanz: Die andere Seite der Gitterstäbe

Bertha Graanz kennen die meisten sicherlich aus ihren Publikationen zur Methodik statistischer Methoden in den Geschichtswissenschaften, zudem aber natürlich auch als die langjährige Sprecherin der weltweit im Sinne von Menschenrechten und Demokratie engagierten NGO „Dislocal World". Wenn es auch letztlich zu keinem Auftritt auf der Akademietagung kommen konnte, so sind wir ihr doch mehr als dankbar, dass ihre knappe Zeit es dennoch erlaubt hat, einen ebenso eloquenten wie erhellenden Beitrag für diese Publikation zur Verfügung zu stellen.

Historiker zeichnen sich nicht selten dadurch aus, dass die Zeithaftigkeit der Dinge ihnen deutlich vor Augen steht, die andere für ewig unwandelbar halten. Natürlich sind auch Historiker Freunde der Eintagsfliege, verglichen mit Geologen oder Astrophysikern, die leicht auch mal in Millionen, gar Milliarden Jahren denken. Aber immerhin haben doch auch Historiker eine gewisse Neigung, die Dinge der Welt auf ihr Woher zu befragen und zugleich auch weniger als andere zu vergessen, dass es immer auch ein – wenn auch vielleicht unbeantwortbares – Wohin gibt. Nichts war, wie es ist, noch wird es so bleiben. Das mag einen hier und da dauern, andernorts vielleicht auch halbwegs beruhigen, vor allem, wenn man mit Blick auf die Geschichte sich die Zählebigkeit dieser unvollkommenen und hilflosen Spezies Mensch vor Augen führt.

Ich will ihnen im Folgenden zeigen, wie dieses Fragen des Historikers nach dem Woher einer Sache in ein Wohin münden kann, welches umso dringender gefragt werden wird, je unbefriedigender mit Blick auf die aktuelle Situation die Frage nach dem Warum beantwortet werden kann.

Nehmen wir als Beispiel mal eine in der ganzen Welt verbreitete Institution: das Gefängnis. Die meisten werden sofort sagen, Gefängnisse haben es schon immer gegeben, müsse es geben, müsse es auch in Zukunft geben. Und weil es sie auch für alle Zukunft geben müsse, daher würde es sie auch in aller Zukunft geben. Auch seien sie als Institution moralisch, sicherheitspolitisch, pädagogisch, politologisch und rechtsphilosophisch hinreichend begründet. Allen vier Meinungen – mehr ist das zunächst nicht – werde ich in den nächsten Abschnitten einen Teil Ihrer Aufmerksamkeit zuzuwenden versuchen. Dabei will ich aber nicht eigentlich von Gefängnissen reden. Gefängnisse sind Gebäude, Türme, Verließe, manchmal auch Schiffe, natürliche Kavernen, seltener eine einsame Insel oder sogar eine unwegsame Schlucht. Worüber wir aber eigentlich sprechen sollten, ist, wofür das Gefängnis hier als Symbol verwendet worden ist, nämlich der Freiheitsentzug, also die Haftstrafe als Mittel der Strafjustiz, zu deren Umsetzung es dann Einrichtungen wie Gefängnisse oder, modern gesprochen, Justizvollzugsanstalten braucht.

9.1 Gefängnishaft gab es schon immer

Lassen sie uns nicht darüber streiten, was „immer" in diesem Zusammenhang bedeutet. In der Altsteinzeit hat es Gefängnisse mit großer Wahrscheinlichkeit nicht gegeben, erst recht war direkt nach dem Urknall die Zahl von Gefängnissen weltweit wahrscheinlich ausgesprochen klein, schon weil keiner da war, um Haftstrafen zu verhängen. Beschränken wir uns auf die vergleichsweise kurze Geschichte der menschlichen Hochkulturen, also die Zeit ab dem Entstehen erster Städte in Mesopotamien oder China, um zu schauen, ob es tatsächlich Gefängnishaft und Gefängnis in dieser Weise schon immer gegeben hat.

Differenzieren müsste man aber schon, was wir mit dem Ausdruck „Gefängnishaft" meinen, da bei ausreichender Unschärfe jede Art Gefangenschaft angeführt werden könnte zum Beleg, dass es schon immer Gefängnisse gegeben habe.

Eine wesentliche Eigenschaft von Gefängnishaft ist, dass sie zu den Strafinstrumenten der Rechtsprechung gehört. Ihre Existenz setzt also eine staatliche Jurisdiktion voraus, wie auch immer und in welcher Größe des Landes diese sich auch immer gestalten mag. Wo diese fehlt oder Menschen unter Missachtung einer vorhandenen Judikative ihrer Freiheit beraubt werden, kann man nicht von Gefängnishaft sprechen, allenfalls von Freiheitsberaubung, Versklavung o.ä., und das auch nur dann und dort, wenn der Staat selbst hierfür verantwortlich ist.

Gesetzgebung, Rechtsprechung, erst kodiertes Recht sind aber relativ neue Erfindungen der Menschheit. Es lohnt ein Blick in die frühesten Rechtsaufzeichnungen, die bis heute erhalten oder doch weitgehend rekonstruierbar sind. Zu nennen sind hier etwa der Codex Hamurapi und der Codex Ešnunna aus dem 18. Jhdt. v. Chr., weiterhin die noch ältere Rechtssammlung des sumerischen Königs Ur-Nammu, die um 2100 v. Chr. entstand, oder die Sammlung des Königs von Isin, Lipit-Ištar, die ca. 1870 v. Chr. abgefasst wurde. Grundmerkmal dieser Gesetze ist meist eine kasuistische Formulierung: Wenn jemand dieses tut, so soll jenes ihm widerfahren. Dabei kennen die sumerischen Gesetze nur die Todesstrafe für Mord, Raub, Vergewaltigung und Ehebruch, ansonsten treten materielle Strafen und Entschädigungen ein, soweit die Regelungen nicht überhaupt zivilrechtliche Fragen klären, was beim Codex des Lipit-Ištar fast den gesamten Text einnimmt. Es gibt aber neben der Todesstrafe keine weiteren Korporalstrafen – Auspeitschungen, Abtrennen von Nasen, Ohren, Händen o.ä. – noch gibt es Freiheitsstrafen. Lediglich für Entführung sieht der Codex des Ur-Nammu den Entzug der Freiheit vor, was aber wohl als Verkauf in die Sklaverei verstanden werden muss.

Die sumerischen Gesetzgeber sahen im Verlust der Freiheit vor allem eine Folge einer Niederlage, welche mit Sklaverei endete, wenn jemand vom Feind gefangen genommen wurde. Die Gesetztexte kennen auch eine Art Privathaft, wenn jemand zur Erzwingung der Sühne eines anderen diesen gefangen nimmt. Aber eine staatlich verordnete und durchgeführte Entziehung der persönlichen Freiheit auf eine bestimmte Zeit ist ihnen fremd.

Auch die antike griechische Rechtsprechung kannte zunächst keine Gefängnishaft. Doch gab es auch hier neben den Korporalstrafen materielle Strafen, also in der Regel Geldzahlungen. Wer nicht in der Lage war, diese zu begleichen, wurde in eine Art Erzwingungshaft genommen, die zunächst unbefristet war, weil man hoffte, dass in solchen

Fällen die Familie des Inhaftierten die benötigten Mittel irgendwie aufbringen würde. Dies erwies sich jedoch nicht selten als irrig, sodass z.B. im entsprechenden Bau in Athen, dem Desmoterion, einzelne Gefangene sehr lange saßen, wobei sie meist angekettet waren, um sie an der Flucht zu hindern.

Eine Strafrechtsreform in Athen befristete dann die im Desmoterion zu verbringende Zeit, um genau solche Fälle künftig zu verhindern. Dies war das erste Auftreten von zeitlich begrenzten Haftstrafen, auch wenn nach wie vor die Strafe sofort endete, sofern der Inhaftierte oder seine Familie die entsprechende Summe Geldes erbringen konnte. Eine Fortsetzung fand diese Institution aber zunächst nicht.

Etwa in dieser Zeit begannen auch diverse Philosophen, vor allem Platon, die Möglichkeit einer pädagogischen Funktion der Haft zu erörtern. Wenn ein Delinquent solcherart über längere Zeit im Zugriff des Staats sei, so wäre es vernünftig, aus ihm einen besseren Menschen zu machen, argumentierte Platon etwa in seinem Monumentalwerk über die philosophische Grundlegung der Gesetze, den Nomoi. Der Staat hat hier, deutlich stärker noch in der älteren Politeia, die Aufgabe, dem Niedergang von Sitten und Moral entgegenzutreten. Daher gehöre die Erziehung der Jugend, aber auch der Bürger insgesamt zu den zentralen Aufgaben des Staates, welche dieser zur Not auch mit Zwangsmitteln umsetzen müsse. Alle Strafgesetzgebung müsse darauf abzielen, den Delinquenten moralisch zu bessern oder wenigstens eine weitere Verschlechterung zu verhindern. Diejenigen, bei denen dies aussichtslos sei, müssten freilich getötet, also aus der Gemeinschaft ausgemerzt werden. Sklaven und Fremde, welche noch nicht die Tugenderziehung des Staats genießen konnten, seien nicht zum Tode zu verurteilen, da für sie noch Hoffnung bestünde. Wer aber als Bürger sein Leben lang der moralischen Anleitung des Staats teilhaftig geworden sei, beweise durch eine Missetat seinen verderbten Grundcharakter. Dieser vererbe sich mit großer Wahrscheinlichkeit auch auf seine Nachfahren. Daher müssten die Söhne oder Enkel eines zum Tode Verurteilten aus dem Staat verbannt werden.

Die römische Rechtspraxis folgt hinsichtlich ihrer Begründung diesen und ähnlichen Gedanken. In der Realität aber handele es sich bei den Strafgefangenen fast ausschließlich um Zwangsarbeiter, deren Tätigkeiten nicht das begangene Unrecht gutmachen sollten, sondern die allgemein zum Nutzen des Staats eingesetzt wurden. Dies galt schon für das älteste römische Gefängnis, den Carcer Tullianus, welcher spätestens im 3. Jhdt. v. Chr. errichtet wurde, angeblich aber bereits auf Servius Tullius, den sechsten König der Stadt, vielleicht sogar auf den vierten König, Ancus Marcius, zurückging. Wer hier gefangen gehalten wurde, wartete allerdings nur auf seine Hinrichtung, es war also eher ein Todestrakt als ein Gefängnis im eigentlichen Sinn. Die Freiheitsstrafe war im römischen Recht noch der frühen Kaiserzeit faktisch lebenslang, da der Betreffende versklavt wurde. Hierbei kannte das Recht die verschärfte Form der Kettenhaft, welche auch über renitente oder straffällige Sklaven verhängt wurde. Erst unter Hadrian wurde diese besondere Strafe als grausam und barbarisch abgeschafft.

Eine Verurteilung zu einem Leben als Galeerensklave kannte weder die griechischen Stadtstaaten noch das römische Recht. Die Galeeren wurden in aller Regel von Freien gerudert, in seltenen Fällen griff man allerdings auf bereits vorhandene Sklaven zurück. Erst im Mittelalter verurteilte man Delinquenten zu Galeerenstrafen, ausgehend wohl von der von allen Parteien praktizierten Verwendung gefangener Andersgläubiger während der langen Auseinandersetzungen im Mittelmeerraum, welche zu einem nennenswerten Teil zur See ausgetragen wurden. Ansonsten aber standen bis ins späte Mittelalter Körperstrafen eindeutig im Vordergrund, daneben die – nicht notwendig gewalthafte – öffentliche Beschämung, also das Ausstellen am Pranger oder Stock, und die Verbannung, mit der nicht selten auch eine Zerstörung der Lebensgrundlage der ganzen Familie, also z.B. ein Niederbrennen von Haus und Hof verbunden war. Wer eine vielleicht sogar lange Zeit im Kerker verbrachte, tat dies hingegen als Gefangener eines Feinds oder zur Erzwingung einer bestimmten Handlung, ansonsten war dies nur der Ort, wo man den Strafprozess erwartete, in dessen Verlauf untergebracht war oder schließlich dem Vollzug der Korporalstrafe entgegensah. Hingegen gab es auch hier keine Verurteilung zu einer zeitlich befristeten Haftstrafe, schon gar nicht eine Begründung, dass dies der Besserung des Verurteilten dienen solle.

Erst das 18. Jahrhundert wandte sich unter dem Einfluss der Aufklärung nach und nach von den teilweise drakonischen Körperstrafen des Mittelalters ab. Hierfür waren drei Gründe maßgebend:

- Man glaubte nicht, den Verurteilten durch die Strafe bessern zu können.
- Man erkannte, dass solcherart Verstümmelte sich zu Bettelei oder Kriminalität gezwungen finden könnten und so eher zu einer weiteren Belastung der Gemeinschaft werden würden.
- Man glaubte dies nicht mit dem Menschenbild der Aufklärung vereinbar. Insbesondere das Recht auf körperliche Unversehrtheit stand der Praxis der Korporalstrafen entgegen.

Zudem wurden die z.T. schon bei kleinen Vergehen verhängten drastischen Strafen zu Symbolen der als tyrannisch und grausam bezeichneten traditionellen Rechtsordnung. Wer modern sein oder als Politiker sich die Unterstützung der modernen und gebildeten Teile der Bevölkerung sichern wollte, musste sich also u.a. auch gegen Korporalstrafen aussprechen.

Aus diesem Gründen benötigte man ein Institut, welches geeigneter zum Umgang mit Straftätern erschien. In verschiedenen Staaten entstanden „Besserungsanstalten", die alle auf dem Optimismus der Aufklärung beruhten, dass kaum jemand, vielleicht niemand von Grund auf böse sei, sodass es auch möglich sein müsse, ihn im Sinne der Gemeinschaft zu bessern. Zugleich erkannte man, dass neben der charakterlichen Prägung auch die fehlenden Mittel und Kenntnisse für einen rechtskonformen Broterwerb viele Menschen in die Kriminalität trieben. Daher sollten die entsprechenden Häuser einerseits den Delinquenten zwingen, einen Teil des angerichteten Schadens durch Ausbeutung seiner Arbeitskraft für den Staat gutzumachen. Aber er sollte anbei auch ein Handwerk erlernen, was es ihm nach erfolgter Besserung erlauben würde, ohne Straftaten sich über Wasser zu halten.

Hier vermischten sich freilich zwei Haltungen. Die eine sah Besserung des Delinquenten als wesentliches Ziel an, die andere wollte zwar von den Korporalstrafen abrücken, nicht aber von der Idee, dass Strafen abschreckend wirken sollten, und zwar sowohl auf den Delinquenten als auch auf andere, die vielleicht Ähnliches zu tun geneigt seien. Entsprechend konkurrieren beide Ideen seit dem 19. Jahrhundert darum, ob Gefängnisse besonders unerfreuliche Orte sein sollen – was einem Lernen und einer charakterlichen Werdung des Delinquenten kaum helfen würde. Oder ob sie den Delinquenten solange in den direkten Zugriff des Staats zwingen sollen, bis er sich charakterlich für ein Leben in Freiheit eignet.

Diverse Staaten gingen zudem dazu über, Delinquenten kurzerhand zu deportieren, damit sie einerseits als potenzielle Gefahrenträger aus der Gesellschaft entfernt seien, andererseits aber durch Erschließung unwirtlicher Gebiete dem Staat nützen, vielleicht auch selbst im Ringen mit der Natur sich charakterlich bessern könnten. So deportierte Großbritannien Gefangene nach Australien, das Zarenreich konnte hier auf Sibirien zurückgreifen, während Frankreich vor allem Guayana als Strafkolonie verwendete – das berühmte Land, wo der Pfeffer wächst und aus dem später Steve McQueen und Dustin Hoffman zu entkommen versuchten.

Das moderne Gefängniswesen, vor allem aber eine Rechtspraxis, die neben der Todesstrafe als einziger verbliebener Korporalstrafe und materiellen Strafen, also meist Geldzahlungen, lediglich den Freiheitsentzug als Strafe verhängen kann, entstand hingegen ab Ende des 18. Jahrhundert im Rahmen der europäischen Reformbewegungen. Das einflussreichste Beispiel hierfür war die wesentlich mit dem Namen John Howard verbundene Gefängnisreform in Großbritannien durch den Penitentiary Act von 1779. Howard hatte die meisten Gefängnisse in Großbritannien untersucht und z.T. schreckliche Verhältnisse gefunden. Gefängnisse waren in dieser Zeit meist Gruppenkerker, die

Insassen bezahlten bei den Wärtern für Essen, Trinken und diverse Gefälligkeiten – mit hinreichend Geld war hier fast alles möglich. Sie verschuldeten sich dabei meist und blieben deswegen auch nach Abbüßung ihrer Haftstrafe im Kerker, bis ihre Schulden beglichen waren. Die Reformbewegung setzte daher Gefängniszellen durch, eine Trennung von Männern und Frauen, eine Regulierung der Gefangenenversorgung und ein Ende der Haft mit Abbüßen der verhängten Haftzeit. Auch wenn zunächst statt des geplanten landesweiten Systems von Gefängnissen nur zwei Gefängnisse in London nach diesen Prinzipien errichtet wurden, kann man hierin den Beginn des modernen Gefängniswesens sehen.

In Deutschland wurden Howards Bestrebungen vor allem vom Anstaltspfarrer des Zucht- und Arbeitshauses in Halle, Heinrich Balthasar Wagnitz, aufgenommen, der wesentlich für zwei Gedanken des modernen Strafvollzugs steht: Gefangene sollten, sofern nicht vorhanden, eine Berufsausbildung während des Strafvollzugs erhalten, um ihnen ein Leben ohne Straffälligkeit zu ermöglichen, und die Bediensteten des Strafvollzugs sollten einheitlichen Standards genügen und sollten Beamte sein.

Die folgenden Jahrzehnte sahen immer wieder Reformen des Strafvollzugs, welche aber stets der Ambiguität von Abschreckung und Besserung mal mehr in die eine, mal in die andere Richtung verpflichtet waren. Nicht selten spielte auch die Senkung der Unterbringungskosten eine gewisse Rolle, und natürlich veränderte insbesondere die Abschaffung der Todesstrafe die Realität der meisten Gefängnisse ganz erheblich. Modernere Erscheinungen wie etwa die Lockerung des Vollzugs, damit Häftlinge außerhalb der Haftanstalt einem Beruf nachgehen können, oder die Einführung von Hafturlaub dienten vor allem einer weiteren Humanisierung, aber auch der Idee, den Häftling schon während der Haftzeit schrittweise in die Zivilgesellschaft rückzuführen. Sie änderten das Erscheinungsbild der Gefängnishaft weiter, mindestens in Europa, während man in den USA, aber auch in Russland und diversen asiatischen Staaten vor allem durch das Festhalten an der Todesstrafe insgesamt ein deutlich archaischeres Bild des Strafvollzugs vorfindet. In den USA existiert auch wieder die bereits abgeschaffte Zwangsarbeit in einer Chain Gang, also durch zusammengekettete Häftlinge, welche zwar bereits in den 1950er Jahren abgeschafft worden war, aber in den 1990er Jahren kurzzeitig wieder eingeführt wurde und heute noch von Arizona betrieben wird.

Trotz dieser mittelalterlich anmutenden Praktiken ist die Gefängnishaft insgesamt jedoch ganz eindeutig ein Kind der Moderne, genauer der Aufklärung. Man kann insgesamt sagen, dass die heutigen Gefängnisse in Zielsetzung und Gestaltung nach wie vor den reformerischen Bemühungen des späten 18., frühen 19. Jahrhunderts entsprungen sind. Die eingangs genannte erste Ansicht, Gefängnisse habe es schon immer gegeben, ist also falsch. Es gibt sie seit etwa zwei Jahrhunderten, und selbst in dieser Zeit hat sich ihr Gesicht mehrfach erheblich gewandelt.

9.2 Gefängnisse sind notwendig

Der Begriff des Notwendigen in der Handlungstheorie ist relativ einfach zu verstehen, auch wenn er sich nur entfernt an die Definition in der Logik anlehnt: Notwendig ist, was zur Erreichung eines zuvor vereinbarten Ziels unbedingt durchgeführt werden muss, weil dieses Ziel anders nicht erreicht werden kann. Dies entspricht also eher der Äquivalenz in der Logik als der Subjunktion.

Hier stellt sich jedoch das erste Problem hinsichtlich der Annahme, Gefängnisse seien notwendig. Man muss an dieser Stelle fragen, welchem Zweck sie dienen sollen, um zu entscheiden, ob sie für die Erreichung dieses Zwecks notwendig sind. Zum einen könnte man ja feststellen, dass es gar nicht möglich ist, den Zweck von Gefängnishaft hinreichend zu bestimmen und vor allem innergesellschaftlich zu vereinbaren. Zweitens könnte man feststellen, dass Gefängnishaft zur Erreichung dieses Zwecks ungeeignet sei. Und drittens kann man feststellen, dass der gleiche Zweck auch ganz anders erreicht werden kann.

9.2.1 Klarheit des Zwecks von Gefängnishaft

Wenn man fragt, was der Zweck von Gefängnishaft sein soll, so muss man landläufige Meinungen unterscheiden von den rechtlichen und rechtsphilosophischen Zweckzuweisungen. Das deutsche Strafvollzugsgesetz hat seit seiner Reform in den 1970er Jahren sowohl Resozialisierung als auch den Schutz der Allgemeinheit vor weiteren Straftaten, also die Leitbegriffe von „Besserung" und „Sicherung" als Aufgabe des Strafvollzugs festgehalten. Daher heißt es in §2 unter „Aufgaben des Strafvollzuges" folgerichtig: "Im Vollzug der Freiheitsstrafe soll der Gefangene fähig werden, künftig in sozialer Verantwortung ein Leben ohne Straftaten zu führen (Vollzugsziel). Der Vollzug der Freiheitsstrafe dient auch dem Schutz der Allgemeinheit vor weiteren Straftaten." Den Hintergrund bildet für Deutschland ein Urteil des Bundesverfassungsgerichts von 1973. Da heißt es: „Dem Gefangenen sollen Fähigkeiten und Willen zu verantwortlicher Lebensführung vermittelt werden, er soll es lernen, sich unter den Bedingungen einer freien Gesellschaft ohne Rechtsbruch zu behaupten, ihre Chancen wahrzunehmen und ihre Risiken zu bestehen."

„Besserung" und „Sicherung" sind auch die beiden Ziele, welche landläufig dem Strafvollzug zugewiesen werden. Doch gibt es immer wieder auch noch andere Zwecke, welche hier genannt werden, manchmal auch eher im Hintergrund anklingen. Es sind dies vor allem Wiedergutmachung, Sühne und Rache.

Wiedergutmachung beschränkt sich naturgemäß auf reparable Schäden, also auf materielle Verluste. Die Rechtspraxis in Deutschland kennt dies nicht als Aufgabe von Gefängnishaft; niemand muss durch die während der Haftzeit durchgeführten Arbeiten Entschädigungszahlungen an die Geschädigten seiner strafbaren Vergangenheit leisten, zumal die hier erarbeiteten Mittel bei fast keiner Straftat auch nur einen Bruchteil der Schadenshöhe darstellen dürften.

Das Ziel einer Sühne der Straftat ist hingegen schon sehr alt und mischt sich oft sowohl mit dem Ziel der Besserung als auch dem Ziel der Rache. In archaischer Weltsicht ist durch das Verbrechen das Böse in die Welt eingetreten, ist ein Gott beleidigt, sind Dämonen angelockt worden. Dies alles kann nur überwunden werden durch Sühne des Täters. In blutmagischen Religionen etwa lockt vergossenes Blut schreckliche Geister, doch lassen sich diese bannen, wenn auch des Täters Blut vergossen wird. Hier war es ein großer Fortschritt, durch einen Maßnahmenkatalog den Umfang der jeweiligen Sühne zu beschränken, wie es z.B. durch die jüdische Gesetzgebung unter dem Stichwort „Auge um Auge" geschah. Wenn solche Regelungen aus heutiger Sicht auch grausam und vor allem kontraproduktiv erscheinen mögen, zu ihrer Zeit waren sie ein Fortschritt, weil sie die ungezügelte, in Art und Umfang nicht geregelte Sühne quasi bändigten.

Dennoch ist Sühne heute als religiöses oder magisches Moment wohl kaum noch relevant. Wohl aber haben die meisten Menschen ein gewisses Rechtsempfinden, dem auch gesellschaftliche Forderungen nach Sühne vor allem öffentlich wahrgenommener Straftaten entsprechen. Wenn eine Missetat ungesühnt bleibt, rebelliert das eigene Gerechtigkeitsgefühl, scheint die Welt in Unordnung, fürchtet man um den Fortbestand von Recht und Gerechtigkeit in der Gesellschaft, in der man lebt.

Die Sprunghaftigkeit und die Uneinheitlichkeit dieser Sühneforderungen zeigen aber bereits, wie wenig Sühne ein geeigneter Zweck von jeder Art Strafrecht ist. Jeder Mensch wird Fälle kennen, wo er eine Straftat, sogar Raub oder Mord, als weniger verwerflich einschätzte als in anderen Fällen. Dennoch meine ich, dass die Sühneforderung heutzutage zwar weniger offen angesprochen wird als in der Vergangenheit. Aber sie ist nach wie vor ein wesentliches Motiv unserer Rechtsprechung. Sie vermischt sich zudem in nicht immer sauber trennbarer Weise mit einem allgemeinen Rachebedürfnis, welches auch dort Sanktionen fordern zu müssen glaubt, wo man selbst gar nicht betroffen ist. Denn es sind meist nicht die eigentlich Geschädigten oder ihre Angehörigen, welche nach Rache verlangen, quasi um ihre aufgewühlten Gefühle zu beruhigen, sondern es sind vorwiegend andere, welche z.T. mit starken Worten und exaltierten Forderungen sich zum Sachwalter eines nur mühselig als Gerechtigkeitsforderung verbrämten Rachegedankens machen.

Mit der durch das Gesetz erfolgten Zwecksetzung von Gefängnisstrafen ist Sühne so wenig wie Rache vereinbar. Aber um die Bedeutung des Sühneaspekts sich vor Augen zu führen, reicht schon folgendes Gedankenexperiment. Sagen wir, jemand tötet seine Frau durch einen gezielten Schuss aus einem Jagdgewehr, welches er sich eigens zu diesem Zweck beschafft hat. Sein Motiv: Er sah keinen anderen Weg, sich aus ihrem Einfluss zu befreien und endlich ein selbstbestimmtes Leben als Homosexueller zu führen. Während der Ermittlung, erst recht im Verfahren wird deutlich, dass der Betreffende von schrecklichen Schuldgefühlen geplagt wird, seine Tat, so irgend möglich, würde ungeschehen machen wollen, und sei es durch den eigenen Tod. Es wird auch klar, dass die Wahrscheinlichkeit, dass er nochmal einen Menschen tötet, nicht größer, womöglich kleiner ist als bei anderen Menschen.

Die Zweckzuweisung durch das Gesetz dürfte keinen Sinn erkennen, hier eine lebenslange oder auch nur eine befristete Haftstrafe zu verhängen. Denn weder muss die Gesellschaft vor diesem Menschen beschützt werden, noch dürfte von der Haft auf genau diesen Menschen eine bessernde Wirkung zu erwarten sein. Folglich gibt es keine Veranlassung, ihn ins Gefängnis zu sperren.

Unser Rechtsempfinden und unser Wunsch nach Sühne und Rache verlangen trotzdem eine Bestrafung des Täters, schließlich ist ein Mensch ermordet worden. Wir fürchten auch, dass andere sich ermutigt fühlen würden, eine ähnliche Tat zu begehen, wenn Mord in diesem und ähnlichen Fällen nicht mehr bestraft würde.

Mit dem Gesetz vereinbar ist diese Argumentation, dass jemand ins Gefängnis muss, um andere abzuschrecken, also die Generalprävention, nicht, sodass wir wohl zu dem Schluss kommen müssen, dass die Zielsetzungen von Gefängnishaft in der gesellschaftlichen Wahrnehmung und in der Gesetzgebung sich grundlegend unterscheiden. Sühne und Rache spielen im Gesetz keine Rolle, auch nicht eine Prävention hinsichtlich einer möglichen Täterschaft anderer.

Damit haben wir – passend zu den Ergebnissen der Strafzwecktheorie, die sich in der Regel hiermit befasst – fünf Zwecke identifiziert, welche meist mit Gefängnishaft wie auch mit Strafjustiz insgesamt verbunden werden, wobei nur die ersten beiden dem aktuellen Geist des Gesetzes entsprechen:

- Besserung: Der Delinquent soll während bzw. durch die Gefängnishaft moralisch und psychisch, aber auch hinsichtlich seines Ausbildungsstands in die Lage versetzt zu werden, nach Abschluss der Haft ohne Rückfall in die Kriminalität sein Dasein zu gestalten.
- Sicherung bzw. Spezialprävention: Die Gesellschaft soll vor dem Delinquenten auf begrenzte Zeit oder für immer geschützt werden, anders gesagt also für den Zeitraum, innerhalb dessen eine Wiederholung der Straftat für möglich, vielleicht auch für wahrscheinlich gehalten wird.
- Sühne: Das in die Welt gekommene Unrecht, insbesondere das durch Gewaltverbrechen vergossene Blut müssen in ihrer Schrecklichkeit gebannt werden, um sich nicht verhängnisvoll für die Gesellschaft insgesamt auszuwirken.
- Rache: Der emotionalen Reaktion auf das Unrecht soll Genüge getan werden, wobei es weitgehend unerheblich ist, ob es hierbei um die Gefühle des einen oder anderen Betroffenen oder seiner Angehörigen geht oder um die Gefühle eines oder meist mehrerer eigentlich Unbeteiligter.
- Generalprävention: Durch die Verurteilung und Bestrafung eines Delinquenten sollen andere, welche vielleicht Ähnliches vorhaben könnten, abgeschreckt werden.

Entsprechend formulierte 1977 das Bundesverfassungsgericht: „Schuldausgleich, Prävention, Resozialisierung des Täters, Sühne und Vergeltung für begangenes Unrecht werden als Aspekte einer angemessenen Strafsanktion bezeichnet."

Die Strafzwecktheorie vertritt meist eine „dreifaltige Vereinigungstheorie". Danach dient die Strafsetzung sowohl der Sühne, also der Restituierung eines ideellen Prinzips, der Generalprävention und der Spezialprävention, wobei letztere sowohl der Sicherheit dienen kann durch Besserung als auch durch Sicherung. Es gab und gibt jedoch weitere Zwecke von Gefängnishaft, die weniger allgemein sind, aber in der Geschichte vorgekommen und auch heute noch durchaus mindestens gelegentlich anzutreffen. Der Vollständigkeit halber sollen wenigstens einige hiervon angeführt werden.

In der einen oder anderen Gesellschaft, in der einen oder anderen Epoche hat Gefängnishaft auch die Funktion gehabt, dem Staat billige Arbeitskräfte zur Verfügung zu stellen. Gefängnisinsassen wurden und werden freudevoll für medizinische Experimente herangezogen, insbesondere für pharmazeutische Versuche zur Absicherung der Verträglichkeit und Wirkungsweise neuer Medikamente. Nicht immer sind diese Experimente in der Vergangenheit freiwillig erfolgt, nicht in allen Fällen haben die entsprechenden Personen überhaupt davon erfahren, dass solche Versuche mit ihnen angestellt wurden. Und dies, obwohl in einigen Fällen lebensbedrohende Folgen der Versuche für möglich gehalten wurden.

Als noch abscheulicher muss man wohl die Praxis einiger Staaten bezeichnen, Häftlinge zu Organspendern zu machen, mitunter aus mehr oder weniger durchaus ernstzunehmenden humanitären Motiven, nicht selten auch aus reiner Geldgier. In anderen Fällen hat man Häftlinge, in aller Regel Frauen, zu sexuellen Handlungen gezwungen, mitunter, aber nicht immer, verbunden mit Zwangsprostitution. Gefängnisse werden zur Desintegration ethnischer oder religiöser Gemeinschaften benutzt. Sie dienten als Rekrutierungsreserven für diverse Armeen in aller Welt, eine Praxis, die auch heute noch nicht verschwunden ist. Im Gegenteil, in einigen Ländern stellen Gefängnisinsassen auch die wichtigste Quelle für neue Mitarbeiter der örtlichen Mafia, vor allem für Drogenkuriere, dar, was mit Wissen und z.T. aktiver Unterstützung von Justiz und Politik geschieht.

9.2.2 Eignung von Gefängnishaft zur Erreichung dieses Zwecks

Wenn wir uns auf die fünf genannten Hauptgründe für Gefängnishaft konzentrieren, kann man fragen, ob der jeweilige Zweck durch die Haftstrafe oder durch das Institut der Gefängnishaft insgesamt erreicht wird oder wir doch jedenfalls seiner Erreichung durch die Haft ein wenig näher kommen.

9.2.2.1 Besserung

Es ist nicht richtig, auch wenn es beliebt ist zu sagen, dass durch Gefängnishaft niemals jemand zu einem besseren Menschen würde, ja dass Gefängnisse eher so etwas wie die Volkshochschulen des Verbrechens seien. Natürlich lassen sich leicht Tausende, vielleicht Zehntausende von Beispielen finden, wo Gefängnishaft zur Besserung eines Menschen beigetragen hat. Natürlich kann man in diesem Zusammenhang fragen, was der Fall sein muss, damit eine Besserung konstatiert werden kann. Man kann auch fragen, wer die gesellschaftliche Norm festgelegt hat, die dem Bild des solcherart gebesserten Menschen zugrunde liegt, welche ethische Herleitung das hat und wer den Betreffenden autorisiert hat, eine entsprechende Festlegung zu treffen. An dieser Stelle interessiert uns aber eher, ob eine solche Besserung hinreichend oft erreicht wird, um eine Gefängnishaft zu rechtfertigen.

Eine Haftstrafe bildet zunächst einmal eine massive Beschädigung der Mechanismen, welche normalerweise den Menschen in die Lage versetzen sollen, ein Leben ohne kriminelle Handlungen zu bestreiten. Soziale Bindungen, Einbettung in eine ihrerseits weitgehend nicht straffällige Gemeinschaft, Heterogenität der Lebenswelten, Möglichkeiten normaler beruflicher Aktivitäten usw. entfallen im Alltag des Gefängnisses gänzlich. Trotzdem erwartet man sich hiervon eine erhöhte Chance auf ein Leben ohne Kriminalität nach Rückkehr in diese Gesellschaft.

Die Realität der Gefängnisse selbst in Deutschland, erst recht aber in zahlreichen anderen Staaten dieser Welt, geht über diese Beschädigung der zivilgesellschaftlichen Mechanismen noch weit hinaus. In Gefängnissen werden Menschen entrechtet, gequält, in Käfige eingesperrt, in großen Gruppen auf kleinem Raum, ohne Privatsphäre, ohne Rückzugsmöglichkeit, ohne freie Wahl des sozialen Umfelds. Die Gefangenen haben untereinander eine sich meist jeder Kontrolle entziehende Hierarchie mit hohen Anteilen physischer Gewalt, komplizierten Ritualen und jeder nur vorstellbaren Art von Mobbing nebst einen relativ hohen Durchsatz von Drogen. Angst, Langeweile und Ausweglosigkeit bestimmen den Alltag. Gefangene lernen, dass ihre soziale Rolle, ja ihr Überleben wesentlich von ihrer Bereitschaft und Befähigung zu physischer Gewalt abhängt, dass man als Schwächerer fast schutzlos allen möglichen Übergriffen ausgesetzt ist und man am besten überlebt, wenn man in einer Hierarchie der Gewalt nach oben sklavisch, nach unten brutal operiert.

Wie genau soll man sich unter diesen Voraussetzungen die erhoffte Besserung vorstellen, bzw. wie soll diese erreicht werden können, wo sie nicht ganz unabhängig davon aufgrund einer Einsicht des Betreffenden zustande gekommen ist, welche dieser ohne Gefängnishaft auch und vielleicht besser und schneller erreicht hätte?

Entsprechend hoch sind in allen Ländern die Rückfallquoten. In Deutschland etwa kamen 2009 auf 100.000 Einwohner 90 Inhaftierte. In den USA lag die Zahl im gleichen Jahr bei 753 Inhaftierten, was wohl kaum Anlass gibt, von einer erheblich höheren Anzahl böser Menschen in den USA zu sprechen, sondern nur von einer viel größeren Neigung der Gerichte, Haftstrafen zu verhängen bzw. die Länge der Strafen im Schnitt deutlich höher anzusetzen.

Ignoriert man die in den Haftanstalten selbst begangenen Straftaten – sie reichen von Raub und Erpressung bis zu Mord und Gründung krimineller Vereinigungen – so ergibt sich für Deutschland insgesamt eine Rückfallquote von ca. 35% über alle Straftaten. Nun sollte man meinen, dass die pädagogischen Bemühungen des Strafvollzugs besonders bei Jugendlichen Früchte tragen, da diese ja noch am ehesten beeinflussbar und formbar sind. Das Gegenteil ist aber der Fall. Bei jugendlichen Straftätern liegt die Rückfallquote in Deutschland weit über 70%, sodass zu vermuten steht, dass die genannte Besserung, also das Ausbleiben weiterer Straftaten, wohl eher auf biografische Gründe, Einsicht, zu hohes Alter usw. zurückzuführen ist als auf die Haftstrafe selbst. Dem erklärten Zweck der Besserung dient die Haftstrafe also in aller Regel nicht, und in den meisten Fällen werden ist eine nachweisbar erfolgte Rückkehr in ein Leben ohne Straffälligkeit wohl eher trotz statt wegen der Haftstrafe erfolgt.

9.2.2.2 Sicherung

Wird die Gesellschaft dadurch sicherer, dass man Straftäter für eine mehr oder minder lange Zeit ins Gefängnis sperrt?

Hierzu muss man zunächst natürlich die im Strafvollzug selbst vollzogenen Straftaten, welche weitgehend ungeahndet bleiben, ignorieren. Sodann aber ist dieser Idee ein eigentlich weitgehend antiquiertes Menschenbild zu unterstellen. Denn wir haben es hier mit der Idee zu tun, bestimmte Menschen seien prädestinierte Straftäter, wovon einige vielleicht abgeschreckt würden durch die Strafjustiz, ansonsten aber müsse man die Gesellschaft vor diesen Menschen schützen, indem man sie wegsperrt.

Hierzu kann man mehrere Gedankenexperimente anstellen. Erstens: Wenn wir es hier mit Menschen zu tun haben, denen eine kriminelle Grundveranlagung zu eigen ist, warum sind dann Haftstrafen in der Regel befristet? Müsste man nicht einen so klassifizierten Menschen einsperren, bis Gutachter, Psychologen, Soziologen, Richter zu der Ansicht gelangen, der Betreffende stelle kein Risiko mehr dar? Dann freilich bräuchte man den oben erwähnten Mörder, dessen Reue außer Frage steht und der mit größter Wahrscheinlichkeit keinen zweiten Mord begehen wird, gar nicht einzusperren. Andererseits würde sich vielleicht der eine oder andere leidenschaftliche Autoknacker deutlich länger hinter Gittern befinden als der reuige Kneipenschläger, erst recht, wenn dieser im Rahmen einer Gefängnisschlägerei so zugerichtet worden ist, dass er künftig gar nicht mehr imstande wäre, einen anderen zu attackieren.

Zweitens: Läge auf Basis dieser Annahme nicht das Bemühen nahe, potenzielle Straftäter bereits vor der Tat aufgrund ihrer Veranlagung zu erkennen und bis zur Korrektur dieser Disposition in Gewahrsam zu halten? Solche und ähnliche Versuche hat es im 19. Jahrhundert immer wieder gegeben, und in jüngerer Vergangenheit haben insbesondere Neurophysiologen gemeint, eine grundsätzliche Gewaltdisposition diagnostizieren zu können. Man argumentiert hier oft, Gewalttätern fehle die Befähigung, sich in den anderen zu versetzen und dessen Leid sich vorzustellen, als wäre es das eigene. Die Erwartung ist, dies präventiv ermitteln zu können und dann diese Menschen bereits vorbeugend einzusperren bzw. ihnen die entsprechenden Therapien angedeihen zu lassen. Wer weiß, vielleicht kann man eines Tages auch Betrüger, Scheckfälscher, Drogenhändler und Autoschieber als hilflose Opfer ihrer Gene lang vor der ersten Tat erkennen und aus dem Verkehr ziehen, bis sie von ihrer Veranlagung geheilt sind. Aber wollen wir in so einer Gesellschaft leben? Und liegt nicht auch hier ein von Arroganz geprägtes Verhalten vor, welches sich anmaßt festzulegen, was richtig und falsch ist? Und sollen wir wirklich so eurozentrisch sein, auf dieser Basis der Präventionsforschung in Russland zu verbieten, auch gleich nach dem Homosexualitätsgen zu forschen, der arabischen Forschung, eigensinniges Verhalten bei Frauen zu identifizieren?

Drittens: Nehmen wir mal an, von einem Tag zum anderen lösten sich alle Straftäter in Luft auf. Ohne Gewalt, keine Todesstrafe, einfach ohne Spur dahin, nicht einmal die Erinnerung kündete noch von ihnen. Wie lange, bis die Kriminalitätsrate das vorige Niveau erreicht hätte? Ist es die genetische Disposition, welche den Menschen zum Straftäter macht, oder erzeugt die gesellschaftliche Realität eine ökologische Nische für Straftäter, die früher oder später ausgefüllt werden wird, einfach weil sie vorhanden ist? Wenn dasselbe den Schreinern, Gitarrenvirtuosen, Profifußballern passierte, müsste man wohl nur von einigen wenigen Jahren ausgehen, bis die ökologische Nische vollständig gefüllt wäre. Vielleicht würden ein paar wirklich begnadete Schreiner, Fußballer, Gitarristen nicht so ohne weiteres ersetzbar sein. Aber würde das für Straftäter nicht auch gelten, einige wenige Genies würden fehlen, der

Rest würde sich rasch ausgleichen? Wenn man also Menschen in Gefängnisse sperrt, erreicht man damit mehr als besetzte ökologische Nischen wieder zu öffnen, damit andere hier Platz finden? Wäre das nicht so, müsste z.B. die Zahl der Einbrüche um 25% sinken, wenn man die Haftstrafe für Einbrüche um 50% erhöht, ausgehend von der Annahme, dass nur etwa die Hälfte aller Einbrüche aufgeklärt wird. Das ist aber nicht der Fall, die Anzahl von Einbrüchen ist völlig unbeeinflusst von der Höhe der verhängten Strafen, übrigens auch von der Aufklärungsquote. Allenfalls kann man annehmen, dass aufgrund ihrer in der Regel desozialisierenden Wirkung die Rückfallquoten steigen, wenn man die üblicherweise verhängten Haftstrafen verlängert. Anders gesagt, wenn das Nachströmen in die freiwerdende ökologische Nische diese nur zu einem Teil besetzt, der Rest von Rückfälligen ausgefüllt wird, so erzwingt die Systemtheorie geradezu eine höhere Rückfallquote bei einer Verlängerung der durchschnittlichen Strafen, wobei dies bedeuten kann, dass mehr Haftentlassene rückfällig werden, oder dass bei denen, die rückfällig werden, weniger Zeit vergeht zwischen Haftentlassung und erneuter Straffälligkeit.

Insgesamt macht man also die Gesellschaft nicht sicherer, indem man Straftäter einsperrt. Man schützt noch nicht einmal den einzelnen Täter vor sich selbst. Dagegen sprechen die hohen Rückfallquoten, aber auch die Tatsache, dass kaum jemand seine Haftzeit übersteht, ohne in der Haft Straftaten zu begehen, auch wenn er dafür kaum einmal zur Rechenschaft gezogen wird.

9.2.2.3 Sühne
Das deutsche Strafrecht kannte noch unter dem NS-Regime den Begriff der Sühne als Leitprinzip der Strafverhängung. Auch deswegen hat man sich hiervon nach 1945 jedoch schrittweise gelöst.

Der Idee der Sühne liegt die Idee zugrunde, ein ideelles Gut sei durch die Straftat geschädigt worden, die Strafe müsse dies wieder ins Gleichgewicht bringen. Dies kann ein theologisches Moment in sich tragen, also die Angst, ein Gott, eine Gottheit, ein Dämon sei durch die Missetat beleidigt, geweckt, erzürnt. Modernere Menschen denken eher an ein unpersönliches Ideal, also z.B. die in der Gesellschaft einen Wert an sich darstellende Gerechtigkeit, welche quasi ramponiert ist, wenn die Schalen der Justitia nicht wieder ins Gleichgewicht gebracht werden können.

Diese als „absolute Straftheorien" bezeichneten Begründungen u.a. auch von Gefängnishaft streben letztlich nach einem abstrakten Schuldausgleich bzw. der Restituierung eines durch die Straftat beschädigten Guts. Sie verzichten auf eine utilitaristische Begründung, behaupten aber die Sinnhaftigkeit des von ihnen verteidigten Guts auch durch eine im weitesten Sinne nützlichkeitsorientierte Argumentation. So würden Anhänger einer religiösen Begründung immer ausführen, es sei nicht klug bzw. wenig nützlich, den jeweiligen Gott zu erzürnen.

Die theologische Sicht ist aus heutiger Sicht kaum noch tauglich zur Begründung von Strafgerichtsbarkeit, bildet aber anscheinend dennoch bei vielen Menschen mindestens ein am Rande noch vorhandenes Motiv hierfür. Man muss sich jedoch nur vor Augen führen, was für merkwürdige und divergente Rechtsvorschriften in der Geschichte der Menschheit die diversen Götter verordnet haben. Aber selbst im positiven Recht nur eines Gottes herrscht meist heilloses Chaos. Der Christengott etwa hat in seiner Biografie aus dem Jahwe des Volks Israel heraus bis zum unpersönlichen Weltprinzip einiger moderner Theologen gelegentlich schon Mord und Totschlag unter Strafe gestellt, dann wieder dies geradezu zur Aufgabe seiner Anhänger gemacht. Natürlich kann man sagen, die Erschlagung von zwei Dritteln der Kriegsgefangenen im Krieg gegen die Moabiter durch David sei nicht Gottes Wille gewesen, man kann auch sagen, das 2. Buch Samuel sei nur eine von Menschen gemachte Erzählung. Aber dann kann man auch gleich den das Recht festlegenden Gott nach eigenem Geschmack aus der Bibel oder anderen heiligen Schriften zusammenbasteln, ohne dass dem mehr normativer Gehalt innewohnt als der Person, welche dies tut, zukommt. Zudem handelt die Rechtsprechung in der theologischen Begründung um eines Gottes willen. Es ist aber ein wichtiger Konsens aller modernen Staaten, dass die Gesamtheit der Staatsbürger ursprünglicher Träger aller staatlichen Gewalt und alleiniger Zweck der

Ausübung dieser Staatsgewalt sei. Das lässt für ein religiöses Konstrukt keinen Raum.

Andererseits ist aber Gerechtigkeit durchaus ein gesellschaftliches Gut, dessen Beschädigung nicht auf die leichte Schulter genommen werden sollte. Hegel etwa sah hier eine Negation des Gerechtigkeitsgrundsatzes, der durch eine Negation der Negation wieder instand gesetzt werden sollte.

Aber trägt Strafjustiz, insbesondere Gefängnishaft etwas dazu bei, diese Beschädigung zu überwinden? Dies kann offensichtlich nur der Fall sein, wenn durch die Strafjustiz nicht weiteres Unrecht geschieht. Strafgerichtsbarkeit müsste also der Mehrung der Gerechtigkeit in einer Gesellschaft dienen. Hier stößt man aber auf zwei Probleme: Zum einen wissen wir nicht genau, was wir mit dem Ausdruck „Gerechtigkeit" meinen. Zweitens gibt es kaum Hoffnung, dass Strafgerichte diesem diffusen Prinzip sonderlich dienen.

Dass ich sage, wir wissen nicht, was wir mit dem Ausdruck „Gerechtigkeit" meinen, mag überraschen. Aber man muss nur einmal zusammenstellen, was unterschiedliche Epochen und Kulturen unter dem Begriff verstanden haben. Ist gerecht, was in maximaler Übereinstimmung mit sozialen Normen, Moral, Sitte und Anstand steht? Dies entspricht einer in der Antike weit verbreiteten Ansicht, wenn es auch schon seinerzeit zahlreiche Gegner dieser Einschätzung gab. Ist gerecht, was die Gesellschaft möglichst spannungsarm macht, was ein Leitprinzip der konfuzianischen Rechtsauffassung ist? Oder gibt es ein höher stehendes Gut „Gerechtigkeit", welches ideellen Prinzipien verpflichtet ist, also etwa der Gleichheit aller oder den Menschenrechten? Entsprechend haben die meisten Autoren in den letzten Jahrzehnten den Gerechtigkeitsbegriff als systemimmanente Kategorie verstehen wollen. Da es kein naturrechtliches Gerechtigkeitsprinzip gibt, kann über Gerechtigkeit nur im Kontext von gesellschaftlich vereinbarten Normen entschieden werden. Gerecht ist, was diesen entspricht bzw. diese befördert. Damit aber sind gerade diese Normen einer Bewertung ihrer Gerechtigkeit entzogen. Man kann nicht entscheiden, ob die Menschenrechte gerecht sind, da ihr Vorhandensein Voraussetzung unseres Gerechtigkeitsbegriffs ist. Umgekehrt sind die chinesische Rechtspraxis oder die Scharia nicht per se ungerecht; sie wären es nur, wenn man sie im Kontext unserer gesellschaftlichen Normen umsetzen würde. Damit stehen der Gerechtigkeitsbegriff vor dem Scherbenhaufen von Kulturrelativismus und – schlimmer noch – dem Risiko von Kulturimperialismus, welcher unsere Rechtsnormen anderen nur einfach deshalb oktroyieren will, weil es eben unsere sind.

Wenn wir jenseits unserer Normen nicht sagen können, was gerecht ist, aber selbst innerhalb dieses Normenkatalogs uns schwer tun, den Begriff der Gerechtigkeit immer hinreichend scharf zu fassen, kann dann eine Beschädigung dieses Prinzips zunächst einmal konstatiert werden, und können wir hoffen, dieser Beschädigung durch Strafjustiz abzuhelfen? Anscheinend ist es zwar so, dass wir vielleicht nicht genau wissen, was wir mit dem Begriff „Gerechtigkeit" meinen, sodass wir auch nicht in allen Fällen sicher sagen können, ob das diesem zugrunde liegende Prinzip durch eine bestimmte Tat beschädigt worden ist. Aber in einer großen Zahl von Fällen reicht bereits unser diffuses Grundverständnis, um dies zu entscheiden. Mindestens in diesen Fällen wäre also im Rahmen einer Sühne-Fokussierung eine entsprechende Bestrafung gerechtfertigt.

Doch erstens fragt sich, ob man konkretes, menschliches Leid, welches mit einer Bestrafung natürlich verbunden ist, dadurch rechtfertigen kann, dass man hofft, ein beschädigtes ideelles Prinzip zu restituieren. Zweitens aber ist nicht recht ersichtlich, wieso die durch das Verbrechen beschädigte Gerechtigkeitsprinzip durch eine Bestrafung des Delinquenten geheilt werden soll. Welche Wirkungskette jenseits von Dämonenaustreibung und Sühneopfer muss man sich hier vorstellen?

Wichtiger noch, jede Bestrafung ist weitgehend ungerecht. Um ein gerechtes Urteil zu sprechen, müsste man sicher sein, dass der Delinquent für seine Handlung vollumfänglich verantwortlich ist. Aber wir wissen ja nicht einmal sicher, wie weit unsere Handlungen insgesamt determiniert sind, ja ob die Welt mehr ist als ein deterministisches

Uhrwerk. Gibt es einen freien Willen, der zu jedem Zeitpunkt jedem Menschen eine freie Entscheidung ermöglicht, ob er eine Straftat verüben wird oder nicht? Und wenn es jenen gibt, so kann man doch nicht sicher sein, dass alle Menschen gleichermaßen in der Lage waren, die Konsequenzen ihrer Handlung, die Strafwürdigkeit bestimmter Unterfangen usw. ausreichend zu verstehen. Will man zudem alle Umstände und biografischen und sozialen Aspekte einer Tat erfassen, würden zudem Gerichtsverfahren eine beliebig große Komplexität erreichen. Und schließlich: Ist der Mensch, der vor Gericht steht, noch der Mensch, welcher die Tat begangen hat? Ist er es nach einem Tag noch? Nach einem Monat? Nach fünfzig Jahren?

Ungerechtigkeit entsteht in den meisten Teilen der Welt auch dadurch, dass die finanziellen Möglichkeiten eines Täters weitgehend darüber entscheiden, ob und zu welcher Strafe er verurteilt wird. Berüchtigt ist hierbei die US-amerikanische Rechtsprechung, welche durch finanzielle Aspekte ebenso in Schieflage geraten kann wie durch die Hautfarbe des Angeklagten. Zur Illustration: Die bekannt katastrophale Praxis des FBI zur Identifizierung von Haarproben hat dazu geführt, dass über dreißig Menschen unschuldig zum Tode verurteilt wurden. Hiervon war die überwältigende Mehrheit afroamerikanisch, obgleich die relative Straffälligkeit zwischen Afroamerikanern und Euroamerikanern weitgehend gleich verteilt ist. Bei Drogenvergehen geht man in den USA von ca. 14 Mio. Euroamerikanern und 2,6 Mio. Afroamerikanern aus, welche Drogen wenigstens zeitweise einnehmen. Also sollte man auch eine Verteilung von ca. 5:1 bei den Personen annehmen, welche wegen Drogenmissbrauch verurteilt werden. Aber tatsächlich sind 59% der Verurteilten Afroamerikaner. Was die Verwendung von Crack betrifft, so sind sogar ca. 80% der Verurteilten Afroamerikaner, obwohl sie nur etwa ein Drittel der entsprechenden Verwender stellen. Insgesamt kann man wohl nicht ernsthaft behaupten, dass das US-amerikanische Rechtssystem geeignet sei, ein durch eine Straftat möglicherweise beschädigtes Gerechtigkeitsprinzip zu restituieren. Wahrscheinlich würde man der Gerechtigkeit in den USA besser dienen, wenn man das Rechtssystem insgesamt aufgäbe oder jedenfalls gründlich revidierte.

Anderswo auf der Welt ist die Situation noch deutlich schlimmer. In zahlreichen Staaten darf jemand, der über ausreichende finanzielle Mittel verfügt, sich in vielen Fällen der Hoffnung hingeben, selbst eine Mordanklage halbwegs unbeschadet zu überstehen – wenn es überhaupt zur Verfahrenseröffnung kommt. Auch die Haftbedingungen werden meist stark vom Vermögen des Delinquenten bestimmt; von einigen Drogenbaronen in Mexiko wird gar berichtet, dass sie ihre Geschäfte am liebsten vom Gefängnis aus betreiben, weil hier mehr als irgendwo sonst Sicherheit und angenehmes Leben sich verbinden ließen.

Die meisten Juristen sind sich einig, dass vor Gericht nicht Recht gesprochen wird, sondern ein Urteil. Man sollte also die Vorstellung aufgeben, eine hierauf aufbauende Gefängnisstrafe könne gerecht sein oder als Sühne für ein begangenes Verbrechen der Gerechtigkeit im Lande sonderlich dienlich sein.

9.2.2.4 Rache

Rache ist kein guter Ratgeber, das kann man sicher sagen. Sie dient dem Einzelnen nicht, der nach ihr verlangt, weil er selbst oder jemand, der ihm nahestand oder steht, geschädigt, womöglich getötet worden ist. Rache bringt nur selten die Befriedigung, schenkt nicht den Seelenfrieden, den man sich von ihr verspricht. Zudem führt sie, jedenfalls dort, wo Recht und Unrecht nicht ganz eindeutig verteilt sind, zu einer endlosen Rachekette. Auch Länder in Europa kennen jahrhundertealte Familienfehden, die unter dem Siegel der Blutrache in mehr oder minder engen Intervallen einen Mord an den anderen reihen. Albanien, Süditalien und Sardinien, Korsika, das Baskenland, aber lange Zeit auch Irland und vor allem Schottland erstarrten in dieser zweifelhaften Rechtspraxis, welche freilich bereits ein erster Versuch war, der ungezügelten Rachsucht der Geschädigten ein Mindestmaß an Regeln zu geben. Außerhalb Europas kam es zu ähnlichen Fehden, deren Anfangsgrund meist längst vergessen war, weil immer nur eine Tat die andere nach sich zog. Während Japan, China oder die Sihk in Indien diese Tradition inzwischen weitgehend überwunden haben, ist sie nach wie vor ein erhebliches Problem in den meisten arabischen Staaten, bei diversen Völkern in Afrika, aber auch bei Tamilen, bei Pashtunen und etlichen afrikanischen Völkern.

Konfuzius wird der Satz zugeschrieben, wer sich aufmache, um eine Rache zu vollziehen, möge besser gleich zwei Gräber schaufeln. Wenn auch wohl ursprünglich anders gemeint, kann man dies auch als Hinweis lesen, dass Rache sich am Ende gegen den wenden wird, der sie betreibt. Gandhi hat entsprechend gesagt: „Auge um Auge – und die ganze Welt wird blind sein."

Zudem ist Rache auch ein höchst ungerechter Ratgeber. Als Marianne Bachmeier 1981 im Gerichtssaal den Mörder ihrer Tochter erschoss, übrigens noch bevor das Gericht sich einem Urteil auch nur angenähert hatte, nämlich bereits am dritten Verhandlungstag, da war die Mehrheit der Bevölkerung eindeutig auf ihrer Seite, obwohl es sich fraglos um einen Racheakt handele, für den man aber freudig zum Euphemismus „Selbstjustiz" griff. Auch in anderen Fällen haben Menschen große Sympathie der Öffentlichkeit erhalten, wenn ihr Racheakt Reaktion auf eine als besonders verabscheuungswürdig angesehene Tat betrachtet wurde. Aber wenn Marianne Bachmeier stattdessen einen Mann erschossen hätte, der im Streit zwischen, sagen wir mal, konkurrierenden Rockerbanden einen Feind ermordet hätte, wäre die Tat als solche keine andere gewesen, zumal wenn man annimmt, das erste Opfer wäre ihr Sohn gewesen. Oder schwindet das Recht einer Mutter auf Rache mit zunehmendem Alter ihres Kinds? Ist es womöglich abhängig vom Geschlecht und der Schutzbedürftigkeit des ursprünglichen Opfers?

Als 2004 ein Vater aus Ossetien, der Frau und Kinder bei der Flugzeugkatastrophe von Überlingen verloren hatte, den verantwortlichen Fluglotsen Jahre vor Abschluss der gerichtlichen Klärung erstach, waren die Reaktionen in Deutschland erheblich zwiespältiger, auch weil hier ein Kaukasier – xenophobe Topoi waren da schnell zur Hand – einen Deutschen getötet hatte, mit dem man in der Regel eher Mitleid hatte als ihn zu verurteilen, hatte er doch anscheinend aus Überlastung, nicht aus böser Absicht gehandelt. Aber rechtlich gesehen war dieser Fluglotse in der Entscheidung über seine Tat deutlich freier als der Triebtäter, der

Anna Bachmeier ermordete. Und seiner Entscheidung, die im Raum anwesenden Kollegen nicht um Unterstützung zu bitten, als er merkte, dass er akut überfordert war, fielen 71 Menschen zum Opfer, davon 49 Kinder.

Insgesamt ist der Wunsch nach Rache zu sprunghaft, zu unstet und mit der Idee einer Gleichheit aller vor dem Gesetz und mit einer nach Regeln und transparenten Abläufen funktionierenden Justiz nicht vereinbar. Daher kann man nicht ernsthaft den Wunsch nach Rache als Begründung für eine Haftstrafe anführen. Zudem gibt Rachedurst sich selten mit Haft zufrieden, im Grunde haben wir es hier immer mit einem Wunsch nach physischer Gewalt zu tun. Bekannt sind Stammtischsprüche wie „Rüber runter!" hinsichtlich des Umgangs mit Mördern, „Schwanz ab!", wo es um Vergewaltiger geht, und gelegentlich hört man auch schon mal „Hände abhacken!", wenn jemand Autos aufgebrochen oder in Wohnungen eingestiegen ist. Aber die physische Gewalt ist erst recht nicht geeignet, das Problem der Kriminalität aus der Welt zu schaffen, noch kann eine moderne Gesellschaft es sich leisten, zu diesen mittelalterlichen Praktiken zurückzukehren.

9.2.2.5 Generalprävention
Bliebe schließlich die Idee der Generalprävention. Jemand muss ins Gefängnis, damit ein unbekannter Dritter mit geringerer Wahrscheinlichkeit eine Straftat begeht.

Man kann zunächst argumentieren, die Verletzung eines bestimmten Guts mit einer deutlichen Strafe zu belegen, mache allen Bürgern den hohen Wert dieses Gutes bewusst. Empirische Untersuchungen hierzu existieren zwar nicht. Aber man müsste ohnehin fragen, ob dieser sehr vage volkspädagogische Effekt sich nicht auch mit weniger abträglichen Mitteln erreichen ließe.

Wer sich von Gefängnishaft – oder einer anderen Strafe – eine abschreckende oder belehrende Wirkung auf mögliche andere Täter erhofft, muss zweierlei beantworten. Er muss zum einen belegen, dass eine so motivierte Strafe mit dem allgemeinen moralischen und juristischen

Konsens der eigenen Gesellschaft vereinbar ist. Und er muss zweitens nachweisen, dass eine solche Praxis ihr Ziel erreicht, also potenzielle Nachfolgetäter dazu bringt, ihre entsprechenden Pläne aufzugeben.

Diese Argumentation folgt einem Übertragungsmuster: „A hat die Tat X begangen, B könnte die Tat Y begehen. Wir bestrafen A für X, um B davon abzubringen, Y zu begehen."

Jetzt könnte man fragen, warum wir uns dann nicht gleich an B halten. Leider kennen wir B nicht, wir wissen auch nicht, wie wahrscheinlich es ist, dass aus der Gesamtmenge aller Bewohner eines Landes früher oder später jemand zu B wird, um Y zu begehen bzw. B wird, weil er Y begeht. Es kann sein, dass dies nie der Fall sein wird, es kann schon nächste Woche geschehen. Geschieht es, hat die Haft von A ihren Zweck offensichtlich verfehlt, A müsste also auf freien Fuß gesetzt werden. Wir neigen aber nicht dazu, Mörder freizulassen, sobald ein weiterer Mord begangen wird.

Insgesamt befindet sich A also im Gefängnis, weil ein bis dato nur hypothetischer, jedenfalls unbekannter B mit unbekannter Wahrscheinlichkeit eine mehr oder weniger ähnlich gelagerte Tat begehen könnte, wobei diese Wahrscheinlichkeit durch die Haft von A, so glauben wir, signifikant reduziert wird.

A befindet sich also nicht wegen X, sondern zur Verhinderung von Y im Gefängnis. Er befindet sich im Gefängnis wegen einer Tat, die er nicht begangen hat und von der wir nicht einmal sicher sagen können, dass jemals irgendjemand sie begehen wird.

Das widerspricht aber dem Prinzip, dass jeder nur für seine eigenen Taten haftbar gemacht werden kann und zudem nur für solche, welche bereits begangen worden sind, nicht für evtl. in der Zukunft und auch noch von anderen begangene Taten.

Folglich ist die Idee einer Generalprävention, also eines Beitrags zur Verhinderung der Straftaten anderer durch Gefängnishaft, mit unseren allgemeinen Rechtsnormen nicht vereinbar. Dennoch ist, entgegen dieser Argumentation, Generalprävention ein wesentliches Element zahlreicher juristischer und philosophischer, aber auch populärer Versuche, Gefängnishaft zu begründen. Nur hat sie leider diesen Zweck nie wirklich erreicht. Man kann das soziologisch mit dem schon angeführten Gedanken erklären, dass die Gesellschaft ökologische Nischen für jedes Verbrechen schafft, die angefüllt werden, ob man die Delinquenten nun mild oder drastisch bestraft, womöglich hinrichtet – oder laufen lässt. Man kann aber auch auf die Psychologie des Täters verweisen. Einmaltäter, insbesondere Mörder, gehen im Zuge der Tat nur sehr selten davon aus, dass sie erwischt werden, allenfalls sehen sie hierin ein vernachlässigbares Risiko. Berufskriminelle hingegen halten das für einen Aspekt ihrer Tätigkeit, den man nun einmal in Kauf nehmen muss, wie Minenarbeiter und Fernfahrer das Risiko in Kauf nehmen, früher oder später in einen – möglicherweise tödlichen – Unfall verwickelt zu werden. Weder an Minenarbeitern noch an Fernfahrern herrscht wegen dieses Risikos Mangel, ebenso verhält es sich auch mit Kriminellen.

Zudem müsste man dann auch überlegen, dass die Abschreckungswirkung umso erfolgreicher ist, je drastischer und vor allem je wahrnehmbarer für potenzielle Täter die Bestrafung der Verurteilten ausfällt. Dies ist einer der Gründe für die häufig aus unserer heutigen Sicht schockierenden Strafen, welche im Mittelalter öffentlich vollzogen wurden. Vierteilen, Häuten, Pfählen, Kreuzigen, Rädern, Entdärmen, Zersägen, das in China entwickelte Lingchi, also das schrittweise Zerhacken des Verurteilten, oder die nicht minder entsetzliche Bambusfolter dienten diesem Zweck, ohne jedoch die Kriminalitätsrate senken zu können. Und als man sich auf humanere Methoden zurückzog, Hinrichtungen kein öffentliches Spektakel mehr waren oder man auf die Todesstrafe ganz verzichtete, sorgte das Fehlen der angeblichen Abschreckungswirkung auch in keinem Fall zu einem nachweisbaren Anstieg der Verbrechensrate. Wäre aber hier eine Korrelation zwischen Bestrafung verurteilter Täter und Generalprävention feststellbar, so müsste man auch überlegen, keine Balance zwischen der Schwere der Tat und der Strafe herzustellen, sondern das Strafmaß danach zu bemessen, wie dringend man eine Generalprävention zu erreichen hofft.

9.2.3 Vorhandensein alternativer Mittel zur Erreichung des Zwecks

Wir haben fünf Zwecke von Haftstrafe identifiziert, von denen aber nur die zwei heute vom Gesetz genannten – Besserung und Sicherung – überhaupt rechtsphilosophisch wenigstens halbwegs begründbar sind. Allein, auch diesen beiden wird durch Gefängnishaft nur höchst unzureichend gedient.

Im Grunde ist Gefängnishaft doch nichts anderes als ein halbherziger Versuch, das Abrücken von der mittelalterlichen Strafpraxis nicht gleich in eine umfassende Straffreiheit münden zu lassen, nachdem die öffentlich vollzogenen Körperstrafen sich als unvereinbar mit dem Menschenbild und dem Gesellschaftskonzept der Aufklärung erwiesen hatten. Damit fragt sich aber, ob man nicht andere Mittel kennt, um den beiden genannten Zwecken zu dienen.

Zunächst einmal kann man überlegen, dass es der Prävention, also der Sicherung, am ehesten dient, wenn das erste Ziel, die Besserung, erreicht wird. Also ist es sinnlos, Haftstrafen zu befristen. Ob Hühnerdieb oder Massenmörder, jeder wird so lange eingesperrt, bis geeignete Gutachter sicher sind, dass von der Person nur ein dem gesellschaftlichen Mittel entsprechendes Gefährdungspotenzial ausgeht. Damit dürfte aber die durchschnittliche Haftzeit von Autoknackern dramatisch höher liegen als die von Mördern, was mit dem Rechtsempfinden der meisten Menschen kollidieren dürfte.

In zahlreichen Ländern sind hinsichtlich der Rückfallquote Geldstrafen erheblich erfolgreicher als Gefängnishaft. Natürlich sind entsprechende Statistiken zurückhaltend zu beurteilen, da Geldstrafen nur bei geringeren Vergehen verhängt werden, die ein anderes Rückfallszenario aufweisen als schwere Straftaten, insbesondere Gewaltkriminalität. Und hier entsteht noch ein zweites Problem: Wenn man, vielleicht mit Ausnahme der schwersten Vergehen, Straftaten mit Geldstrafen sühnt, dann werden sehr reiche Menschen die Möglichkeit erhalten, sich von ihrer Straffälligkeit quasi loszukaufen. Selbst wenn man Strafen nicht wie jetzt nach Tagessätzen in Relation zum Wohlstand des Delinquenten berechnet, sondern Konfiskationen bis hin zum Gesamtvermögen vollzieht, wird sich nicht jeder davon abschrecken lassen. Und natürlich fragt sich, wie bestraft werden soll, wer nichts hat, was man ihm nehmen könnte.

Eine etwas utopischere Maßnahme wäre eine fortgesetzte Aufenthaltskontrolle, z.B. mit Hilfe eines schwachen, jedem Menschen schon kurz nach der Geburt eingebauten Senders, der es erlaubt, zu jedem Zeitpunkt zu sagen bzw. zu rekonstruieren, wo jemand sich zu welchem Zeitpunkt befunden hat. Vor Affekthandlungen dürfte das nicht schützen, wohl aber vor geplanten Straftaten, auch wenn der eine oder andere vielleicht das System austricksen oder mit scharfem Schnitt entfernen mag. Andererseits aber stellt dies quasi die gesamte Bevölkerung unter Generalverdacht. Zudem hat das Verfassungsgericht mehrfach dem Recht auf informationelle Selbstbestimmung einen hohen Stellenwert eingeräumt. Beides würde durch ein solches Trackingsystem selbst dann erheblich beeinträchtigt, wenn man davon ausgehen könnte, dass die entsprechenden Daten erst bei einem konkreten Verdacht und nur mit Richterbeschluss ausgelesen werden dürften. Man könnte ein solches System beschränken auf verurteilte Straftäter, um das Risiko einer Rückfälligkeit zu minimieren. Aber abgesehen davon, dass das Problem der Bildung ökologischer Nischen für Straftaten hierdurch nicht gelöst wird, müsste man erneut beantworten, ob die Wirksamkeit des Implantats befristet sein soll, und wenn ja, ob die Schwere der Straftat über die Dauer entscheidet oder eine regelmäßig wiederholte Abschätzung des Risikos einer Rückfälligkeit zugrunde gelegt wird. Zudem müsste man auch beantworten, wie ein solches System vor Missbrauch geschützt werden soll, und zwar nicht nur im vergleichsweise geordneten und transparenten Staatsleben in Westeuropa, sondern weltweit. Geheimdienste, aber auch Marketingunternehmen und Werbeabteilungen wären über die so erreichbaren Daten zweifellos höchst beglückt. Ganz profane Erpresser würden hier ein neues Betätigungsfeld finden, da viele Menschen ab und an den einen oder anderen Ort aufsuchen, an dem gewesen zu sein sie vielleicht nicht unbedingt dem Ehepartner, dem jeweiligen Vorgesetzten oder der Polizei mitgeteilt wissen wollen. Und das ist vielleicht nicht nur das lokale Bordell oder die Personalabteilung des ortsansässigen Konkurrenten, sondern unter Umständen auch der nächstgelegene Psychiater, das wöchentliche Treffen der Anonymen Alkoholiker, eine Abtreibungsklinik oder der örtliche Schuldenberater.

Bliebe die Möglichkeit einer Rückkehr zu Korporalstrafen. Natürlich keine öffentlich vollzogenen Strafen, kein schauriges Spektakel im Interesse einer fragwürdigen Volkspädagogik. Auch nichts, was den Menschen auf Dauer schädigt und wie im Mittelalter unfähig macht, zukünftig ohne Kriminalität oder Bettelei seinen Lebensunterhalt zu bestreiten. Aber natürlich lassen sich mit Unterstützung eines Arztes durch diverse Psychopharmaka oder durch angemessen dosierte Elektroschocks furchtbare, aber physisch folgenlose Schmerzen erzeugen. Auch Waterboarding und ähnliche Techniken der nicht-destruktiven Folter könnte man zur nachdrücklichen Bestrafung von Delinquenten einsetzen. Die Betreffenden könnten sofort in die Zivilgesellschaft zurückkehren, ihren Berufen nachgehen, sich um ihre Familien kümmern, wären weder dem brutalen Alltag in den Gefängnissen ausgesetzt noch der einer Haft meist folgenden Stigmatisierung.

Warum greift man nicht zu diesen Methoden? Zum einen sind sie irreversibel. Man kann sie anders als Haftstrafen nicht nachträglich, etwa unter dem Eindruck guter Führung des Delinquenten, zur Bewährung aussetzen. Auch die Entdeckung eines Justizirrtums ließe sich nicht mehr in einen Strafabbruch umsetzen.

Etwas anderes aber ist noch wichtiger. Diese, manchmal auch euphemistisch als „Weiße Folter" bezeichneten, nicht-destruktiven Methoden kollidieren mit dem Prinzip der Aufklärung, vor allem dem Geist der Menschenrechte, wonach der Körper des Menschen dem Zugriff des Staats außer in Notsituationen entzogen sein soll. Ein Scharfschütze der Polizei, der während einer Geiselnahme den Täter erschießt, greift massiv in dessen Grundrechte ein, kann dies aber außer durch den in der Regel vorausgegangenen Schießbefehl auch mit einem Interessenskonflikt zwischen Geiselnehmer und Geisel begründen. Im Rahmen einer Güterabwägung kann man durchaus das Leben der Geisel höher einschätzen. Dies wäre aber nicht der Fall, wenn der gewalthafte Zugriff auf den Körper eines Menschen ohne akute Not erfolgte, also indem man ihn z.B. nach ergangenem Urteil einem Waterboarding, fortgesetzter Isolationshaft oder langfristiger Sinnesdeprivation aussetzt.

Zudem ist diese Art der Korporalstrafe schlecht kalkulierbar, insbesondere was die beabsichtigten bessernden Effekte betrifft. Dies gilt zwar auch für Haftstrafen, kommt hier aber stärker zum Tragen. Die in physischer Hinsicht folgenlos bleibende Folter kann sich massiv – aber auch, bei gleicher Vorgehensweise, nur schwach – auf die Psyche des Delinquenten auswirken. Zudem reagiert jeder Mensch anders auf die verschiedenen Formen der „Weißen Folter". Bei vielen Menschen führt Waterboarding zu schweren, langfristigen Beschädigungen der Psyche, andere werden viel stärker in Mitleidenschaft gezogen durch das Fernhalten aller Sinneseindrücke im Zuge der Deprivation, also durch Verbinden der Augen, Gesichtsmasken, die keinen Geruch durchlassen, Ohrenstöpsel, lose gebundene Hände oder dicke Handschuhe, die jeden taktilen Reiz ausschließen.

Die insgesamt auch durch diese subtile Art der Folter fragiler werdende Persönlichkeit des Delinquenten ist leichter verführbar, neigt eher zu ziellosen Emotionsschüben, zu nicht mehr steuerbarer Aggression oder Folgen, welche die unveränderte Teilnahme an der Zivilgesellschaft deutlich erschweren, angefangen bei Schlaflosigkeit, Angstzuständen und Bindungsangst bis hin zu einer deutlich erhöhten Neigung zu Selbstmord und zum Amoklauf als dessen aggressivster Variante.

Insgesamt fällt also auch die Verwendung „Weißer Folter" als Ersatz für Gefängnisstrafen komplett weg, schon weil kaum jemand heutzutage noch in einem Land leben möchte, dass mit einem Teil seiner Bürger so verfährt. Allerdings, die meisten Menschen leben sowieso in Ländern, wo mit den Bürgern so verfahren wird, und da muss man nicht einmal an Staaten in Asien oder Afrika denken, es reicht, sich die Bilder aus Guantanomo anzusehen, Bilder von Menschen mit gefesselten Händen, verbundenen Augen, Gesichtsmasken, Lärmschützern.

Man kann mithin auch aus rechtsphilosophischer Sicht Folter als Ersatz für Gefängnishaft nicht wollen. Abgesehen von den Rechten des Einzelnen, die ein schützenwertes Gut darstellen, droht die Rückkehr zu Folter, weiß oder nicht, einer weiteren Verrohung und Brutalisierung der Gesellschaft Vorschub zu leisten. Und auch hier gilt: Wenn dieses Institut erst einmal wieder als legitimes Instrument in die Rechtsprechung Einzug gehalten hat, wird es von staatlicher Seite missbraucht werden. Unausweichlich, fast sofort und fast überall.

9.3 Gefängnisse sind gerechtfertigt

Nichts ist gerechtfertigt, was einem legitimen Zweck dient, diesem aber offensichtlich keine besonderen Vorschub, nicht selten sogar Abbruch tut. Besserung und Sicherung, aber auch die viel genannte Abschreckung werden hier offensichtlich allenfalls in Einzelfällen erreicht und sind zudem nicht selten miteinander nicht vereinbar. Dennoch hat die Gefängnishaft bis heute nicht aus dem Antagonismus vom Ziel einer Abschreckung durch Gefängnisstrafe und Besserung der Delinquenten herausgefunden. Dem entspricht, dass es bis heute keine rechtsphilosophisch plausible Begründung der Gefängnishaft gibt.

Das Grundproblem ist, dass die Demokratie als diejenige Staatsform gekennzeichnet ist, in der es keine dauerhafte Einschränkung oder gar Aufhebung der Selbstverfügungsgewalt gibt, sofern die Rechte anderer nicht beeinträchtigt werden. Damit wird es aber schwierig, die offensichtliche Einschränkung der Freiheitsrechte des Einzelnen durch Gefängnishaft zu rechtfertigen.

Das gleiche Problem stellt sich auch hinsichtlich der Hoheitsträger des Staats, also vor allem Beamten, Soldaten und Polizisten. In der Rechtstheorie hat man über lange Zeit von einem Sonderrechtsverhältnis zwischen Häftlingen und Staat gesprochen, ähnlich dem Verhältnis zwischen Beamten oder Soldaten und dem Staat. Das Allgemeine Gewaltverhältnis jedes Bürgers zum Staat würde in solchen Fällen, so die Theorie, gesteigert in ein Sonderverhältnis. Auf dessen Basis wäre dann ein weitgehender Eingriff in die Selbstbestimmungsrechte des Häftlings ohne weitere Einschränkung möglich.

Die Begründung hierfür war im Fall von Beamten und Soldaten häufig, dass diese im Gegenzug erhebliche Vorteile durch ihren Sonderstatus hätten, welchen sie eben mit einem gewissen Verlust an Freiheitsrechten erkauften. Die Unveräußerlichkeit von Grundrechten wurde in dieser Diskussion freilich ebenso ignoriert wie die Tatsache, dass dieses Argument jedenfalls für Haftgefangene nicht angewendet werden kann. Zudem fehlte hier auch der für Beamte und Soldaten angenommene – auch schon unterschiedliche plausible – freiwillige Verzicht auf einen Teil der Grundrechte im Zuge der Vereidigung. Fehlende Freiwilligkeit ist ja im Gegenteil ein wesentliches Merkmal von Strafvollzug, auch wenn es seltene Ausnahmen von dieser Regel geben mag.

Man ist im Zuge der Liberalisierung der 1960er Jahre von der Idee des Sonderrechtsverhältnisses im Strafvollzug wie übrigens auch im Beamtenrecht weitgehend abgerückt. 1972 stellte das Bundesverfassungsgericht für Deutschland die prinzipielle Unveräußerlichkeit aller Grundrechte fest. Danach ist deren Einschränkung nur noch durch eine explizite Regelung im Rahmen einer gesetzlichen Bestimmung möglich, und auch dies nur insofern, wie es der Zweck des jeweiligen Sonderrechtsverhältnisses erfordert. So kann man z.B. Lehrern das Tragen religiöser Symbole nicht grundsätzlich verbieten, da auch für Beamte das Recht auf freie Wahl und Ausübung der Religion gilt. Aber man kann die Wahrnehmung dieses Rechts in dem Moment einschränken, wo dies mit dem Ziel des Sonderrechtsverhältnisses kollidiert. Wenn also wesentlicher Bildungsauftrag der Schule, damit auch des Lehrers oder der Lehrerin, die Unterweisung junger Menschen nicht nur in fachlicher Hinsicht ist, sondern auch in den Werten und Normen einer abendländischen, aufgeklärten und toleranten, der Gleichberechtigung von Mann und Frau verpflichteten Kultur, dann kann man einer Lehrerin das Tragen eines Kopftuchs untersagen, vorausgesetzt, man kann belegen, dass hierdurch der Bildungsauftrag nur noch eingeschränkt wahrgenommen werden kann. Denn dann greift das Sonderrechtsverhältnis zwischen einer Beamtin und dem Staat, welches angesichts der Beeinträchtigung des Zwecks des Sonderrechtsverhältnisses an dieser Stelle dann auch eine Einschränkung, eigentlich eine teilweise und zeitlich befristete Aussetzung – des jeweiligen Grundrechts erlaubt. Doch kann dies nicht wie früher durch einfache Weisung geschehen. Ein solcher Eingriff in die Grundrechte bedarf einer gesetzlichen, durch das Parlament bestätigten Regelung, was das Bundesverfassungsgericht 2003 im sogenannten „Kopftuchurteil" noch einmal ausdrücklich bestätigt hat. Und die Regelung kann allenfalls den unmittelbar dem Sonderrechtsverhältnis zugrunde liegenden Zweck zu schützen suchen. Man kann also einer verbeamteten Lehrerin das Tragen eines Kopftuchs oder das Werben für ihre Religionsgemeinschaft außerhalb der unmittelbaren Unterrichtszeit auch dann nicht untersagen, wenn sie in ihrer Freizeit ebenfalls Kontakt zu ihren Schülern und Schülerinnen hat, nicht einmal dann, wenn man vermuten darf, dass die erhöhte Autorität der Lehrerin, welche aus ihrer schulischen Tätigkeit resultiert, sich auch in ihrer Freizeit auf das Verhältnis zu ihren Schülern auswirken wird. Anfang 2015 hat das Bundesverfassungsgericht das noch einmal verschärft, indem es sich nicht der Ansicht anschließen konnte, durch das Tragen eines Kopftuchs sei grundsätzlich der Bildungsauftrag der Schule gefährdet, sodass ein Parlament ein grundsätzliches Verbot erlassen könne. Rechtsphilosophisch lässt sich hier auch argumentieren, dass durch die staatlicherseits durchgeführte Beschränkung der Religionsausübung der jeweiligen Lehrerin mit Blick auf die an die deutsche Gesellschaftsordnung heranzuführenden Schüler dem Bildungsauftrag mindestens so viel Schaden entstehen würde wie durch ein Kopftuch, ein Kruzifix oder eine Ahimsa-Hand, wohingegen die Wehrhaftigkeit des Staats gegen Antisemitismus und Faschismus ein so hohes gesellschaftliches Ziel sei, dass der Staat nicht nur gehalten, sondern geradezu verpflichtet sei, Lehrern das Tragen propagandistischer Zeichen der rechten Szene auch in solchen Fällen zu verbieten, wo diese Zeichen zu tragen nicht grundsätzlich verboten ist – also eine Schwarze Sonne, ein Thorshammer oder eine Triskele, um nur mal die beliebtesten zu nennen.

In der rechtsphilosophischen Begründung von Gefängnishaft verfangen die Ansätze zum Sonderrechtsverhältnis ohnehin nicht. Entsprechend hat in Deutschland die Strafrechtsreform der frühen 1970er Jahre versucht, hier eine neue Grundlage zu schaffen. 1977 wurde durch das Strafvollzugsgesetz die bisherige Begründung durch ein Sonderrechtsverhältnis weitgehend aufgegeben; die Länder sind diesem Vorbild ab 2003 weitgehend gefolgt, nachdem durch die Föderalismusreform die rechtlichen Rahmensetzungen für den Strafvollzug Ländersache geworden sind.

Dennoch bleibt die Tatsache bestehen, dass der Staat sich das Recht nimmt, dem Einzelnen Leid zuzufügen, wobei der Freiheitsentzug zwar eine andere, vielleicht mildere Form von Leid ist als das Abhacken von Körperteilen, aber dennoch nicht einfach als harmlose Maßnahme gewertet werden kann. Ohne akuten Notstand werden die Rechte des Einzelnen beschnitten, wird seine Selbstbestimmtheit weitgehend aufgehoben, nimmt man mindestens in Kauf, ja begrüßt es in vielen Ländern sogar, wenn Strafgefangene einander das Leben zur Hölle machen. Wenn es ein Sonderrechtsverhältnis nicht gibt und zudem die Strafzwecktheorie nicht überzeugen kann, dann gibt es keine rechtsphilosophische Grundlage für Gefängnishaft. Die Versuche der Strafzwecktheorie, die drei traditionellen Rechtfertigungen zur einer „Dreifaltigkeit" aufzupumpen, nachdem jede einzelne sich als wenig hilfreich erwiesen hat, erweisen sich schon durch die verwendeten Begriffe religiösem Dogmatismus näher als rechtsphilosophischer Analyse. Entsprechend hat sich in weiten Teilen der Philosophie, der Soziologie und der Kriminalistik keine dieser Rechtfertigungen durchsetzen lassen. Alles, was man erreicht hat, ist, dass die meisten Philosophen um dieses unerfreuliche Kapitel einen großen Bogen machen.

Aber im Grunde ist die vornehme Zurückhaltung diverser Kreise in dieser Frage nichts weiter als ein Einknicken vor einem – möglicherweise in dieser Weise gar nicht vorhandenen – gesellschaftlichen Konsens hinsichtlich der unbedingten Notwendigkeit und Sinnhaftigkeit einer strafenden Justiz. Selbst wenn es diesen Konsens geben sollte, er würde auf falschen Annahmen und Trugschlüssen beruhen. Daher muss der aktuelle rechtsphilosophische Diskurs sich unmissverständlich und vor allem lautstark gegen das Festhalten an Gefängnisstrafen in Stellung bringen. Von Astronomen erwartet man schließlich auch, dass sie eine deutliche Haltung gegen Astrologie und derlei Hokuspokus formulieren.

9.4 Gefängnisse wird es immer geben

Wir haben gesehen, dass die Annahme, Gefängnisse habe es schon immer gegeben, nur dann korrekt ist, wenn „immer" die letzten zweihundert Jahre meint. Aber selbst ein solcher Zeitraum scheint für die nahe Zukunft zweifelhaft. Gefängnisse waren immer nur ein hilfloser Kompromiss zwischen archaischem Rachebedürfnis und Menschenbild der Aufklärung. Und sie befinden sich faktisch seit ihrer Einführung auf einem kontinuierlichen Rückzug, an dessen Ende möglicherweise ihr vollständiges Verschwinden stehen wird. Denn was einst als nicht selten unbefristete Einkerkerung von Männern und Frauen in großen Gruppen begann, in düsteren, feuchten Verliesen, fortgesetzter Gefahr an Leib und Leben ausgesetzt, wurde zum einen immer stärker reglementiert, insbesondere durch die großen Gefängnisreformen seit Ende des 18. Jahrhunderts. Aber in den meisten Ländern hat man auch die eigentliche Haftstrafe auf drei Arten nach und nach reduziert:

- Gefängnishaft wird immer seltener verhängt, alternative Strafen, v.a. Geldstrafen, sind häufig an die Stelle der Haft getreten und haben sich, jedenfalls hinsichtlich der Rückfallquote, als ausgesprochen erfolgreich erwiesen.
- Die Dauer der verhängten Haft ist in vielen Fällen, wenn auch nicht in allen Ländern gleichermaßen, meist deutlich reduziert worden. Nicht nur ist die verhängte Dauer der Strafe immer weiter limitiert worden, auch haben viele Staaten ein vorzeitiges Ende der Haftstrafe erleichtert, sodass die reale Verweildauer im Gefängnis deutlich gesunken ist.
- Die Haft wird nach und nach aufgeweicht. Es gibt – jedenfalls in Europa – keine Gefangenen in Ketten mehr, im Gegenteil, der offene Vollzug, Freigang, Hafturlaub usw. haben dafür gesorgt, dass Haftin-

sassen wenigstens ein gewisses Maß an Freiheit genießen. Auch die bei chronischen Straftätern mitunter angeordnete dauerhafte Sicherungsverwahrung, die ausschließlich der Prävention dient und auch keine begangenen Taten ahndet, sondern Folgetaten verhindern soll, wird immer weniger verhängt, sieht sich zudem jedenfalls in Europa zunehmenden Hürden, nicht zuletzt durch den Europäischen Gerichtshof für Menschenrechte, ausgesetzt.

Setzt dieser Trend sich fort – und es scheint vernünftig, dass das so sein wird – dann dürfte die eigentliche Gefängnishaft immer unbedeutender werden. Ob sie freilich ganz verschwindet, hängt davon ab, ob und wann eine Mehrheit bereit ist zuzugeben, dass hier für ein weitgehend sinnloses Institut umfangreiche Mittel ausgegeben werden. Menschen werden physisch, psychisch, charakterlich beschädigt und nicht selten von „für ein ziviles Leben nur bedingt geeignet" umtrainiert auf „für ein ziviles Leben nicht einmal mehr ansatzweise geeignet." Im Moment betreibt man dieses unbrauchbare Vorgehen nur deswegen weiter, weil man nichts Besseres an seine Stelle zu setzen weiß, und kaum jemand traut sich zu sagen, dass es wahrscheinlich nicht schlechter wäre, wenn man gar nichts an seine Stelle setzte.

Eine erfolgversprechende Perspektive eröffnen vor allem Ansätze aus dem weiten Feld der „restorative justice". Dieses Vorgehen kann sich durchaus auf z.T. sehr alte Rechtstraditionen in fast allen Kulturen der Menschheit berufen. Es basiert auf der Annahme, dass jede Straftat vor allem einen Übergriff in die Selbstbestimmtheit eines anderen darstellt. Wenn es gelingt, den Geschädigten und den Täter, je nach Kontext vielleicht auch mittelbar Betroffene, in einem Mediationsgespräch zusammenzubringen, gelingt es ihnen vielleicht, zu einem neuen modus vivendi zu gelangen. Dazu müssen aber vor allem die Geschädigten alle Forderungen nach „Gerechtigkeit" aufgeben, und sie müssen die Idee einer Retaliation, also eines „Auge um Auge" zu opfern bereit sein. Die Straftäter hingegen müssen grundsätzlich akzeptieren, dass sie einen anderen geschädigt haben, und müssen bereit sein, diesen in irgendeiner Weise zu entschädigen. Damit wird es zahlreiche Fälle geben, wo der ein entsprechendes Vorgehen an der Grundhaltung der Betroffenen scheitern wird.

Restorative Justice hat sich dennoch in vielen Fällen als erfolgreich erwiesen, und zwar sowohl auf der Ebene kleinerer Straftaten als auch und gerade in einer Zahl dramatischer Fälle. Dass man die Folgen einer strafwürdigen Beleidigung, einer leichten Kneipenschlägerei oder eines Kleindiebstahls eher durch Mediation als durch Strafjustiz bewältigen wird, mag dabei noch rasch einleuchten. Aber die Bewältigung der Geschichte der Apartheid in Südafrika, mit Einschränkungen auch der hierfür oft als Vorbild genannte Umgang Chiles mit den Verbrechen der Pinochet-Ära sind Belege, wie eine Gesellschaft Täter und Opfer zusammenbringen und erstere zum Sprechen über ihre Taten bringen kann, nachdem Gerichte vor allem Leugnen und Entschuldigen bei den Tätern erreicht haben. In der „Truth and Reconciliation Commission" unter Leitung von Desmond Tutu haben in Südafrika Täter und Opfer Zugang zueinander gefunden. Entscheidend war hierbei die Bereitschaft, alle Gewalt der Apartheid zu thematisieren, also auch die vom ANC oder der Inkatha ausgegangene Gewalt. Tätern wurde Amnestie zugesichert, wenn sie über ihre Taten frei sprechen würden. Vor allem die öffentliche Übertragung aller Sitzungen der Kommission hat zudem in der südafrikanischen Gesellschaft zu einem breiten gesellschaftlichen Diskurs über die vergangenen Jahrzehnte geführt.

Man muss sich aber im Klaren sein, dass die meisten Menschen, die in der Tradition von Strafjustiz aufgewachsen sind, gegen ein solches Vorgehen massive Vorbehalte haben. Auch in Südafrika war die Gründung der Kommission u.a. Folge der Tatsache, dass man eine lückenlose Aufarbeitung der vergangenen Jahrzehnte durch die weitgehend unter den damaligen Verhältnissen aufgebaute Polizei und Justiz für unwahrscheinlich hielt. Man muss sich einmal vorstellen, wie wir heute die bundesdeutsche Justiz bewerten würden, wenn sie die Täter des Holocaust nicht verfolgt, sondern amnestiert hätte, wenn diese nur bereit gewesen wären, in einem Gespräch mit Überlebenden aus Auschwitz oder Dachau frei über ihre Taten zu sprechen. Zwar sind diese Ermittlungen oft nicht mit Begeisterung geführt und nicht selten mit geradezu grotesken Begründungen abgebrochen worden. Dennoch hat es hier wenigstens eine grundsätzliche Bereitschaft zur Strafverfolgung gegeben, was seine Wirkung auf den gesellschaftlichen Diskurs nicht verfehlt hat. So haben etwa die Frankfurter Auschwitz-Prozesse zwischen 1963 und 1968 einen erheblichen Beitrag zum Zustandekommen der Demokratisierungswelle in Deutschland gehabt, die man üblicherweise mit der APO einerseits, mit der Ära Brandt/Scheel andererseits verbindet.

Auch das chinesische Rechtssystem hat in konfuzianischer Tradition viele Elemente einer restorative justice. Tragendes Element der Rechtsordnung sind nicht Gesetze, sondern deren positive Setzungen werden als minderwertig, wenn auch nötig, angesehen werden, während die wichtigere Rolle das Li, also die sittliche Ordnung als Spiegel des kosmischen Gleichgewichts darstellt. Dieser sittlichen Ordnung dient auch die rechtliche Auseinandersetzung, welche entsprechend wenig an Recht und Unrecht interessiert ist, sondern sich darauf konzentriert, einen möglichst konfliktarmen Zustand zu erreichen. Das Hauptproblem in der chinesischen Geschichte war und ist jedoch die Korruption bzw. das Fehlen jeglicher Rechtsgleichheit, sodass sich das chinesische Streben nach Konfliktüberwindung faktisch fast immer gegen den Schwächeren wendete.

Dennoch, mindestens in minder schweren Fällen wird restorative justice die Gefängnisstrafe mehr und mehr ablösen. Entscheidend ist, dass man überprüft, was wir zuvor als Zweck der Bestrafung herausgestellt haben. Wenn nicht ein abstraktes Gerechtigkeitsprinzip, Rache, Besserung des Täters oder Schutz der Gemeinschaft im Vordergrund stehen, sondern das Erreichen eines möglichst spannungsarmen Zustands mit bestmöglicher Perspektive für alle Beteiligten, so entfallen die Gründe für Gefängnishaft, wenn es nicht um ein schlichtes und dauerhaftes Wegsperren gefährlicher Personen geht, wobei es dann aber unerheblich ist, ob deren Gefährdungspotenzial sich bereits manifestiert hat oder nur potenziell vorhanden ist. Das hat dann aber ebenfalls nichts mit Recht und Gerechtigkeit zu tun, sondern in gleicher Weise mit dem Bemühen, einen möglichst konfliktarmen Zustand der Gesellschaft zu erreichen. Das Justizwesen des Staats hat dann nicht primär eine strafverfolgende Aufgabe, sondern soll die Rolle des Mediators wahrnehmen und muss – anders als im chinesischen Rechtssystem – sich vor allem verpflichtet fühlen, den rechtsphilosophisch wesentlichsten Gedanken der Aufklärung, die Gleichheit aller vor dem Gesetz, konsequent gegen materielle Unterschiede, Ansehen, Bildungsstand usw. immer wieder durchzusetzen.

10 Haldert Gudmunsson: Das Ich und sein Ich: Individuelle Kohärenz und Vielheit

Zugegeben, die Universität Island in Reykjavik ist eine vergleichsweise junge Einrichtung, blickt sie doch auf gerademal ein Jahrhundert Geschichte zurück. In diesen einhundert Jahren hat sie aber einige hervorragende Geister unter ihren Studenten und ihren Lehrenden aufzuweisen gehabt, darunter auch Haldert Gudmunsson, der als weltweit einer der wichtigsten Spezialisten für die schrittweise Anpassung von Meeresbewohnern an sich ändernde Wasserqualitäten, vor allem an eine Veränderung des pH-Werts angesehen werden kann. Dass er sich darüber hinaus auch in den Gefilden der philosophischen Psychologie oder psychologischen Philosophie zu behaupten weiß, zeigt der nachfolgende Beitrag in schöner Weise.

Wir neigen dazu, Schizophrenie oder psychotische Erkrankungen mit einer Vielheit der Seele zu verbinden. Das ist aus zwei Gründen irrig. Zwar gibt es eindrucksvolle literarische Beispiele von Menschen, die offensichtlich in einer psychopathologischen Notsituation waren und mit einer selbst empfundenen seelischen Vielheit haderten; in jüngerer Zeit hat vor allem Sarah Kane davon eindrucksvoll Zeugnis gegeben.[1] Aber der allfällige Verweis auf das Psychiatrische macht es uns leicht, die Fragmentiertheit der Seele als ein nur pathologisches Phänomen abzutun. Und es ist, nebenbei gesagt, auch aus psychiatrischer Sicht zu einfach, Schizophrenie als Spaltung der Persönlichkeit zu verstehen.

Die Literaturgeschichte kennt einige aufregende Kreaturen, die sich als Kooperationen von z.T. Hunderten, ja Tausenden von Einzelwesen entpuppen. Stanisław Lems Niezwyciężony, Michael Endes Ygramul oder das von Eric Drexler erfundene Gray Goo gehören in diese Reihe.[2] Sie sind letztlich alles der aristotelischen Idee kollektiver Intelligenz

---

[1] Kane: 4.48 Psychosis, passim
[2] Lem: Der Unbesiegbare, passim; Ende: Unendliche Geschichte, S. 69-70; Drexler: Engines, Kp. 11

verpflichtete Vorstellungen einer Schwarmintelligenz, welche nicht nur einfach als Addierung der jeweiligen Einzelbefähigungen angesehen werden könnte.[3] Doch fragt sich, ob dieser Kollektivbegriff wirklich nur jenseits der Individuumschranke beginnt oder nicht eigentlich schon eine auch innerhalb der Grenzen des physikalischen Selbst verbreitete Vielheit des Ichs wenigstens vorstellbar macht.

Ich bin ich, das weiß ich ganz genau.

Oder wissen wir das ganz genau, diese ganzen Ichs, die ich bin. Die ich sind. Die mein Ich sind. Die wir unser Ich sind.

Oder bin ich doch nur einer, nur eben morgens Ehemann, Kindergartenfahrdienst, dann Dozent (einer von den Netten), Autoparker (fallweise ein echtes Miststück), wieder Fahrdienst, Ehemann, Bodybuilder (eher erfolglos), Heavy-Metal-Fan, Mutti-Anrufer (zu selten), außerdem fremdernannter Verteidiger der isländischen Lebensart gegen eine auf uns zubrandende islamistische Woge, fremdernannter Steinbockgeborener mit angeblich genau typischen Eigenschaften, und noch dieses, und jenes, dies sowieso und das noch, das auch, dieses, jenes mindestens, wenn man meine Frau fragt, und dies, und dies, und dies.

Ich bin nicht einer, oder nur im Zuge einer sehr groben Verallgemeinerung. Eigentlich bin ich viele, oder, um mal die Bibel zu zitieren. Ich bin der Dämon, den Jesus dann in die Schweine jagt, die ja eigentlich nichts dafür konnten. Der Dämon antwortet Jesus auf die Frage, was sein Name sei, dass sein Name „Legion" sei, denn sie seien viele. Die Antwort des Dämons kippt hier vom Singular in den Plural, also von „Λεγιὼν ὄνομά μοι" zu „ὅτι πολλοί ἐσμεν". Und es sind folgerichtig auch zweitausend Schweine, in welche der Dämon ausgetrieben wird und die sich dann im See Genezareth ertränken, auch wenn man sich fragt, wo, nachgerade angesichts des Verbots von Schweinefleisch, so eine gewaltige Herde eigentlich hergekommen sein soll und welcher Viehzüchter dadurch kurzerhand zugrunde gerichtet ward. Entscheidend hier aber

---

[3] Aristoteles: Politik, Bd. 3, 1281a38-b9

ist, dass die Vielheit im Ich von der Botschaft des Neuen Testaments der Einheit im Ich entgegen gesetzt und der Unreinheit von Schweinen, dem Teufel, Dämonen usw. zugewiesen wird.

Deswegen heißt es vielleicht auch in der Bibel, die Zahl des Tiers sei eines Menschen Zahl. Und mit der wollen wir uns daher noch ein bisschen befassen.

10.1 Einleitung: 666 oder die Zahl des Tiers

Der Einfachheit halber soll hier nicht bestritten werden, dass sich die Zahl des Tiers irgendwie auf Nero bezieht. Vielleicht auch auf Nerva, Hadrian oder Ronald Reagan, das – neben vielem anderen – findet man sofort, wenn man nur mal das Internet nach der Bedeutung der Zahl des Tiers durchforscht.

Da es also offensichtlich so legitim ist, sich aus dem Buch der Bücher frei zu bedienen und al gusto zu interpretieren, erlaube ich mir eine andere Variante. Es lautet der Satz am Ende des 13. Abschnitts der Offenbarung, um den es hier geht: „Hier ist die Weisheit. Wer Verständnis hat, berechne die Zahl des Tieres; denn es ist eines Menschen Zahl; und seine Zahl ist sechshundertsechsundsechzig." Griechisch „Ὧδε ἡ σοφία ἐστίν. ὁ ἔχων νοῦν ψηφισάτω τὸν ἀριθμὸν τοῦ θηρίου, ἀριθμὸς γὰρ ἀνθρώπου ἐστίν, καὶ ὁ ἀριθμὸς αὐτοῦ ἑξακόσιοι ἑξήκοντα ἕξ."

Das ist eigentlich schon die erste Antwort auf die Frage, die zu stellen ich bisher versäumt habe. Wenn ich, wie eingangs gesagt, viele bin, wie viele bin ich denn dann eigentlich, da ich so offensichtlich nicht nur einer bin?

Die Zahl, die hier gesucht wird, ist nun in der Tat keines Tieres Zahl, es ist eines Menschen Zahl. Zumindest meinen wir das, weil wir nichts über das Seelenleben der Tiere wissen.

Also bin ich sechshundertsechsundsechzig? Vielleicht. Ich habe vor geraumer Zeit zu zählen aufgehört, da war ich bei hundert und längst nicht am Ende. Immerhin, die Zahlenmystik erlaubt uns da eine interessante Spielerei. Die Primzahl gilt in der Mathematik als elementare Größe, sie kann nicht weiter in Teiler zerlegt werden und viele mathematische Gesetze sind faktisch bewiesen, wenn man sie für Primzahlen beweisen kann. Gleichzeitig sind Primzahlen schwer vorhersagbar in ihrer Abfolge, um nicht zu sagen, zickig, jedenfalls bis zum Beweis der Riemann'schen Vermutung, die dem Laien das Ganze aber auch nicht verständlicher machen dürfte. Nun, summieren wir die Quadrate der Primzahlen bis 17, also 4, 9, 25, 49, 121, 169 und 289, so ergibt sich als Summe 666. Was unwandelbar und unverbrüchlich erscheint, wird durch die Verbindung mit seinem Alter Ego in der Quadrierung zum Einfalltor des Chaos, wie ich selbst im Chaos versinke, wenn ich nur erst meine Vielheit, meine Quadratur zulasse.

Natürlich bin ich nur einer, sonst müsste ich von mir selbst in einem Plural sprechen, der dann nur sehr wenig majestätisch wäre. Und doch meine ich, viele zu sein. Und ich glaube keinem, der behauptet, dies würde ihn ungebührlich überraschen oder hätte dies von sich selbst noch nie gedacht.

Was meinen wir, wenn wir „ich" sagen, oder „wir"? Warum sagen wir „ich", nicht „wir"? Oder besser noch, warum nicht sagen „dieser Aspekt meines Ich, welchen Sie aktuell gerade vor sich sehen"? Ist vielleicht etwas lang und umständlich, zugegeben, aber reicht das als Erklärung aus?

Schon die Genesis sagt, erst durch den Schöpfungsakt ward Ordnung, der Tag getrennt von der Nacht, das Meer vom Land. Die Seele, mit welcher der Mensch ausgestattet ist, macht aus dem Vielen das eine und in sich Einige. Die Seele setzt, so die jüdische und dann auch die christliche Idee, den Menschen instand, konstituiert ihn, wird quasi der Kiel oder Tragbalken, ohne den die Das Schiff nur ein Haufen Holz und Nägel bleiben müsste. Der Teufel aber, dem diese fehlt, zerfällt immer wieder in seine Vielheit. Daher sagt der Dämon auch, ihm sei der Name „Legion", der griechische Text verwendet den Dativus Possesivus, der andeutet, dass ein anderer dem Dämon diesen Namen gegeben hat. Klingt in der deutschen Übersetzung vielleicht etwas antiquiert, kann man aber durchaus sagen. Ach ja, beim Höllensturz sind wahrscheinlich gar nicht Tausende rebellischer Engel hinabgestoßen worden, sondern nur einer, der nicht mehr wusste, dass er nur einer war, sondern in sich Tausende und Abertausende entdeckt hatte.

Nun werden viele einwenden, das sei eine Verwechslung zwischen dem ontologischen Sein des Individuums und seinem vielleicht vielfältigen So Sein oder überhaupt nur den vielen Formen von So Sein, die man von einem Moment zum anderen empfinden mag, ohne dass dies auf das So Sein oder womöglich auf das Sein an sich irgendeinen Einfluss haben muss. Psychologen und Soziologen formulieren ähnlich, wenn sie sagen, hier werde das Rollenbild diverser gesellschaftlich oder sozial oktroyierter, vielleicht auch selbst gewählter Rollen mit dem Identitätskern verwechselt. Erst wo dieser verloren sei, blieben in der Tat nur die Rollen, um eine Identität zu stiften oder doch zu restituieren, eine Aufgabe, dazu sie sich in der Tat nur mäßig bis gar nicht eigneten.

Das Problem der nicht ohne weiteres sich darstellenden Identität des Menschen wird dadurch weiter kompliziert, dass wenigstens die europäische Geistesgeschichte weitgehend von einem Primat des Subjekts ausgeht. Schon Emmanuel Levinas hat das aber deutlich kritisiert.[4] Ihm zufolge ist das Bewusstsein keine Voraussetzung einer Konstruktion des Seins. Sondern das Sein stehe der Perzeption als so unmittelbare und in sich vollendete Anderheit gegenüber, dass das Denken dieses Sein nur durch die Stiftung des Subjekts akzeptieren und bestätigen oder von ihm überwältigt zugrunde gehen könnte. Damit kann es ein sich selbst genügenden Ich nicht geben, es ist immer eine Reaktion auf ein viel unmittelbareres, viel unbedingteres Sein und gleichzeitig ohne dieses nicht nur nicht denkbar, sondern auch nicht nötig.

Die Prämisse der Erkenntnistheorie lautet meist, das Subjekt setze sich im Zuge des Verstehens in Bezug zu einer umgebenden Umwelt. Dabei

---

[4] Levinas: Ausweg, S. 7

wende es Mechanismen an, welches es zuvor oder zeitgleich auch zum besseren Verständnis seiner selbst angewendet habe. Natürlich würden diese dabei weiter verbessert und angepasst, doch die Frage bleibt, wo diese Mechanismen, aber eigentlich, wo das Subjekt hergekommen ist, welches sich hier in Bezug zur Welt setzt. Eine andere Hypothese könnte nämlich lauten, dass der Einzelne nicht am Beginn der Geisteswerdung des Menschen steht. Wo Levinas die Totalität des Seins als Erstbedingung allen Ichwerdens setzt, könnte man auch die größere Ursprünglichkeit des Wir dem werdenden des Ichs voranstellen: Zunächst sind wir Teile eines Kommunikationssystems und können, soviel immerhin weiß man aus der Kinderpsychologie, ein Ich noch lange nicht denken, wenn wir schon recht geübt im Wir und im Du sind. Wir kennen meist erst unsere Mutter, dann die Zweiheit aus Mutter und Ich, bevor sich hieraus durch diverse Erkenntnis- und Lernprozesse, aber wohl auch durch Training und fremdbestimmte Übungen allmählich ein autonomes Ich separiert. Das Ich entsteht also durch Abscheidung eines Teils von der übrigen Welt und ist kein Eigentliches, das dieser Welt als gleichberechtigter Partner gegenübertreten könnte. Damit ist die Idee, es könne ein vollständiges und kohärentes Ich geschaffen werden, nur so sinnvoll, wie es möglich sein kann, aus einer offensichtlich inkohärenten, chaotischen, kaum verstehbaren Welt ein solches Teil herauszuschnitzen.

Es ist dies ein Problem, das nur auf den ersten Blick sich auf erkenntnistheoretische Herausforderungen beschränkt. Natürlich, Descartes' bekanntes Diktum „Cogito, ergo sum" scheint auch in den dunkelsten Stunden von Skepsis und Solipsismus Bestand zu haben.[5] Das ich existiere, ist sicher einfach aufgrund meiner Erfahrung der Tatsache, dass ich Prozesse des Denkens in einem weiten Sinn von Denken, also einschließlich Fühlen und Empfinden erlebe, ohne freilich sicher sein zu können, dass es eine wie auch immer geartete Korrelation zwischen einer möglichen, aber nicht sicheren Außenwelt, meiner Innenwelt und meinen cognitiven Prozessen zwingend geben muss. Doch was, wenn

---

[5] Descartes: Meditationes, 2.3, S. 43; der.: Principia, 1. Teil, S. 7

uns diese Schlussfolgerung nur deswegen so überzeugend erscheint, ja intuitiv zu überzeugen vermag, weil zuvor in die Entwicklung unseres cognitiven Instrumentariums genau solche Strukturen angelegt worden sind, dass für uns gar keine andere Option besteht, als diesen Satz überzeugend zu finden, weil wir nicht außerhalb dieses Instrumentariums denken können, er aber nur innerhalb desselben zwingend ist – wenn überhaupt. Dann geht nicht nur ein kleiner Rest epistemischer Gewissheit verloren, den wir heute noch hochhalten. Sondern wir verlieren auch die Möglichkeit, uns den Menschen als vereinzelt auch nur im Rahmen eines theoretischen Konstrukts zu denken: Wir sind nie ohne die anderen, und die Frage ist, ob in dem wechselhaften und häufig wenig festgelegten Wir, in welchem unser Denken entsteht, wir überhaupt sinnvollerweise von einem Ich sprechen können, insbesondere einem Ich, dass einem bisherigen Wir mit einem klar unterschiedenen Ich und Ihr zu begegnen vermag.

Levinas war in die Gegenrichtung radikal in seinem Verständnis der Identität als etwas, das nur durch Abscheidung von der Welt errungen werden kann. Ich hingegen meine, das Individuum in konsistenter Identität und Persistenz vor sich selbst und der Sterblichkeit ist keine unmittelbare oder dauerhafte Tatsache. Es ist vielmehr fortwährend und unter Mühen gestiftet, vielfach ist es auch vermittelt. Wir sind nicht von Natur ausgestattet mit Konsistenz und Identität, weil wir von Natur keine Seele haben. Wir ringen fortgesetzt um Ichstiftung, wie erringen unsere Seele als den Kern unserer Identität und den Kleister, der alles zusammenhält. Das Gestiftete, das Erzeugte dieser Identität ist aber fragil und flüchtig und in einem reinen Nur-Ich nicht vorstellbar, geschweige denn herstellbar. Gleichzeitig aber haben wir vermittelt bekommen, dass dies existiere, erreichbar sei, gefunden werden könne und zudem von erheblicher Bedeutung sei für unser Leben und unser Glück. Daher haben viele Menschen in sich eine Sehnsucht nach etwas, das es kaum einmal gibt und vielleicht unter normalen Umständen gar nicht geben kann. Wir empfinden unsere Seele als fragmentiert, chaotisch, widersprüchlich, unzusammenhängend. Wir empfinden uns als inkohärent und inkonsistent, und das macht manchen mehr zu schaffen als anderen, vielleicht auch Menschen in unserem Kulturkreis mehr als Menschen anderer Weltgegenden.

Nun gut. Vielleicht holen wir mal etwas weiter aus.

10.2 Kohärenz und Konsistenz

Offensichtlich gibt es hinsichtlich der Vorstellung von einem kohärenten Ich mehrere konkurrierende oder doch jedenfalls gegensätzliche Festlegungen. Was meinen wir daher, wenn wir von „Kohärenz" im Kontext des „kohärenten Ichs" sprechen?

Der Begriff der Kohärenz entstammt zunächst einmal der Philosophie, wo er schon im Mittelalter dem Lateinischen entlehnt ward. Das lateinische Wort „cohaerere" meint „zusammenhängen", doch ist in der Philosophie damit mehr als nur ein beliebiger Zusammenhang gemeint, welcher etwa auch durch die schlichte Zusammenstellung von Aussagen erfolgen könnte. Eine Zusammenstellung von Sätzen wie „Ein Satz enthält Wörter. In Österreich liegt der Wolfgangsee." mag zwar richtig sein, aber er ist nicht im eigentlichen Sinne kohärent. Hingegen kann eine Zusammenstellung wie „Ein Satz enthält Wörter. In Österreich liegt der Wörthersee." aufgrund eines impliziten Beziehungsgehalts beider Sätze kohärent sein; Sie kennen natürlich Robert Gernhardts Gedichtsammlung „Wörtersee". Womit ich dann gleich auf das für unsere Thematik wichtige Gedicht „Doch da ist noch ein Falter" hingewiesen haben will.[6]

Das unausgesprochene Dritte bildet also quasi den Zement zwischen den beiden Bausteinen, ohne den diese Zusammenstellung so wenig kohärent wäre wie jene. „Beiderseits des Rheins findet man auf weite Strecken steile Hänge. Hier wachsen einige der besten deutschen Weine." Diese Satzzusammenstellung ist kohärent. Wir nehmen mal an, dass beide Sätze wahr sind, müssen sie aber nicht sein, um kohärent

---

[6] Gernhardt: Wörtersee, S. 18

zu sein. Ihre Paarung suggeriert dann noch etwas Drittes, was nur implizit ist, nämlich eine Kausalbeziehung, welche der schlichten Subjunktion einer Wenn-Dann-Beziehung abgeht. Auch hier bildet also der implizite Gehalt das Bindeglied zwischen den beiden Sätzen und macht ihre Zusammenstellung kohärent. Löste man den Zusammenhang beider Sätze, ginge dieses unausgesprochene Dritte verloren und damit auch die Kohärenz.

Nun könnte man meinen, widerspruchsfreie Zusammenstellungen, also konsistente Satzgruppierungen, seien notwendig auch kohärent. Das ist aber nicht der Fall. „Wenn Rom in der Sahara liegt, dann geht die Sonne im Osten auf." ist ein logisch einwandfreier, ein konsistenter Satz, den man trotzdem nicht als kohärent bezeichnen würde. Als kohärent begreifen wir vielmehr Sätze oder Satzgruppierungen, die in ihrer Zusammenstellung einen inhaltlichen Zusammenhang erkennen lassen und in diesem Zusammenhang frei von Widersprüchen, aber auch frei von Gegensätzen sind.

Man kann Kohärenz also zunächst als reines Wahrheitskriterium verstehen. Ein Satz ist dann mit anderen Sätzen kohärent, wenn er mit diesen gemeinsame Referenzobjekte aufweist und keine der zu diesen Referenzobjekten gemachten expliziten oder impliziten Aussagen in Widerspruch zu anderen Sätzen dieser Zusammenstellung von Sätzen steht. Das bedeutet auch, dass man über die Kohärenz von Sätzen unabhängig davon entscheiden kann, ob sie über die uns umgebende Welt etwas Korrektes aussagen. „Saruman ist Saurons Einflüsterungen über den Palantir vollständig erlegen, Denethor nicht. Dabei war Denethor nur Mensch, Saruman ein Maia, also von gottähnlicher Substanz." Diese Zusammenstellung ist kohärent, sie weist zudem eine nennenswerte Zahl impliziter Aussagen auf, die für den einen oder anderen wohl auch von Interesse sind. Aber anderslautenden Träumen, Wünschen, Hoffnungen und Gerüchten zum Trotz referenziert diese Zusammenstellung nicht auf die Realwelt – was immer genau das auch sein soll.

Das führt zu dem schwierigen Problem, in welcher Beziehung Aussagen über die Realwelt zu dieser Welt stehen. „Berlin ist die Hauptstadt der Bundesrepublik Deutschland." ist ein aktuell wahrer Satz. Um ihn etwas stärker zu machen, müsste man ihn anreichern mit Präzisierungen wie Referenzdatum oder Spezifizierung, welchen der knapp hundert Orte weltweit, die allesamt „Berlin" genannt werden, man denn damit meint. Oder überhaupt erstmal einen Ort, nicht etwa den Komponisten von „Alexander's Ragtime Band" und „White Christmas".

Aber viel spannender ist die Frage, welcher Zusammenhang besteht zwischen Dingen der Realwelt und den Begriffen, mit welchen sie innerhalb einer Sprache bezeichnet werden. Zugleich könnte es Dinge geben, vor allem aber Eigenschaften der Dinge oder Korrelationen zwischen ihnen, die sich in Sprache gar nicht ausdrücken lassen. Umgekehrt erzeugt Sprache bzw. das Beschreiben der Realwelt eine eigene Welt mit eigenen Gesetzmäßigkeiten und impliziten und expliziten Gehalten, die vielleicht auch wieder in die Realwelt zurückwirken und diese verändern. Angenommen, in der Nähe des schon genannten Berlin landet ein Außerirdischer, der durch eine Laune der Phonetik „Adolf" heißt. Dann erzeugt das Wort, mit dem er bezeichnet wird, in Resonanz mit der Welt und der Zeit, in die er geraten ist, eine Fülle von Konnotationen, an denen er durchweg ganz unschuldig ist, die aber seine weitere Existenz erheblich beeinflussen werden. Oder ein anderes Beispiel: Wenn zwei Menschen den Bund fürs Leben schließen, müsste relativ zur Anzahl von Menschen in Deutschland mit diesen Vornamen die Kombination „Andreas und Maria heiraten." oder „Sabine und Frank heiraten." oder „Anne und Katrin heiraten." ebenso häufig vorkommen wie „Peter und Petra heiraten." Ich behauptete, ohne es belegen zu können, dass schlicht aufgrund der Namensähnlichkeit diese und ähnliche Kombinationen weniger häufig vorkommen. Vielleicht irre ich mich auch, vielleicht sind sie im Gegenteil viel häufiger. Aber ich bin sicher, dass sie von der mittleren Verteilungswahrscheinlichkeit signifikant abweichen. Auch hier erzeugt die Referenzierung von Objekten der Realwelt in Sprache eine eigene Welt, die in die Realwelt zurückstrahlt.

Aber es gibt noch ein anderes Problem mit dem, was man gemeinhin als Korrespondenztheorie bezeichnet. Die Annahmen einer sehr einfachen Fassung dieser Theorie sind, dass

- es eine Realwelt gibt;
- es in dieser Realwelt Objekte gibt;
- die Wörter unserer Sprache auf diese Objekte referenzieren;
- wir etwas über diese Objekte und ihre Relationen erfahren können;
- die Objekte und ihre Relationen unbeeinflusst bleiben, wenn man sie beschreibt;
- die Wahrheit von Sätzen und Satzzusammenstellungen davon abhängt, wie genau sie das, was aus der Realwelt sie beschreiben sollen, tatsächlich in Sprache abbilden.

Keine dieser Annahmen ist zwingend plausibel, einige davon sind schlicht unentscheidbar, schon deshalb, weil sie zu entscheiden sich ihrer Abbildung in Sprache bedienen müsste, sodass das, was durch die Gesamtheit der Prämissen erst ermöglicht werden soll, nämlich eine Legitimierung der Idee, Sprache bilde die Realwelt ab, schon zur Plausibilisierung einiger der Prämissen herangezogen werden müsste. Und mit großer Wahrscheinlichkeit sind unsere Wahrnehmungen, die dann mehr oder weniger indirekt sich in Sprache ausdrücken, nur bestenfalls ungenaue und unvollständige Ausschnitte aus dem, was es da draußen wahrzunehmen gäbe, wenn wir dazu in der Lage wären, dessen wir uns nur begrenzter Gewissheit hingeben dürfen.

Dennoch ist es schon aus überlebenstechnischen Gründen sinnvoll, wenigstens eine ungefähre und halbwegs sinnvolle Korrelation zunächst einmal zwischen den Phänomenen der Realwelt und unseren Wahrnehmungen zu vermuten, zudem aber auch eine – erneut unscharfe und unvollständige, aber doch wenigstens einigermaßen sinnvolle – Korrelation zwischen unseren Wahrnehmungen und dem anzunehmen, was wir in Sprache ausdrücken.

10.3 Die dreistufige Inkohärenz

Man könnte sagen, die ganze Welt ist Salzgitter. Salzgitter ist ein Ort in Niedersachen, den es eigentlich gar nicht gibt. Es gibt nur Ortsteile ohne eine Metropole, an der diese Teile quasi hingen. New York ist übrigens ähnlich, womit die Ähnlichkeiten zu Salzgitter aber auch schon enden. Immerhin, Manhattan als der historische Siedlungskern der Stadt heißt eben nicht New York, so wie Salzgitter-Thiede eben nicht Salzgitter heißt.

Die Welt ist in der Wahrnehmung der meisten Menschen ebenso fragmentiert, also unzureichend zusammenhängend, ohne wiederum völlig zusammenhanglos zu sein. Die Forderung nach größerer Kohärenz scheint also nicht fantastisch, weil wir ja Kohärenz vielfach erleben; nur eben nicht genug davon.

Aber die Inkohärenz hat drei Orte, die wir uns nachfolgend anschauen werden. Vergessen wir nicht das zuvor Gesagte, dass Inkohärenz immer eine Eigenschaft der in Sprache aufgebauten gedanklichen Konstrukte ist, mit denen wir unsere Wahrnehmungen abbilden, ordnen und verstehen wollen. Dann nehmen wir Inkohärenz an mehreren Orten wahr:

- Inkohärenz der uns umgebenden Welt
- Inkohärenz unserer eigenen Körperlichkeit
- Inkohärenz unserer Seele

In allen drei Fällen ist der Wahrnehmung von Inkohärenz eine Abbildung des Beobachteten vorausgegangen. Auch unsere Seele betrachtet sich nicht selbst, sondern denkt über sich selbst nach, versucht also ihr aktuelles So Sein in Sprache abzubilden. Und es sind auch zwischen diesen drei Orten keine Mauern errichtet, sondern meine gefühlte physische Inkohärenz liegt vielleicht auch an der Fragmentiertheit meiner Seele, oder umgekehrt, und beide können zu größerer Geschlossenheit vielleicht nicht finden, weil die uns umgebende Welt das aufgrund eigener Stückhaftigkeit nicht hergibt, nachgerade im Rahmen dessen, was wir bisher von ihr verstanden haben und beschreiben können.

Man muss aber zwei Dinge unterscheiden: die oben genannten drei Orte, die wir möglicherweise als inkohärent erleben, also die Welt, unseren Körper und unsere Seele, und auf der anderen Seite mehrere Ursachengruppen, aus denen dieser Eindruck von Inkohärenz resultieren kann. Denn Inkohärenz ist eine Eigenschaft der Beschreibung unserer Welt, unseres Körpers oder unserer Seele in Sprache. Weil diese Beschreibung mehr oder weniger inkohärent ist, nehmen wir an, das Beschriebene müsse es auch sein. Das ist aber vielleicht gar nicht der Fall, weil Inkohärenz vielleicht nur aus einer der nachfolgenden sechs Gruppen resultiert. Wir können Inkohärenz erleben,

- weil die Welt innerhalb der Grenzen unseres zum jeweiligen Zeitpunkt vorhandenen Wissens und unserer Beschreibungsfähigkeit inkohärent oder jedenfalls nicht hinreichend kohärent ist;
- weil unser Körper im Rahmen eben dieser Grenzen nicht hinreichend kohärent beschrieben werden kann;
- weil unsere Seele entsprechend nicht hinreichend kohärent beschrieben werden kann;
- weil unsere Sprache nicht ausreichend entwickelt und genau genug ist, um kohärente Beschreibungen zu erstellen;
- weil unsere momentanen intellektuellen Kapazitäten nicht ausreichen, um eine nur scheinbare Inkohärenz zu durchschauen und zu überwinden;
- weil unser Denken bzw. unsere intellektuellen Möglichkeiten grundsätzlich nicht hinreichend sind, um etwas Kohärentes als solches zu erfassen und zu beschreiben.

10.4 Die Welt ein Scherbenhaufen: Die Inkohärenz des Physischen

Beginnen möchte ich mit der Frage, ob es denn eine Kohärenz des Physischen geben kann, bevor wir über Kohärenz und Inkohärenz des Psychischen reden. Denn nachdem wir festgestellt haben, dass es im Sprachlichen durchaus Kohärenz geben kann, Satzzusammenstellungen an diesem Anspruch aber auch scheitern können, lohnt es sich, der Frage nachzugehen, ob das Physische unserer Welt und das Physische unseres Ichs notwendig kohärent sind, ob sie nur möglicherweise kohärent sind bzw. sein können, oder ob sie insgesamt ebenfalls fragmentiert sind, sodass nur Teile der physischen Welt kohärent sind, wenn überhaupt.

Ist die Frage nach der Kohärenz der Welt eigentlich relevant? Interessiert uns nicht eigentlich nur die Inkohärenz unserer Seele, und auch dies nur, weil wir ihr Auseinanderklaffen als schmerzhaft empfinden?

Aber vielleicht müssen wir die Frage nach der Kohärenz oder Inkohärenz schon deshalb beantworten, weil wir auf diesem vergleichsweise harmlosen Terrain uns in der Verwendung der Begriffe üben können. Und vielleicht ist unsere innere Inkohärenz, die viele als so unangenehm empfinden, nur ein Spiegel einer uns umgebenden Inkohärenz. In einer inkohärenten Welt wäre es vielleicht geradezu überraschend, wenn die von dieser hervorgebrachte Seele ohne weiteren Stiftungs- oder Bildungsakt, ganz von selbst also, kohärent sein sollte. Anders gesagt, in einer inkohärenten bzw. nicht kohärent beschreibbaren Welt auf eine kohärente Seele zu stoßen, wäre Wasser auf alle Gebetsmühlen, die behaupten, die Seele entstamme einer anderen, besseren, jedenfalls nicht dieser Welt. Sie müssten dann nur noch erklären, warum die gleiche Macht, die eine inkohärente Welt erschuf, kohärente Seelen schaffen konnte.

Aber können wir über Kohärenz der Welt als solcher überhaupt etwas aussagen, oder ist Kohärenz nicht immer eine Eigenschaft von Satzzusammenstellungen, mithilfe derer wir die Welt beschreiben und verstehen wollen? Das beinhaltet zwei Fragen:

- Ist Kohärenz immer eine Eigenschaft von Satzzusammenstellungen?
- Können wir über die uns umgebende Welt anders als in Sprache und vor allem nur innerhalb der Grenzen von Sprache sprechen?

Haldert Gudmunsson: Das Ich und sein Ich: Individuelle Kohärenz und Vielheit

Akzeptieren wir mal die Tatsache, dass wir aus dem Reich der Sprache nicht hinauskommen können und folglich Kohärenz immer eine Eigenschaft von Satzzusammenstellungen ist. Offensichtlich kann es Satzzusammenstellungen geben, deren Kohärenz nicht von ihrer Entsprechung in der umgebenden Welt abhängt, sondern lediglich von ihrer Beziehung zueinander. Dies gilt natürlich insbesondere für Zusammenstellungen von Sätzen, die aufeinander referenzieren. „Der nachfolgende Satz besteht aus acht Wörtern. Hingegen besteht der vorangegangene Satz aus sieben Wörtern." ist ebenso kohärent wie „„Der nachfolgende Satz besteht aus vierhundertfünfundsiebzig Wörtern. Der vorangegangene Satz enthält eine korrekte Aussage."

Daran wird noch etwas anderes deutlich. Satzzusammenstellungen können kohärent sein, ohne in allen Teilen oder insgesamt wahr zu sein. Anders gesagt, Kohärenz kann allenfalls Hinweise geben, ob eine Aussage oder eine Zusammenstellung von Aussagen wahr sein kann. Aber Kohärenz ist kein hinreichendes Kriterium von wahren Satzzusammenstellungen. Und andererseits ist es auch keine notwendige Eigenschaft wahrer Zusammenstellungen. Denn man kann fünf wahre Sätze nebeneinanderstellen, die keinerlei inhaltlichen Zusammenhang haben, also keinerlei Kohärenz aufweisen, aber trotzdem nicht deswegen unwahr werden, weil sie in dieser Form zusammengestellt sind.

Doch gibt es Kohärenz auch in der Welt, die wir in Sprache abzubilden versuchen? Zunächst: Wäre ich Gott oder doch jedenfalls allwissend, hätte also alles Wissen über die Welt erlangt, das man überhaupt erlangen kann, wäre dann all mein Wissen kohärent? Ist also die Welt kohärent, oder gibt es in der Welt Inkohärenz, die nicht aus der Begrenztheit unserer Wahrnehmung und unseres Wissens entsteht, sondern eine Eigenschaft der Welt als solcher ist bzw. etwas, das auch noch einer umfassenden Beschreibung der Welt innewohnen müsste?

Vielleicht ist die Frage belanglos, weil keiner von uns Gott oder allwissend ist und wir die Frage somit ohnehin nicht entscheiden können. In der Welt, wie wir sie mit unseren begrenzten Mitteln wahrnehmen, beschreiben und zu verstehen versuchen, ist unzureichende Kohärenz nach meinem Eindruck immer nicht nur eine Eigenschaft des Sprechens und Denkens über die Welt, sondern der wahrgenommenen Welt selbst. Niemand kennt genug von der Welt, weiß genug von der Welt, versteht genug von der Welt, als dass sein Bild der Welt insgesamt kohärent sein könnte, selbst wenn es einem Gott vielleicht möglich wäre, das zu verwirklichen.

Aber die uns umgebende Welt ist nur nebenbei physisch im naturwissenschaftlichen Sinn. Die Inkohärenz ihrer Beschreibung aus naturwissenschaftlicher Sicht ist weitgehend der Tatsache geschuldet, dass die Abbildung der Welt in den Gesetzen der Physik und Chemie noch nicht am Endpunkt ihrer Entwicklung angelangt ist. Erst wenn dieser Endpunkt erreicht oder doch jedenfalls nah ist, kann man – vielleicht – prüfen, ob es jenseits der Inkohärenz der Weltmodelle in den Naturwissenschaften auch eine Inkohärenz der abgebildeten Welt als solcher gibt. Aber wer von uns kein Physiker, kein Chemiker ist, dürfte von dieser Vorläufigkeit des Forschungsstands nicht sonderlich beunruhigt sein.

Was viele Menschen jedoch beunruhigt ist, dass sie jenseits des engen Fensters der Naturgesetze die Beschreibung der sie umgebenden Welt als inkohärent empfinden. So ganz egal ist uns das also vielleicht doch nicht. Mehr noch, wir glauben zumeist, früher war nicht nur alles besser, sondern war auch diese Weltbeschreibung weitaus kohärenter.

Das ist teilweise eine Kindheitserinnerung, die wir allzu leicht auf die Menschheitsgeschichte projizieren. Als Kind, nachgerade als kleines Kind, war man Teil einer übersichtlichen Welt, mit klaren Regeln, wenigen, berechenbaren Personen, kleinen Räumen – Kinderzimmer, Garten, Spielplatz. Ob dieses Bild einer genauen Prüfung auch nur der eigenen Biografie immer standhält, lassen wir mal dahin gestellt. Für viele Menschen stimmt dieses Bild in groben Zügen, und es ist auch in seinem Übertrag auf historische Zustände nicht grundfalsch. Der Mensch hat sich als Teil einer kleinen, überschaubaren und weitgehend strukturierten Welt entwickelt. Wichtig ist das natürlich erst ab da, wo unsere Vorfahren hinreichend entwickelt waren, um die Welt in ihrem Denken mehr oder weniger gut abzubilden und ein wenigstens diffuses Unbehagen hinsichtlich der Kohärenz dieser Abbildung zu entwickeln. Freilich, diese überschaubare Welt ist in ihren Grundzügen schnell erklärt, schnell verstanden und wenig beunruhigend. Das Unerklärbare, Rätselhafte, das immer wieder in diese Welt einbricht, muss im Interesse einer Rückkehr zu beruhigender Kohärenz gebändigt werden. Um dieses Containment zu realisieren, stehen spätestens seit der Jungsteinzeit die Götter zur Verfügung. Deswegen ist auf dem Höhepunkt dieser Gesamtsicherung Inkohärenz der umgebenden Welt für die allermeisten Menschen kein Problem.

Aber dieser Zustand hält mindestens in Europa nicht ewig vor. Mit der Pest von 1348 tritt eine Inkohärenz des Weltbilds in das Leben jedes Menschen ein, daran die bisherige Erklärungsmöglichkeit, also die Delegierung des Unerklärlichen an das Göttliche, scheitert. Danach gibt es in Europa keine Religion mehr, nur noch Todeszuckungen derselben und Menschen, welche diese Agonie mit Glauben verwechseln. Anders gesagt, mit Renaissance und Aufklärung verschwinden für die meisten Menschen die Überschaubarkeit und die Erklärbarkeit der uns umgebenden Welt. Immer mehr Informationen, immer weniger Erklärungen. Eine wachsende Überzeugung, ich müsste diese immer größer werdende Informationsmenge rezipieren, memorieren und verstehen, und dadurch ein zunehmendes Gefühl eines Scheiterns an dieser Informationsflut. Das ist durchaus keine Erfindung des Internetzeitalters, auch wenn es inzwischen natürlich manche Menschen wortwörtlich in den Irrsinn treibt, immer mehr zu erfahren und zugleich immer mehr Angst zu haben, bei weitem nicht genug zu erfahren.

Hier aber interessiert uns ein zunehmendes Gefühl, dass wachsendes Verstehen der materiellen Welt eine grundlegende Inkohärenz, ja Inkonsistenz derselben zutage fördert. Die Welt ist vielleicht kein Geschlossenes, egal wieviel wir davon verstehen, aber wie wir sie heute erleben, ist sie ganz sicher nichts Geschlossenes. Im Gegenteil, wir sehen aus unserem Seelentrageapparat Körper hinaus in die Welt und glauben nicht selten, die ganze Welt sei verrückt, oder verrückt geworden, oder rätselhaft, vielleicht wunderbar, vielleicht schrecklich, aber mit Sicherheit weit außerhalb jeglicher Verstehbarkeit.

Die Komplexität der Welt, wie wir sie erfahren, hat dabei mehrere Aspekte. Das betrifft zum einen das, was wir selbst erleben, zweitens, was wir vermittelt bekommen, drittens das, was wir vermuten.

10.4.1 Vielheit der erlebten Welt

Die Welt, wie wir sie wahrnehmen, bildet kein geschlossenes Ganzes. Dies liegt vielleicht auch daran, dass die Welt selbst nicht kohärent ist, aber ganz sicher sind unsere Perzeptionen fragmentiert und beleuchten jeweils nur Teile und Aspekte der Welt, bestenfalls, und selbst das häufig genug nur fehlerhaft, von Vorurteilen und Wahrnehmungsverschiebungen beeinflusst. Stellen Sie sich vor, Sie finden ein paar Dutzend Puzzleteile beim Aufräumen auf dem Dachboden. Alle sind in einer Schachtel, es steht also zu vermuten, dass sich hieraus ein geschlossenes Bild bauen lassen müsste. Aber erstens sind die Teile aus unterschiedlichen Materialien, zweitens Jahrzehnte, vielleicht Jahrhunderte alt und entsprechend mal auf die eine, mal die andere Art einem Alterungsprozess ausgesetzt gewesen, geschrumpft, weich geworden, aufgequollen, in der Farbe verändert, geknickt. Sie sind auch ziemlich sicher, dass etliche Teile fehlen, vielleicht nie vorhanden waren, und umgekehrt haben Sie manchmal den Verdacht, dass einige Teile in der Schachtel lagen, die gar nicht zu diesem Bild gehören.

Ärgerlicherweise ist unser Denken noch etwas komplizierter. Um mal im Bild zu bleiben, Sie versuchen nicht, mit den gefundenen Teilen das Puzzle zu bauen, Sie malen die vorgefundenen Teile ab, kopieren sie auf neue Teile, alle aus anderem Material, obwohl Sie in stillen Momenten fürchten, dass die unterschiedlichen Materialien der ursprünglichen Teile von Bedeutung sind für das Verstehen des Puzzles. Und während Sie versuchen, endlich ein geschlossenes Bild zusammenzusetzen oder wenigstens eine Ahnung zu entwickeln, ob da am Ende ein Bild entstehen wird, wenn ja, welches, und wenn ja, ob es vielleicht ein Bild sein wird, das Sie schon kennen oder von dem Sie jedenfalls schon mal gehört haben, während Sie also das alles tun, tauchen ständig neue Teile in der Schachtel auf. Und Teile, die mal da waren, verschwinden plötzlich, bevor Sie sie abmalen konnten oder sicher geworden sind, dass Ihre Kopie weitgehend dem Original entspricht. Ab und zu finden Sie auch in dem Haufen Ihrer neugemachten Teile eins, das mit großer Wahrscheinlichkeit, manchmal auch eines, dass definitiv nie ein Vorbild in der Schachtel gehabt hat. Jenseits der Frage, wo diese zusätzlichen Teile hergekommen sind, machen sie den Bau des Puzzles nicht leichter, vor allem auch deshalb nicht, weil Sie diese Teile nicht einfach aussortieren können, einige erweisen sich nämlich als durchaus hilfreich beim Zusammensetzen des Gesamtbilds.

Aber das Problem der Vielheit macht diese unerfreuliche Ausgangslage noch etwas verwirrender. Zunächst einmal sind wir ziemlich sicher, dass die Teile, die wir da kopieren, einfach durch unser Kopieren verändert werden, dieweil wir andererseits für sie wahrscheinlich blind sind, wenn wir nicht versuchen, sie zu kopieren. Sind sie einmal kopiert, verschwinden sie vor unseren Augen, sodass wir Erfolg oder Misserfolg auch nicht überprüfen können. Stattdessen finden wir andere Teile in der Schachtel, die uns, wenn wir sie kopieren, Hilfe versprechen, die Qualität unserer ursprünglichen Kopien zu kontrollieren. Da wir diese aber auch wieder nur durch Kopieren und Übertragen auf andere Materialien uns erschließen können, potenziert sich das Problem.

Und dann: Unsere Versuche, die Teile zu kopieren und zu einem Bild zusammenzusetzen, halten nicht Schritt mit der Zunahme der Teile in der Schachtel. Diese vermehren sich nämlich in rasender Geschwindigkeit. Aber selbst wenn nicht, selbst wenn von einem Moment zum anderen Schluss wäre mit dem Auftauchen neuer Teile und auch keines mehr verschwände, glauben Sie, Sie könnten alle bis dahin aufgetauchten Teile kopieren und vielleicht, wenn das überhaupt möglich ist, zu einem Bild zusammensetzen? Ich nicht, schon jetzt ist da mehr in der Schachtel, als ich in einem Leben bewältigen könnte. Es kommt immer mehr hinzu, ich versuche hektisch, die Teile zu schnappen, die besonders wichtig sein könnten, auch wenn ich gar nicht weiß, wonach ich das entscheide. Manchmal meine ich verstanden zu haben, welche Teile bevorzugt verschwinden, also kopiere ich erstmal diese und versuche, das Puzzle mit ihnen zu bauen, und über all dem muss ich mir eingestehen, dass ich angesichts der Fülle der Teile und ihrer Heterogenität zunehmend sicherer bin, nie ein Bild zustande zu bekommen, aber zunehmend weniger sicher bin, dass sie überhaupt zu einem geschlossenen Bild gehören.

Wer sich einer stabilen Grundverfassung erfreut, kann sich in dieser Situation entspannt zurücklehnen. Er verfügt nämlich über etwas, das ich mal den Perzeptionsoptimismus nennen möchte. Dessen Mantra ist, dass die Teile im Wesentlichen zusammenpassen und die Evolution uns Achseln gegeben hat, um sie grinsend zu zucken, wenn das ab und an nicht der Fall zu sein scheint. Auch wenn die Welt da draußen als Chaos erscheint, sie ist es nicht, nur das Bild von ihr mag gelegentlich mir so vorkommen, da gibt es Schlimmeres, sagt der Perzeptionsoptimismus. Zu Recht vielleicht, aber das hilft Leuten nicht, denen dieser Optimismus nicht zur Verfügung steht.

10.4.2 Vielheit der vermittelten Welt

Wenn schon die von mir selbst wahrgenommene Welt so verworren ist, wäre es doch nett, wenn wenigstens die mir von anderen nahe gebrachte Sicht dieser Welt klar, eindeutig, zusammenhangvoll und übersichtlich wäre. Aber wer hier noch den eben genannten Optimismus hegen wollte, liefe vielleicht Gefahr, dass der eine oder andere an seiner intellektuellen Ausstattung zu zweifeln beginnt.

Säße ich in einem grauen Zimmer und hätte nichts als nur Zeitungen, Fernsehen, Internet, Bücher usw., ich hätte doch das Gefühl, dass die Komplexität der Welt mehr ist, als ich intellektuell und emotional bewältigen kann. Auch hier ist das erste Problem, dass ich angesichts der Flut an heterogenen Informationen gar nicht entscheiden kann, ob diese alle eine kohärente Welt beschreiben. Anders gesagt, ich schmeiße nicht nur selbst ständig neue Teile in meinem Puzzlekasten, andere schmeißen mir auch noch Teile vor die Füße. „Die musst du nicht kopieren, die kannst du direkt einbauen", sagen sie, aber ich traue ihnen einfach nicht genug, um das zu tun. Also male ich auch diese Teile ab, die ihrerseits abgemalte Teile sind, also Kopien von Puzzleteilen, von denen ich bereits nur noch hoffen, aber nicht sicher wissen kann, dass sie zu dem Bild gehören, das ich zu bauen versuche.

Die mir von anderen zugereichten Puzzleteile haben aber noch einen anderen Nachteil: Sie kommen von anderen. Natürlich kann ich mich der Annahme solcher Präsente nicht gänzlich verweigern, ich bin auch sicher, dass ich ohne sie das Puzzle nicht gebaut bekommen werde. Aber zugleich sind die anderen auch alle nur Menschen, also unterscheiden sich ihre Puzzleteile, passen noch erheblich weniger zueinander als meine eigenen, ja widersprechen einander geradezu. Das ginge ja noch, wenn wenigstens jeder einzelne dieser hilfreichen Mitmenschen mir nur kohärente und widerspruchsfreie Teile anreichen würde. Aber längst habe ich gerade diesen Menschen zu misstrauen gelernt, welche so tun, als hätten sie selbst ihr Puzzle längst fertig gebaut und würden mich nun an dessen Eindruck teilhaben lassen.

Für Kinder mag das in Ordnung sein. Es sind nur wenige Menschen, welche ihnen Teile in die Schachtel legen, und wahrscheinlich ist es schon zur Entwicklung des Perzeptionsoptimismus sinnvoll zu vermeiden, dass kurz nach Geburt das Kind bereits sicher ist, in einem Informationstsunami zu ertrinken, dessen Vielheit und Widersprüchlichkeit es unmöglich macht, daraus jemals etwas Brauchbares zu errichten.

Schwerer wiegt da schon, dass auch kaum einmal jemand – außer natürlich ich selbst – sonderlich darum bemüht zu sein scheint, über die Zeit hinweg wenigstens zu sich selbst nicht in Widerspruch zu treten. Alle anderen scheinen nach dem berühmten Adenauer-Zitat keinerlei Skrupel zu haben, ihr Geschwätz von gestern zu ignorieren. Wobei Adenauer eigentlich sagte: „Was kümmert mich mein Geschwätz von gestern, nichts hindert mich, weiser zu werden." Dieses Bemühen, über den gestrigen Erkenntnisstand hinauszutreten, ist aber wohl nur in seltenen Fällen der Grund dafür, dass uns heute ein anderes Bild der

Welt selbst von denselben Leuten präsentiert wird als gestern. Denn wer solcherart sich vom gestern absetzt, tut dies meist mit explizitem Verweis auf überwundene Vorstellungen. Die meisten Menschen scheinen aber die Widersprüche zwischen dem heute und dem gestern Gesagten eher achselzuckend abzutun.

Aber im Grunde dient es nur unserer Selbstberuhigung, wenn wir anderen vorwerfen, die inkonsistente, oft genug inkohärente Vielheit der Welt, die sie uns vermitteln, wäre Ergebnis lediglich ihrer Gleichgültigkeit, Nachlässigkeit oder Ignoranz. In stillen Stunden geben wir uns vielleicht zu, dass unabhängig von gutem oder schlechtem Willen, Brillanz oder Unvermögen die Welt nicht als geschlossenes Ganzes darstellbar ist. Uns gelingt es zeitlebens nicht, wie sollte es da anderen möglich sein? Und letztlich wissen wir ja noch nicht einmal, ob wir das nicht vielleicht zugleich auch fürchten. Oder haben Sie sich nicht im Verdacht, dass wir demjenigen, der als erster mit einem geschlossenen Weltbild vor uns hintritt, zutiefst misstrauen werden? Sektenführer, Gurus und derlei Scharlatane, ansonsten allenfalls Narren und Verrückte erlebt man mit einem einfachen, geschlossenen, keine Fragen unbeantwortet lassenden Weltbild. Aber selbst wenn es ein sympathischer Mensch und mit eindeutig vernünftigen Denkprozessen ist: Können wir wirklich jemanden mögen, der hinbekommen hat, woran wir nicht nur einfach gescheitert sind, sondern was uns auch nach einer Weile als schlicht unmöglich erschienen ist?

10.4.3 Vielheit der vermuteten Welt

Wenn wir nun vermuten müssen, unser Puzzle nie fertig zu bekommen, schon deshalb nicht, weil es sich mit jedem neuen Teil in der Schachtel selbst dann verändern würde, wenn ich grob wüsste, was es abbildet, so möchte ich um so eher Vermutungen darüber anstellen, was das Puzzle denn zeigen würde, bekäme ich es jemals soweit gebaut, dass man wenigstens im Wesentlichen das Bild erkennen kann.

Damit aber entsteht eine weitere Ebene von Vielheit und Komplexität. Denn auch unsere Vermutungen über das Bild sind ja nicht konsistent, sind nicht kohärent und sind auch nicht statisch. Wir malen schon mal auf Verdacht weitere Puzzleteile, setzen sie in unser Bild ein, hoffen, wenigstens einigermaßen getroffen zu haben, was später an diese Stelle gesetzt werden soll, und haben uns mal mehr, mal weniger im Verdacht, dieses Teil auch noch an dieser Stelle zu belassen, wenn das eigentlich dort hingehörende Teil bereits aufgetaucht ist. Denn unsere selbst erschaffenen Teile sind uns natürlich die liebsten, und nicht selten verbringen wir mehr Zeit damit, sie zu kreieren, als mit dem Kopieren, Betrachten und Verstehen der Teile in der Schachtel. Außerdem wissen wir natürlich, dass andere das auch machen, das also die Teile, die wir von anderen erhalten, vielleicht auch nicht mehr als solche selbst geschaffenen Teile sind.

Aber wir erschaffen nicht aus dem Leeren heraus, unsere erfundenen Teile sind Extrapolationen, Variationen, manchmal Kontrapunkte zu Teilen, die wir bereits kennen. Da diese Teile aber – jedenfalls in dem Umfang, in dem wir sie bisher bewältigt haben – oft genug inkohärent und wenigstens scheinbar sogar widersprüchlich sind, erzeugen ihre Verlängerungen in das Reich der Imagination keine geschlossenen Gedankenwelten, sondern diverse buntschillernde Spekulationsblasen, die durch unser Denken treiben und mit unangenehmen Knall platzen, wenn sie einander berühren. Das gilt erst recht dort, wo wir aufgrund von Zweifeln und Misstrauen gegenüber den vorgefundenen Teilen ihre Antithesen zu erschaffen versuchen. Denn offensichtlich ist schon das scheinbare Sein alles andere als eindeutig, mithin lässt es als Widerpart mehr als nur eine Antwort zu. Sieht mich also meine Umwelt als braven Familienvater, der ich nicht bin, vielleicht nicht sein will, so gibt es viele Antithesen dazu, vom Rückzug in den Sportverein bis Ermunterung der Kinder, frühzeitig erwachsen zu werden. Die Vielschichtigkeit der Antithesen lässt mich mithin noch verwirrter, als ich es ohnehin schon bin.

Auf diese Weise potenzieren sich die Vielheiten der erlebten und der vermittelten Welt in eine Vielheit der vermuteten Welt, die nur dadurch aufgefangen wird, dass bzw. insofern wir bereit sind, unsere Seifenblasen als die kurzlebigen Konstrukte zu nehmen, die sie sind. Viele Menschen neigen nun einmal dazu, gerade diesen Seifenblasen ein Ewigkeitsversprechen abzuringen, vielleicht nur, weil sie so schön sind und es so beruhigend und so erhebend wäre, im Besitz der allerklärenden Seifenblase zu sein. Natürlich wissen wir, dass es solche Seifenblasen in unserem Denken nicht gibt, mit einiger Wahrscheinlichkeit auch gar nicht geben kann. Das hindert uns nicht, im Gegenteil, einige Menschen fühlen sich dadurch geradezu herausgefordert, ihre Lieblingsseifenblasen zu verteidigen. Sie errichten Schutzwälle aus zehntausend anderen Seifenblasen, ja sie behaupten, dass nicht das Studium der Puzzleteile, sondern der Seifenblasen uns am Ende zum Bild führen würde, welches das Puzzle abbildet. Dann wäre immer noch Zeit, die dann aber weitgehend belanglos gewordenen Teile in das Bild einzubauen, welches in regenbogenschillernder Seifenblasigkeit dann vor uns stehen wird.

10.5 Die Korrespondenz von Mensch und Umwelt

Bernd Schierbrook, auf den ich mich deutlich lieber berufe als auf jene Autoren, die wiederum den Grund bilden, auf den er sich beziehen musste, hat in diesem Band den Menschen als ein in jeder Hinsicht unzureichendes Wesen beschrieben.[7] Die Frage ist, wie diese Unzulänglichkeit zustande kommt, bzw. wie weit sie real ist und wie weit sie dem Gefühl entspringt, nicht zu genügen, unabhängig davon, ob das tatsächlich der Fall ist oder nicht.

Tierfilmer verwenden fast immer Formulierungen wie „Der Feldhamster ist auf die Herausforderungen der Steppe perfekt angepasst. Sehen Sie nur, wie..." Ersetzen Sie wahlweise „Feldhamster" durch „Riffhai", „Okapi" oder „Kolibri", und Sie können bereits über eine Karriere als Tierfilmer nachdenken.

Mir scheint, da schwingt immer auch ein bisschen Neid mit. Offensichtlich ist jedes Tier vor der Kamera besser an seine Umwelt angepasst als wir. Da hört man dann auch oft Formulierungen, dass das Tier in vollkommener Harmonie mit der übrigen Natur lebe. Der Mensch hingegen

---

[7] Vgl. in diesem Band S. 17-20

hat ein Stimmigkeitsproblem zwischen seinen Befähigungen und den Erfordernissen der Welt, die ihn umgibt. Die Frage ist nur, warum das so ist. Ist der Mensch wirklich das Mängelwesen, das es jedenfalls im bisherigen Verlauf der Evolution nicht geschafft hat, seine Anlagen zu vollkommener Passigkeit mit den Erfordernissen der Umwelt zu entwickeln? Ist seine Hinwendung zu Verstand und Technik letztlich nichts weiter als der Versuch, seine unzulänglich entwickelten Befähigungen so zu entwickeln, dass er die Passigkeit zu den Erfordernissen der Umwelt erreicht, welche ihm die Evolution verwehrt hat?

Hierin stecken mindestens zwei Denkfehler. Zum einen suggeriert das, es gäbe in der Umwelt eine Art statischen Zielzustand, zu dem hin die Evolution ihre Geschöpfe getrimmt habe, um dann irgendwann zu sagen: „Okay, Hamster, du bist fertig. Krokodil, reicht, passt, geht nicht besser." Tatsächlich ist die Evolution ein fortlaufender Prozess sich ändernder Umgebungsanforderungen, sodass, was heute perfekt angepasst ist, morgen schon allenthalben scheuern und knirschen kann, wenn es nicht erneut sich anpasst. Zweitens hat die Evolution keine Zielrichtung, schon gar kein Vollkommenheitsziel. Die scheinbar perfekt angepassten Tiere sind es bei näherer Betrachtung nie, selbst wenn wir sagen könnten, was denn „perfekt" hier heißen soll. Die Evolution stellt Zustände her, wo die jeweilige Spezies für den Moment hinreichend angepasst ist. Nicht perfekt, auch nicht für ewig, sondern nur gerade eben okay für das hier und jetzt. Wie ein Schüler, der im Interesse eines schonenden Umgangs mit den eigenen Ressourcen für Klassenarbeiten nur gerade so viel lernt, dass seine Versetzung zu keinem Zeitpunkt gefährdet ist.

Gibt es aber eine natürliche Umwelt, zu welcher in diesem eingeschränkten Sinn passig der Mensch sich entwickelt hat? Ist sein Eindruck, unzureichend zu sein, ein Mängelwesen zu sein, auf eine unzureichende Entwicklung zurückzuführen oder darauf, dass er dieses für ihn ideale Refugium verloren hat, vielleicht, indem er es verließ, womöglich durch eine andere Spezies von dort vertrieben wurde, vielleicht auch, indem Klimawandel, Eiszeiten, Erdbeben es schlicht zerstört haben?

Ich will Sie hier nicht in das schlüpfrige Feld der Wasseraffentheorie locken, da gibt es Berufenere. Immerhin, anscheinend hat die Menschheit in ihrer Entwicklung eine Entwicklung hin zum Leben im Wasser begonnen, die aber, jedenfalls bisher, nicht abgeschlossen ist. Wale, Robben und Seekühe scheinen uns seitens der Säugetiere vorangeschritten auf einem Weg, den wir vielleicht noch weiter schreiten würden, verstellten uns Technik und Naturwissenschaft nicht derlei Pfade. Doch will ich nicht ausschließen, dass diese unvollkommene Hinwendung zum Meer ein Teil unseres Selbsterlebnisses als Mängelwesen bedingt. Denn eigentlich sind wir für das Leben am Meer, mit dem Meer, irgendwann vielleicht im Meer fast schon fertig. Unsere Tränen sind salzig, wie sonst nur bei Walen, Robben und Seekühen, wie diese – und nur diese – haben wir ein Unterhautfettgewebe, vermögen schon unsere Neugeborenen zu schwimmen und bei Bedarf den Atem anzuhalten. Wir gehen aufrecht, was im Wald und in der Steppe voller Elefantengras wenig hilfreich wäre, aber durch das gestreckte Rückgrat uns das Schwimmen ermöglicht. Unser Daumen steht der Hand gegenüber, anders als bei Affen. Das macht uns zu schlechten Kletterern, dafür können wir aber Fische fangen mit der bloßen Hand. Unser Fell haben wir wie Wale und Seekühe bis auf einen dünnen Haarrest abgeworfen; was geblieben ist, zeigt sich im Windkanal als erstaunlich hydrodynamisch. Unsere Füße sind für ein Leben an Land viel zu groß, unsere Zehen zu kurz und zu unbeweglich. Unsere Nase weist nach unten, was beim Laufen hinderlich ist, aber durch den entstehenden Strömungsunterdruck sehr hilfreich beim Schwimmen. Menschliche Fossilien finden sich fast ausschließlich in der Nähe großer Gewässer, die menschliche Siedlungsgeschichte folgt Flüssen, Seen und der Meeresküste, und schließlich: Wer ist frei von unbestimmter Sehnsucht, wenn er auch nur eine Postkarte sieht vom Meer, selbst ohne Sonnenuntergang?

Doch genug davon, es bleibt das – vielleicht hierin angelegte – Gefühl, nicht hinreichend zu sein, das viele Menschen bewegt, nicht zu passen, nicht zu stimmen, falsch zu sein, oder, wie Tucholsky sagt, das Hotelgefühl: „Das gehört ja alles gar nicht mir... Ich bin nur vorübergehend hier."[8]

Aber man muss dabei vier Probleme unterscheiden:

- das Gefühl, zur eigenen aktuellen Umgebungswelt nicht zu passen;
- das Furcht, zu keiner möglichen Umgebungswelt passen zu können;
- der Eindruck, dass dem Menschen insgesamt Passigkeit zu einer wie auch immer gearteten Umwelt nicht möglich sei;
- die Angst, zur aktuellen Umgebungswelt möglicherweise nicht zu passen, ohne dies jedoch sicher sagen zu können, da sich die Umgebungswelt einer hierfür hinreichenden Verstehbarkeit verweigert.

Nachfolgende Bilder verdeutlichen das vielleicht. Das Tier, so die Annahme, ist in genauer Passigkeit, der Mensch als Mängelwesen in einem unbedingten Defizit gefangen, das er mit Entwicklung seiner geistigen Fähigkeiten und von dort durch Technik auszugleichen sucht. So befindet sich schließlich der Mensch in unzureichender Kenntnis einer zudem als chaotisch und volatil erlebten Umwelt, die zu einer Entscheidung über die eigene Passigkeit schon für den jeweiligen Augenblick, erst recht aber für eine langfristige Perspektive nicht hinreichend verstehbar oder gar mit den begrenzten Mitteln der Sprache beschreibbar ist.

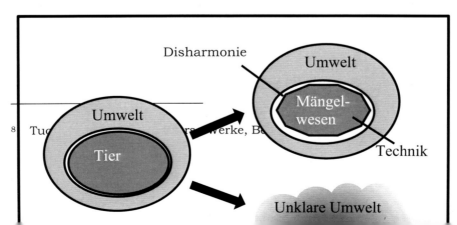

Wir haben also nicht nur das Problem, dass wir zur aktuellen Welt vielleicht nicht, vielleicht zu überhaupt keiner Welt passen. Sondern wir wissen angesichts der inkohärenten, inkonsistenten, chaotischen Welt nicht, was diese Welt da draußen wenigstens jetzt, in diesem Moment von uns will, also wie wir jetzt, wie wir vielleicht auch auf alle Zeit sein müssten, um zu ihr zu passen. Wir wissen nicht, wie sehr oder in was wir daneben liegen und wie nachteilig sich das irgendwann auf uns auswirken wird. Wir können, jenseits der unerfreulichen, aber evolutionskonformen Vorgehensweise von Trial&Error, also von Versuch-Schmerz-Neuversuch, auch nicht sicher wissen, in was wir uns entwickeln sollten oder in welcher Weise, und eigentlich kennen wir das dem vorangestellte Ziel unserer Entwicklung nicht, wenn es mehr sein soll als der Wunsch, irgendwie besser durch die Welt zu kommen. Anders gesagt, wir stehen im Nebel und wollen eine Herde eingeölter Schweine in den heimatlichen Stall bugsieren. Wir wissen aber weder, wo dieser ist, noch wie weit entfernt, eigentlich noch nicht einmal, ob es diesen Stall überhaupt gibt. Doch manchmal, wenn wir ein paar Schritte gegangen sind, stoßen wir uns die Zehen und meinen dann, das sei nicht die richtige Richtung gewesen. Sicher sind wir dessen jedoch nicht.

10.6 Wer bin ich, und wenn ja wieviele: Die Inkohärenz des Körpers

Die Vielheit, Inkonsistenz und Inkohärenz dessen, was wir wahrnehmen, beschränkt sich jedoch nicht auf die der uns umgebenden Welt. Ja, die Welt um uns erscheint uns fragmentiert und immer wieder zusammenhanglos, also inkohärent, und sie erscheint uns auch inkonsistent, also an vielen Stellen widersprüchlich. In entsprechender Weise erleben wir aber auch unsere Seele als inkohärent, fragmentiert und allzu oft und allzu sehr in eine Widersprüchlichkeit unserer Gefühle, unserer Ziele, unserer Selbst- und Fremderwartungen und – wahrnehmungen verstrickt. Wenn wir aber die uns umgebende Welt als inkohärent erleben und auch unsere Seele als inkohärent wahrnehmen, dieweil wir all die anderen beneiden, bei denen das anscheinend nicht so ist, dann fragt sich, ob unser physisches Ich, welches quasi zwischen unserem psychischen Ich und der Welt da draußen vermittelt, von uns als in gleicher Weise inkohärent erlebt wird oder wir hier doch freudevoll den einen kohärenten Ort der Welt gefunden haben. Denn ich fürchte, dass wir auch deshalb uns als wenigstens potenzielles Mängelwesen erleben, weil wir nicht nur nicht genug und nicht genügend Sicheres über die uns umgebende Welt wissen, sondern auch die Stimmigkeit unserer selbst zu diesen ohnehin diffusen Anforderungen unserer Umwelt auf Basis schon dessen, was wir über uns selbst sicher wissen, vielleicht gar nicht entscheidbar ist.

Oliver Sacks hat mal ein berühmtes Buch geschrieben über den Tag, an dem sein Bein fortging. Durch einen Bergunfall am Gebrauch seines Beins gehindert, erlebte er die Welt als Patient, aber vor allem als eine fremd gewordene Welt, weil der wichtigste Teil seiner Wahrnehmungswelt, seine Eigenkörperlichkeit, in schwer verstehbarer Weise beschädigt war.[9]

Im Grunde leiden wir alle an solchen Beschädigungen dieses scheinbar kohärentesten Teils unserer gewohnten Welt. Vielleicht ist das auch einer der Gründe, warum niemand älter werden will. Das Kind in seiner Werdung gründet auf wenige Pfeiler, die bei dem einen mehr, bei dem anderen weniger verlässlich ausgefallen sein mögen, aber letztlich doch auf jeden Fall das überschaubare Gerüst jeder Persönlichkeit liefern. Für viele Menschen ist das die Erfahrung der Mutter, die in aller Regel als erster eindeutig identifizierbarer Faktor in das rudimentäre Bewusstsein tritt, also noch bevor es eine bewusste Erfahrung des eigenen Körpers gibt. Es folgt aber rasch dann eben auch dieser Körper: Ich bin, der ich bin, zum einen hin auf die große Milchgeberin, dann aber der, welcher ich bin, weil dies meine Hand ist, dies mein Fuß, meine Nase, meine Ohren. Und das gehört auch alles ganz genau da hin, wo ich es bei der ersten Bewusstwerdung vorgefunden habe. Gut, meine Milchzähne haben sich irgendwann verabschiedet, eigentlich eine unakzeptable Frechheit. Aber das habe ich von so vielen Autoritäten als in Ordnung, unabdingbar, großen Fortschritt auf dem Weg in die Freiheit des Erwachsenen erklärt bekommen, dass ich damit nie wirklich ein Problem hatte. Und danach hat sich ja über Jahre hinweg alles, wenn überhaupt, dann zum Besseren gewandelt. Ich bin gewachsen, auch an mir ist das eine oder andere gewachsen. Vielleicht nicht so viel, wie ich mir gewünscht hätte oder hätte vorstellen können, trotzdem ein Status, der mir den vorigen Zustand als wenig erstrebenswert erscheinen lässt. Das eine oder andere ist zwar auch hinzugekommen oder gewachsen, was vielleicht nicht so willkommen war, Bauch, Haare in den Ohren, ein zweites Kinn, wo das erst eigentlich alle Aufgaben eines Kinns hinlänglich zu bewältigen verstand. Aber dies alles ist schrittweise erfolgt und nie ein Verlust gewesen. Aber anderes ist verschwunden, irgendwann weg oder jedenfalls kaum noch zu finden. Schon da, wo das unmerkbar langsam passiert ist, ergibt sich eine Störung unserer physischen Iden-

---

[9] Sacks: Leg, S. 73

tität. Erst recht gilt das, wo dieser Verlust schlagartig erfolgt. Wie soll ich der sein, der ich bin, wenn ein Unfall mir den Arm wegnahm? Oder, vielleicht weniger dramatisch, wenn ich mir beim Blick in den Spiegel nicht mehr einreden kann, das seien nur einige graue Strähnen in meinem nach wie vor vollen Haar. Die Haare sind fast alle weg, und die mir blieben, zum allergrößten Teile weiß wie Schnee.

Menschen, die ihren Körper als unbedingt, nicht aufgrund eines traumatischen Ereignisses, inkohärent empfinden, betrachten wir in der Regel als gestört. Und doch ist auch unser Körper nicht durchgehend kohärent, wenn wir ihn in seinem jeweiligen Kontext betrachten. Unser Körper ist meist nicht, wie sehr wir dies auch wünschen, ein perfekt aufeinander abgestimmtes Team von Organen, Gliedmaßen usw., sondern ein Wanderer auf brüchigen Eisschollen, der sich unverhofft so fragil wie diese entdeckt hat. Denn nicht anders als meine Seele ist auch mein Körper potenziell eine Vielheit. Aber seine Vielheit sorgt mich nicht, da er mir im Wesentlichen als unär erscheint und nur hier und da inkohärent, ein guter Freund, der meist vernünftig redet, aber manchmal Unsinn plappert.

Wir stehen der Inkohärenz und Inkonsistenz unseres Körpers nonchalant gegenüber, weil wir ihn als Helfer, als Gefährten, eben als Andren erleben, dessen Inkohärenz uns nicht immer gleich bedrohlich erscheinen muss. Dieses Diskontieren der Inkohärenz lässt uns diesen Körper als im Wesentlichen kohärent erleben, als unäre Größe, nicht als Sammelsurium von Aspekten, Rollen, Funktionen. Oder doch jedenfalls als etwas, das kohärent sein könnte, weil es das einmal war. In einer chaotischen Welt um uns, mit einer fragmentierten und zerfaserten Seele in uns, wenn überhaupt, erfüllt am ehesten noch unser Körper den Wunsch nach Kohärenz.

Für die meisten Menschen ist die begrenzte Kohärenz des eigenen Körpers wohltuend: Der Körper ist hinreichend kohärent, um ihn als verlässlichen Partner zu erleben, aber er korsettiert nicht mit einer adamanten Geschlossenheit. Und genau das macht dann manchmal das

Auftauchen neuer Kohärenzen faszinierend, vielleicht auch hier und da amüsant. So stieß Henry Head Ende des 19. Jahrhunderts auf eine Korrelation zwischen diversen organischen Störungen und Hautirritationen. Diese neurologisch mittlerweile recht gut erklärbare Verbindung, die in begrenztem Umfang auch eine Umkehrung zulässt, also eine Beeinflussung des Organs über die zugeordnete Hautregion, überrascht und verwundert fast jeden, der das erste Mal von den Head'schen Zonen hört. Aber sie erschreckt uns nicht; kaum jemand weist die entsprechende Theorie spontan zurück.

Anscheinend haben wir mit einem gewissen Maß von Inkohärenz kein Problem, nicht in unserer Körperlichkeit, erst recht nicht in der uns umgebenden Welt. Unangenehm wird es erst, wenn dieses Toleranzmaß überschritten wird, wenn wir also das Gefühl haben, alles zerfällt in zusammenhanglose Fragmente, die wir beim besten Willen nicht mehr zusammenfügen können. Das kann uns auch in unserer Körperlichkeit passieren, am ehesten natürlich infolge einer spontanen körperlichen Beschädigung, also etwa infolge eines Unfalls, Herzinfarkts oder Schlaganfalls. Hier besteht die eigentliche Inkohärenz zwischen Körperbild und erlebtem Körper, also eigentlich zwischen Perzeption und Repräsentation des eigenen Leibs. Aber es kann auch eine Inkohärenz im engeren Sinne geben. Der Bauch ist zu dick, doch der Magen schreit nach Nahrung. Der Unterleib will Orgien, die beschädigte Bandscheibe in Ruhe irgendwo liegen. Die Arme könnten Felsen schleudern, wenn nur die Knie nicht so schrecklich schmerzten.

Manch einer empfindet sogar ein gewisses Vergnügen an der eigenen Unvollkommenheit, jedenfalls solange sie nicht schmerzhaft oder peinlich ist. Wer mal in den großen Zeiten des Blues B. B. King erleben durfte, hat sicher ein Gefühl dafür entwickelt, welche Lust auch übergewichtige Menschen am Swingen des eigenen Körpers empfinden können. Alle anderen mögen das gelegentlich mal vor dem Spiegel erproben. Anders gesagt, Inkohärenz und Widersprüchlichkeit unseres physischen Seins muss nicht unbedingt zu Not und Elend führen. Doch umso wichtiger ist, ob dies für die Seele auch gilt, und wenn nicht, ob vielleicht unsere Seele von unserem Körper lernen könnte, mit der eigenen Fragmentiertheit mehr oder weniger amüsiert zu Rande zu kommen.

10.7 Wer bin wir: Die Sehnsucht nach der kohärenten Seele
Das wäre doch eigentlich extrem praktisch, wenn ich einfach gar nichts wäre. Leer, tabula rasa. Dann könnte ich kreativ und einfallsreich damit beginnen, mir meine – womöglich dann wirklich kohärente – Persönlichkeit, Seele, Ich-Identität zu basteln beginnen.

Oder man kriegt was fertig geliefert, Instantseele, höchstens noch Leben draufgießen, umrühren, fertig. Natürlich, absolutes Unikat bitte sehr, aber doch bei Lieferung schon vollständig montiert.

Aber nichts ist mit Fertighaus, nichts ist auch mit Grüner Wiese, wir bauen, bauen Tag für Tag, basteln hilflos uns durchs Leben, reißen ein, was für immer gemeint war, hängen Jahrzehnte an Übergangslösungen, klauben auf, was an Material uns vor die Füße kommt, verstehen nicht einen Stein, den wir in die Mauer setzen. Denn unsere Grüne Wiese liegt voller Steine, mit denen wir bauen müssen. Auf manchen sind Inschriften, die wir nicht lesen können, andere sind behauen, doch wir verstehen nicht einmal die Form. Wir verwenden Bautechniken, für die man bestenfalls anführen kann, dass Mutti und Vati sie schon benutzt haben. Wir werkeln nach Plänen, die wir kaum kennen, deren Sinnhaftigkeit uns aber in hohem Maße zweifelhaft erscheint, schon deshalb, weil auch jeder andere uns sagt, dass man damit kein Stück weiterkommt, aber man kann ja mal bauen, vielleicht ist es diesmal ja anders. Alles mit dem Ziel, einmal ein geschlossenes, ein kohärentes, widerspruchsfreies Seelenhaus zu bekommen auf unserer grünen Wiese.

Wir machen das, weil wir erstens sicher sind, dass wir das noch nicht erreicht haben, zweitens fest glauben, es sei sinnvoll, nützlich, erfreulich, erstrebenswert, hierhin zu gelangen. Drittens aber, weil wir sicher sind, dass es eben dieses Dort, dieses Seelengebäude gibt, das wir zu finden hoffen, indem wir es bauen, zugleich konstruierend und rekonstruierend, zugleich erfindend und entdeckend, immer wieder auch dekonstruierend, manchmal tobend in Stücke schlagend, dann wieder aus den Trümmern zusammenkleben wollend. Und sind sicher, wenn nicht – wie beim Hausbau – ein Teil mit dem andren fest verbunden ist, der ganze Bau keinen Bestand haben kann, ja streng genommen gar nichts erbaut werden kann, sondern alle Teile, vielleicht sorgfältig sortiert, aber eben doch zusammenhanglos, im Materiallager der Baustelle, jedenfalls auf Bodenhöhe, verbleiben. Nur wenn alle Teile, aus denen wir unsere Seele zu konstruieren oder zu rekonstruieren gedenken, zusammenhängen, so glauben wir, lässt sich daraus unser Seelenhaus errichten.

Vergessen wir nicht, unsere Sehnsucht nach der kohärenten Seele hat eine Resonanz in unserer Forderung nach kohärentem Sprechen und Denken. Satzzusammenstellungen sind dann hilfreich, interessant und erfreulich, wenn sie uns Neues mitteilen, keine Widersprüche enthalten und in ihren Teilen untereinander in hohem Maße kohärent sind. Nichts anderes wünschen wir auch von unserer Seele. Aufregend, wahrhaftig, dabei widerspruchsfrei und, wiewohl vielleicht fragmentiert, doch in höchstem Maße kohärent, eben nur insofern fragmentiert, wie auch eine Ziegelsteinmauer aus Einzelteilen besteht. Das, was das eigene Seelenleben ist, sollte nicht wahllos nebeneinander stehen, sondern alle Bestandteile sollen miteinander in einer kausalen oder sonst sinnvollen Beziehung stehen, sollen einander nicht wiederholen noch einander widersprechen, und sie sollen aufgrund ihres Zusammenkommens eine Dynamik ermöglichen, also Neues entstehen lassen aus dem schon Vorhandenen heraus.

Denn wie nehmen demgegenüber viele Menschen ihr Seelenleben wahr?

Das Ich ist sich selbst gegenüber fremd, weil es sich in seiner Inkohärenz nicht finden kann. Die Sätze, die mich beschreiben, die Rollen, die ich spiele, die Masken, die ich trage, sind eben nicht mehr als das. Sie haben keinen vernünftigen Zusammenhang, sie erfordern einander nicht, im Gegenteil, hier und da scheinen sie sogar in Widerspruch zu stehen, aber erschreckend oft sind sie einander gleichgültig, weil sie nichts miteinander zu tun haben. Anders gesagt, statt dass meine Seele ein Fixstern im mich umgebenden Universum wäre, ist sie bestenfalls ein Asteroidenschwarm, der um einen mehr oder weniger gemeinsamen Schwerpunkt kreist. Doch weiß ich nicht, was dieser Schwerpunkt ist, ich kann ihn nicht benennen, ich kann ihn noch nicht einmal sehen, eigentlich weiß ich nicht einmal, ob an der Stelle, wo ich den Schwerpunkt vermute, überhaupt irgendwas ist. Und doch ist das der Ort, an den ich zu gern gelangen würde, weil ich – wo, wenn nicht dort – mein eigentliches, mein wahres Ich zu finden hoffe.

Also betrachtet der Mensch sich selbst und muss sich zweierlei eingestehen: Ich bin mir selbst fremd geworden. Das ist das eine. Aber es gibt auch ein Selbst, das irgendwo in diesem Asteroidengürtel sich befindet. Das vielleicht überhaupt dieser Asteroidengürtel ist, oder vielleicht seine geometrische Mitte, an der sich vielleicht, jedenfalls im Moment, noch gar nichts befindet. Aber dieses Selbst ist mir fremd, es hat mit mir nichts zu tun. So bin ich mir selbst und bin zugleich meinem Selbst entfremdet. Und weil dieses Selbst ein flüchtiger Schatten ist, ein Reigen von Fragmenten, Rollen, Masken, Trümmern, Ahnungen, Zweifeln, hasche ich nach ihm wie nach Gespenstern im Nebel.

Zudem stehen der Idee, in mir tief verborgen wäre ein adamantener Seelenkern, den ich nur finden müsse, unsere Einsichten entgegen, wie Denken und wie auch unser psychisches Sein und So Sein entstehen. Nämlich nicht als Formierung in der äußersten Abgeschiedenheit unseres Denkens und Empfindens, sondern in Auseinandersetzung mit anderen, in Hinwendung zu ihnen, auch im Versuch, sich von anderen abzusetzen und zu unterscheiden. Also ist unsere Seele diskursiv, sie kann mithin nur so kohärent und statisch sein wie die Welt, die uns umgibt, wie der Diskurs, in dem wir leben und denken. Und jene wie dieser sind bekanntlich alles andere als statisch, alles andere als berechenbar oder, jedenfalls im Rahmen unserer intellektuellen Kapazitäten, als kohärent und vollständig anzusehen.

Doch warum glauben wir eigentlich, dass die Kohärenz unserer Seelenfragmente so sonderlich erstrebenswert sei? Warum jagen wir dieser

Konsistenz und Kohärenz nach, wenn es dieselbe anscheinend so selten gibt? Hierfür gibt es zwei Gründe, nämlich zum einen eine abendländische Tradition, die uns hierauf verpflichtet, zweitens die – vielleicht aussichtslose – Hoffnung, hiermit existenziellen Nöten, die viele Menschen umtreiben, begegnen zu können. Beides sollten wir uns einmal etwas genauer ansehen.

10.7.1 Die unäre Seele als Mythos der europäischen Philosophie

Wir empfinden – jedenfalls in Europa – eine Notwendigkeit und geradezu eine moralische Verpflichtung zu einer kohärenten Innen- und am besten auch Außenwelt, und wir mühen uns oft genug, diese Kohärenz auch herzustellen.

Freilich, die meisten Leute tun das nicht. Aber die meisten Leute sind auch keine Europäer.

Es ist ein Irrtum der eurozentrischen Sicht zu glauben, auf der ganzen Welt rennten die Leute verzweifelt einer kohärenten Seele nach. Wie gesagt, die meisten Leute tun das nicht. Die meisten Leute glauben nämlich nicht, dass es so was gibt.

Aber wer sind schon die meisten?

Sagen wir vorsichtig, es gibt einen Haufen Leute, denen die Idee einer kohärenten Seele fremd oder allenfalls als die Idee anderer Leute vertraut ist. Folglich ist diese Idee nicht genetisch in uns verdrahtet, sie ist irgendwann mal entstanden.

Ideen haben viele tolle Eigenschaften, welche die Geistesgeschichte so ungemein spannend machen. Sie haben hier und da aber auch ein paar ziemlich nervige Macken. Eine solche Macke ist ihre Persistenz. Sind sie einmal da, benehmen sie sich wie Herpes, man wird sie praktisch nie wieder los. Das hat nichts damit zu tun, ob sie richtig oder falsch sind, soweit man das über Ideen überhaupt sinnvoll sagen kann. Es hat auch nichts mit ihrem Alter zu tun. Selbst Jahrtausende, die eine Idee schon auf dem Buckel hat, hindern sie nicht notwendig daran, ab und an einen neuen Hype zu erleben und dann für zehn oder hundert Jahre wieder in Mode zu sein.

Das immerhin lässt sich sagen, die meisten Ideen sind mal mehr und mal weniger in Mode. Und darin sind sie eben in der Tat wie Mode, die sich bekanntermaßen auch wenig um Vernunft oder um die Frage kümmert, zum wievielten Mal der Mini wohl neu erfunden worden ist, der da gerade den Catwalk hinabschwebt.

Freilich, so wie es etliche Kulturen gibt, die sich bis heute dem Minirock verweigern, so gibt es auch Kulturen, die nie ernsthaft auf die Suche nach der kohärenten Suche gegangen sind oder in denen mindestens zum jetzigen Zeitpunkt anders als in der europäischen Kultur die Frage sich keiner nennenswerten Popularität erfreut. Da fragt sich doch, welche Kulturen das sind, was sie von unserer unterscheidet und wie und ab wann in unserer Kultur die Idee der kohärenten Seele eigentlich aufgekommen ist, bzw. was ihr zu so großem Erfolg gerade in unseren Tagen verholfen hat. Man könnte auch fragen, was das eigentlich ist, unsere europäische Kultur, aber dazu müsste man die drei Begriffe „unsere", „europäische" und „Kultur" genauer fassen, und das ist mir aktuell zu mühselig. Außerdem wäre das ein anderes Unterfangen, und wahrscheinlich ein umfangreicheres als dieses.

Dass die Suche nach der unären Seele in uns sich einer gewissen Mode und Popularität erfreut, merkt man schon, wenn man die einschlägigen Kleinanzeigen durchforscht. Natürlich sprechen diese nur eine bestimmte Klientel an, aber der Markt für Selbstfindungsgruppen, Gesprächskreise, Lebensberater und Rebirther, für Priester, Kirchen und Sekten aller Arten, Persönlichkeitsberater, Coaches, Psychotherapeuten beliebiger Couleur und Motivationstrainer scheint hinreichend groß, dass man das Thema nicht für ein Nischenphänomen halten sollte.

Neu ist das alles natürlich nicht. Geht man durch die Jahrhunderte zurück, kann man als einen wichtigen Ankerstein sicherlich den bekannten Satz am Orakel von Delphi ausmachen: „Γνῶθι σεαυτόν!", meist übersetzt als „Erkenne dich selbst!" Doch selbst dies ist nicht der erste historisch nachvollziehbare Ursprung der Idee, es gäbe da irgendwo in uns ein unäres Sein und So Sein, das zu erkennen unsere wichtigste, ja unsere eigentliche Lebensaufgabe sei. Aber: Diese Idee steht nicht am Beginn der Geistesgeschichte, und sie ist auch nicht ihr wesentliches Element.

Die ägyptische Religion der vor-koptischen und vor-islamischen Zeit kannte durchaus die Idee des Ichs. Aber dieses Ich bildete nicht den unteilbaren, den atomaren Kern des Individuums. Sondern das Ich galt jenseits seines Körpers als eine Zweiheit aus unpersönlicher Lebenskraft und Individualität oder Seele. Diese zwei Teile, Ka und Ba, trennen sich normalerweise nach dem Tod, sofern der Mensch es nicht zu Lebzeiten geschafft hat, beide zum Ach zu verschmelzen, also aus seinen Teilen ein geschlossenes, dann auch gleich unsterbliches Ganzes entstehen zu lassen.

Die griechische Philosophie war sich uneins zwar nicht hinsichtlich der Frage nach der unteilbaren Seele, wohl aber hinsichtlich der Frage, ob diese Seele auch persistent sei, also über den Tod hinaus bestehen werde. Die griechische Religion kannte das Vergessen als den Abschluss des Todseins: Nach geraumer Zeit im Hades trinkt die Seele von den Wassern der Lethe und vergisst dadurch alles, was im vorigen Leben war. Erst dann kehrt sie zurück an die Oberfläche der Welt, um in einem neuen Menschen wieder geboren zu werden.

Heraklit nannte erstmals die Befähigung zur Selbsterkenntnis als wesentliche Eigenschaft des Menschen und Teil seines vernunftfähigen, wenn auch nicht notwendig vernünftigen Denkens. Im 116. Fragment heißt es entsprechend "ἀνθρώποισι πᾶσι μέτεστι γινώσκειν ἑωυτοὺς καὶ σωφρονεῖν".[10] Das bedeutet aber nicht notwendig, dass diese Suche nach dem Selbst eine Suche in eine im Innersten verborgene Wahrheit sein müsse, sondern ebenso vorstellbar ist eine Selbstfindung in Ab-

---

[10] Heraklit: Herakleitos, S. 27

grenzung zur Außenwelt. Wo aber im Innersten nach Selbsterkenntnis gesucht wird, ist hier noch nicht notwendig die eine, selbstidentische und kohärente Seele gemeint, die da doch bitte sehr irgendwo sein muss.

Platon hingegen folgte explizit der Idee der griechischen Religion, dass es eine eindeutige, unäre Seele gebe, die zudem unabhängig vom Körper existieren könne und nach dessen Vergängnis von dessen Last befreit sich erst zu ihren wahren Möglichkeiten entwickeln könne.[11] Allerdings glaubte er nicht, die Seele gehe in den Hades, sondern in das Reich der Ideen – was immer das ist. Dort angekommen, werde sie die Ideen in ihrer reinsten und schönsten Form erfahren: ein Erlebnis, das sie aber mit der Geburt weitgehend vergesse. Daher sei der Fortschritt unseres Verstehens im Wesentlichen ein mehr oder weniger mühevolles Erinnern dieser Ideen.

Hier tritt uns also die Seele in ihrer ganzen Kohärenz gegenüber: Nicht nur ist sie ein geschlossenes und unzerbrechliches, von Körper und Umwelt klar Geschiedenes, nein, sie weiß auch schon alles, was sie nur je wissen kann. Ihr einziger Auftrag ist damit, den Schleier über ihrer Erinnerung fortzureißen und so Schritt für Schritt zu ihrem eigentlichen So Sein zu finden.

Andere griechische Philosophen haben das nicht so gesehen. Die Stoa etwa nahm an, dass die Seele einem amorphen Weltgeist, dem Logos entspränge und nach dem Tod in diesen wieder eingehen und spurlos und ohne Erinnerung an das Individuum mit diesem verschmelzen werde. Hingegen hat Epikur die Ansicht vertreten, die Seele sei wie alles auf atomare, also materielle Partikel zurückzuführen und würde sich wie die anderen Atome des Körpers nach dem Tod zerstreuen und in

---

[11] Platon: Phaidon, 64-65

neues Sein eingebunden werden, ohne als Ganzes, womöglich mit Erinnerung und Persönlichkeit, erhalten zu bleiben.[12]

Es scheint so zu sein, dass die Seele ein notwendiges Konstrukt war, wenn man an ein Leben nach dem Tod glauben wollte, also das Fortdauern eines Teils des Selbst, wenn doch der sichtbare Teil des Individuums, der Körper, diese Fortexistenz offensichtlich nicht teilhaftig ist, sondern nach dem Tod rasch zerfällt und vergeht. Also steht am Anfang des Glaubens an eine unäre Seele und der Suche nach ihr in unserem innersten Selbst nicht die Sehnsucht nach Kohärenz, sondern das Versprechen, dass der Tod nicht das Ende allen Seins bedeuten müsse.

Die Idee eines Lebens nach dem Tod ist offensichtlich aus mehrerlei Gründen attraktiv. Zum einen ist sie für den einen oder anderen tröstlich, der sonst glauben müsste, ab einem noch nicht genau bestimmten, jedoch unausweichlichen Zeitpunkt nicht mehr vorhanden zu sein. Zwar verliert dieser Umstand viel von seinem Schrecken, wenn man sich gemäß Epikurs Lehre erinnert, dass er geradezu dadurch definiert ist, dass man selbst ihn nicht erleben wird. Aber es bleibt vielen Menschen ein Unheimliches erhalten, das dieser Vorstellung anhaftet, und wer von sich so überzeugt ist, dass er meint, der eine oder andere Mitmensch könne ohne ihn nicht, wird natürlich das Leid fürchten, was mithin jenem dadurch zuteil werden müsste.

Sodann ist ein Leben nach dem Tod eine Antwort nicht nur auf den eigenen, sondern auch auf den Tod des Anderen. Dies gilt in zwei Richtungen: Einerseits empfinden Menschen es als tröstlich, dass ein geliebter Mensch nicht, jedenfalls nicht gänzlich dahin ist, sondern in der einen oder anderen Form doch fortbesteht, vielleicht einmal auf einen warten wird, wenn man selbst dorthin gelangt, vielleicht glücklich ist an diesem anderen Ort, von Ängsten frei und Schmerzen und den Fragen, die ihn zeitlebens verfolgt haben. Aber der Tod des Anderen ist in seiner nur begrenzten Endgültigkeit auch etwas Bedrohliches. Viele Kulturen

---

[12] Epikur an Herodot, 65, in: ders.: Briefe, S. 26

kennen die Angst vor den Seelen der Toten, ihrer Körper beraubter, missgünstiger und grausamer Schatten, die zu bannen und zu bändigen eine Fülle von Bräuchen und Ritualen erfunden worden ist. Auch Autokraten vergangener Zeiten haben ihren Untertanen von jeder Art Aufmüpfigkeit abgeraten mit den Hinweis, dann nicht nur den aktuellen Herrscher gegen sich aufzubringen, sondern auch und vor allem dessen Ahnen, welche nach wie vor die Dynastie, der sie selbst angehörten, schützten und hüteten.

Auch die Angst vor den Toten, wiewohl in den Hintergrund getreten und kaum noch offen angesprochen, ist immer noch Teil unserer Kultur, und manchmal ist man versucht zu glauben, wir schmissen bis heute diese gewaltigen Steinplatten vor allem deshalb auf die Gräber, dass Mama und Papa sich keinesfalls darunter wieder an die Oberfläche wühlen könnten. Es gibt sogar Religionshistoriker, die glauben, nicht unverstehbare Naturereignisse seien der Ursprung der Götter gewesen, sondern diese seien lediglich die mehrfach überhöhten und der Bindung an den jeweiligen Nachfahren ledig gewordenen Ahnengeister.

Schließlich erhoffte man sich von der Idee eines Lebens nach dem Tod auch einen sozialen Effekt. Denn es gibt kaum eine Religion, die nicht diese Idee aufgeladen hätte mit der Vorstellung einer postmortalen Rechenschaft und anschließender Belohnung oder Bestrafung, je nach Sachlage. Wo die griechische Antike Elysium, Asphodelische Wiesen und Tartaros als entsprechende Abgeltungsvarianten kannte, beschränkte sich das Christentum zunächst auf Himmel und Hölle, um dann doch die Asphodelischen Wiesen wieder einzuführen, also den Ort eines zeitlich begrenzten Abbüßens eines nur mäßig sündhaften Lebens durch das Fegefeuer. Damit trat dann auch rasch die Idee des jenseitigen Richters in die Vorstellung eines Lebens nach dem Tod, also etwa der drei Richter in der griechischen Mythologie oder auch der trinitarischen Richtergottheit des Christentums.

Auch diese Idee postmortaler Bestrafung, allgemeiner Sündenreinigung oder gar Belohnung hat mehrere Funktionen. Sie soll, so jedenfalls die

Erwartung, den Menschen von einem allzu üblen Lebenswandel abhalten und ihn im Gegenteil durch das Versprechen auf ein besseres Jenseits zu einem möglichst heiligmäßigen Leben ermutigen. Damit hängt häufig gemachter Vorwurf gegen fast alle Religionen zusammen, dass sie mit einem Versprechen auf ein besseres Jenseits und Bestrafung der Sünder allzu harsche Forderungen nach Reformen im Diesseits vom Tisch fegten. Dies reicht bis hin zu Marx bekanntem Diktum, Religion sei das Opium des Volkes, also das einzige, was das Volk über seine Lebensverhältnisse hinwegtröste.[13] Marx standen dabei die chinesischen Opiumraucher vor Augen – wenn auch nur auf Basis von Schauergeschichten, wie sie zu der Zeit in Europa über die chinesischen Verhältnisse erzählt wurden. Wie diese durch das Opium zwar einerseits sich zu trösten verstünden, aber andererseits gerade damit gehindert würden, an der jämmerlichen Situation ihrer selbst und ihres Landes etwas zu ändern, so wirke auch Religion und insbesondere das Versprechen auf ein das Leben im Jenseits einläutendes Gericht den notwendigen gesellschaftlichen Veränderungen entgegen.

Lenin hat später dieses Zitat leicht verändert, indem er von „Opium für das Volk" gesprochen hat. Hier tritt an die Seite der Droge der Drogenhändler, welcher an der Vergiftung des Volks Interesse hat – sei es schlichte Geldgier, sei es der Wunsch, die Menschen von einer Veränderung des Diesseits mit Blick auf das Jenseits abzuhalten. Entsprechende Interessen lassen sich natürlich auch den christlichen Kirchen nachsagen – und es ist durchaus nicht ausgemacht, ob nicht das erstgenannte Moment, also schlichte Habgier, in aller Regel mehr als alles andere die Kirchengeschichte in Gang gehalten. Aber zugleich kann der Kirche, kann auch ähnlich gearteten Institutionen nicht immer oder überall das Selbstverständnis des benevolenten Drogenverteilers abgesprochen werden. Es gab und gibt immer wieder Prediger und Priester, die glauben, dem einzelnen Menschen mit dem Versprechen auf ein jenseitiges Leben und Strafgericht etwas Gutes zu tun – unabänderliche Ungerechtigkeit leichter zu ertragen oder die Angst vor dem Tod wenigs-

---

[13] Marx: Kritik, S. 10

tens ein kleines bisschen durch Hoffnung zu ersetzen. Und die Willigkeit, mit der Menschen dieses Opium konsumiert haben und immer noch konsumieren, deutet darauf hin, dass hierfür durchaus Bedarf besteht. Denn auch die unterdrücktesten Massen kann man auf die Dauer mit Opium oder mit Religion so wenig wie mit Junk Food oder Junk TV vergiften, wenn die Menschen in den Massen das nicht oder nicht mehr wollen. Nicht auf Dauer, so unterdrückt ist kein Volk der Welt.

Hier tritt ein Netz wechselseitiger Voraussetzungen und Abhängigkeiten zutage. Der Wunsch nach Persistenz meines Eigentlichen, also meiner kohärenten Seele, bringt die Idee des Lebens nach dem Tod hervor oder dient mindestens ihrer raschen Verbreitung. Umgekehrt aber erfordert die damit dann verbundene Vorstellung eines Strafgerichts im Jenseits genau diese persistente Seele, sodass von hier die Idee weiter Vorschub erhalten hat.

Entsprechend verschwanden in Europa sehr rasch die Lehrgebäude aus der Geistesgeschichte, welche sich zu dieser Idee nicht verstehen wollen – vor allem die Lehren der Stoa und der Epikureer. Umgekehrt nahmen diverse Religionen diese Idee freudevoll auf, selbst wenn sie sich nur schwer in das ursprüngliche Ideengebäude einfügen wollte. So entstanden erst unter dem Einfluss des Christentums die Vorstellungen der germanischen Religion von Hel und Asgard – einschließlich ewiger Strafe für die schlimmsten Sünder. Freilich gelang es der germanischen Religion auch in Nordeuropa nicht mehr, hier zu einem wirklich konsistenten Bild zu gelangen, in dem dann auch die Yggdrasil, Midgard, Nilf- und Muspelheim ihren korrekten Platz bekommen konnten. Stattdessen hielt sich parallel die ältere Vorstellung der durch die Dunkelheit der Nacht jagenden Totengeister – grausam, feindselig, eine Idee aus der ältesten Religionsgeschichte der Menschheit, eben, wie erwähnt, wahrscheinlich noch älter als die Idee von den Göttern – auch wenn später dann Götter wie Wotan bei den Germanen oder die Morrigan bei den Iren dieser Wilden Jagd voranritten.

In der europäischen Geistesgeschichte existierte die Idee der kohärenten und persistenten Seele als Wesenskern des vor Gott verantwortlichen Individuums fast unwidersprochen bis weit in das 19. Jahrhundert hinein. Einer Seele, die nicht verloren gehen, die nicht zerschlagen oder zerstört werden kann. Zwar kannte schon das Mittelalter die Idee des inkohärenten Verhaltens, führte dies aber wahlweise auf Abwendung von Gott, und d.h. auch Wegwendung vom Göttlichen in uns, nämlich unserer Seele zurück, oder dachte schlicht an Besessenheit, sodass inkohärentes Verhalten letztlich zu jeweils in sich kohärentem Verhalten zweier konkurrierender Bewohner desselben Körpers wurde. Diese findet sich noch in der landläufigen Vorstellung einer „gespaltenen", „schizophrenen" oder „multiplen" Seele – alles Begriffe, die ihrerseits wissenschaftlich weitgehend substanzlos sind und sich stattdessen hier und da bereitwillig religiöser Konzepte und Argumentationen bedienen.

Es war vor allem Sigmund Freud, der diese Idee erstmals seit der Antike mit einigem Erfolg überprüfte. Zwar ging auch er von der „Seele" als etwas geschlossenem aus – aber geschlossen nur noch insoweit, wie ein Haus geschlossen ist, aber viele Räume und in diesen viele Bewohner haben kann.[14] Dagegen ist die topologische Simplifikation von Freuds Lehre – also die Einteilung der Seele in Es, Ich und Über-Ich – vor allem in seiner Nachfolge bereitwillig aufgenommen worden. Für die philosophische Diskussion um die Kohärenz und Inkohärenz der Seele wichtiger aber war Georg Simmel, der in der Seele die Gesamtheit die Gesamtheit der immateriellen Substanz sah, aus der heraus sich der Geist als Objekt gewordener Bewusstseinsraum manifestiere[15]. Im Grunde aber löst dieser Antagonismus von Seele und Geist, der vorwiegend im deutschsprachigen Raum Anhänger gefunden hat, das Problem der Inkohärenz unseres seelischen Seins nicht, sondern gibt ihm eine weitere Dimension, da auch der Geist keine Gewähr bietet, innerhalb des inkohärenten Urgrunds der Seele eine konsistente und kohärente Le-

---

[14] Freud: Ich, S. 296-306
[15] Simmel: Philosophie, S. 527

bensinsel zu stiften. Daher hat Helmut Plessner die seelische Inkohärenz als unausweichliches Schicksal des Menschen verstehen wollen.[16] Wir sind in unserer Seele, so Plessner, deren Gesamtheit wir daher nicht erfassen könnten. Selbst wenn sie als solche zusammenhangvoll, widerspruchsfrei und umfassend sei, entdeckten wir doch immer nur von unserer jeweiligen Warte heraus Teile, Aspekte, Fragmente, ohne hoffen zu dürfen, diese jemals zu einem Ganzen zusammenzuführen.

Ludwig Wittgenstein hat aus ähnlicher Überlegung heraus den radikaleren Schluss gezogen, auf den Begriff der Seele ganz zu verzichten, nachdem die Psychologie von der Idee einer unären Seele ohnehin abgerückt sei.[17] Wovon man hier spreche und immer noch als Seele bezeichne, sei nun einmal offensichtlich und unausweichlich fragmentiert, sodass es nur zu Verwirrung beitrage, wenn man weiterhin von Seele rede, aber eigentlich nur ein Sammelsurium von Phänomenen des Geistes damit meine.

Damit entzog sich Wittgenstein zwar der Notwendigkeit, die offensichtlichen mentalen Phänomene in Zusammenhang mit einer gemeinhin als ewig und unär angenommenen Seele zu setzen. Aber er affirmierte so auch und ohne Not das Bild einer unären, kohärenten Seele, welches eigentlich so nur in Europa von einer großen Mehrheit vertreten wird und auch hier nicht naturgegebener Teil des Denkens ist, sondern wie gesehen in historisch nachvollziehbaren Schritten sich entwickelt hat.

10.7.2 Die Sehnsucht nach der inneren Kohärenz

Eigentlich frage ich mich zunächst mal, wieso ich mich das eigentlich frage, ob ich eine kohärente, eine unäre Seele haben könnte, vielleicht längst habe und nur nicht entdecken kann in mir. Anders gesagt, was treibt mich, treibt vielleicht auch andere zu fragen, sich zu wundern, was es eigentlich auf sich hat mit dieser inneren Kohärenz, derer sich

---

[16] Plessner: Grenzen, S. 103
[17] Wittgenstein: Tractatus, 5.5421, S. 64

doch einige gerade so sicher zu sein scheinen, wie ich es mir nicht bin. Denn es scheint doch in mir ein Sehnen hiernach zu sein, ohne dass ich klar zu sagen wüsste, wonach ich mich da eigentlich sehne.

Es scheint mir so zu sein, dass viele Menschen sich nach diesem verlässlichen Innersten sehnen, nach einer Seele, einem Kern, welcher sie insgesamt in all ihren Facetten, Rollen und Masken zusammenzuhalten vermag. Wäre dem nicht so, hätte ich diesen Text nicht geschrieben, würden Sie ihn jetzt nicht lesen. Und doch wissen wir nicht, was wir eigentlichen suchen, noch, und viel weniger, haben wir eine Vorstellung, wo und mit welchen Mitteln wir da suchen sollen. Entsprechend scheitern wir auf dieser Reise meist, noch bevor wir aufgebrochen sind.

Wir haben gesehen, dass die Sehnsucht nach innerer Kohärenz, der Wunsch nach einer eindeutigen Identität, nach der klar umrissenen Persönlichkeit, der Seele als innersten Fels und Kern viele Beweggründe hat. Die Tradition der europäischen Ideengeschichte spielt hier aber nur die Rolle zu formulieren, was einem ganz anderen Motivkreis entspringt. Wenigstens wissen, wer man selber ist, wenn schon die Welt ringsum in Chaos versinkt. Sich der eigenen Freiheit versichern, indem man eben nicht nur einfach ist, was zu sein andere Menschen, womöglich Gene, Tradition, das unvermeidliche Verstreichen der Jahre mich angewiesen haben. Sich der eigenen Einzigartigkeit zu versichern, sich gegen jeden anderen abzugrenzen, das eigene Selbst gefunden zu haben als – angeblich einzigen – Ausweis einer erfolgreich verlaufenen Jugend. Jemand zu sein, wenigstens für sich selbst, und nicht bloß irgendjemand. Alle diese Beweggründe hängen zusammen, doch es fragt sich, wie weit sie einem gemeinsamen Urgrund entspringen. Und hier drängt sich die Vermutung auf, dass Angst und Verunsicherung es sind, die jedenfalls die wesentlichen, wenn auch nicht notwendig die einzigen Triebkräfte an dieser Stelle sind. Angst, sich zu verlieren, vor anderen wie vor sich selbst als nichts Besonderes zu gelten, Angst auch, dem kulturellen Anspruch nicht zu genügen, eine eindeutige, vor Gott und der Welt verantwortliche Seele zu haben.

Nun kann man sagen: „Du wirst keine eindeutige, unäre Seele bekommen. Punkt. Wenn du dich danach sehnst, dann aus Furcht vor dem Chaos in dir und um dich herum. Hör doch einfach auf, dich zu fürchten."

Aber einem Menschen, der sich fürchtet, zu sagen: „Fürchte dich nicht!" ist wahrscheinlich so sinnvoll wie „Sieh nicht runter!" jemanden zuzurufen, der gerade eine spontane Attacke von Höhenangst durchlebt. Dennoch haben diverse Autoren die Angst als wesentliche Triebkraft hinter vielen menschlichen Verhaltensweisen auszumachen versucht und wollten die Menschen von der Angst befreien. Aber hier gibt es eine Wechselbeziehung: Das Gefühl, in innerem und äußerem Chaos zu leben, ist in Europa – andere Kulturen haben andere Antworten gefunden – mit der Idee der unären Seele beantwortet worden. Die Tatsache, dass niemand diese Idee tatsächlich umsetzen, in sich erfüllt finden kann, potenziert jetzt aber seinerseits den Eindruck von Chaos und Angst. Und es ist eine private Angst, weil ja doch offensichtlich alle anderen immer ganz genau wissen, wer sie sind, was sie wollen. Unsereiner scheint schon froh sein zu müssen, wenn man halbwegs begriffen hat, was die anderen sagen, wer sie seien, und was sie sollen und müssen. Und was sie von uns wollen, dass wir sind.

Gib dem Menschen eine unäre Seele, nimm ihm das Gefühl, in innerem und äußerem Chaos zu leben, dann wird auch seine Angst verschwinden, ist das Versprechen der Vertreter dieser Idee. Wenn ich nur weiß, wer ich selber bin, wird sich alles andere schon richten. Und die kohärente, die unäre Seele ist ja auch etwas, das wir für das Normale, das Gesunde, das Natürliche zu halten von Kindheit an gelernt haben. Selbst wenn uns mit den Jahren an dieser Ansicht Zweifel gekommen sind, schon weil kaum normal sein kann, was so selten vorkommt, wir lassen nur schwer von dieser Sicht. Denn, wie gesagt, vielleicht hat ja jeder andere diese Seele in sich gefunden. Nur ich armer Tropf, ich nicht.

Epikur hat den Menschen zu erklären versucht, dass sie sie sich im Wesentlichen völlig grundlos fürchten und ein besseres Verständnis ihrer selbst und der Natur und ihrer Gesetzmäßigkeiten ihnen das meiste ihrer Ängste nehmen könnte.[18] Dem steht dann Karen Horney gegenüber, die erstmals versucht hat, neurotisches Verhalten durch eine mehr oder weniger ausgeprägte Grundangst des Menschen zu erklären.[19] Aber diese Grundangst ist vielleicht gar nicht so sehr traumatisch, als vielmehr die Verunsicherung des Ichs in seinem Sein und So Sein. Nicht nur bin ich mir nicht sicher, wie, wer oder was ich bin, sondern ich zweifle ein ums andere Mal, dass überhaupt Sätze sinnvoll gebildet werden können, welche „ich" als einen wesentlichen Terminus enthalten. Das Ich ist nun mal zunächst ein kulturelles Konstrukt, und zudem eins, mit dem kaum einer zurecht zu kommen scheint, der sich ein wenig damit herumzuschlagen bereit ist. Bekanntermaßen ist ja niemand eine Insel. Umgeben von anderen, die in ihrem Ichsein höchst sicher und konsistent zu sein scheinen, frage ich mich oft, ob ich eigentlich der einzige sei, dem ein konsistentes, womöglich kohärentes Selbst nicht innezuwohnen scheint. Oder der sich fragt, was wir eigentlich meinen, wenn wir so sicher von unserer Kohärenz sprechen. Oder Konsistenz. Oder unserem Ich. Unserem Selbst. Unserer Individualität. Unserer Identität.

10.7.3 Was hilft mir denn die eine, diamantene Seele?

Aber nehmen wir mal an, wir würden sie irgendwie gebastelt bekommen, diese eine, diese unäre Seele. Und dann?

Die beliebte Antwort: „Erst mal haben, dann sehen wir weiter", ist an dieser Stelle unstatthaft. Denn auf die Jagd nach diesem Topf am Ende des Regenbogens verwenden Menschen mentale Ressourcen, die dann an anderer Stelle fehlen, lässt die Tatsache, immer noch nicht dort angekommen zu sein, viele Menschen traurig, frustriert, nicht selten verängstigt. Aber vielleicht ist dieses Ziel, das ohnehin unerreichbare, ja

---

[18] Epikur: Kiriai Doxai, 10-12, in: ders.: Briefe, S. 69
[19] Horney: New Ways, S. 203

auch gar nicht so erstrebenswert, sodass man nicht allzu geknickt sein sollte, dass man dort nach allem Anschein wohl niemals hingelangen wird.

Die unäre Seele verspricht uns Sicherheit in viererlei Hinsicht:

- als Ankerfels im Chaos der Welt;
- als den Menschen von anderen unterscheidendes, ihn individualisierendes Moment;
- als den so individualisierten Menschen anderen interessant machend;
- als seelische Voraussetzung, zu einem Leben nach dem Tod befähigt zu sein.

Aber ein Ankerplatz kann die unäre Seele nicht sein, da auch sie, wenn es sie gibt, in Korrespondenz zur Welt steht. Nur eine von der Welt abgeschiedene Seele vermöchte über längere Zeit in sich gleich zu bleiben. Also vielleicht das Denken eines Eremiten, in Einöden zurückgezogen, in Wüsten oder düsteren Wäldern ganz der Kontemplation, dem Gebet, der Nabelschau zugewandt. Aber die Welt um uns her ist in ständiger Veränderung, sodass eine sich nicht verändernde Seele uns außerstand setzen würde, in der Welt und in Korrespondenz mit ihr zu existieren. Eine statische, eine unäre Seele wäre also keinesfalls ein Gewinn, sie wäre in dieser Hinsicht wohl eher eine Last.

Sich hinwiederum von anderen zu unterscheiden, ist natürlich ein Wunsch vieler Menschen. Aber es ist ein Wunsch des Trennens und Hinwendens. Fort vom anderen, um hin zu ihm zu gelangen. Ich scheide mich vom anderen, damit der andere mich so interessant findet, dass er sich mir zuwendet. Doch wenn alle sich individualisieren, wo ist dann noch das Unterscheidungsmerkmal? Aber vor allem: Wenn Sinn des Ganzen das Zueinander ist, warum dann nicht das Voneinander überspringen und sich gleich einander zuwenden? Denn der andere wird doch nächst seiner biologischen Disposition als Sexualpartner, als Sippenmitglied, als Beute usw. nicht interessant, weil er einzigartiger ist als andere. Denn das heißt ja auch: einzigartiger als ich. Wir wenden uns dem anderen zu, weil wir im Miteinander Stärke erhoffen, Trost auch und Freundlichkeit. Das zu erreichen, ist eine allzu starke, allzu sehr als einzigartig erkennbare Persönlichkeit eher hinderlich.

Bliebe die Hoffnung, dass uns die unäre Seele ein Leben nach dem Tod ermöglichen möge. Aber erstens glaubten und glauben auch viele Völker an ein Leben nach dem Tod, die sich nie auf die unäre Seele haben festlegen lassen. Und zweitens: Ist das mehr als wehmütiges Erinnern an eine Zeit, als man noch auf ein Leben nach dem Tode hoffen durfte? Tut das heut noch jemand?

Wenn es ein Leben nach dem Tod geben sollte, dann wissen wir so wenig darüber, entzieht es sich so gänzlich unseren Regeln, dass ein ganz und gar diesseitiges Konzept der Individualisierung, der Kohärenz unserer Seelenfragmente, der Persönlichkeitsfindung damit nichts zu tun haben dürfte. Mindestens aber können wir über das angebliche Dort nichts aussagen, was nicht gänzlich aus dem Hier entstammte.

Daraus folgt dann aber, dass die Idee, wir hätten eine unäre Seele, offensichtlich in allen beobachtbaren Fällen der Realität widerspricht, während die Forderung, wir müssten im Zuge unserer Selbstfindung in der Jugend diese unäre Seele finden bzw. entwickeln, ein Ziel auslobt, das nicht nur nicht erreichbar ist, sondern das zu erreichen auch eigentlich als nicht erstrebenswert bezeichnet werden muss.

Dennoch meine ich, dass es dem Einzelnen helfen und nützen kann, nach genau dieser einen, dieser Diamantseele sich auf die Suche zu machen. Freudevoll könnte man jetzt abgegriffene Sätze zitieren wie „Der Weg ist das Ziel." Das ist natürlich Etikettenschwindel, das Ziel ist das Ziel, weil es das Ziel ist, wenn also der Vorsatz stimmt, ist eben der Weg das Ziel und es gibt keinen Weg dorthin, der nicht zugleich auch Ziel wäre. Das ist dann wie die Varusschlacht, die auch keine rechte Unterscheidung zwischen Schlachtfeld und Anmarschroute zulässt, weil Anmarsch und Abmarsch alles war, wozu sich die drei Legionen des glücklosen Legaten in die germanischen Nebel aufgemacht hatten.

Der Weg wird nicht zum Ziel, weil das ursprüngliche Ziel der Seele belanglos ist. Sondern es kann der Weg dorthin andere Ziele quasi als Kollateralerfolge verbuchen, und um derentwillen kann es sich eben doch lohnen, diesen Weg zu gehen. Warum dann nicht gleich diese anderen Ziele in den Vordergrund holen? Weil sie direkt anzustreben wesentlich weniger erfolgversprechend ist. Es gibt Ziele, die man besser erreicht, wenn man etwas anderes verfolgt. Darum handelt es sich hier. Ich meine nämlich, dass man jedenfalls die folgenden Ziele mit einiger Wahrscheinlichkeit verwirklichen wird, wenn man sich auf die aussichtslose Wanderung zu der einen Seele begibt:

- Einsicht, dass die unäre Seele der mentalen Kohärenz nicht bedarf;
- Einsicht, dass man der unären Seele nicht bedarf;
- Erweiterung der eigenen sozialen Kompetenz und des Miteinanders;
- Übung im Sprechen über die eigene Verwirrung und die Verwirrung der Welt.

Das mag verwirrend klingen, vor allem der letzte Punkt. Das liegt aber mindestens zum Teil daran, dass wir nicht nur dazu neigen, ohne erkennbares Ziel nach unserer unären Seele zu suchen, sondern dass wir hierfür meist auch an den falschen Orten graben.

Wir beginnen die Suche nach dieser unserer Seele als dem Felsen, darauf wir unser Leben gründen mögen, weil ein Bedarf dafür entsteht. Dieser Bedarf ist z.T. von anderen uns eingeredet, z.T. entsteht er im Wechselspiel mit anderen, weil wir schon als Kinder unser Ich vorwiegend definieren als Nicht-Du. Wir sind diskursive Wesen, deren Sein und So Sein nicht denkbar ist ohne den und ohne die Anderen. Was also bewegt uns dazu, diese unäre Seele, derer wir zu bedürfen glauben, um im Chaos des Dort und im Chaos des Ich inmitten von Wir nicht zu straucheln, nicht etwa im Dort und Wir und Miteinander zu suchen, sondern im tiefsten, dunkelsten, von keinem sonst erreichbaren Schacht unseres Seins und Empfindens? Ist es die Hoffnung, etwas zu finden, das nicht kontaminiert ist von den Anderen? Das nur Ich und nicht und niemals Du ist oder war oder sein wird? Nur Ich und So Sein, aber das für immer und unwandelbar und verlässlich?

Wer dort sein Ich sucht und zu gründen plant, baut ins Leere und Dunkle, aber vor allem, er baut an einem Ort, wo es weder Ordnung noch Chaos geben kann und nichts, damit sich bauen ließe. Die Ordnung der Seele kann ohne ihre chaotische Antithese in der Welt nicht werden noch sein, folglich kann man sich nur dort auf die Wanderschaft begeben, wo sie ohnehin begonnen hat. Also im Leben, im Diskurs, im Miteinander, vielleicht auch im Gegeneinander, aber niemals in einem ohnehin nicht erreichbaren Ohne Einander.

Damit aber fragt sich dann auch, ob es eigentlich eine so besonders hilfreiche Idee ist, zur Stiftung der einen Seele möglichst viele Mauern nach außen zu errichten. Wenn mein Seelenverließ nicht der Ort ist, wo ich nach meinem Ich suchen sollte, vielleicht ist es dann insgesamt ein Irrweg zu glauben, ein feste Burg sei unser Seel. Anders gesagt, was wir von der Welt wahrnehmen, scheint uns nahezulegen, dass die Suche nach der unären Seele ein Unterfangen sei, dem man sich besser von vornherein enthielte. Aber wenn man schon auf die Suche ginge, dann doch bitte in der Abtrennung von der Welt, im mönchischen Leben, als Eremit, als Inkluse.

Mir scheint, hier kommt noch ein anderer Denkfehler zum Tragen. Oft genug steht am Beginn der Suche nach dem Selbst, nach dem „wahren Ich", nach dem innersten So Sein ein trotziges Aufbegehren gegen jene anderen, jene äußeren Menschen, sie seien Eltern, Geschwister, Freunde, Lehrer, Mitschüler, Arbeitskollegen, Chefs, Pastoren und tausend andere, welche dem Menschen sagen wollen, was er sei, jedenfalls was er zu sein habe. Der aufbegehrende Mensch stößt das von sich, diesen Wust, dieses Chaos oft genug unvereinbarer, widersprüchlicher, manchmal schlicht dummer Anforderungen und Aufforderungen, wie er zu sein habe. „Ich bin nicht, was zu sein oder sein zu sollen ihr mir sagt!" schreit er ihnen entgegen und beginnt, nach sich selbst zu suchen. Da ist es naheliegend zu sagen, da draußen könne man sich nicht

Haldert Gudmunsson: Das Ich und sein Ich: Individuelle Kohärenz und Vielheit

finden, umgeben von tausend Anforderern, in deren Marktgeschrei die eigene, tief drinnen wispernde Stimme man gar nicht mehr hören könnte. Sich wegzubegeben an den einen Ort, wo die ganzen Schreihälse und Prediger nicht herumstolzieren, in die Tiefen des eigenen Ichs, in die Abgeschiedenheit der Kontemplation, der Meditation, in die kärglichste, ärmlichste Eremitage, die es überhaupt geben kann, da aller Reichtum, alle Schönheit, Beeinflussung, Herausforderung, Befragung ja immer nur von außen kommt. Noch in seiner kargsten Zelle freut sich der Eremit vielleicht am mäandernden Gang der Ameise auf seinem aus rohem Holz geschlagenen Tisch. In mir selbst gibt es die Ameise nicht, den Tisch nicht, noch nicht einmal das Licht, das erst die Ameise, den Tisch, die Klause ringsum sichtbar machen kann.

Natürlich kann man sagen, ja, man wisse ja, dass letztlich das Innen nicht mehr sei als der Sammelort des Außen. Aber längst sei dort so viel, auch so viel Unterschiedliches, Wirres, Falsches und Richtiges, Wichtiges und Belangloses angelangt und in berstende Magazine gequetscht, dass es dringend geboten sei, einmal für eine Weile bis auf Notsendungen keine Pakete mehr anzunehmen, sondern den Bestand zu sichten, zu ordnen und Überflüssiges fortzuwerfen. Um dann mit wieder hinreichend verfügbaren Lagerpotenzialen zurückzukehren in die Welt und sich ihren Angeboten, auch ihren Forderungen zu öffnen.

Falsch ist das sicher nicht, jedenfalls nicht in allen Fällen. Die Überfrachtung und Überflutung mit Forderungen, wie ich zu sein habe, ist zwar nur ein Teil des Informationstsunamis, in dem ich vergeblich jeden Tag zu schwimmen versuche, aber es ist auch oft das, was ich gern zum Schweigen bringen möchte. Aber will ich das, weil ich über derlei Geplapper und Geschrei mich selbst nicht mehr höre? Rede ich zu mir selbst, aus meinem Innersten heraus? Oder laufe ich eher Gefahr, die leisen und nicht selten fremdartigen Stimmen und Botschaften des Draußen nicht hören zu können, weil mir ständig jemand ins Ohr brüllt, welche Automarke jemand in meiner Position zu fahren habe, was meine Aufgaben als Familienvater seien, was ich als treusorgender Sohn meiner greisen Eltern, als mäßig ambitionierter Freizeitsportler, als Freund von Country-Balladen und italienischem Essen unbedingt tun müsse. Und auf den Bahamas war ich auch noch nie.

Den von außen kommenden Forderungen an mein Ich, den fremdbestimmten Rollendefinitionen und Seinsbestimmungen eine grundsätzliche Absage zu erteilen, impliziert eigentlich nicht notwendig eine Abkehr von der Außenwelt insgesamt. Insofern schlägt aus Trotz das – meist sinnvolle und richtige – Zurückweisen der Stimmen aus der Welt nicht selten in eine nicht vernünftige Zurückweisung der Welt insgesamt um.

Ebenso kann der Trotz uns auch in eine epistemische Verweigerungshaltung locken, dass wir Religion und Ideologie Tür und Tor öffnen. Hierin manifestiert sich ein Aufbegehren gegen die Unerklärbarkeit, Rätselhaftigkeit und Unerfreulichkeit der Welt. Aber es ist ein Trotz, der ein Scheitern konstatiert. Kein Aufbegehren gegen das Äußere, sondern gegen die eigenen Unfähigkeiten. Die Unfähigkeit, die Welt zu verstehen, die Unfähigkeit, sich damit abzufinden, die Unfähigkeit auch, die Unversöhnlichkeit zu akzeptieren und als gleichrangig hinzunehmen, mit der sich ein hinreichender Zeitungskonsum und das Faszinosum eines bescheidenen Gänseblümchens gegenüberstehen. Der Zeitung und ihren zehntausend Geschwistern aus der Familie der Informationsüberfluter kann man sich nur anheim geben, das erfordert keine Anstrengung, kein Aufbegehren. Wohl aber das diesem Wirrwarr gegenüberstehende Konzept des Gänseblümchens zu entdecken: die Komplexität der Korbblütler, das Zusammenwirken von Wurzelwerk, Blättern, Blüte, Photosynthese, Wasserhaushalt etc., vielleicht noch die historische Bedeutung der Gänseblümchen, seine Wichtigkeit in der Dämonologie, verwandelten sie sich doch in solides Eisen, wenn man – jedenfalls in Irland – einen bösen Geist mit einem Kranz aus Gänseblümchen bewarf, abgesehen dass sie anscheinend europaweit kleine Kinder vor einer Entführung durch die allgegenwärtigen Feen schützten.

Was wir von dem Gänseblümchen lernen können, ist, dass das Wunder und das in positivem Sinne Erstaunliche überall ist und gefunden werden kann, wenn man nur bereit ist zu akzeptieren, dass es uns nicht als Teil der grauen Welt, sondern als ihr Widerpart entgegentritt und mit dieser nicht versöhnt und nicht vereinigt werden will oder kann. Stattdessen tritt uns im Gänseblümchen das Aufregende und Spannende des Rätselhaften gegenüber, wo wir das Bedrohliche und Beängstigende dieses Rätselhaften, dieses Unerklärlichen als Grunddeterminante unserer Welt zu akzeptieren uns fast schon bereitgefunden haben.

Das trotzige Aufbegehren gegen das, was uns von außen her bestimmen und verunsichern will, dieses Zürnen, was ja oft genug einen guten Grund hat, lässt auch eine andere Reaktion zu:

- Ja, man kann und sollte sich wider alle Erfolgsaussicht auf die Suche nach der unären Seele begeben.
- Man möge sie dort suchen, wo man nie gesucht hat, nämlich ganz außerhalb, und wo das geht, im Miteinander.
- Man möge sie zu formieren suchen, indem man ihr nicht Mauer um Mauer errichtet, sondern indem man jede Mauer einreißt, die sie vom Anderen trennt, sodass man ihr Sein und So Sein geradezu dadurch findet, dass sie sich im Anderen und Allgemeinen verliert.

Nicht das Abtrennen vom Anderen in unserer frühesten Seelenwerdung ist also das entscheidende Moment unserer Kindheit, sondern die Entdeckung des den so entstandenen Abgrund wieder überbrückenden Miteinanders. „Ich bin nicht Mutter" ist zweifellos eine wichtige Erkenntnis in unserem seelischen Werden. Aber viel wichtiger ist „Ich bin der, den jene andere, die ich Mutter zu nennen gelernt habe, liebt." Mehr noch: „Ich bin der, welcher für jene andere, die ich Mutter zu nennen gelernt habe, ein Gefühl hegt, welches jenem, das sie für mich zu hegen scheint, offensichtlich sehr nahe kommt, sodass ich es wohl mit dem gleichen Wort bezeichnen sollte, mit dem sie ihr eigenes Gefühl für mich beschreibt, also mit dem Wort ‚Liebe' oder sogar mit der Einsicht, dass ich sie liebe, ja dass ich eine oder einer bin, der eine oder einen anderen zu lieben imstande ist."

Hier wäre als alternative Formulierung und weitere Steigerung möglich zu sagen: „Ich bin einer, der zu lieben imstande ist." Ich meine aber, dass diese Formulierung in die Irre führt. Zu lieben ist ohne Objekt nicht möglich, sodass ein quasi „schlechthinniges" Lieben nicht vorstellbar ist. Daher kann man auch nicht sagen: „Ich bin einer, der schreiben kann." Oder singen, tanzen, sprechen. Die Akte und Fähigkeiten, welche unser Ich konstituieren, sind durchweg nicht vorstellbar ohne ein wenigstens gedachtes, gefürchtetes, erhofftes Du.

Unser seelisches Sein ist damit volatil, ist flüchtig wie ein Nebelstreif. Doch die Suche nach ihm wendet uns fort von uns hin zu dem diskursiven Sein, welches uns eigentlich ausmacht. Meine Seele ist nicht im Hier, nicht in mir, ist aber auch nicht transzendent in Gott oder, wie Platon meinte, nur im Reich der Ideen frei und ganz bei sich. Sondern meine Seele ist mein Hinwenden und mein Hinaustreten über mich, ist mein Aufheben mühselig aufgeschütteter Grenzwälle, die mich vom anderen eigentlich trennen sollten. Ein Satz wie: „Ich bin, der ich bin!" ist damit gleich zweifach Unsinn. Erstens oszilliert und mäandert mein Ich viel zu sehr, als dass ich hoffen dürfte, auch nur von einem Moment zum nächsten noch derselbe zu sein. Zweitens aber ist dieses Ich immer nur hin zu einem, vielleicht zu vielen anderen. Also kann man nur sagen: „Ich war, der wir waren, und werde, der wir sein werden, selber sein." Das momentane Ich ist nicht fassbar außer in der Veränderlichkeit, die es konstituiert, und ist sein Erinnern und ist sein Hoffen, auch seine Schuldgefühle, sein Bedauern, seine Reue, ist seine Angst und sein Sehnen. Nichts davon ist für sich und schlechthin, es ist immer nur alles hin auf einen oder viele andere und schon deshalb ständig in Veränderung, weil alle anderen es sind.

10.8 Jenseits der Fragmente: Das Ich und sein Körper

Wenn nun aber das Entgrenzen des Seelischen die Wanderung zum Ich erst ermöglicht, eine Wanderung, die immer eine Wanderung zu einem Ich im Kontext eines Wir ist, so fragt sich, wie man die nötige Trittfestigkeit für diese Wanderschaft gewinnen können soll.

Haldert Gudmunsson: Das Ich und sein Ich: Individuelle Kohärenz und Vielheit

Unerfreulicherweise sehen wir das Widersprüchliche, Zusammenhanglose und Inkohärente in uns und um uns umso schärfer und detailreicher, je genauer wir hinsehen und je dichter wir uns am betrachteten Objekt befinden. Die Inkohärenzen der aktuellen indonesischen Gesellschaft sind aus Sicht der meisten Westeuropäer weit weg und interessieren uns nicht besonders, selbst wenn wir von ihnen erfahren. Aber in der Regel erfahren wir gar nicht davon; sie sind in jeder Hinsicht distanziert und, selbst wenn sie akut Menschenleben bedrohen, wenigstens wenn sie nicht katastrophal ausfallen, auch deutlich weniger interessant als das die Ereignisse gleich hinter meinem Gartenzaun.

Dieses Aufmerksamkeitsgefälle und der mit wachsender Nähe zunehmend bessere Erkenntniszugriff müssten dazu führen, dass bei gleich großer Inkonsistenz oder Inkohärenz von Welt, Körper und Seele die Inkohärenz unserer Seele gefühlt größer ist als die des Körpers, diese wiederum größer als die der uns umgebenden Welt. Das ist aber nicht der Fall. Die meisten Menschen halten ihren Körper für weniger inkohärent als sowohl ihre Seele als auch die umgebende Welt, auch wenn alle drei ohne weiteres als fragmentiert, zusammenhanglos, chaotisch und widersprüchlich angesehen werden. Also stellt unser peinlicher, unzureichender, sich zudem ab einem bestimmten Alter fast kontinuierlich verschlechternder Körper noch den am wenigstens inkohärenten Punkt in unserem verwirrten und verwirrenden Universum dar, auch weil wir, wie oben ausgeführt, die Inkohärenzen unseres Körpers eher zu ignorieren oder zu diskontieren bereit sind.

Zugleich erinnern wir uns alle aus unserer Kindheit, wissen aber auch aus unserem täglichen Erleben recht gut, dass Kohärenz und Konsistenz des eigenen Körpers kein genetischer Bestandteil desselben und für immer garantiert sind. Vielmehr haben wir das wenige, was unser Körper diesbezüglich aufweist, in mühevollen Lernprozessen dem Meer von Chaos und Unzulänglichkeit abgerungen und verteidigen es tagtäglich gegen einen Rückfall in die Hilflosigkeit, die wir je nach Geschmack als kindlich, als kindisch oder als senil bezeichnen. Die Prozesse und Methoden, mit denen wir dies erreicht haben und – in begrenztem

Umfang – immer wieder bewerkstelligen, sind uns vertraut, so vertraut, dass wir kaum über sie nachdenken und sie meist auch nicht ohne weiteres anderen vermitteln könnten. Dennoch sind sie verfügbar; ihre bloße Existenz bildet ein wesentliches Element unserer physischen, aber auch unserer biografischen Identität.

Damit sind drei Herausforderungen erkennbar, hinsichtlich derer die Erfahrung des eigenen Körpers der Seele vielleicht helfen kann, mit der eigenen Inkohärenz besser umzugehen:

- lernen, die eigene Inkohärenz zu akzeptieren und vielleicht sogar als hilfreich zu empfinden;
- den eigenen Körper als am wenigsten inkohärenten Teil des Universums zum Ankerpunkt und Grundstein des eigenen Seelengebäudes zu machen;
- die Mechanismen einer teilweisen Überwindung von Inkohärenz und Widersprüchlichkeit in Analogie zur Werdung der physischen Identität kennenzulernen und zu üben.

10.8.1 Der Rückgriff auf die Kohärenz des Körpers

Hanns Dieter Hüsch hat seinen Hagenbuch einmal sagen lassen, je mehr er sich damit befasse, umso weniger verstehe er davon, sodass er, wenn er sich nur noch damit befassen würde, wahrscheinlich nichts mehr verstehen würde. Dann, so Hagenbuch oder Hüsch weiter, könne er sich nur noch aufrecht halten, wenn er ununterbrochen mit sich selbst rede und seinen Kopf tagtäglich aufs Neue zusammensetze.[20]

Was wir in diesem Text finden, ist das Umschlagen der als inkohärent oder chaotisch erlebten Außenwelt in die Innenwelt, eine von drei Quellen eines allgemeinen Gefühls von Inkohärenz, welches sich letztlich immer in der Seele abbildet. Was dann einzig noch geht, ist die Körperlichkeit, also das Restituieren des eigenen Kopfes als Träger und Vo-

---

[20] Hüsch: Ketzerische Gedanken, S. 141-144

raussetzung eines erst danach, wenn überhaupt, zu erreichenden kohärenteren Selbst und Innen.

Damit deutet Hüsch durch seinen den Nonsens der Welt persiflierenden Pessimismus, meine ich, auf ein Umschlagen der vergleichsweise großen Kohärenz des Körpers in die er- und gelebte Innenwelt. Wenn in mir und um mich herum alles in Chaos und Zusammenhanglosigkeit versinkt, bildet, so der Gedanke, der Körper in seiner vergleichsweise großen und vor allem verlässlichen Kohärenz zwei wichtige Punkte, nämlich einen Haltepunkt, an den geklammert man in dem wilden Meer nicht gleich unterzugehen droht, aber auch einen Punkt, auf den man dann auch etwas aufbauen kann, nämlich eine Verdinglichung der eigenen Seele wie der Welt um mich herum als etwas dann doch weniger Zerfaserndem, weniger Zerfallendem als zuvor.

Wie soll das gehen? Um das zu beantworten, muss man drei Fragen beantworten, nämlich zum einen, wie dies tatsächlich umgesetzt werden kann, zweitens, wie man sich selbst motivieren, drittens, wie man dann vielleicht auch andere dazu bewegen kann, diesen Weg zu gehen. Denn es ist durchaus ein Irrtum zu erwarten, dass jedermann sofort und bereitwillig eine bestimmte Maßnahme ergreift, sofern man sie nur als richtig oder vernünftig akzeptiert hat.

Wie kann dies also grundsätzlich begonnen werden? Zwar gibt es wohl kein Patentrezept, sondern in erheblichem Umfang wird die jeweilige Biografie, werden Eignungen und Neigungen entscheiden, wie eine solche Stiftung von erhöhter Kohärenz begonnen werden kann. Dennoch scheint mir in vielen Fällen ein funktionaler Ansatz erfolgreicher als ein analytischer. Der eigene Körper muss zum Faszinosum werden, das er in unseren Kindertagen einmal, jedenfalls für viele unter uns, gewesen ist. Dazu ist weniger zu fragen, was mein Körper heute ist, sondern stattdessen staunend festzustellen, was er kann, vielleicht auch, was er nicht oder nicht mehr kann. Denn auch im Zerfallen oder im Altern an sich kann ein identitätsstiftendes Moment liegen. Entscheidend ist, den Blick unvoreingenommen und neugierig auf den eigenen Körper zu richten. Dann wird die Fähigkeit, einen Ball zu fangen, ein Lied zu pfeifen oder stark riechende Leibeswinde zu entlassen, für einen Erwachsenen so aufregend und faszinierend, wie es für uns als Kinder einst gewesen sind. Das führt aber zurück auf eine wesentliche Fähigkeit des Menschen, die viele Menschen als Kinder hatten, die aber dann irgendwann wenigstens teilweise verloren gegangen ist: die Grundfähigkeit zum Staunen.

Platon und nach ihm auch Aristoteles haben bereits das Staunen als Anfangsgrund der Philosophie gesehen.[21] Anders gesagt, hier geht es um die Fähigkeit, aber auch die Bereitschaft, scheinbar Selbstverständliches, erst recht nur aus Gewohnheit selbstverständlich Gewordenes immer wieder mit verwunderten Kinderaugen anzusehen. Voraussetzung dafür ist u.a. ein gewisses Grundvertrauen: Zum Staunen bereit ist nur, wer das Fremde und Überraschende nicht primär als potenziell feindselig oder bedrohlich ansieht. Das kollidiert leider nicht selten mit Lebenserfahrung; das Fremde ist eben doch wenigstens ab und zu als etwas sehr Unerfreuliches zutage getreten. Insbesondere aber mit Blick auf das Faszinosum des eigenen Körpers kann der Mensch wieder erfahren, dass eine Wendung hin ins Neue und Unerwartete des scheinbar gut Vertrauten jedenfalls in aller Regel keine unliebsamen Überraschungen bieten wird.

Kann diese Fähigkeit bewahrt oder restituiert werden, sind Zugänge zum eigenen Körper möglich, die alle auf dem Prinzip „Guck mal, was dein Körper Tolles kann!" beruhen. Das können einfache Dinge sein wie das schon erwähnte Fangen eines Balls oder das Stehen auf einem Bein, kann aber auch bis weit in den Sportbereich sich erstrecken, sofern die sportliche Betätigung der Erfahrung und Erkundung des eigenen Körpers dient und nicht darauf zielt, besser als andere zu sein, Pokale und Medaillen zu erringen oder auch nur besser zu werden, als man jetzt noch ist. Natürlich kann das alles großartig sein, aber der erste Schritt ist das tastende Erkunden der eigenen Möglichkeiten.

---

[21] Platon: Theaitetos, 155d; Aristoteles: Metaphysik, I.2, 982b11-24

Haldert Gudmunsson: Das Ich und sein Ich: Individuelle Kohärenz und Vielheit

Denn genau so wie ich dies oder jenes vermag, kann es eben kein anderer. Erst recht ist der Moment, da ich den Speer werfe oder im niedrigsten Gang jene Anhöhe erklimme, in jeder Hinsicht singulär, einzigartig und wird nie wiederkommen. Es spielt keine Rolle, ob andere schneller sind, weiter werfen oder lauter lachen: Es ist mein Körper, es ist dieser physische Teil meines Ichs, der mir die Sammlung solcher Edelsteine, meiner Edelsteine erlaubt. Ja, vielleicht ist das auch mit dem Erleben des Scheiterns verbunden, vielleicht mit der Einsicht, nicht mehr zu vermögen, was noch vor Jahresfrist keine Herausforderung war. Aber auch dann ist das Körpererleben hier etwas Singuläres und zugleich qua Körperlichkeit Kohärentes, das dann um Ausgangspunkt einer wenigstens teilweisen Erschließung größerer Kohärenz im Ich und in der Welt werden kann. Ich bin zu ganz wesentlichem Teil mein Körper, und es ist dieser Körper erstaunlich kohärent, also ist doch wohl ein wesentlicher Teil meiner selbst erstaunlich kohärent. Es ist dies auch jener Teil, der sich selbst zwar ebenso wie meine Seele mit Erwartungen aus allen Ecken konfrontiert sieht. Groß soll man sein, schlank soll man sein, gesund, beweglich, trainiert, muskulös, langhaarig, kurzgeschoren, großbusig, kleinbrüstig, mit dem Becken einer Mutter, mit rundem Knackpo. Aber der Körper macht auch viel eher und viel deutlicher als unsere Seele erfahrbar, was er ist und sein kann und wozu er sich eignet und wozu nicht. Dort hinein sich zu wagen, kann oft dem Menschen allein gelingen. Aber manchmal braucht er hierbei Hilfe, mal von einem Einzelnen, womöglich einem Lehrer oder Trainer, manchmal auch von anderen Menschen, die sich auf ähnlichen Reisen befinden. Anders als ein Trainer oder Lehrer im Sport, anders als ein Guru oder sonstiger fernöstlicher Wundermann ist es aber hier Aufgabe des Einzelnen, genauso auch einer Gruppe, den jeweils anderen nicht wie im Sport auf ein festgelegtes Ziel hin zu optimieren, sondern ihm die Freude an der eigenen Körperlichkeit, das Staunen über das Rätsel und Wunder der vielen Dinge wieder zu erschließen und zugängig zu machen, das vielleicht verloren ging, verschüttet wurde, vielleicht auch noch nie im nötigen Umfang dem Einzelnen sich bis dato erschlossen hat.

Um dies zu erreichen, ist es nicht selten sinnvoll, nicht eine einzelne Sportart zu trainieren, sondern immer wieder zu wechseln. Vielfältige Erfahrungen mit vergleichsweise einfachen Übungen sind hier wichtiger als eine vielleicht Jahre erfordernde Vervollkommnung in einem eng umgrenzten Feld komplizierter Bewegungsabläufe. Damit fällt Leistungssport naturgemäß weg. Ein Kugelstoßer etwa praktiziert faktisch nur eine einzige Abfolge von Bewegungen, diese aber über lange Zeit immer und immer wieder, bevor er hoffen darf, seine physischen Befähigungen dank exzellenter Technik in maximale Leistungen umzusetzen. Gleiches gilt für die meisten Sportarten, wobei in einigen natürlich die Gesamtmenge der Bewegungsabläufe immer noch deutlich größer ist und zudem die Teamsportarten auch ein über die physische Korrelation hinausgehendes Miteinander erfordern. Aber auch vergleichsweise breit aufgestellte Disziplinen, also etwa Zehnkampf, Siebenkampf, Triathlon, Moderner Fünfkampf oder einige Kampfsportarten, vor allem Kobudo oder verschiedene Arten des Taijiquan können das fortgesetzte Staunen in Hinsicht auf den eigenen Körper nicht auf Dauer sicherstellen. Dies gelingt nur, wenn der sportlichen Betätigung vorwiegend ein Spielcharakter zu eigen ist. Aber viele Sportler, exemplarisch Menschen, die in ihrer Freizeit intensiv laufen oder Rad fahren, haben kein freudiges Lächeln im Gesicht, empfinden offensichtlich keinen Spaß, wenn man ihnen begegnet, eher könnte man sie als verbittert, verbiestert oder verbissen bezeichnen. Körpererfahrung ist natürlich auch über Leid, Schmerz, Folter möglich. Aber diese führen immer in ein Erlebnis von Desintegration, von Zerfall und Inkohärenz. Folter insbesondere zielt vorwiegend hierauf ab, die Persönlichkeit soll in ihrer Gesamtheit zerstört werden, wozu physisches Leiden sich als hervorragendes Mittel erwiesen hat. Soll die Seele nicht gestört, sondern gestärkt aus dem physischen Erleben hervorgehen, ist dies hingegen abhängig von der Freude, die der Einzelne hierbei empfinden kann.

Therapeutisch zeichnet sich vielleicht ab, dass Selbsterfahrungsgruppen die größten Erfolge erzielen werden, wenn sie gemeinsam spielen – ohne große sportliche Triumphe erzielen zu wollen, ohne Konkurrenz und Ehrgeiz, nur einzig aus Freude am Spiel. Dann kann man heute

Fußball spielen, morgen Kegeln gehen, Darts werfen oder auch mal einfach gemeinsam mit bunten Eimern und geeignetem Gerät riesige Seifenblasen durch einen Sommermorgen treiben lassen.

10.8.2 Vielheit und die Selbstheit des fragmentarischen Ichs

Die Entdeckung der eigenen Körperlichkeit als vergleichsweise kohärentem, nicht erst zu definierenden Gegenentwurf zu den inkonsistenten und inkohärenten Ansprüchen an uns ist aber nur ein erster Schritt. Das kann eine Grundlage werden, um die verzweifelten Fragen zu beantworten, wer ich bin in all meinen Rollen, wie und warum diese zusammenhängen sollen, da sie es doch so offensichtlich nicht tun, und ob es in mir nicht etwas Verlässliches, Belastbares gibt, das mir in all dem Wirrwarr Halt geben kann.

Es ist aber nicht ausgemacht, dass von hier ein Automatismus zu einer größeren Kohärenz in Seele und Welterleben führt. Es kann dazu kommen, aber unausweichlich ist das nicht. Und selbst wenn, es wäre nur eine mehr oder weniger graduelle Verbesserung, die aber an der grundsätzlichen Inkohärenz der Seele nichts zu ändern vermöchte. Vielleicht bleibt es in vielen Fällen bei der immerhin erfreulichen Einsicht, dass wenigstens meine Körperdimension wesentlich weniger inkohärent und inkonsistent ist, als ich sie ursprünglich wahrgenommen und empfunden habe. Wenn bzw. solange das nicht zur Wahrnehmung einer erhöhten Geschlossenheit der Seele in sich, der mich umgebenden Welt und der Korrelation von Seele, Körper und Welt führt, kann hier aber noch etwas anderes erreicht werden, nämlich eine größere Gelassenheit angesichts des Chaos. Es ist beruhigend, wo nicht problemlösend, dass die Verwirrung und Zerfaserung nicht allenthalben gleich groß und gleichermaßen unumkehrbar ist. Damit entsteht ein Ausweg einer anderen Art, nämlich den Versuch zu größerer Konsistenz meiner Seelenwelt zu gelangen, zwar nicht aufzugeben, aber mindestens für eine mehr oder weniger aeternite Übergangszeit die Fragmentiertheit meiner Seele als meine eigentliche Wesenhaftigkeit zu verstehen. Ich bin kein Geschlossenes, kein adamantenes Seelengebäude, sondern nur einfach eine Ansammlung von Fragmenten und Bruchstücken. Aber genau diese Fragmente, genau diese Beziehungen zwischen ihnen sind vollkommen einmalig. Dies alles gibt es nur in mir, das macht mich einzigartig.

Denken Sie an ein Kaleidoskop. Ein Kaleidoskop ist zu keinem Zeitpunkt das Bild, das es zeigt, sondern das Bild ist der momentane Zustand der bunten Glassplitter im Innern des Kaleidoskops. Aber eigentlich ist es noch nicht einmal das, sondern es ist in seiner kaleidoskopischen Körperlichkeit die Basis, dass in der Beziehung von Licht, Splittern, Spiegeln, Betrachter usw. im Kopf des letztgenannten aus der nur physischen Ansammlung ein Bild entsteht, das womöglich als schön, faszinierend oder aufregend empfunden wird. Zu dieser Faszination trägt freilich die Momenthaftigkeit des Bilds erheblich bei. So wie das Kaleidoskop heute ist, wird es nie wieder sein, werde ich es nie wieder sehen. So wie ich heute bin, werde ich nie wieder sein, so wie dieser oder jener heute erscheint, werde ich ihn nie wieder erleben. Aber der ständige Wandel von einem So Sein in ein anderes macht nicht nur einen wesentlichen Aspekt des Kaleidoskops aus, sondern auch eine der aufregendsten Eigenschaften sowohl der uns umgebenden Welt als auch jedes Menschen Seele.

Dass meine Fragmente um sich kreisen, dass sie in ständiger Verwirrung sind und sogar einzelne verschwinden, andere dazu kommen können, ohne die Gesamtnatur zu ändern, wird man nur dann als beängstigend und schrecklich empfinden, wenn man Ungewissheit und Veränderung insgesamt als etwas Beängstigendes und Bedrohliches erfahren hat, dann aber auch, wenn man der eingangs erwähnten Legende nachjagt, tief in mir müsse es doch die eine, die von Gott gestiftete, die unäre Seele geben. Die gibt es nicht, meine Seele ist die Vielheit, ist das Kaleidoskop, ist die immer wieder neue Verwirrung in mir, die sich allem Ordnen und Einfrieren dauerhaft verweigert.

Die Fragmentiertheit der Seele bietet damit drei ausgesprochen verlässliche Eigenschaften, die das Bild unbegrenzter Beliebigkeit relativieren:

- Die Fragmentiertheit des Ichs ist eine verlässliche, dauerhafte Tatsache.
- Nicht alle, aber die meisten Fragmente begleiten den Menschen ein Leben lang.
- Die Fragmente erstarren nie, sondern sind in ständiger Bewegung.

Vielleicht ist das ein kümmerlicher Ersatz. Wer hofft, in jedem Buch seiner Bibliothek den gleichen Text zu finden, einen Text zudem, der keine Fragen mehr offen lässt, der alle seine Geschichten zu Ende erzählt hat, der wird sich mit einheitlichen Einbänden, einem verlässlichen Katalogsystem oder der überall gleichen Schrifttype nicht unbedingt zufrieden geben. Andererseits aber stehen wir hier viel dichter am Finden unseres wahren Ichs, wenn man es denn so benennen will. Seine Wandelbarkeit und Fragmentiertheit ist unser eigentlicher Wesenskern, nicht die jeweilige Konstellation der Teilchen im Kaleidoskop, nicht die jeweils gerade besonders im Vordergrund stehenden Rollenerwartungen anderer an uns, nicht meine mehr oder weniger dem Augenblick entsprungenen Ideen, was ich bin, sein will, sein könnte, sein soll oder sollte. Das Wesentliche am Asteroidengürtel ist nicht der einzelne Felsbrocken, sondern die wechselhafte Gesamtheit dieser Trümmer in ihrer komplexen, in ihrer mathematisch ausgesprochen anspruchsvollen und faszinierenden Choreographie im Schwerkraftgeflecht aus Jupiter und Mars, aber auch der Sonne und natürlich untereinander, denn auch die Fragmente beeinflussen sich, sind nicht entkoppelt, sondern bestimmen in mehr oder weniger großem Umfang die Bahn des jeweils anderen wie auch dessen Gestalt und Biografie. Entsprechend ist keins der fragmentarischen Selbstbilder in uns frei von Beeinflussung durch andere. Das mag man als störend und unangenehm empfinden, vor allem, wenn lieb gewonnene Bilder hiervon betroffen sind. Aber es ist nun einmal unvermeidlich, dass selbst gestellte und von anderen an mich gerichtete Rollenerwartungen mein Selbstbild nicht unbeeinflusst lassen. Als einsamer Nachtwolf im Dschungel der Großstadt, als Jäger bereitwillig sich hingebender Herzen werde ich mich nur noch eingeschränkt verstehen können, wenn ich Vater geworden bin und diese Rolle auch – und vielleicht sogar freudevoll – akzeptiert habe. Genauso werde ich mich aber auch kaum in die Rolle des braven Staatsbürgers in nach innen gewendeter Uniform ungebrochen und umfassend für mich annehmen wollen, wenn sie auf die Fragmente meines Ich-Ideals prallt, darin ich mich als aus der Analyse von Krieg und Kriegen gewordenen Pazifisten verstehe.

Davon abgesehen muss man aber wohl auch akzeptieren, dass wir nicht jedes Rollenbild, das wir uns selbst oder das andere uns antragen, gleichermaßen verwirklichen können. Dieser Verzicht auf manchmal zahlreiche Möglichkeiten unseres Seins ist ein Preis, den wir um einer anderen Option willen bezahlen müssen, der aber auch den besonderen Wert dieser dann gewählten Alternative unterstreicht. Natürlich kann man mit dem Schicksal hadern, weil man um einer Karriere als Schwergewichtsboxer willen schon in jungen Jahren die Violine an den Nagel hat hängen müssen. Aber man kann auch voller Stolz auf dieses So Sein als Faustkämpfer blicken und sich – und anderen – sagen, dass dies etwas so Tolles ist, dass man dafür sogar etwas auch sehr, sehr Großartiges wie das Geigenspiel drangegeben zu haben nicht oder nur in schwachen Momenten bedauert.

10.9 Zusammenfassung und Ausblick

Wer mir bis hier folgen konnte und wollte, hat einige meiner Überlegungen kennengelernt und teilt sie möglicherweise sogar in mehr oder minder großem Umfang:

- Es gibt keine unäre, umfassend kohärente Seele. Der Glaube an sie ist ein Mythos des Hellenismus, den das Christentum aufgenommen und in die Welt getragen hat.
- Eine unäre Seele im introspektiven Bemühen innerhalb bzw. aus unserer fragmentierten und zerfaserten Innenwelt zu bauen, ist weitgehend aussichtslos.
- In der dreifachen Fragmentiertheit und Inkohärenz von Seele, Körper und Außenwelt bietet der Körper noch das höchste Maß an Kohärenz, sodass eine Hinwendung zur eigenen Körperlich-

keit der in ihrer Fragmentiertheit verunsicherten Seele Halt geben kann.
- Auf Basis erhöhter Sicherheit im Eigenkörper kann an die Stelle einer Suche nach der unären Seele Faszination treten angesichts der balletthaften Bewegung der Fragmente von Innenwelt, Körperlichkeit und Außenwelt.
- Der jeweilige Mensch ist einzigartig und aufregend in der nur ihm eigenen Zusammensetzung seiner Fragmente und der stetigen Abfolge ihrer immer anderen Konstellationen.

Sowohl für die alltägliche Selbstfindung und Selbststiftung als auch für den therapeutischen Bedarf kann man hieraus fortschreiten zu einem Lösungsansatz. Therapieformen, die lediglich die Seele, ihr Innenleben, ihre Fragmente adressieren, begeben sich ohne Not eines wichtigen Mittels, nämlich einer Selbstversicherung des Patienten in seiner Körperlichkeit. Ein therapeutischer oder analytischer Ansatz, der meint, eine möglichst große Verunsicherung des Patienten in seinem seelischen So Sein wäre Voraussetzung des Vordringens zu den tieferen und verschütteten Ebenen unserer Erinnerung, vergisst, dass, wer sich fürchtet, auf gar keine Reise gehen wird, sondern sich verzweifelt festklammern wird an dem wenigen Vertrauten, was ihm geblieben ist – wie unerfreulich das auch immer sein mag. Und den Therapeuten zu jenem Haltepunkt zu machen, an dem der Patient Sicherheit findet, um sich in jene bedrohlichen Gefilde zu wagen, hebt den ersteren in eine patriarchale Guru-Rolle, die keinesfalls gewollt sein kann. Nicht nur deshalb, weil man gegen derlei Rollenbilder moralische, politische und soziale Vorbehalte haben mag. Sondern weil es suggeriert, der Therapeut wäre irgendwie in einer besseren Situation, verfüge über die adamantene Schleiflackseele, nach welcher der Patient so verzweifelt strebt und die er nicht in seinem Innern zu finden vermag. Nichts davon ist wahr, der Therapeut muss sich selbst und dem Patienten gegenüber ehrlich sein und offenlegen, dass er auch keinen solchen Kern aufweist, sondern selbst auch nur ein – günstigstenfalls erfreulicher – Reigen von Kaleidoskopteilchen umeinander ist.

Ebenso müssen Therapeuten aufhören, ihren Patienten zu suggerieren, am Ende der Therapie könnten sie über ein sturmfestes, stabiles Seelengebäude verfügen, in dem alle Räume bekannt, alle Gespenster selbst noch vom Dachboden vertrieben sind. Bekommen wird man lediglich ein besseres Verstehen und Umgehen mit dem inneren Chaos der Seele, vielleicht auch eine gewisse Freude an dieser ungeheuren Vielfalt und Farbigkeit. Aber wenn z.B. Arno Gruen die geschlossene, die unäre Seele als Voraussetzung der menschlichen Autonomie sieht, so macht er sich damit ungewollt zum Handlanger chiliastischer Ideologien, welche die Mehrheit der Menschen für nicht oder noch nicht reif genug zu politischer und gesellschaftlicher Autonomie erklärt.[22]

Auch außerhalb des therapeutischen Vorgehens kann uns das helfen. Wir sind alle miteinander diese Kaleidoskope. Das heißt aber auch, dass Hautfarbe, Lebensalter, Sprache, Herkunft usw. nur Teile des eigenen, Teile auch des jeweils anderen Kaleidoskops sind. Allesamt nur Kaleidoskop zu sein, ist m.E. mehr und wichtiger als darauf zu schielen, welches einzelne Steinchen beim anderen vielleicht anders ist als in meinem eignen Sammelsurium. Problematisch werden wir einander erst, wenn wir eine bestimmte Zusammensetzung unserer Fragmente nicht nur bei uns selbst fixieren möchten, was schon mal unmöglich ist. Sondern diese Zusammenstellung und auch noch eine bestimmte Konstellation der Fragmente einem anderen oktroyieren wollen. Wenn richtig nur ist, wer als Teil seines Kaleidoskops „deutsch" aufweist, „Mann", „arisch", „katholisch", oder wer nur richtig ist, der oder die als Teil der Konstellation „Mann – technikbegeistert", „Frau – kinderlieb", „Türke – Schnurrbart – Knoblauchesser" aufweist, der wird sofort in Konflikt geraten, wenn er diesen Festlegungen nicht entspricht, auch nicht entsprechen will oder kann. Er wird erst recht in Konflikt geraten, wenn er sich von einer Umsetzung dieser Erwartungen entfernt. Das wird besonders heftig ausfallen, wenn die Erwartung formuliert worden ist von jemandem, der ihr selbst genügt oder, schlimmer noch, ihr liebend gern genügen würde. Denn diesem sagt man implizit, dass sein

---

[22] Gruen: Verrat, S. 17

So Sein für einen selbst nicht attraktiv ist, was sich bei einer so präskriptiven Haltung leicht missverstehen lässt als: „Ich will nicht sein wie du bist oder sein willst, denn wie du bist oder sein willst, ist falsch, ist schlecht, ist hässlich, ist dumm, ist altmodisch."

Lassen Sie uns alle miteinander dahin kommen, dass wir uns an der Vielfalt der Kaleidoskope erfreuen, die wir sind, statt einander vorzuwerfen, nicht so zu sein wie wir selber. Wir selber sind nicht so, wie wir sind. Oder eben noch waren. Oder sein werden im nächsten Moment. Dazu freilich muss man auch widerstehen lernen. Jenen, die uns nach einem einheitlichen Muster bauen wollen. Jenen, die uns einreden, wir müssten in unserem Innern nach dem diamantnen Seelenklößchen graben. Allen, die Gut und Böse verteilen und womöglich glauben, sie könnten, anders als wir selbst, in uns hinein sehen und unsere Seele, die sie dort finden, bewerten und richten. Wer glaubt, er könne aufbegehren gegen derlei Unfug nur auf Grundlage einer gefestigten Innenwelt, wird nie fortschreiten zu einer Befreiung des Geistes im Sinne einer ganzheitlichen, auch Körper und Gesellschaft umfassenden Aufklärung. Die Renitenz der taumelnden, der ungewissen, zerfaserten und hilflosen Seele ist das Äußerste, was wir vermögen. Und das ist gar nicht so schlimm, denn, vergessen wir nicht, die Beharrlichen, die Dogmatischen, die Siegesgewissen, welche uns festnageln wollen, sind in Wahrheit nicht gefestigter als wir. Sie sind nur zu feig, das zuzugeben.

10.10 Zitierte Publikationen
Aristoteles: Methaphysik, Bd. 1, http://www.perseus.tufts.edu/hopper/text?doc=Perseus%3atext%3a1999.01.0051
Aristoteles: Politik, Bd. 3, http://www.perseus.tufts.edu/hopper/text?doc=Perseus%3atext%3a1999.01.0057
Descartes, René: Meditationes de prima philosophia, Hamburg (Meiner) 1977
Descartes, René: Principia Philosophiae, in: ders.: Oeuvres, Bd. 8, Paris (Léopold Cerf) 1905, S. 1-329

Drexler, Kim Eric: Engines of Creation: The Coming Era of Nanotechnology, http://e-drexler.com/d/06/00/EOC/EOC_Table_of_Contents.html

Ende, Michael: Die Unendliche Geschichte, Stuttgart (Thienemann) 1979

Epikur: Briefe, Sprüche, Werkfragmente, hrsg. durch Hans Wolfgang Kraus, Stuttgart (Reclam) 1982

Freud, Sigmund: Das Ich und das Es, in: ders.: Psychologie des Unbewußten (=Studienausgabe Bd. III), Frankfurt/Main (Fischer) 2000, S. 273-325

Gernhardt, Robert: Wörtersee, Frankfurt/M. (Zweitausendeins) 1981

Gruen, Arno: Der Verrat am Selbst: Die Angst vor Autonomie bei Mann und Frau, München (dtv) 1986

Heraklit: Herakleitos von Ephesos, hrsg. durch Herman Diels, Berlin (Weidmannsche Buchhandlung) 1901

Horney, Karen: New Ways in Psychoanalysis, New York (W.W. Norton & Co.) 1939

Hüsch, Hanns Dieter: Ketzerische Gedanken, München (Heyne) 1995

Kane, Sarah: 4.48 Psychosis, in: dies.: Complete Plays, London (Methuen) 2001, S. 203-246

Lem, Stanisław: Der Unbesiegbare, Frankfurt/M. (Suhrkamp) 1971

Levinas, Emmanuel: Ausweg aus dem Sein, Hamburg (Felix Meiner) 2005

Marx, Karl: Zur Kritik der Hegelschen Rechtsphilosophie, in: Karl Marx, Friedrich Engels: Ausgewählte Werke, Bd. 1, Berlin (Dietz) 1978, S. 9-25

Platon: Phaidon, http://www.perseus.tufts.edu/hopper/text?doc=Perseus%3atext%3a1999.01.0169%3atext%3dPhaedo

Platon: Theaitetos, http://www.perseus.tufts.edu/hopper/text?doc=Perseus%3atext%3a1999.01.0171%3atext%3dTheaet.

Plessner, Helmuth: Grenzen der Gemeinschaft, Frankfurt/M. (Suhrkamp) 2003

Sacks, Oliver: A Leg to Stand on, New York (Harper & Row) 1984

Simmel, Georg: Philosophie des Geldes, 6. Auflage, Berlin 1958

Tucholsky, Kurt: Gesammelte Werke, Bd. 4, Reinbek (Rowohlt) 1993

Wittgenstein, Ludwig: Tractatus logico-philosophicus, in: ders.: Werkausgabe, B. 1, Frankfurt/Main (Suhrkamp) 1984, S. 7-85

11 Georg Porten: Verschwörungstheorien für jedermann

Georg Porten ist seit mehreren Jahren ein immer wieder gern gesehener Gast unserer Akademietagungen. Als Agrarwissenschaftler hat er sich in den letzten Jahren vorwiegend mit Untersuchungen zum Verschwinden der einheimischen Bienenvölker hervor getan. Seine Ratschläge zur Ansiedlung und Einkreuzung neuer Bienenrassen und zur Verbesserung der Lebensbedingungen unserer einheimischen Bienen haben inzwischen bis in höchste politische Kreise Gehör gefunden. Unermüdlich ist er zugleich im ganzen Bundesgebiet unterwegs, um Imker, Fachverbände, aber auch interessierte Laien und Hobbygärtner über diese komplexe Thematik zu informieren und sie für das zu gewinnen, was jeder einzelne in dieser dramatischen Situation zu tun vermag.

11.1 Verschwörungen, Theorien und Verschwörungstheorien

„Wenn ich nicht diese Köpfe drehen kann, wie ich eben will—versteht mich ganz—wenn ich nicht der Souverän der Verschwörung bin, so hat sie auch ein Mitglied verloren."

Ruft Schillers Fiesco im gleichnamigen Stück.[1] Was lernen wir daraus? Verschwörungen haben einen, dem sie nützen. Manchmal auch mehrere.

Für Verschwörungstheorien gilt das auch. Auch wenn es vielleicht weniger offensichtlich ist. Außerdem sind es keine Theorien. Nicht einmal Hypothesen. Aber dazu später.

Ich möchte Ihnen im Folgenden anhand einiger Beispiele die Entwicklung von Verschwörungstheorien in der europäischen Geistesgeschichte darlegen, um dann ein bisschen darüber zu plaudern, warum wir eigentlich allesamt so anfällig für solche und ähnliche Gedanken sind.

---

[1] Schiller: Fiesco, 3.5, S. 200

Verschwörungstheorien gibt es bekanntermaßen zuhauf. Sie haben im Kern alle dasselbe Muster:

- Benötigt wird zunächst einmal ein Bedürfnis für eine Verschwörungstheorie, eine Marktlücke gewissermaßen. Dazu später. Ein privates Bedürfnis reicht also nicht aus, es muss ein kollektives Bedürfnis vorhanden sein, welches durch eine Verschwörungstheorie beantwortet wird.
- Die Marktlücke kann eine von zwei, mitunter auch beide Formen annehmen: Das Bedürfnis von Menschen hinsichtlich der Beantwortung drängender, vielleicht beängstigender Fragen wird durch eine Verschwörungstheorie in der Weise beantwortet, dass keine Kaskade von anschließenden Fragen aufgeworfen wird, sich also eine einfache, eindeutige, vor allem aber abgeschlossene Weltsicht ergibt. Oder die Anhänger der Verschwörungstheorie erhalten durch die Teilhabe an der Theorie die Möglichkeit, sich einer esoterischen Elite der „Wissenden" angehörig zu fühlen, also aus der Bedeutungslosigkeit und Durchschnittlichkeit herauszutreten und sich als etwas Besonderes zu empfinden.
- Der tatsächlichen, imaginierten oder lediglich angestrebten Eigengemeinschaft wird durch die Verschwörungstheorie eine fremde Gemeinschaft entgegen gesetzt, eine Gemeinschaft zudem, welche als mächtig, in sich fest geschlossen und auf ein gemeinsames Ziel festgelegt erscheint, also genau das, was die Verschwörungstheorie hinsichtlich der eigenen Gemeinschaft fördern, unterstützen, bewirken soll.
- Der Gemeinschaft der „Anderen" wird sodann die geheime Verfolgung eines Ziels unterstellt, welches sich mehr oder weniger direkt gegen die eigene Gemeinschaft richtet. Die Verschwörungstheorie ist also immer auch aggressiv xenophob, wenn auch in ihrem Selbstverständnis möglicherweise nur in defensiver Weise.
- Die Gemeinschaft der „Anderen" ist, so die Unterstellung der Verschwörungstheorie, in der Verfolgung ihres geheimen Ziels weitgehend frei von Skrupeln. Um zu gewinnen, sind die Anderen, so die Theorie, aber fast immer gezwungen, Gewalt gegen Einzelne, größe-

re Gruppen oder vielleicht die Menschheit insgesamt anzuwenden, da ihre Ziele entweder destruktiv sind oder überhaupt nur auf die Erweiterung ihrer eigenen Macht abzielen.
- Schließlich weist fast jede Verschwörungstheorie auf, was ich mal das Paranoide Paradoxon nennen möchte: Einerseits werden die „Anderen" als ungeheuer mächtig, skrupellos, fest zusammengeschlossen usw. dargestellt. Andererseits dient die Verschwörungstheorie aber dazu, dass ihre Vertreter sich besser fühlen, indem ihre Fragen beantwortet scheinen, ihnen die Zugehörigkeit zu einem Kreis der Erleuchteten das erste Mal im Leben zugewachsen zu sein scheint. Daher dürfen die „Anderen" nur als sehr mächtig dargestellt werden, aber nicht als unbesiegbar. Das Ergebnis wäre sonst allenfalls Resignation angesichts der Aussichtslosigkeit eines Kampfes gegen die angeblichen Verschwörer.

Nun ist es aber nicht so, dass alle Verschwörungstheorien bei Licht betrachtet substanzlos wären. Die Weltgeschichte kennt diverse gut dokumentierte Verschwörungen, und es ist durchaus vorgekommen, dass jenen, die vor solchen Verschwörungen zu warnen versuchten, über lange Zeit Irrationalität, Verfolgungswahn oder Fantasterei vorgeworfen wurde. Daher wäre eine Unterscheidung „rationaler Verschwörungsbeschreibungen" von „irrationalen Verschwörungstheorien" methodisch inakzeptabel, da sie im Wesentlichen davon abhinge, ob man die jeweilige Theorie zu glauben bereit ist oder nicht. Denn jeder Verschwörungstheorie liegt zugrunde, dass sie zwar früher oder später durch das zutage treten der Verschwörung verifiziert, aber nie falsifiziert werden kann. Im Gegenteil kann man, wenn man nur will, das Fehlen jeglichen konkreten Hinweises auf die Verschwörung geradezu als Beweis derselben bzw. auf die Geschicktheit der Verschwörer werten.

Wissenschaftstheoretisch dürfte man mithin gar nicht von einer Theorie sprechen, jedenfalls wenn man Karl Raimund Poppers Definition folgt, wonach eine wissenschaftliche Theorie u.a. Auskunft darüber gibt, was der Fall sein muss, um sie als gescheitert zu betrachten, also ihre Falsifikationskriterien ausweisen muss.[2] Verschwörungstheorien sind hierzu in der Regel nicht in der Lage bzw. werden explizit vor solchem Ansinnen geschützt.

Wer von einer Verschwörungstheorie spricht, positioniert sich einerseits kritisch zu einer bestimmten Meinung; Anhänger einer Verschwörungstheorie bezeichnen ihre eigene Lehre selten mit diesem Begriff. Aber zugleich unterstützen die Kritiker dieser Lehre mit der Verwendung des Theorie-Begriffen die inzwischen fast allen Verschwörungstheorien gemeinsame Selbstdarstellung, wonach man sich um Wissenschaftlichkeit bemühen würde. Das soll offensichtlich den Eindruck von Seriosität vermitteln und die jeweilige Theorie abheben von religiösen oder mystischen Welterklärungsmodellen.

Nun ist zwar nicht ganz klar, was man mit dem Anspruch der Wissenschaftlichkeit verbindet. Aber die allermeisten Verschwörungstheorien verstoßen meist schon gegen die wenigen Dinge, welche man gemeinhin als Aspekte von Wissenschaftlichkeit versteht:

- Behauptungen werden nicht bewiesen, sondern durch Beruf auf Autoritäten belegt. Das können namentlich benannte „Koryphäen" sein, wobei viele Autoren auch keine Skrupel haben, ihren Gewährsmännern und -frauen Zitate kurzerhand in den Mund zu legen. Andere Autoritäten bleiben unpersönlich. Hier finden sich dann meist Sätze wie „Wissenschaftler haben festgestellt..." oder „Weltweit besteht unter den Experten Einigkeit, dass..."
- Prämissen werden verschwiegen.
- Zentrale Begriffe werden nicht definiert und meist in unterschiedlichen Bedeutungen verwendet.
- Kritik an der Theorie wird als ihre Bestätigung gewertet.
- Alternative Interpretationen eines Sachverhalts werden ignoriert.

---

[2] Popper: Logik, S. 12-14

- Es werden Korrelationen zwischen zwei Phänomenen gebildet, die nicht oder nur über ein nicht benanntes Bindeglied in Zusammenhang stehen.
- Die Theorie kann auf Grundlage einer bestimmten Gruppe von Voraussetzungen sowohl erklären, dass ein bestimmtes Ereignis eingetreten ist, als auch, dass es bei gleichen Voraussetzungen nicht eingetreten ist.

Die Liste ließe sich noch lang fortsetzen, aber wichtig ist hier, dass offensichtlich wir es nicht eigentlich mit Theorien zu tun haben. Eine Theorie beinhaltet meist dreierlei:

- eine Sachverhaltsaussage: Es kommt in der beschreibbaren Welt vor, dass S der Fall ist;
- eine Beschreibung der Voraussetzungen B_1, B_2, ..., B_n von S;
- eine Spezifikation des Sachverhalts: S hat die Eigenschaften S_1, S_2, ..., S_n;
- eine schwache Analogie-Aussage: Gleiche Bedingungen B_1, B_2, ..., B_n werden zu einem gleichen Sachverhalt wie S führen;
- eine starke Analogie-Aussage: Ähnliche Bedingungen B_{1*}, B_{2*}, ..., B_{n*} werden zu einem S ähnlichen Sachverhalt führen;
- eine oder mehrere Falsifikationsbedingungen: Sollte der Fall C eintreten, ist die Theorie in ihrer jetzigen Form widerlegt.

Verschwörungstheorien weisen die meisten dieser Eigenschaften nicht. Sie bestehen aus einer Sachverhaltsaussage, die aber einen singulären Sachverhalt behauptet, nicht eine Prognose über gleiche und ähnliche Sachverhalte erlaubt. Sie weisen zudem auch keine Falsifikationsbedingungen aus. Im Gegenteil, Verschwörungstheorien ähneln eher Religionen, weil sie ohne Schwierigkeiten sowohl einen bestimmten Sachverhalt als auch dessen genaues Gegenteil „erklären" können. So wird z.B. sowohl das Fehlen jeglichen Hinweises auf die Verschwörung als Beleg ihrer – natürlich gut getarnten – Existenz gewertet als auch das Auftauchen von Hinweisen, Publikationen usw. als Beleg für dieselbe, nun vielleicht nicht mehr ganz so getarnt, gewertet.

11.2 Das Bild der Verschwörung

Vielleicht beginnen wir mal mit der Frage, wovon Menschen eigentlich sprechen, wenn sie von Verschwörungen reden. Betrachtet man erfolgreiche Verschwörungen der Vergangenheit, so ist nämlich nicht sofort offensichtlich, was diese eigentlich gemeinsam haben. Anscheinend kommen in der Regel wenige Personen im Geheimen überein, ein bestimmtes, dem Generalkonsens der Gesellschaft oder jedenfalls der herrschenden Schicht zuwider laufendes Ziel zu verfolgen. Manchmal haben sie hierbei ausschließlich den eigenen Nutzen im Augen, in anderen Fällen handeln sie ihrem Selbstverständnis zufolge uneigennützig im Interesse einer Gemeinschaft, der Nation, der Menschheit etc., selbst wenn diese jeweilige Gemeinschaft in ihrer Mehrheit vielleicht noch nicht begriffen hat, dass die jeweilige Verschwörung letztlich ihren Zielen dienen soll.

Berühmte Beispiele für solche Verschwörungen sind etwa der Bund der von Cassius und Brutus geführten Senatoren, welche 44 v. Chr. Julius Caesar ermordeten. Weniger erfolgreich, aber kaum weniger berühmt war zuvor die Verschwörung des Catilina, während die nachfolgende römische Geschichte die Verschwörung einzelner Offiziere, Senatoren oder Prätorianer, meist zur Ermordung des jeweiligen Kaisers, fast zu einer Art Mode zu machen schien. Dazu später mehr.

Auch die folgenden Jahrhunderte kannten immer wieder erfolgreiche Verschwörungen. Bekannt sind etwa die diversen Konspirationen zur Entmachtung oder Ermordung Elisabeths I. durch katholische Verschwörer in England, die Verschwörungen gegen Gustav III. von Schweden, deren letzte 1792 mit seiner Ermordung auf jenem später von Verdi verewigten Maskenball endete, die Verschwörung zur Ermordung Abraham Lincolns oder jene in Serbien, die 1914 mit der Ermordung des österreichischen Thronfolgers den Ersten Weltkrieg auslöste.

Um den Begriff der Verschwörung nicht zu entwerten, muss man diese von Minderheiten gegen die aktuelle Herrschaftsstruktur getragenen Verschwörungen unterscheiden von geheimen oder verdeckten Operationen einer Regierung, welche mitunter zwar stark einer Verschwörung ähneln, aber letztlich den Status quo der Machtverteilung im Staat nicht ändern sollen. Natürlich ist hier der Begriff etwas schwammig; es war z.B. vom politischen Lager abhängig, ob man im Rahmen der Dreyfus-Affäre die französische Regierung einer Verschwörung bezichtigte. Ähnlich ist es wohl im Wesentlichen eine Frage des Begriffs ob es sich z.B. um eine Verschwörung handele, als man in den USA Dutzende Soldaten wissentlich im Rahmen von Kernwaffentests nuklearer Strahlung aussetzte, obwohl man sich des erheblichen Risikos tödlicher Folgeerkrankungen bewusst war. Und der Sturz der Regierung Mossadegh 1953 im Iran durch CIA und MI6 (Operation Ajax) war vielleicht aus iranischer Sicht eine Verschwörung, aber nicht wenige Amerikaner oder Briten würden hier bis heute lediglich eine zwar verdeckte, aber doch legitime Operation zur Wahrung der eigenen wirtschaftlichen und geostrategischen Interessen sehen. Ebenso war es keine Verschwörung im eigentlichen Sinne, als die USA im August 1964 den zweiten, wahrscheinlich auch den ersten Tongking-Zwischenfall inszenierten, um es Präsident Lyndon B. Johnson zu ermöglichen, vor der Öffentlichkeit einen offenen Eintritt der USA in den Vietnamkrieg zu begründen. Es war so gesehen auch keine Verschwörung, als die Regierung Bush, unterstützt vor allem von der britischen Regierung unter Tony Blair, mit Hilfe gefälschter Fotos und sonstiger angeblicher Beweise 2003 den unsinnigen und dilettantisch durchgeführten Krieg gegen den Irak vom Zaun brach. Immerhin aber erscheint insbesondere die US-amerikanische Militär- und Sicherheitspolitik wenigstens seit der Veröffentlichung der Pentagon-Papiere 1971 durchzogen von verschwörungsähnlichen Absprachen, wurde doch hier deutlich, dass jedenfalls mit Blick auf die Lage in Südostasien, vor allem in Vietnam, alle US-Regierungen seit Trumans Präsidentschaft die Bevölkerung bewusst, konsequent und nicht selten im vollen Bewusstsein der Unrechtmäßigkeit des eigenen Handelns belogen und betrogen hatten.

Den genannten verschwörungsähnlichen Vorgängen und Verschwörungen gemein ist, dass sie zeitlich und inhaltlich eng begrenzt waren. Zwar hofften die Verschwörer vielleicht, dass ihre Verschwörung einen allgemeinen Umsturz auslösen würde, eine Revolution oder etwas Ähnliches zur Folge hätte. Aber die Verschwörung selbst beschränkte sich auf das, was eine kleine Zahl von Personen mit begrenzten Mitteln in begrenzter Zeit erreichen konnte.

Damit kann man die zeitliche und räumliche Dimension einer Verschwörungsbeschreibung als Hinweis auf ihre Plausibilität bzw. ihren paranoiden Gehalt werten. Verschwörungen, welche eine konspirative Tätigkeit Tausender Beteiligter erfordern und über Jahrzehnte, womöglich Jahrhunderte ausgedehnt sein sollen, gibt es in der Geschichte nicht. Eine solche Verschwörung wäre nur für sehr begrenzte Zeit geheim zu halten, wenn überhaupt, vor allem aber täte man sich schwer, tatsächlich im Geheimen eine so große Zahl von Personen für eine konspirative Aktion zu rekrutieren.

Zugleich gibt es noch eine weitere, meist übersehene Eigenschaft von Verschwörungstheorien gegenüber tatsächlichen, historisch nachweisbaren Verschwörungen. Verschwörungstheorien sind einerseits leicht verstehbar, aber sie sind auch verblüffend. Man kommentiert sie nicht mit „Aha.", sondern mit „Ach so ist das? Donnerwetter, das hätte ich ja nie vermutet!"

Ich will Ihnen ein einfaches Beispiel für eine rasch gestrickte Verschwörungstheorie geben; weitere Gedankenexperimente finden Sie im Anhang. Die meisten von Ihnen werden sich wahrscheinlich nie gefragt haben, warum es Restaurants gibt. Weil Leute Hunger haben, werden Sie sagen; zu Recht. Aber seit wann nennen wir Gaststätten in ganz Europa Restaurants, und warum? Nun, eine gängige Legende lautet, ein Gastwirt in Paris habe 1765 an den Eingang seines Wirtshauses das Bibelzitat geschrieben aus Matthäus 11, 28 geschrieben „Kommt zu mir, die ihr mühselig und beladen seid, und ich werde euch erquicken." Das lateinische Wort für „ich werde euch erquicken" sei „ego restaurabo" gewesen. Aber abgesehen davon, dass von „restaurabo" es immer noch ein gewisser Sprung zu „Restaurant" ist und man wohl auch kaum erklären könnte, warum dieser Satz in Latein dort stand oder warum das Wort von dort seinen Siegeszug um die Welt antrat, lautet die Formulierung in der Vulgata, also der gängigen lateinischen Fassung der Bibel nicht „restaurabo", sondern „reficiam". Zudem ist der angebliche Wirt, ein gewisser Boulanger, mit seinem Speiselokal durch die für diese Zeit schon recht genauen Pariser Quellen nicht belegbar. Belegbar ist ein auch von zeitgenössischen Quellen als erstes Restaurant genanntes Lokal, das 1766 durch einen Herrn Mathurin Roze de Chantoiseau, wobei einige spätere Autoren allerdings meinen, dies sei eben dieser Boulanger gewesen. 1782 adaptierte dann der Chefkoch des Prinzen der Condé, Antoine Beauvilliers, diese Idee und gründete „La Grande Taverne de Londres", welche als das erste gut dokumentierte Restaurant und Beginn der allgemeinen Verwendung des Begriffs „Restaurant" angesehen werden kann.

Eine Verschwörungstheorie der damaligen Zeit könnte nun lauten, dass der Ausdruck „Restaurant" als geheimes Erkennungszeichen von Verschwörern erfunden worden sei, um zu wissen, an diesen Orten auf Gleichgesinnte zu treffen. Als Führer dieser Verschwörung könnte man die hierfür nun auch tatsächlich historisch immer wieder in Erscheinung getretenen Stuarts nehmen. Diese waren zwar seit der Glorious Revolution von 1688 entmachtet, bildeten aber noch für mehrere Jahrzehnte einen Unruheherd. 1689 scheiterte eine Invasion in Irland, 1696 ein Mordkomplott gegen Wilhelm von Oranien, um James wieder auf den Thron zu bringen. Dessen Sohn James Francis Edward versuchte es 1708 mit einer Landung in Schottland, resignierte danach aber anscheinend. Hingegen versuchte dessen Sohn, Charles Edward Stuart, wohl ohne Wissen des Vaters, aber mit Unterstützung der französischen Krone 1745 einen Aufstand in Schottland, der 1746 in der Schlacht bei Culloden niedergeschlagen wurde. Danach wurde es auch um diesen Stuart-Prätendenten, spöttisch „The Young Pretender" oder „Bonny Prince Charly" genannt, vergleichsweise ruhig. Als jedoch 1766 sein Vater starb – Achtung, jetzt beginnt die Verschwörungstheorie – und zugleich das Vereinigte Königreich durch den raschen Wechsel dreier Premierminister instabil geworden schien, lebte das nie ganz eingeschlafene Netzwerk der Stuartisten vor allem in Frankreich, aber auch im Vatikan wieder auf. Man hoffte, Bonny Prince Charly werde noch einmal den Mut finden, einen Aufstand in Schottland oder England zu wagen und die Restauration der alten Verhältnisse durchzusetzen. Aber „Restaurant" ist nicht einfach eine schlechte Assonanz an „Restauration", auch wenn diese das erklärte Ziel der Stuartisten war. Sondern untereinander flüsterten diese sich die Parole der Restauration zu, ursprünglich „Again a Stuart is near", später verkürzt zu „Stuart Near". Natürlich, hätte man dies an eine Wirtshaustür geschrieben, wäre sofort die Pariser Polizei eingeschritten, da man schon im Frieden von Rijswijk 1697 Wilhelms III. Herrschaft über England akzeptiert hatte und daher – jedenfalls nicht offen – die Stuartisten unterstützen konnte. Daher bildete man die Parole der Stuartisten kurzerhand um; aus „Stuart near" wurde „Restaurant", wobei die Assonanz an „Restauration" zweifellos willkommen war. Als dann nach und nach klar wurde, dass Charles keine Ambitionen mehr auf den Thron hatte und lieber seine Frau Louise zu Stolberg-Gedern verprügelte, gaben die Stuartisten alle Hoffnungen auf. Die Benennung des ersten „Grande Restaurant" 1782 als „Londoner Taverne" mag da geradezu schon als Mischung aus Wehmut und bitterem Humor verstanden werden.

Wie gesagt, Verschwörungstheorie. Schon deshalb, weil es vielleicht die Stuart-Netzwerke in jenen Jahren nach Culloden noch gab. Aber das 1766, als James Francis Edward starb, tatsächlich eine Parole „Stuart near" kursierte, ist reine Spekulation.

11.3 Frühe Verschwörungstheorien

Die wenigsten Verschwörungstheorien haben jedoch auch nur das bisschen realen Hintergrund des vorangegangenen Gedankenspiels, auch wenn einige ihr Entstehen einem konkreten Ereignis verdanken. Eine der ältesten solcher Theorien bildete sich während des Peloponnesischen Kriegs in Athen, als man eines Morgens etliche Hermen, also Statuen des Gottes Hermes, mit abgeschlagenem Kopf fand. Vielleicht nur ein Dummer-Jungen-Streich, vielleicht eine etwas merkwürdige religiöse Botschaft, jedenfalls vermutete man rasch eine Art Geheimbund um den exaltierten Heerführer Alkibiades dahinter, was diesen zur Flucht zwang und letztlich dazu, zu Athens Gegner Sparta überzulaufen.

Auch spätere Verschwörungstheorien haben möglicherweise einen minimalen faktischen Hintergrund. So ist nicht auszuschließen, dass tatsächlich Teile der christlichen Gemeinde in Rom die diversen Feuer gelegt haben, welche dann zum großen Brand der Stadt unter Kaiser Nero führten. Allerdings ist ein schlichter Unfall in der aus brandpolizeilicher Sicht katastrophal gebauten Stadt die erheblich wahrscheinlichere Erklärung für die Zerstörung weiter Teile vor allem der ärmeren Stadtteile. Nero aber beantwortete das mit der Theorie einer allgemeinen Verschwörung der Christen, was interessanterweise schon zu Neros Lebzeiten, vor allem aber dann später – insbesondere von christlichen Autoren – mit einer Gegentheorie beantwortet wurde. Der zufolge war nun auf einmal Nero für den Brand verantwortlich, eine Legende, die insbesondere von den Usurpatoren in die Welt gesetzt wurde, welche Nero stürzten und dann eine Legitimation für ihren Thron brauchten, zunächst Galba, Otho und Vitellius, die jeweils die Herrschaft zu erlangen versuchten, letztlich aber Vespasian, dessen Haus- und Hofhistoriker Sueton die wesentliche Quelle der Schuldzuweisung an Neros Adresse war. Dies unbeschadet der Tatsache, dass der knapp einwöchige Brand der Stadt eben gerade nicht die Elendsviertel vernichtete, die Nero nun in der Tat ein Dorn im Auge waren. Stattdessen verbrannte unter anderem Neros gerade erst umgebauter Stadtpalast einschließlich seiner umfangreichen Kunstsammlung. Und ausgerechnet die frühen Christen, welche nun in der Tat kaum Veranlassung hatten, Nero in irgendeiner Weise reinzuwaschen, erwähnen ihn in den wenigen erhaltenen Zeugnissen nicht als Verantwortlichen der Brandstiftung und führten den Brand auch nicht als Anlass der ersten Christenverfolgungen an.

Den Brand von Rom auf eine Verschwörung zurückzuführen, war aus zeitgenössischer Sicht naheliegend, weil schon in der Römischen Republik, vor allem aber im Kaiserreich Konspiration, oft mit mörderischen Absichten, fast eine Art Volkssport geworden waren. Dies hatte zwar nicht seinen Anfang mit Cäsars Ermordung genommen, aber diese markierte doch den spektakulären Beginn einer ganzen Serie mehr oder weniger erfolgreicher Versuche, insbesondere den jeweiligen Kaiser zu stürzen. Gewaltsam starben nach Tiberius alle weiteren Kaiser des Iulisch-Claudischen Hauses, Nero allerdings von eigener Hand. Neros Nachfolger Galba und Vitellius wurden ermordet, Otho beging Selbstmord. Vespasian und Titus starben eines natürlichen Todes, aber schon Titus' Bruder und Nachfolger Domitian wurde wieder ermordet. Es folgte die relativ ruhige Phase der Adoptivkaiser und der Antoninischen Dynastie mit Nerva, Trajan, Hadrian, Antoninus Pius und Marc Aurel, ehe dessen Sohn und Nachfolger Commodus wieder Opfer eines Mordkomplotts wurde. Ebenso fanden dessen Nachfolger Pertinax und Didius Julianus einen gewaltsamen Tod, dann auch Pescennius Niger und Clodius Albinus, eh Septimius Severus sich durchsetzen konnte. Dessen Söhne Caracalla und Geta wurden dann schon wieder ermordet, Geta übrigens durch den eigenen Bruder. Danach wurden die Kaiser Macrinus, Elagabal, Severus Alexander ermordet, ebenso die dann folgenden Soldatenkaiser Maximinus Thrax und Gordian II., während dessen Vater Gordian I. Selbstmord beging, als er vom Tod seines Sohnes hörte. Die dann regierenden Doppelkaiser Pupienus und Balbinus wurden ermordet, ebenso ihr Nachfolger, Gordian III., während der nächste Kaiser, Philippus Arabs, wenigstens in der Schlacht gegen seine Feinde getötet wurde, ebenso sein Nachfolger Decius, der bei Abrittus den Goten erlag. Danach wurde Trebonianus Gallus zusammen mit seinem Sohn und Nachfolger Volusianus ermordet. Der nächsten Kaiser, Valerian, starb in persischer Gefangenschaft, sein Sohn Gallienus wurde ermordet, während dessen Nachfolger Claudius Gothicus an einer Seuche starb. Dessen Bruder und Nachfolger Quintullus starb gewaltsam, möglicherweise von eigener Hand. Die nun folgenden Kaiser Aurelian, Tacitus, Florianus, Probus, Carus und Carinus wurden allesamt ermordet, erst der dann folgende Diokletian dankte 305 zugunsten seines Mitkaisers Constantius Chlorus ab, sodass er sieben Jahre später eines natürlichen Todes starb. Diokletians anderer Mitkaiser Maximinian, der es danach noch im Alleingang versuchen wollte, wurde von Constantius' Sohn Constantin dem Großen hingerichtet, während Maximinians Sohn Maxentius in der Schlacht an der Milvischen Brücke Constantin unterlag und auf der Flucht im Tiber ertrank. Auch die übrigen Tetrachenkaiser endeten meist gewaltsam, so Maximinus Daia und Flavius Severus, aber wohl nicht der Tetrach Galerius. Immerhin erlebten Constantin der Große und sein Sohn Constantius II. einen natürlichen Tod, der Nachfolger Julianus Apostata starb dann aber gewaltsam, vielleicht im Kampf gegen die Perser, vielleicht aber auch von einem seiner Soldaten ermordet. Sein Nachfolger Jovian starb an einer Rauchvergiftung, der Nachfolger Valentinian I. an einem Schlaganfall, dessen Sohn Valentinian II. wurde erhängt aufgefunden. Theodosius I. starb an Herzversagen, auch Arcadius I. fand einen halbwegs natürlichen Tod, Theodosius II. starb, allerdings nach 42 Jahren Herrschaft, bei einem Reitunfall, sein Nachfolger Valentinian III. wurde dann aber wiederum ermordet, während Markian ebenfalls durch einen Schlaganfall verschied. Mit den drei Kaisern Leo I., Leo II. und Zenon endet faktisch die römische Herrschaft im Westen, alle drei starben aber friedlich, wenn auch im Fall Leo II. bereits in jungen Jahren an einer Krankheit.

Insgesamt zeigt diese Übersicht, dass der Beruf des Römischen Kaisers fast unausweichlich ein Todeskommando war, und dass sich jederzeit Verschwörer fanden, um den Kaiser zu ermorden. Nicht immer waren es Senat, Prätorianergarde oder aufständische Legionen, und bei weitem nicht jeder Versuch war von Erfolg gekrönt. Aber insgesamt war offensichtlich seit Neros Tod nie mehr Mangel an tatsächlichen, auch gut dokumentierbaren Verschwörungen gegen die Krone. Das immerhin sollte sich in den folgenden Jahrhunderten ändern, wiewohl die Angst vor Verschwörungen und die darauf fußende Legendenbildung in den nächsten Jahrhunderten erneut reüssieren sollten.

11.4 Katharer, Ketzer, Hexen

Die Grundform der modernen Verschwörungstheorien entstand nicht in der Antike, sie entstammt vielmehr dem Hoch- und Spätmittelalter. Gegen Ende des ersten nachchristlichen Jahrtausends gab es eine breite, ganz Europa erfassende Endzeiterwartung. Als nun der erwartete Weltuntergang ausblieb, geriet die Kirche in Erklärungsnotstand. Hinzu kam, dass 1009 Kalif al-Hākim bi-amri 'llāh die Grabeskirche in Jerusalem zerstörte, die zu erwartende göttliche Strafe aber ebenfalls nicht auf den Kalifen oder seine Armee herniederging. Dies brachte die Kurie noch weiter in Zugzwang.

Die Kirche begegnete dem auf diverse Arten, unter anderem dadurch, dass sie [3]einen Feind im Inneren erfand, um die Verwirrung und Frustration der Menschen abzulenken, hierin in gewisser Weise der Instrumentalisierung der Christen durch Nero nach dem Brand von Rom folgend. Nur war Neros Situation insofern leichter, als es mit den Christen bereits eine Minderheit gab, auf die er deuten konnte, als man Schuldige für den verheerenden Brand suchte. Hingegen musste die Kirche ihren Feind erst erfinden. Dies geschah, indem sie auf die von zunächst nur zwei Autoren propagierte Fabel einer starken antikirchlichen Bewegung in Südfrankreich zurückgriff.

Christoph Auffarth hat vor einigen Jahren dargestellt, wie die Kirche die Ketzerbewegung in diesen Jahren überhaupt erst herbeiredet, die sie dann über die folgenden Jahrhunderte zu bekämpfen versucht: Der 1047 gestorbene Mönch Rodulfus Glaber hatte um 1028 begonnen, sein Hauptwerk zu schreiben, eine fünfbändige Weltgeschichte der Jahre 900 bis 1040. Als Quelle für tatsächliche historische Ereignisse gilt das Werk als weitgehend unbrauchbar, da es Rodulfus darum ging, der in diesen Jahren an Fahrt gewinnenden cluniaszensischen Kirchenreform Vorschub zu leisten. Daher schilderte er die südfranzösische Gesellschaft des 10. Jahrhunderts in fantastischer Düsternis, angefüllt von Hungernöten, Kriegen, Verbrechen, Kannibalismus und eben auch Häresie.[4] Dies erweckte den Eindruck, in Südfrankreich gebe es ein Sammelbecken aller kirchenkritischen und kirchenfeindlichen Kräfte Europas, wofür es zunächst keinerlei realen Hintergrund gab.

Ebenso frei erfunden war die Darstellung dieser angeblichen antikatholischen Bewegung in Südfrankreich durch Ademar von Chabannes, der schon zu Lebzeiten, auch von anderen Klerikern, in verschiedenen Fällen als Betrüger entlarvt worden war, so vor allem hinsichtlich seines

---

[3] Auffahrt: Ketzer, S. 11-16
[4] Rodulfus: Cinq Livres, III/26, S. 74-76

Versuchs, St. Martial, der im 3. Jahrhundert eine wichtige Rolle bei der Christianisierung des Limousin gespielt hatte, durch einen chronologischen Trick quasi zweihundert Jahre älter zu machen und ihn kurzerhand zu einem der Apostel zu erklären.

Ademars Hauptwerk war eine dreibändige Geschichte der Franken, beginnend mit ihrem sagenhaften König Faramund und endend 1028. Während er jedoch die ersten beiden Bände im Wesentlichen lediglich aus einem älteren Werk abschrieb, welches Aimoin von Fleury verfasst hatte, schilderte er ähnlich Rodulfus die Jahre nach dem Tod Karls des Großen 814 mit durchaus kreativer Lust am Fabulieren. Er behauptete, in Südfrankreich gäbe es Nachkommen der Manichäer.[5] Diese waren Vertreter einer stark von der Gnosis beeinflussten dualistischen Religion, welche bis ins 5. Jahrhundert der vielleicht wichtigste Konkurrent des Christentums im Gebiet des Römischen Reichs war. Ademar behauptete nun, es gäbe in Südfrankreich nach wie vor Manichäer und sah es als Aufgabe der Kirche, aber auch der weltlichen Obrigkeit an, diese zu verfolgen.

Auf diese Art wurden wesentliche Elemente von Verschwörungstheorien präformiert:

- eine geheimnisvolle Gemeinschaft von Anderen
- eine im Verborgenen gebliebene Jahrhundert überspannende Tradition ihrer Aktivitäten
- eine vom gesellschaftlichen Grundkonsens abweichende Geheimlehre
- eine gegen die Gesellschaft gerichtete zersetzende, konspirative Tätigkeit
- die moralische Pflicht der Obrigkeit, letztlich aber aller Menschen, gegen diese Anderen mit allen Mitteln vorzugehen.

---

[5] Ademar: Chronique, III/69, S. 194

Die Katharer wurden als Sündenbock, als Opfer und Ventil für kirchenkritische Motive des 11. Jahrhunderts aufgebaut, bevor sie eigentlich existierten. Nachdem man aber einmal angefangen hatte, gegen sie zu predigen, erzeugte die gegen die angeblichen Häretiker in Südfrankreich gerichtete Propaganda genau diese häretische Bewegung. Es entstand eine weitgehend auf Okzitanien, also das mittelalterliche Südfrankreich beschränkte Bewegung, welche sich auf den dortigen Adel stützen konnte, weil dieser die Chance erkannte, auf diese Art den Kirchenanteil an den erhobenen Steuern einzubehalten. Zudem versuchten vor allem die Familie der Trencavel mit ihrer wichtigsten Stadt Carcassonne und die Grafen von Toulouse, sich von der französischen Krone so weit wie möglich zu emanzipieren. Auch dies wurde durch die Idee einer eigenständigen südfranzösischen Kirche natürlich begünstigt, sodass entsprechende Bemühungen der lokalen Geistlichkeit insbesondere im Languedoc von den dortigen Adligen gefördert wurden.

Hier versuchte sich also die lokale Kirche von Rom, der Adel von Paris zu emanzipieren. Ob die örtlichen Wortführer wirklich ausnehmend häretischen Lehren anhingen, lässt sich angesichts der weitgehend vernichteten Originalquellen und der Flut in den folgenden Jahrhunderten geschriebener Propagandaschriften der katholischen Tradition kaum mehr beantworten. Entscheidend ist, dass es in jenen Jahren gelang, die Idee einer antichristlichen Gemeinschaft im eigenen Land im europäischen Denken fest zu etablieren.

Gegen diese, nach ihrem Hauptort Albi auch als Albigenser bezeichneten angeblichen Häretiker entsandte der auf Ausbau seiner weltlichen Macht wie kaum ein anderer Papst bedachte Innozenz III. drei Wanderprediger. Diese überwarfen sich rasch mit den lokalen Adligen. Als einer der Prediger, Pierre de Castelnau, erschlagen wurde, nahm der Papst das zum Anlass, zu einem Kreuzzug gegen die Katharer aufzurufen. Da er nicht nur die mit Kreuzzügen üblicherweise versprochene Lossagung von allen Sünden versprach, sondern die mitziehenden Ritter auch alle eroberten Ländereien als päpstliche Lehen erhalten sollten, war der Zulauf zu diesem Kreuzzug enorm, auch wenn die immer wieder genannte Zahl von 10.000 in Lyon 1209 versammelten Rittern wohl stark übertrieben sein dürfte. Immerhin gelang unter Führung des päpstlichen Legat Arnaldus Amalricus relativ rasch die Eroberung einer ersten Stadt, Bezièrs, das mitsamt allen Einwohnern im Juli 1209 niedergebrannt wurde; Arnaldus rühmte sich, 20.000 Ketzer hierbei getötet zu haben In diesem Zusammenhang soll er dann, ganz sicher ist das nicht, den berühmten Satz geprägt haben: „Caedite eos. Novit enim Dominus qui sunt eius."(„Tötet sie! Gott kennt nämlich, welche ihm zugehören!")

Der Krieg verlief für die katholische Seite jedoch nach anfänglichen Erfolgen ungünstig, nicht zuletzt, weil sie durch exzessive Gräuel, aber auch durch die angesprochene Neuvergabe der adligen Besitzungen die Bevölkerung und den einheimischen Adel gegen sich aufbrachten. Zudem hatte der Graf von Toulouse still gehalten, solange der Kreuzzug hauptsächlich seinen lokalen Konkurrenten, den Trencavel, zu gelten schien. Als er sich aber auch gegen ihn zu wenden begann, verband er sich mit seinen Verwandten in Aragon gegen die päpstlichen Truppen, sodass Anfang der 1220er Jahre der Kreuzzug fast gescheitert erschien.

Jetzt sah jedoch der französische König eine Möglichkeit, seine bisher nur nominelle Lehenshoheit über Okzitanien zu festigen, und übernahm die Führung des Kreuzzugs. 1228 musste Raimund VI., Graf von Toulouse, kapitulieren und die Oberhoheit des französischen Königs anerkennen. Eine 1229 in Toulouse stattfindende Synode erklärte daraufhin den Kreuzzug für beendet. Die Ausrottung der angeblich noch vorhandenen Reste ihrer Lehre und Anhängerschaft übernahm die hier erstmals zum Einsatz kommende Inquisition.

Ob es eine eigenständige Religion der Katharer oder Albingenser gegeben hat, muss bezweifelt werden. Für die Fortexistenz manichäischer Gedanken oder ihre Rückkehr in den südfranzösischen Raum unter dem Einfluss der südosteuropäischen Bogumilen gibt es abgesehen von vereinzelten eindeutig propagandistisch zu wertenden Schriften der Kirche keinerlei Belege. Aber selbst wenn es so gewesen wäre, erwies sich nicht das historische Faktum als das eigentlich Wirkungsmächtige in der Verfolgung der Katharer, sondern die Verschwörungstheorie, welche einen Feind konstruierte, um ihn dann zur Vernichtung freizugeben. Folgerichtig lieferten die Katharer auch den landläufigen Begriff für alle Menschen, denen man in den folgenden Jahrhunderten eine der offiziellen Lehrmeinung der Kirche zuwider laufende Ansicht unterstellte. So wurde aus diesem Begriff, der eigentlich „die Gereinigten" bedeutet, rasch ein Schimpfwort, dem zudem die Volksetymologie in Unkenntnis der sprachlichen Herkunft des Begriffs diverse neue Interpretationen verlieh. Am wichtigsten war hier die Bezugnahme auf „Katze", woraus der Glaube entstand, Ketzer, später auch Hexen, würden im Rahmen des Bunds mit dem Teufel eine Katze oder einen Kater auf den Anus küssen. Auch andere, ursprünglich den Ketzern vorgeworfene Handlungen und Haltungen wurden in die Verschwörungstheorie übernommen, die ab der Mitte des 15. Jahrhunderts die Hexen in den Mittelpunkt des Interesses rückte.

Die Inquisition war in den Jahrhunderten nach dem Kreuzzug gegen die Katharer das wichtigste Instrument der Kirche, um angebliche Irrlehren, Häresien, Ketzereien usw. zu bekämpfen, nachdem das Mittel der Kreuzzüge weitgehend aus der Mode gekommen war. Dabei verfolgte die Inquisition nur in geringem Umfang tatsächliche kirchenkritische Stimmen. In der Regel unterdrückte sie bis zum Ende des Mittelalters vor allem selbst herbeigeredete Feinde der Kirche oder des christlichen Glaubens, verfolgte also die durch die eigenen Verschwörungstheorien beschworenen Geister. Da es sich jedoch um Geister handelte, konnte es nie einen Zeitpunkt geben, zu dem diese Verfolgung offiziell erfolgreich beendet werden konnte. Es scheint eher so gewesen zu sein, dass man irgendwann einfach aufhörte. Die diesen Verfolgungen zugrunde liegenden Verschwörungstheorien bzw. die in ihnen entworfenen Bilder feindlicher Geheimgesellschaften existierten jedoch weiter und waren so wirkungsmächtig, dass viele von ihnen bis heute von vielen Menschen als reale historische oder sogar noch existierende Gegebenheiten angenommen werden. Doch die Geschichte der Inquisition zeigte auch, wie wenig man die einmal gerufenen Dämonen zu beherrschen vermochte, wenn die Verschwörungstheorie vom Herrschaftswissen einzelner Kleriker erst einmal zu einem gesellschaftlichen Konsens herangereift war.

Das beste Beispiel hierfür ist die von der Kirche erfundene Legende einer breiten, alle Bevölkerungsschichten durchziehende Gemeinschaft von Hexen und Hexern. Hier ist die Kirche nach Jahrhunderten der Ketzerverfolgung einer neuen, selbst erschaffenen Verschwörungstheorie aufgesessen, in deren Gefolge dann eine unbekannte Zahl von Männern, vor allem aber von Frauen ermordet wurde. Wie viele dabei wirklich zu Tode gefoltert, ertränkt, verbrannt, manchmal auch geköpft, gerädert oder gehängt wurden, wird man vielleicht nie erfahren. Die wildesten Spekulationen gehen zurück auf eine Berechnung, die Gottfried Christian Voigt 1786 veröffentlichte; er sprach hier ca. 9 Millionen Toten in den etwa anderthalb Jahrhunderten zwischen Veröffentlichung des Hexenhammers als der wichtigsten Propagandaschrift dieser Verschwörungstheorie und der Veröffentlichung der Cautio Criminalis als dem jedenfalls für den deutschen Bereich wichtigsten Beitrag zur Beendigung der Verfolgungen. Tatsächlich sollte man aber eher von etwa 50.000 Toten innerhalb des genannten Zeitraums ausgehen, davon wenigstens die Hälfte innerhalb des Deutschen Reichs.

Neben der Frage, was man über das historische Faktum der Hexenverfolgungen tatsächlich aussagen kann, ist eine der spannendsten Fragen der Forschung in den letzten Jahrzehnten die Frage, warum gerade hier das von einer breiten Mehrheit Geglaubte und der aktuelle ethnologische, rechtshistorische, soziologische, historiographische und religionsgeschichtliche Forschungsstand so extrem weit auseinander liegen. In gewisser Weise liegen den Hexenverfolgungen mehrere Verschwörungstheorien zugrunde, aber überraschenderweise werden zu ihrer Erklärung und historischen Einordnung auch immer wieder Verschwörungstheorien herangezogen. Bekannt sind etwa Theorien, es habe sich hierbei um eine patriarchale Verschwörung zur Vernichtung der letzten Reste altsteinzeitlichen Matriarchats in Mitteleuropa gehandelt, um einen Versuch der sich entwickelnden Ärzteschaft, sich der Konkurrenz durch Heilkundige und Hebammen zu entledigen, um einen klerikalen Angriff auf im Volk fortexistierende pagane Vorstellungen. Keine dieser beliebten Erklärungen ist mehr als eine durch keinerlei Fakten zu belegende Verschwörungstheorie, aber wie bei den meisten dieser Theorien wird gerade das Fehlen von Beweisen seitens ihrer Anhänger als Beweis gewertet, dass die Theorie jedenfalls nicht völlig abwegig sei.

Die Hexenverfolgungen erwiesen sich für die Kirche freilich als kontraproduktiv, weil die Inquisition rasch die Kontrolle hierüber verlor. Die Verfolgungen halfen der neuzeitlichen Justiz, sich den Primat vor der geistlichen Gerichtsbarkeit eindeutig zu sichern. Sie waren zudem vielerorts kein von der Obrigkeit betriebenes Vorgehen, sondern entstanden aus Forderungen der lokalen Bevölkerung nach entsprechenden Maßnahmen, während die Obrigkeit hier eher reagierte als agierte. Man sollte also eher von Hexenpogromen reden, zumal sie wie andere Pogrome auch sowohl zeitlich als auch räumlich eng begrenzt waren und ihre Fortsetzung meist einige Zeit später in z.T. weit entfernten Gegenden fanden.

Zugleich sind die Hexenverfolgungen das erste eindeutig neuzeitlich zu interpretierende Verfolgungsgeschehen, dem wesentliche Elemente entsprechender Vorgänge im Mittelalter oder in der Antike eindeutig abgehen. Entsprechendes gilt auch für die den Verfolgungen zugrunde liegende Verschwörungstheorie. Zwar diente auch hier wie schon seit Neros Zeiten die Verschwörungstheorie und die daraus sich begründende Verfolgung der „Anderen" als Ventil einer gesellschaftlichen Verunsicherung, als Ablenkung von gegen die Obrigkeit gerichteten Tendenzen und zugleich auch als Mittel einzelner, sich zu bereichern. Aber es gibt hier auch ein eindeutig neuzeitliches Moment, nämlich die handlungsfreie Schuldhaftigkeit, welche das Mittelalter nur in einzelnen Fällen kannte. Der „Andere" der Verschwörungstheorie wird zum Feind nicht erst dadurch, dass er etwas gegen die Gemeinschaft Gerichtetes tut. Es genügt, dass er ist, was er ist; seine bloße Existenz in seinem Sein und So Sein wird bereits als Angriff und mithin als Rechtfertigung von gegen den Anderen gerichtete Gewalt verstanden. Dieses hier erstmals in einer Massenverfolgung auftauchende Phänomen fand sich fortan in fast jedem Pogrom, jeder staatlich angeordneten „Hexenjagd", war aber auch fortan fast immer Bestandteil der gängigen Verschwörungstheorien. Der Andere war nicht böse, weil er etwas Böses tat, sondern er tat Böses, weil er böse war.

Der Glaube an Hexen, an Schwarze Magie, Schadenszauber usw. war keine Besonderheit der frühen Neuzeit oder der christlichen Tradition. Die Forschung der letzten Jahrzehnte hat zeigen können, dass fast alle Elemente der Hexenverfolgungen bereits im Aberglauben der Antike vorkamen. Und die Hexenverfolgungen fokussierten sich auch nicht auf Mitteleuropa oder auf den Wirkungsraum der katholischen Kirche. Nicht nur gab es keine Abstinenz der protestantisch geprägten Regionen hinsichtlich der Hexenverfolgungen, sondern außereuropäische Kulturen, vor allem in Afrika, verfallen bis heute immer wieder in zeitlich und räumlich begrenzte Formen z.T. exzessiver Hexenverfolgungen mit einer jedenfalls in einzelnen Fällen sehr großen Zahl von Opfern.

Die besondere Dimension der Hexenverfolgungen zu Beginn der Neuzeit entstand mindestens teilweise aus einem Schneeballprinzip: Unter der Folter erpresste Denunziationen anderer angeblicher Hexen oder Hexer galten als hinreichender Anlass, nun auch die Denunzierten auf die Folter zu bringen. Entsprechend endeten an den meisten Orten die Verfolgungen auch nicht, weil alle Verdächtigen verurteilt worden wären. Wie andere aus Massenhysterie gespeisten Pogrome schliefen auch die Verfolgungen nach einer Weile am Ort der Verfolgung ein. Auch insgesamt flauten die Hexenverfolgungen eher ab, als offiziell beendet zu werden. So kam es sporadisch noch das ganze 18. Jahrhundert hindurch immer wieder zu einzelnen Hexenprozessen, ehe dann unter dem Einfluss der Aufklärung diese Epoche endgültig ihr Ende fand, jedenfalls was die staatlicherseits durchgeführte Verfolgung in Mitteleuropa betrifft.

Damit wird aber auch klar, dass die Verfolgungen fast immer lokal waren. Es gab keine dauerhafte Verfolgung an allen Orten in West- und Mitteleuropa gleichzeitig. Sie befriedigten ein lokales, in aller Regel zeitlich befristetes Bedürfnis großer Bevölkerungsteile nach einem entsprechenden Exzess. Ihre Ursache war letztlich die mit den dramatischen Veränderungen des 14. und 15. Jahrhunderts einhergehende Verunsicherung weiter Kreise der Bevölkerung. Die Veränderungen der agrarischen Lebensweise, die Ausweitung der Geldwirtschaft und damit verbunden der Umbruch der Feudalgesellschaft, die ihrerseits auch teilweise durch diese Verunsicherung zu erklärende Reformation, also letztlich das Aufbrechen des scheinbar ewig geltenden ökonomischen, politischen und religiösen Grundkonsens des Mittelalters erzeugten Angst, Aggression und letztlich die Verfolgungen. Dabei waren die zeitgleiche Entdeckung neuer Kontinente, also die Erweiterung der bekannten Welt, und die Krise des Ptolemäischen Weltbilds auch nicht eben angetan, den Menschen Sicherheit und Zuversicht zurückzugeben. Und nicht zuletzt erreichten in Mitteleuropa die Verfolgungen ihren Höhepunkt während des Dreißigjährigen Kriegs, der zum einen weite Gebiete verwüstete, vor allem aber in den bis dahin einigermaßen verschont gebliebenen Gegenden gewissermaßen eine lebenslange Grundangst etablierte, die sich immer wieder ihr Ventil in Hexenverfolgungen suchte.

Die Hexenverfolgungen waren also nicht das, was vielerorts bis heute in umgewendeter Fortschreibung der Verschwörungstheorie behauptet wird. Es gab keine pagane Geheimkultur, kein Fortleben germanischer Religion oder Zauberei, es gab auch keine im Geheimen wirkenden Wiccas oder sonstigen Zaubermeister, wie die Verschwörungstheorie behauptete und wie bis heute vor allem in esoterischen und sonstigen rechtslastigen Kreisen behauptet wird. Die Verfolgungen waren streng genommen auch kein Gynozid: Sie dienten nicht der großflächigen Ermordung von Frauen, dazu waren die Opferzahlen absolut wie auch in Relation zur Bevölkerungsgröße zu klein. Zudem waren in manchen Gegenden, so in ganz Skandinavien, aber z.B. auch im Erzbistum Salzburg, die Ermordeten in großer Mehrheit Männer. Wenn es sich vielerorts bei den Ermordeten vorwiegend um Frauen handelte, dann vielleicht auch deshalb, weil auch die am Anfang einer Verfolgungswelle stehenden, noch nicht der Folter geschuldeten Denunziationen in der großen Mehrheit von Frauen ausgingen und sich gegen andere Frauen richteten. Vielerorts scheint es also eher so gewesen zu sein, dass die Hexenverfolgungen dazu dienten, die Aggressionen von Frauen gegen andere Frauen umzusetzen, auch wenn die Vollzugsgehilfen dieser Umsetzung ausschließlich Männer waren.

11.5 Juden, Jesuiten, Illuminaten und Spatzen

Durch die Hexenverfolgungen waren neuzeitliche Muster von Verschwörungstheorien etabliert worden, welche anschließend je nach aktuellem Feindbild oder je Bedarfslage beliebig mit anderen Protagonisten befüllt werden konnten. Am bekanntesten sind natürlich die den europäischen Juden nachgesagten Verschwörungen. Schon der oben erwähnte Rodulfus Glaber hatte in falscher Herleitung des Begriffs „Haeresia" von „haerere", also „hängen bleiben" behauptet, erster Haeretiker sei ein betrügerischer Mönch namens Rotbert gewesen, der im Auftrag der Juden von Orléans al-Hākim zur Vernichtung der Grabeskirche bewegt habe.[6] Hernach sei dieser Robert an seiner Freundschaft zu den Juden „hängen geblieben." Rodulfus behauptete, die Zerstörung der Grabeskirche habe die Christen veranlasst, europaweit fast alle Juden auszurotten bis auf einige wenige, die als abschreckendes Beispiel dienen sollten. Spätestens hier war aber die Fantasie mit Rodulfus durchgegangen. Erst die Kreuzzüge führten ein halbes Jahrhundert nach Rodulfus' Tod zu ersten von Christen durchgeführten antijüdischen Pogromen, beginnend mit dem Gezerot Tatnu, also den Massakern im rheinischen Raum 1096. Der von Peter dem Einsiedler als Reaktion auf die Synode von Clermont initiierte Bauernkreuzzug wendete sich noch vor dem eigentlichen Ersten Kreuzzug der Ritterschaft gegen die vor allem am Rhein lebenden Juden. Peter hatte zunächst in Nordfrankreich bis zu 15.000 Bauern und Stadtarme gewonnen, mit ihm nach Palästina zu ziehen, zuvor aber die Heiden im eigenen Land, also die Juden zu bekämpfen. Zudem sollte hierbei anscheinend auch das für die weite Reise nötige Geld erpresst oder geraubt werden. Durchgeführt wurden die Pogrome allerdings nicht von Peter dem Einsiedler und seiner Anhängerschaft, sondern von anderen, sich an seinem Beispiel orientierenden Gruppen von Bauern und Armen, darunter der Haufe des Predigers Volkmar, welcher im Frühsommer 1096 die ersten Pogrome in Magdeburg und später in Prag anrichtete, dann auch der Haufe des Predigers Gottschalk, der vor allem in Regensburg die dortigen

---

[6] Rodulfus: Cinq Livres, III/24, S. 71-73

Juden angriff. Die schlimmsten Handlungen ging aber von dem etwa 10.000 Personen großen Zug des rheinischen Grafen Emicho aus. Durch diese Gruppe wurden vor allem in Worms, Speyer, Mainz und Trier insgesamt etwa 1.500 Männer, Frauen und Kinder ermordet, was eine große Zahl ist, bedenkt man, dass z.B. Trier als eine der damals größten deutschen Städte im 11. Jahrhundert wohl höchstens 12.000 Einwohner besaß, Worms und Speyer nur je etwa die Hälfte.

Neben dem Versuch, sich am Besitz der jüdischen Bevölkerung zur Finanzierung des Kreuzzugs zu bereichern, fanden sich hier bereits viele Elemente späterer antisemitischer Verschwörungstheorien. Die Juden wurden mit Blick auf eine antijüdische Auslegung vor allem des Johannes-Evangeliums als Feinde der Christenheit angesehen, denen verschiedene im Geheimen betriebene Handlungen zum Schaden der christlichen Religion oder der christlichen Gemeinschaft zur Last gelegt wurden. Als Kernelemente solcher Verschwörungstheorien bildete sich ab hier ein Fundus von antisemitischen Verdächtigungen:

- das Vergiften von Brunnen;
- das Verbreiten von Seuchen;
- das Entführen christlicher Kinder, um sie in Ritualmorden zu opfern;
- Kannibalismus;
- Wucherei.

Besonders die Verbreitung von Seuchen wurde Juden immer wieder angelastet. Als im Zuge der Großen Pest von 1348 viele Christen glaubten, Gott habe nun für immer der Menschheit seine Gnade entzogen und alles dem Verderben anheim gegeben, entstanden entsprechend zwei antijüdische Argumentationen. Zum einen sei Gott zornig, weil man nach wie vor derlei Heidentum in den christlichen Gemeinden dulde, zum anderen aber seien diese Heiden auch aktiv an der Ausbreitung der Krankheit beteiligt.

In den folgenden Jahrhunderten gab es in weiten Teilen Europas einen antijüdischen Grundkonsens, der eigentlich keiner Begründung mehr bedurfte, aber dennoch immer wieder neue Rechtfertigungen erhielt. So verfasste Martin Luther im Januar 1543 mit „Von den Juden und ihren Lügen" ein antijüdisches Pamphlet, welches zur Zerstörung jüdischer Viertel und vor allem der Synagogen und zur Internierung der jüdischen Bevölkerung aufrief. In den folgenden Jahren folgten weitere antijüdische Schriften, so Luthers Schrift von März 1543 „Vom Shem Hamphoras", wo er sich dem bisherigen Kanon von antijüdischen Vorwürfen der Verschwörungstheorien rückhaltlos anschloss und sie in Nachfolge der mittelalterlichen Assassinen als wider die herrschende Obrigkeit gerichtete Verschwörung von Mördern und Brunnenvergiftern ansah.

Dieser christliche Antijudaismus und die ihm zugrunde liegenden Verschwörungstheorien verbanden sich dann ab dem 18. Jahrhundert im Kontext der vielerorts eingeführten Emanzipation der Juden mit ersten Ansätzen eines rassistischen Antisemitismus. Hier wurde ein klarer Antagonismus zwischen dem Judentum als „Rasse", nicht als Religion, zur Gemeinschaft der europäischen Menschen, d.h. den Vertretern der „indogermanischen Rasse" behauptet. In der ideologischen Herleitung des Antisemitismus wurden also Rassekonzepte, sprachgeschichtliche Momente und religiöse Aspekte undifferenziert gleichgesetzt. Damit verschärfte sich das antijüdische Moment noch einmal. Hatte etwa Luther noch die Ansicht vertreten, dass die Juden zwar kaum geneigt seien, sich taufen zu lassen, täten sie es aber, würden sie selbstverständlich gleichberechtigt in die Gemeinschaft der Christen eintreten, da sie ja Christum angenommen hätten, so wurde jetzt der Gegensatz zwischen der jeweiligen Nation und dem Judentum unüberwindbar, weil „rassisch", also letztlich genetisch festgelegt.

Die antijüdischen Verschwörungstheorien vor allem des 19. Jahrhunderts wiederholten alle mehr oder weniger die schon seit dem Mittelalter probaten Klischees, vermehrt vor allem um die rassistische Komponente. Als wichtigstes Dokument dieser Verschwörungstheorien kann man die bis heute immer wieder von rechten Kreisen angeführten „Protokolle der Weisen von Zion" nennen. Hierbei handelt es sich um angebliche

Niederschriften von insgesamt 24 Sitzungen der Anführer einer jüdischen Verschwörung zur Erringung der Weltherrschaft.

Was den Protokollen fehlt, ist die rassistische Dimension des eigentlichen Antisemitismus. Wiewohl sie implizit mitzuschwingen scheint, wird nicht ausdrücklich von einer eigenen jüdischen „Rasse" gesprochen. Dennoch wird bis heute auch von rassistischen Antisemiten die Schrift als Beleg ihrer Thesen herangezogen. Denn hier findet sich u.a. ein Beleg für die seit dem Mittelalter oft wiederholte Behauptung, die Pest von 1348 sei auf jüdische Brunnenvergiftungen zurückzuführen. Liberalismus und Demokratie, so die Protokolle, müssten in allen Staaten gefördert werden, weil sie zwar irrige Ideologien seien, aber gerade deshalb die christlichen Staaten entscheidend schwächen und anfällig für eine jüdische Okkupation der Herrschaft machen würden. Auch eine Unterminierung der Stellung des Adels, der Kirche und vor allem ihrer Führer, insbesondere aber das absichtliche Auslösen von Wirtschaftskrisen und eine daraus resultierende Massenverarmung waren dazu gedacht, die jeweiligen Staaten zu schwächen und damit bereit für eine Okkupation zu machen. Die längst in jüdischer Hand befindliche Presse diene durch ihre ständige Nörgelei diesem Ziel ebenso wie Freimaurerlogen oder die zersetzenden Lehren von Darwin, Marx oder Nietzsche. Sollte es zu einem geschlossenen Widerstand gegen diese jüdische Zersetzungsarbeit kommen, würde man die Völker Europas in einen großen Krieg gegeneinander hetzen müssen oder nötigenfalls sogar die USA, China und Japan gegen Europa führen, sollte dieses sich geschlossen gegen die jüdische Verschwörung wenden. Nötigenfalls aber stehe in nicht zu ferner Zukunft ein noch schrecklicheres Mittel zur Verfügung. Denn wären erst einmal alle großen Städte Europas von U-Bahnen durchzogen, würde man nötigenfalls diese verwenden, um alle diese Städte in die Luft zu sprengen und für immer unbewohnbar zu machen. Aber mit großer Wahrscheinlichkeit würde die von den Juden geschürte Zerstrittenheit der europäischen Nationen diesen endlich zu viel werden, sodass sie von sich aus einem messianischen Anführer geschlossen folgen würden, welchen ihnen das Judentum bringen würde.

Die Protokolle sind eine Fälschung des Pariser Büros der Ochrana, also des zaristischen Geheimdiensts. Ihr Verfasser war wahrscheinlich der Leiter des Büros, Pjotr Ratschkowski, auch wenn dieser vielleicht auf frühere Entwürfe zurückgriff oder wenigstens einen Teil der Arbeit von seinem Assistenten, Matwei Golowinski, ausführen ließ. Andere Untersuchungen deuten auf Vorbilder der Protokolle hin, die vielleicht unter Petersburger Adligen im den letzten Jahren des 19. Jahrhunderts entstanden. Umfangreiche Passagen sind zudem einer satirischen Schrift des Pariser Rechtsanwalts Maurice Joly entnommen, welcher einen fiktiven Dialog zwischen Montesquieu und Machiavelli zum Gegenstand hatte, den dieselben in den Feuern der Hölle sitzend unternahmen.[7] Die hier Machiavelli in den Mund gelegte Propagierung skrupelloser Machtpolitik wurden nun zu den Bekenntnissen der angeblichen jüdischen Verschwörer.

Die 1903 erstmals in einer russischen Version erscheinenden Protokolle sollten aus Sicht der Ochrana zweierlei erreichen, nämlich einerseits den russischen Zaren Nikolaus II. zu einer schärferen Haltung gegen den Liberalismus motivieren, andererseits aber auch die russische Bevölkerung zur Abkehr von staatskritischen Tendenzen bewegen. Ihre Wirkungsgeschichte ging aber weit über dieses eher tagespolitische Interesse hinaus. Nicht nur verwendete die NS-Propaganda die Protokolle immer wieder als Begründung ihrer antisemitischen und vor allem ihrer exterminatorischen Ziele, wobei Hitler es als belanglos bezeichnete, ob die Protokolle echt oder von einem genialen Geist als eigentliche Durchdringung der jüdischen Verschwörung erfunden worden seien. Tatsächlich war schon 1921 aufgrund mehrerer Artikel in der *Times* nicht nur klar, dass die Protokolle eine plumpe Fälschung darstellten, sondern auch, aus welchen Quellen hier offensichtlich geschöpft worden war.

Dennoch werden die Protokolle bis heute von Verschwörungstheoretikern als Quelle herangezogen. Zudem gibt es bereits seit 1921 eine

---

[7] Joly: Dialogue, passim

zuerst von Nesta Webster entworfene exotische Variante, welche die Protokolle in Zusammenhang mit einer Weltverschwörung der Illuminaten sieht, welche in ihren Augen eigentlich hinter allen großen Verschwörungen der Weltgeschichte stehen. In ihrer Nachfolge hat 1957 William Guy Carr behauptet, die Illuminaten hätten die Protokolle in die Welt gesetzt, um von ihren eigenen Aktivitäten abzulenken.[8]

Da sich hier zwei bis heute einflussreiche Verschwörungstheorien quasi umarmen, lohnt es sich, einmal einen Blick auf die angebliche Weltverschwörung der Illuminaten zu werfen.

Die Illuminaten waren eine kurze, eigentlich belanglose Randerscheinung innerhalb der Geschichte der europäischen Aufklärung. Anfang Mai 1776 gründete der Ingolstädter Professor Adam Weißhaupt eine Art Lesezirkel mit klar aufklärerischem Anspruch, weil er sich über die Dominanz ehemaliger Jesuiten im Lehrkörper seiner Universität ärgerte. Der Orden war zwar 1773 aufgehoben worden, aber die in ihm ausgebildeten Dozenten besetzen natürlich weiter ihre Lehrstühle, und Weißhaupt fürchtete, wohl nicht ganz zu Unrecht, dass unter diesen Bedingungen junge und kirchenkritische Geister es in Ingolstadt schwer haben dürften. Zudem positionierte er sich damit gegen mystische Strömungen in der Freimaurerei, der er ansonsten selbst zuneigte. Diese als „Gold- und Rosenkreuzer" bekannten Gegner der Aufklärung propagierten ein Weltverständnis nicht aus einer rationalen und naturwissenschaftlichen Orientierung heraus, sondern aus einem spiritistischen Gott- und Welterlebnis, was sie innerhalb der Freimaurerei zu einer Sondergruppierung machte.

Weißhaupt nannte die neu gegründete Gemeinschaft zunächst den „Bund der Perfektibilisten" und wählte die Eule der Minerva als Symbol. Nach bescheidenen Anfängen erreichte der Bund einigen Einfluss, als Weißhaupt, jetzt unterstützt von Adolph Freiherr Knigge, ab ca. 1780 versuchte, den deutlich verbreiteteren Bund der Freimaurer zu unter-

---

[8] Carr: Pawns, S. 171

wandern bzw. Freimaurer zum Wechsel zu den Illuminaten zu gewinnen. Auf dem Höhepunkt hatte der Bund wahrscheinlich bis zu 2.000 Mitglieder, welche allerdings zu wenigstens einem Drittel gleichzeitig auch den Freimaurern angehörten. Der Name des Bunds wurde von seiner etwas schwergängigen Form zunächst in „Bund der Illuminaten" und dann in „Orden der Illuminaten" umbenannt, um auch sprachlich die Opposition sowohl zum Jesuitenorden als auch zum Freimaurerorden und zum Orden der Gold- und Rosenkreuzer zu verdeutlichen und zugleich sich eindeutig unter das Banner der Aufklärung. Bereits Jean-Baptiste Dubos hatte 1732 ein „Siècle des Lumières" gefordert, ein Ausdruck, den dann vor allem Jean-Jacques Rousseau und Jean-Baptiste le Rond d'Alembert verbreiteten. Die lateinische Entsprechung des Begriff war für die eher Latein als französisch sprechenden Professoren in Ingolstadt „aevum illuminationis".

Das rasche Wachstum des Ordens wurde recht bald zum Problem, zumal seine Führung damit organisatorisch und inhaltlich überfordert war. Es kam zu Zwistigkeiten, vor allem zwischen den frühen Mitgliedern um Weißhaupt und den zahlreichen von Knigge herangeführten Mitgliedern, an deren Gesinnung Weißhaupt Zweifel hegte. Zugleich wurde der bayerischen Regierung der auf die Errichtung eines „Vernunftstaats" gerichtete Orden suspekt, sodass Kurfürst Karl Theodor 1784 diesen wie auch alle anderen entsprechenden, ohne Einwilligung der Krone gegründeten Verbindungen kurzerhand aufheben ließ. Es kam zu einigen Hausdurchsuchungen und Beschlagnahme von Unterlagen; inhaftiert wurde allerdings niemand. Das bedeutete das Ende des Bunds, auch wenn einige Anhänger noch ein paar Jahre versuchten, ihn außerhalb Bayerns am Leben zu erhalten. Weißhaupt selbst war nach Gotha geflohen, wo ihm der ebenfalls zeitweilig den Illuminaten angehörende Herzog eine Lebensstelle als Hofrat verschaffte.

Die bayerische Regierung scheint an ihren Erfolg jedoch nicht ganz geglaubt zu haben, weshalb sie 1787 ein weiteres Dekret erließ, welches die Rekrutierung für Freimaurer und Illuminaten mit der Todesstrafe bedrohte. Offensichtlich erlag die bayerische Regierung der selbstgeschaffenen Fabel einer Gefährdung des Staats durch die Illuminaten. Dies wurde weiter verschärft durch die Jakobinerfurcht, welche im Gefolge der Französischen Revolution fast alle deutschen Fürstentümer erfasste. Etliche Dekrete dieser Jahre richteten sich gegen den einen oder anderen Aspekt der Freimaurerei und, wenn auch deutlich nachgeordnet, eben auch gegen die Illuminaten, die aber als geschlossene Gesellschaft, anders als die Freimaurer, längst zu existieren aufgehört hatten.

Der wirkliche Siegeszug der Illuminaten begann ohnehin erst nach ihrer Auflösung. Gerade jeder fehlende Beweis ihrer Fortexistenz wurde nun als Beleg dafür gewertet, wie geschickt sie es verstanden, sich als Teil der bürgerlichen Gesellschaft zu tarnen und aus dem Untergrund ihr zersetzendes Werk zu betreiben. So wurde den Illuminaten schon im 18. Jahrhundert erheblicher Einfluss auf die Gründung der USA nachgesagt, was eigentlich schon rein chronologisch nicht möglich gewesen wäre. Auch die Französische Revolution wurde durch eine entsprechende Verschwörungsaktivität der Illuminaten begründet, erstmals bereits 1791 durch den französischen Geistlichen Jacques François Lefranc, welcher Freimaurer und Illuminaten für die geheimen Drahtzieher der Revolution hielt. Ausführlicher entwickelte dann Augustin Barruel diese Verschwörungstheorie. Er war der Verfasser mehrerer Publikationen, die man als gegen die Französische Revolution gerichtete Propagandaschriften bezeichnen muss. Hierin verbreitete er Schauermärchen, denen zufolge z.B. französische Jakobiner 1792 den einen oder anderen Geistlichen gefangen, gebraten und anschließend verspeist hätten. 1797/98 erschien seine in mehrere Sprachen übersetzte Geschichte des Jakobinismus, die in den ersten Jahrzehnten des 19. Jahrhunderts in Europa ausgesprochen populär waren, zumal Barruel immer wieder eine sichtliche Fabulierlust bei seinem Schilderungen geheimer Rituale, finsterer Verschwörergruppen und ihrer Untaten an den Tag legte.[9]

---

[9] Barruel: Mémoires, passim. Detailliert zu Weißhaupts angeblicher Ideologie v.a. Bd. 4, S. 37-59

Für Barruel waren alle Demokraten Jakobiner, waren allesamt Atheisten und Verschwörer. Geheimgesellschaften, meist aus Preußen gesteuert, hätten das gutgläubige französische Volk in die Gräuel und Missetaten der Revolution von 1789 geführt. Den Hintergrund dieser Verschwörungsaktivitäten bildeten demzufolge überall die Illuminaten, allesamt Satanisten, Anarchisten, Mordbrenner und Wahnsinnige. Ihre Lehre reiche bis zu Mani und den Manichäern zurück, in denen die Kirche ja schon, wie oben geschildert, die Lehrmeister der südfranzösischen Katharer gesehen hatte.

Auch der schottische Physiker und Erfinder John Robison veröffentlichte 1797 „Proofs of a Conspiracy against all the Religions and Governments of Europe, carried on in the Secret Meetings of Free-Masons, Illuminati and Reading Societies". Hierin wollte er die Freimaurer, aber vor allem die Illuminaten als die Drahtzieher hinter der Französischen Revolution bloßstellen. Der ursprüngliche Antrieb hierzu allerdings seien englische Freimaurer gewesen, die im Verein mit den gestürzten Stuarts nach der Glorious Revolution 1688 nach Frankreich emigriert seien.[10] Französische Offiziere, von Friedrich II. nach der Schlacht von Roßbach 1757 in großer Zahl nach Berlin verbracht, hätten diesen Geist in Deutschland heimisch gemacht, als Basis der Entwicklung von Rosenkreuzern und Illuminaten.

Robison vollzog anders als Barruel einen Gesinnungswandel. Barruel war von jeher ein Gegner von Aufklärung und Demokratie. Hingegen war Robison eigentlich ein fortschrittlicher Geist, der auch zur ersten Encyclopaedia Britannica wichtige Beiträge leistete. Er gehörte aber wie zahlreiche Intellektuelle in Europa zu jenen, deren Haltung sich angesichts des Terrors der Jakobiner wandelte. Er unterschied jetzt zwischen den fortschrittlichen, aber auf Frieden und Ordnung bedachten Stimmen der Aufklärung und jenen, die unter ihrem Banner Mystizismus, Geheimlehren, Aberglauben, Kabbala und ähnliches publizierten, und sah in letzteren die eigentlichen Verantwortlichen für den jakobini-

---

[10] Robison: Proofs, S. 24-25

schen Terror, den man also nicht der Aufklärung als solcher anlasten könne.

Antiliberale Kreise in den gerade erst gegründeten USA nahmen Barruels und vor allem Robisons eigentlich sehr europäisches Bild einer anarchistischen Geheimgesellschaft begierig auf. Erstmals wurde bereits im Wahlkampf von 1796, also vor Barruels und Robisons einflussreichsten Veröffentlichungen, die Idee einer Verschwörung der Illuminaten verwendet. Hierbei ging es darum, den eigentlich wenig populären John Adams gegen Thomas Jefferson zu unterstützen. Jefferson wurde kurzerhand zum französischen Jakobiner und Illuminaten erklärt. Er sei während seiner Jahre in Paris zwischen 1785 und 1789 von diesen in den Bund aufgenommen worden und strebe einen radikalen Umsturz nun auch der US-amerikanischen Gesellschaft an.

Jefferson verlor diese Wahl, wurde aber aufgrund des damaligen Wahlsystems Vizepräsident. Als er vier Jahre später erneut gegen Adams antrat, gelang ihn ein knapper Sieg, ohne dass der Vorwurf einer Zugehörigkeit zu den Illuminaten oder sonstigen Geheimgesellschaften noch eine große Rolle spielte. Als er 1804 erneut zur Wahl antrat, verzeichnete er dann einen überwältigenden Erfolg über den Kandidaten der Föderalisten, Charles C. Pinckney. Auch in dieser Wahl spielte der Vorwurf einer Zugehörigkeit zu den Illuminaten oder sonstigen Geheimgesellschaften keine Rolle mehr, was von zahlreichen Vertretern der Theorie einer Verschwörung der Illuminaten als Beleg gewertet wird, wie erfolgreich Jefferson inzwischen die amerikanische Geisteswelt in seinem Sinne manipuliert hatte.

Die Fabel von einer im Untergrund arbeitenden Geheimgesellschaft der Illuminaten hielt sich, auch wegen Barruels Popularität, das 19. Jahrhundert hindurch in den USA, aber ebenso in Europa, vor allem in Frankreich, zumal in der Restauration nach Napoleons Sturz diverse Autoren bemüht waren, die Revolution von 1789 in Nachfolge Barruels als unfranzösisch, als Ergebnis des Einwirkens fremder Mächte darzustellen

Das Festhalten vor allem konservativer Kreise am Gespenst einer subversiven Untergrundkultur führte gegen Ende des 19. Jahrhunderts dazu, dass an verschiedenen Orten Gruppierungen entstanden, welche sich entweder zur Tradition der Illuminaten bekannten oder sogar behaupteten, tatsächlich Teil einer ungebrochenen Ordensgeschichte zu sein. Hier trafen nicht selten Kirchenkritiker, Atheisten und Anarchisten auf Scharlatane, Spiritisten, Geistheiler, Trickbetrüger und schlichte Spinner und Verrückte, sodass keine dieser Gruppen besonders lang Bestand hatte. Immerhin zeigt dies aber die Wirkungsmacht der Verschwörungstheorie. Indem man sich in den USA und Europa immer wieder auf sie bezog, erzeugte die Theorie überhaupt erst die Gruppierungen, deren Existenz sie behauptete, ein Vorgang, den Umberto Eco in „Das Foucaultsche Pendel" romanhaft geschildert hat.[11]

So behauptete etwa der bayerische Opernsänger Theodor Reuß in den 1890er Jahren, in ihm lebten auf geheimnisvolle Weise Wissen und Weisheit des alten Illuminatenordens fort, zudem besäße er ein von Weißhaupt ausgefertigtes Patent zur Ordensgründung, welches über die Rosenkreuzer auf ihn gekommen sei.

Reuß gehörte zunächst verschiedenen anarchistischen Gruppen an, wurde aus diesen aber ausgeschlossen, weil man ihn verdächtigte, als Polizeispitzel zu arbeiten. Mit Sicherheit denunzierte Reuß den deutschen Anarchisten Johann Neve, der daraufhin in Belgien verhaftet und nach Deutschland ausgeliefert wurde, wo er 1896 während einer langjährigen Haftstrafe verstarb.

Reuß gründete mit Beruf auf das angeblich von Weißhaupt verfertigte Patent einen neuen Illuminatenorden. Nach ersten Versuchen in München in den 1880er Jahren gelang dies erst 1895 in Berlin, als er sich der Unterstützung des Schauspielers, Okkultisten und Geistheilers Leopold Engel versichern konnte. Engel behauptete später, er habe darauf vertraut, dass es die von Reuß behauptete Anhängerschaft

---

[11] Eco: Pendel, S. 725-730

bereits gebe, als er eigene Freunde und Bekannte überredete, den Orden finanziell zu fördern. Faktisch war Reuß aber wohl nur auf eine rasche Einnahmequelle aus; allerdings kann man dies auch von Engel vermuten. Die beiden Männer entzweiten sich rasch, sodass es dann im wesentlichen Engel war, der den Orden leitete, ohne jedoch viel Zulauf zu finden. Auch weitere Versuche entsprechender Ordensgründungen, etwa die Mitarbeit in der „Theosophischen Gesellschaft in Europa" oder die Gründung eines Rosenkreuzer-Ordens scheiterten weitgehend, bis Engel schließlich 1931 verarmt in Berlin starb.

Reuß hingegen betrieb nach dem endgültigen Zerwürfnis mit Engel 1901 den Aufbau eines als OTO abgekürzten „Ordo Templi Orientis". Dies war ein von Weißhaupts aufklärerischen Ideen weit entfernter Geheimbund, dem ein buntes Konglomerat von spiritistischen, theosophischen, freimaurerischen und angeblich ägyptischen oder sonstigen östlichen Weisheitslehren zugrunde lag. Genau wie Engel suchte auch Reuß Anschluss an die gerade aufkommende Theosophische Gesellschaft der inzwischen in den USA ansässigen Trickbetrügerin Helena Blavatsky, vermochte aber ebenso wie Engel nicht, hierdurch auf Dauer seinen Lebensunterhalt zu sichern. Kurzzeitige Kontakte zu Aleister Crowley brachen infolge des Ersten Weltkriegs ab, auch wenn Reuß Crowley offiziell erst 1921 aus dem Orden ausschloss, nachdem in der deutschen Presse Berichte über von Crowley durchgeführte Tieropfer bekannt geworden waren. Immerhin hing aber Reuß wie auch Crowley sexualmagischen Ideen an, was wiederum die Zusammenarbeit mit anderen Okkultisten und Spiritisten auf die Dauer eher schwierig gestaltete. Dies galt insbesondere auch für die Zusammenarbeit mit Rudolf Steiner zu Beginn des 20. Jahrhunderts. Die Mitarbeit in der Theosophischen Gesellschaft hatte Reuß mit diesem zusammen gebracht. Steiner, der 1902 Generalsekretär der deutschen Sektion der Theosophischen Gesellschaft geworden war, wurde 1906 Großmeister im OTO. Er beendete seine Aktivitäten hier aber etwa 1912, als er die Anthroposophische Gesellschaft gründete. 1914 trat er aus dem Orden offiziell aus, auch weil ihm die libertinistischen Ideen zunehmend suspekt waren, die Reuß weiterhin propagierte.

Insgesamt gingen auf Reuß wenigstens sieben zum Teil langlebige Ordensgründungen zurück, letztlich allesamt Versuche, im spiritistisch-okkultisten Umfeld Unterstützer zu finden und auch eine gewisse finanzielle Sicherheit zu erhalten. Erfolgreich war das alles nicht, sodass Reuß nicht anders als Engel in Armut starb. Doch es waren nicht die verschwindend geringen Mitgliederzahlen seiner Ordensgründungen, welche in den folgenden Jahren Bedeutung gewannen, sondern die klangvollen Namen, unter denen er und Engel ihre Ordensgründungen in die Welt gesetzt hatten. Dies galt neben dem OTO vor allem für den „Weltbund der Illuminaten", den Engel 1927 gegründet hatte. Obgleich dieser Bund wie auch der OTO kaum realen Zulauf hatten, wurde er von Verschwörungstheoretikern immer wieder als Beweis der Existenz der Illuminaten und ihrer Untergrundtätigkeiten angesehen, nachdem seit den Tagen Thomas Jeffersons gerade die Nichtexistenz solcher Verbände bzw. ihre fehlende Wahrnehmbarkeit als Beweis angeführt worden waren.

Den einflussreichsten Beitrag zur Popularisierung dieser Verschwörungstheorie leistete in den 1920er Jahren die oben schon erwähnte Nesta Webster. Diese hielt sich für die Reinkarnation einer französischen Adligen aus der Zeit der Französischen Revolution. Webster glaubte, aufgrund der spirituellen Verbindung mit dieser Frau zu wissen, dass die Französische Revolution das Werk ausländischer, nachgerade preußischer Agenten gewesen sei, welche sich eines Netzwerks aus Agenten in Frankreich bedient hätten, unter denen die Illuminaten führend gewesen seien. Hier griff Webster also die entsprechenden Ideen Barruels und der französischen Restaurationszeit wieder auf, reicherte sie aber mit antisemitischen Ideen an, indem sie die Verschwörung der Illuminaten und die in den Protokollen der Weisen von Zion dargelegte Verschwörung des Weltjudentums gleichsetzte. Diese enge Verknüpfung der antisemitischen mit der gegen die Illuminaten gerichteten Verschwörungstheorie klang zwar auch in der Vergangenheit hier und da schon an, wurde aber erst von Webster explizit vollzogen.

In der Nachfolge von Webster hat eine regelrechte Schwemme von mehr oder weniger antisemitischen Publikationen eingesetzt, welche allesamt in den Illuminaten eine seit Ende des 18. Jahrhunderts, in Sicht einiger Autoren aber auch schon seit der Jungsteinzeit aktive Verschwörergruppe sehen wollen. William Guy Carr etwa hat nach dem Zweiten Weltkrieg behauptet, die Illuminaten hätten insgesamt drei Weltkriege in Vorbereitung. Der erste habe das Zarenregime vernichten sollen, der zweite als Konflikt zwischen Zionisten und Faschisten habe ersteren den Sieg beschert und den weiteren Aufstieg der UdSSR sowie die Gründung Israels ermöglicht. Der dritte, den Carr für das Ende der 1950er Jahre erwartete, solle durch einen Endkampf zwischen den christlichen Staaten und dem atheistisch-kommunistischen Block Israel als einzig neutrales Land übriglassen, welches dann die Herrschaft über alle anderen durch den Krieg geschwächten Staaten antreten solle.[12]

Carr war mehrere Jahre Präsident der kanadischen Federation of Christian Laymen, einer frühen fundamentalistischen Organisation, welche er auch als Sprachrohr für seine Verschwörungstheorien nutzte. Insbesondere seine Behauptung, die Illuminaten betreiben eine „Luciferian conspiracy" zur Untergrabung der christlichen Gemeinschaft, sind in seiner Nachfolge zur stehenden Redensart zahlreicher fundamentalistischer Kreise in Nordamerika geworden. Ohne im eigentlichen Sinne Antisemit zu sein, redete Carr hier von einer „Synagogue of Satan", welche schon zu Jesu Zeiten am Werke gewesen sei, aber erstmals mit Mani und seiner Anhängerschaft ans Licht getreten sei.[13]

Carrs Thesen wurden außer von christlichen Fundamentalisten und Evangelikalen vor allem von der äußersten Rechten in den USA und Canada, von radikalen Antikommunisten und zahlreichen Kreisen aufgenommen, welche allgemein eine nicht genauer definierte Verschwörung der Mächtigen mit dem Ziel der Unterdrückung und Ver-

---

[12] Carr: Pawns, S. 193-194
[13] Carr: Pawns, S. 5

elendung der Bevölkerungsmehrheit vermuteten. Entsprechend verteidigte Carr durch zahlreiche Beiträge die Verfolgung von Kommunisten während der McCarthy-Ära und arbeitete eng mit dem Californian Council of Christian Laymen zusammen, das u.a. eine landesweite Kampagne gegen die Fluorisierung von Leitungswasser führte. Hierin wurde ein Versuch der Illuminaten und ihres Gefolges gesehen, die US-amerikanische Bevölkerung insgesamt zu vergiften und so, desorientiert und geschwächt, bereit zu machen für die Machtübernahme von Kommunisten, Satanisten und Illuminaten.

In ähnlicher Weise hat Milton William Cooper 1991 Websters Idee wiederholt, in den Protokollen der Weisen von Zion müsse man nur "Juden" durch "Illuminaten" ersetzen, um die ganze Wahrheit über die Weltverschwörung zu erfahren.[14] Diese wiederum seien von Außerirdischen gesteuert, namentlich von Bewohnern der Beteigeuze, welche seit der Präsidentschaft Dwight D. Eisenhowers mit der US-Regierung verbündet wären.[15]

Cooper wird insbesondere in der US-amerikanischen Milizbewegung häufig zitiert, fand aber auch in Europa seine Anhänger. Auf Cooper stützt sich z.B. der ehemalige Sportreporter David Icke, der glaubt, die Menschen würden immer mehr von den Illuminaten gesteuert, bei denen es sich aber, jedenfalls hinsichtlich ihrer Anführer, nicht um Menschen handele, sondern um Mischwesen aus Menschen und Reptilien. Sie sähen zwar wie Menschen aus, fielen aber unter Stress in ihre Reptilienform zurück.[16]

Icke und Cooper stehen für zahlreiche Autoren, die mehr oder minder direkt von Nesta Webster und William Guy Carr beeinflusst sind. Dabei gibt es eine relativ große Gruppe, welche in der Verschwörung der Illuminaten auch eine Verschwörung der Hochfinanz oder großer Konzerne zur Erringung der Weltherrschaft sieht. Auch hier finden traditionelle

---

[14] Cooper: Behold, S. 267
[15] Cooper: Behold, S. 202
[16] Icke: Secret, S. 19-47

antisemitische Topoi und die mit den Illuminaten verbundenen Spekulationen zusammen, propagiert von Autoren wie Gary Allen oder Richard T. Osborne. Allen etwa behauptet, die eine Weltverschwörung unter geheimer Führung durch die Illuminaten strebe danach, als Staatsbanken nach und nach unter ihre Kontrolle zu bringen, sei dabei aber nicht einseitig nur jüdisch, nur kommunistisch oder nur freimaurerisch.[17] Osborne hingegen erwartet, dass die jüdische Weltverschwörung die Welt noch einmal in einen Weltkrieg stürzen wird, um dann auf den Trümmern die Herrschaft endgültig an sich zu reißen. Der einzige ernsthafte Widersacher wäre ja mit Hitlers Tod verloren gegangen.[18] Auch Autoren wie Myron Coureval Fagan und Dan Smoot beriefen sich auf Carr, wenn sie nach Belegen für eine gegen die US-amerikanische Gesellschaft gerichtete kommunistische Verschwörung suchten. Von Fagan, Antikommunist, Antisemit und Verschwörungstheoretiker, stammt z.B. die Idee, die Gründung der UNO sei ein Schritt hin zu der von den Illuminaten angestrebten Weltregierung.[19] Smoot hingegen, zeitweilig Mitarbeiter des FBI, meinte, die amerikanischen Intellektuellen seien von den Kommunisten längst zur Speerspitze einer schleichenden Machtübernahme durch Kommunisten und Juden in den USA gemacht worden, ein Prozess, der schon in der Endphase des Ersten Weltkriegs begonnen habe.[20]

11.6 Verschwörungstheorien heute: Milizen, Katrina und die Morgellonen

Es kann nicht verwundern, dass auch der Anschlag auf das World Trade Center 2001 den Illuminaten zur Last gelegt wurde. Anthony J. Hilder etwa konnte den ehemaligen Chef des FBI, Ted Gunderson, hierfür als gewichtige Autorität gewinnen. Gunderson, der nach seiner Pensionierung zunehmend Anhänger von Verschwörungstheorien war, hatte bereits zuvor öffentlich davor gewarnt, dass eine satanistische

---

[17] Allen: None, S. 30
[18] Osborne: Coming, S. 113-115
[19] Fagan: Complete Truth, S. 34
[20] Smoot: Invisible Government, S. 88

Verschwörung zunehmend Einfluss auf die US-Politik gewönne. Diese seien im Bohemian Grove organisiert, eigentlich eine Art elitärer US-amerikanischer Debattierklub, der neben Henry Kissinger oder Helmut Schmidt auch Arnold Schwarzenegger angehört. In Las Vegas würden auf geheimen Auktionen Kinder an Orientalen versteigert, eine kaum verbrämte Aufnahme des antijüdischen Motivs des geraubten und durch Ritualmord getöteten Kindes. In New York, so Gunderson, würden jedes Jahr Tausende von Ritualmorden durchgeführt, was die US-Regierung vertusche.[21] Die US-Regierung stehe auch hinter dem Terroranschlag in Oklahoma City 1995, wo 168 Menschen ermordet worden waren. Hilder verbreitete Gundersons Ansichten unter dem Begriff „Reichstag 95", um eine Parallele zum Reichstagsbrand von 1933 zu ziehen. Wie dieser solle der Anschlag der Regierung eine Begründung liefern, bisherige Beschränkungen ihrer Macht aufzugeben und eine Diktatur aufzubauen. Diese Argumentation setzte Hilder hinsichtlich des Anschlags von 2001 fort. Der eindeutigen Beweislage zum Trotz sah Hilder die Illuminaten hinter dem Anschlag und zog erneut eine Parallele zum Reichstagsbrand, wenn er von „Illuminazi 9-11" sprach.[22]

Nun wirken die USA hauptsächlich deshalb so reich an Verschwörungstheorien, weil man in Europa zwar einerseits relativ viel Einblick in die USA haben könnte, aber andererseits nur die Dinge es über den Atlantik schaffen, die einer Nachricht wert scheinen, also die interessant, wichtig oder eben bizarr genug sind. Hingegen bekommen europäische Zeitungsleser relativ wenig von der US-amerikanischen Normalität präsentiert, und erst recht erfährt man von Normalität oder Aberration afrikanischer, arabischer oder asiatischer Kulturen eigentlich nur, wenn ein paar hundert Tote zu verzeichnen sind – und manchmal nicht einmal dann. An Verschwörungstheorien herrscht auch in Europa, Asien oder Afrika kein Mangel. Das amüsierte Mokieren über die scheinbare US-amerikanischen Leidenschaft für Verschwörungstheorien lässt meist den Unfug vor der eigenen Haustür – oder auch im

---

[21] Gunderson: Affidavit, S. 2-3
[22] Videodokumentation u.a. unter https://archive.org/details/Illuminazi

eigenen Kopf – weitgehend unberücksichtigt, weil man sich insgesamt dann doch darin gewöhnt und sich damit abgefunden hat. Da wäre, wenn man nur mal nach Deutschland blickt, die Legende der Gläsernen Decke zu nennen, also einer unausgesprochenen Karriereschranke für Frauen, wenn es um Führungspositionen geht. Es gibt diese Schranke, keine Frage, aber sie beruht nicht darauf, dass Männer sich bei Zigarre und Cognacschwenker verabreden, Frauen nicht nach oben zu lassen. Es ist keine Verschwörung im eigentlichen Sinne, sondern ein sich selbst organisierender Mechanismus der Ausgrenzung, der genau deshalb viel schwerer auszuheben und zu überwinden sein wird als jede noch so diabolische Verschwörung.

Andere Verschwörungstheorien im deutschen Raum betreffen z.B. die verbreitete Ansicht, die Industrie fertige gezielt Produkte so, dass sie mit Ablauf der Garantiefrist kaputt gingen. Auch der Glaube an eine Verschwörung der Regierung oder aller Regierungen der Erde, der Menschheit das Wissen um regelmäßige Besuche von Außerirdischen vorzuenthalten, beschränkt sich nicht auf die USA. Gleiches gilt für die Idee, Homosexuelle hätten sich zusammengetan, um die deutsche oder europäische Kultur zu unterwandern und nach und nach zu zerstören. Zuletzt hat Akif Pirinçci in diese tiefbraune Kerbe gehauen und sein Pamphlet monatelang auf diversen Bestsellerlisten finden dürfen.[23] Man hätte sich gewünscht, er wäre bei seinen Katzen geblieben.

Insofern ist die deutsche Öffentlichkeit kaum in der Lage, sich über die US-amerikanische Geisteswelt zu erheben. Hier wie dort sind Verschwörungstheorien verbreitet, werden sie selbst von denen gelegentlich zitiert, die ihnen gar nicht anhängen, aber nach dem Motto verfahren, wo so viel Rauch ist, müsse ja wohl doch irgendwie ein bisschen Feuer glimmen.

Es wäre freilich ein zu voluminöses und zudem wenig spannendes Unterfangen, auch nur die verbreitetsten Verschwörungstheorien zu-

---

[23] Pirinçci: Deutschland, passim

sammenzutragen, welche aktuell in Europa, erst recht in den USA im Schwange sind. Ich will mich auf wenige Themen der amerikanischen Diskussion konzentrieren, anhand derer man die Besonderheiten moderner Verschwörungstheorien besonders gut zeigen kann.

Das Ungewöhnliche an Verschwörungstheorien in den USA ist, dass die seit dem Ende der McCarthy-Ära kaum noch jemand Verschwörungen gegen die Regierung argwöhnt, sondern die Regierung als Teil einer gegen das amerikanische Volk, seine Werte oder die christliche Religion gerichteten Verschwörung angesehen wird. Diese Haltung wurde in der Vergangenheit immer wieder durch tatsächliche Verschwörungen gestützt, die zwar kurzlebig waren und auch vergleichsweise mit nur kleinen Zielen betrieben wurden, aber trotzdem zeigten, dass verschiedene Regierungen der USA bis hinauf ins Weiße Haus kaum Skrupel hatten, geltendes Recht einschließlich der Verfassung stumpf zu ignorieren, wenn es dem diente, was man für das Interesse des Staates hielt, ja manchmal sogar gegen die Interessen des Staates ausschließlich im eigenen Interesse auf Basis einer Verschwörung vorzugehen. Letzteres lässt sich vor allem vom Verhalten der Regierung Nixon während des Watergate-Skandals sagen, in dem es lediglich darum ging, illegale Maßnahmen während des Wahlkampfs zu vertuschen. Ein falsch verstandenes Verständnis dessen, was für das Land das Beste sei, bestimmte hingegen die Regierung Reagan und insbesondere den stellvertretend für ein ganzes System an den Pranger gestellten Oliver North während der Iran-Contra-Affäre. Hierbei hatten die US-Behörden nicht nur Waffen an den Iran verkauft, um mit dem Geld gegen einen gültigen Kongressbeschluss die Contras in Nicaragua zu finanzieren. Sondern sie hatten auch mindestens geduldet, wahrscheinlich sogar aktiv unterstützt, dass die Contras als weitere Einnahmequelle tonnenweise Kokain in die USA brachten. Ganz sicher war aber die rechtliche Abwicklung der Affäre ein deutliches Zeichen eines verschwörungsähnlichen Vorgehens der Regierungsverschwörung, da es trotz intensiver Bemühungen nicht gelang, auch nur einen einzigen der Verantwortlichen hinter Gitter zu bringen, ja diverse Beschuldigte sich aufgrund

Präsidentenamnestie noch nicht einmal vor Gericht verantworten mussten.

Es ist also nicht völlig abwegig, wenn man in den USA die Regierung für fähig hält, an Verschwörungen beteiligt zu sein. Ich habe eingangs ausgeführt, dass eine verdeckte Operation der Regierung, auch wenn sie gegen das Gesetz verstößt, keine Verschwörung im eigentlichen Sinne ist. Aber in den USA wird dies von vielen Menschen anders gesehen. Die Regierung wird als zeithafte, mehr oder weniger fremdbestimmte Einrichtung angesehen, welche sich sehr wohl gegen die Nation, gegen die Verfassung, die christliche Religion, die „weiße Rasse" oder den „historischen Sendungsauftrag" der amerikanischen Nation verschwören könne. Entsprechend sind die meisten Verschwörungstheorien in den heutigen USA einer rechten Ideologie zuzuordnen. Insbesondere die Mitte der 1990er Jahre entstandenen diversen Gruppierungen des Militia Movements verdächtigen die US-Regierung einer größeren Anzahl von Verschwörungen, welche sich letztlich alle gegen die amerikanische Tradition, die freiheitlichen Grundwerte und die christlichen Grundlagen der USA richteten. Als Drahtzieher werden meist Juden oder Kommunisten, nicht selten auch Illuminaten, Freimaurer, sogar der Papst oder Außerirdische genannt. Dabei haben diese Theorien nicht selten auch exkulpatorischen Charakter. So wird der Anschlag auf das Murrah Federal Building in Oklahoma City vom April 1995 meist als Versuch der Clinton-Regierung dargestellt, unter dem Deckmantel einer Anti-Terror-Gesetzgebung die Rechte der Bundesstaaten und des einzelnen Bürgers erheblich einzuschränken. Tatsächlich wurde der Anschlag aber von Timothy McVeigh und zwei Helfern verübt, wobei McVeigh selbst der Miliz-Bewegung nahestand.

In ähnlicher Weise instrumentalisieren Verschwörungstheorien der US-amerikanischen Rechten auch die Erstürmung des Sektenanwesens der Branch Davidians in Waco Anfang März 1993. Nun kann man dem FBI in der Tat vorhalten, hier ausgesprochen stümperhaft vorgegangen zu sein und in dem Moment, als das Anwesen in Brand geriet, den Ermittlungserfolg vor die Sicherheitsfrage gestellt zu haben. Aus diesem Grund wurden die bereitstehenden Feuerwehrfahrzeuge lange Zeit nicht eingesetzt, sodass es schließlich 76 Tote und nur neun Überlebende gab. Aber auch hier vermuten insbesondere Anhänger der Miliz-Bewegung bis heute eine Verschwörung der US-amerikanischen Regierung gegen Menschen, die letztlich nur in Freiheit und im Geist der amerikanischen Gründerväter hätten leben wollen.

Die zweite große Gruppe von Verschwörungstheorien in den USA hat im Gegensatz zur ersten Gruppe auch den Weg über den Atlantik gefunden. Damit sind nicht die Legenden zur ersten Mondlandung gemeint, sondern die in der afroamerikanischen Öffentlichkeit kursierenden Verschwörungstheorien, welche im Kern alle behaupten, die US-amerikanische Regierung unternähme als Handlanger des traditionellen Establishments, der jüdischen Plutokratie oder mitunter sogar der chinesischen oder der lateinamerikanischen Einwanderer alles, um eine Entwicklung der schwarzen Bevölkerung zu realer Gleichberechtigung zu verhindern. Zu diesem Zweck sei z.B. das HIV-Virus aus Afrika in die USA gebracht worden, zu diesem Zweck unternehme die Regierung fast nichts, um die Ausbreitung von Crack und anderen Drogen in Stadtteilen mit vorwiegend schwarzer Bevölkerung zu unterbinden, und konzentriere ihre Kräfte lieber auf Bezirke mit vorwiegend euro-amerikanischer Bevölkerung. Auch Martin Luther King oder Malcolm X. seien mit Unterstützung des FBI, der CIA oder anderer Behörden ermordet worden.

Am bekanntesten sind die verschiedenen Spielarten dieser Theorie in Zusammenhang mit dem Katastrophenmanagement während des Hurrikans Katrina 2005. Man muss wohl lange suchen, um einen Fall zu finden, wo das Management einer Katastrophe deren Auswirkungen nur wenig nachstand, und es ist nachvollziehbar, dass insbesondere vielen Betroffenen der Glaube fehlt, dies alles sei nur durch Inkompetenz, Gleichgültigkeit, Behördenwirrwarr oder schlichte materielle oder intellektuelle Überforderung erklärbar. Daher entstanden schon während der Katastrophe die ersten Verdächtigungen und Legenden. Insbesondere wird immer wieder behauptet, die Rettungsmaßnahmen hätten sich auf die „weißen" Stadtteile von New Orleans konzentriert. Die Kritik nahm ihren wesentlichen Beginn anlässlich der unzureichenden Versorgung der Katastrophenflüchtlinge im Louisiana Superdome und im Ernest N. Morial Convention Center, wo ca. 30.000 bzw. 15.000 Menschen, fast ausschließlich Afroamerikaner, tagelang ohne jede Unterstützung ausharren mussten. Es gab eine Reihe von Toten, z.T. aufgrund von Wassermangel und faktisch nicht vorhandener medizinischer Versorgung, aber auch, weil es wegen der katastrophalen Situation zu Eruptionen von Gewalt zwischen den Flüchtlingen kam. Die Federal Emergency Management Agency (FEMA) behauptete, erst am 01.09.2005 von der Lage im Convention Center erfahren zu haben, nachdem bereits am 29.08.2015 der Sturm die Stadt mit voller Wucht getroffen hatte. Der Congressional Black Caucus, ein überparteilicher Ausschuss des Kongresses zur Vertretung der Rechte von Afroamerikanern äußerte sich daraufhin erschrocken und besorgt über die Situation in New Orleans, da insbesondere Afroamerikanern keine oder jedenfalls keine hinreichende Hilfe erhielten. Auch der Bürgermeister von New Orleans, Ray Nagin, griff am 01.09.2015 die Gouverneurin des Bundesstaats Louisiana, Kathleen Blanco, und vor allem die Bush-Regierung und insbesondere den Präsidenten selbst scharf an, warf ihnen allerdings vor allem Gleichgültigkeit und Inkompetenz vor. Insgesamt geriet die George W. Bush zeitweise wegen der schlechten Bewältigung der Katastrophe massiv unter Druck, sodass einige Medien bereits von einem „Katrinagate" redeten. Letztlich aber gab es keine politischen Konsequenzen aus dem Desaster, lediglich der bisherige Leiter der FEMA musste seinen Hut nehmen.

Rasch zeigte sich, dass ärmere Bewohner der Stadt, vor allem Afroamerikaner, keine Möglichkeit hatten, aus eigener Kraft die z.T. meterhoch überfluteten Bezirke zu verlassen, ihnen aber auch keinerlei Hilfe zuteil wurde. Auf sich selbst gestellt, kam es zu Plünderungen, worauf die völlig überforderten Behörden mit dem Einsatz der Nationalgarde reagierten. Diese und diverse Milizverbände erschossen in den folgenden Tagen wahrscheinlich Hunderte Personen, die man anschließend in Massengräbern verscharrte. Eine offizielle Untersuchung der Todesfälle wurde nie durchgeführt, obwohl das Recht in den USA dies eigentlich zwingend erfordert.

Die schließlich durchgeführte Evakuierung der afroamerikanischen Bevölkerungsteile geriet dann endgültig zu einem Desaster, wobei freilich auch hier eine Mischung aus Inkompetenz und einem mehr oder weniger offenen Rassismus zur Erklärung der Vorgänge ausreichen, ohne dass man von Verschwörungen sprechen müsste. Immerhin aber haben zahlreiche Zeugen und Betroffene die Evakuierungen eher als Deportationen erlebt: Menschen wurden z.T. mit Gewalt und mit nur sehr wenig Vorlaufzeit gezwungen, ihre z.T. noch intakten Häuser zu verlassen, sie durften fast nichts mitnehmen und wurden unter z.T. sehr entwürdigenden Bedingungen abtransportiert, um dann in Lager gepfercht zu werden, die sie nicht verlassen durften und wo sie auf Gedeih und Verderb dem fast ausschließlich euro-amerikanischen Wachpersonal ausgeliefert waren. Entsprechend wehrten sich selbst die Menschen im Superdome, deren Lage katastrophal war, lange Zeit gegen die Evakuierung. Das Dach der Halle war teilweise abgedeckt, Wasser- und Stromversorgung und die sanitären Anlagen völlig zusammengebrochen. Trotzdem dauerte es insgesamt bis zum 04.09.2005, alle Menschen aus dem Superdome und aus dem Convention Center zu evakuieren.

Im Gefolge des Sturms wurden insbesondere die ärmeren Stadtteile zunächst nur sehr zögernd wieder aufgebaut. In der Folgezeit entschied man sich dafür, hier eine konsequente Sanierungspolitik umzusetzen, was jedoch zur Folge hatte, dass die bisherigen Bewohner zum größten Teil sich die neuen Mieten nicht mehr leisten konnten. Die Folge war ein regelrechter Exodus der afroamerikanischen Bevölkerung aus den Kerngebieten von New Orleans. Entsprechend kursiert in der schwarzen Bevölkerung vor allem im Süden der USA die Ansicht, dem läge eine Art Politik der „ethnischen Säuberung" zugrunde, obgleich man zur Rechtfertigung der Behörden durchaus anführen kann, dass eine Sanierung der Elendsviertel anders kaum erfolgen konnte und ansonsten schlichte Profitgier zur Erklärung der Vorgänge ausreicht. Aber viele Stimmen meinen hier, eine Renaissance des Brands von Rom zu sehen, wenn auch vielleicht nur in Peter Ustinovs Darstellung des Kaisers Nero, der demzufolge den Brand benutzen wollte, um die Stadt von schmutzigen und überbevölkerten Stadtvierteln zu reinigen und neuer und schöner wieder aufzubauen. Daher verweisen diverse Anhänger einer Verschwörungstheorie z.B. darauf, dass der *National Geographic* in einem großen Artikel bereits ein Jahr zuvor vor einer großen Überschwemmung gewarnt habe. Diese werde beim nächsten größeren Hurrikan Folge der Abholzung der Zypressenwälder im Mississippi-Delta sein, welche in früheren Zeiten als Pufferzone gedient hätten. Auch die Weigerung der Behörden, die entstandenen Deichbrüche durch das Versenken von Schiffen wenigstens teilweise zu schließen, wird als Indiz gewertet, dass man hier die Zerstörung insbesondere der von Afroamerikanern bewohnten Viertel nicht nur in Kauf genommen, sondern gezielt betrieben habe.

Die Verschwörungstheorien rund um die Folgen von Katrina sind auch deswegen so populär, weil sie auf einen, wie dargestellt, großen Vorrat an Merkwürdigkeiten und Ungereimtheiten zurückgreifen können, welche man zwar auch anders erklären kann, die aber trotzdem den Gedanken nicht völlig abwegig erscheinen lassen, dem Ganzen läge ein geheimer „Masterplan" zugrunde.

Andere Verschwörungstheorien unserer Tage bemühen sich um derlei Restplausibilität hingegen nicht. Als eines der groteskeren Beispiele hierfür will ich kurz die Theorie von den Morgellonen schildern.

1938 beschrieb der Psychiater Karl-Axel Ekbom erstmals einen häufig mit Drogenmissbrauch bzw. Drogenentzug einhergehenden wahnhaften Zustand, in dem die Patienten glauben, Würmer, Insekten oder ähnliche Parasiten hätten sich unter ihrer Haut eingenistet und würden sich dort vermehren und Fraßgänge anlegen, wie Holzwürmer in alten Möbeln. Er bezeichnete dies als Dermatozoenwahn; das Syndrom ist seitdem in der Psychiatrie unter diesem Begriff bekannt und in gewissem Umfang auch medikamentös behandelbar.

Nun ist es nicht so, dass es keine Parasiten gäbe, welche ein dem geschilderten Syndrom ähnliches Krankheitsbild erzeugen. Am verbreitetsten sind wohl die Grabmilben, deren Weibchen sich beim Erstbefall in die Epidermis des Wirts einfressen, wo sie ihre Eier ablegen. Die hieraus schlüpfenden Larven entwickeln sich über ein Nymphenstadium erneut zu Grabmilben und erweitern nach und nach die von der ersten Generation angelegten Fraßgänge in der Haut des Wirts, was vor allem permanenten Juckreiz nach sich zieht. Bei Menschen wird dieser Parasitenbefall als Krätze bezeichnet, aber Grabmilben können auch andere Arten befallen und lösen dann z.B. bei Hunden die Räude aus.

Eine andere durch Parasiten verursachte Erkrankung ist die – meist unbemerkt verlaufende – Histoplasmose, eine Erkrankung des Lungengewebes, für die ein parasitär lebender Schimmelpilz verantwortlich ist. Die Anhänger der Morgellonentheorie verbinden nun diese beiden Phänomene, indem sie behaupten, es gebe parasitäre Fadenpilze, welche sich in der Epidermis ansiedeln würden. Dort lösten sie dann diverse Symptome aus, vor allem Hauterkrankungen, insbesondere Blasen oder Schwellungen. Patienten berichten aber auch von Bewegungen unter der Haut, was auf eine kinetische Aktivität der Pilze hindeuten soll. Daneben werden mitunter auch Rücken- und Gelenkbeschwerden oder nervöse Reizungen des Magen-Darm-Trakts auf diese Parasiten zurückgeführt.

Es ist bisher nicht gelungen, bei einem der Patienten, welche einige der geschilderten Symptome aufweisen oder von sich selbst behaupten, von Morgellonen befallen zu sein, einen parasitären Befall nachzuweisen. Das betrifft nicht nur die meist angeführten Fadenpilze wie Cryptococcus neoformans, sondern auch andere Parasiten wie diverse Arten von Fadenwürmern, vor allem den Zwergfadenwurm, oder Bakterien, vor allem das häufig genannte Agrobacterium tumefaciens. Richtig ist, dass die genannten drei Spezies tatsächlich parasitär lebenden und z.T. auch schwere Erkrankungen verursachen. Aber zur Erklärung einer angeblichen Erkrankung mit Morgellonen taugen sie nicht, auch wenn bei einigen Patienten subkutane, aber anscheinend inaktive, bisher kaum erforschte Fasern nachgewiesen werden konnten.

Ob es tatsächlich eine Morgellonen-Erkrankung gibt und was diese evtl. verursachen könnte, kann hier nicht geklärt werden. Es ist aktuell aber so, dass sich Patienten und andere Personen, welche von der Existenz der Morgellonen überzeugt sind, dem Fehlen von Befunden und der naheliegenden Erklärung als Dermatozoenwahn eine Antwort entgegensetzen müssen. Häufig geschieht dies durch Verschwörungstheorien, welche dem angedeuteten Muster in den USA folgend meist die US-Regierung, das Militär oder geheimnisvolle Mächte – Außerirdische, Dämonen etc. – als Drahtzieher der angeblich wachsenden Verbreitung der Erkrankung beschreiben. Dabei ist in jüngerer Zeit eine andere Verschwörungstheorie, die Chemtrail-Theorie, zur Unterstützung herangezogen worden. Diese besagt ursprünglich, die Kondensstreifen von Düsenflugzeugen enthielten unbekannte Substanzen, welche auf die Erde niedergingen und für diverse Erkrankungen, aber vielerorts auch für erhebliche Einbrüche der Agrarproduktion verantwortlich seien. Die Anhänger der Morgellonentheorie behaupten nun verschiedentlich, das US-Militär infiziere die Bevölkerung nach und nach mit Mikropilzen, welche von hochfliegenden Maschinen weltweit ausgebracht würden. Diese Pilze übernähmen schrittweise das Denken des infizierten Menschen, um ihn letztlich zum gefügigen Sklaven des Militärs zu machen. Aber auch dies sei letztlich nur der verlängerte Arm geheimnisvoller Mächte, also z.B. von Dämonen, die hier als Archonten bezeichnet werden, oder von Außerirdischen.

11.7 Die Popularität von Verschwörungstheorien

Was nun führt zur weltweit ungebrochenen Popularität von Verschwörungstheorien? Denn offensichtlich kann man rasch Unterstützer für jede noch so blödsinnige Idee finden. Man muss sie nicht einmal ins Internet stellen, eine lautstark geführte Plauderei an einem beliebigen Stammtisch reicht völlig aus, dass links und rechts sich Anhänger ansammeln.

Ich werde Ihnen im Anhang an diesen kleinen Beitrag einige Verschwörungstheorien darlegen, wie ich sie aus einer Feierabendlaune heraus rasch entwickelt und aufgeschrieben habe. Zum Teil als Spaß, teilweise aber auch, um mal zu zeigen, wie einfach es ist, Unfug zu entwickeln, der auf den ersten Blick höchst plausibel scheint. Ich hoffe nur, dass sich meine Spinnereien nicht verselbständigen und binnen kürzester Frist einen Eintrag in der Wikipedia erhalten.

Grundsätzlich muss man individualpsychologische, soziologische und politologische Motive unterscheiden. Dies ist wichtig, wenn man die Frage beantworten will, ob sich Verschwörungstheorien aus der Welt verbannen lassen, aber auch hinsichtlich der Frage, warum das sinnvoll sein könnte. Denn offensichtlich sind viele dieser Theorien nicht nur ein harmloser Spleen einiger sonst liebenswerter Zeitgenossen. Etliche Verschwörungstheorien haben Anlass dazu geboten, Menschen zu drangsalieren, zu verfolgen und irgendwann auch totzuschlagen. Deswegen kann ein Studium ihrer Motive helfen, ihnen entgegenzutreten. Freilich, aus der Welt gebannt sind sie damit noch nicht.

11.7.1 Ich sehe was, was du nicht siehst: Individualpsychologische Erklärungen

Wer einer Verschwörungstheorie anhängt, wird meist drei Dinge erleben:

- ein Isolationsmoment: Wer von der Mehrheitsmeinung abweicht, wird sich in Gegensatz zu dieser begeben. Dies wird umso stärker erlebt werden, je divergenter die Ansicht ist und je größer der Nachdruck, mit welcher sie vorgetragen wird.
- ein Gemeinschaftsmoment: Während sich die Anhänger der Mehrheitsmeinung vom Anhänger der Verschwörungstheorie nicht selten distanzieren werden oder doch jedenfalls das Verhältnis zu ihnen abkühlt, werden im Gegenzug andere sich dem Betreffenden annähern, und zwar sowohl Menschen, mit denen er bereits mehr oder weniger bekannt war, als auch neue Kontakte, zu denen der Weg wesentlich über die jeweilige Verschwörungstheorie geführt hat oder führt

- ein Überlegenheitsmoment: Wer von der Verschwörungstheorie überzeugt ist, wird zwar verwirrt und erschreckt auf alle blicken, die nicht oder jedenfalls noch nicht zu seiner Ansicht bzw. Einsicht gelangt sind. Aber er wird sich auch als klüger, wissender, mutiger als diese empfinden.

Sind alle drei Momente für sich gleich stark, überwiegen die positiven Motive: Gemeinschaftsgefühl, gepaart mit Überlegenheit, macht die Isolation allemal wett. Aber auch Isolation kann positive Aspekte haben. Sie sichert vielleicht eine Distanzierung, wo längst zu viele zu nah gekommen sind, sie verhindert auch, dass man mit lästigen Fragen konfrontiert wird. Wer eine leicht merkwürdige Idee hat, wird sich oft gefragt finden, ob er dieses oder jenes denn wirklich so meint oder ob er sich nur einen Scherz mache. Aber ab einem gewissen Maß von Bizarrheit kommt es dazu kaum noch. Man gilt als spleenig, verrückt, aber harmlos und insgesamt als anstrengend, was zur Folge hat, dass man nur noch wenig behelligt wird – außer natürlich vom vielleicht kleinen, aber umso erleseneren Kreis Gleichgesinnter, die sich natürlich früher oder später einfinden werden.

Das reicht aber als individualpsychologische Erklärung nicht aus, warum manche Menschen so anfällig sind für Verschwörungstheorien, andere nicht. Die Frage kann hier auch nicht geklärt werden, aber man kann skizzieren, in welche Richtung man hier vielleicht weiterdenken könnte.

Als Kinder haben wir alle ein merkwürdiges Wechselspiel durchmachen müssen. Die Welt war immer wieder rätselhaft, unverständlich und fremd, vielleicht auch beängstigend und bedrohlich. Und dann kamen Vater oder Mutter oder Lehrer oder Freunde, und wir bekamen eine Erklärung präsentiert. Die hat uns vielleicht nicht immer gefallen, aber die Welt war wieder in einer mehr oder weniger attraktiven Ordnung, damit auch vom Schrecken des Unbekannten befreit. Zugleich wussten wir aber auch, dass sie noch tausend weitere Geheimnisse und Rätsel bereithielt, die wir entdecken würden.

Die Welt der Erwachsenen ist anders. Sie ist eine Mischung aus Öde, Langeweile und Routine auf der einen Seite, auf der anderen Seite immer noch voller Rätsel, die aber nicht mehr aufregend, sondern nur noch bedrohlich sind. Gleichzeitig ahnen wir, dass man auf diese Rätsel keine Antwort bekommen wird, jedenfalls keine, die den Einzelnen zufriedenstellen kann. Im Gegenteil, selbst das, was in Kindertagen noch als Erklärung ausreichte, erweist sich als fadenscheinig und zweifelhaft, sodass selbst alte Ängste aus Kindertagen plötzlich wieder hochkommen. „Warum müssen Menschen, die man lieb hat, sterben? – Damit Omi von einer Wolke aus besser auf dich aufpassen kann." Irgendwann denkt auch der Einfältigste, dass er das nach einem Dutzend Flugreisen nicht mehr ernsthaft glauben kann. Aber die Frage ist dadurch nicht belanglos geworden, nur das Gefühl ist hinzugekommen, hier nicht nur keine Antwort zu haben, sondern auch jahrelang irgendwelchen Mist geglaubt zu haben, den eine verlogene Mutter, ein betrügerischer Vater einem unschuldigen und gutgläubigen Kind untergejubelt hatten.

Natürlich will man da zurück in eine Welt, wo alles ehrlich und erklärbar war. Wo es Menschen gab, denen man vertrauen konnte und immer alles wieder gut war, wenn man nur tat, was man sollte. Genau das versprechen Verschwörungstheorien, und sie nehmen hierin Strategien und Mechanismen auf, die schon aus diversen Religionen gut vertraut sind. Denn auch diese versprechen ja, eine komplizierte Welt einfach und angstfrei zu erklären, klare Unterscheidungen zwischen Gut und Böse, Freund und Feind zu präsentieren, eine flüchtige, ständigen Veränderungen unterworfene Welt in ein langfristiges Muster zu ordnen. Mithin bestätigt, wer Verschwörungstheorien anhängt, eigentlich nur, dass die Welt rätselhaft ist und er daran nichts ändern kann und auch nichts ändern will. Das Religionshafte der Verschwörungstheorien zeigt auch, wie und warum der Mensch sie überwinden sollte. Denn sie berauben ihn wie jene gerade dem, was aus individualpsychologischer Sicht ein großer Gewinn der Menschwerdung ist, nämlich die fortgesetzte Chance, immer wieder in Neues und Unbekanntes aufzubrechen und dies bewusst zu tun. Sie übertünchen eine Urangst des Menschen, aber sie lösen sie nicht auf. Im Gegenteil, die Angst, dass der offensichtliche Quatsch enttarnt wird, dem man da anhängt, vermehrt auf die Dauer noch das Gefühl von Bedrohtheit. Nicht nur durch andere, sondern auch durch einen selbst, denn man muss sich ja selbst kujonieren, den eigenen Verstand in Ketten legen, um nicht in die Seifenblasen zu pieken, die vor einem durch den Denkraum schillern.

11.7.2 Wenn ihr draußen seid, dann sind wir drinnen: Soziologische Erklärungen

Hinzu kommt, was Verschwörungstheorien mit Religionen, Mythen, Vereinshymnen und Regimentsfahnen gemein haben: Sie stiften Gemeinschaft.

Gemeinschaften definieren sich in der Regel auf vier Wegen:

- Abgrenzung der Outgroups
- Festlegung gemeinsamer Inhalte
- Vereinbarung gemeinsamer Mythen, Legenden usw.
- Propagierung gemeinsamer Symbole

Verschwörungstheorien helfen allen vier Wegen: Sie erlauben es, sehr klar zwischen denen die „dazu gehören" und „den anderen" zu unterscheiden. Anhänger von Verschwörungstheorien und anderen sektenähnlichen Gruppen werfen den großen Gemeinschaften – Kirchen, Parteien usw. – immer wieder das „Laue", das „Weichgespülte" ihrer Lehre vor. Jeder könne dazu gehören, weil so wenig Inhalte geblieben seien und selbst diese seien nicht mehr zwingend, sondern nur noch ein Angebot, dem der eine mehr, der andere weniger nachkommen werde. Die Sektenlehre, die Verschwörungstheorie, aber auch radikale Spielarten der großen Religionen erlauben eine Mittelposition nicht. Es gibt nur ein eindeutiges Drinnen oder Draußen, in ideologischer wie sozialer Hinsicht. Hierüber etablieren dann Verschwörungstheorien nicht anders als Sekten oder Religionsgemeinschaften auch einen identitätsstiftenden Vorrat gemeinsamer Symbole und Mythen, wobei letztere natürlich den narrativen Kern der Theorie bilden.

Verschwörungstheorien befriedigen also für viele Menschen ein mehr oder weniger unausgesprochenes Sehnen nach einer Gemeinschaft, die durch verbindliche Ideen gestiftet und umso fester in sich geschlossen ist, je deutlicher sie sich nach außen abgrenzt. Allerdings hat sich in den letzten Jahren dieses Gemeinschaftsbild signifikant verändert. Die Gemeinschaft der Gläubigen einer Verschwörungstheorie hat anders als in der Vergangenheit nur selten noch eine vorwiegend lokale Identität. Die meisten Gemeinschaften organisieren sich heute über Internet-Gruppen, was einerseits weltweite Verbindungen erlaubt, andererseits aber die Bindungskraft der Gruppe und das so erlebte Gemeinschaftsgefühl deutlich reduziert. Andererseits wird aber die benötigte Mindestzahl von Gleichgesinnten auf diese Weise viel leichter erreicht. Denn im Grunde haben wir alle immer noch unser mittelalterliches Dorf im Kopf. Wenn man zweihundert Menschen kennt und von diesen fünfzig sich auf eine gemeinsame Ideologie festlegen, dann ist das eine unglaublich starke Gruppe und man darf hoffen, dass auch andernorts vielleicht nicht gerade 25%, aber doch eine signifikante Zahl entsprechend orientieren wird. Die Haltung vieler Menschen bei der Verwendung des Internets ist keine andere: Hat man für irgendwas fünfzig Anhänger gefunden, fühlt man sich als starke Gemeinschaft. Selbst wenn man weiß, dass diese fünfzig nicht in einem Dorf sitzen, sondern weltweit verteilt sind, fühlt man sich doch stark. Der Verstand mag einem sagen, dass dies nicht 25% in einem Dorf sind, was Hoffnung für ähnliche Quoten andernorts macht, sondern dass es ein Andernorts kaum noch gibt und die fünfzig, die man gefunden hat, wahrscheinlich alles bleiben werden, was man zu erwarten hat, eben nicht ein Viertel einer Dorfgemeinschaft, sondern in etwa 0,0000017% der großen freundlichen Gemeinschaft aller Internetnutzer weltweit.

Gleichzeitig erzeugt die Verschwörungstheorie eine bessere Steuerbarkeit des eigenen Handelns in Hinblick auf andere. Bekanntermaßen haben die traditionellen Gemeinschaften des Mittelalters – Familie, Sippe, Dorf, Zunft usw. – sich inzwischen für viele Menschen weitgehend aufgelöst. Das Bedürfnis nach Gemeinschaft ist aber geblieben, auch in der Weise, dass die Gemeinschaft den Kreis derjenigen klar umgrenzt, denen man verpflichtet ist, deren Interesse in der eigenen Handlungsplanung zu berücksichtigen ist. Sektenmitglieder, und ähnlich eben auch Anhänger von Verschwörungstheorien, sind letztlich nur einander verpflichtet, selbst die gesellschaftlich allgemein anerkannten, vergleichsweise geringen und nicht selten diffusen Verpflichtungen gegenüber allen anderen Menschen oder wenigstens den Angehörigen der eigenen Nation werden in der Regel abgeschwächt oder ganz außer Kraft gesetzt, nicht selten explizit mit Verweis auf den besonderen Sendungsauftrag der Anhänger der jeweiligen Verschwörungstheorie.

Das macht diese Anhänger vergleichsweise frei. Der Kreis der Menschen, auch die Themen, zu denen man sagen kann „Ist mir egal!" wird hierdurch signifikant größer. Umgekehrt kann man hoffen, dass Handlungen, die wenigstens zum Teil altruistisch sind, nicht ohne Gegenleistung bleiben oder dem Betreffenden sogar als Schwäche ausgelegt werden. Dadurch wird in gewissem Umfang die wechselseitige Verlässlichkeit der früheren Gemeinschaftskonzepte rückgewonnen, so jedenfalls die Hoffnung. In der Realität erweisen sich die meisten Anhängergruppen von Verschwörungstheorien als fragiler denn jede Skatrunde. Zum einen sind Sektierer häufig untereinander eifrig bemüht, Abweichler, Häretiker und Halbherzige zu finden. Die entstehenden Konflikte führen zu teilweise sogar mit physischer Gewalt geführten Auseinandersetzungen über – von außen wahrgenommen – Fragen von geradezu grotesker Lächerlichkeit. Zum anderen ist, wie oben ausgeführt, die Mehrheit der entsprechenden Gruppierungen über das Internet organisiert und damit geografisch weit verstreut und fast immer überfordert, wenn es um die Fortschreibung traditioneller Gemeinschaftsrituale geht. Man kann keine Weihnachtsfeiern veranstalten, wenn man auf drei Kontinenten lebt, man schenkt sich allenfalls Virtuelles zum Geburtstag, und da ist auch keine Schulter, an der man sich mehr als virtuell ausheulen kann, wenn es mal wieder knüppeldick gekommen ist. Anders gesagt, Virtual Communities – und das gilt nicht nur für die Anhänger von Verschwörungstheorien – sind kein Ersatz für traditionelle Gemeinschaften. Sie erlauben andere, vielfach auch komplexere Gruppenerlebnisse, aber dort, wo der Einzelne sich nach dem sehnt, was traditionelle Gruppen bereitstellen, wird er allzuoft enttäuscht werden und sich daher immer wieder auf die Suche nach einer neuen, aber wieder nur virtuellen, Gruppe machen.

11.7.3 Feinde nützen mehr als Freunde: Politologische Erklärungen

Bis eben haben wir Verschwörungstheorien auf Basis der sich ergebenden sozialen Gruppen, Gemeinschaften und Netzwerke angesehen. Aber mindestens ebenso wichtig sind die Antagonismen, welche die Theorie eröffnet. Wo Luther auf Gott vertraut, auch wenn die Welt voll Teufel wär, da schafft die Verschwörungstheorie die Teufel erst, die dann einen Gott, eine Heilslehre, eine Welterklärung nötig machen und zugleich der ungerichteten Wut des Menschen Ort und Ziel geben.

Dabei kann Wut viele Ursachen haben, aber häufig ist sie Ausdruck des Gefühls, von der Welt, vom Schicksal, von anderen Menschen nicht gerecht behandelt zu werden. Das ist meist, wenn auch nicht immer, Ergebnis der verwirrten Frage, warum fast alles, was man wünscht, anstrebt, wofür man sich müht, was andere scheinbar ohne Aufwand geradezu geschenkt bekommen, die Liste lässt sich fortsetzen, einem selbst entweder ganz vorenthalten bleibt oder, falls man es dann doch bekommt, sich als unbefriedigend, schal, peinlich, kurzlebig oder ähnliches erweist. Welch größere Wut gibt, als wenn alle Kinder Kuchen bekommen, man selbst aber bekommt keinen oder nur das kleinste Stück, schlimmer noch, wenn man nur mutmaßt, andere hätten Kuchen bekommen, man selbst jedoch sei leer ausgegangen oder mit einem trockenen Kanten abgespeist worden? Diese Wut braucht ein Ziel. Ist es in Kindertagen die kleinere Schwester, der andre Junge, der sich bei der Kindergärtnerin besser einzuschmeicheln versteht, ist es der Nachbarn Tochter, die offensichtlich schon mit goldenem Löffel im Munde geboren ward, so ist dieser, nennen wir ihn ruhig so, dieser Erzfeind meines Glücks späterhin nicht mehr so leicht zu identifizieren, wird es ungleich schwieriger, sich an ihm zu rächen, nein, ihn seiner gerechten Strafe zuzuführen. Und dann kommt eines Tags eine Verschwörungstheorie daher und sagt: „Sieh, es ist nicht deine Schuld, dass deine Karriere flacher als geplant verläuft, dass dein Acker weniger Früchte trägt als er könnte, dass du nicht oder nur mit missratenen Kindern warst gesegnet! Nein, nicht deine Schuld, sieh doch, jene sind es, denen das zur Last zu legen ist!"

Da ist zunächst einmal die Erleichterung, gar nicht selbst verantwortlich zu sein. Ich kann ja nichts dafür, ich muss nicht auf mich selber wütend sein. Aber ach, wütend bin ich immer noch, was da leichter als meine Wut nun ganz auf jene zu richten, jene anderen, jene finsteren Verschwörer! Werde ich ihrer auch nicht habhaft, sie geben doch meiner Wut ein Ziel, dass sie sich nicht mehr gegen mich selber richten muss. Und jeder in meinem Umfeld, Ehepartner, Kinder, Freunde, alle werden insgeheim froh sein, dass ich ein so adäquates Ziel für meine Wut gefunden habe, folglich sie damit und auch mich selbst verschone.

In entsprechender Weise gibt es aber auch immer wieder ein gesellschaftliches Interesse an der Verschwörungstheorie. So wie der einzelne seiner Wut ein Ziel hierin geben zu mag, so erhält auch die Gesellschaft durch populäre Verschwörungstheorien ein Ziel, manchmal ein Alternativziel für Unruhe und Verwerfung, die in der Gesellschaft drohen. Daher sind Verschwörungstheorien in der Geschichte auch immer wieder von Regierungen oder sonst interessierten Kreisen in Umlauf gebracht worden, um ein instabil werdendes System fortzuschreiben, indem eine Fülle kritischer Geister auf diese Art gebunden oder wenigstens der öffentliche Diskurs auf ein anderes Ziel gelenkt wurde. Insbesondere für das zaristische Russland sind zahlreiche Fälle belegt, wo man versuchte, einer Instabilität im politischen System durch Anheizung antisemitischer Ressentiments zu begegnen, gipfelnd in der oben erwähnten Produktion der „Protokolle der Weise von Zion".

Aber Verschwörungstheorie sind nicht selten auch ganz ohne staatliche Lenkung zu großer Popularität gelangt und haben verbreiteter Angst, Unrast und ungerichteter Wut in der Gesellschaft ein Ziel geboten, sodass sie dieses Aufbegehren nicht oder jedenfalls nicht mehr mit voller Kraft auf eine Umgestaltung der Gesellschaft richtete. Dies gilt insbesondere für die oben dargestellte Entwicklung des Hexenwahns, vor allem im sozial und religiös ausgesprochen unruhigen 16. Jahrhundert. Zwar sollte man nicht glauben, dass der Große Deutsche Bauernkrieg von 1524/25 zu einem Erfolg geworden wäre, hätten nicht weite Kreise der Bevölkerung ihre Wut lieber auf die Hexen gerichtet. Aber ganz sicher wäre ohne den Hexereivorwurf die Niederschlagung des um Thomas Müntzer versammelten Thüringer Haufens im Mai 1525 etwas weniger leicht gefallen.

Nicht selten scheinen Regierungen und andere interessierte Kreise eine Verschwörungstheorie zwar nicht selbst in die Welt gesetzt zu haben, aber nach ihrem ersten Auftauchen derselben auch keine Steine in den Weg gelegt zu haben, weil sie so ungemein zupass kam. Dies dürfte z.B. für die Red Scare gelten, also die blutige Jagd auf angebliche Kommunisten in den USA nach dem Ersten Weltkrieg, in deren Gefolge weit über zehntausend Menschen widerrechtlich verhaftet und mehrere hundert von diesen nach Europa deportiert wurden. Vorausgegangen waren der Verfolgungswelle 1919 diverse Rassenunruhen mit Dutzenden von Toten, was man rasch den „Communists and Anarchists" in die Schuhe schob, um sich nicht mit den eigentlichen Ursachen befassen zu müssen. Fast zeitgleich kam es zu Streiks der Polizei in Boston, vor allem aber der Stahlarbeiter, kurz danach auch der Minenarbeiter. Daher diente die „Red Scare" den Republikanern, die sich gerade um die nächste Präsidentschaft bemühten, aber auch den Minenbesitzern und den Stahlproduzenten als willkommenes Vehikel ihrer Propaganda. Entsprechend rasch wurden die Streiks niedergeschlagen, schließlich sogar das Aufhängen einer roten oder schwarzen Fahne in zwei Dutzend Bundesstaaten unter Strafe gestellt.

Insgesamt ist die Verschwörungstheorie also affirmativ hinsichtlich der bestehenden politischen Zustände. Sie ist es selbst da, wo sie, wie bei den US-amerikanischen Milizen, eigentlich als Integrationsideologie einer eindeutig gegen die Zentralgewalt gerichteten radikalen Gruppierung dient. Denn sie macht eine schwierige, nicht selten komplexe politische Situation scheinbar einfach verstehbar. Aber sie weist der Wut die falschen Feinde zu und gibt zur Überwindung der jeweils problematischen Zustände die falschen Hinweise, sodass sie insgesamt nicht hilfreich ist. Denn wer die falschen Feinde bekämpft, kann nun einmal nicht gewinnen.

11.8 Das Ende der Verschwörungstheorien

Im Vorigen habe ich versucht zu verdeutlichen, dass drei Motive des Menschen der Popularität von Verschwörungstheorien – nicht nur dieser – förderlich sind, nämlich

- die Verlorenheit in einer antwortlosen Welt;
- die Sehnsucht nach Gemeinschaft angesichts zerfallender traditioneller Bindungen;
- die ungerichtete Wut des unausgesetzt scheiternden Menschen.

Wer die Verschwörungstheorien aus der Welt verbannen will, müsste diese drei Motive überwinden. Aber zugleich macht das auch deutlich, dass es fast nicht gelingen kann, Verschwörungstheorien insgesamt aus der Welt zu bannen. Damit bleibt aber lediglich, einzelne Theorien zu bekämpfen, wohl wissend, dass deren Anhänger diesen Angriff meist als Bestätigung der Theorie auffassen werden.

Nun lässt sich ohnehin fragen, warum man das tun soll? Sind die Anhänger von Verschwörungstheorien nicht einfach nur harmlose Spinner, denen man ihre Verrücktheiten ruhig gönnen sollte?

Dagegen lässt sich einwenden, dass die meisten Verschwörungstheorien einen ausgesprochen aggressiven Charakter aufweisen. Wo sie an Macht gewinnen, aber selbst da, wo ihre Anhänger sich in kleinen Gruppen radikalisieren, stellen sie ein erhebliches Sicherheitsrisiko dar. Was war denn die Shoa unter dem Nazi-Terror anderes als die Staatdoktrin gewordene antisemitische Verschwörungstheorie? Was treibt heute die Al Kaida in ihren Angriffen auf Israel und die USA? Nicht ausschließlich, aber doch auch die Vorstellung, spätestens seit den Kreuzzügen gebe es eine abendländische Verschwörung, den Islam zu vernichten, seine Anhänger zu erschlagen oder wenigstens zu versklaven. Entsprechend hat schon in der Antike die Angst vor einer Verschwörung der Christen, dann der Manichäer, im frühneuzeitlichen England der Papisten oder der Stuart-Anhänger zu Massenverfolgungen geführt, sind zahlreiche der Toten des jakobinischen Terrors in der Französischen Revolution einer ganz irrwitzigen Angst vor Geheimgesellschaften, Adelscliquen und ausländischen Agenten zuzuschreiben.

Aber selbst da, wo der Verschwörungstheorie eine solche gewalthafte Dimension fehlt, bindet sie, wie oben ausgeführt, mit ihren scheinbar einfachen und wohlfeilen Welterklärungen Menschen in ihrem Denken und hält sie folglich ab davon, eine kritische, insbesondere in politischer Hinsicht innovative Haltung zu entwickeln. Vor allem aber ist der Grundtenor der Verschwörungstheorie, auch wenn Anhänger der einen oder anderen Spielart jetzt vielleicht aufschreien, Hass und Verachtung. Hass, der sich gegen jenen imaginierten Gegner richtet, seien es nun Hexen, Illuminaten, Juden oder Kommunisten. Aber man darf dabei die Verachtung nicht übersehen, mit welcher Anhänger solcher Theorien denen gegenüber stehen, die „nicht erleuchtet" worden sind. Je nach Couleur sieht man in ihnen jammervolle Narren, die den Lügen der großen Verschwörung immer noch glauben, oder gefährliches Fußvolk des Feinds, das diesem – eigentlich wieder die eigenen Interessen – jeden Tag Vorschub leistet.

Ideologien, die auf Hass, Verachtung und paranoiden Mustern gründen, gehören unzweifelhaft aus der Welt verbannt. Aber das Gefährliche an Verschwörungstheorien ist, dass sie, während wir sie inhaltlich ablehnen oder gar für lächerlich halten, uns alle in Formen des Denkens üben, die weit weniger harmlos oder unverfänglich sind. Das plötzliche Wittern einer weltumspannenden Verschwörung, die Unruhe, die einen beim Lesen scheinbar belangloser Nachrichten befällt, bringen in uns eine Seite zum Klingen, die durch die allgemeine Verbreitung von Verschwörungstheorien längst angelegt ist. Als z.B. Edward Snowdon seine Unterlagen nach und nach der Öffentlichkeit zur Verfügung stellte, da war rasch klar, dass Teile der NSA sich verschworen hatten, um nationales Recht der USA und internationales Recht vielfach zu umgehen und zu brechen. Aber von hier sind dann viele Stimmen zu der Ansicht gelangt, es gäbe insgesamt eine Verschwörung der Five Eyes, also der USA, Canada, Großbritannien, Australien und Neuseeland, vielleicht mit Beteiligung der deutschen oder der französischen Geheimdienste, um insgesamt in einem Jahrzehnte überspannenden Programm eine völlige geistige Transparenz aller Bürger zu erreichen. Diverse Nachrichten, etwa Meldungen zum Verhalten deutscher Behörden im NSA-Untersuchungsausschuss, wurden als Bestätigung dieser Theorie herangezogen.

Die Verschwörungstheorie baut auch in diesem Fall ein übermächtiges Monstrum auf, gegen das zu kämpfen sich offensichtlich überhaupt nicht lohnt. Aber genau diese „Kann man ja sowieso nichts ändern"-Haltung macht es Organisationen wie der NSA leicht, ihre Politik umzusetzen. In ähnlicher Weise ist die durch nichts erzwungene Kapitulation vieler Regierungen vor der angeblich unüberwindlichen Macht diverser multinationaler Konzerne nichts als die Bestätigung der paranoiden Muster, die sich Politiker in früheren Jahren, als sie alle noch Studenten und Jungparlamentarier waren, in dunklen Kneipen zugeraunt haben. Die Mär der Macht des Kapitals, legendäre Topmanager, die ganze Regierungen am Gängelband führen, Monsanto, Del Monte, General Motors, Standard Oil, ExxonMobil, die nach Belieben Regierungen stürzen oder einsetzen, wenn es ihren Interessen dient, die bei missliebigem Verhalten einer Regierung über Nacht Zehntausende von Arbeitsplätzen und viele Milliarden Kapital quasi per Zauberspruch ins Ausland transferieren. Alles Unfug. Kein Konzern der Welt ist auch nur halb so mächtig wie eine mittelprächtige Regierung im Herzen Europas. Und ein viertklassiger Provinzrichter in den USA zwingt auch schon mal einen Milliardenkonzern in die Knie.

Das macht den tatsächlichen Hintergrund der Verschwörungstheorie, soweit es ihn überhaupt gibt, nicht bedeutungslos, im Gegenteil. Man muss der NSA, man muss den Großkonzernen, der katholischen Kirche, dem Islamismus usw. dringend einen Riegel vorschieben. Man muss nur aufhören, so zu tun, als stünden dahinter in Jahrhunderten aufgebaute Strukturen, die sich aalglatt jedem Zugriff entziehen, jeden Widerstand in sein Gegenteil verkehren würden, so mächtig seien, dass sie längst unbesiegbar sind. Die krude Denkweise dahinter enttarnt sich spätestens dann, wenn man überlegt, wie viele angeblich unbesiegbare Institutionen, Organisationen, Geheimgesellschaften usw. es auf diesem Erdball geben soll. Was passiert eigentlich, wenn eines Tags NSA, Scientology, Illuminaten, Satanisten, Weltjudentum, Freimaurer, Islamisten, Reptiloiden, Archonten und Papisten aneinander geraten? Dritter Weltkrieg? Armageddon? Oder sind all diese, wie uns Anhänger von, sagen wir mal, Meta-Verschwörungstheorien glauben machen wollen, in Wahrheit Verbündete oder womöglich allesamt nur gut getarnte Arme der eigentlichen Verschwörungsmacht, wo man dann meist die Illuminaten, manchmal außerirdisch oder, jedenfalls wenn man katholisch ist, kurzerhand den Teufel nennt? Wobei das dann eigentlich keine Verschwörung wäre, da zu einer Verschwörung bekanntermaßen mindestens zwei gehören und zudem der Teufel nicht in Heimlichkeit, sondern im Rahmen der ihm von Gott zugewiesenen Aufgabe handelt. Er macht also nur seinen Job. Das allerdings behauptet die NSA von sich auch.

Eine Überwindung aller Verschwörungstheorien, wenn sowas überhaupt vorstellbar ist, erfordert ein breites Zulassen kritischen Denkens. Verschwörungstheorien werden auch dadurch ermöglicht, dass man viele Menschen hierin nicht übt, ja es ihnen im Gegenteil von Kindheit an abzugewöhnen versucht. Ganz ohne Verschwörung oder böse Absicht, einfach nur aus Faulheit. Weil man nicht genervt werden will von den neugierigen Rangen. Weil man meint, es sei besser, wenn man dem Nachwuchs das ständige Fragen und Hinterfragen beizeiten abgewöhnt.

Denn Verschwörungstheorien wird nur der anhängen, der drei Dinge nie gelernt hat:

- Das ständige Überwinden meiner aktuellen Meinung zugunsten einer neuen, besseren macht Freude.
- Die Welt ist zu kompliziert, um ihre Fragen und Rätsel mit einer zweiseitigen Theorie komplett zu beantworten.
- Die Menschen sind nie böse, sondern hilflos und verängstigt. Und weil sie das sind, tun sie Dinge, die wir, die sie aber auch

selbst als böse empfinden. Sie wissen nur nicht, wie sie damit aufhören sollen.

Das Überwinden der Verschwörungstheorien ist damit Teil einer Fortsetzung des großartigen Programms der Aufklärung, das in den letzten Jahrzehnten eher erlahmt als erfolgreich abgeschlossen zu sein scheint. Aberglauben, Religionen, Verschwörungstheorien, Rassismus, Ideologien usw. feiern, nachdem sie schon abgetan schienen, mehr denn je fröhliche Urstände, ja vermögen zunehmend aus Schulen und öffentlicher Meinung ihre Doktrinen nicht nur mit in den Diskurs einzubringen, sondern alle anderen, vor allem alle moderneren Positionen zu verdrängen. Aber auch dies ist nicht durch eine große Verschwörung der Irrationalisten und Kritikfernen zu erklären. Es reicht, wenn sich Anhänger und Befürworter der Aufklärung und ihrer Ideen ihre eigene Resignation und Untätigkeit in der jüngeren Vergangenheit vor Augen führen.

11.9 Anhang: Das können wir besser

Nachfolgend finden Sie ein paar von mir erfundene Verschwörungstheorien, wie bereits angekündigt. Tun Sie mir nur bitte einen Gefallen: Nehmen Sie das alles nicht ernst!

11.9.1 Lolek, Lech und Bolek

Der Prophet gilt nichts im eigenen Lande. Diese Einsicht haben viele im Laufe der Jahrhunderte am eigenen Leib demonstriert bekommen, und nicht immer hat letzterer das gänzlich unbeschadet überstanden.

In jüngerer Zeit kann man vor allem beobachten, wie einige Personen, selbst Politiker, von der Popularität eines Popstars in kurzer Zeit, manchmal nur in Wochen, im eigenen Land so unbeliebt werden, dass man ihnen eigentlich die Auswanderung nahelegen möchte.

Eine solche betrübliche Entwicklung hat beispielsweise das Ansehen Lech Walesas in Polen genommen. Gefeierter Kopf der Solidarność, mit Ausrufung des Kriegsrechts 1981 erst für ein Jahr in ein Gefangenenlager gesperrt, danach fünf Jahre unter Hausarrest, schließlich 1990 mit breiter Zustimmung zum ersten frei gewählten Präsidenten der Polnischen Republik seit dem Ende der polnischen Freiheit 1939 gewählt. Und dann? Der Absturz in die innenpolitische Bedeutungslosigkeit. 1995 unterlag er bei der nächsten Präsidentenwahl noch recht knapp dem Altkommunisten Aleksander Kwaśniewski, bei den nächsten Wahlen, 2000, erhielt er dann nur noch 1,01% der Stimmen. Parallel auch der Bruch mit den alten Mitstreitern aus der Gewerkschaftsbewegung. Aus der Solidarność trat er 2006 aus, und 2009 drohte er sogar, das Land zu verlassen.

Der Grund für diese Drohung, ins Exil zu gehen, war, dass ihm zum wiederholten Mal vorgeworfen wurde, zwischen 1970 und 1976 ein Spitzel der polnischen Geheimpolizei, des Służba Bezpieczeństwa, gewesen zu sein. Die Beweise hierfür lägen noch immer, soweit nicht durch Walesa in seiner Zeit als Staatspräsident selbst vernichtet, in den Akten des SB, die auszuwerten seit vielen Jahren durch das IPN, das Institut für Nationales Gedenken, in Gdansk betrieben wird.

Ausschließen kann man so etwas natürlich nicht. Die Geschichte der Stasi in der DDR zeigt, wie viele spätere Wegbereiter der Wende von 1989 in ihrer Jugend mindestens zeitweise als Informanten geführt wurden, einige sogar, ohne davon jemals zu erfahren. Vergleicht man aber den Fall Walesa etwa mit dem Fall Manfred Stolpe, so kommen einem gewisse Zweifel. Wäre Walesa tatsächlich in irgendeiner Weise vom Geheimdienst abhängig gewesen, hätte ihn der SB nicht in den Folgejahren zu erpressen versucht? Das ist aber anscheinend nicht geschehen. Außerdem, so die Vorwürfe, hätte der SB auf Walesas Mitarbeit verzichtet, weil man mit seinen Ergebnissen unzufrieden war. Auch das wäre für die Arbeit einer Gesinnungspolizei eher ungewöhnlich. Und schließlich soll man vermuten, dass Walesa als Präsident zwar einen Teil der ihn kompromittierenden Dokumente aus seiner Akte entnahm und vernichtete, die anderen aber ungerührt ins Regal zurückstellte?

Eine der treibenden Kräfte hinter den Vorwürfen gegen Walesa waren die Zwillinge Lech und Jarosław Kaczyński, die beiden Gründer der PIS, die politisch irgendwo zwischen rechtskonservativ und klerikalfaschistisch einzuordnen ist. Beide Politiker waren Protegés Lech Walesas, dem sie auf dem Höhepunkt der polnischen Umgestaltung Anfang der 1990er Jahre als Strippenzieher im Hintergrund dienten. Doch schon in den Jahren vor Ausrufung des Kriegsrechts 1981 hatten sie wichtige Aufgaben innerhalb der Solidarność wahrgenommen, Jarosław vor allem als Sekretär des nationalen Büros der Gewerkschaft, Lech u.a. als Walesas juristischer Berater.

Als 1981 das Kriegsrecht ausgerufen wurde, musste Lech vom Dezember 1981 bis zum Oktober 1982 ins Internierungslager bei Strzebielinek, schloss sich aber nach seiner Rückkehr sofort wieder der inzwischen verbotenen Gewerkschaft an und arbeitete neben seiner wissenschaftlichen Tätigkeit an der Universität Warschau im Geheimen als ihr juristischer Berater.

Jarosław Kaczyński erging es deutlich besser als seinem Bruder. Der Grund hierfür ist nach offizieller Version, dass die Polizisten, welche ihn verhaften sollten, nicht glauben konnten, dass es zwei am selben Tag geborene Kaczyńskis geben könne. Die bloße Tatsache, dass diese Erklärung bis heute in Polen allgemein akzeptiert wird, zeigt wiederum, für wie unglaublich blöde man die Organe der kommunistischen Zwangsherrschaft aus heutiger Sicht hält. Nicht nur nimmt man damit an, dass den braven Uniformträgern die Existenz von Zwillingen gänzlich unbekannt gewesen sei. Man vermutet noch weit darüber hinaus, dass ihnen auch die Existenz des mit weitem Abstand bekanntesten polnischen Zwillingspaars verborgen geblieben sei.

Lech und Jarosław Kaczyński waren nämlich schon als Kinder so berühmt wie in Deutschland die Kessler-Zwillinge. Genau wie diese mit dem Doppelten Lottchen waren auch die Kaczyńskis mit einem Film berühmt geworden. In „O dwóch takich, co ukradli księżyc", deutscher Titel „Die zwei Monddiebe" von 1962 spielten sie Jacek und Placek, eine Art polnisches Gegenstück zu Max und Moritz, basierend auf einem Buch des in Polen sehr beliebten Kinderbuchautors Kornel Makuszyński.

Was mag da wirklich passiert sein? Soll man wirklich an eine annähernd klinische Debilität der polnischen Behörden glauben? Oder nicht vielleicht eher daran, dass Jarosław anders als sein Bruder oder auch anders als Walesa kurzerhand einen Deal mit der Polizei machte und dafür unbehelligt gehen konnte?

Was mag dieser Deal beinhaltet haben? Der SB war nun in der Tat bekannt dafür, ähnlich wie der KGB oder die Stasi der DDR in hohem Maße auf informelle Mitarbeiter, also auf Spitzel zurückzugreifen. Und tatsächlich tauchen in den nach 1990 sichergestellten Akten des SB immer wieder Hinweise auf, dass es im innersten Kreis der Solidarność einen Informanten gab, aber eben deutlich nach den Jahren 1970 bis 1976, die Walesa zur Last gelegt werden, also in einer Zeit, als es zwar insbesondere in Danzig schon Bemühungen um eine freie Gewerkschaft gab, die Gründung der Solidarność 1980 aber noch nicht absehbar war.

Die Kaczyński-Brüder und ihnen nahestehende Kreise haben mehrfach Walesa vorgeworfen, dieser Informant gewesen zu sein, obwohl die Veröffentlichungen des IPN, genauer durch einen dort tätigen Historiker, Slawomir Cenckiewicz, sich lediglich auf die Zeit von 1970 bis 1976 beziehen. Aber was, wenn dieser Informant schon deutlich länger für den SB arbeitete, nämlich in der Tat seit 1970, dann 1976 quasi in den Ruhestand ging, aber mit Ausrufung des Kriegsrechts noch einmal aktiviert wurde?

Auf Walesas Biografie passt diese Version schlecht, wohl aber auf Jarosław Kaczyński. Denn nicht nur gehörte er zu den wenigen, welche unter dem Kriegsrecht kaum zu leiden hatten. Sondern der in den Akten verwendete Deckname des besagten Spitzels ist „Bolek". Die Assoziation zu Lolek und Bolek liegt nahe, zwei Zeichentrickfiguren, die der polnische Trickfilmer Władysław Nehrebecki erfunden und zu großer Beliebtheit gebracht hatte. Wenn man einen Decknamen für Jarosław Kaczyński suchte und nicht direkt Jacek oder Placek verwenden wollte, so waren Lolek oder Bolek die nächstliegende Idee – zumal eine optische Ähnlichkeit zwischen dem kleinen, dicklichen Lolek und beiden Kaczyńskis kaum übersehbar ist, wobei aber Jarosław als der ältere der beiden Zwillinge eher auf den Namen Bolek als größere der beiden Zeichentrickfiguren festzulegen gewesen wäre. Also kann man durchaus vermuten, dass Jarosław Kaczyński 1970 während seiner Studentenzeit vom SB rekrutiert wurde, aber nach seiner Promotion in Warschau und Versetzung nach Byalistok 1976 für den SB nicht mehr interessant genug war. Erst als er im Dezember 1981 wie sein Bruder, wie Walesa und tausende anderer Besuch vom SB bekam, sicherte er sich seine Freiheit, indem er versprach, noch einmal als Spitzel tätig zu werden.

Bis hier muss man das alles noch nicht als Verschwörung bezeichnen, allenfalls, was an Schmutzkampagne die PIS immer wieder mal gegen Walesa initiiert hat. Aber spannend ist eine ganz andere Frage.

Bekanntlich gibt es heute nur noch einen der beiden Kaczyńskis. Lech Kaczyński starb am 10.04.2010 bei einem Flugzeugabsturz nahe Smolensk, als er zu einer Gedenkfeier fliegen wollte, um der Opfer der diversen Massenmorde zu gedenken, im Zuge derer ca. 25.000 Polen, hauptsächlich Offiziere, aber auch Intellektuelle, Gutsbesitzer und Politiker 1940 dem stalinistischen Terror zum Opfer gefallen waren und für die der Ort Katyn als Symbol steht, weil hier – 1943 durch deutsche Besatzungstruppen – das erste Massengrab entdeckt worden war. Es war dies die zweite Gedenkfeier im April 2010, bereits drei Tage zuvor hatten Wladimir Putin und Donald Tusk eine Gedenkfeier abgehalten, zu der Kaczyński aber entweder nicht geladen war oder zu erscheinen sich geweigert hatte.

Nun sind in der Geschichte der Luftfahrt nicht wenige Fälle von Flugzeugabstürzen bekannt, die ohne irgendein Fremdverschulden, einfach aus technischen Ursachen, erklärt werden können. Dennoch gibt es in Polen einen fast die gesamte Gesellschaft umgreifenden Generalkonsens, dass die Maschine im Zuge eines Anschlags abgestürzt sei, wobei die meisten Kommentatoren den russischen Geheimdienst bzw. eigentlich Putin als den Verursacher ansehen.

In der Juristerei gilt das Prinzip „Cui Bono": Was hätte es Putin genützt, diesen Absturz herbeizuführen? Insgesamt: nichts. Im Gegenteil: Lech Kaczyński, zu diesem Zeitpunkt polnischer Staatspräsident, war der wichtigste Skeptiker in Polen hinsichtlich einer allzu raschen Annäherung Polens an die EU in politischer, vor allem aber wirtschaftlicher Hinsicht und kämpfte erfolgreich gegen die Einführung des Euro in Polen. Putin konnte kein Interesse daran haben, Kaczyński zu beseitigen, zumal der Stern der PIS und insbesondere Kaczyński längst zu sinken begonnen hatte und bereits die Europa deutlich offener gegenüberstehenden Nationalliberalen unter Donald Tusk die Regierung in Warschau stellten.

Aber was, wenn der polnische Staatspräsident seine Amtszeit nicht nur dafür genutzt hätte, für eine stärkere und selbstbewusstere Rolle Polens gegenüber insbesondere Deutschland und Russland einzutreten? Wenn er also sich auch im eigenen Land den einen oder anderen Feind gemacht hätte?

Zunächst einmal hatte Lech Kaczyński, anders als sein Bruder, sich von den zunehmenden antisemitischen Tendenzen in der PIS deutlich distanziert. Das trug ihm in der eigenen Partei wenig Sympathien ein. Aber es ist auch nicht auszuschließen, dass er die Macht als Staatspräsident benutzte, um noch einmal etwas genauer die Machenschaften des Służba Bezpieczeństwa zu untersuchen. Vielleicht stieß er dabei auf Bolek, und vielleicht reimte er sich rasch zusammen, dass damit nur sein Bruder gemeint sein konnte.

Warum ist das Flugzeug, eine Tupolew Tu-154M der polnischen Luftwaffe, nach offizieller Darstellung abgestürzt? Das zweite polnische Flugzeug, eine Iljuschin Il-76 mit dem Tross des Präsidenten und zahlreichen Journalisten an Bord war zuvor noch in Smolensk gelandet, hatte aber bereits Schwierigkeiten mit dem aufkommenden Nebel gemeldet. Eine nachfolgende russische Maschine verzichtete nach zwei Anflugversuchen auf eine Landung und flog nach Moskau weiter, was aber für die Maschine des polnischen Präsidenten anscheinend inakzeptabel war. Der Luftwaffenchef Andrzej Błasik, der sich ebenfalls an

Bord befand, wies anscheinend den Kapitän, Arkadiusz Protasiuk, an, trotz der schwierigen Bedingungen in Smolensk zu landen, obgleich die russischen Fluglotsen dringend geraten hatten, nach Minsk oder Witebsk auszuweichen. Die Maschine flog insgesamt deutlich zu tief bzw. zu kurz an, ein Abbruch wurde aber erst in ca. 30m Höhe versucht, sodass der Pilot nicht mehr ausreichend Höhe gewinnen konnte und die Baumwipfel des angrenzenden Waldes streifte, was letztlich zum Absturz der Maschine führte.

Man muss in dieser Lesart von einem Fehler des Flugkapitäns sprechen, der aber durch die unzureichende Technik des Flugzeugs noch verschärft wurde. Die Maschine verfügte zwar über ein TAWS, genauer ein EGPWS, also ein Gerät, das anhand von elektronischen Messdaten und von in einer Datenbank gespeicherten Lageinformationen des jeweiligen Flughafens auch bei geringer Sicht dafür sorgen soll, dass der Pilot die nötige Höhe einhält. Für Smolensk fehlten die nötigen Informationen dem Gerät jedoch, was insbesondere dann kritisch gewesen wäre, wenn der Pilot das nicht wusste und sich auf diese Sicherung mindestens zum Teil verlassen hätte. Zudem war das an Bord eingesetzte Instrumentenlandesystem anscheinend inkompatibel zu der in Smolensk verwendeten Technik des RSBN/PRMG. Das mag der Grund gewesen sein, dass die Fluglotsen dem Piloten während des Landeanflugs mehrfach bestätigten, in der richtigen Höhe anzufliegen, obgleich er anscheinend vertikal wenigstens 130m und horizontal ca. 80m neben der idealen Sinklinie flog. Zudem, so jedenfalls die Meinung polnischer Luftfahrtanalysten, hätten die Fluglotsen den Kapitän wenigstens elf Sekunden eher auffordern müssen, die Maschine hochzuziehen, sodass den Fluglotsen eine erhebliche Mitschuld an der Katastrophe zuzuweisen wäre. Zudem scheint es von offizieller russischer Seite Druck auf die Lotsen gegeben zu haben, dem Piloten die Landung nicht explizit zu untersagen, damit nicht der Eindruck entstünde, man habe Lech Kaczyński auf jeden Fall aus Smolensk fernhalten wollen.

Die polnische Untersuchungskommission für Flugunfälle, die KBWLLP, legte im Juli 2011 einen eigenen Untersuchungsbericht zu dem Absturz vor, der sich von den Ergebnissen der russischen Seite vor allem hinsichtlich der Mitschuld der Fluglotsen unterschied, aber unterm Strich ebenfalls die Hauptverantwortung bei den beiden Piloten und bei der unzureichenden technischen Ausstattung des Flugzeugs sah. Der polnische Verteidigungsminister Bogdan Klich trat daraufhin zurück, um die politische Verantwortung zu übernehmen.

Allen Behauptungen insbesondere von Anhängern der PIS, der Absturz sei auf Sabotage durch russische Kreise zurückzuführen, gab der Bericht der KBWLLP kaum Nahrung. Die PIS beauftragte daher bei einem australischen Unternehmen, der Analytical Service Company Ltd., eine eigene Studie. Nun ist freilich die ASC ein kleines Ingenieursbüro in Sydney, gegründet von einem Exilpolen, Grzegorz Szuladziński, und seiner Ehefrau als Zwei-Personen-Betrieb mit einem Startkapital von zwei australischen Dollar. Das Institut verfügt aber über keinerlei Expertise in Sachen Flugsicherheit, sondern befasst sich vorwiegend mit Materialfestigkeitsprüfungen. Der von dieser Firma erstellte Bericht unterstützte allerdings Verschwörungstheorien, da er diverse Gerüchte wieder aufnahm, vor dem Absturz hätte man deutlich zwei Explosionen hören können. Diesen Verschwörungstheorien gab weitere Nahrung, das 2012 einer derjenigen, welche diese Explosionen gehört haben wollten, erhängt aufgefunden wurde, auch wenn der Untersuchungsbericht hier von einem eindeutigen Selbstmord ohne Fremdeinwirkung sprach.

Dennoch, der Ablauf des Flugs nach Smolensk war voller kleiner und großer Merkwürdigkeiten. Da ist zunächst einmal die Passagierliste. Außer dem polnischen Staatspräsidenten Lech Kaczyński und dessen Frau befanden sich im gleichen Flugzeug diverse Mitglieder der Regierung, Parlamentarier, hohe Militärs und Kirchenvertreter, außerdem diverse verdiente Bürger, darunter Anna Walentynowicz, eine der bekanntesten Symbolfiguren der Solidarność. Da fragt man sich natürlich, wer eigentlich auf die Idee kommt, so viel politische Prominenz in ein gemeinsames Flugzeug zu packen. Sieht man z.B. auf die polnischen Streitkräfte, waren diese nach dem Absturz praktisch führungslos. Bei dem Absturz starben auf militärischer Seite u.a. nicht nur der genannte

Andrzej Błasik, Oberbefehlshaber der Luftwaffe, sondern auch Vize-Verteidigungsminister Stanisław Jerzy Komorowski, des weiteren Tadeusz Buk, Oberbefehlshaber des polnischen Heeres, Andrzej Karweta, Oberbefehlshaber der Marine, Stabschef Franciszek Gągor, außerdem Bronisław Kwiatkowski, Chef des Operationskommandos, Włodzimierz Potasiński, Chef der militärischen Sondereinheiten, und auch noch die beiden obersten Militärgeistlichen, Miron Chodakowski, Erzbischof der Polnisch-Orthodoxen Kirche, und Tadeusz Płoski, der Römisch-Katholische Militärbischof. Und es starb Janusz Kurtyka, der Leiter des IPN, also am ehesten einer derjenigen, welche die Wahrheit über Bolek ans Licht hätten bringen können.

Der beste Kandidat für die Rolle des Bolek, Jarosław Kaczyński, hätte übrigens, so die offizielle Version, ebenfalls an Bord sein sollen. Er war es nicht, weil er sich kurz vor Abflug entschloss, bei der schwerkranken Mutter der Brüder zu bleiben, die zu der Zeit im Krankenhaus in Warschau lag. Ein Schelm, wer Arges dabei denkt.

11.9.2 Die Sonne geht auf: Sun, Apple und die anderen

Dass Sie mit dem Begriff Theosophie wenig anfangen können, spricht wahlweise für Sie oder für die glänzende Tarnung dieser Gruppierung, die ich in den Kern der nächsten Verschwörungstheorie rücken möchte.

Abbildung 1: Das Siegel der Theosophischen Gesellschaft

Georg Porten: Verschwörungstheorien für jedermann

Die meisten werden, wenn überhaupt, wissen, dass die Theosophie eine Art Vorläuferin der Anthroposohie Rudolf Steiners war, einige haben vielleicht auch von einer Nähe der Theosophie zu den Ariosophen um Guido von List und Lanz von Liebenfels gehört, die wiederum die geistigen Väter der esoterisch-deutschtümelnden Richtung in der verworrenen NS-Ideologie wurden. Aber die Bedeutung der Theosophie offenbart sich erst, wenn man sich ihre Rolle in den USA seit dem Ende des 19. Jahrhunderts ansieht. Gegründet von der spiritistischen Trickbetrügerin Helena Petrovna Blavatsky, bildet die Theosophie von Beginn an ein Sammelbecken für Menschen mit einer starken Sehnsucht nach Spiritualität und Religiosität, welche aber zugleich der christlichen Religion oder insbesondere der Kirche stark ablehnend begegneten. Blavatsky selbst vertrat einen starken Antiklerikalismus und lehnte insbesondere die katholische Kirche heftig ab. Sie vertrat die in den letzten Jahren des 19. Jahrhunderts auch von anderen Autoren propagierte Idee, es gebe eine Urreligion aller Menschen, von welcher die aktuellen Religionen nur mehr oder minder entfremdete Abkömmlinge seien. Aufgabe des Menschen sei es, zu dieser Urreligion zurückzufinden und auf ihrer Basis eine neue Spiritualität zu stiften.

Dazu passte es, dass die Theosophische Gesellschaft als Symbol ein Sammelsurium religiöser Zeichen führte, darunter neben einer Schlange, einem Ankh und einem Davidstern auch ein Hakenkreuz, wobei dieses wohl eher auf den Hinduismus, weniger auf germanische oder bronzezeitliche Religionen sich beziehen sollte.

Es ist dieses Symbol, es sind aber auch die Namen verschiedener Gruppierungen, die verstehen helfen, wie nach dem Zweiten Weltkrieg die Theosophie oder eigentlich – Achtung, Verschwörungstheorie – die geheime Agitation der Theosophen auf die amerikanische Gesellschaft zu wirken begannen.

Ich will das am Beispiel der US-amerikanischen IT-Industrie erläutern, von der man doch meinen sollte, sie wäre jeglicher Esoterik und magischem Hokuspokus so fern wie man nur sein kann.

Ein Sprichwort sagt, Namen seien Schall und Rauch, und meint damit, Namen seien in sich bedeutungslose Zeichen, oder, wie die Onomastik als Wissenschaft zur Erforschung der Namen meint, im Wesentlichen ein Zugriffsmittel auf die mit dem Namen verknüpften Informationen, aber nicht Information im eigentlichen Sinn.

Nun sind Schall und Rauch bekanntermaßen zwar flüchtig, aber durchaus nicht immer ohne alle Bedeutung. Man muss weder an die Posaunen von Jericho noch an die Rauchzeichen verschiedener nordamerikanischer Stämme denken, um sich den Unterschied von Flüchtigkeit und Bedeutungslosigkeit zu vergegenwärtigen. Es ist des Weiteren vielleicht auch sinnvoll, nicht zu vergessen, dass eine Name selten nur Zugriff auf ein vom Sprecher intendiertes Konvolut von Informationen eröffnet, sondern auch auf weitere Informationen, die dem Sprecher vielleicht gar nicht bekannt sind oder von denen er nicht vermutet hätte, dass der Rezipient dieses statt der intendierten Informationen in den Fokus nehmen würde.

Ähnliches gilt für Symbole und Zeichen. Auch hier bietet der um Sprichworte nie verlegene Fundus landläufiger Allgemeinbildung eine Hilfestellung, indem man dort erfährt, ein Bild sage mehr als tausend Worte. Wieviel mehr, wird zwar nicht explizit gesagt, aber es sind doch wohl mehr als tausend, also mindestens tausendundein Wort. In der etwas unersprießlichen Doppeldeutigkeit des Wortes „Wort" kann es sich hierbei sowohl um Sätze als auch um Wörter handeln. Während in letzterem Fall über die Länge wenig gesagt werden kann, entsprächen tausendundein Wörter ca. drei Normseiten. Jedefnalls lohnt es sich, einmal einen Blick auf den Zusammenhang von Namen und Symbolen zu werfen, deren Bildhaftigkeit mit einem bestimmten Namen verknüpft ist, aber eine mitunter über diesen hinausgehende Bedeutung hat.

Die Älteren werden sich noch erinnern, dass es einmal eine Firma namens Atari gab, die sogar, wenn auch nur noch als Schatten früherer Bedeutung, bis heute existiert. Atari wurde 1972 von zwei jungen Männern gegründet, Nolan Bushnell und Ted Dabney. Der Name ihrer Firma entstammt dem Go-Spiel und ist im Grunde eine höfliche Warnung, dass man als Spieler demnächst einen oder mehrere Steine des Gegners übernehmen wird. Man kann es aber auch als Kriegserklärung verstehen.

Abbildung 2: Logo von Atari Inc.

Als Symbol wählten Bushnell und Dabney eine stilisierte Form des Fuji. Dieser Berg ist in der japanischen Sichtweise weit mehr als nur ein Vulkan. Der Berg hat einen gottähnlichen Status, der an seinem Fuß gelegene Aokigahara-Wald ist neben der Tojombo-Klippe seit den 1960er Jahren der mit Abstand beliebteste Ort in Japan für Selbsttötungen von Einzelpersonen, vor allem aber von Paaren.

Bushnell und Dabney hatten sich bei ihrem vorherigen Arbeitgeber kennengelernt, der AMPEX Co., welche hauptsächlich für das US-Militär und verschiedene US-amerikanische Geheimdienste zahlreiche wegweisende Entwicklungen im Bereich der Ton- und Bildaufzeichnung durchführte. Gegründet wurde die Firma 1944 von Alexander Matvejevich Poniatoff, einem in Karlsruhe ausgebildeten russischen Pionier der Elektrotechnik, der während des Zweiten Weltkriegs zunächst für das US-Militär an Radartechnologien arbeitete. AMPEX produzierte dementsprechend zunächst vor allem weitgehend entstörte Elektromotoren, insbesondere für Radaranlagen. Nach dem Krieg brachte AMPEX für das Militär dann ein störarmes Magnetaufzeichnungsverfahren zur Anwendbarkeit, was auf einer den Amerikanern gegen Ende des Krieges in die Hände gefallenen deutschen Entwicklung beruhte, nämlich der Wechselstrom-Vormagnetisierung des Aufzeichnungsmediums, also in der Regel des Tonbands. Damit konnte AMPEX, getrieben wesentlich von Bing Crosby, dem Radio eine weitgehend störfreie Aufzeichnung von Rundfunksendungen ermöglichen, sodass mit dem Ende der 1940er Jahre Live-Sendungen nach und nach weitgehend aus dem Radiobetrieb verschwanden. Crosby hatte hierfür 50.000$ bei AMPEX investiert; entsprechend war Bing Crosbys Firma bis 1957 der alleinige Vertreter für AMPEX an der Westküste.

Abbildung 3: Logo der AMPEX Co.

AMPEX erhielt ein sehr unspektakuläres Firmenlogo, welches eigentlich nur den Firmennamen zeigte. Dieser bestand aus Poniatoffs drei Initialen sowie EX für „Excellence".

In den folgenden Jahren gelangen AMPEX weitere spektakuläre Entwicklungen für den zivilen Bereich, obwohl in der Regel der Fortschritt wesentlich vom Militär mindestens in gleichem Umfang genutzt, meist aber auch direkt beauftragt wurde. Anfang der 1950er Jahre gelang es

AMPEX, auf Basis eines neuartigen Kunststoffs Magnetbänder so weiterzuentwickeln, dass auch Bildaufzeichnungen möglich waren; 1956 konnte AMPEX den ersten Videorecorder einführen. Erst damit wurde es möglich, im militärischen Bereich in großem Umfang Bildaufnahmen zu speichern. Gleichzeitig erlaubte dies dem erst jetzt seinen Siegeszug antretenden Fernsehen auch, Sendungen aufzuzeichnen und zeitversetzt zu senden, sodass nun auch im Fernsehen Live-Sendungen zur Ausnahme werden konnten. Wesentliche Beiträge zu dieser Entwicklung leistete ein junger Mitarbeiter von AMPEX, Ray Milton Dolby, der später mit einer eigenen Firma, Dolby Laboratories, die Entwicklung rauscharmer Magnetaufzeichnungen noch einmal dramatisch fortentwickeln sollte.

Auch diese Firma, 1965 in England gegründet, aber bereits 1967 nach California verlagert, erhielt ein Logo, welches wiederum deutlich kreativer war als das Logo von AMPEX, da es aus den Anfangsbuchstaben des Namens des Firmengründers eine Analogie auf einen Tonaufnahmekopf machte.

Abbildung 4: Logo von Dolby Lab.

AMPEX versammelte in jenen Jahren noch zahlreiche exzellente Ingenieure und Informatiker; Bushnell und Dabney waren noch nicht einmal die erfolgreichsten darunter. Immerhin gelang es beiden aber, nach ihrer Zeit bei AMPEX Atari zu einem sehr lukrativen Unternehmen zu machen, wobei es Bushnell von Anfang an darauf anlegte, sich nach außen als singuläres Genie darzustellen, was er sicherlich nicht war, und Dabney entsprechend in den Hintergrund zu drängen. Entsprechend schlecht ist heute übrigens das Verhältnis der beiden ehemaligen Vordenker zueinander. Aber ihr ursprünglicher Erfolg basierte vor allem darauf, dass Bushnell die Idee hatte, Videospiele in dem Markt zu bringen. Ataris erster Versuch hierzu war Computer Space, ein Spiel, das Studenten in Stanford auf einem Mainframe-Rechner entwickelt hatten, Bushnell und Dabney aber auf Kleincomputer portieren konnten. Obwohl als solches ein Flop, bildete Computer Space für Atari den Einstieg in eine über mehrere Jahre anhaltende Erfolgsstory, deren erster wichtiger Meilenstein Pong war, ein auf Fernsehgeräten spielbares Spiel für zwei Personen. Entwickelt wurde Pong von Allan Alcorn, den Bushnell und Dabney bei AMPEX kennengelernt hatten und der einige Jahre bei Atari arbeitete, ehe er für geraume Zeit in verschiedenen Aufgaben für Apple tätig wurde.

Dieser Schritt von Atari zu Apple war insofern naheliegend, als er Steve Jobs bei Atari kennengelernt hatte, wie zuvor Bushnell und Dabney bei AMPEX. Apple wiederum ähnelte zunächst einer um ein paar Jahre versetzten Wiederholung der Geschichte von Atari. Wie Bushnell war auch Jobs ein, vorsichtig gesagt, schlecht ausgebildeter, aber sehr ehrgeiziger und ziemlich skrupelloser Geschäftemacher, der sich Talent und Genialität eines anderen zunutze machte, welcher ihn lange Zeit für seinen besten Freund hielt. War dies Dabney für Bushnell gewesen, spielten diese Rolle für Jobs Steve Wozniak und Ronald Wayne, die beiden anderen Gründer von Apple.

Abbildung 5: Logo von Apple Inc.

Auch Apple erhielt ein schönes Logo, wobei Steve Jobs zeitlebens nicht müde wurde, die Anekdote zu wiederholen, der Name sei ihm in seiner Zeit als Fruitarier gekommen, also als Anhänger einer Lebensweise, in der man sich ausschließlich von Früchten ernährt. Als den drei Firmengründern kein Name eingefallen sei, habe er spaßhaft gesagt, dieser Name solle es werden, wenn ihnen bis zum nächsten Morgen nichts Besseres eingefallen sei. Daraufhin sei es dabei geblieben. Wayne entwarf dann auf dieser Basis das erste Logo, das sich aber als ungeeignet, weil zu kompliziert erwies. Es zeigte Newton unter einem Apfelbaum sitzend und ähnelte eher einem Flaschenetikett als einem Firmenlogo. Daher entwarf Rob Janoff, ein freischaffender Grafiker, im Auftrag von Jobs den angebissenen Apfel in Regenbogenfarben, welcher dann das weltweite bekannte Apple-Logo wurde, ehe es 1999 durch ein monochromes Logo ersetzt wurde.

Die Genese mehrerer heute führender IT-Firmen aus der AMPEX-Mitarbeiterschaft war aber nur einer von zwei wichtigen Strängen. Der andere beginnt im Palo Alto Research Center (PARC), welches die XEROX Corp. 1970 als ihr zweites Forschungszentrum gegründet hatte. Hier entstanden die ersten Ideen zahlreicher bis heute wichtiger Innovationen, darunter Laserdruckverfahren, Ethernet, grafische Benutzeroberflächen und nicht zuletzt die Idee der Objektorientierten Software-Entwicklung. Wesentlicher Antrieb dieser Entwicklungen war der langjährige Leiter des PARC, George Pake, und unter dessen Leitung vor allem einer der Pioniere des Internet, Robert Taylor.

Abbildung 6: Logo des XEROS PARC

Das Logo von PARC lehnte sich an das Logo an, welches XEROX 1968 eingeführt hatte, war also ein textuelles, kein eigentlich grafisches Logo.

Die am PARC entwickelten Ideen bildeten häufig den Grundstock neuer Firmen, da XEROX in verschiedenen Fällen keine eigene Vermarktung anstrebte. Dazu gehörten u.a. die Ideen, welche John Warnock und Chuck Geschke die Gründung von Adobe Systems ermöglichten, aber auch die Idee eines WYSIWYG-Editors, welche Charles Simonyi 1981 zu Microsoft mitbrachte, was dort die Grundlage für die Entwicklung von Word bildete. Vielleicht die folgenreichste Entwicklung war aber die am PARC entwickelte Idee, Computern eine grafische Nutzeroberfläche mit Fenstern und Icons zu geben. Dieses am PARC als WIMP (Windows, Icons, Menus, Pointer) bezeichnete Anwendungskonzept wurde 1979 von Steve Jobs aufgegriffen, der, anders als die Führungsriege bei XEROX, sofort das Potenzial dieser Idee erkannte und die Entwicklung des Apple Lisa hierauf umstellen ließ. Zwar konnte der 1979 vorgestellte Lisa sich wegen seines hohen Preises von 9.995$ am Markt nicht durchsetzen. Jedoch wurden hier wesentliche Ansätze seitens Apple erstmals konkretisiert, welche später in die Entwicklung des Apple Macintosh einflossen, den Apple ab 1984 sehr erfolgreich im Markt platzieren konnte. Zwar verzichtete der erste Mac auf zahlreiche Innovationen, welche man im Lisa bereits umgesetzt hatte. Aber genau deshalb gelang es Steve Jobs, den Verkaufspreis des Modells bei der Markteinführung auf vergleichsweise geringe 2495$ zu senken, auch weil er eine größere Zahl von Software-Entwicklern und Grafikdesignern dazu bewegen konnte, vom PARC zu Apple zu wechseln.

Jobs war übrigens nur ein halbes Jahr älter als ein weiterer Pionier der IT-Industrie, nämlich Andreas von Bechtolsheim, einer der Gründer von Sun Microsystems. Bechtolsheim ist in Deutschland geboren. Seine Familie gehört zum deutschen Uradel, ihr eigentlicher, etwas merkwürdiger Name lautet „Mauchenheim genannt Bechtolsheim", eine aufgrund einer Verlagerung des Stammsitzes der Familie im 14. Jahrhundert entstandene Namensvariante.

Insgesamt waren es drei junge Absolventen aus Stanford und einer aus Berkeley, welche 1982 Sun gründeten. Neben Bechtolsheim waren dies Scott McNealy, Vinod Khosla und Bill Joy, alle vier zwischen 1954 und 1955 geboren, wobei Joy der erwähnte Student aus Berkeley war. McNealy, der von 1984 bis 2005 Sun als CEO leitete, war anders als die drei anderen kein Techniker oder Informatiker, sondern hatte Wirtschaftswissenschaften studiert und verfügte in technischen Dingen nur über begrenztes Wissen, aber ähnlich wie Steve Jobs über das nötige Gefühl und eine gewisse Aggressivität, die nötig waren, um Sun zu einem erfolgreichen Unternehmen zu machen.

Der Firmenname Sun ist, so die offizielle Version, aus einer Abkürzung von „Stanford University Network" entstanden. Als Logo wurde eine iterative Wiederholung des Namens verwendet, was nach einigen Interpretationen auf die rotierenden Scheiben traditioneller Speichermedien – Bänder, Disketten, Festplatten etc. – verweisen sollte.

Abbildung 7: Logo von Sun Microsystems

2010 wurde Sun Microsystems für ca. 7,4 Mrd. Dollar an die Oracle Corporation verkauft, womit zwei der erfolgreichsten Start-Ups der frühen IT-Ära in California zueinander fanden. Oracle selbst war fünf Jahre vor Sun Microsystems gegründet worden, zunächst unter dem Namen „Software Development Laboratories". Firmengründer waren Larry Ellison, Bob Miner und Ed Oates, die ersteren zwei von der University of Illinois, letzterer von der University of San Jose. Alle drei Firmengründer kannten sich aber aus ihrer Tätigkeit bei AMPEX, wo sie ebenso wie Bushnell und Darby mehrere Jahre an geheimen Projekten gearbeitet hatten. Ihre wichtigste Idee, die sie im Rahmen eines Projekts der CIA namens ORACLE entwickelten, war, den in der Informatik bereits seit mehreren Jahren diskutierten Ansatz relationaler Datenbanken anwendbar zu machen. Auf diesem Ansatz basierte dann auch

Abbildung 8: Logo der Oracle Corp.

das Produkt, welches sie 1978 erstmals auf den Markt brachten und welches den gleichen Namen wie das seinerzeitige Projekt der CIA erhielt. Dieses System zur Verwaltung von Relationalen, später auch objektrelationalen Daten war rasch so erfolgreich, dass die Firma sich seit 1982 nach ihrem wichtigsten Produkt benannte.

Das Firmenlogo von Oracle ist, verglichen mit den bisher gezeigten Logos, ziemlich unspektakulär, um nicht zu sagen einfallslos. Insbesondere werden alle Bezüge auf eventuelle historische Vorbilder, insbesondere natürlich das Orakel von Delphi, sorgfältig vermieden. Die verwendete Schrift hat eher einen modernen Anstrich, was aber angesichts der gemeinsamen Vergangenheit der Firmengründer bei AMPEX nicht überrascht. Angelehnt war das Logo hinsichtlich der Schrift aber vor allem an das oben gezeigte Logo von PARC.

Zwei Dinge sind trotz des eher tristen Oracle-Logos auffällig, nämlich zum einen die offensichtlich hohe Kreativität, die jedenfalls einige Firmengründer im California dieser Jahrzehnte an den Tag legten, wenn es um Firmennamen und –logos ging, zum zweiten die immer wieder auftauchende Verknüpfung zu AMPEX.

Wenn wir paranoid wären, was wir natürlich nicht sind, und Verschwörungstheorien anhingen, was wir natürlich nicht tun, dann könnte man hier folgende Konstruktion versuchen: In California sammeln sich ab Anfang der 1960er Jahre zahlreiche Menschen und Gruppen, die mehr oder weniger deutlich gegen das bisherige kulturelle oder politische Establishment der USA eingestellt sind. Hieraus geht die Hippie-Bewegung jedenfalls teilweise hervor, auch der Protest gegen den Vietnamkrieg, frühe ökologische Bewegungen etc. finden hier z.T. erste Unterstützer. Die von jeher gegen das amerikanische Establishment, insbesondere aber gegen die diversen Spielarten der christlichen Religion in den USA agitierende Theosophische Gesellschaft entdeckte hier unerwartet Verbündete. Zwar nicht in dem linksliberalen Teil der Bewegung, wohl aber unter den in erster Linie esoterisch und antichristlich eingestellten Kreisen. Hier vertraten viele die Ansicht, dass die Stärke der USA immer der religiöse Pluralismus gewesen sei, insbesondere gegenüber Europa, aber auch hinsichtlich Asiens. Also die Parallelität von verschiedenen Konfessionen, ohne dass eine von diesen jemals dominant geworden wäre. Das Ende der faschistischen Regime in Europa und später der Sputnik-Schock nährten aber bei vielen Personen die Befürchtung, dass es in den USA zu einer Nivellierung der Konfessionsunterschiede zugunsten einer gesamtchristlichen Positionierung gegen den Kommunismus kommen würde. Die Wahl eines katholischen Präsidenten – Kennedy hatte 1960 die Wahl gegen Richard Nixon knapp gewonnen – schien in diese Richtung zu deuten. Dies bereitete zahlreichen Studenten und jungen Absolventen gerade auch der Elite-Universitäten der Westküste, Berkeley und Stanford, deutliches Unbehagen und erklärt, warum ihre Firmennamen und Logos jeweils einen deutlich antichristlichen Bezug erhielten. Am offensichtlichsten gilt das für Apple. Der angebissene Apfel solidarisiert sich geradezu mit Evas

Aufbegehren gehen Gottes Gesetze, und es war nur folgerichtig, dass der Apple I 1976 für 666$ – genauer für 666,66$ - in den Markt ging. Zwar war die offizielle Fassung, dass Wozniak gern Zahlen wiederholte, aber erstens wurden bei Apple Preise von Steve Jobs festgelegt, zweitens ist hier der Bezug zur Zahl des Tiers einfach zu deutlich. Und hier ist auch der Grund zu sehen, warum der Apfel in den Regenbogenfarben präsentiert wurde. Der Regenbogen ist in der christlichen Symbolik seit der Sintflut das Symbol für die göttliche Vergebung der Sünden. Der in den Regenbogenfarben gemalte angebissene Apfel kann also verstanden werden als das Freisprechen Evas und des Teufels von allen ihnen durch die Bibel vorgeworfenen Sünden.

Auch bei Oracle mag man einen antichristlichen Bezug vermuten, wenn hier auch die Zeichen weniger deutlich sind als im Fall von Apple. Atari hingegen ist mit dem Bezug auf den Sitz der japanischen Götter im Logo der Firma eindeutig antichristlich zu lesen, sodass als vierter und interessantester Fall Sun Microsystems bleibt.

Um hier die antichristliche Ausrichtung zu verstehen, muss man die Bedeutung der Sonne als religiöses Symbol sich ins Gedächtnis rufen. Zwar spielt diese in zahlreichen Religionen eine mehr oder minder große Rolle. Insbesondere die ägyptische Religion sah im Sonnengott Amun-Ra fast in allen frühen Epochen den wichtigsten Gott, ehe der Totengott Osiris nach und nach in den Vordergrund trat. Auch die mittelamerikanischen Religionen hatten häufig einen dominierenden Sonnengott, und im antiken Rom wurde unter Kaiser Aurelian 274 der Sonnengott als Sol Invictus sogar zum Staatsgott erhoben und stellte bis ca. 325 den wichtigsten Konkurrenten zum Christengott dar. Noch Konstantin der Große scheint sich über lange Zeit, vielleicht sogar bis zu seinem Tod, nicht recht zwischen den beiden Alternativen entschieden zu haben. Erst Theodosius d. Gr. verbot 392 die Verehrung des Sonnengotts, die aber trotzdem vielerorts z.T. bis ins 5. Jahrhundert anhielt.

Wichtiger aber ist, dass sich in Europa und in den USA seit dem 19. Jahrhundert die Ansicht ausbreitete, das seit der Jungsteinzeit verwendete Hakenkreuz auf archäologischen Fundstücken insbesondere der

Hallstatt-Kultur sei ein Sonnensymbol gewesen, ähnlich dem in entsprechender Weise interpretierten Radkreuz. Wiewohl es dafür keine hinreichenden Belege gibt, ist dies bis heute eine ausgesprochen verbreitete Ansicht und hat die Interpretation des Hakenkreuzes bis in unsere Tage geprägt. Entsprechend hat das NS-Regime das Hakenkreuz als Anlehnung an diese vermeintliche germanische Tradition verstanden wissen wollen, entsprechend auch verwenden bis heute neopagane und andere esoterische Kreise das Hakenkreuz als Sonnenzeichen. Auch die Theosophische Gesellschaft hatte, wie oben gezeigt, das Hakenkreuz in ihre synkretistische Anhäufung religiöser Symbole aufgenommen. Steve Jobs' Adoptivmutter, Clara Jobs, war Angestellte der Varian Ass., einer der ersten High-Tech-Firmen in California, gegründet von zwei Brüdern, welche der Theosophischen Gesellschaft angehörten. Russel und Sigurd Varian waren die beiden ältesten Söhne von John Osborn Varian, der zu den Gründern des „Temple of the People" gehört hatte. Dabei handelte sich um eine bis heute existierende Siedlung von Mitgliedern der Theosophischen Gesellschaft in California nahe Arroyo Grande.

Was hat das nun alles mit Sun Microsystems zu tun? Diese Firma trug bis zu ihrem Verkauf an Oracle ja schließlich kein Hakenkreuz als Logo. – Oder doch?

Das Logo der Firma wurde mit stark gerundeten Ecken der Buchstaben gezeichnet. Man kann aber diese Ecken auch auf ihren rechtwinkligen Ausgang zurückführen. Dann ergibt sich, wenn man ansonsten den Konstruktionsprinzipien des Logos folgt, ein anderes Bild.

Hier ist das Hakenkreuz unübersehbar. Es ist links gewendet, was zum einen unvermeidlich ist angesichts der Notwendigkeit, ein S und kein Fragezeichen darzustellen, zudem entging man so auch einer allzu großen – und wahrscheinlich nicht gewollten – Nähe zur NS-Ideologie. Zugleich entspricht die Linkswendung aber auch der Abbildung des Hakenkreuzes im Logo der Theosophischen Gesellschaft. Mithin wurde hier also ein weiteres antichristliches oder neopaganes Symbol zum Logo einer aufstrebenden Firma des Silicon Valley erhoben.

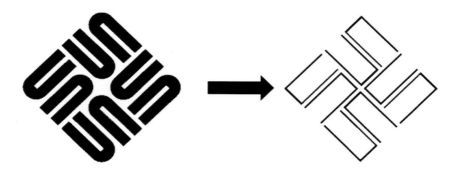

Abbildung 9: Grafische Reduktion des SUN-Logos

Insgesamt fragt sich, wie weit die theosophische Symbolik Einfluss auf die Formensprache der genannten IT-Firmen, v.a. Apple, Sun und Oracle, genommen hat. Die Idee einer alle Menschen verbindenden Religion, auch die Gleichheit aller Menschen und der freie Zugang aller zum Wissen der Menschheit kann man in freundlicher Sichtweise ja durchaus als Lehren der Theosophie betrachten. Zugleich kann man hier aber auch die deutlich antikatholische Haltung sehen, welche durch die Wahl John F. Kennedys zum Präsidenten neue Nahrung erhielt. Und es war die Theosophie immer auch esoterisch, indem die wichtigsten und bedeutendsten Lehren stets nur einigen Erwählten vorbehalten bleiben sollten. Es gibt nicht wenige Anwender heutiger Software und Computersysteme, welche der Ansicht sind, dass dies immer noch der Leitsatz der IT-Wirtschaft ist.

Wollte man – was wohl reine Zeitverschwendung wäre – dieser Verschwörungstheorie weiter folgen, so könnte man einmal versuchen, die Geldströme zwischen der Theosophischen Gesellschaft bzw. des Temple of the People und vor allem den gerade erst gegründeten IT-Firmen untersuchen. Man könnte der engen Verbindung zwischen der Theosophie in Deutschland, eines Teils der SS, darunter Heinrich Himmler selbst, nachgehen, vielleicht auch die unscharfe Gemengelage zwischen

Theosophie, Anthroposophie und rechts-esoterischen Lehren, neofaschistischen Utopien und NS-Ideologie einmal näher ausleuchten. Aber vielleicht wäre das schon wieder eine ganz andere Verschwörungstheorie.

11.9.3 Wenn Eva geschossen hätte...

Wem gehört eigentlich Hitler? Keine Ahnung, werden Sie sagen, wer will den denn? Ich formulier deswegen noch mal neu: Wem gehört eigentlich Hitlers Erbe? Da gibt's was zu erben, werden Sie fragen? Ja, gibt es, und eines ist ganz sicher: Der Staat Bayern will so lange wie möglich die Kontrolle darüber bewahren.

Ich fang noch mal anders an.

Die letzten Tage des NS-Terrorstaats sind alles andere als übersichtlich verlaufen oder aus heutiger Sicht gut dokumentiert. Das gilt nicht zuletzt für die fast gespenstischen Stunden der innersten Machtzelle, für den Führerbunker im Garten der Reichskanzlei in Berlin, wo am 30.04.1945 Hitlers Leben endete.

Aus der Ferne nehmen sich diese letzten Stunden in Berlin wie eine Götterdämmerung aus, während sie bei näherer Betrachtung eher einer Kleinbürgerposse ähneln, wenn auch mit tödlichem Ausgang. Das Sammelsurium weitgehend mediokrer Geister, welches den Machtapparat des NS-Systems bevölkerte, war nun einmal auch in diesen letzten Momenten gefangen zwischen Eigeninteressen, Gefühlsschwankungen, Realitätsverlust, vor allem aber erschreckend oft nicht ansatzweise hinreichender intellektueller Kapazität, auch nur den normalen Alltag zu bewältigen, wieviel weniger diesen Albtraum, wohinein die eigenen Verbrechen diese selbsterklärte Machtelite geführt hatten.

Dies bizarre Ende eines nicht minder bizarren Systems erklärt auch, warum der genaue Ablauf der Ereignisse gerade in Hitlers letzten Lebensstunden nicht wirklich geklärt ist. Die überlebenden Augen- oder Ohrenzeugen widersprechen sich, wenn auch nur in zunächst einmal unerheblichen Details, aber auf weite Strecken auch in Beschreibung und Einschätzung der handelnden Personen. Entsprechend haben sich in diesem weiten Feld der Legendenbildung hinsichtlich eines eigentlich unerheblichen historischen Sachverhalts unzählige Autoren, Filmemacher und Stammtischschwadronierer betätigt, die alle ein mehr oder weniger ungenaues, mindestens teilweise zusammenspekuliertes Bild der Ereignisse gezeichnet haben.

Als gesichert gilt heute, dass Hitler und Eva Braun tatsächlich an jenem 30.04.1945 im Bunker der Reichskanzlei ihre Leben beendet haben. Behauptungen, Hitler sei – angeblich durch einen geheimen Tunnel bis an die Ostsee – geflohen und habe noch Jahre unbehelligt in New York oder auch in Südamerika gelebt, sind also nicht haltbar. Sie scheitern auch schon an Hitlers Psychogramm; mit einer entsprechenden Schattenexistenz hätte sich dieser Mann keinesfalls abfinden können. Aber bereits im Sommer 1945 kamen aufgrund eines Artikels, dann einer Buchveröffentlichung eines nach Argentinien ausgewanderten Ungarn, Ladislao Szabo, Gerüchte auf, Hitler sei mit einem ganzen Konvoy von U-Booten aus Deutschland geflohen, darunter U530 und U977, welche sich nach der Kapitulation im Hafen von Rio de la Plata einfanden, um vor den dortigen Behörden zu kapitulieren. Zuvor hätten sie aber Hitler in eine Art „Neu-Berchtesgaden", genannt „Neu-Schwabenland" gebracht, welches er schon vor Jahren irgendwo in der Antarktis hätte errichten lassen. Da U530 sich am 10.07.1945 ergab, U977 aber erst am 17.08.1945, behauptete Szabo, das Boot habe die fraglichen fünf Wochen benötigt, um Hitler, Eva Braun und Teile der NS-Führung in die Antarktis zu bringen.[24]

Zwar sind die Irrfahrten von U977 bis zur Kapitulation inzwischen detailliert rekonstruiert worden, trotzdem halten sich die Legenden einer Nazi-Festung im Ewigen Eis hartnäckig. Immerhin bestehen aber inzwischen doch selbst in rechts-esoterischen Kreisen kaum noch Zweifel, dass jedenfalls Hitler nicht dorthin gelangt ist, sondern Ende April 1945 sein Ende gefunden hat.

---

[24] Szabo: Hitler, S. 34

Es gibt freilich von beiden Toten, Hitler und Eva Braun, keine Leichenreste. Ein angeblicher Schädel Hitlers, welchen die russischen Behörden im Sommer 2000 präsentieren, konnte inzwischen weitgehend zweifelsfrei anhand von DNA-Spuren als Schädel einer Frau identifiziert werden. Die beiden Leichen wurden hingegen halbverbrannt von sowjetischen Soldaten der 3. Stoßarmee (Третья ударная армия) wohl schon kurz nach der Eroberung Berlins ausgegraben und begleiteten die Einheit danach als eine Art geheimes Souvenir.

Dass es gerade die 3. Stoßarmee war, welche auf die Leichen stieß, erklärt sich daraus, dass der Verband unter Gen.Oberst Vasily Ivanovich Kuznetsov nach der Einnahme von Pankow am 23.04.1945 die Hauptlast des Angriffs auf Reichstag und Reichskanzlei trug. Angehörige des Verbands hissten auch die Flagge über dem Reichstag am 30.04.1045.

Nach mehreren Stationen gelangten die Leichenreste dann mit der Armee in den Großraum Stendal, wo sie im Februar 1946 im Bereich der Armeekaserne Magdeburg begraben wurden. 1970 sollte dieses Gelände der NVA übergeben werden. Daher wurden kurz zuvor auf Weisung des späteren Generalsekretärs der KPdSU Jurij V. Andropov in seiner Eigenschaft als damaliger Chef des KGB Anfang April 1970 die Leichenreste wieder ausgegraben, zermahlen und anschließend in ein Gewässer bei Biederitz gestreut, vielleicht die Ehle, vielleicht der Biederitzer See oder auch der Umflutkanal, der diesen speist.

Es gibt nur zwei Zeugen, welche als erste die Leichen fanden und aus dem Raum schafften, nämlich Hitlers Kammerdiener Heinz Linge und Hitlers Persönlicher Adjutant Otto Günsche. Beide konnten erst nach ihrer Rückkehr befragt werden. Linge kehrte 1955 aus sowjetischer Kriegsgefangenschaft zurück, Günsche 1956 aus dem Gefängnis, welches er erst in der UdSSR, dann zuletzt in der DDR abgesessen hatte. Die Befragung erfolgte 1956 bei der Staatsanwaltschaft Berchtesgaden, welche daraufhin Hitler und Eva Braun offiziell für tot erklärte.

Günsche sagte, Hitler habe in einem Sessel gesessen, Eva Braun auf dem Sofa, während Linge das Paar eng beieinander auf dem Sofa sitzend gesehen haben will. Einig waren beide sich jedoch, dass Hitler und Eva Braun beide bereits tot gewesen seien, als man die Tür öffnete. Hitler hätte sich in die Schläfe geschossen, Eva Braun sei wohl durch Gift gestorben.

Nach dem Ende des Krieges gab es also zunächst eine Reihe von Unklarheiten hinsichtlich Hitlers Tod, sowohl bezüglich der genauen Umstände als auch hinsichtlich der Frage, ob er überhaupt gestorben oder irgendwohin geflohen, vielleicht auch vom NKWD nach Moskau entführt worden sei. Da erst 11 Jahre später offiziell sein Tod festgestellt wurde, entstand ein zeitlicher Freiraum, der für diverse Überlegungen in die unterschiedlichsten Richtungen Gelegenheit gab. Die meisten Spekulationen begannen zudem fast unmittelbar nach Kriegsende, einige sind bis heute nicht völlig aus der Welt verschwunden. Dabei war eine Frage immer auch von erbrechtlicher Relevanz, nämlich die Frage, welche Bedeutung Hitlers letzten beiden Dokumenten, seinen Testamenten, zuzumessen sei. Denn in eigentumsrechtlicher Hinsicht war es ab 1945 von erheblicher Bedeutung, wem der Nachlass Hitlers zufallen sollte, bei dem es sich immerhin um mehrere Liegenschaften, Gemälde und andere Wertgegenstände und nicht zuletzt um das Urheberrecht an seinen zwei Büchern und seinem sonstigen Schrifttum handelte, zumal das zweite Buch zu seinen Lebzeiten nicht veröffentlicht worden war.

Rechtlich gesehen handelte es sich bei Hitlers Testamenten um die letzten Verfügungen eines Mannes, dessen Zurechnungsfähigkeit und Geschäftsfähigkeit jedenfalls von seiner unmittelbaren Umgebung nicht in Frage gestellt wurde, die also zunächst einmal als rechtskräftig anzusehen wären. Eine automatische Nichtigkeit der Testamente war also nicht gegeben. Was hätte das dann bedeutet für die Frage, wem eigentlich Hitlers Hinterlassenschaft gehört?

Freilich muss man zunächst einmal klären, worum es dabei geht. Hitler hinterließ ein privates und ein „politisches" Testament, wobei erbrechtlich letzteres irrelevant ist, soweit man es nicht als Beleg für seine beschränkte geistige Zurechnungsfähigkeit heranziehen will. Dann hätte man aber nach 1945 alle von der NS-Regierung bzw. von Hitler eingeführten rechtlichen Setzungen pauschal aufheben müssen. Das hat man nicht getan, schon aufgrund der Befürchtung, erhebliche rechtsfreie Räume zu schaffen, die zu ordnen man doch wieder mehr oder weniger auf die zuletzt geltenden Regelungen zurückgreifen würde.

Das private Testament, welches Hitlers materielle Hinterlassenschaft ordnen sollte, ist nicht handschriftlich abgefasst, wie es das Gesetz eigentlich erfordert, sondern einer von Hitlers Sekretärinnen, Traudl Junge, in die Maschine diktiert worden und angesichts diverser Fehler auch offensichtlich vor der Unterzeichnung nicht mehr Korrektur gelesen worden. An der Autorenschaft besteht jedoch kein nennenswerter Zweifel; in ähnlich gelagerten, aber politisch unproblematischen Fällen haben Gerichte immer wieder zugunsten der Intentionen des Erblassers entschieden.

Hinsichtlich der Aufstellung der tatsächlich vorhandenen Vermögenswerte war das Testament vergleichsweise unspezifisch, was nur teilweise daran liegen konnte, dass angesichts des Krieges bezüglich verschiedener Werte wahrscheinlich eine erhebliche Unklarheit gegeben war. Ein weiterer Grund dürfte gewesen sein, dass Hitler nach wie vor nicht genau Rechenschaft ablegen wollte über das erhebliche Vermögen, was er auf selten ganz legalem Wege im Laufe seiner politischen Laufbahn aufgehäuft hatte – unter anderem dadurch, dass er seine Einkünfte aus dem Verkauf von „Mein Kampf" von der Steuer hatte befreien lassen.

Ein früheres Testament von 1938 wäre durch das Testament von 1945 unwirksam geworden, auch wenn es hinsichtlich der Handschriftlichkeit und des höheren Detaillierungsgrads eher den Charakter eines rechtsüblichen Testaments erfüllte. In diesem früheren Testament vermachte Hitler sein gesamtes Hab und Gut einschließlich Immobilien und Sachwerten der NSDAP, ließ aber geltende Verträge hinsichtlich der Publikation seiner Schriften hiervon unberührt. Der Erbnehmer wurde durch das Testament zur jährlichen Auszahlung von Leibrenten an Eva Braun, daneben an Hitlers Geschwister und seine Diener verpflichtet.

Das Testament von 1945 erklärt hingegen die NSDAP zur Alleinerbin, setzt keine sonstigen Legate und Renten aus, betont aber Hitlers Wunsch, dass seine umfangreiche Kunstsammlung in ein Museum in Linz überführt werden solle.

Mit dem Ende des NS-Staats und der Auflösung der NSDAP fehlte beiden Testamenten der Erbnehmer. Sofern insbesondere das Testament von 1945 als rechtskräftig anzusehen wäre, musste folglich der Rechtsnachfolger der NSDAP, ersatzweise der Staat, Erbnehmer werden. Das wäre zunächst einmal unproblematisch möglich gewesen, hätte nicht dem entgegengestanden, dass es 1945 keinen entsprechenden Staat als Erbnehmer mehr gab und sich in der Folgezeit weder die junge Bundesrepublik noch das Land Bayern als Erbnehmer der NSDAP präsentieren wollten.

Das Land Bayern berief sich stattdessen auf ein Besatzungsgesetz vom 05.03.1946, welches die US-Behörden erlassen hatten, das „Gesetz Nr. 104 zur Befreiung von Nationalsozialismus und Militarismus". Mit diesem Gesetz wurden die Aufgaben der „Entnazifizierung" den deutschen Behörden übergeben, nachdem bisher die US-Militärbehörden hierfür verantwortlich gewesen waren. Das Gesetz beschränkte seine Gültigkeit zwar auf Bayern, Groß-Hessen und Württemberg-Baden, war damit aber durchaus einschlägig, soweit man es in Sachen Hitlers Erbe heranziehen wollte, da Hitlers Erbfall aufgrund seiner Liegenschaften als bayerische Angelegenheit erachtet wurde.

Auf Weisung des bayerischen Staatsministers für Sonderaufgaben, Ludwig Hagenauer, wurde Hitler mit Beruf auf dieses Gesetz enteignet. §15, Abs. 2 des Gesetzes verordnete hinsichtlich der Hauptschuldigen des NS-Terrors, zu denen Hitler unzweifelhaft gehörte, einen Einzug des Gesamtvermögens jenseits der Wahrung des Existenzminimums. Andererseits hatte Artikel 1.2 die Wirksamkeit der Regelungen auf Lebende beschränkt, denen zudem Gelegenheit zur Verteidigung gegeben werden sollte. Damit war das Gesetz für Hitlers Fall eigentlich nicht einschlägig, sofern man davon ausging, dass er tot sei. Dennoch wurde auf diese Weise der gesamte Nachlass dem bayerischen Staat zugemessen.

Damit wurde Bayern faktisch auch zum Erbnehmer für alle Erbfälle zugunsten Hitlers, da auch nach 1945 noch Testamente eröffnet wurden, welche Hitler als Teil- oder als Alleinerben einsetzten. Aber auch die große Zahl von Einzelstücken, welche aus Hitlers Nachlass vor allem in Bayern 1945 entwendet worden waren, versuchte der Freistaat Bayern akribisch wieder einzutreiben. Ebenso verhinderte Bayern nach Kräften alle Neuauflagen von „Mein Kampf", auch wenn hierzu die Möglichkeiten im Grauzonenbereich in den USA oder in Russland bis heute begrenzt waren.

Aber was, wenn der hier Enteignete gar nicht Ziel einer solchen Enteignung hätte sein können? Nur wenn Hitlers Vermögen zum Zeitpunkt der Enteignung in der Tat seines gewesen wäre, hätte man ihn enteignen können. Angenommen, Eva Braun hätte ihren Ehemann um zehn Jahre überlebt, auch der NS-Staat hätte bis Mitte der 1950er Jahre fortbestanden. Dann wäre sie Erbnehmerin geworden, sofern das Testament von 1945 nicht rechtskräftig gewesen wäre, da es den formalen Ansprüchen an ein Testament nicht genügte. Niemand wäre – auch nicht nach einem etwaigen Sturz der NS-Diktatur – auf die Idee gekommen, sie oder ihre Erben zu enteignen.

Und wenn Eva Braun Hitler nur um ein paar Tage überlebt hätte? Ein paar Stunden? Oder vielleicht nur wenige Sekunden? Wer wäre dann erbberechtigt gewesen, bzw. hätte es noch eine möglicherweise zur Beschlagnahme verfügbare Hinterlassenschaft gegeben?

Nach 1945 hatte abgesehen von Eva Brauns Familie niemand Interesse daran, diese Möglichkeit in Betracht zu ziehen. Es bildete sich rasch ein Generalkonsens hinsichtlich des Ablaufs hinter jener Tür im Bunker der Reichskanzlei: Eva Braun habe Gift genommen, Hitler habe ebenfalls das zuvor an seiner Hündin erprobte Gift genommen, sich dann aber zusätzlich in den Kopf geschossen. Es fragt sich aber, warum dieser Ablauf so gewesen sein muss.

Als man die Toten nach draußen schaffte und verbrannte, war bereits eine größere Zahl Personen beteiligt, darunter wohl auch Martin Bormann und Rochus Misch. Aber für den Erstbefund der beiden Leichen gibt es eben nur die beiden Zeugen, Linge und Günsche, und abgesehen von der Diskrepanz in ihren Aussagen hinsichtlich der Positionierung von Hitlers Leichnam fragt sich auch, warum Hitlers sich in die Schläfe hätte schießen sollen, was beide ausgesagt haben. Die übliche Art der Selbsterschießung, über die auch Hitler mehrfach gesprochen hatte, erfolgte, indem man den Lauf der Pistole in den Mund nahm oder an den Unterkiefer drückte und mehr oder minder vertikal ins Gehirn schoss bzw. das Rückenmark durchtrennte. Der Schuss in die Schläfe hatte zuletzt bei Gen. Stülpnagel, einem der nach dem 20. Juli 1944 ermordeten Widerstandskämpfer, zu einem Hitler bekannten Schussverlauf geführt, wo die Kugel zwar beide Sehnerven zerstört, aber nicht den Tod herbei geführt hatte. Der Schuss in die Schläfe galt also als unklug, weil unsicher, während der Schuss durch den Mund als absolut sichere Tötungsweise angesehen wurde.

Des Weiteren muss man Hitlers Psyche berücksichtigen. Eva Braun hatte bereits zwei Selbstmordversuche hinter sich, auch wenn man diese wohl als Signalselbstmorde werten muss, mit denen sie Hitler zu mehr Aufmerksamkeit ihr gegenüber zwingen wollte. Aber grundsätzlich fehlte es ihr nicht an Mut zu einer Selbsttötung. Vor allem aber hatte sie, anders als Hitler, neueren Forschungsergebnissen zufolge wohl schon im Sommer 1944 den Entschluss gefasst, bei absehbarer Niederlage einen in ihrer Sicht heroischen Tod im Selbstmord zu suchen und dazu auch Hitler zu bewegen.

Und Hitler? Natürlich war man in Deutschland wie auch auf alliierter Seite schon während des Krieges interessiert, Hitler als starken, ja überstarken Menschen erscheinen zu lassen. Nach dem Kriegsende wollten die einen natürlich darauf verweisen, welche singuläres Ungeheuer man da besiegt habe, die anderen sich damit entschuldigen, dass man einem solchen Titanen nun einmal kaum Widerstand hätte entgegen setzen können.

Hitler entsprach aber, vor allem hinsichtlich der eigenhändig ausgeübten Gewalt, nicht diesem Bild. Wutausbrüche kannte er zur Fülle, nicht selten bis an die Grenze psychopathischen Wütens. Aber es gibt keinen belegten Fall, dass er jemals selbst gewalttätig geworden wäre. Die Erinnerung an seinen prügelnden Vater scheint ihn zeitlebens gequält zu haben. Im Ersten Weltkrieg war er Meldegänger, was zwar Mut und Schnelligkeit verlangte, aber eben normalerweise nicht den direkten Kampf Mann gegen Mann erforderte. Zudem war er hier nicht frontnah eingesetzt, sondern in rückwärtigen Frontabschnitten, wo die Überlebenschancen vergleichsweise gut waren. Während des Putschs von 1923 wurde Hitler zwar leicht verletzt, aber anscheinend nur, weil er beim Wegrennen gestürzt war. Und auch aus den Jahren danach kennt man von ihm keine gewaltsamen Handlungen, außer dass der eine oder andere vermutet hat, 1934 habe Hitler selbst Ernst Röhm im Gefängnis in Berlin erschossen; tatsächlich hatte dies aber Theodor Eicke, zu dieser Zeit Kommandant von Dachau, übernommen.

Niemand wollte vor oder nach 1945, dass Hitler als entschlussschwacher Schwächling erschien, dass das Erbe in Privathände kam oder dass die Inkarnation der treuliebenden, eher dummen Frau im Hintergrund neu interpretiert werde. Das Bild, dass Brecht in „Der aufhaltsame Aufstieg des Arturo Ui" oder Chaplin in „Der große Diktator" gezeichnet hatten, vertrug sich vor allem nach dem Krieg nicht mit dem Wunsch nach dem Bild eines vielleicht bösen, vielleicht wahnsinnigen, aber jedenfalls absolut singulären Machtmenschen, zu dem man Hitler interpretieren wollte. Daher bestand rasch Einigkeit, dass Hitler treibende Kraft und Haupttäter des Selbstmords gewesen sei. Er habe Eva dazu überredet, er habe die Giftkapseln besorgt, er habe seine Hündin vergiften lassen, um die Wirkung des Gifts zu studieren, er habe letztlich sich selbst die Pistole an den Kopf gehalten und abgedrückt. Entsprechend legte 1957 ein Gerichtsentscheid aus Berchtesgaden ohne irgendeine passable Begründung den Todeszeitpunkt von Eva Braun, da eigentlich schon Eva Hitler, auf 15:28 Uhr fest, womit sie zwei Minuten vor Hitler gestorben wäre, dessen Todeszeitpunkt bereits früher – mit ähnlich schwacher Begründung – auf 15:26 datiert worden war.

Insgesamt kann man einen anderen Ablauf der Ereignisse in jenem Zimmer als mindestens ebenso wahrscheinlich bezeichnen. Hitler, wie so oft in derlei kritischen Momenten willensschwach, möglicherweise weinend und jammernd – für derlei Verhalten gibt es Hinweise aus anderen Ereignissen – war nicht in der Lage, den mit Eva Braun vereinbarten Suizid zu vollziehen, der für sie die Vollendung eines biografischen Wegs war. Vielleicht bat er sie sogar, ihm zu helfen, das zu tun, was er selbst nicht fertig brachte. Die Giftkapsel hatte er zwar in den Mund genommen, aber nicht zerbissen, als sie schließlich seine Pistole nahm, sich neben seinen Sessel stellte und ihm aus kürzester Distanz in die Schläfe schoss – also nicht ins Genick, wie ein professioneller Henker es getan hätte, aber auch nicht durch den Mund in den Kopf, wie es ein Selbstmörder gemacht hätte. Erst danach setzte sie sich aufs Sofa, zerbiss ihre Giftkapsel und starb ebenfalls.

Wären das alles so verlaufen, wäre Eva Braun eindeutig nach Hitler gestorben. Selbst wenn sie noch am Leben gewesen wäre, hätte man ihr Vermögen – also auch das Erbe ihres Mannes – kaum beschlagnahmen können, da ihre Rolle nicht unter die Rubriken der vom Gesetz von 1946 genau benannten „Hauptschuldigen" fiel. Eine Spruchkammer in München stufte sie – in Abwesenheit, da man sich ihres Todes nicht sicher war – nach dem Krieg als „belastet" ein, was sie nicht daran gehindert hätte, das Erbe ihres Mannes zu empfangen und dann an ihre eigenen Erben weiterzugeben.

Um sich gegen alle Risiken abzusichern, wurde Eva Brauns Nachlass durch den bayerischen Staat dennoch zur Gänze beschlagnahmt, da man festlegte, hierbei handele es sich ausschließlich um Zuwendungen seitens Hitlers. Rechtlich gesehen war das natürlich Unfug, da es erstens keine Rechtsgrundlage für die Enteignung einer Toten oder jedenfalls nicht Auffindbaren gab, zweitens derlei Zuwendungen naturgemäß Eigentum des oder der Beschenkten wurden und im Falle einer Enteignung des Schenkenden nicht automatisch vom Beschenkten rückverlangt werden konnten, drittens die Behauptung, der gesamte Nachlass bestehe aus solchen Zuwendungen, durch nichts belegt wurde und auch kaum belegbar gewesen sein dürfte.

Insgesamt hat man also alles unternommen, um in einer gemeinsamen Aktion von Justiz, Presse, Geschichtsforschung, Zeitzeugen usw. eine konforme Fassung der Ereignisse in jedem Zimmer zu propagieren. Man kann hier von einer Art stillschweigender Verschwörung sprechen. Eine gigantische Verschwörung, die aufgrund gleichartiger Ziele funktionierte und bis heute funktioniert, ohne dass jemals eine Absprache unter den Verschwörern stattgefunden hätte. Und wie die meisten Verschwörungen eine, die zu denunzieren fast unmöglich ist, weil man sie kaum beweisen, erst recht nicht mit umfangreichen Geständnissen belegen kann.

Geprellt durch diese Verschwörung sind zwei Personenkreise, nämlich zum einen die historisch interessierte Öffentlichkeit, der einmal mehr ein Bild von Hitler als düsterem Übertitanen präsentiert wird, wo es sich eigentlich um einen miesen, häufig genug feigen Kleinbürger handelte. Zweitens natürlich die Erben Eva Brauns, an die wiederum das Erbe hätte fallen müssen, insbesondere, wenn man sowohl das Testament von 1938 wie das von 1945 als nicht rechtskräftig ansehen wollte.

Tatsächlich haben Eva Brauns direkte Erben sich wenigstens um einen Teil des Nachlasses bemüht. Noch 2014 stellte ein dann allerdings verstorbener entfernter Verwandter einen Antrag auf Übergabe eines Teils des Nachlasses. Ohnehin wäre ein solcher Versuch aus juristischer Sicht schwierig geworden. Was von ihm in moralischer Hinsicht zu halten ist, beantwortet sich, spätestens wenn man mal einen näheren Blick in die aktuellen Einsichten der jüngeren Forschung zu Eva Brauns Person und zu ihrer Rolle im NS-Terrorsystems geworfen hat, nach meiner Einschätzung ohnehin von selbst.

11.9.4 Schwarze Erde, braune Herren

Was macht Vitali Klitschko eigentlich so populär? Sein Doktortitel? Seine zugegebenermaßen eindrucksvolle physische Erscheinung? Oder schlicht die Tatsache, dass man ihn eben kennt?

Als in Kiew im Frühjahr 2014 eine aufgeregte Menschenmenge den gewählten Präsidenten Janukowytsch verjagte, hat die Öffentlichkeit im Westen kurzerhand Klitschko zum Führer dieser Revolte deklariert. Man kannte sich halt schon.

In Wirklichkeit war Klitschko eine unbedeutende Figur in diesem Poker, der den grotesken Mummenschanz der ukrainischen Innenpolitik in den nächsten Akt katapultieren sollte. Eine unbedeutende Figur, die man nur deshalb in die erste Reihe ließ, weil man wusste, dass er dem Aufstand in den Augen des Westens eine Legitimation verschaffen konnte, welche ihm rechtlich gesehen keinesfalls zustand.

Was ist in jenen dramatischen Tagen wirklich geschehen? Unstrittig ist zunächst einmal, dass es in Kiew eine, nach ukrainischen Standards demokratisch gewählte, Regierung gab, mit einem Präsidenten, einem Parlament, einer Mehrheitspartei und einer lautstarken, aber heillos zerstrittenen Opposition. Die „Partia Regioniv" mit ihrem Kandidaten Wiktor Janukowytsch hatte bereits 2004 die Wahl gewonnen, was zur „Orangen Revolution" geführt hatte. Westlich orientierte, liberale und diverse zu diesem Zeitpunkt noch wenig bedeutende neofaschistische Kräfte in der Ukraine hatten gemeinsam erreicht, dass wegen diverser Verfälschungen das Ergebnis der Wahl für nichtig erklärt wurde und die Wahl wiederholt werden musste, obgleich die Fälschungen anscheinend allen Kandidaten gleichermaßen zu Gute gekommen waren. Die Wiederholung führte jedenfalls zur Wahl des zunächst gescheiterten Kandidaten Wiktor Juschtschenko vom Oppositionsblock „Nascha Ukraina", der daraufhin mit der zweitstärksten Oppositionspartei Julija Tymoschenkos die Regierung stellte. Die folgenden fünf Jahre der Amtszeit Juschtschenkos waren allerdings von einer weitgehenden Lähmung der politischen Arbeit, vor allem aufgrund der Konkurrenz von Tymoschenko und Juschtschenko, geprägt. Bei den nächsten Präsidentenwahlen im Januar 2010 erreichte Juschtschenko entsprechend nur noch 5,45% der Stimmen, während der Sieger der Wahl von 2004, Wiktor Janukowytsch, erneut gewählt wurde.

Die Reihe von Ereignissen, welche unmittelbar zum Sturz der gewählten Regierung führten, begannen im November 2013, als diese Regierung sich weigerte, ein lang vorbereitetes Assoziierungsabkommen mit der EU zu unterschreiben. Am 21.11.2013 kündigte die Regierung ihre entsprechende Absicht an, was zu ersten Protesten führte. Diese flammten erneut auf, als die für den 29.11.2013 vorgesehene Unterzeichnung tatsächlich nicht zustande kam.

Es lohnt sich aber, den Vorlauf des Assoziierungsabkommens etwas genauer anzusehen. Hier kamen zwei Interessen zusammen: Die USA sahen hier eine Möglichkeit, die Ukraine kurzfristig auch zum Eintritt in die NATO zu bewegen und so die Position des Westens insgesamt deutlich zu stärken. Auf der anderen Seite waren die baltischen Staaten, Großbritannien und Polen an einer härteren Linie gegenüber Russland interessiert. Zudem erhoffte vor allem Polen sich eine weitgehende Öffnung des Marktes im Osten für seine Produkte, sodass in wirtschaftlicher Hinsicht nicht die Ukraine, sondern Polen wohl in wirtschaftlicher Hinsicht am meisten von dem Abkommen profitiert hätte.

Schon seit mehreren Jahren hatte die Bush-Regierung insbesondere die zögerliche Koalition in Berlin gedrängt, Georgien und der Ukraine einen Beitritt in die NATO unter Umgehung des eigentlich üblichen Aufnahmeprozesses zu ermöglichen. Dieser sieht eigentlich u.a. eine Prüfung hinsichtlich einer Einhaltung der Menschenrechte und in Fragen einer demokratischen Kontrolle des Militärs vor. In Washington wusste man nicht anders als in Berlin, dass die Ukraine hieran scheitern würde. Insbesondere der Fall der inhaftierten Oppositionellen Julija Tymoschenko hinderte die Große Koalition – auch mit Blick auf die deutsche Öffentlichkeit – daran, dem amerikanischen Drängen nachzugeben.

Julija Tymoschenkos saß seit Oktober 2011 in Haft, weil man ihr vorwarf, ein Gasabkommen mit Russland geschlossen zu haben, dass für die Ukraine zu ungünstig ausgefallen sei. Die EU betrachtete das Verfahren als politisch motivierte Farce und verschob daher im März 2012 kurzerhand die Unterzeichnung des bereits verabredeten Assoziierungsabkommen mit der Ukraine auf den November 2013.

Die Regierung der Ukraine versuchte Ende 2012 einen aussichtslosen Schlingerkurs zwischen der EU und Russland. Russland strebte in dieser Zeit die Errichtung der Eurasischen Union, einer Zollunion mit Belarus, der Ukraine und Kasachstan an, nachdem es mit der Ukraine bereits 1993 ein Freihandelsabkommen abgeschlossen hatte. Sowohl Russland als auch die EU ließen aber keinen Zweifel daran, dass die Ukraine nicht gleichzeitig Mitglied einer Freihandelszone mit Russland oder gar der Zollunion sein und gleichzeitig einer Freihandelszone mit der EU angehören könne. Denn das hätte den freien Warenfluss in beide Richtungen ermöglicht, mit der Ukraine als Warendrehscheibe zwischen West und Ost. Für Kiew zweifellos eine attraktive Idee, aber weder für die EU noch für Russland akzeptabel.

Der IWF bot der Ukraine an, die Annäherung an die EU mit einem Kredit über 17 Mrd. US-Dollar zu versüßen; Russland bot im Gegenzug 18 Mrd. US-Dollar und eine Reduzierung der Gaspreise, welche zu diesem Zeitpunkt für einen nennenswerten Teil der ukrainischen Finanzmisere verantwortlich waren. Damit stand die ukrainische Regierung vor der Wahl zwischen zwei Alternativen. Das Assoziierungsabkommen mit der EU hätte zwar die Annäherung an den Westen begünstigt. Aber wirtschaftlich wäre hier für die ukrainische Wirtschaft wenig zu gewinnen gewesen. Im Wesentlichen hätte man mit einer Flut polnischer Produkte auf den ukrainischen Markt rechnen müssen. Gleichzeitig ließ Russland wenig Zweifel, dass es in diesem Fall mit einer Kündigung der bisherigen Freihandelszone und nicht zuletzt auch mit einer Erhöhung der Gaspreise reagieren würde. Damit verlor Kiew faktisch die Alternative einer Unterzeichnung des Abkommens mit der EU. Proteste sowohl des Präsidenten Janukowytsch als auch des Ministerpräsidenten Mykola Asarow änderten an der russischen Haltung wenig, sodass die ukrainische Regierung am 21.11.2013 nun ihrerseits den Verhandlungsprozess mit der EU als „eingefroren" deklarierte, angesichts des nahenden Winters mit seinen traditionellen Engpässen in der bitter benötigten Gasversorgung aus Russland eine eindeutig zweideutige Formulierung. Aber man darf nicht vergessen, dass die ukrainische Aussetzung des Unterzeichnungsprozesses sich an die zuvor ergangene Aussetzung des Prozesses durch die EU lediglich anschloss. Noch am 18.11.2013 hatte Angela Merkel im deutschen Bundestag sich deutlich gegen eine Unterzeichnung des Abkommens ausgesprochen. Es war für Kiew also fraglich, ob es überhaupt zu einer Annahme kommen würde, selbst wenn die ukrainische Regierung bereit gewesen wäre, dass entsprechende Zerwürfnis mit Moskau zu riskieren.

Janukowytsch fuhr Anfang Dezember 2013 noch einmal nach Brüssel, um trotz des Stillstands in den Verhandlungen Unterstützung für sein annähernd bankrottes Land zu erbetteln, was aber keinerlei Ergebnis zeitigte. Daraufhin fuhr er nach Moskau, wo man jetzt zu einem nennenswerten Entgegenkommen bereit war, nachdem der russische Präsident sicher sein konnte, dass die drohende Schwemme von Waren aus der EU in seine fragile Binnenwirtschaft über eine Drehscheibe Ukraine zunächst einmal abgewendet war.

Zu diesem Zeitpunkt war die Zeit des ukrainischen Präsidenten aber faktisch bereits abgelaufen. Schon am 21.11.2013 sammelten sich bis zu 2000 Menschen, vorwiegend Studenten, auf dem Majdan Nesaleschnosti, dem Unabhängigkeitsplatz in Kiew, um gegen die Haltung der Regierung hinsichtlich der Unterzeichnung des Abkommens zu protestieren. Dabei handelte es sich vorwiegend um Studenten, die sich z.T. wohl auch über Facebook und Twitter organisiert hatten. Die Studenten fürchteten, die Ukraine werde sich zukünftig stärker an autokratischen Modelle orientieren, wie man sie bereits aus Russland oder Kasachstan, vor allem aber aus Belarus kannte.

Es entstand ein Protestcamp auf dem Majdan, entsprechenden Occupy-Aktionen aus dem westeuropäischen und nordamerikanischen Raum nicht unähnlich. Anders als in den meisten westlichen Metropolen ging in Kiew die Polizei, vor allem aber die Sondereinheit „Berkut" mit überproportionaler Härte gegen das Camp und die Demonstranten vor.

Unter dem Vorwand, einen Weihnachtsbaum aufstellen zu wollen, überfiel die Berkut am 30.11.2013 das Camp; es kam zu exzessiver Gewalt und regelrechten Menschenjagden, die erst endeten, als Dutzende Demonstranten sich hinter die Mauern des nahegelegenen Andreas-Klosters flüchteten.

Als Reaktion auf dieses Vorgehens wuchs die Protestbewegung massiv an, sodass es am 8.12.2013 zu einem ersten Höhepunkt kam, als auf dem Majdan wenigstens eine halbe Million Menschen gegen die Regierung und das Einfrieren der Verhandlungen mit Brüssel protestierte. Es folgte eine Serie von Gesprächen zwischen Opposition und Regierung, wobei gleichzeitig aber die Proteste weiterliefen. Vor allem gewannen die gewaltbereiten Kräfte innerhalb der Protestbewegung zunehmend an Einfluss. Am 16.1.2014 beschloss das Parlament eine wirklichkeitsfremde massive Verschärfung des Demonstrationsrechts, was seitens der Opposition nur als Provokation verstanden werden konnte. Drei Tage später versuchten daraufhin erstmals Demonstranten in Kiew, das Parlament zu stürmen, und setzten einen Polizeibus in Brand. Eine Woche später hatten bereits in mehreren westukrainischen Großstädten, darunter auch der wichtigsten Metropole Lviv Anhänger der Demonstration gewaltsam die gewählten Vertreter aus den Rathäusern vertrieben und drohten, nötigenfalls die Westukraine vom Rest des Landes abzuspalten, wenn sich die Lage in Kiew nicht in ihren Sinne entwickeln würde.

Am 04.02.2014 verkündete Dmytro Jarosch, Sprecher des Prawyj Sektor, des Rechten Sektors, seine Organisation sei bereit, den bewaffneten Kampf gegen die Regierung aufzunehmen. Es entstand dadurch vor allem in Berlin und Paris der Eindruck, die Ukraine stehe am Rand eines Bürgerkriegs, was zu diesem Zeitpunkt aber wohl unrealistisch war, da die radikalen Kräfte innerhalb der Protestbewegung noch immer eine Minderheit darstellten. Jedenfalls bemühten sich die Außenminister Deutschlands, Frankreichs und Polens um eine Annäherung aller Parteien, was zur „Vereinbarung über die Beilegung der Krise in der Ukraine" vom 21.02.2014 führte.

Aber inzwischen hatte die Gewalt insbesondere in Kiew eine ganz neue Dimension gewonnen. Am 18.02.2014 waren auf dem Majdan erstmals Schüsse gefallen, von denen man annehmen kann, dass sie sowohl von gewaltbereiten Demonstranten als auch von Sicherheitskräften ausgingen. Die Bilanz waren ca. zwei Dutzend Tote und Hunderte von Verletzten. Es folgte das Blutbad vom 20.02.2014. Gewaltbereite Demonstranten des Rechten Sektors und anderer neofaschistischer Gruppierungen, welche den zuvor ausgehandelten Gewaltverzicht nicht anerkannt hatten, setzten Feuerwerkskörper, Steine, Molotowcocktails und Schusswaffen gegen die Polizei ein. Die Polizei versuchte zeitgleich, die Proteste mit Wasserwerfern, Tränengas und Blendgranaten zu zerschlagen, konnte aber nicht verhindern, dass 67 Polizisten von den Demonstranten gefangen genommen und verschleppt wurden. Daran änderte auch der Einsatz von Schusswaffen nichts, wobei nicht klar ist, ob diesem eine explizite Weisung der Einsatzleitung vorausging. Während das hier aber noch offen gelassen werden muss, gilt das kaum für den dann einsetzenden Beschuss durch Scharfschützen, auf deren Konto wohl ein erheblicher Teil der 60-70 Toten dieses Tages zu buchen ist. Auch am Folgetag kam es zu entsprechender Gewalt, sodass erneut bis zu 80 Tote allein auf dem Majdan dem Einsatz der Scharfschützen zum Opfer fielen.

Obwohl das nicht eindeutig bewiesen ist, muss man davon ausgehen, dass an beiden Tagen Angehörige der Berkut von umliegenden Gebäuden das Feuer auf die Demonstranten eröffnet haben, auch wenn nicht ganz klar ist, was man angesichts der großen Zahl der Demonstranten hierdurch zu erreichen suchte. Es scheint nicht so zu sein, dass das Feuer gezielt den gewaltbereiten Kräften unter den Demonstranten gegolten hätte. Es ging offensichtlich auch nicht darum, die Gefangennahme oder die Verschleppung von Polizisten zu verhindern. Und es musste relativ klar sein, dass es durch dieses Vorgehen zu einer weiteren Eskalation kommen würde. Allerdings hatten die Polizeikräfte zehn Jahre zuvor, im Zuge der Orangen Revolution, erleben müssen, dass auch eine vergleichsweise zurückhaltende Haltung im Umgang mit einem breit aufgestellten Massenprotest den Sturz der Regierung letztlich nicht mehr verhindern konnte.

Unter dem Eindruck der Gewalt, aber auch aufgrund wachsender Siegesgewissheit weigerten sich die Demonstranten auf dem Majdan, den zwischen den Führern der Opposition und der Regierung ausgehandelten Kompromiss zu akzeptieren; Klitschko als Vertreter einer gemäßigten Haltung wurde ausgebuht, nachdem er zuvor schon von Angehörigen des Rechten Sektors auch physisch attackiert worden war.

Im jedem Fall war danach die Polizei, war aber insbesondere die Berkut untragbar geworden. Wohl auch aus Angst um das Leben der Angehörigen der Polizei beschloss daraufhin der ukrainische Innenminister, alle Polizeikräfte aus Kiew abzuziehen. Damit verlor der Präsident seine Machtbasis, zumal große Teile der Polizei bereits zur Opposition übergelaufen waren. Am 22.02.2014 floh Janukowytsch aus Kiew, wohl auch aus Angst um sein Leben, da der Rechte Sektor explizit mit einem Tribunal gedroht hatte, sollte Janukowytsch am folgenden Tag nach 10:00 Uhr noch in Kiew aufgegriffen werden.

Die politische Haltung und Bedeutung des Rechten Sektors ist eines der schwierigsten Themen in der Bewertung des gesamten Umbruchs in der Ukraine. In westlichen Medien hat man die gesamte Bandbreite goutieren können, von einer Reduzierung des Rechten Sektors auf eine nostalgische Nationalistengruppe mit marginaler Bedeutung bis hin zu einer Einschätzung des gesamten Umsturzes als einer neofaschistischen Erhebung blutgieriger Nazis und Antisemiten.

Zunächst muss man den Rechten Sektor begreifen als einen unter dem Eindruck der Wirren auf dem Majdan entstandenen Zusammenschluss unterschiedlicher Gruppierungen, welche allerdings durchweg rechts der Swoboda, also der stärksten nationalistischen Partei der Ukraine, standen. Die wichtigste dieser Gruppierungen war die nach dem ukrainischen Nationalemblem benannte Trysub, die sich in ihrem eigentlichen Namen explizit auf Stephan Bandera berief. Bandera wiederum war der Führer der ukrainischen Faschisten, welcher mit den deutschen Besatzern ab 1941 eine brüchige Liaison aufbaute. Noch vor dem deutschen Einmarsch im Juni 1941 hatten die Banderas unterstellten Nationalisten in Lviv ca. 7000 Juden und vermeintliche Kommunisten ermordet. Doch der radikale ukrainische Nationalismus, für den Bandera stand, vertrug sich zu dieser Zeit noch nicht mit den deutschen Allmachtsansprüchen. Schon im Juli 1941 wurde Bandera in Sachsenhausen interniert. Erst im September 1944, unter dem Eindruck der Krise an der Ostfront, wurde er wieder freigelassen, um einen weitgehend autonomen Widerstand in der Ukraine zu organisieren, was sich aber nicht mehr realisieren ließ. Bandera floh nach Deutschland, wo er 1959, in der UdSSR in Abwesenheit zum Tode verurteilt, von einem KGB-Agenten ermordet wurde.

Das schwierige Verhältnis weiter Kreise in der Ukraine zu Bandera als Leitfigur übrigens auch der Swoboda hat unterschiedliche Ursachen. Die nationalistische Rechte kritisiert teilweise seine zeitweilige Annäherung an die deutschen Besatzer, verschiedentlich wird ihm ein zu radikaler oder auch ein zu lauer Antisemitismus vorgeworfen. Aber für die Trysub, die Swoboda und weitere nationalistische und neofaschistische Gruppierungen vor allem in der westlichen Ukraine bestand nie ein Zweifel an Banderas Rolle als bedeutendster ukrainischer Nationalheld der Zeit des Zweiten Weltkriegs. Museen und Denkmäler in zahlreichen Städten, darunter auch in Lviv, dienen seiner Verehrung und sind gleichzeitig immer wieder Kristallisationspunkt für Aufmärsche und Versammlungen der ukrainischen Rechten.

Die Trysub würde man in westeuropäischen Begriffen wohl bereits als Neonazi-Gruppierung bezeichnen. Dennoch bildet sie den gemäßigteren Teil des Rechten Sektors. Zu diesem gehören aber auch die UNA-UNSO und der Bilyj Molot, die ziemlich eindeutig als Nazi-Gruppierungen zu identifizieren sind. Ihre Rhetorik ist nicht nur radikal nationalistisch, sondern auch durchweg antisemitisch, antirussisch und rassistisch. Stärker noch gilt das für die SNA, ihrerseits ein Zusammenschluss etlicher neonazistischer Splittergruppen in der Ukraine. Offener noch als UNA-UNSO trat die SNA für eine „rassenreine" Ukraine ein und war in den Jahren vor 2014 für diverse Anschläge verantwortlich. Hierzu gehörte auch eine explizit an den Boykott jüdischer Geschäfte in Deutschland 1933 angelehnte Aktion gegen ausländische Händler, welche die SNA 2010 in Wassylkiw durchführte. Die SNA war aber auch über lange Zeit Parteigänger Janukowytsch und wesentlich für die Wahlverfälschungen verantwortlich, welche diesem 2010 von Anhängern der unterlegenen Julija Tymoschenko zur Last gelegt worden waren.

Anders als die Darstellung vor allem in russischen Medien war der Rechte Sektor jedoch zwar ein radikaler, publikumswirksamer Teil des Majdan. Aber er hatte nie einen großen Rückhalt in der Bevölkerung, ja nicht einmal unter den Demonstranten, die sich auf dem Platz versammelt hatten.

Ähnliches gilt auch für die mitgliederstärkere Swoboda. Ideologisch am ehesten Jörg Haiders FPÖ nahestehend, fehlt ihr der antikapitalistische Bezug klassischer Nazi-Gruppierungen. Zwar lehnte sich ihr ursprünglicher Name als „Sozial-Nationale Partei der Ukraine" explizit an die NSDAP an; dennoch ist die Swoboda insgesamt nicht hinreichend aggressiv genug, vor allem in ihrem Antisemitismus und in ihren antirussischen Äußerungen, um im engeren Sinne als Nazi-Partei zu gelten. Sie ist aber eindeutig rechtspopulistisch und ließe sich relativ leicht auch für eine deutlicher faschistische Position gewinnen, wenn sie sich davon einen größeren Rückhalt in der Bevölkerung versprechen dürfte. Aber genau hier liegt auch das Problem der Swoboda. Trotz ihrer Medienwirksamkeit ist ihre Bedeutung in der ukrainischen Gesellschaft gering. Bei der Präsidentenwahl im Mai 2014 erhielt ihr Kandidat und Vorsitzender Oleh Tjahnybok gerademal 1,16% der Stimmen, während die Partei insgesamt die 5%-Hürde verfehlte und nur über sechs in der Westukraine errungene Direktmandate ins Parlament einziehen konnte.

Insgesamt gehörten die rechten Gruppierungen nicht zu den ersten, auch nicht zu den intellektuell zunächst führenden Teilnehmern der Proteste, weder auf dem Majdan noch in Städten wie Lviv oder Donetsk, zumal sie auf weite Strecken teils mit den ukrainischen Oligarchen, vor allem aber mit der bisherigen Regierung in mehr oder weniger dubiosen Kontakten standen. Damit fragt sich, ob es eine eigentlich treibende Kraft gegeben hat, welcher man einen besonderen Einfluss auf den Umsturz 2014 nachsagen kann. Wenn man den Verlauf der Revolte mit ihrem vorläufigen Schlusspunkt durch die wohl nicht verfassungskonforme Absetzung des gewählten Präsidenten Revue passieren lässt, entsteht leicht der Eindruck, es handelte sich hierbei um eine spontane Protestbewegung, einem Flashmob nicht unähnlich. Doch kann man hieran, wie auch schon hinsichtlich der Orangen Revolution von 2004, fragen, ob dieser Eindruck tatsächlich zutreffen ist. Wenn wir paranoid wären, was wir nicht sind und nicht sein wollen, so würde man vielleicht fragen, wie der doch vergleichsweise hohe Organisationsgrad des Protests 2004 und dann erneut 2014 eigentlich erklärbar ist.

Der Umsturz 2004 folgte wie auch der von 2014 einem Muster, welches sich in Osteuropa zu dieser Zeit bereits etabliert hatte. Erstmals wurde dies beim Sturz der Regierung Milošević in Serbien im Oktober 2000 erfolgreich umgesetzt. Auch hier war zunächst ein mehr oder weniger prorussischer, jedenfalls antiwestlicher Politiker zum Präsidenten gewählt bzw. trotz des Kosovo-Desasters im Amt bestätigt worden. Es kam zu Protesten, welche zunächst vorwiegend von Studenten und jungen Akademikern getragen wurden, denen sich dann aber vor allem eine große Zahl von Bergarbeitern anschloss, sodass Milošević am 07.10.2000 zurücktreten musste. In ähnlicher Weise war auch die „Rosenrevolution" in Georgien durchgeführt worden, welche 2003 in Georgien den Sturz des gewählten Präsidenten Edward Schewardnadse zur Folge hatte. Die Rosenrevolution gilt als die erste der „Farbenrevolutionen", welche aber eigentlich schon im Oktober 2000 in Belgrad ihren Anfang nahmen. Auch in Tiflis löste eine vorsichtig ausgedrückt zweifelhafte Parlamentswahl im November 2003 die Proteste gegen die Regierung aus. Auch hier wurde dem amtierenden Präsidenten eine Haltung vorgeworfen, die nicht eindeutig genug sich gegen Russland positionierte. Als weitere Farbrevolutionen nennt man gemeinhin die Zedernrevolution im Libanon 2005 und die Tulpenrevolution in Kirgisistan, ebenfalls 2005, an, die alle im Wesentlichen demselben Muster folgten. Auch vergleichbare, allerdings gescheiterte Proteste in Belarus 2006, als „Blaue Revolution" bezeichnet, sowie die Safranrevolution in Myanmar 2007 und die Jasminrevolution in Tunesien 2010 bis 2011 werden häufig zu dieser Gruppe gerechnet, zumal sie alle nach ähnlichen Mustern verliefen.

Zufällig waren diese Ähnlichkeiten nicht. Ihnen lag zum einen natürlich die geänderte Kommunikationsstruktur durch die Einführung neuer Medien, vor allem Facebook und Twitter, zugrunde. Dennoch handelte es sich nicht um spontane Proteste; auf dem Majdan traf sich eben kein Flashmob im eigentlichen Sinne. Die Organisation der dann in der ersten Phase der Proteste jeweils führenden Studentengruppen erfolgte nicht nur durch lose Gruppierungen und soziale Netze, sondern wurde auch von verschiedenen westlichen NGOs, aber auch Regierungsstellen z.T. erheblich unterstützt. Dies Modell hatte sich erstmals bereits in Ansätzen bei der Abwahl der antiwestlichen Regierung der Slowakei 1998 bewährt. Allerdings war es hier noch nicht zu einem gewaltsamen, letztlich gegen die demokratische Willensbildung gerichteten Umsturz gekommen, wie er dann erstmals 2000 in Belgrad umgesetzt wurde.

Treibende Kraft hinter dem Umsturz in Belgrad war u.a. Otpor, eine basisdemokratische Gruppierung serbischer Studenten und Intellektueller. Otpor gründete nach dem Belgrader Umsturz das CANVAS, das „Center for applied nonviolent action and strategy", eine Art Beratungsinstitut für demokratisches Aufbegehren, zivilen Ungehorsam und Bürgerprotest, das nicht nur in den genannten Farbenrevolutionen beratend tätig war, sondern auch Einfluss nahm auf die Proteste in Ägypten, welche zum Sturz des gewählten Präsidenten Mubarak führten.

Otpor fußt auf einem einflussreichen zeitgenössischen Theoretiker zivilen Ungehorsams, Gene Sharp, der wiederum Schüler von Arne Naess ist, dem wichtigsten Vordenker von Bürgerprotesten und gewaltfreiem Aufbegehren in Westeuropa seit den 1960er Jahren. Beide werden auch als Theoretiker des amerikanischen „grassroots movement" angesehen, einer basisdemokratischen, anarchopazifistischen Bewegung, welche erheblichen Einfluss auch auf die Occupy-Bewegung der letzten Jahre hatte.

In Anlehnung an Sharpe hat Otpor mehrere Stufen eines demokratischen Wandels formuliert und berät inzwischen über CANVAS demokratische Gruppen in diversen Staaten weltweit bei der Umsetzung dieser Stufen, wie sie exemplarisch auch 2013-2014 in der Ukraine umgesetzt wurden:

- Gründung von lose organisierten demokratischen Gruppen;
- spektakuläre Einzelaktionen, um die Aufmerksamkeit westlicher Medien zu erregen;
- Definition einfacher, typischer Symbole, meist mit Farbcharakter;
- Initiierung einer allgemeinen Debatte zur Seriosität einer soeben abgehaltenen Parlaments- oder Präsidentenwahl;
- Fokussierung der Berichterstattung in westlichen Medien auf eine Behinderung der Opposition durch die aktuelle Regierung;
- ab dem Wahlabend der Beginn friedlicher Proteste und Bündelung aller Protestpotenziale;
- Abhaltung von Neuwahlen.

Die so erzwungenen Wahlen sind immer Wahlen im Ausnahmezustand, weshalb den dadurch an die Macht gekommenen Kräften selten eine lange Amtszeit beschert ist. Das zeigte sich sowohl nach der Orangenen Revolution in Kiew als auch nach dem Umsturz in Tiflis oder mit der erneuten Revolution 2010 in Kirgisistan. In jedem Fall aber ist durch die nach dem Belgrader Vorbild und wenigstens teilweise unter dem Einfluss von Otpor bzw. CANVAS erfolgte Revolution zunächst einmal eine deutlich prowestliche Regierung an die Macht gekommen, was in aller Regel nicht nur den politischen, sondern auch den wirtschaftlichen Interessen sowohl der EU wie auch der USA in der Regel sehr entgegen kam.

Das ist freilich kein Zufall. Otpor wie auch andere demokratische Gruppierungen in diversen Staaten sind aus dem Westen kontinuierlich finanziell, organisatorisch und vor allem während der heißen Phase der Revolution auch propagandistisch z.T. massiv unterstützt worden. So berichten über entsprechende Zahlungen in ihren offiziellen Jahresberichten u.a. die beiden vom ehemaligen Chef der CIA, James Woolsey, geleiteten NGOs, das „Freedom House" und das "Committee on the Present Danger", aber auch die entsprechenden Politischen Stiftungen der Demokratischen wie auch der Republikanischen Partei in den USA. Insgesamt haben verschiedene Stellen in den USA z.B. den demokratischen Widerstand gegen die serbische Wahl von 2000 nach Berichten der *Washington Post* mit wenigstens 77 Mio. Dollar unterstützt. Auch die New York Times berichtete von einer systematischen Schulung vor allem junger Mitglieder örtlicher Protestbewegungen, u.a. im Vorfeld der Revolution in Ägypten, durch staatliche und private Institutionen in den USA. Ähnliche Aktivitäten erfolgen aber auch z.B. über die Politischen Stiftungen der Parteien in Deutschland, vor allem durch die Friedrich-Naumann-Stiftung und durch die Konrad-Adenauer-Stiftung.

Wer nicht zu Verschwörungstheorien neigt oder sonst paranoid ist, wird an der Selbstlosigkeit dieser Unterstützung keine Zweifel hegen. Was anderes als die Verbreitung westlicher Werte, Demokratie, Gleichberechtigung, Meinungsfreiheit usw. könnte den Hintergrund bilden, wenn man zwar einerseits den Sturz der nur schwach demokratisch legitimierten Regierung Mubarak in Ägypten 2011 mit z.T. erheblichem Aufwand betrieb, dann aber den Sturz des nun eindeutig demokratisch zur Macht gekommenen Präsidenten Mohammed Mursi im Juli 2013 durch eine Militärjunta und die seitdem waltende Diktatur lautstark begrüßte?

Nun, wäre man paranoid, könnte man mindestens im Fall der Ukraine zu einer ganz anderen Erklärung des Umsturzes gelangen. Wie gesagt, wenn man wäre, was wir nicht sind und nicht sein wollen.

Der wichtigste Rohstoff des 21. Jahrhunderts wird nicht Gold sein, auch nicht Öl oder Kupfer, sondern Ackerland. Dies rührt natürlich zum einen aus einer weiterhin dramatisch wachsenden Bevölkerung und vor allem einem ungebrochenen Drang vieler Menschen nach immer höheren Anteilen von tierischem Eiweiß in der Nahrung. Es ist aber auch die Folge einer gleichzeitig stattfindenden Verknappung von Ackerland durch Klimaveränderungen, durch Überbewirtschaftung zahlloser Flächen und durch ökologische Folgen vor allem einer jahrzehntelangen Bodenvergiftung. Zwar kann man nicht ausschließen, dass der Klimawandel auf mittlere Sicht vor allem in Nordasien und Nordamerika mehr fruchtbaren Boden freigeben wird als er in anderen Teilen der Welt unfruchtbar macht. Aber während das zweite kurzfristig erfolgt, erfordert das erstgenannte Phänomen wohl doch Jahrzehnte, wenn nicht Jahrhunderte.

Nun ist aber hochwertiges, ertragreiches Ackerland weltweit nicht gleichermaßen verteilt. Das mit Abstand fruchtbarste Land erstreckt sich innerhalb des Eurasischen Steppengürtels, daneben in kleineren Vorkommen westlich der Great Lakes in den USA und Canada und im nordöstlichen China. Es handelt sich hierbei um als Schwarzerde bezeichnete Böden, wobei weltweit sich hierfür der russische Begriff Tschernosem durchgesetzt hat. Hierbei handelt es sich um eine bis 60-80cm dicke Schicht von humusreichem, also mit hohen Anteilen organischer Restsubstanz angereicherten Bodens, welcher die typische glänzendschwarze Färbung zeigt, die ihm den Namen gegeben hat. Schwarzerde weist in einigen Gegenden eine Ackerzahl von 100 und mehr Punkten auf, gehört also angesichts von nur theoretisch erreichbaren 120 Punkten zu den fruchtbarsten Ackerkrumen überhaupt.

Warum und wann sich in den genannten Regionen Tschernosem-Gebiete entwickelt haben, ist nicht ganz klar. Lange sah man hierin eine Folge von Versteppungsprozessen. Unter bestimmten klimatischen Verhältnissen, so die Annahme, würde ein regenreicher Frühling umfangreichen Bewuchs entstehen lassen. Trockene Sommer und lange, kalte Winter würden dann zunächst zu einem Absterben dieser Vegetation, aber nur zu einem unvollständigen Abbau führen, sodass sich organisches Material im Boden anreichern würde. Notwendig sei zudem ein weitgehend kontinentales Klima gewesen, da es in maritimen Regionen zu einer Auswaschung auch der nicht abgebauten organischen Substanzen kommen würde.

Gegen diese Annahme spricht jedoch, dass in vergleichbaren Steppengebieten weltweit organisches Material in relativ kurzer Zeit, meist innerhalb eines Jahrhunderts, abgebaut wird, während die organischen Bestandteile der Tschernosem mit Hilfe der Radiokarbondatierung auf ein Alter von 3.000 bis 7.000 Jahren eingegrenzt werden können. Es muss also hier über einen sehr langen Zeitraum zu einem deutlich größeren Anfall organischer Substanz gekommen sein, als durch natürliche Zersetzung abgebaut werden konnte.

Möglicherweise kommen hier mehrere Faktoren zusammen. Tschernosem weist ein hohes Maß an Krotowinen auf, also an z.T. sehr alten Wühlgängen von Maulwürfen, Murmeltieren, Feldhamstern und vor allem Regenwürmern. Eine Theorie besagt, dass in den Steppengebieten der Nordhalbkugel ein üppiges Pflanzenwachstum im Frühjahr eine starke Vermehrung dieser Tiere ermöglicht habe. Ein strenger Winter zwinge sie dann, sich tiefer in das Erdreich zurückzuziehen. Die hierfür notwendige Grabungstätigkeit habe humusreiche Erde in tiefere Schichten verbracht, was die Dicke der Tschernosem erklären könnte.

In jüngerer Zeit ist allerdings diskutiert worden, dass die Entstehung dieser Bodenart sich im Wesentlichen zeitlich und örtlich am neolithischen Siedlungshorizont orientiert. Das würde nahelegen, dass die Schwarzerde anthropogen ist, also von Menschen geschaffen. Eine sich über mehrere tausend Jahre erstreckte Brandrodungswirtschaft ist für die Jungsteinzeit zwar nicht hinreichend belegt, würde aber Entstehungszeit und Verbreitung der Tschernosem in Eurasien erklären. Ob allerdings das Gebiet der heutigen Prärien in der entsprechenden Zeit hinreichend besiedelt war, um die Bildung der Schwarzerde in Nordamerika zu erklären, erscheint aus heutiger Sicht zweifelhaft.

Unabhängig der bodengeschichtlichen Entstehung ist jedoch sicher, dass Tschernosem einen gewachsenen Rohstoff darstellt, vergleichbar

Kohle, Erdgas oder Erdöl. Damit ist verbrauchte Schwarzerde nicht ohne weiteres zu ersetzen, stellen aber vor allem die vorhandenen Flächen ein knappes Gut dar. Vielleicht wird in naher Zukunft die gerade erst in ihrer Bedeutung neu entdeckte Terra Preta aus Südamerika einen zweiten entsprechenden Bodenschatz darstellen; aus heutiger Sicht ist aber das weltweite Vorkommen von Schwarzerde das mit weitem Abstand wichtigste und wertvollste Ackerland. Zudem wäre der Abbau von Terra Preta ökologisch verheerend, sodass man auf lange Sicht eher auf Terra Preta Nova, also künstlich bzw. aus Biorückständen erzeugte Terra Preta zurückgreifen wird. Auch hierfür würde die Tschernosem die einzige langfristig verlässliche Basis liefern.

Weltweit hat im vergangenen Jahrzehnt ein, von den USA und Europa zunächst weitgehend unbeachteter, Wettlauf um die fruchtbarsten Flächen eingesetzt. Insbesondere Staaten mit hohem Bevölkerungsdruck und begrenzten eigenen Flächen haben sich um zusätzlichen Ackerboden bemüht. Dieser inzwischen als „Land Grabbing" bezeichnete Konkurrenzkampf gilt vorwiegend den als besonders fruchtbar geltenden Flächen und Regionen. So hat China gigantische Areale insbesondere in Kamerun und im Kongo, aber auch in Laos und in Australien aufgekauft. Allein im Kongo verfügt China inzwischen über wenigstens 28.000km² Ackerland. Japan verlagert die eigene Sojaproduktion in erheblichem Umfang nach Brasilien, Schweden hat sich große Flächen in Russland für die Weizenproduktion gesichert. Süd-Korea, das in den letzten Jahrzehnten fast alle Ackerflächen dem Wachstum der Industrie opfern musste, betreibt umfangreiche Projekte im Sudan, in Kambodscha, der Mongolei und auf Indonesien, auch wenn ein gewaltiges Projekt auf Madagaskar über den Verkauf von ca. 13.000km² Ackerland am Widerstand der Bevölkerung scheiterte und letztlich zum Sturz des Präsidenten Marc Ravalomanana 2009 führte. Katar hat 400km² Ackerland in Kenia erworben; weitere Flächen sollen folgen. Saudi-Arabien, dessen mit fossilem Wasser betriebener Weizenanbau 2016 eingestellt werden soll, bemüht sich weltweit um Ackerflächen. Allein in Indonesien hat ein saudisches Konsortium 5000km² Flächen für den Reisanbau erworben; Verhandlungen über den Ankauf entsprechend großer Flächen in anderen Teilen der Welt laufen, darunter seit 2007 auch mit der Ukraine. Längst haben auch zahlreiche Hedgefonds Ackerland, vor allem Tschernosem, als interessantes Anlageobjekt entdeckt. Über die Weltbank wurden selbst Staaten zum Verkauf oder zur Verpachtung von Ackerland gezwungen, die gleichzeitig auf internationale Hilfen zur Bekämpfung des im Land grassierenden Hungers gezwungen waren. Das gilt ebenso für Kambodscha wie für den Sudan und weitere Staaten im mittleren Afrika.

Ein erschrecktes Zucken ging aber durch die europäischen Regierungen und vor allem die entsprechenden Kreise in Washington, als 2008 Libyen 2500km² Ackerland in der Ukraine aufkaufte, übrigens im Tausch gegen Erdgas und Öllieferungen, was die Ukraine teilweise unabhängig sowohl von Russland wie auch von der EU gemacht hätte. Die Bush-Regierung hatte keinerlei Interesse daran, dass hier eine Art dritter Allianz mit der verhassten Wüstendiktatur entstehen könnte. Vor allem aber begriffen die europäischen und nordamerikanischen Regierungen ebenso wie die Vertreter der großen Agrar- und Pharmakonzerne, dass sie Gefahr liefen, den Wettlauf um den wichtigsten Rohstoff der nächsten Jahrzehnte nicht nur zu verlieren, sondern schlicht zu verschlafen. Daher war klar, dass zum einen der unliebsame Konkurrent aus Nordafrika um den Zugriff auf die ukrainische Schwarzerde beseitigt werden musste. Dies gelang durch den Sturz des Gaddhadi-Regimes im August 2011. Aber damit war den Agrarkonzernen der Zugriff auf die ukrainischen Agrarflächen noch nicht eröffnet. Die stecken gebliebenen Verhandlungen um das Assoziierungsabkommen, die Hinweise auf eine Annäherung zwischen der Ukraine und Russland weckten Befürchtungen, man werde hier auf Dauer ins Hintertreffen geraten, zumal jetzt auch das kapitalstarke China Interesse an Ackerflächen in der Ukraine zu entwickeln begann.

Hierzu lohnt sich ein Blick auf die Rolle der ukrainischen Oligarchen. Diese hatten über lange Zeit die Regierung Janokowytsch gestützt, auch wegen der ausgesprochen schlechten Erfahrungen mit der vorausgegangenen Revolutionsregierung. Gemeinsam hatte man 2012 ein bis wenigstens 2016 geltendes Moratorium verkündet, was den Ausverkauf der ukrainischen Landflächen betraf. Russland hatte dieses Moratorium wahrscheinlich im Hintergrund unterstützt, hatte man doch selbst großes Interesse daran, ausländische Investoren für die eigenen Ackerflächen zu interessieren.

Aber das lange Zeit funktionierende Bündnis zwischen den Oligarchen und Janukowytsch begann zu bröckeln, als letzterer anfing, ein eigenes Wirtschaftsimperium aufzubauen und zugleich die Oligarchen ihre bis dahin starke Verortung im Donbass zugunsten einer breiteren Orientierung aufgaben. Nach und nach entwickelten sie, die naturgemäß an einer Fortsetzung der vom IWF dem Land verordneten neoliberalen Politik des vergangenen Jahrzehnts stark interessiert waren, ein erhebliches Unbehagen, als der Eindruck entstand, die ukrainische Regierung könnte angesichts der schlechten Versorgungslage der Bevölkerung versucht sein, hier die Zeit zurückzudrehen. Das führte dazu, dass Janukowytsch die Unterstützung der Oligarchen, vor allem des mächtigen Achmetow-Clans, im Vorfeld der Revolution weitgehend verlor.

Der Westen versuchte schon vor dem November 2013 die Wirtschaftspolitik in der Ukraine im Sinne der europäischen und US-amerikanischen Agrarkonzepte zu beeinflussen. Hierbei spielte das von Deutschland 1999 gegründete und lange Zeit voll finanzierte „Institute for Economic Research and Policy Consulting", kurz IER, eine besondere Rolle. Vor allem die bis heute vollständig aus Berlin unterhaltene „German Advisory Group" innerhalb des IER propagiert eine Konzentration des Ackerbaus in der Ukraine auf die Bedürfnisse der europäischen Versorgung mit Biotreibstoffen. Die GAG wiederum ist fast personenidentisch mit Consultern der Beratungsfirma „Berlin Economics GmbH", die auf ihrer Website offen damit wirbt, u.a. die Ukraine bei der Umorientierung ihrer Agrarwirtschaft auf westliche Bedürfnisse zu beraten, und zu deren wichtigsten Auftraggebern die Friedrich-Naumann-Stiftung gehört. Die GAG propagierte in der ukrainischen Krise einen radikalen Wirtschaftsliberalismus, Abbau von Arbeitsschutzregelungen, Aufhebung von Handelshemmnissen und eine rasche Aufnahme des Verkaufs oder der Verpachtung von Ackerflächen zum Zwecke des Anbaus von Biotreibstoff für die westeuropäischen Investoren.

Die schon vor der Revolution mächtigen Oligarchen kontrollierten nach dem Sturz der Janukowytsch-Regierung im engen Schulterschluss mit diversen westlichen Konzernen faktisch die Ukraine. Außer dem aktuellen Präsidenten Petro Poroschenko war hier vor allem Ihor Kolomojskyj zu nennen, der wegen wachsender Konflikte mit Janukowytsch bis 2014 in der Schweiz lebte, dann aber zurückkehrte und Gouverneur des Oblast Dnipropetrowsk wurde. Kolomojskyj finanzierte nicht nur aus eigenem Budget das Bataillon Dnipro, eine mehrere tausend Mann starke Söldnerbrigade zur Bekämpfung des prorussischen Separatismus im Donbass, sondern lobte auch für jeden Separatisten ein Kopfgeld von 10.000 US-Dollar aus. Kolomojskyj hatte aber auch wie die meisten anderen Oligarchen, darunter auch Poroschenko, sich seit Beginn der Revolte auf dem Majdan für rasche Verhandlungen mit westlichen Investoren zum Verkauf großer Landflächen in der nördlichen Ukraine eingesetzt. Auch als Kolomojskyj, der Anfang 2015 mit dem Präsidenten um die Macht in der Ukraine zu streiten begann, den Kürzeren zog und sich in die USA absetzen musste, blieb er ein starker Fürsprecher eines umfangreichen Verkaufs ukrainischer Ackerflächen, insbesondere an US-amerikanische Investoren.

Noch bevor sie ihre Agitation für einen freien Verkauf der ukrainischen Ackerflächen begannen, haben die Oligarchen sich auf breiter Front auf den Erwerb der ukrainischen Tschernosem-Gebiete konzentriert, was die Politik der bis dahin regierenden „Partei der Regionen" noch verhindert hatte. Die Partei des Präsidenten, der „Block Petro Poroschenko", legte am 31.10.2014 den Entwurf eines Koalitionsabkommens vor, das vor allem den Abbau aller Agrarrestriktionen vorsah, nicht nur hinsichtlich des freien Verkaufs von Ackerflächen, sondern auch hinsichtlich des Einsatzes von Pestiziden und genmanipuliertem Saatgut. Dies entsprach den Interessen vor allem der großen amerikanischen Agrarkonzerne, aber auch der Erzeuger von Biotreibstoffen für den europäischen Markt. Das vom deutschen Landwirtschaftsministerium finanzierte Projekt „Deutsch-Ukrainischer Agrarpolitischer Dialog" hatte diese neoliberale Reform der ukrainischen Agrarpolitik bereits seit 2005 gefordert; letztlich war aber der Umsturz von 2014 nötig, um die entsprechende Offenheit der Regierung in Kiew zu erreichen. Auch die Weltbank hatte nach dem Einfrieren des Assoziierungsabkommens durch die ukrainische Regierung über die ihr angegliederte „International Finance Corporation" eine rasche Deregulierung des ukrainischen Agrarsektors gefordert, vor allem ein Ende des Zertifizierungspflicht für Agrarprodukte, welche zu diesem Zeitpunkt den Anbau genmanipulierter Pflanzen annähernd unmöglich machte. Entsprechend gründete das IFC das „Ukraine Investment Climate Advisory Services Project", welches die umgehende Beseitigung von insgesamt 155 entsprechenden Regelungen empfahl, also fast des gesamten Katalogs von Verbraucherschutzregelungen im Agrarbereich der Ukraine.

Bis Anfang 2015 war auf diese Weise ca. die Hälfte der ukrainischen Ackerflächen unter die Kontrolle der Oligarchen geraten, verglichen mit ca. 7% zehn Jahre zuvor. Insbesondere Monsanto und DuPont als weltgrößte Produzenten von genmanipuliertem Saatgut haben seitdem in erheblichem Umfang Ackerflächen in der Ukraine von den Oligarchen gepachtet, um ungehindert von westeuropäischen Befindlichkeiten den wachsenden Bedarf weltweit decken zu können. Der Anbau von Ölpflanzen ist inzwischen zu 90% auf den westeuropäischen Markt für Biotreibstoffe orientiert, weswegen auf diesen Flächen inzwischen fast ausschließlich Raps angebaut wird. Die Bundesregierung in Berlin musste auf eine Anfrage der Linken im Bundestag zugeben, dass man den entsprechenden Ausverkauf der ukrainischen Landwirtschaft mit erheblichen Kreditvergaben unterstützt. Allein 2014 waren 131 Kredite an ukrainische und 55 Kredite an internationale Agrarholdings vergeben worden, wobei die Regierung die Namen der Kreditnehmer und das Kreditvolumen allerdings mit Verweis auf die Geschäftsinteressen der beteiligten Konzerne verweigerte. Sicher aber ist, dass seit dem Umsturz Monsanto vor allem rund um Vinnytsya den Anbau von genmanipuliertem Saatgut massiv ausgeweitet hat, während DuPont plant, eine der größten Fabriken des Landes für die Erzeugung von genmanipuliertem Saatgut von Mais, Sonnenblumen und Raps zu errichten. Monsanto übernahm inzwischen auch die entsprechenden Anbaugebiete der deutschen Dieckmann-Gruppe, welche in der Ukraine vor allem Raps für den deutschen Biotreibstoffmarkt erzeugen wollte.

Wäre man paranoid, aber vielleicht muss man das gar nicht sein, könnte man überlegen, dass der Umsturz in der Ukraine 2014 den Agrarkonzernen, aber auch den westlichen Regierungen ausgesprochen gut ins Konzept gepasst hat. Endlich waren die Hindernisse gefallen, die bisher einem ungebremsten Run auf die umfangreichen Schwarzerde-Vorkommen im Weg gestanden hatten. Da muss dann halt das Unbehagen hintanstehen, mit Russland den wichtigsten Partner für eine stabile Osteuropa-Politik zu verprellen, einer milde gesagt mafiösen Oligarchie in den Sattel geholfen und auch die Nachfolger der Banderas-Faschisten salonfähig gemacht zu haben. Am Ende ist nun mal der Biotreibstoff in den deutschen Autos und der Aktienkurs von Monsanto und DuPont wichtiger als das bisschen Restmoral, das man nötigenfalls an Sonntagen wieder vorholen kann. Natürlich nur, wenn nicht gerade Wahlsonntag ist.

11.9.5 Wer nach Westen fliegt...

Wer nach Westen fliegt, hat den Südpol als Ziel. Wie, Sie schütteln den Kopf? Dann passen Sie mal auf, ich bessere jetzt mal Ihre Geografie-Kenntnisse auf.

Am 8. März 2014 gegen 01:30 Uhr Ortszeit verschwindet der Flug MH370 von den Kontrollsystemen der Überwachung der Flugverkehrskontrolle des Subang Airports. Anscheinend hat die Besatzung das ACARS und das Transpondersystem abgeschaltet, die eigentlich die Bodenstationen kontinuierlich über den Flug, die Position des Flugzeugs usw. unterrichten sollen. An Bord befinden sich zwölf Besatzungsmitglieder und 282 Passagiere, darunter mindestens zwei Iraner, die mit in Thailand gestohlenen Pässen an Bord gegangen sind.

Nachdem man zunächst von einem Absturz oder einem Terroranschlag ausgeht, stellt sich heraus, dass das Flugzeug noch sieben Stunden weitergeflogen ist. Das zeigen Satelliten-Pings, die jedes Flugzeug automatisch sendet, die aber nach bis dahin geltender Ansicht ungeeignet sind zur Lokalisierung eines Flugzeugs.

Die letzten Radarspuren des Flugzeugs liegen in der Straße von Malakka nahe Pulau Perak mit Flugrichtung Andamanen, belegen also eine Kursänderung nach Westen. Später berichten Fischer auf den Malediven, sie haben ein sehr tief fliegendes großes Flugzeug mit roten Seitenstreifen nach Westen fliegen sehen.

Diese Hinweise werden später als irreführend klassifiziert, weil sich die Ansicht durchsetzt, dass Flugzeug sei nach Süden geflogen, wobei auf dem jetzt spezifizierten Kurs das nächste feste Land die Antarktis wäre. Gründe für die Theorie, dass das Flugzeug nach Süden geflogen sei, sind zunächst Satelliten-Aufnahmen, welche in einem Seegebiet westlich von Perth Hinweise auf im Meer treibende Trümmer aufweisen. Diese Position entspräche ziemlich genau der maximalen Reichweite des Flugzeugs, sofern dieses erst nach Westen, dann nach Süden gedreht hat. Diese Theorie wird später von der in London ansässigen Betreiberfirma mehrerer Satelliten Inmarsat gestützt, welche die Pings des Flugzeugs mithilfe des Doppler-Effekts der Signale und Vergleich mit baugleichen Flugzeugen als eindeutig südweisend interpretiert.

Die daraufhin einsetzende Suche im Seegebiet vor Perth, wo die Satelliten-Aufnahmen Trümmerteile fotografiert haben, bleibt ergebnislos. Auch eine Verlegung des Suchgebiets um 1100km nach Nordwesten bleibt ohne Resultat, befindet sich zudem außerhalb des von den Satellitenfotos abgedeckten Seeraums.

Die mit dem abgesuchten Seegebiet vor Perth erreichte maximale Reichweite des Flugzeugs entspricht bei Berücksichtigung der Wetterverhältnisse und der Erdrotation bis auf ca. 200km der Entfernung vom letzten registrierten Signal bis Diego Garcia.

Die Ansicht, das Flugzeug sei nicht nach Süden, sondern in Verlängerung der registrierten Kursänderung weiter nach Westen, also Richtung Malediven bzw. Diego Garcia geflogen, wird von den Ermittlungsbehörden nicht weiter verfolgt. Schon sehr frühzeitig haben die britischen Behörden die Option ausgeschlossen, dass das Flugzeug auf Diego Garcia gelandet sei, obgleich das zu diesem Zeitpunkt noch niemand in die Diskussion geworfen hatte.

Diego Garcia gehört historisch zu Mauritius, ist aber bei der Unabhängigkeit von Mauritius 1968 ausgegliedert worden. Die Insel wurde danach an die USA verpachtet. Die Einwohner wurden nach Mauritius und auf die Seychellen zwangsumgesiedelt. Parallel wurde begonnen, Diego Garcia zum wichtigsten Knotenpunkt britischer und US-amerikanischer Geheimdienst- und Militärpräsenz im Indischen Ozean auszubauen. Heute beherbergt die Insel ca. 1.700 US-amerikanische und ca. 500 britische Militärs und ca. 2.500 US-amerikanische Geheimdienstangehörige. Von der Insel aus wird die gesamte Luftkriegführung im Mittleren Osten einschl. der Drohnenangriffe in Pakistan und Afghanistan koordiniert. Außerdem befindet sich seit Enduring Freedom hier das Hauptquartier der in der Region eingesetzten B1-Flotte. Außerdem befindet sich auf der Insel seit 2003 ein nach dem Vorbild von Guantanamo Bay angelegtes Gefangenen- und Folterlager der CIA.

Versuche der ursprünglichen Einwohner, der Chagossianer, auf die Insel zurückzukehren, führten zu einer Reihe von Gerichtsverfahren in Großbritannien, wo die Einwohner in allen Instanzen erfolgreich waren. Die letztinstanzliche Entscheidung des Supreme Court wurde jedoch durch ein Royal Edict, welches nur in Fällen höchster Bedrohung der Nationalen Sicherheit durch die Queen verhängt werden kann, außer Kraft gesetzt. Eine daraufhin in Straßburg angestrengte Klage wurde abgewiesen, da Diego Garcia nicht zur EU gehört und die Klagenden keine Bürger der EU seien.

Um auch weiterhin eine Rückkehr der Einwohner unmöglich zu machen, ist die Insel mit dem gesamten umgebenden Seegebiet 2010 zum Naturschutzgebiet erklärt worden, was nach internationalem Recht den Verbleib aller zum Zeitpunkt der Deklaration in diesem Gebiet lebenden Personen und Einrichtungen erlaubt, nicht jedoch die Einwanderung –

bzw. in diesem Fall die Rückwanderung – anderer Bevölkerungsgruppen.

Die malaysischen Behörden überprüfen bereits kurz nach dem Verschwinden des Flugzeugs die Wohnungen der Besatzungsmitglieder. Sie finden einen umfangreich aufgebauten PMDG-Flugsimulator im Haus des Kapitäns, Zaharie Ahmad Shah. Es ist nicht unüblich, dass Piloten so etwas zuhause haben. Als letztes Szenario hat der Pilot mehrfach Landeanflüge auf Diego Garcia geübt. Die malaysischen Behörden übergeben den Simulator zur weiteren Analyse dem FBI.

Der Kapitän ist Angehöriger einer malaysischen Oppositionspartei, die von der Regierung als Terrorismus-nah eingestuft wird. Am Tag des Verschwindens des Flugzeugs ist der Vorsitzende dieser Partei unter einem äußerst zweifelhaften Vorwurf der Homosexualität – das ist im streng islamischen Malaysia eine Straftat – zu einer langjährigen Gefängnisstrafe verurteilt worden. Am gleichen Tag zieht die Frau des Kapitäns aus der gemeinsamen Wohnung aus.

Unmittelbar vor dem Abflug erhält der Kapitän einen Anruf von einem Handy, das mit einer Prepaid-Karte betrieben wird, von der nur ein einziger Anruf, nämlich dieser getätigt wird. Die Karte ist in Kuala Lumpur von einer Frau erworben worden. In Malaysia muss man sich zum Erwerb einer solchen Karte registrieren lassen. Hierzu ist ein gestohlener Pass verwendet worden. Die Eigentümerin des Passes war definitiv nie in Malaysia.

Kommen wir zur Verschwörungstheorie. Wenn wir Paranoiker wären, was wir natürlich nicht sind und nicht sein wollen, könnte man auch Folgendes überlegen: Der Kapitän des Flugs hat aufgrund seiner familiären Situation und des Urteils gegen den Führer seiner Partei beschlossen, den lang geübten Anflug auf Diego Garcia als dem Hauptquartier der anti-islamischen Kriegführung im Mittleren Osten zu realisieren und das Flugzeug über dem Stützpunkt zum Absturz zu bringen. Das britische oder amerikanische Sicherungspersonal hat dann, als ein nicht identifizierbares Großflugzeug im Tiefflug auf die Insel zuhielt, gemäß der normalen Statuten der Luftraumsicherung einen Abschuss durchführen müssen. Erst danach hat man beschlossen, insbesondere mit Blick auf die zahlreichen Chinesen an Bord, diesen Hergang zu verwischen. Zunächst hat man sehr verwaschene Satellitenbilder in Umlauf gebracht, anschließend die eng mit dem britischen Geheimdienst zusammenarbeitende Inmarsat überredet, ihre wissenschaftlich überraschende Interpretation eines Doppler-Effekts der Pings zu veröffentlichen. Die malaysische Regierung wiederum, die seit Jahrzehnten eifrig bemüht ist, jeden Hinweis auf islamische Terrorzellen im Land unter den Teppich zu kehren, dürfte einen evtl. vorhandenen Abschiedsbrief des Piloten sofort unter Verschluss genommen bzw. vernichtet haben.

Dann taucht im Sommer 2015 ein Wrackteil am Strand von La Réunion auf, das schließlich als Teil des verschwundenen Flugzeugs identifiziert wird. Die für die Insel zuständigen französischen Ermittler in Toulouse untersuchen auch eine am Strand gefundene Reisetasche, über die bislang aber nichts bekannt geworden ist. Die australischen Behörden, die letztlich als verlängerter Arm ihrer amerikanischen und britischen Verbündeten im Rahmen der Five Eyes operieren, erklären den Fund sofort für einen Beleg, im richtigen Seegebiet gesucht zu haben, obwohl La Réunion bisher nicht zu jenem Gürtel gehört hat, innerhalb dessen man die maximale erreichbare Grenze von treibenden Trümmern hatte sehen wollen. Dann veröffentlicht am 01.09.2015 das Kieler Helmholtz-Zentrum eine Studie, der zufolge aufgrund des Funds man von einem Absturzgebiet wenigstens 3.500km nördlich der Nordgrenze des bisherigen Suchgebiets ausgehen müsse. Die australischen Zuständigen bezeichnen diese Studie als irrelevant und wollen in Abstimmung mit den malaysischen und chinesischen Behörden die Suche im bisherigen Gebiet noch maximal bis Mitte 2016 fortsetzen.

Zieht man von der französischen Amsterdam-Insel die den Westrand des Suchgebiets markiert, eine Linie geradewegs nach Norden, landet man nach 3.500km übrigens ziemlich exakt auf Diego Garcia. Die Insel wiederum ist von La Réunion zwar ca. 2.500km entfernt, aber beide Insel befinden sich im Bereich einer einigermaßen stabilen Oberflächendrift, was das Auftauchen des Wrackteils am Strand von La Réunion hinreichend erklären könnte. Natürlich nur, wenn man an Verschwörungstheorien glaubte oder sonst Zweifel an der australischen Theorie eines Absturzes vor Westaustralien hätte.

Übrigens gab es in der englischen Wikipedia am 14.03. einen Eintrag im Artikel zu MH370, demzufolge auch ein versuchter Anschlag auf Diego Garcia als Erklärung des Vorgangs möglich sei. Dieser Hinweis des Users 114.23.33.122 wurde um 17:03 erstellt und um 17:07 von einem User mit dem Pseudonym „Acroterion" wieder entfernt. Eine Begründung der Löschung findet sich, anders als sonst üblich, nicht, das Pseudonym deutet aber auf einen führenden Admin der Wikipedia hin.

11.9.6 Steuerhinterzieher und Bordelle

Ach, arme Alice. Alice Schwarzer. Arme Alice Schwarzer muss es heißen. Nun ja, nicht wirklich arm. Wer ca. 200.000 € Steuern nachzahlen muss, dürfte allein als Notgroschen in der Schweiz ein Vielfaches davon gelagert haben. Wunder nimmt jedoch etwas anderes, und siehe da, die um Erklärungen nie verlegene Vorstreiterin von Frauenbewegung und sexueller Selbstbestimmtheit hat hier auch bereits selbst kreativ Hand angelegt. Irgendwann in 2013, als das Ankaufen von illegal erworbenen Steuerdaten seitens deutscher Finanzämter geradezu mit sportlichem Ehrgeiz kultiviert wurde, kam Frau Schwarzer wie eine ganze Reihe kleiner und großer Steuerstraftäter einer Rechtsverfolgung durch Selbstanzeige zuvor – übrigens ein einmaliges und exotisches Rechtsmittel, das in jedem anderen Straftatbestand vielleicht strafmildernd, aber keinesfalls strafverhindernd wirkt.

Frau Schwarzers Selbstanzeige ist an sich kein Grund für besonderes Augenmerk, weder in der Höhe noch hinsichtlich der Tatsache, dass sie bzw. ihre Berater bei der Schätzung der ausstehenden Steuerschuld möglicherweise zu anderen Ergebnissen gekommen sind als die offensichtlich weiterhin ermittelnden Behörden. Bemerkenswert ist etwas ganz anderes.

Frau Schwarzer und ihre Leibgazette, die *Emma*, haben in der Vergangenheit ein ums andere Mal diverse, nicht selten beinah possierliche Kampagnen gegen alles Mögliche ins Leben gerufen, nicht zuletzt gegen Pornografie, gegen BDSM und gegen eine kritiklose Toleranz gegenüber dem Islamismus. Eigentlich wäre auch die Ende 2013 gestartete Kampagne gegen Prostitution und insbesondere die Liberalisierung der Prostitution im Rahmen des von Rot-Grün verabschiedeten Prostitutionsgesetzes von 2002 zu diesen Kampagnen zu rechnen gewesen, hätte sie nicht, wie zuletzt die Kampagne zur Liberalisierung des Abtreibungsrechtes ab 1971, prominente Unterstützer gefunden. Alle anderen Kampagnen waren erfolglos geblieben, auch die PorNo-Kampagne von 1978, weil ihr jenseits von Inge Meysel und Erika Pluhar prominenter Rückhalt weitgehend versagt geblieben war.

Nicht so die Kampagne von 2013. Die Liste prominenter Unterzeichner ist lang, und sie umfasst auch eine große Zahl Männer, neben vielen tausend sonstigen Unterzeichnern. Neben Katja Riemann, Fritzi Haberland oder Margot Käßmann unterschrieben auch Dieter Nuhr, Frank Schätzing, Ranga Yogeshwar oder Reinhard Mey. Die Kampagne schien sich unverhofft der Belächelbarkeit zu entwinden. Zwar formierte sich bald eine Gegenbewegung, die ihrerseits auch ein paar Prominente ins Feld führen konnte, darunter Armin Rohde oder der kurzzeitige Sexschauspieler Peter Bond. Den von dieser Bewegung inszenierten Gegenaufruf unterzeichneten sogar sonst als kritische Intellektuelle bekannte Frauen, darunter Margarete von Galen, die sich gar zu der These verstieg, zahlreiche Prostituierte übten ihren Beruf freiwillig, ja gern aus und litten keinesfalls unter der Prostitution, sondern unter einer von Alice Schwarzer angeblich initiierten Stigmatisierung – nach der man freilich in den Publikationen im Umfeld der *Emma* eher vergeblich suchen würde.

Kommen wir zur Verschwörungstheorie. Wenn wir Paranoiker wären, was wir natürlich nicht sind und nicht sein wollen, könnte man auch Folgendes überlegen: Die alle Parteien, alle Institutionen durchziehende Koalition der Freier, aber auch das große Geld, das natürlich auch an der Prostitution gut verdient, hat händeringend nach einem Mittel gesucht, die Initiatorin dieser neuen Kampagne und mit ihr das ganze Unterfangen zu diskreditieren. Also spielte man dem *Spiegel*, wem sonst, einen Hinweis auf das laufende Verfahren und die bereits erfolgte Selbstanzeige zu. Und der *Spiegel*, natürlich ganz voll lauterem journalistischem Pflichtbewusstsein, veröffentlichte diese Information auch sofort und mit großem Aufmacher. Das Thema Prostitution verschwand umgehend aus den Medien, in die hinein die Kampagne es gerade erst gehebelt hatte, und machte den Entschuldigungsfloskeln Frau Schwarzers Platz, die gelegentlich schon einen Beitrag zum Fremdschämen darstellten. Innerhalb eines Vierteljahres legten sich auch diese Aufgeregtheiten wieder, man kehrte in Sachen Prostitution – und Steuerhinterziehung – beruhigt zum unerfreulichen status quo ante zurück. Das Land schläft sanft lächelnd den Schlaf der Gerechten – nachdem sein männlicher Teil zuvor sich seiner Gelüste um ein Handgeld hat entledigen können.

11.10 Zitierte Publikationen

Ademar de Chabannes: Chronique, hrsg. durch Jules Chavanon, Paris (Alphonse Picard et fils) 1987

Ademar de Chabannes: Chroniques de Saint-Martial de Limoges, hrsg. durch Henri Duplès-Agier, Paris (Jules Renouard) 1874

Allen, Gary: None Dare Call It Conspiracy, Rossmoor/Cal. (Concord Press) 1972

Auffahrth, Christoph: Die Ketzer: Katharer, Waldenser und andere religiöse Bewegungen, 2., durchg. Aufl., München (Beck) 2009

Barruel, Augustin: Mémoires pour servir à l'histoire du Jacobinisme, 5 Bde., Hambourg (Foche) 1803

Carr, William Guy: Pawns in the Game, 3. Aufl., Willowdale (Federation of Christian Laymen) 1958

Szabo, Ladislao: Hitler Esta Vivo, Buenos Aires (El Tábano) 1947

Cooper, Milton William: Behold a Pale Horse, Flagstaff (Light Technology) 1995

Eco, Umberto: Das Foucaultsche Pendel, München, Wien (Hanser) 1989

Fagan, Myron Coureval: The complete truth about the "United Nations" conspiracy!, Los Angeles (Cinema Educational Guide) 1966

Gunderson, Ted L.: Affidavit Oregon State Hospital, www.oregonstatehospital.net/d/otherfiles/gunderson.pdf

Icke, David: The Biggest Secret, Scottsdale (Bridge of Love) 1999

Joly, Maurice: Dialogue aux enfers entre Machiavel et Montesquieu, Brüssel (A. Mertens) 1864

Osborne, Richard T.: The Coming of World War III, (Cobra Press) 2006

Pirinçci, Akif: Deutschland von Sinnen, Waltrop (Manuscriptum) 2014

Popper, Karl Raimund: Logik der Forschung: Zur Erkenntnistheorie der modernen Naturwissenschaft, Wien (Springer) 1935

Raoul Glaber: Les cinq livres de ses histoires (900-1044), hrsg. durch Maurice Prou, Paris (Alphonse Picard) 1886

Schiller, Friedrich: Die Verschwörung des Fiesco zu Genua, in: ders.: Schillers Werke, Stuttgart, Berlin (J. G. Cotta'sche Buchhandlung Nachfolger) 1925, Bd. 2, S. 133-244

Smoot, Dan: The Invisible Government, Dallas (Dan Smoot Report Inc.) 1962

12 Albert Svargt: Was ist Philosophie?

Abert Svargt ist bekannt als Astrochemiker und als solcher an diversen Universitäten vor allem in den USA immer wieder auch als Hochschullehrer tätig. Ob sein Beitrag sich freilich legitim als Dilettantenvortrag bezeichnen lässt, mag jeder selbst prüfen, immerhin ist Prof. Svargt aber in vielen Jahren auch in unserem Landen Teilnehmer diverser philosophischer Tagungen und Kongresse gewesen, was seiner Tätigkeit als Astronom aber keinerlei Abbruch getan hat.

12.1 Eine alte Frage zu Beginn

Na, also schön, was ist Philosophie? Darf man ja mal fragen. Oder nicht?

Was ist Philosophie? Eine alte, vielleicht etwas abgedroschene Frage. Also, nicht die Philosophie, sondern die Frage, was sie sei. Oder, tja, vielleicht doch das eine so sehr wie das andere.

Was ist Philosophie? Warum nicht: Was ist ein Tisch? Ein Meerschweinchen? Eine Unschärferelation?

Weil die Frage nach dem So Sein und Wie Sein eines Meerschweinchens für das unmittelbare Sein des Meerschweinchens wahrscheinlich ohne Belang ist. Weil zudem die Beantwortung dieser Frage nicht wesentlich auf das Sein, das So Sein und das So Sein Sollen des Meerschweinchens rückwirkt.

Es ist die Prämisse der folgenden Ausführungen, dass wenigstens in dieser Hinsicht die Philosophie sich von Meerschweinchen, Tischen oder Unschärferelationen unterscheidet. Für die Philosophie ist es wesensbestimmt zu fragen und je nach Begabung und Einfallsreichtum auch zu beantworten, was sie selbst sei. Also sich zu reflektieren, fragend ebenso wie antwortend.

Dabei lassen sich zunächst mehrere Hypothesen formulieren, die im Folgenden zu erläutern bzw. zu prüfen sein werden.

1. Die Frage, was Philosophie sei, kann aus der Kontextualität der Philosophie allein nicht beantwortet werden, sondern erfordert das Zusammenspiel von In-Groups der Philosophie mit jenen, die außer ihr stehen oder jedenfalls sich als außenstehend definieren.
2. Die Frage, was Philosophie sei, muss immer wieder neu gestellt werden, weil es auf sie keine Antwort im Sinne einer ewig geltenden Wahrheit gibt. Die Beantwortung der Frage korrespondiert vielmehr der sozialen, politischen etc. Umgebung, in der Philosophie stattfindet.
3. Die Frage, was Philosophie sei, ist auch in ihrer zeitlichen Bedingtheit nicht allgemeinverbindlich zu beantworten. Sie kann sich von Mensch zu Mensch, von Kultur zu Kultur ebenso unterscheiden wie von Epoche zu Epoche. Jedoch ist die Antwort hier wie dort nicht gänzlich beliebig, sondern enthält einen Epochen, Kulturen und erst recht Einzelpersonen verbindenden Gehalt.
4. Die Antwort auf die Frage, was Philosophie sei, wird in der Regel einen präskriptiven und einen deskriptiven Anteil haben. Dabei ist der deskriptive Teil nicht notwendig widerspruchsfrei, ja kann es der zweiten und dritten Prämisse zufolge kaum sein, da er ja nur beschreibt, was Philosophie heute ist, wie sie gelebt, erlebt und verwendet wird. Hingegen ist es wenigstens ein Anspruch an den präskriptiven Anteil, den üblichen Anforderungen an sonstige Sollens-Forderungen zu genügen, also widerspruchsfrei, verstehbar, umsetzbar etc. zu sein.
5. Philosophie heute ist eine wissenschaftliche Disziplin, unbeschadet, wie weit festgelegt oder umstritten ist, was eine wissenschaftliche Disziplin ausmacht.

Ich werde im Folgenden zunächst die Prämissen 1 bis 4 erläutern, um dann zu versuchen, mich auf Grundlage der fünften Prämisse einer Antwort auf die Leitfrage jedenfalls einmal anzunähern.

12.2 Die Frage, was Philosophie sei, im gesellschaftlichen Diskurs

Den meisten Menschen ist es heute ziemlich egal, was Philosophie ist. Das war vielleicht nicht immer so, da die Philosophie für sich oder im Verbund mit der Theologie zu verschiedenen Zeiten erheblich größeres Interesse gefunden hat als heute. Aber interessanter ist Folgendes: Es gibt nicht wenige Menschen, deren Hinwendung zur Philosophie sich auf die Aufforderung erstreckt, eine einfache Frage nicht mit philosophischen Ergüssen zu beantworten. Doch auch solche Beiträge tragen zu einem Diskurs über das Wesen der Philosophie bei, und sei es nur, indem sie die Philosophie als verlässlichste Quelle von Schwatzhaftigkeit und wirklichkeitsfernen Spinnereien definieren.

Doch sind die wenigstens Menschen desinteressiert an vielen der Fragen, die von jeher den Ackerboden – mindestens auch – der Philosophie dargestellt haben. Also Fragen wie: Gibt es eine Seele? Was ist gut, was schön? Hat das Leben einen Sinn, und was bedeutet dabei eigentlich der Ausdruck „Sinn"? Gibt es eine absolute, gibt es relative Wahrheit, vielleicht Wahrheiten, und wenn ja, wie kann ich sie erkennen? Gibt es Erkenntnisfortschritt und wenn ja, wie sieht er aus? Gibt es einen Zusammenhang zwischen meinen Wahrnehmungen und der mich umgebenden Welt, und kann ich halbwegs sicher sein, dass es diese mich umgebende Welt zunächst mal überhaupt, sodann aber wenigstens einigermaßen in der von mir wahrgenommenen Form gibt? Gibt es eine Pflicht, nett zu anderen Leuten zu sein, und wieso handeln wir alle meist anders als so, wie wir es eigentlich für wünschenswert und moralisch geboten halten, und was meinen wir eigentlich, wenn wir etwas als „moralisch geboten" bezeichnen?

Ich könnte die Liste noch lang fortsetzen, und wir würden sofort bemerken, dass jeder Mensch zu den meisten dieser Fragen eine Ansicht hat und zudem ihre Beantwortung auch für wichtig erachtet. Dass dies aber Fragen sind, welche die Domäne der Philosophie darstellen, scheint immer weniger Leute zu interessieren bzw. wird von ihnen rundweg in Abrede gestellt, weil man sich Antworten, je nach Frage, eher von der Psychologie, der Wahrnehmungsforschung, der Linguistik, der Rechtslehre, in Einzelfällen auch der Theologie erwartet.

Zugleich scheint es so zu sein, als sei die Frage nach dem Wesen der Philosophie dem gesellschaftlichen Diskurs weitgehend entzogen, als seien Philosophen frei darin festzulegen, was Philosophie sein soll, da die Frage ohnehin keinen anderen interessiert. Doch gilt das nur eingeschränkt. Zunächst einmal existieren durchaus Erwartungen oder sogar rechtliche Vorgaben, wie man überhaupt sein Leben gestalten soll, die natürlich auch für Philosophen gelten. So gibt es z.B. einen weit verbreiteten Konsens, dass man nicht schmarotzen, also ohne eigenen Beitrag lediglich von den Erträgen anderer Leute Arbeit leben solle. Es wird von jedem Mitglied der Gesellschaft in aller Regel erwartet, im Rahmen der eigenen Möglichkeiten einen Beitrag zu leisten, dem wenigstens von einem Teil der Gesellschaft ein Wert beigemessen wird. Dabei ist es nicht notwendig, dass tatsächlich Einigkeit hinsichtlich dieses Beitrags an sich, schon gar seines Umfangs besteht. Es sähe sonst für viele Schlagersternchen und manchen Politiker denkbar schlecht aus. Es genügt, wenn eine nennenswerte Gruppe diesen Wert anerkennt, besser noch, wenn nicht alle dieser Gruppe selber nicht gleichzeitig auch Nutznießer dieses Werts sind, also im Wesentlichen zum Nutzen aktiv sind. Das ist auch in der heutigen Gesellschaft wichtiger als eine monetäre Abbildbarkeit des zugemessenen Werts; ehrenamtliche Arbeit etwa steht häufig in hohem Ansehen, obgleich oder gerade weil ihr kein geldlicher Wert gegenüber steht.

Also müssen sich auch Philosophen immer wieder mal fragen, ob das, was sie tun, der gesellschaftlichen Forderung nach Nützlichkeit für die Gesellschaft oder jedenfalls Teilen derselben entspricht, und ob es vielleicht sogar so sein kann, dass nicht alle, welche diesen Nutzen sehen, selbst der Gemeinschaft der Philosophen mit ihren etwas diffusen Rändern angehören. Sie konnten sich zudem auch zwei andere Fragen stellen, die noch weit eindeutiger ins Fach der Philosophie gehören. Erstens, ob die Forderung nach gesellschaftlicher Nützlichkeit der Handlungen eines Menschen eigentlich legitim ist. Zweitens, ob diese Forderung sonderlich hilfreich ist, um die Handlungsweise eines Menschen zu erreichen, die offensichtlich derjenige für wünschenswert hält, der diese Forderung erhoben hat. Es könnte ja auch sein, dass die Forderung, der Mensch sollte in Berücksichtigung der gesellschaftlichen Nützlichkeit seiner Handlungen sein Leben gestalten, sich letztlich weniger nützlich verhält als derjenige, den man mit dieser Forderung nie behelligt hat.

Wir finden uns hier faktisch vor der Frage, ob und in welchem Umfang der gesellschaftliche Diskurs der Philosophie Vorgaben machen darf und wie weit er Vorgaben machen soll hinsichtlich der Natur oder der Aufgaben des Fachs. Wir stehen zudem vor der Frage, was denn diese dem Diskurs entstammenden Vorgaben sind.

Der gesellschaftliche Diskurs hat für die Philosophie also zunächst eine präskriptive Rolle, welche die Philosophie freilich möglicherweise auch zurückweisen kann. Aber der Diskurs ist nicht oder nur sehr eingeschränkt präskriptiv, indem er nicht sagt, was die Philosophie heute ist oder was das eigentlich ist, was wir insgesamt mit dem Begriff „Philosophie" belegen. Der gesellschaftliche Diskurs bedient hier also eher den präskriptiven als den deskriptiven Teil der Wesensbestimmung von Philosophie.

Ebenso präskriptiv ist, wenn die Gesellschaft oder wenigstens Teile derselben an die Philosophie die Fragen stellen, welche mindestens auch, teilweise vor allem als zur Philosophie gehörend betrachtet werden. Fragen der praktischen Ethik etwa werden von den meisten Menschen teils der institutionalisierten Religion, also der Kirche, teils der Rechtssetzung, also der Politik, und der Rechtsprechung vor Gerichten, aber eben auch der Philosophie zugewiesen. Dies hat sich in den vergangenen Jahrzehnten beispielsweise an der Frage der ethischen Rechtfertigung von Tierversuchen gezeigt. Dabei ist auch deutlich geworden, dass die Antworten der Philosophie in aller Regel weniger befriedigend sind als die der anderen drei genannten Parteien. Zunächst einmal ist die Philosophie deutlich weiter von einem Konsens hinsichtlich entsprechender Fragen entfernt als selbst die weitgehend verzankten Kirchen oder Parteien. Zudem tun sich nicht wenige Vertreter vor allem der akademischen Philosophie nicht ganz leicht damit, mit Rücksicht auf Verstehbarkeit und Attraktivität auf das letzte Quäntchen analytischer Tiefe und Genauigkeit zu verzichten. Auch sehen Philosophen mitunter deutlicher als andere, wie schwierig und komplex die Antwort auf eine ethische Frage ist, etwa nach der Legitimität von Abtreibung. Und das gilt selbst dann, wenn man Grundsatzdiskussionen wie die, ob es überhaupt Legitimität gibt und was das sein soll, außen vor lässt. Die jeweils entdeckte Herausforderung selbst scheinbar mikrogranularer Fragen spiegelt sich oft genug in den Antworten professioneller Philosophen, die mitunter noch nicht einmal darauf Rücksicht zu nehmen scheinen, dass sie nicht oder nicht vorwiegend sich an Personen gleicher Profession und gleichen Bildungsstands richten.

Verstehbarkeit mag mithin als eher methodische Forderung verstanden werden, bildet aber sicherlich einen Teil der Forderungen der Gesellschaft an die Philosophie. Aber dies steht letztlich unter der Leitforderung „Sei nützlich!" Und es folgen dann eben die beiden Ratschläge, einerseits verstehbar zu sein, andererseits sich beim Bemühen um Nützlichkeit auf diejenigen Fragen zu konzentrieren, zu denen der gesellschaftliche Diskurs am ehesten Hinweise aus der Philosophie erwartet.

12.3 Philosophie – Interpretin der Ergebnisse der Wissenschaften?

Die oben aufgeführten und etliche weitere Fragen aus dem gesellschaftlichen Diskurs, welche der Philosophie zur Beantwortung offeriert werden, berühren aus den Themenfelder der Philosophie vergleichsweise häufig die Ethik im weitesten Sinne, also einschließlich Politischer Philosophie und Rechtsphilosophie. Hingegen sind z.B. selbst Grundlagenforscher in den Naturwissenschaften, wo ihnen dies eigentlich gut zu Gesicht stünde, nicht selten frappierend ignorant gegenüber den Einsichten der Erkenntnis- oder der Wissenschaftstheorie. Auch in Kunstgeschichte, bildender Kunst oder im Werkzeugkasten des Literaturrezensenten bilden die Ergebnisse der Ästhetik keine Rolle. Neurophysiologen, Psychologen und Psychoanalytiker betrachten geradezu höchstens mit heiterem Lächeln die in ihren Augen völlig überholten Standpunkte der Philosophie zur Theorie des Geistes, ja sehen die Philosophie jedenfalls in diesem Fach zurückgestuft auf einen bloß empfangenden, aber nicht mehr gebenden Partner, da ja die Psychologie der aus der Philosophie gelöste und von dieser weitgehend emanzipierte Zweig der wissenschaftlichen Beschäftigung mit des Menschen Seele sei.

Dies führt auf eine Bestimmung der Philosophie, wie sie gelegentlich auch heute noch gegeben wird. Hier wird unterschieden zwischen Wissen schaffenden und Wissen interpretierenden Disziplinen akademischen Wirkens. Der ersten Gruppe werden meist Natur- wie Geisteswissenschaften zugerechnet, einschließlich der irgendwo zwischen beiden stehenden Psychologie. Die Philosophie wird nicht selten als einzige der zweiten Gruppe zugewiesen.

Das lehnt an die Idee Wilhelm Diltheys an, insbesondere den Naturwissenschaften die Aufgabe des Erklärens der Naturphänomene zuzuweisen, während die Geisteswissenschaften ein Verstehen der Hervorbringung des menschlichen Geistes ermöglichten.[1] Doch längst haben die meisten Wissenschaften die Vorstellung hinter sich gelassen, Wissen nur zu schaffen, um es zum Zwecke einer verstehenden Interpretation an die Philosophie weiterzureichen. Mehr noch, vielfach ist klar geworden, dass es kein Schaffen von Wissen geben kann, das nicht zeitgleich immer auch ein Interpretieren ist. Folglich tritt der Verstehensauftrag nicht nur an die Philosophie, sondern gleichberechtigt auch an jede andere Wissenschaft heran.

Nun könnte man meinen, die Erkenntnisse der Physik, der Politologie oder der Sportwissenschaft zu verstehen, sei auch und inzwischen vielleicht vor allem Aufgabe dieser Wissenschaft selbst. Aber das Zusammenführen der Ergebnisse verschiedener Fachwissenschaften zu

---

[1] Dilthey: Einleitung, S. 7

einer verstehenden Gesamtschau sei und bleibe Aufgabe der Philosophie.

Mit dieser Ansicht sind diverse Probleme verbunden. Zum einen ist die Philosophie nicht mehr die einzige Wissenschaft, welche einen solch interdisziplinären Zugang zu den Ergebnissen der sonstigen akademischen Disziplinen benötigt. Wissenschaftler fast jeder Couleur sind heute immer mal wieder gezwungen, die Ergebnisse anderer Wissenschaften in ihren Forschungen hineinzunehmen. Nicht weit von hier, in Hannover, gibt es ein Max-Planck-Institut für Biophysikalische Chemie, und in diesem u.a. ein Projekt zur Bio-Informatik. Archäologen benutzen nicht mehr nur wie von je die Ergebnisse der Geschichtswissenschaft, die man ohnehin nicht selten nur widerwillig goutiert. Sondern sie profitieren heute von der Astronomie, wenn es darum geht, bestimmte Ereignisse anhand einer zeitgleichen Sonnenfinsternis zu datieren, von der Botanik, wenn anhand von Pollenanalysen oder Agrarwirtschaft und Nahrungsversorgung einer vergangenen Kultur verstanden oder anhand dendrochronologischer Studien Klimaverläufe dargestellt werden sollen, oder sie verwenden Methoden und Ergebnisse der Kernphysik zur zeitlichen Datierung eines Fundstücks. Informatiker und Psychologen verwenden Ergebnisse der Linguistik und der Neurobiologie, und allen gemeinsam ist die – freilich meist laienhafte – Verwendung von Methoden und Erkenntnissen der Mathematik.

Mithin wäre Philosophie nicht mehr die, sondern nur noch eine von mehreren Wissenschaften oder jedenfalls akademischen Disziplinen, welche die Ergebnisse verschiedener Fachrichtungen zu vereinen und im Zusammenhang zu verstehen suchen. Ist sie darüber hinaus aber vielleicht die einzige hiervon, die letztlich alle Wissenschaften in ihrem Gesamtzusammenhang verstehen will, also einen ganzheitlichen Verstehensanspruch an sich selbst richtet? Nun, mal abgesehen, dass man schwerlich jemanden finden wird, der von diesem Ansinnen heute nicht weitgehend überfordert wäre, scheint das alles auf der Annahme zu basieren, der heutige Erkenntnisstand jeder Disziplin ließe sich bei aller Begrenztheit in einen logischen Zusammenhang mit anderen bringen. Nun ist es aber wohl so, dass Umfang und Aussagekraft der bisher gefundenen endgültigen Wahrheiten in allen Wissenschaften bestenfalls verschwindend klein ist. Wenn aber jede Wissenschaft zunächst nur eine Reise ist, die bei glücklichem Verlauf von Etappe zu Etappe zu immer besseren Annäherungen an eine Wahrheit führt, so kann man es auch für möglich halten, das drei Disziplinen sich der Wahrheit aus drei Richtungen nähern. Das zeigt das Schaubild.

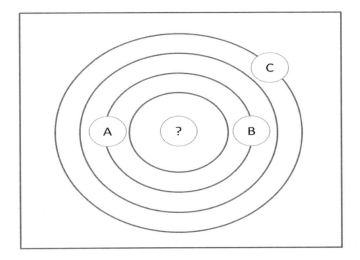

A und B wären von der endgültigen Wahrheit gleich weit entfernt, aber diametral einander begegnend. Daher wären sie weniger leicht vereinbar als B und C, die einander viel näher sind, aber in ihrer Vereinigung der Wahrheit sicher weiter entfernt als eine Verbindung von A und B. Wer soll nun entscheiden, welche der Ansichten A, B und C der Wahrheit am nächsten kommen, wenn er doch, anders als im Schaubild, letztere gar nicht kennt und noch nicht einmal die Entfernung jeder Position hiervon zu bestimmen vermag? Vielleicht liegt sie nahe C, vielleicht noch weit jenseits hiervon. Und sind die Vertreter von A, B oder C überhaupt in der Lage, ihre Nähe oder Ferne von anderen Positionen zu beurteilen, oder erfordert dies nicht einen über den Dingen schwebenden Geist, der dann vielleicht auch, wenn er schon mal dabei ist, die Entfernung jeder Position zur absoluten Wahrheit bestimmen könnte?

Aufgabe der Philosophie sollte nun sein, alle drei Ergebnisgruppen A, B und C zu vereinen, um in einer wundersamen Dialektik hieraus ein Verstehen, also eine Art Meta-D zu schaffen, was der Wahrheit näher kommen soll als jede Position für sich. Mehr noch, während A, B und C lediglich abbilden, was als faktisch akzeptiert ist, soll die Philosophie die Bedeutung dieses Faktischen herausarbeiten und nachvollziehbar machen. Das lässt aber nicht nur ungeklärt, was ein Verstehen jenseits der Agglomeration der bekannten Fakten sein kann, es beantwortet auch nicht, wie das gehen soll bzw. ob das überhaupt möglich ist angesichts sowohl der schieren Menge des heute verfügbaren Wissens als auch der methodischen und konzeptionellen Divergenzen zwischen den hier zu vereinenden Einzelwissenschaften bzw. zwischen ihren Ergebnissen.

Und schließlich: Kein Mensch fragt die Philosophie oder ihre Vertreter ernsthaft nach einer Gesamtschau der aktuellen Erkenntnislage aller Wissenschaften. Zum einen weiß keiner so recht, was das sein soll. Vor allem aber: Selbst wenn man genauer wüsste, was das ist, scheint es sich hierbei keinesfalls um etwas zu handeln, womit man etwas Sinnvolles anzufangen wüsste.

Ähnlich verhält es sich mit einer etwas zurückhaltenderen Sinnstiftung von Philosophie, welche die Aufgabe der Philosophie darauf beschränken will, nicht die Fragen der Wissenschaft zu beantworten, auch nicht die dort gefundenen Antworten im Sinn eines holistischen Verstehens zusammenzuführen. Sondern die lediglich die Philosophie für geeigneter als die Einzeldisziplinen hält, die in diesen auftauchenden Grundsatzfragen zu präzisieren und von Fall zu Fall einer anderen Wissenschaft zuzuweisen als der, in welcher die Frage zuerst aufgetreten ist.

Albert Svargt: Was ist Philosophie?

Wieso das aus der Vogelperspektive der Philosophie jenseits von Einzelfällen leichter sein soll als aus der jeweiligen Fachwissenschaft heraus, ist nur schwer ersichtlich. Natürlich verfügt der Philosoph gelegentlich über den grundlegenden Zweifel bzw. den Vorzug, von den Dingen nicht genug zu verstehen, um auch die z.T. seit langem tradierten Irrtümer und Festlegungen einfach kritikfrei für selbstverständlich zu nehmen. Das freilich ist ein Vorzug jedes Laien. Der Philosoph verfügt aber bei entsprechender Ausbildung über ein Instrumentarium, diesen Grundzweifel präziser einzusetzen, er unterliegt weniger leicht dem ehrfürchtigen Erschauern vor den Vertretern der Fachwissenschaften. Er kennt auch eher als der reine Laie die Fallstricke des Denkens, in denen sich die Fachwissenschaften gelegentlich verfangen, zumal er auch die an überzeugendstarkem Blödsinn reich gefüllte Geschichte der Wissenschaften und ihrer Irrtümer halbwegs kennt. Das hilft dem Philosophen, die Wissenschaften mit Fragen zu konfrontieren, welche diese selbst vielleicht nicht oder nicht mit der nötigen Dringlichkeit sich stellen würden. Zugleich setzt ihn sein sprachliches Rüstzeug instand, die entsprechenden Fragen genau und verstehbar zu formulieren, und dies, man sollte sich da nichts vormachen, in einer Weise zu tun, die ihn immer noch hinlänglich dem Wissenschaftsbetrieb zugehörig ausweist. Das sorgt dann mindestens in den meisten Fällen dafür, dass seine Fragen nicht schon wegen laienhaften Sprechens mit mitleidigem Lächeln abgewiesen und zu den Akten gelegt werden können.

Richtig befriedigen mag das den einen oder anderen nicht. Eine Wissenschaft, die lediglich besser als andere Fragen stellt, aber selbst keine Antworten zu geben weiß, hat eine oberlehrerhafte Note und wird kaum kreative Geister anzuziehen wissen, welche am eigenen Schaffen und Wirken interessiert sein dürften. Mithin fragt sich weniger, ob die Philosophie tatsächlich als vornehmste Fragestellerin den Wissenschaften gegenüber tritt, als vielmehr, ob sich ihre Rolle hierauf beschränken muss oder sie aus sich selbst heraus Beiträge zu leisten, Antworten zu geben vermag, mit denen auch jenseits ihrer selbstgesteckten Grenzen der eine oder andere etwas anzufangen weiß.

12.4 Die Anfänge der Wesensbestimmung von Philosophie

Da die gesellschaftlichen Vorgaben mithin zwar vielleicht einen Teil der Wesensbestimmung von Philosophie ausmachen können, ihr aber keinesfalls eine umfassende Grundlage geben, kann man einmal schauen, was denn eigentlich am Anfang stand, als der Begriff der Philosophie geprägt wurde. Das heißt angesichts der zeithaften und gesellschaftlichen Bedingtheit dieser Wesensbestimmung nicht, dass dies heute noch gültig sein muss. Es wäre eher überraschend, wenn es denn so wäre. Aber die damals gestellten Fragen nach dem Wesen von Philosophie helfen möglicherweise auch einem heute aufgenommen Bestimmungsprozess, seine Richtung zu finden.

Philosophie, das lernt jeder Student im ersten Semester, bedeutet zunächst einmal „Liebe zur Weisheit". Hilft das? Ich meine: Nein. Denn ein schwieriger, unklarer Begriff wird hier durch gleich zwei andere, nicht minder schwierige und unklare Begriffe ersetzt. Was ist denn Liebe? Was ist Weisheit? Und ist Weisheit etwas, das Gegenstand von Liebe sein kann?

Zudem ist die verbreitete Übersetzung mit „Liebe" eigentlich wenig zutreffend. Es ist weniger der nach Zusammengehörigkeit strebende Eros, welcher hier gemeint ist, als eine freundliche, freundschaftliche Grundhaltung, auch wenn „Freundschaft zur Weisheit" natürlich weniger begeisternd klingt. Zudem fragt sich, was mit dem Begriff „Weisheit" gemeint sein kann. Wann ist jemand weise, und ist dies ein Charaktermerkmal, ein Attribut hinsichtlich einer Art zu denken? Oder ist dies etwas, das man lediglich über Handlungen aussagen kann? Dann wäre ein Weiser höchstens jemand, bei dem man sich in der Regel darauf verlassen kann, dass man zu Recht seinen Handlungen das Attribut „weise" zugestehen mag. Doch solange dieses Attribut weitgehend undefiniert ist, hilft das nicht weiter.

Bekannt ist, was Platon Sokrates in den Mund legt, was Cicero erstmals als „mori discere" bezeichnet und schließlich von Montaigne aufgegriffen wurde, Philosophieren heiße Sterben Lernen.[2] Bernhard Taureck ist freilich zu verdanken, die Unterschiedlichkeit schon dieser Stimmen herausgearbeitet zu haben.[3] Platon und in seiner Nachfolge Cicero hielten es für das Geschäft des Philosophen, schon im Leben sich soweit irgend möglich von den körperlichen, den irdischen Dingen zu lösen, da der Körper nur ein Hindernis der Seele auf dem Weg zu Erkenntnis und Ewigkeit sei. Montaigne hingegen sieht als Aufgabe der Philosophie, den Menschen ein Umgehen mit der Unausweichlichkeit und Endgültigkeit des Todes zu lehren. Eine metaphysische Fortexistenz des Menschen gibt es in seinen Augen nicht. Daher sagt Montaigne dann auch, dass die Menschen sterben zu lehren eigentlich heiße, sie leben zu lehren.[4]

Zwar mag das die Philosophie aller Zeiten zu Unrecht auf nur eine ihrer Fragen reduzieren. Aber hier scheint dennoch etwas Wesentliches zu liegen. Die Aufgabe der Philosophie scheint es in den Augen vieler Autoren der vergangenen Jahrhunderte gewesen zu sein, sich mit den „großen Fragen" zu befassen, auf welche die Wissenschaften keine Antworten liefern. „Wie soll ich mit dem Tod umgehen? – Was ist das Gute, und soll ich ihm gemäß leben, und wenn ja, wie erreiche ich das? – Was ist mein, was ist unser Ort in der Welt, ist dieser von außen vorgegeben oder sind wir ganz frei in der Wahl?"

Fragen dieser Art, die Liste lässt sich lang fortsetzen, sind offensichtlich durch die Natur- und Geisteswissenschaften nicht beantwortbar. Zwar kann die Medizin, vor allem die Hirnforschung zunehmend besser darüber informieren, welche Phänomene angesprochen sind, wenn wir vom Tod sprechen. Kultur- und Geistesgeschichte können uns belehren, welche Vorstellungen zu unterschiedlichen Zeiten Menschen mit diesem Begriff verbunden haben. Aber niemand sagt uns etwas darüber, wie wir mit dem Faktum unserer Endlichkeit umgehen sollen. Ebenso

---

2 Platon: Phaidon, passim, v.a. 64a. Cicero: Tusculanarum Disputationum, 31/75, S. 56; Montaigne: Essais, Nr. 20, S. 100
3 Taureck: Philosophieren, S. 29-30
4 Montaigne: Essais, Nr. 20, S. 111

können Rechtsgeschichte und Jurisprudenz Auskunft erteilen, was heute geltendes Recht ist und woraus es sich historisch entwickelt hat. Aber die Frage, ob dieses oder jenes Gesetz oder Gerichtsurteil „gerecht" ist, erst recht die Frage, ob „Gerechtigkeit" herzustellen eigentlich Aufgabe von Legislative und Jurisdiktion ist, kann dort nicht beantwortet werden.

Doch auch die Philosophie kann hier wenig helfen, solange das übergeordnete Ziel des Menschen nicht geklärt ist. Angenommen, jemand sagt, das wichtigste Ziel in seinem Leben sei, glücklich zu werden. Dann und erst dann kann man mit Blick auf die Sterblichkeit des Menschen Strategien entwickeln, wie man mit diesem Umstand so umgehen kann, dass er möglichst wenig zum Unglück, vielleicht einiges zum Glück des Menschen beiträgt. Damit findet sich Philosophie dann aber vor der nächsten Frage, und auch diese ist seit der Antike immer wieder mal als der Kern der Philosophie angesehen worden: Welchem Ziel soll der Mensch sein Leben widmen? Ist es Glück in dieser Welt oder Training der Seele für Glück in einer anderen? Ist Glück belanglos, weil es vor allem darum geht, seine Pflicht zu tun, und wenn ja, wer setzt diese Pflicht, ist er dazu überhaupt legitimiert und wenn ja, wodurch? Ist es überhaupt sinnvoll, nur einen Hauptwert zu formulieren, egal ob dieser glücklich zu werden lautet, seine Pflicht zu tun oder durch Meditation oder ekstatische Räusche sich der Verhaftung im eigenen Ich zu entäußern und mit der ganzen Welt in Einklang zu kommen und schließlich zu verschmelzen? Oder benötigen wir einen multiplen Wertekatalog, und wenn ja, haben diese Werte untereinander eine Hierarchie, und ist diese statisch oder ist sie biografischem, vielleicht kulturellem Wandel unterworfen?

Die Art dieser Fragen ist offensichtlich von anderer Art als die Fragen, welche an die Fachwissenschaften gestellt werden. Diese fragt man vor allem, was der Fall sei, bzw. wie in der Geschichtswissenschaft oder der Archäologie, was ehemals der Fall war. Hingegen richten sich aus dem gesellschaftlichen Diskurs wie aus dem Erleben des Einzelnen heraus Fragen an die Philosophie, die weniger dem Ist als vielmehr dem Soll gelten. Wie soll ich leben, was soll ich anstreben, welche Normen setzen wir der Gesellschaft als verbindlich, was ist das Schöne, was ist Gerechtigkeit, alle diese Fragen bergen die Frage nach einem eigentlich fremdbestimmten Sollen, welches der eigenen Existenz einen - wie in Kindertagen durch die Eltern – von anderen gesetzten Regelkanon zuweist. Doch hat die Philosophie sich – jedenfalls in großen Teilen – dem zu verweigern gelernt, zumal sie aufgrund ihrer eigenen Einsichten solchen Setzungen zu misstrauen gelernt hat. Wichtiger aber ist, dass jede solche Regel einem – zunächst unausgesprochenen – Generalziel dienen muss, was wiederum zu den Fragen führt, welches das sein kann, ob es notwendig nur eines sein soll und was bittesehr die Philosophie und ihre Fachvertreter eher als andere instand setzt, diese Fragen zu beantworten oder gar eine entsprechende Setzung vorzunehmen.

12.5 Philosophie als Lebenshaltung

Man kann die in der Vergangenheit gegebenen Definitionen, was Philosophie sei, auch noch anders verstehen. Freundschaft zur Weisheit, aber auch das Sterben Lernen oder der innere Auftrag einer fortgesetzten Suche nach einer nicht oder nur fragmentarisch erreichbaren Wahrheit sind nicht das Ergebnis einer Art Antwortmaschinerie, welche anderer Leute Fragen quasi auf Zuruf zu beantworten bemüht ist. Vielmehr handelt es sich nach diesem Verständnis bei der Philosophie weniger um eine Tätigkeit oder gar eine Wissenschaft als vielmehr um eine Geisteshaltung, eine Art und Weise, sich zu sich selbst, zum Leben und zur Welt ringsum zu positionieren. Dann wäre nicht vordringlich eine bestimmte Lehre oder eine Methode Urgrund der Philosophie, sondern der Winkel, aus dem heraus ein Mensch auf die Welt und sein Leben schaut.

Wenn man das so sieht, ist die Philosophie keine eigentliche Wissenschaft, weil es in ihr nicht um eine Vermehrung und Verbesserung von Wissen geht, sondern um eine Haltung zur Welt. Anhänger dieser Haltung, nicht zuletzt Karl Jaspers, haben immer wieder darauf hingewiesen, dass die Philosophie sich seit Platons Tagen immer noch mit denselben Problemen befasse, allenfalls mit anderer Begrifflichkeit und auf besserer Datenbasis als vor mehr als zwei Jahrtausenden.[5]

Aber tatsächlich kann man auch im Umgehen mit den Dingen Fortschritte erzielen, wenn das Verständnis von den Dingen sich durch Erkenntnisfortschritt verändert. Daher wäre selbst eine nur als Lebenshaltung verstandene Philosophie in der Lage, Fortschritte in der Passigkeit zwischen dem eigenen Denken und der uns umgebenden Welt und ihren Herausforderungen zu finden.

Nicht wenige Philosophen seit Platon sehen Zweifel oder Staunen als den ersten Motor der Philosophie.[6] Danach wäre das Wesen der Philosophie das fortgesetzte Hinterfragen der Dinge, die alle anderen zumeist für ganz klar und selbstverständlich halten. Sokrates etwa hat sich mit seinem ständigen Fragen, was denn wohl schön, gerecht oder wahr sei, gerade bei denen nur sehr wenig Freunde gemacht, welche eigentlich als ausgewiesene Experten dieser Dinge galten, sich aber im Gespräch mit dem nervigen Querkopf oft genug als kaum standfest erwiesen.

Wenn aber Zweifel oder fortgesetztes Hinterfragen das Wesen der Philosophie ausmachen, wäre zweierlei zu beantworten. Zum einen, ob die Philosophie tatsächlich alles hinterfragt oder sich ihr Zweifel auf bestimmte Themen fokussiert. Zum anderen, worin sie das dann von den Wissenschaften unterscheidet, die doch ebenfalls aufgefordert sind, gerade das scheinbar Faktische oder über Generationen als richtig Angenommene immer wieder zu überprüfen.

Eine hiervon nicht allzu weit entfernte Meinung sagt, was immer Philosophie sei, ihren Anfang bilde der explizite Wille, jedwede der Philosophie gestellte Frage ausschließlich mit den Mitteln und unter der Leitlinie der Vernunft zu bearbeiten und zu beantworten, wohingegen Fragen, die diesem Zugriff nicht zugänglich seien, keinesfalls Gegenstand einer philosophischen Debatte sein könnten.

---

[5] Jaspers: Einführung, S. 9
[6] Platon: Theaitetos, 155d

Dieses eindeutige Bekenntnis zur Vernunft als oberster Maxime scheint ein verbindendes Element sehr vieler Philosophen jedenfalls im europäischen Raum zu sein. Problematisch wird dies jedoch, wenn man schaut, wie unterschiedlich durch die Jahrhunderte der Begriff der Vernunft aufgefasst worden ist, erst recht natürlich, was als vernünftig anzusehen man bereit war. Oder meint man „Verstand", wo man „Vernunft" sagt? Gleichviel, das eine wie das andere bringt wiederum einen Tsunami an Fragen mit sich, was denn mit dem einen oder anderen gemeint sein soll. Wie schon bei der „Liebe zur Weisheit" wird auch hier erfolglos versucht, einen unklaren und anscheinend schwierigen Begriff durch einen anderen, nicht weniger schwierigen und keinesfalls besser bestimmten zu definieren.

Zweitens entzieht dies eine Reihe von Fragen dem philosophischen Zugriff, auf welche Menschen sich ebenfalls von der Philosophie Antwort erhoffen. Lässt sich etwa die Frage: „Was ist der Tod? Wie kann ich mit ihm umgehen lernen?" auf einer reinen Vernunft- oder Verstandesebene behandeln? Gibt es eine notwendige Korrespondenz zwischen dem emotionalen oder irrationalen Gehalt einer Frage an die Philosophie, der Verfasstheit des Fragenden womöglich, und dem emotionalen oder jedenfalls nicht rationalen Anteil der gegebenen Antwort, vielleicht auch des Philosophen im Zuge der Entwicklung dieser Antwort?

Drittens ist jede Antwort auf eine Frage gezwungen, die in der Frage verwendeten Begriffe aufnehmen zu müssen. Man kann nun einmal eine Frage nach der Bedeutung des Todes nicht beantworten, ohne ab und an auch einmal das Wort „Tod" zu benutzen. Die damit verbundenen Probleme haben aber zu einer neuen Sinnstiftung für die Philosophie geführt, deren Fragehorizont heute wenigstens zu einem erheblichen Teil die analytische Philosophie bildet.

12.6 Klarheit der Begriffe: die Analytische Philosophie

Die von diversen Autoren vermutete Unmöglichkeit, einen Generalbegriff der Philosophie über die Fragen zu bilden, welche ihr in der Regel gestellt werden, mehr noch aber die Befürchtung, dass diese Fragen gar nicht beantwortbar seien, hat im 19. Jahrhundert zu der Überlegung geführt, dass diese Fragen falsch gestellt seien oder dass es sich dabei um Scheinprobleme handele, die sich verdeckend über Fragen von – wenigstens teilweise – erheblich größerer Relevanz gelegt hätten. Daher hat eine Neuorientierung eines Teils der Philosophie stattgefunden, welche quasi nach den eigentlichen Fragen jenseits der traditionellen Probleme der Philosophie suchen und diese dann nach Möglichkeit auch beantworten wollte. Im Vordergrund stand hierbei, die Begriffe der Sprache, in denen Menschen ihre scheinbar existenziellen Fragen formulieren, zu schärfen, um entweder so zu einem besseren Verständnis dieser Fragen und dadurch dann zu einer Lösung zu gelangen, oder aber diese Fragen als eigentlich unbeantwortbar zu enttarnen, weil ihnen semantische oder logische Unschärfen, Widersprüche o.ä. zugrunde lägen.

Aber selbst wo die Fragen als solche mindestens einmal mit einem gewissen Grundvertrauen in ihre grundsätzliche Sinnhaftigkeit angenommen werden, stoßen Philosophen immer wieder auf die Notwendigkeit, zunächst einmal zu klären, was mit der Frage eigentlich genau gemeint ist, eh man an eine Beantwortung auch nur denken kann. Damit sind sowohl die Kritik der traditionellen Fragestellungen als auch der vorurteilsfreie Versuch, die jeweils der Philosophie gestellten Fragen zu verstehen, angewiesen auf eine Analyse der in den Fragen verwendeten Begriffe, ihren konnotativen Kontext und insbesondere die Bedeutungen, welche in einem Satzzusammenhang ein solcher Ausdruck annehmen kann, ohne dass man ihn als sinnentstellend falsch verwendet bezeichnen müsste.

Dieser Aufbruch in eine neue Welt von Fragen als Urgrund der Philosophie wird gemeinhin als Analytische Philosophie bezeichnet. Dieser wohnt ein allerdings unbeachtet ihrer eindeutigen Erfolge ein Defizit inne: Die Fragen, mit denen sie sich vorwiegend befasst, sind nicht die Fragen, welche im gesellschaftlichen oder auch im wissenschaftlichen Diskurs an die Philosophie herangetragen werden. Selbst- und Fremddefinition der Philosophie fallen hier also eklatant auseinander, ohne dass es von der einen oder anderen Seite Versuche gegeben hätte, beides wieder anzunähern.

Dennoch ist der aus der Analytischen Philosophie erwachsende Fortschritt für das Fach selbst wie für die übrigen Wissenschaften, ja selbst für den gesellschaftlichen Diskurs an vielen Stellen erheblich. Die Bedeutung der im Sprechen miteinander verwendeten Begriffe genauer festzulegen, dabei auch zu prüfen, ob diese Begriffe stets in gleicher Bedeutung verwendet werden oder womöglich von Satz zu Satz bzw. Sprecher zu Sprecher derselbe Ausdruck mehrfach, aber bei genauerem Hinsehen in uneinheitlicher Bedeutung verwendet wird, hat bis hinein in den politischen Diskurs bzw. die öffentlichen Sprechakte im politischen Kontext immer wieder Auswirkungen gezeigt. Allerdings wissen nicht alle Politiker derlei oberlehrerhaftes Prüfen zu schätzen, das offensichtlich nichts weiter im Sinn hat, als die Eindeutigkeit und Klarheit der eigenen Sprache wieder und wieder auf den Prüfstand zu bugsieren. Dies ist natürlich umso unangenehmer, je mehr ein Sprecher der durchaus nicht nur unter Politikern weit verbreiteten Unsitte nachgibt, in Mehrdeutigkeiten, Ungenauigkeiten und Undefiniertheit sich weniger angreifbar zu machen, Unpopuläres zu verstecken oder gar dem anderen eine rhetorische Falle zu stellen. Dabei wird nun einmal keiner gern ertappt, so wenig wie bei dem auch oft von einer analytischen Vorgehensweise, in Sonderheit der Analytischen Philosophie betriebenen Versprachlichung unausgesprochener, aber ergebnisbestimmender Prämissen.

Letzteres muss man vielleicht erläutern. Alle unsere Sprechakte setzen, gerade da, wo wir argumentieren statt nur stumpfweg zu behaupten, eine Fülle von unausgesprochenen Sätzen voraus, die im Kontext von Sprecher wie Hörer hinreichend ähnlich vorliegen. Das lässt sich gar nicht vermeiden, sonst erforderte jedes einfache Gespräch einen detailreichen Apparat von Fußnoten.

Aber manchmal aus Nachlässigkeit, nicht selten aber auch aus rhetorischem Kalkül verbergen sich in dieser angeblichen Gemeinsamkeit auch Sätze, welche, würden sie nur ausgesprochen, durchaus nicht konsensfähig wären. Dies hat zwei Aspekte: Zunächst einmal dient es natürlich dem eigenen Argument, über die darin enthaltenen Schwachpunkte oder kontroversen Prämissen durch schlichtes Verschweigen einen Nebelschleier zu legen. Aber zweitens werden durch diese Hintertür nicht selten auch Ansichten in den Denkenskontext eingeführt, die damit noch gar nicht konsensfähig werden sollen, aber auf diese Art schon einmal als Gedanken, die man durchaus haben kann, etabliert werden. Die Gedanken werden quasi hoffähig, eine Taktik, die in den letzten Jahren insbesondere in den intellektuelleren Spielarten der rechtslastigen Propaganda immer wieder und leider mit erheblichem Erfolg angewandt worden ist. So sind Rassismus, Antisemitismus etc. auf einmal wieder gleichberechtigte Denkmodelle geworden, deren Auftreten auch diejenigen nicht mehr überrascht oder zu spontaner Entrüstung und Protest veranlasst, welche – jedenfalls noch – über jeden Verdacht erhaben sind, selbst diesen Ideen anzuhängen.

Die Analytische Philosophie, aber auch die in ihrer Methode geschulten Menschen fallen immer wieder unangenehm dadurch auf, die impliziten Prämissen verbreiteter Argumentationen gerade dort offenzulegen, wo der Sprecher, nicht selten wohl auch der Empfänger – etwa im Interesse einer kuscheligen Gemeinsamkeit – dies als ausgesprochen störend empfinden. Aber genau dies dokumentiert meines Erachtens die Wichtigkeit dieser Art zu denken und über Denken – das eigenen und das der anderen – zu sprechen und zu schreiben.

In vielen Fällen wird der analytische Zugriff auf unser Sprechen und Denken sich anders darstellen, je nachdem, ob man vorwiegend Sätze, ihre Aussagen und offenen oder versteckten Kontexte betrachtet, oder ob man einzelne Wörter in ihrer jeweiligen Bedeutung untersucht. Wiewohl beide Vorgehensweisen sich nicht notwendig ausschließen, basiert das Untersuchen von Wörtern und ihrer Bedeutung auf der Prämisse, es ließe sich über Wörter etwas Sinnvolles aussagen, bevor man sie in einem Satzzusammenhang stellt. Das ist aber möglicherweise falsch, weil wir nicht in der Lage sind, solche „atomaren" Wörter zu denken. Anders gesagt, gibt es Wörter ohne Sätze? Wenn Sprechen der Versuch ist, Gedanken, Emotionen, Wahrnehmungen usw. in einem kommunikativen Akt zu verbalisieren, dann gibt es keine Wörter ohne Satzzusammenhang, auch wenn es sich dabei um Ein-Wort-Sätze handelt, um Ausrufe oder Fragen. Mithin wäre es aber unmöglich zu sagen, was ein einzelnes Wort bedeutet, es ließe sich nur herausbekommen, was es im jeweiligen Kontext, in diesem oder jenem Satz bedeutet. Aus der Menge der Verwendungen eines bestimmten Worts, die wir im Laufe unseres Spracherwerbs kennengelernt haben, ergibt sich dann ein Erwartungshorizont hinsichtlich Bedeutungen, die ein Wort in einem neuen Satz haben kann. Daher sind wir verwirrt, wenn Wörter sich aus dem Kreis dieses Horizonts entfernen. Einen frühneuzeitlicher Bauer etwa hätte folgender Satz völlig überfordert: „Dreh mal den Hahn weiter auf, sonst kommt da nicht genug raus! Zur Not gib ihm einen kräftigen Schlag mit dem Hammer!"

Eine sich auf Wörter und ihre Bedeutung fokussierende Analytik würde hier nicht helfen können, es braucht die Erfahrung der Verwendung des Worts „Hahn" in anderen Kontexten als Misthaufen oder Vorderlader. Wenn wir also analytisch herausbekommen wollen, was ein bestimmtes Wort bedeutet bzw. bedeuten kann, heißt das nichts anderes als die Verwendungen zusammenzutragen, in denen wir bereits Zeuge seiner Verwendung geworden sind, also uns diejenigen Sätze zu vergegenwärtigen, in denen wir das Wort gehört haben. Damit verlässt dann die Analytische Philosophie den Nahbereich des Wiener Kreises und des frühen Wittgenstein und wendet sich zu seinem Konzept der „Sprachspiele".[7] Nicht das Wort als solches erlernen wir, wenn wir eine Sprache erwerben, sondern wir finden und entdecken immer wieder neue Verwendungen des Worts, die es uns erlauben, die möglichen Bedeutungen eines Worts nach und nach zu erlernen. Dabei entsteht freilich kein scharf umgrenztes, erst recht kein hermetisch abgeschlossenes Konglomerat möglicher Bedeutungen. Sonst hätte der oben genannte Bauer ja keine Chance zu erlernen, vielleicht auch durch Beobachtung und Schlussfolgern selbst zu ergründen, dass es eine weitere mögliche Verwendung des Begriffs „Hahn" gibt.

---

[7] Wittgenstein: Philosophische Untersuchungen, §7, S. 241

Die Analytische Philosophie steht damit in Zusammenhang mit dem, was man gemeinhin als „linguistic turn" bezeichnet. Sie tritt jedoch über diesen ohnehin etwas unscharfen Begriff in erheblichem Umfang hinaus: Oben habe ich schon gesagt, dass ein Wort immer einen Satz erfordert, um eine Bedeutung zu haben. Wörter oder eigentlich Sätze entstehen aber nie ohne einen – realen oder imaginierten – Rezipienten. Man kann nicht sicher sagen, ob es Denken gibt, dass sich nicht an einen solchen Rezipienten richtet, da man über Denken nur in Sprache nachdenken kann und mithin die Begrenzungen des Sprechens hier vielleicht schon zum Tragen kommen. Aber ganz sicher ist Sprechen immer ein Sprechen hin auf einen anderen. Es war ein großer Durchbruch in der Sprachphilosophie, Sprechen als eine Art von Handlungen zu begreifen, welche mit Blick auf Andere stattfindet und folglich u.a. auch den Regeln gehorcht, die auch für andere Arten des intersubjektiven Handelns gelten. Anders als die traditionelle Sprachphilosophie geht man in dieser Vorgehensweise davon aus, dass zwar viele Sätze primär der Übermittlung von Information dienen und damit auch Begriffe klassischer Aussagenlogik wie „wahr" und „falsch" anwendbar sind. Aber selbst dann sind diese Sätze nur Teil einer Handlung, nämlich eines kommunikativen Akts, und die bisherigen Methoden der Sprachanalyse sind nur für diesen Teil der Kommunikation anwendbar. Im Grunde legt schon der Begriff „Spiel" in Wittgensteins Ausdruck „Sprachspiel" dies nahe, aber tatsächlich war es erst John Austen, nachdem ihm auch John Searle, welche die erhebliche Bedeutung des Handlungscharakters von Sprechen betonten.[8] Hierdurch entwickelte sich der Fokus der Analytischen Philosophie vom rein linguistischen Ansatz zu einem handlungsanalytischen Blickwinkel, auch wenn die eigentlichen Vertreter der Sprechakttheorie – gegen Wittgensteins Überlegungen zur Natur der Sprache - relativ rasch versucht haben, hier wieder eindeutige Regeln zu identifizieren, also wenigstens teilweise in den Dogmatismus der klassischen Sprachlehre zurückgefallen sind.

---

[8] Wittgenstein: Philosophische Untersuchungen, §27, S. 252; Austen: How to, passim, v.a. S. 6-7; Searle: Speech Acts, S. passim

Wenn ich nun im Vorigen ausgeführt habe, dass man in der Antike bereits Philosophie ebenso als Lehre wie als Lebensweise oder Grundhaltung zur Welt angesehen hat, so scheint es auf den ersten Blick zweifelhaft, der Analytischen Philosophie einen ähnlichen Status zuzuweisen, obgleich ich gerade eben gesagt habe, dass die Analytische Philosophie auch verstanden werden könnte als eine Art zu denken. Eine Lebenshaltung erfordert aber nicht notwendig inhaltliche Vorgaben, sondern kann sich durchaus auf methodische Festlegungen beschränken. Und damit kann die Analytische Philosophie auch Lebenshaltung sein. Voraussetzung ist freilich eine undogmatische Haltung der Analytischen Philosophie, die zwar die jeweils auftretenden Werte, Normen und Setzungen prüft und reflektiert, aber nicht von vornherein ausschließt, dass es überhaupt Werte geben kann, allenfalls ihrer Ableitung aus nicht offen gelegten oder metaphysischen Prämissen vergleichsweise abhold ist und zur Prüfung und Einordnung von Gedanken in erster Linie linguistische und logisch-mathematische Methoden verwendet.

12.7 Wissenschaft als Dienstleister

Wer Philosophie so versteht, dass sie ein Werkzeugkasten ist zur Beschäftigung mit existenziellen Fragen und Lebenshaltung, kann als Philosophen diejenigen verstehen, welche über diesen Werkzeugkasten verfügen und in der Anwendung seiner Bestandteile geschult sind oder jedenfalls sich besonders gut hierauf verstehen. Die identitätsstiftende Frage: „Wer bin ich?" könnte ein Anhänger dieser Art von Philosophie also beantworten als „Ich bin einer, der den philosophischen Werkzeugkasten mit sich rumträgt und seine Bestandteile anzuwenden versteht."

Damit wäre allerdings ein fundamentaler Unterschied zu den empirischen Wissenschaften definiert, welcher der weiter oben erwähnten Erwartungshaltung des gesellschaftlichen Diskurses an die Philosophie kaum entsprechen kann.

Dazu noch einmal ein Blick auf das allgemeine Verständnis des Begriffs „Wissenschaft". Nimmt man diesen wörtlich, so ist Wissenschaft eine Tätigkeit, die Wissen schafft. Das heißt aber, eine Wissenschaft besteht aus einem methodischen und einem inhaltlichen Aspekt. Der gesellschaftliche Diskurs fragt wenig nach methodischen Themen, ihm geht es fast ausschließlich um die gelieferten Ergebnisse, also die Inhalte. Entsprechend sind die meisten Wissenschaften intensiv bemüht, Fakten zu liefern, und gehen dabei mit der Entwicklung einer genau dieser Disziplin spezifischen Methode vergleichsweise zurückhaltend um. So wird man relativ leicht wesentliche Inhalte der Biologie finden, die kein dem Fach zugehörender Biologe bestreiten wird. Ähnliches gilt für Physik oder Chemie, bei allen offenen Diskussionen aktueller Fragen. Hingegen ist nur mühsam ein gemeinsamer Methodenkanon etwa der Physik insgesamt, erst recht der Physik in all ihren Teilen zu identifizieren. Eine stärkere Tendenz zu mathematischen Modellen vielleicht, jedenfalls verglichen etwa mit der Biologie. Die Möglichkeit, mit theoretischen Methoden auf Basis dieser Modelle zu Erkenntnissen zu gelangen. Beides mag die Physik von den anderen Naturwissenschaften unterscheiden, auch wenn die Übergänge fließend geworden sind. In der Biologie ist es wahrscheinlich die Beobachtung der Lebenswelt außerhalb des Labors als gleichberechtigt neben dem Experiment, was eine Besonderheit ausmacht, auch wenn z.B. die Astronomie als Teilgebiet der Physik dem wenig nachsteht. Aber grundsätzlich differenziert der gesellschaftliche Diskurs die Naturwissenschaften, differenzieren auch diese sich selbst anhand der an sie herangetragenen Fragen, anhand der Gegenstände und Phänomene, mit denen sie sich befassen, und anhand der Ergebnisse, welche sie als Antwort auf Fragen erreichen, die entweder selbstgestellt waren oder dem gesellschaftlichen Diskurs entstammten. Hingegen bemühen sich die meisten Naturwissenschaftler sogar, die methodischen Unterschiede zwischen ihren Fachgebieten zugunsten der Vorstellung einer alle verbindenden naturwissenschaftlichen Methode in den Hintergrund treten zu lassen.

Wenn man nun den Konsensraum der jeweiligen Naturwissenschaften betrachtet, so fällt auf, dass in der Regel dieser an der vorderen Linie, also da, wo neue Erkenntnisse entstehen, sein Ende findet. Hingegen fußt jede Naturwissenschaft auf einem breiten Fundament, welches kaum einmal diskutiert, erst recht nicht in Frage gestellt wird. Erst wenn an der vorderen Linie etwas gefunden wird, was mit dem Fundament nicht in Einklang zu bringen ist, stellen wenigstens Teile der Angehörigen der jeweiligen Wissenschaften auch Teile oder sogar das ganze Fundament zur Disposition, was freilich meist nicht einmal jahrhundertweise geschieht.

Diese – von Thomas Kuhn als „Scientific Revolutions" – bezeichneten Krisenzustände sind zudem nur begrenzt gefährlich für die soziale Identität der Vertreter der jeweiligen Wissenschaft.[9] Denn der Gegenstand, mit dem sich das Fach beschäftigt, bleibt ebenso identisch wie die gemeinsame Methode, aber auch die Zuordnung der von der Gesellschaft dem Fach gestellten Fragen. Lediglich die Antworten, auch die bisher als durch Jahrhunderte guter Praxis als gesichert angenommenen, kommen dann auf den Prüfstand.

12.8 Philosophie als Dienstleister

Die Philosophie nimmt sich in gewisser Weise gänzlich anders aus als die Naturwissenschaften in oben beschriebenem Verständnis, nachgerade heute. Diese verfügen über einen über Jahrzehnte, manchmal Jahrhunderte kaum in Frage gestellten gemeinsamen Erkenntnisstand; Dissens beginnt erst an der Erkenntnisaußenkante und verschwindet, wenn die Kante entsprechend weiter gewandert ist. Dies gemeinsame Terrain als gesichert geltender Erkenntnis ist zudem in weiten Teilen nicht auf eine Wissenschaft begrenzt, sondern stellt den Begegnungsraum dar, von dem aus dann auch unterschiedliche Disziplinen in gemeinsame oder ähnliche gelagerte Peripherien aufbrechen und auf diese Art interdisziplinär forschen können.

Der Philosophie geht in ihrer Gesamtheit, ja oft genug selbst in ihren einzelnen Schulen oder Denkrichtungen dieser inhaltliche Grundkonsens weitgehend ab. Doch muss man diesen Konsens auch hinsichtlich der Naturwissenschaften noch einmal differenzieren. Denn er umfasst in den Naturwissenschaften eigentlich fünf Teile, die allerdings unter-

---

[9] Kuhn: Scientific Revolutions, S. 90-103

schiedlich kontrovers innerhalb der Naturwissenschaften diskutiert werden.

- Einigkeit besteht hinsichtlich der Frage, welche Themen den Gegenstand der jeweiligen Wissenschaft bilden.
- Ebenso hinsichtlich der Aufgabe der Wissenschaft als Dienstleister für gesellschaftlich aktuell relevante Fragen.
- Drittens auch bezüglich einer nennenswerten Zahl von Erkenntnissen im Feld der so formulierten Themen.
- Weitgehende Einigkeit besteht darüber, was die aktuell wichtigen unbeantworteten Fragen dieser Themen sind, wo also die Forschungsperipherie verläuft, deren Verlagerung als Fortschritt dieser Wissenschaft verstanden werden kann.
- Dissens gibt es in den Naturwissenschaften mithin erst hinsichtlich der fünften Dimension, nämlich hinsichtlich der Antworten auf die Fragen, welche die Forschungsperipherie ausmachen.

Es ist nun zu prüfen, ob sich von diesen fünf Teilen eines die Naturwissenschaften ausmachenden Konsenses wenigstens ein gewisser Teil auch in der Philosophie finden lässt.

12.8.1 Einigkeit in der Themenwahl

Selbst wenn man den Begriff der Philosophie beschränkt auf die abendländische philosophische Tradition, die man in der Regel mit der griechischen Philosophie der Vorsokratiker beginnen sieht, tut man sich schwer, einen durch die Jahrhunderte unveränderten Aufgabenbereich der Philosophie zu identifizieren. Das liegt nur zu einem Teil daran, dass die Philosophie immer wieder wichtige Teilbereiche quasi eingebüßt bzw. an Fachwissenschaften abgegeben hat. Die bekanntesten Beispiele hierfür sind natürlich die Naturwissenschaften, welche über lange Zeit als „Physik" ein philosophisches Themenfeld waren, und die Psychologie, welches sich ebenfalls von der Philosophie emanzipiert, aber zugleich auch in vielen Fragekomplexen sich der Medizin angenähert hat. Ähnliches gilt auch für Soziologie und Politologie sowie, wenn auch mit Einschränkungen, für die Logik, welche sich etwas unglücklich in eine philosophische und eine mathematische Richtung geteilt hat.

Aber ist der gebliebene Rest der Philosophie denn wenigstens klar umgrenzt, sodass alle Beteiligten sich weitgehend einig sind, was Gegenstand der Philosophie ist oder sein soll?

Das oben besprochene Diktum, Philosophieren Lernen heiße Sterben Lernen, ist bereits nicht mehr Konsens der aktuellen Philosophie, deutet es doch, insbesondere im Montaigne folgenden Verständnis des Satzes, an, Philosophie könne Lebenshilfen hinsichtlich existenzieller Fragen bereitstellen. Nicht einmal die Aufgabe, die offene Diskussion zur Beantwortbarkeit oder Nichtbeantwortbarkeit solcher Fragen zu führen und in den gesellschaftlichen Diskurs zu bringen, findet allgemeine Zustimmung. Auch Kants Einteilung, Philosophie gelte den Fragen, was der Mensch wissen kann, was er tun soll, was er hoffen darf und was er eigentlich sei, gilt vielen Philosophen nach dem Scheitern der idealistischen Entwürfe des 19. Jahrhunderts als überholt.[10] Dennoch bilden diese sogenannten „Kantischen Fragen" einen wichtigen Hinweis auf das, was die meisten Menschen von der Philosophie unverändert erwarten, unabhängig davon, ob Philosophen aktuell der Ansicht sind, zu diesen Fragen etwas beitragen zu können oder nicht.

Die dritte Kantische Frage gilt offensichtlich der Metaphysik oder Transzendenz und wird kaum das Interesse rationalistischer oder materialistischer Philosophen finden, sie ist aber zudem auch wie auch die anderen Fragen kein Privatbesitz der Philosophie, sondern wird von anderen Disziplinen ebenso diskutiert, hier vor allem von der Theologie, die erste Frage von Psychologie und Medizin, die zweite von Theologie, Rechtswissenschaft und Soziologie, die letzte auch von der Geschichtswissenschaft, der Anthropologie, der Paläontologie, der Soziologie und der Politologie, um nur einige zu nennen.

---

10 Kant: Logik, S. 25. An anderer Stelle (Kritik, S. 838) noch beschränkt auf die ersten drei Fragen.

Die antike Einteilung der Philosophie in Logik, Ethik und Physik ist so allgemein, dass sie zur Not immer noch gilt, doch hat in vielerlei Hinsicht die Frage nach den Methoden das Entwickeln und Vermitteln von Inhalten weitgehend verdrängt. Weiterhin, wiewohl das Fach der Philosophie insgesamt meist mit einem festen Kanon von Disziplinen unterrichtet wird, besteht hinsichtlich der Gegenstände dieser Disziplinen, ihre relevanten Fragestellungen und Grenzziehungen kaum Einigkeit. So werden meist Logik, Erkenntnistheorie, Wissenschaftstheorie, Sprachphilosophie, Analytische Philosophie, Hermeneutik, Politische Philosophie, Ontologie, Philosophische Anthropologie, Rechtsphilosophie, Theoretische und Praktische Ethik, Ästhetik und die Geschichte der Philosophie im Rahmen von Lehrveranstaltungen den Studenten der Philosophie angeboten. Manchmal kommen noch andere hinzu, einige fehlen vielleicht hier und da, dennoch ist so der Bezugsraum des Fachs halbwegs umschrieben. Mehr aber leider auch nicht. Womit sich etwa die moderne Ästhetik befasst, ist alles andere als Konsens. Einige Richtungen tendieren stark hin zu einer Psychologie der Wahrnehmung und des Verstehens, wie ästhetische Urteile gefällt werden, andere Richtungen befassen sich mit der historischen Entwicklung des Begriffs des „Schönen". Viele diskutieren vor allem, was Kunst ist bzw. was Kunst sein soll und was sie für den Künstler oder für die Rezipienten der Kunst, ja für die Gesellschaft leisten kann oder leisten soll bzw. ob es überhaupt sinnvoll, darüber hinaus, ob es moralisch akzeptabel oder es vielleicht sogar geboten sei, die Frage nach einem gesellschaftlichen Beitrag von Kunst zu stellen. Viele Autoren gehen auch der – eigentlich paläontologischen – Frage nach, ob es eine evolutionsbiologische Sinnhaftigkeit unserer spontanen ästhetischen Urteile gegeben haben kann, sodass es eine anthropologisch beschreibbare Entwicklung unseres Schönheitsempfindens geben könnte.

Das Beispiel zeigt die Uneinheitlichkeit schon in diesem Teilgebiet hinsichtlich Gegenstand, Methode und Ergebnissen. Ähnliches lässt sich in allen Gebieten der aktuellen philosophischen Diskurse zeigen. Mithin kann man anders als in den meisten Naturwissenschaften aktuell kaum der Ansicht sein, die Philosophie verfüge über einen weitgehenden

Konsens darüber, womit sie sich eigentlich im Sinne eines gesellschaftlichen Auftrags oder einer Selbstfindung zu befassen habe.

12.8.2 Einigkeit, was die leitenden Themen bestimmt

Platon sah den Philosophen mitten in der Gesellschaft, ja als denjenigen, der im Diskurs mit anderen Philosophen die Führung der Gesellschaft übernehmen sollte.[11] Nun war Platons Begriff der Philosophie deutlich weiter gefasst als das heutige Verständnis, sodass man diejenigen, welche er als „Philosophen" bezeichnet, vielleicht eher bezeichnen müsste als Menschen, welche unter Verwendung einer kritischen Methode sich um die Gewinnung neuer Erkenntnisse bemühen.

Unabhängig davon ist das verbreitete Bild des Philosophen jedoch das eines dissozialen Menschen, der in der Regel allein, höchstens noch von einigen Gleichgesinnten umgeben, meist in staubigen Bibliotheken oder düsteren Studierzimmern zwischen antiquierten Folianten auf verschrobene, keinen anderen Menschen auch nur ansatzweise interessierende Fragen ebenso verschrobene, keinen anderen interessierende, ja keinem anderen auch nur verstehbare und nie und nimmer für irgendeine Frage hilfreiche Antworten sich ausdenkt.

Mindestens mit Blick auf die heutige berufsmäßig betriebene Philosophie ist dies Bild nicht zutreffend. Insbesondere in den Feldern der Praktischen Ethik, aber auch in der Wissenschafts- und Erkenntnistheorie und in der Philosophischen Psychologie befassen diverse Berufsphilosophen mit Fragen, die für verschiedene Menschen von z.T. existenzieller Bedeutung sind, und sie finden Antworten, die ohne Anspruch auf ewige Gültigkeit in der konkreten, zeitgebundenen Situation des jeweiligen Diskurses durchaus hilfreich sein können. So haben etwa in der Frage einer Liberalisierung der Abtreibungsgesetzgebung nicht nur Frauenrechtler, Theologen, Juristen und Politiker sich mit z.T. ausführlichen Beiträgen zu Wort gemeldet, sondern es hat auch sehr tagesaktuelle und hilfreiche Beiträge verschiedener Philosophen

---

[11] Platon: Politeia, 412b-414b

gegeben. Ich will hier nicht auf die kontroversen Positionen von Peter Singer, Michael Tooley, Judith Jarvis Thomson, Don Marquis oder etlichen anderen detailliert eingehen.[12] Doch es wird aus einer auch nur kursorischen Lektüre dieser zahlreichen Beiträge rasch klar, dass jedenfalls die aktuelle Philosophie durchaus nicht nur abseitige oder gesellschaftlich irrelevante Fragen diskutiert. Andere Autoren befassen sich mit dem Recht des Menschen auf eine würdevollen Tod und vice versa der Frage nach der Pflicht, dem Menschen einen solchen zu ermöglichen, bzw. der Frage nach der Sinnhaftigkeit eines expliziten Verbots, dies zu tun, was insbesondere für Ärzte von erheblicher Bedeutung ist. Ein anderes oft diskutiertes Problem ist, ob und in welchem Umfang Tieren eigene Rechte zugestanden werden sollen, ob sie also über unbedingt geschützte Rechte verfügen, analog zum Katalog der Menschenrechte. Aber auch die Frage, ob unser Gehirn eigentlich in der Lage ist, das Schuldhafte einer möglichen Handlung vor oder während einer Straftat zu erkennen und mithin Straffähigkeit im eigentlichen Sinne vorliegt, beschäftigt seit etlichen Jahren zahlreiche Autoren. In den USA und einigen anderen Ländern ist zudem auch die Rechtfertigbarkeit der Todesstrafe immer wieder Gegenstand auch des philosophischen Diskurses.

Doch hier kann man zunächst nur befriedigt wahrnehmen, dass die Philosophie bzw. ihre Vertreter insofern am gesellschaftlichen Diskurs teilnehmen, als sie seine aktuell drängenden Fragen wahrnehmen und aus der Perspektive ihrer Disziplin heraus Antworten zu finden suchen. Das reicht aber nicht, um ein Selbstverständnis als Dienstleister zu konstatieren. Sondern die Vertreter der berufsmäßig betriebenen Philosophie müssen in ihrer Mehrheit der Ansicht sein, dass ihre Disziplin spezifische und allen anderen Menschen nützliche Antworten zu geben vermag, welche mehr sind als situationsabhängige Reflexantworten. Hier zeigt insbesondere die Abtreibungsdebatte, dass es ein grundsätzliches Problem der Philosophie gibt, was sie dieses Dienstleistungscha-

---

[12] Singer: Practical Ethics, S. 175-217; Tooley: Abortion, passim; Thomson: Defense, passim; Marquis: Abortion, S. 55

rakters weitgehend beraubt. In der Abtreibungsdebatte sind Autoren wie Singer oder Tooley zu Ansichten gekommen, die von einer außerphilosophischen Prämisse abhängen, nämlich von der Frage, wann das Leben, vor allem aber, wann das menschliche Leben in seiner umfassend schützenswerten Form beginnt. Anders gefragt: Ab wann hat ein pränatales Kind Anspruch auf Gültigkeit der Menschenrechte? Diese Frage hängt offensichtlich mit der Frage zusammen, ab wann man aus medizinischer oder anthropologischer Sicht von einem Menschen im eigentlichen Sinn sprechen kann, der dann auch Träger von Rechten sein kann. Analog gilt diese Frage auch hinsichtlich der Euthanasie-Diskussion: Ist ein massiv hirngeschädigter Patient „mehr Mensch" als ein Fötus, sodass man letzteren abtreiben darf, den Patienten aber – bei fehlender Patientenverfügung – nicht? Oder sind diese Fragen irrelevant, weil wir nicht in einer Gesellschaft leben wollen, in der Menschen ohne ihr explizites Einverständnis getötet werden, ohne dass eine akute Rettungssituation, Notwehr o.ä. vorliegt?

Es ist dies immer ein Problem der Philosophie, dass ihre wichtigsten Fragen zur Entwicklung einer tragfähigen Position schon zu Beginn einer Prämisse bedürfen, die nicht der Philosophie selbst entstammt und über deren Richtigkeit oder Falschheit der Philosoph letztlich nicht entscheiden kann. Wenn der Philosoph in der Frage, ob der Mensch schuldhaft handeln kann, aus der Neuropsychologie erfährt, dass anscheinend der reflektierende Prozess, an dessen Ende eine Schuldeinsicht stehen kann, überhaupt erst während der längst beschlossenen und weitgehend ausgeführten Handlung beginnt, so muss er daraus folgern, dass es schuldhaftes Handeln im traditionellen Sinn nicht gibt. Aber ob die hier zugrunde gelegte Tatsachenbehauptung tatsächlich korrekt ist oder nicht, kann er nicht aus der Philosophie heraus entscheiden.

Wenn ein Physiker in die Situation kommt, dass er zur Bearbeitung einer wichtigen Frage, welche die Gesellschaft ihm zur Beantwortung gestellt hat, neben anderem einer Antwort aus der Chemie bedarf, so wird er die entsprechende Disziplin zu Rate ziehen, ohne deswegen aufzuhören, an der Frage zu arbeiten oder den Dienstleistungscharakters des eigenen Tuns zu bestreiten. Aber die Philosophie neigt dazu, ihre teilweise Abhängigkeit von Antworten aus den Wissenschaften zum Anlass zu nehmen, die Existenz eigener Antworten als Bausteine zu einer Antwort auf relevante Fragen insgesamt in Abrede zu stellen. In der Tat perzipiert der Philosoph die Ergebnisse der Fachwissenschaften, an ihrer Gewinnung ist er nicht oder nur in anderer Funktion beteiligt. Ihn unterscheidet vom interessierten Laien also nicht der größere Kenntnisstand oder zum Ergebnis beigetragen zu haben, sondern die in aller Regel tiefere Übung und bessere Methode hinsichtlich des Formulierens von Fragen an den Forschungsstand und die kontextuelle Zusammenführung von Ergebnissen in einem Sinnzusammenhang, der den jeweiligen Fachwissenschaftlern möglicherweise gar nicht bekannt oder vertraut gewesen ist. Dies bereits stellt eine, wenn auch vielleicht klein erscheinende, Dienstleistung in einer Fragestellung dar, welche von der Gesellschaft an die Philosophie gerichtet und deren Beantwortung durch diese mit Fug erwartet werden darf. Erst in einer zweiten Stufe sind dann auch die eigenständigen Antworten der Philosophie möglicherweise hilfreich. Dies wird durch zwei Umstände erleichtert. Zum einen steht die Philosophie weit mehr als die Naturwissenschaften oder Medizin und Psychologie im Kontext langfristiger Diskurse, welche z.T. schon in der Antike begonnen worden sind, sodass Philosophen weniger gefährdet sind, zu rascher Thesenbildung zu erliegen. Zweitens erlaubt die Philosophie einen zwar vielleicht nicht ausreichend in der Fachlichkeit angekommenen, dafür aber breiteren Blick auf den aktuellen Forschungsstand. Nicht als Querdenker, um mal einen abgegriffenen Begriff zu nennen, sondern als Quer- oder eher Breitleser, dem zunächst einmal das Faktische offensteht, der aber auch über diese Synopse des Wissbaren hinaustreten kann in das Feld dessen, was sich nicht aus Wissen ergibt, sondern in der Grenzregion von Sollen und Wollen beantwortet werden muss.

Denn in vielen aktuellen Diskussionen, exemplarisch auch in der Abtreibungs- und der Euthanasie-Debatte, wird gern vergessen, was eigentlich eine wichtige Einsicht der Philosophie wenigstens seit David

Hume ist, nämlich dass kein Ableitungsweg vom Sein zum Sollen führt[13]. Ja, die Empirie der Humanmedizin formuliert möglicherweise eine Position, ab wann von einem pränatalen Menschen mit dem geborenen Menschen entsprechender Empfindungsfähigkeit gesprochen werden kann. Die schlichte Frage an die empirischen Wissenschaften lautet: „Ja und?"

In der hier relevanten Frage, ob einem pränatalen Menschen die gleichen Rechte zuzustehen sind wie einem postnatalen Menschen, also einem Baby, kann die Empirie keine Antwort geben. Sie kann nicht einmal beantworten, auf welchem Weg diese Antwort gefunden werden kann, da sie, jetzt vertreten durch Religionsgeschichte, Soziologie, Philosophiegeschichte usw. überzeugend darlegen kann, auf wieviel verschiedenen Wegen Menschen bereits zu Antworten auf diese und vergleichbare Fragen gelangt sind, ohne dass sich jemals einer als der Königsweg erwiesen hätte. Mehr noch, insbesondere die Geschichtswissenschaft erinnert den Menschen unausweichlich immer wieder an die Zeithaftigkeit und Kontexualität all der Antworten, deren jede er, wann immer er sie findet, erfindet, sich ausdenkt oder wiederfindet, für ewig, ehern und in Marmor gemeißelt hält.

Die Philosophie kann besser als andere der gedanklichen Unternehmungen das spontane Wollen in einem bestimmten thematischen Kontext einordnen und rückführen auf andere, zunächst nicht augenfällige Themen, welche ebenfalls mit einem vielleicht sogar starken Wollen besetzt sind. Daraus entstehen dann Argumente wie: „Willst du A hinsichtlich X, so bedeutet das B für Y. Wenn du also B für Y nicht willst, so solltest du prüfen, ob du A wirklich willst."

Solche Argumentationen werden von den meisten Menschen als störend empfunden. Welcher Raucher lässt sich schon gern daran erinnern, dass er doch immer wieder gesagt hat, wie schrecklich es für ihn wäre, an Krebs zu erkranken. Aber gerade die fehlende Konsistenz unserer

---

[13] Hume: Treatise, S. 455-470

Intentionen, die unzureichende Stimmigkeit unserer Absichten zueinander ist etwas, das die Philosophie ausleuchten kann.

Sie kann auch besser als andere Disziplinen das Denken aus dem hinausführen, was man vielleicht als die cartesianische Falle bezeichnen kann. René Descartes und verschiedene andere Autoren der frühen Aufklärung haben der gesamten Wissenschaft eine Richtung gewiesen, die aus ihrer Perspektive und zu ihrer Zeit völlig richtig war. Sie haben nämlich Exaktheit, Empirie und vor allem Messbarkeit der materiellen Welt zum wichtigsten Gegenstand der Wissenschaft erhoben, um einerseits nicht die Nützlichkeit unserer Sinneseindrücke verwerfen zu müssen, andererseits aber deren Unmittelbarkeit als Quelle von Fehlern auszuschalten.[14] Das hat zu der Annahme geführt, Wissenschaft beginne mit dem Versuch, die Welt unserer Wahrnehmung messbar zu machen, ja etwas in Zahlen ausdrücken zu können, sei überhaupt der wichtigste Hinweis auf das Vorliegen einer Wissenschaft. Das ist aber ein großer Irrtum. Er hat dazu geführt, dass sich zahlreiche kluge Köpfe auf die Naturwissenschaften, insbesondere auf die Physik konzentriert haben. Deswegen ist diese heute die altmodischste Wissenschaft von allen, weil sie, anders als die meisten moderneren Wissenschaften, lange Zeit vermutet hat, den Ausschnitt der Welt, über den sie spricht, komplett in mathematische Modelle übertragen zu können. Tatsächlich gilt das aber selbst in der Physik nur für eine künstliche, eine konstruierte, eine in-vitro-Welt, und selbst in dieser löst sich das cartesianische Versprechen immer mehr auf. Dies besagt zum einen, das alles gemessen, also in Zahlen ausgedrückt werden kann, was auszudrücken sich überhaupt lohnt, zum anderen, dass einem Ereignis zwingende Faktoren, also Ursachen, vorgeschaltet sind, und dass das Auftreten gleicher Ursachen gleiche Folgen zeitigen würde.

Dass die Physik sich viel stärker als jede andere Naturwissenschaft in eine selbstkonstruierte Fantasywelt zurückgezogen hat, führte zur Annäherung zwischen Physik und Mathematik. Beide beruhen im We-

---

[14] Descartes: Meditationes, I.4, S. 33

sentlichen auf einer dem mechanistischen Denken in der Nachfolge Descartes geschuldeten Vereinfachung der Welt. Soweit es die Mathematik betrifft, handelt es sich sogar um eine initiale Festlegung auf eine konstruierte Welt, über deren Zusammenhang mit der realen Welt – was immer das sein soll – nachzudenken nicht Aufgabe der Mathematik sei. Allenfalls komme dies ihren etwas weniger renommierten Disziplinen wie der Angewandten oder der Praktischen Mathematik zu. In der Physik, wie sie sich am klarsten in Newtons Werk manifestiert, ist die Welt so einfach gemacht, dass sie sich mit den einfachen Mitteln der Mathematik ausdrücken lässt.

So eine Aussage mag überraschen, halten doch die meisten von uns die Mathematik der modernen Physik für ausgesprochen kompliziert und anspruchsvoll. Das ist auch unzweifelhaft richtig, aber das liegt daran, dass Mathematik insgesamt eine recht schwer zu verstehende Disziplin ist, wenn man mal die Grundrechenarten hinter sich gelassen hat. Dennoch ist es eine vergleichsweise einfache Art zu denken, weil in der Welt der Mathematik sich alles zwingend auseinander ableiten lässt und trotz Frege, Russel und Gödel wenigstens einigermaßen auch aus nur wenigen Prämissen beruht. Anders gesagt, die Welt der Mathematik ist eine Welt, die so simpel ist, dass alles oder doch wenigstens fast alles in ihr mit den Mitteln der Mathematik beschrieben und verstanden werden kann. Die Welt der Physik ist eine Fantasywelt, weil sie sich selbst die Prämisse hat unterschieben lassen, alles in ihr sei wie in der Welt der Mathematik durch Zahlen, durch die Regeln der Mathematik und ihre Methoden beschreib- und verstehbar.

Die Welt fast aller anderen Wissenschaften mag auch beliebig konstruiert und wirklichkeitsfern sein. Aber kaum ein Historiker, Biologe oder Literaturwissenschaftler verstiege sich zu der Aussage, alles in seiner Disziplin sei mathematisch beschreibbar, auch wenn man im Gegenzug aufgrund der Entwicklung der quantifizierenden Methoden in den letzten Jahrzehnten kaum noch jemanden finden wird, der meint, in diesen Wissenschaften ließe sich nichts oder jedenfalls nichts Relevantes mathematisch ausdrücken oder durch numerische oder statistische Verfahren herausbekommen.

Die Kastration der realen Welt zur Fantasywelt der Physik hat dieser eine dramatische Entwicklung ermöglicht. Das ist nicht überraschend. Wer westlich von Offenbach 10ha Land einzäunt und sagt, dass sei der wesentliche Teil Europas, der Rest belangloses Beiwerk, kann rasch Szenenapplaus als erfolgreicher Erforscher des Kontinents einheimsen. Nur wird irgendwann ein bisschen Frankfurt über den Zaun schielen. Also erweitert man kurzerhand die Grenze, holt, was sonst stören würde, freudevoll zu sich herein, um es zunächst mal nach den Offenbacher Regeln zu überarbeiten. Das passiert ein paar Dutzendmal in den nächsten hundert Jahren, sodass am Ende selbst Champagner nach Äppelwoi schmeckt.

Die meisten anderen Wissenschaften haben ähnliche Phasen der Simplifizierung durchgemacht, aber anders als die Physik rasch überwunden. Die scheinbare Exaktheit der Physik ist aber so gesehen nur eine Scheinexaktheit, weil man einfach alles ausblendet oder an andere Disziplinen verweist, was sich nicht zählen oder messen lässt.

Die Philosophie ist heute aufgefordert, die Physik, aber auch jede andere Wissenschaft darauf hinzuweisen, dass die Welt, wie sie in ihr beschrieben wird, auf einer vereinfachenden Zusammenfassung eines Teils, vielleicht eines kleinen Teils der jeweils stattfindenden Perzeptionen beruht, der wiederum nur einen kleinen Teil der möglichen Perzeptionen bildet, welche aber auch nur einen Teil dessen wiedergeben, was in der uns umgebenden Welt existiert.

Die Wirklichkeitsferne des physikalischen Konstrukts ist freilich nur eins von zwei fundamentalen Problemen eines rein naturwissenschaftlichen Weltbilds. Wesentliche Aspekte der Welt gingen verloren, beschränkte man sich auf diesen Zugang. Entsprechend hat bereits 1974 Thomas Nagel gezeigt, dass wir zwar mit Hilfe der Naturwissenschaften irgendwann bestimmt in allen Details darlegen können, wie der Wahrnehmungsapparat einer Fledermaus funktioniert. Aber wir wüssten trotzdem nicht, wie es sich anfühlte, eine zu sein.[15] Dieses sogenannte Qualiaproblem der Philosophie betrifft alles, was wir als subjektive Wahrnehmung übersetzen in emotionale Zustände und verweigert sich jeglicher Quantifizierbarkeit, ja der naturwissenschaftlichen Methodik insgesamt. Trotzdem ist es offensichtlich von erheblicher Relevanz für jeden Einzelnen, aber in vielen Fällen auch in gesellschaftlicher Hinsicht, wie bestimmte Dinge empfunden werden. Denn die Individualität unserer Wahrnehmung und die Begrenztheit unserer Sprache hindern uns daran, hier intersubjektiv zu formulieren. Wer noch nie eine Kirsche gegessen hat, dem kann man den Geschmack einer Kirsche nicht beschreiben. Umgekehrt, sofern schon jemand eine Kirsche gegessen hat, beschreiben wir den Geschmack von etwas, das wie eine Kirsche schmeckt, dadurch, dass wir auf jenes erste Geschmackserlebnis verweisen, aber nicht, indem wir die Mittel unserer Sprache hierauf anwenden.

Es wäre aber falsch zu glauben, die perzipierten und in Empfinden umgesetzten Eigenschaften eines uns begegnenden Objekts, also etwa einer Kirsche, stünden quasi losgelöst von den physikalischen Eigenschaften des Objekts. Vielmehr sind sie Meta-Eigenschaften der Eigenschaften, aber nicht von den physikalischen Eigenschaften zu trennen und wohl auch nicht eindeutig beschreibbar, wenn nicht zugleich die physikalischen Eigenschaften verstanden und beschrieben sind. Das entspricht in etwa dem Zusammenhang zwischen Text und Buchstaben. In einem Buch gibt es Buchstaben, deren physikalische Eigenschaften durch Druckerschwärze, Verteilung auf dem Papier, chemische Bestandteile usw. hinreichend beschrieben sind. Das sagt zwar nichts über den hiermit verfassten Text aus. Aber ohne die physischen Buchstaben gäbe es offensichtlich keinen Text, ja würde aus Papier und Pappe und Tinte kein Buch.

Beschränkt man die Welt auf ihre physikalischen Eigenschaften und diese auf nur das, was man zählen und messen kann, geht aber noch

---

[15] Nagel: Bat, S. 448-449

deutlich mehr verloren. Die meisten Dinge, die wir wissen oder über die wir sprechen können, sind nicht zählbar oder nur in trivialer Weise. „Hans und Maria sind ein Ehepaar." Hier können wir zählen, dass zwei Personen vorhanden sind oder dass sie genau ein Paar bilden. Wenn wir im Zuge der Verwissenschaftlichung nun diesen Einzelfall auf Parallelfälle untersuchen, so werden wir – jedenfalls in Westeuropa – etliche weitere Fälle finden, wo ein Ehepaar auch aus zwei Personen besteht. Das ist zweifellos soziologisch interessant und gut zu wissen. Aber die interessanten Informationen, die in jedem kurzen Satz stecken, gehen vielleicht doch über den Kulturkontext Matrimonium hinaus. Auch ein Satz wie „Alle Menschen sind sterblich." hat vielleicht eine zählbare Dimension, wenn man sich fragt, über wie viele Menschen denn damit etwas ausgesagt wird. Aber interessant an diesem Satz sind Implikationen, die sich einer numerischen Analytik verweigern. Die Philosophie kann – und in ihrer Rolle als Dienstleister sollte sie – den allgemeinen Diskurs von der Leichtgängigkeit statistischer oder numerischer Analysen hinleiten auf die weitaus schwierigeren Fragen, die sich nicht in einem Zahlenkescher fangen lassen.

12.8.3 Konsensfähige Aussagen innerhalb der vereinbarten Themen

Dabei ist es, anders als viele Philosophen voneinander und von ihrem Fach vermuten, nicht notwendig so, dass es keinerlei gemeinsame Basis, nichts gemeinsam Erreichtes gäbe. Bei allem Dissens hat die Philosophie es in vielen Jahrhunderten auch auf einen gemeinsamen Satz von Aussagen gebracht, die allzu leicht heutzutage als Selbstverständlichkeiten vom Tisch gewischt werden, dies aber eigentlich nicht sind. Was vor Jahrhunderten mit Mühen errungen war, erscheint uns heute oft belanglos, offensichtlich und trivial. Das intensive Studium der Geschichte des Denkens und in Sonderheit der Philosophie zeigt uns aber, dass dies oft nicht der Fall gewesen ist.

Viele dieser von fast allen akzeptierten Aussagen betreffen die Methodik in der Philosophie oder auch in anderen Wissenschaften. So wird man heute nur noch wenige finden, die Universalisierbarkeit nicht als wichtige Eigenschaft insbesondere ethischer Programme betrachten. Dies erkannt zu haben, stellt einen erheblichen Gewinn der Entwicklung der Philosophie dar. Wir würden – jedenfalls in Westeuropa – kaum noch moralische Konzepte akzeptieren, welche ihre Übertragbarkeit auf andere Menschen grundsätzlich ausschließen. Kant hat diese Universalisierbarkeit als ein wesentliches Prüfkriterium des eigenen Handelns eingeführt, demzufolge man stets die eigenen Maximen daraufhin prüfen solle, ob man von ihnen auch wollen könne, dass sie zum moralischen Prinzip aller Menschen würden.[16]

Freilich ist diese Forderung ihrerseits wieder eine Forderung, die einer Letztbegründung bedarf, welche nicht aus ihr selbst folgen kann, wenn man nicht in einen infiniten Regress geraten will. Prüft man die Menge möglicher Handlungsmaximen, bleiben auch unter den Vorzeichen der Universalisierbarkeit noch etliche übrig, die keinesfalls vereinbar sind. Aber die Forderung nach Universalisierbarkeit kann offensichtlich nie in diesen Topf geraten sein. Vielmehr gibt es mehrere Ansätze, wie man zeigen kann, dass es im Sinne der eigenen Nutzenmaximierung vernünftig ist, diese Maxime zur Richtschnur der eigenen Maximen zu machen.

Hier stoßen wir auf eine weitere Errungenschaft der Philosophie, die hier gesondert genannt werden soll, weil wir sie heute kaum noch wahrnehmen, sondern als selbstverständlich und offensichtlich betrachten. Es ist dies die Einsicht, dass die Begründung moralischer Regeln nicht aus ihnen selbst heraus erfolgen kann, da dies zu einem Teufelskreis führt. Sie kann aber auch nicht, wie man früher angenommen hat, aus dem Reich des Unbekannten und Unbewiesenen genommen werden. Stünde Gott uns als Gewissheit vor Augen, bräuchten wir keine Moral. Wo er das aber nicht tut, ist es jedem selbst überlassen, ob er die Schriften und Reden von Menschen, welche behaupten, Gottes Wort zu verkünden, als solches akzeptiert oder nicht. Für eine Universalisierbarkeit moralischer Regeln ist das ungeeignet, zumal

---

[16] Kant: Kritik, S. 41

gleichermaßen ehrbare, integre und offensichtlich von ihrer Botschaft überzeugte Menschen ganz unterschiedliche Botschaften von Gott empfangen zu haben scheinen.

Das bedeutet, man muss moralische Forderungen mit außermoralischen Motiven begründen, die nicht ihrerseits unbekannte, unausgewiesene oder bezweifelbare Prämissen aufweisen. Dass man jenseits dieses Müssens einem solchen Anspruch auch genügen kann, haben in den vergangenen Jahrzehnten mehrere Autoren recht erfolgreich zu demonstrieren versucht. Aber genau dies macht auch eine weitere Errungenschaft der Philosophie aus, die sie in den Kontext des allgemeinen Denkens überführen kann und muss: Wir sind nicht darauf angewiesen, dass wir unser moralisches Handeln alle aus denselben Motiven begründen. Eine pluralistische Gesellschaft verträgt nicht nur eine heterogene Herleitung der moralischen Maximen jedes Einzelnen, sondern lebt in erheblichem Umfang wohl erst durch die sich dadurch ergebende Dynamik des moralischen Diskurses. Das heißt aber auch, dass die Begründungen, warum wir Universalisierbarkeit bzw. die Leitregel des Kategorischen Imperativs auf unsere moralischen Sätze anwenden wollen, höchst uneinheitlich ausfallen können, ja müssen. Warum sollen unsere moralischen Maximen universalisierbar sein? Der eine sagt vielleicht, weil nur dann moralische Normen auch zur Grundlage von Gesetzen und der Rechtsprechung werden können. Ein anderer sagt, weil die prinzipielle Möglichkeit einer allen offenstehenden Moral das erstrebenswerte Ziel einer demokratischen und egalitären Gesellschaft eröffnet. Ein dritter sagt vielleicht, weil Kant das gesagt hat, und Königsberger irren sich nie. Alle diese Begründungen sind in moralischer Hinsicht gleichermaßen legitim, auch wenn sie vielleicht nicht gleichermaßen vernünftig sind. Aber wenn man an sie moralische Maßstäbe anlegen würde, zöge man zu ihrer Wertung etwas heran, was durch sie erst begründet und in Kraft gesetzt werden soll.

Daraus folgt, dass die potenzielle Universalisierbarkeit unserer moralischen Maximen nicht selbst eine moralische Maxime sein kann, da sie sich sonst selbst begründen müsste. Was ist sie dann? Das oben Gesagte deutet schon an, dass es vernünftig im Sinne der eigenen Nutzenmaximierung ist, diese Forderung an die eigenen moralischen Maximen zu richten bzw. sie unter anderem auch nach diesem Kriterium zu prüfen. Wenn aber dies eine Forderung der praktischen Vernunft ist, dann ist diese der Setzung unserer moralischen Maximen vorgeordnet. Anders gesagt, dann kann es eine Gesellschaft moralisch handelnder Menschen allenfalls dort geben, wo die Vernunft – was immer im Einzelnen das dann ist – führend ist vor der Moral, deren Begründung sie darstellt. Folglich aber sind alle Vorstellungen aussichtslos, den Menschen frühzeitig zu moralischem Denken und Handeln anzuhalten, ihn aber nur im Rahmen des Unbedingt Nötigen und auch nur zum jeweils spätest möglichen Zeitpunkt an die Denkweisen und Methoden vernünftigen Denkens und Handelns heranzuführen.

Das ist eine von mehreren Arten, die Grundidee des kantischen Programms der Aufklärung zu verstehen: Nur der vernünftige, von Vorurteilen und nur einfach übernommenen Werten und Norman freie Mensch kann zum moralischen Menschen werden. Vernünftig zu denken oder zu handeln ist damit dann aber keine moralische Forderung mehr, weil auch hier bereits vorhanden sein müsste, was man erst legitimieren will. Sondern vernünftig zu handeln wird aus dem Eigeninteresse des Menschen sinnvoll. Scheitern kann das nur, wenn der Mensch sein Eigeninteresse nicht klar zu erkennen vermag, was meist dann geschieht, wenn ihm zu oft gesagt worden ist, dass Eigeninteresse dem Gemeinnutzen, der Pflicht, Anstand, Sitte und Moral nachgeordnet, untergeordnet, ja überhaupt verpönt und zu ignorieren sei.

Damit ergibt sich ein logischer Ablauf: Die Vernunft hilft uns, detailliert zu ergründen, was wir eigentlich wollen, was also der zu maximierende Eigennutzen ist, dem wir nachgehen. Sie hilft uns zweitens, uns darüber klar zu werden, auf welchem Weg wir das am ehesten erreichen werden, wonach wir da streben. Dabei wird sie uns auch darauf hinweisen, dass zur Maximierung unseres Eigennutzens die Wahl moralischer Maximen angesichts der Verfasstheit der menschlichen Gesellschaft, unser eigenen Disposition usw. meist eine ganz gute Idee ist. Sie wird uns in diesem Zuge erkennen lassen, dass moralische Maximen dann zu präferieren sind, wenn sie wenigstens universalisierbar sind – jenseits aller anderen Eigenschaften, die sie vielleicht noch aufweisen sollten. Also sprechen wir von einer Kette aus „Diffuser Eigennutzen" → „Präzisierter Eigennutzen" → „Moralische Maximen" → „Universalisierbare moralische Maximen". Überall, wo hier ein Pfeil auftaucht, wirkt die Vernunft quasi als Geburtshelferin, was auch dazu führt, dass die Ableitung der Kettenglieder auseinander jeweils begründbar ist, nicht zu Widersprüchen führt und zudem keine Redundanz erzeugt, also nicht mehrere Regeln mit gleichem Ziel hervorbringt.

Dies führt zu einer weiteren Entdeckung der Philosophie, nämlich zur Entdeckung der Bedeutung von Vernünftigkeit, vor allem von Widerspruchsfreiheit unserer Aussagen und in einem zweiten Schritt zur Erkenntnis der begrenzten Bedeutung der Forderung nach Widerspruchsfreiheit.

Das mag widersprüchlich erscheinen; ist es wahrscheinlich auch. Das liegt an der Landkarte möglicher Widersprüche: Innerhalb eines meiner Gedankengänge, zwischen mehreren meiner Gedankengänge, zwischen einem oder mehreren meiner Gedankengänge und denselben anderer Leute, zwischen meinen oder unseren Gedankengängen und dem, was außerhalb von mir selbst gedacht und gesagt wird. Dies wiederum wird nicht selten nur zu meinen eigenen Gedanken in Widerspruch stehen, sondern scheint auch in sich selbst eher verzankt und Heimstatt ungezählter Widersprüche.

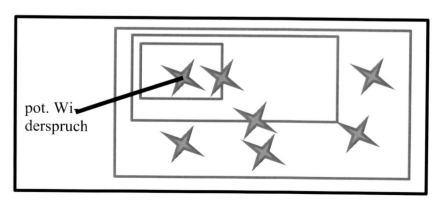

Wir unterscheiden uns in unserem Denken von unserer Umwelt also in erster Linie an den Stellen, in denen wir mit ihr in Widerspruch treten. Wer seine Identität über seine Gedankenwelt definieren will, muss sich daher auf diese Widersprüche konzentrieren. Umgekehrt zeigt dies aber auch, dass es vielleicht kein individuelles Denken und Sprechen gibt, weil das Wir entsteht, bevor es ein Ich geben kann. Aber sehr wohl kann das Denken sich von diesem Wir emanzipieren und sich von diesem absetzen. Und es kann auch in Widerspruch zu sich selbst treten, weil wir eben alles andere als kohärente, geschlossene Wesenheiten sind, sondern in hunderterlei Rollen, Ideen und Gedanken verstrickt.[17]

Schauen wir uns das noch einen Moment an. Ich kann in einem meiner Gedankengänge Widersprüchliches denken, in Theorien und Thesen Widersprüchliches formulieren und lehren; das ist deutlich negativ zu sehen, weil sich hieraus beliebiger Unsinn ableiten lässt. Das zu erkennen, war ein großer Fortschritt schon der antiken Philosophie. Doch ist hieraus relativ rasch und von vielen die Forderung abgeleitet worden, alle meine oder gar all unsere Gedanken sollten zueinander widerspruchsfrei, besser noch überhaupt kongruent sein. Das hat sich als größeres und letztlich kaum realistisches Projekt erwiesen. Daher gibt es zwei Orte, wo wir Widersprüche nicht akzeptieren, nämlich innerhalb eines einzelnen Gedankengangs in uns selbst, wo derlei vielleicht vorkommt, aber nicht gewollt ist, und in der faktischen Welt um uns herum, von der wir sicher sind, dass sie keine Widersprüche enthält. In allem, was dazwischen liegt, sind Widersprüche möglich, und ich werde weiter unten kurz zu erläutern versuchen, warum es auch vernünftig sein kann, sie an dieser Stelle zu akzeptieren.

---

17 Hierzu in diesem Band detailliert der Beitrag von Haldert Gudmunsson, S. 221ff.

Es ist eine Prämisse unseres Denkens, dass die uns umgebende Welt keine Widersprüche enthält, wohl aber die Abbildung dieser Welt in unserem Denken zu Widersprüchen führen kann. Freilich ist dies eine unbeweisbare Annahme, deswegen ist es ja eine Prämisse, aber vielleicht ist es eine Prämisse ohne große Bedeutung. Denn im Grunde reden wir nie über die Welt als solche, sondern immer nur über die Abbildung der Welt oder dem, was wir dafür halten, in unserem Denken und in unserer Sprache. Diese Abbildung der Welt ist aber bestenfalls unvollständig und fehlerhaft. Ideale Menschen mit unbegrenzten intellektuellen Ressourcen und beliebig viel Zeit für die Erkenntnisgewinnung könnten vielleicht zu einer widerspruchsfreien Darstellung der Welt gelangen, ohne gewaltige Bereiche ihrer Perzeptionen schlicht aus der Weltbeschreibung auszusperren. Normale Menschen sind hingegen gezwungen zur Fehlerhaftigkeit, Unvollständigkeit und Widersprüchlichkeit der Abbildungen dessen, was ihnen als der jeweilige Weltausschnitt erscheint, vor allem aber zur Inkonsistenz der Weltausschnitte, die man in dem einen oder anderen Kontext zu Rate zieht. Dort, wo wir etwas sicher wissen, sei es hinsichtlich der Wahrheit, sei es hinsichtlich der Falschheit einer Aussage, ist es nicht sinnvoll, zwei widersprüchliche Ansichten weiterhin gemeinsam zu vertreten. Aber im großen, wundervollen Reich des Nichtwissens kann ich ohne weiteres bald das eine, bald das andere glauben, auch wenn beides nicht gleichzeitig wahr sein kann. Denn mit einiger Wahrscheinlichkeit ist weder die eine noch die andere Aussage ganz richtig, und mit etwas Glück ist keine von beiden ganz falsch.

Im zwischenmenschlichen Bereich akzeptieren wir die Unterschiedlichkeit unserer Ideen, soweit es sich um Nichtwissen handelt, zum einen, weil wir in leidvoller europäischer Geschichte lernen konnten, dass Toleranz insgesamt eine ausgezeichnete Idee ist, zum anderen, weil wir annehmen dürfen, dass zwei, die unterschiedliche Ansichten vertreten, von der Wahrheit beide entfernt, vielleicht sogar beide gleich weit entfernt sind und es daher sinnvoll sein könnte, einmal beide Ansichten nebeneinander zu legen, um sich auf dieser Basis der Wahrheit vielleicht ein weiteres Stück anzunähern. Diesen meist nonchalanten Umgang mit den Widersprüchlichkeiten im Miteinander sollten wir auch uns selber gönnen. Die Dinge, die ich glaube oder denke, sind sowieso alle mit großer Wahrscheinlichkeit weitgehend falsch, daher muss ich mich nicht hektisch um ihre Konsistenz bemühen. Wohl aber bleibt die Forderung bestehen, innerhalb eines Themengebiets zu Konsistenz zu gelangen, erst recht dann, wenn ich meine Ansichten zu diesem Thema anderen mitteile.

Die Liste von Entdeckungen und Entwicklungen der Philosophie auf dem Weg zu einem Kompendium mindestens innerhalb des Fachgebiets allgemein akzeptierter Aussagen ließe sich noch lang fortsetzen. Hier geht es aber nur darum zu verstehen, dass die Philosophie durchaus Ergebnisse erzielt hat, die sie als Rüstzeug allen weiteren Nachdenkens betrachten darf. Es sind diese Erkenntnisse auch mehr als Selbstbeschäftigung und Nabelschau, sie haben erhebliche Relevanz für die Welt des Denkens außerhalb der Philosophie. Die Philosophie muss sich nur auf ihre Rolle als Dienstleister besinnen und entsprechend andere Menschen an ihren zu Unrecht für kümmerlich gehaltenen Erkenntnissen großzügiger als üblich teilhaben lassen.

12.8.4 Konsens, was die aktuell relevanten Fragen der Philosophie sind oder sein sollen

Während man hinsichtlich des bereits erreichten Bestands der Philosophie nach einer Weile durchaus Einiges nennen mag, ohne dass gleich die Mehrheit der Fachwelt entrüstet aufspringt, ist dies auf den ersten Blick fast unmöglich, wenn man sich mit der Frage befasst, was die aktuell relevanten Fragen der Philosophie sind oder sein sollten.

Das hat neben persönlichen Ressentiments und einer den Einzelnen vielleicht schmückenden, aber wenig hilfreichen Bescheidenheit im Wesentlichen zwei Gründe. Zum einen ist es für das Handwerk des Philosophen von großer Wichtigkeit, genau diese Frage immer wieder zu stellen; er kann die Vorgaben der Tradition diesbezüglich nicht einfach kritiklos hinnehmen. Zweitens aber beinhaltet die obige Formulierung bereits eine Vorauswahl. Offensichtlich kann es eine Fülle von Fragen in der Philosophie geben, welche man als weniger relevant als andere bezeichnen würde. Es ist aber anscheinend, das wurde weiter oben ausgeführt, schon schwierig genug, eine Entscheidung zu treffen, was insgesamt die Fragen und Gegenstände der Philosophie sein sollen, ja überhaupt erst einmal zu beantworten, ob es diese Gegenstände eigentlich überhaupt gibt oder die Philosophie eher eine Art Gedankengymnastik zur Übung und Kräftigung des Denkens darstellt, jedoch ohne dabei einer Frage im eigentlichen Sinne nachzugehen. Es ist zudem nicht einfach zu beantworten, ob es, wenn es doch solche Fragen geben sollte, darunter einige sind, die ausschließlich zu den Themen der Philosophie gehören, oder ob diese in allen Fragen auch auf die Ergebnisse anderer Disziplinen zurückgreifen muss, ja ob sie vielleicht in allen diesen Fragen nur Ordner, Verwalter, Hilfsarbeiter, höchstens noch Qualitätssicherer hinsichtlich der andernorts gewonnenen Erkenntnisse sein kann.

Wenn man daher fragt, was die aktuell relevanten Fragen der Philosophie sind, so liegt dies zudem eine Zeithaftigkeit der Aktualität nahe. Das ist zunächst nicht überraschend. Annähernd alles menschliche Denken, vor allem aber jede Wissenschaft kennt Fragen, die gestern von zentraler Bedeutung waren, aber heute fast vergessen sind. Dies sind zum einen natürlich Fragen, die man als beantwortet bezeichnen kann, auch wenn einem die Antwort vielleicht nicht gefällt. So wird man kaum noch einen Mathematiker finden, der sich mit den drei klassischen Problemen der Mathematik befasst, also der Dreiteilung des Winkels, der Quadratur des Kreises oder der Dopplung eines Würfels mit den Mitteln der Euklidischen Geometrie. Die Antworten sind vielleicht wenig befriedigend, weil die Unlösbarkeit aller drei Probleme im 19. Jahrhundert bewiesen werden konnte. Dennoch sind diese Fragen als Thema seitdem faktisch erledigt.

Zum anderen gibt es aber auch Fragen, die man kaum als gelöst bezeichnen kann, die aber anscheinend weitgehend aus der Mode gekommen sind. Damit meine ich nicht die Engel auf der Nadelspitze der Scholastik, wohl aber die Frage, ob es einen freien Willen gibt bzw. ob die Idee eines freien Willens und die Beobachtung einer weitgehenden Determiniertheit unserer Gedanken und Handlungen vereinbar seien.

Eine Mehrheit der heutigen Philosophen neigt wohl kompatibilistischen Positionen zu, wonach beides vereinbar sei, doch ist die Aufgeregtheit aus der Diskussion weitgehend verschwunden. Fragen wie diese sind nicht entschieden, die Beschäftigung mit ihnen ist jedoch ein bisschen aus der Mode gekommen, vielleicht, weil man sich eigentlich kaum vorstellen kann, welche neue Erkenntnis der Medizin oder Naturwissenschaft eine Entscheidung in dieser Frage ermöglichen würde. Anders gesagt, aktuell weiß man nicht einmal die Frage, welche die Voraussetzungen zur Beantwortung der eigentlichen Frage zum Gegenstand empirischer Forschung machen würde. Zugleich wissen wir aber auch weniger denn je, welches Problem man lösen könnte, wenn man die Frage entschiede. Das theologische Problem der Verantwortbarkeit unseres Tuns vor Gott angesichts der Idee eines allmächtigen und allwissenden Schöpfers stellt sich heute weniger drängend als im Spätmittelalter, und auch in der Rechtsphilosophie findet aktuell kaum eine Diskussion statt, ob man überhaupt das Recht habe, andere Menschen für bestimmte Handlungen zu bestrafen, einfach weil man sich – übrigens stillschweigend, ohne gute Begründung – darauf geeinigt hat, dass es klug und sinnvoll ist, diejenigen zu bestrafen, die in übergriffiger Weise den vereinbarten Normen und Regeln zuwider gehandelt haben.

Es gibt eine ganze Reihe ähnlich gelagerter Fragen, welche auch nicht ausschließlich Domäne der Philosophie sein müssen, aber hier so wenig wie andernorts beantwortet sind und dennoch kaum noch diskutiert werden, nachdem in früheren Zeiten vielleicht ein regelrechter Hype um diese Fragen bestand. Gibt es eine Realität, und wenn ja, besteht ein Zusammenhang zwischen ihr und unseren Wahrnehmungen, und wenn ja, welcher? Ist Sterblichkeit nur ein zufälliges Phänomen wie das Vorkommen verschiedener Haarfarben beim Menschen, oder wohnt ihr ein tieferer Sinn inne? Ist sie eine unausweichliche Voraussetzung der Evolution, ohne die kein Platz für neue Entwicklungen frei würde, oder hat sie womöglich eine über das bloß Biologische hinausgehende Bedeutung, und wenn ja, welche? Was meinen wir mit dem Begriff „Leben", was mit dem Begriff „Gerechtigkeit" oder dem Begriff „Schuld"? Keine dieser Fragen ist gelöst, streng genommen ist noch nicht einmal beantwortet, was der Fall sein müsste, damit wir die jeweilige Frage als gelöst bezeichnen könnten. Dennoch bilden sie aktuell keine zentralen Fragestellungen der Philosophie, schon gleich gar nicht in ihrer universellen Formulierung.

Das leitet zu einer wichtigen Eigenschaft vieler aktueller Diskurse der Philosophie. Etliche der irgendwann mal als grundlegend bezeichneten Fragen der Philosophie hat man volens, oft genug nolens als nicht beantwortbar zurückweisen müssen. Aber in begrenzten, aktuellen Fragekontexten tauchen sie wieder auf, nicht nach einer allgemeinen Antwort heischend, sondern nach einer Antwort für die jeweilige Situation. So wird man vielleicht nicht ausführlich diskutieren wollen, was Leben an sich ist, wohl aber, etwa in der Euthanasie- oder in der Abtreibungsfrage, ob man ein bestimmtes Phänomen noch oder schon als Leben bezeichnen kann, besonders dann, wenn man überein gekommen ist, dass Leben als solches ein schützenswertes Gut darstellt. Ähnlich wird auch die Frage, was und was nicht gerecht ist, heute vor allem in ihrem konkreten Bezug diskutiert, also etwa hinsichtlich der Frage, ob Gerechtigkeit eigentlich eine anzustrebende Eigenschaft der aktuellen Sozialgesetzgebung sei. Ob man es eigentlich als gerecht bezeichnen kann, dass ein Zehntel der Weltbevölkerung fast neun Zehntel des materiellen Guts der Menschheit sein eigen nennt, oder dass die 85 reichsten Menschen so viel besitzen wie die 3,5 Milliarden Ärmsten. Welche Aspekte sind in der Forderung nach Verteilungsgerechtigkeit zu berücksichtigen? Ist es gerecht, dass der Verschwender im Alter arm, der Knauser hingegen halbwegs sorgenfrei lebt? Ist es gerecht, dass im Schnitt Ältere deutlich wohlhabender als Jüngere sind, obgleich der finanzielle Bedarf bei jüngeren Leuten, vor allem bei jungen Familien erheblich größer ist? Und wenn man nicht findet, dass es gerecht ist, dass die 6% der Weltbevölkerung, die in Nordamerika leben, 33% des Weltvermögens ihr eigen nennen, ist Gerechtigkeit an sich ein solches Gut, dass hieraus irgendeine Handlungspflicht erwächst?

Die aktuelle Philosophie meldet sich in solchen Fragen wieder stärker zu Wort, und das verschafft ihr einen gewissen Vorrat gemeinsamer Herausforderungen. Dabei ist es relativ belanglos, wie groß der Anteil dieser Fragen am Gesamtkontext von Problemen ist, die in der Philosophie diskutiert werden. Wichtig ist, dass es einige Fragen gibt, die von praktisch allen Philosophen oder an der Philosophie Interessierten als wichtig und als etwas angesehen werden, zu dem die Philosophie aufgrund ihrer Kenntnisse oder aufgrund ihrer Methoden einen Beitrag leisten kann. Selbst wer nicht an diesen Fragen arbeitet, sondern sich auf andere Probleme konzentriert, findet hier einen Kristallisationskern des Fachs Philosophie, der zum einen – dem vielgeschmähten Familienurlaub im Teutoburger Wald vergleichbar – eine Gruppenidentität stiftet und einen Gesprächskontext, der in der Andersartigkeit aller Beteiligten einen Zugang zueinander über ein alle berührendes Themengebiet eröffnet. Putnams oft angeführtes Konzept, wie Angehörigen unterschiedlicher Denkrichtungen kommunizieren können, indem sie zunächst eine gemeinsame Basis identifizieren, innerhalb derer sie sich über die jeweilige Verwendung zentraler Begriffe Rechenschaft ablegen, bevor sie die auf diesen Begriffen aufbauenden Theorien vorstellen, erfordert geradezu solche gemeinsamen Fragestellungen der Philosophie, welche als Brückenkopf in das Denkland des jeweils anderen herhalten können.[18]

Der zweite Vorteil eines solchen gemeinsamen Kerns von Fragen ist, dass alle, die nicht selbst im Fach tätig bzw. die an diesem nicht über ein auf Allgemeinbildung beschränktes Interesse hinaus interessiert sind, hier etwas finden, das ihnen erlaubt, die Philosophie als etwas Wichtiges, Nützliches, mit wichtigen Fragestellungen befasstes Tun zu verstehen. Das dient natürlich auch dazu, den Philosophen und sein Fach etwas weniger abgehoben, exotisch und verschroben dastehen zu lassen. Wichtiger aber ist, dass über diese Ansätze die Philosophie auch in anderen Fragen wieder mehr Gehör finden wird. Und das ist von zentraler Bedeutung u.a. für die aktuelle Politik und das Gesellschaftsleben, denn nach wie vor kann die Philosophie auf zentrale Fragen andere und vielfach auch leistungsfähigere Antworten geben als die empirischen bzw. deskriptiven Disziplinen. Entlässt sich die Philosophie

---

[18] Putnam: Theories, S. 218

hier selbst aus ihrer Pflicht und geht quasi in die innere Emigration, überlässt sie das Feld den Religionsstiftern, den Esoterikern, den Desillusionierten und den Geschäftemachern.

12.8.5 Einhellige Antworten auf die aktuell relevanten Fragen

Nun wäre es recht hübsch, vermöchte die Philosophie auf die so gestellten gemeinsamen Fragen auch gemeinsame Antworten zu entwickeln. Auf den ersten Blick scheint das jedoch nicht der Fall zu sein. Selbst in seit langem und von vielen Autoren diskutierten Fragen scheint eine einhellige oder doch wenigstens mehrheitsfähiger Position nicht in Sicht.

Ich meine jedoch, dass dieser Eindruck trügt bzw. von unbescheidenen Erwartungen zeugt. Zwar ist in keiner der relevanten Fragen bisher Konsens gefunden; wäre Anderes der Fall, wären sie wahrscheinlich nicht mehr relevant, sondern erledigt. Aber es sind sehr wohl Schritte auf dem Weg zu einer mehrheitsfähigen, wenn auch nicht einhelligen Antwort getan, die für sich schon einen erheblichen Fortschritt und übrigens auch ein weiteres identitätsstiftendes Element der zeitgenössischen Philosophie darstellen.

Man kann das an zwei Beispielen leicht verdeutlichen. Oben wurde bereits erwähnt, dass die Diskussion um den Gegensatz von Willensfreiheit und Determinismus in den letzten Jahrzehnten deutlich eingeschlafen ist, nachdem sich die sogenannten Kompatibilisten nach und nach in der Mehrheit gefunden haben, denen zufolge beide Konzepte wohl vereinbar seien, auch wenn man im Detail noch klären müsste oder jedenfalls keine Einigkeit erreicht ist, in welcher Weise beides miteinander möglich sein kann. Aber schon in diesem weitgehenden Konsens hinsichtlich der Kompatibilität ist ein von den meisten Philosophen heute unterstützter Baustein zur Beantwortung dieser nach wie vor offenen Frage gefunden. Anders gesagt, etliche, z.T. über Jahrhunderte mit viel Wut geführte Diskussionen sind bis auf Randschauplätze beendet. Andere Fragen und Diskussionen sind zudem als sinnlos erkannt worden oder jedenfalls als obsolet beiseite gelegt. So diskutiert man jedenfalls im Raum der abendländischen Philosophie kaum noch die Notwendigkeit der Willensfreiheit als unabdingbarer Voraussetzung für die Idee eines Jüngsten Gerichts als Strafinstanz für begangene Missetaten. Die Idee, dass es dieses Gericht notwendig geben werde, schließlich sei das ja christliche Heilslehre, folglich es Willensfreiheit geben müsse, sonst wären die Ränge der Angeklagten an jenem Tag erschreckend leer, wird heute nicht nur kaum jemand noch ernsthaft diskutieren wollen, man wird auch lange nach einem suchen müssen, der angesichts dieser Herangehensweise ganz frei von Geschmunzel bleiben wird.

Ähnliches gilt für die nach wie vor heftig diskutierte Problematik der Euthanasie. Hat der Mensch das Recht, frei über sein Leben zu verfügen, auch wenn das den Entscheid zum Suizid einschließt? Muss er dabei nicht auch die Interessen anderer – Familie, Freunde, Schüler usw. – berücksichtigen? Darf er ferner, soweit er dies nicht selbst vermag, von einem anderen verlangen, ihm zu helfen, sein Leben zu beenden? Darf er dies auch von einem Arzt billigerweise verlangen, und darf der Arzt, und wenn ja, unter welchen Voraussetzungen ihm dabei helfen? Darf, wenn der Betreffende nicht mehr frei über seinen Willen verfügen kann, wenn er also z.B. irreversibel hirngeschädigt ist, wenn er im Koma liegt etc. ein anderer für ihn diese Entscheidung treffen? Dürfen dies nur Angehörige, oder gibt es auch Fälle, wo in Ermangelung dieser Angehörigen Ärzte diese Entscheidung treffen dürfen? Vielleicht sogar sollten? Ist das auch der Fall, wenn Angehörige zwar vorhanden sind, diese sich aber nicht entscheiden können oder nach Meinung der Ärzte sich falsch verhalten? Darf der Staat Ärzten diese Entscheidung abnehmen, und wenn ja, entscheidet er dann fallweise und durch wen, oder gibt es einen klaren Regelkanon, quasi eine Checkliste, um über die Beendung eines Lebens zu entscheiden? Soll so eine Entscheidung ohne Ansehen der Person, von einer unpersönlichen staatlichen Instanz getroffen werden, oder nur von den Angehörigen bzw. dem jeweils behandelnden Arzt, die wenigstens den Patienten und den bisherigen Verlauf gut kennen und auch emotional involviert sind? Halten wir es womöglich für eine Gefahr, dem Staat eine solche Rolle zuzuweisen, auch angesichts der Vorgänge in Deutschland zwischen unter dem NS-

Regime? Ist diese Frage überhaupt separiert zu betrachten, oder hat es eine Änderung des gesamtgesellschaftlichen Klimas zur Folge, wenn man in einer Gesellschaft die Tötung von Menschen zulässt? Gilt das in jedem Fall, oder nur, wenn man in radikaler Weise den Staat entscheiden lässt, welches Leben der Gemeinschaft nützlich ist, welches nicht, wie die Nazis zu entscheiden sich erdreisteten? Oder verroht die Gesellschaft viel eher unter dem bedingungslosen Verdikt der Lebensverlängerung um jeden Preis und in jedem noch so qualvollen und jämmerlichen Zustand?

All diese Fragen sind nicht befriedigend geklärt. Aber auch hier gibt es eine Fülle bereits geklärter oder als obsolet, z.T. als sinnlos erkannter Fragen und Aspekte, über die man heute in den genannten Diskussionen kaum noch stolpern wird, die aber in der Geistesgeschichte auch von Philosophen immer wieder diskutiert worden sind. Ist es eine Sünde vor Gott, einen Menschen im Falle schwerer Krankheit zu töten, da ja doch Gott das Leben geschenkt und verboten hat, es zu nehmen? Und warum ist es hier verboten, wenn Gott doch zugleich Krieg, Todesstrafe etc. in Hülle und Fülle nicht nur gutheißt, sondern auch tatkräftig unterstützt? Und wer auf diese Art gestorben ist, wird er uns im Diesseits heimsuchen? Wird er im Jenseits sich an uns rächen wollen oder im Gegenteil dankbar sein und uns helfen? Sind alle Todesarten gleichwertig, oder beschädigen einige Arten die unsterbliche Seele, andere nur den unsterblichen Leib? Rufen einige Todesarten, etwa solche, wo viel Blut vergossen wird, böse Dämonen und Geister herbei? Derlei Fragen werden heute nicht mehr diskutiert. Aber vor tausend Jahren waren die meisten hiervon, einige auch noch vor hundert Jahren von hervorragender Wichtigkeit. Und nicht zuletzt im Krieg, dem Ort, wo bekanntermaßen Menschen das Mögliche an Energie und Einfallsreichtum aufwänden, einander den Garaus zu machen, wird auch der steinzeitliche Krieger sich irgendwann vor der Frage gesehen haben, ob er nicht nur dem Feind, sondern unter bestimmten Voraussetzungen auch dem schwerstverwundeten Freund den Todesstoß versetzen darf.

Die meisten dieser Frage sind heute so wenig geklärt wie damals, aber sie sind abgelegt, weil kaum noch jemand die Prämissen teilt, die ihnen zugrunde liegen. Wer nicht an Dämonen glaubt, muss sich nicht fragen, ob vergossenes Blut Rachegeister ruft oder gar nach neuem Blut schreit. Ein Atheist kann keinen Sinn in der Frage erkennen, wie Gott steht zu Töten auf Verlangen oder die Vergiftung von Menschen, die nicht oder nicht mehr zu eigenem Willen fähig zu sein scheinen, jedenfalls diesen nicht mehr zu formulieren verstehen.

Auch die heute diskutierten Aspekte dieser Frage werden sich vielleicht nach und nach als beantwortet, als obsolet oder schlicht sinnlos erweisen. Ob uns das dann der Problemlösung näher bringen wird, ist offen. Aber auch hierin liegt für die Philosophie ein Gewinn, indem sie einsehen muss, nicht zu jeder Frage eine Antwort finden zu können, ja dass es Fragen gibt, die einerseits von erheblicher Bedeutung sind und diskutiert werden müssen, andererseits aber nicht beantwortbar sind. Dennoch kann es wichtig sein, sie zu diskutieren, weil der Diskurs als solcher bereits einen Gewinn darstellt. So ist nicht beantwortet, wie eine Gesellschaft beschaffen sein muss, damit man sie als gerecht bezeichnen kann. Aber die meisten werden zustimmen, dass eine Gesellschaft, in welcher diese Frage – antwortlos – diskutiert wird, wahrscheinlich gerechter sein wird, jedenfalls einer Gesellschaft unbedingt vorzuziehen ist, in welcher diese Frage keine Rolle spielt.

Es ist daher auch nicht peinlich oder verquast, wenn der eine oder andere stur Fragen zu diskutieren nicht ablässt, die nicht, mindestens momentan nicht beantwortbar sind. Vielleicht bereitet man hier und dort ja gerade dadurch den Acker für eine viel später erfolgende Lösung, aber vielleicht ist auch das schlichte Reden über diese oder jene Frage unbeschadet ihrer aktuellen Unlösbarkeit bereits ein Gewinn und übt mindestens junge Geister in Standfestigkeit angesichts scheinbar oder tatsächlich unüberwindbarer Schwierigkeiten einer philosophischen Herausforderung.

12.9 Was Philosophie ist, was sie soll und was sie außerdem vermag

Was ist das also, dieses merkwürdige Projekt „Philosophie"? Sie ist für den Einzelnen, der sich ihr widmet, sicher ein oft genug geeignetes, manchmal freilich auch ein eher unbrauchbares, Mittel, Fragen zu klären, deren Ursprung zunächst vielfältig, hinsichtlich der daraus sich ergebenden Probleme aber meist in der Philosophie selbst zu finden ist. Sie kann auch Selbsterfahrung sein oder Mittel, ein Gefühl innerer Entwicklung, Veränderung, vielleicht Verbesserung, womöglich Bereicherung zu erleben, nicht anders als Gedichte oder Sinfonien auf den einen oder anderen wirken mögen.

Wenn angesichts der, vorsichtig gesagt, Schwierigkeit, auf philosophische Fragen überzeugende Antworten zu geben, Philosophen nach einer Antwort suchen, warum man sich mit diesem Fach beschäftigen, ihm womöglich einen Teil des eigenen Lebens widmen soll, so werden meist mehrere Gründe genannt. Man könne von der Philosophie zunächst mal lernen, die eigenen Begriffe zu schärfen und klarer und eindeutiger in ihrer Verwendung zu werden, ja insgesamt das eigene Denken zu optimieren. Vieles, was dem Interessierten vielleicht an Ideen kommen mag, sei zudem in der Vergangenheit bereits diskutiert und verworfen worden, sodass man manchmal, wenn auch nicht immer, von dem dort erreichten Erkenntnisfortschritt profitieren könne. Und schließlich führe die Philosophie auch besser als jede andere gedankliche Disziplin den Menschen in die Aporie, also in jenen Zustand, in dem alle hergebrachten Ideen sich als unbrauchbar oder widersprüchlich erwiesen haben, aber noch nichts den frei gewordenen Raum eingenommen hat. In dieser Tabula rasa sehen viele Autoren seit Sokrates' Tagen eine wesentliche Voraussetzung, um quasi mit frischen Kräften in das Abenteuer der Philosophie zu starten.

Aber diese Gründe beantworten nicht, was die Rolle der Philosophie im gesellschaftlichen Diskurs ist. Sie begründen nicht, dass Staat und Gesellschaft Mittel in eine universitär betriebene Philosophie investieren und dass Philosophen in wichtigen Fragen unserer Zeit gehört werden sollten.

Nun, aus dem Vorgesagten sollte halbwegs klar geworden sein, dass ich die Philosophie wie jede andere Wissenschaft als Dienstleisterin zur Beantwortung gesellschaftlich drängender Fragen sehe bzw., wo sie das nicht leisten kann, als Dienstleisterin, die in den offenen gesellschaftlichen Diskurs wichtige Beiträge zu entsenden vermag, welche anders nur sehr schwer, vielleicht gar nicht bereitgestellt werden könnten. Sie kann im Gegenzug den Diskurs auch hinsichtlich der Frage braten, welche Fragen sinnvollerweise an die Philosophie gestellt werden sollten. Das wiederum hat zwei Aspekte: Zum einen das Ausschließen diverser Fragen als nicht oder jedenfalls aktuell nicht von der Philosophie bearbeitbar oder beantwortbar, also eine abgrenzende Funktion. Viel interessanter aber ist der andere Aspekt, nämlich ob die Philosophie dem Diskurs auch bestimmte Fragen nahelegen kann und soll, welche der Philosophie gestellt werden sollten. Natürlich werden hier Philosophen Vorschläge machen, weil sie ohnehin Teilnehmer des Diskurses sind. Aber gibt es spezifische Vorschläge, welche aus der fachlichen Kompetenz resultieren und unter dieser Linie ins Fach gegeben werden sollten? Und wenn es diese gibt, ist es politisch oder soziologisch sinnvoll, dass die Philosophie bzw. dass Philosophen quasi mit fachlicher Autorität Einfluss auf die ihrem Fach in der Folgezeit gestellten Fragen nehmen? Oder schmeckt das zu sehr nach Autonomie, wenn wissenschaftliche Disziplinen vorwiegend das bearbeiten, was ihre Vertreter gerade für interessant halten, aber der interessierten – und geldgebenden – Öffentlichkeit haben einreden können, dass diese oder jene Fragestellung nun auch von zentraler Bedeutung für die Gesellschaft insgesamt sei?

Ohnehin heißt das nicht, dass alle Fragen, welche in der Philosophie diskutiert werden, auch nicht die Untermenge dieser, welche mit Recht – wer immer und nach welchen Kriterien auch immer das entscheidet – in dieser diskutiert werden, notwendig dem Kreis gesellschaftlich relevanter Fragen zuzurechnen sind. Die Philosophie gebiert ihre eigenen Fragen, die nur für sie selbst und noch nicht einmal notwendig in Hinblick auf jene anderen Fragen Bedeutung haben. Auch sind, wie gezeigt, nicht alle diese Fragen aktuell beantwortbar, noch ist für alle sicher, dass sie überhaupt beantwortbar sind, ja für einige ist das genaue Gegenteil ziemlich sicher. Doch sie stiften eine Diskurswelt, in der nicht mehr geschieden werden muss zwischen aktuellen und sonstigen Fragen, zwischen dem, was man jetzt oder wenigstens irgendwann beantworten kann, dem, davon man das nur hofft, und Fragen, wo dies zumindest als äußerst unwahrscheinlich bezeichnet werden muss.

In dieser Welt kann dann auch das entstehen, was man mit Rückgriff auf ein den meisten nur vom Titel her bekanntes Werk als Consolatio Philosophia, als Trost der Philosophie bezeichnen könnte. Im so bezeichneten Werk hat bekanntermaßen der zum Tode verurteilte Neoplatoniker Anicius Manlius Severinus Boethius sich selbst, vielleicht auch anderen vor Augen zu führen versucht, warum seine Gefangenschaft und sein naher Tod eigentlich kein Schrecknis sein sollten. Die Philosophie tritt hier als allegorische Gestalt auf, die zu einem Gefangenen kommt, um ihm aus seiner Angst und Verzweiflung zu helfen. Sie weist den Gefangenen daher zunächst daraufhin, dass er vielleicht Heimat und Besitz verloren habe, jedoch jedem Menschen das wichtigere, schönere Heim im Reich des Denkens zur Verfügung stehe, das ihm keiner nehmen, das er nur selbst verlassen könne. Wandelbar, zeitgebunden und nichtig seien die Gaben der Fortuna, zudem nie vollkommen, sondern immer mit dem Wunsch nach weiteren Gewinnen verbunden, zudem nichts, dass den Tod überdauern würde.[19]

Der weitere Verlauf des Buchs ist weniger interessant. Es ist jedoch festzuhalten, dass der Philosophie hier nicht nur eine analytische oder didaktische Rolle zukommt, sondern auch eine psychotherapeutische, oder, altmodischer gesprochen, sie soll nicht nur Antworten geben, sondern auch trösten.

Dieser Ansatz, den Boethius hier vertritt, gehört in eine ganze Reihe solcher Trostbücher, welche insbesondere in der römischen Kaiserzeit immer wieder verfasst wurden. Bekannt sind beispielsweise Ciceros verlorene Schrift „Consolatio ad se ipsum", in der er sich mit dem Tod seiner Tochter Tullia auseinandersetzte, welche bei der Geburt seines Enkels gestorben war, oder Senecas zwei Trostschriften, an seine Mut-

---

[19] Boethius: Consolatio, I.6, S. 17-19

ter Helvia bzw. an Polybius, die er in der Zeit seiner Verbannung auf Korsika verfasste. Insbesondere Senecas Schriften sind wegen ihres ambiguen Charakters interessant, weil deutlich wird, dass der Tröstende mindestens so sehr des Trosts bedarf wie der, dem der Trost eigentlich zugedacht ist.[20] Diese Grenzüberschreitung in der – im weitesten Sinne - therapeutischen Begegnung ist erst in den letzten Jahrzehnten wieder aufgegriffen worden, nämlich hinsichtlich der Frage, ob eigentlich der Psychotherapeut unverändert aus der Therapie herauszukommen bemüht sein sollte, deren Ziel die Änderung des Anderen, nämlich des Patienten ist.

Boethius transferiert die Rolle des Trösters vom literarischen Ich der Schrift wie bei Cicero oder Seneca auf die Philosophie, sodass der Trost ein von außen gestifteter ist. Hierin ist Boethius im Übergang von der Neoplatonik zur Scholastik bereits deutlich christlich geprägt. Sinnstiftung, Trost, Erlösung können allesamt nicht von innen her erlangt werden, sondern treten dem Menschen als ein Anderes gegenüber. Höchste Freude und das höchste Wesen können nicht unterschiedlich sein, sodass wahre Freude allein außerhalb des Menschen in der Hinwendung zu Gott gefunden werden kann.

Im Zuge der Aufklärung hat der Mensch das Recht auf Autonomie erlangt, also darauf, den Sinn seines Lebens selbst festzulegen, statt ihn von Religion oder Philosophie vorgeschrieben zu bekommen. Die Philosophie und – zum Bedauern vieler Gläubiger – in gewissem Maße auch die Religion haben sich, jedenfalls im abendländischen Kulturraum, darauf zurückgezogen, den Sinn nicht mehr zu oktroyieren, sondern allenfalls die individuelle Sinnstiftung zu unterstützen, wo dies gewollt und wo es möglich ist.

Ich meine, dass eine ähnliche Funktion der Philosophie heute in der Nachfolge von Boethius ebenfalls zugemessen werden kann. Zwar: Die Philosophie kann nicht nur Helferin sein bei der Beantwortung schwie-

---

[20] Seneca: Ad Helviam, S. 61; ders: Ad Polybium, S. 35

riger Fragen, nicht zuletzt der Frage nach dem Sinn des Lebens. Sie wird an vielen Stellen auch eingestehen müssen, auf diese Fragen so wenig plausible Antworten bereit zu haben wie jeder andere auch.

Aber: Diese Fragen sind für viele Menschen durchaus nicht nur amüsante Gedankenexperimente, sondern werden auch, ja vor allem in existenzieller Not gestellt. Dem einen ist ein geliebter Mensch gestorben, ein anderer empfindet sein Leben nur noch als tristes, sinnloses Einerlei von Beruf und Familie, wieder ein anderer sieht die Tagesschau und fragt sich entsetzt, wie das alles sein kann, das kann doch nicht richtig sein und wieso ist es trotzdem so. Diese alle stellen die Sinnfrage nicht aus blasierter Langeweile, sondern weil sie sich in biografischer Not befinden. Sie suchen nach Gott und stoßen nur auf Ratlosigkeit, auf Einfalt und Häkeldeckentheologie, schlimmstenfalls auf eine arrogante Priesterkaste, die nach nichts als nach Erhalt der eigenen Macht strebt.

Die Philosophie kann aber keinem der drei, auch keinem anderen, außer in seltenen, eher zufällig besonders gelungenen Momenten, aus dieser Not heraushelfen. Sie kann jedoch häufig etwas vermitteln, das Philosophen, auch andere Geisteswissenschaftler, haben in unersprießlichen Stunden lernen müssen, nämlich mit der Antwortlosigkeit, mit der eigenen Unfähigkeit, sich einer Antwort auf existenzielle Fragen wenigstens anzunähern, in irgendeiner Weise zurecht zu kommen. Hierfür eignen sich Philosophen besser als Naturwissenschaftler oder gar Ingenieure. Denn in den empirischen Wissenschaften wird eine wesentliche Orientierungslinie vermittelt: Schweig, bis du etwas sicher sagen kannst. Forsche, studiere, diskutiere. Aber tritt erst in den allgemeinen Diskurs hinein, wenn Wissen an die Stelle deines Nichtwissens getreten ist.

Diese Linie ist keine Besonderheit der Naturwissenschaften. Die industrielle Gesellschaft vermittelt fast allen, die in ihr arbeiten, eins: Was immer man zum Diskurs beitragen will, hat handfest zu sein, belastbar, empirisch erhärtet, überprüft. Das Diffuse, das Nebulöse, das Emotionale, alles, wo man ahnt, nicht weiß, träumt, nicht plant, vermutet, statt zu berechnen, überlässt man in dieser Welt den Spinnern, den

Dichtern, den Künstlern, zur Not Kindern und Narren. In den existenziellen Fragen ist aber viel mehr als vages Ahnen einer möglichen Antwort nicht zu haben. Selbst das eigene Scheitern an diesen Fragen lässt sich kaum genau spezifizieren, es entzieht sich aller Messbarkeit, allen Planungskriterien. Dennoch ist es ein essentielles Moment unserer Existenz. Wer versucht, darüber zu sprechen, dass er nicht herausfinden kann, was der Sinn des Lebens, oder bescheidener, was für ihn der Sinn des Lebens ist, oder noch bescheidener, was für ihn in diesem einen Moment, in diesem Lebensabschnitt, in seiner momentanen Situation der Sinn des Lebens ist, der wird von den Technokraten der Intellektualität gern dazu aufgefordert, doch einmal zu definieren, was man denn unter dem Sinn des Lebens zu verstehen habe, bevor man versucht, diesem Begriff eine Konkretisierung zu schaffen. Das ist eine den empirischen Wissenschaften entliehene Vorgehensweise, die sich dort durchaus bewährt hat. Wer fragt, wie schwer der Eiffelturm ist, muss zunächst definieren, was Gewicht ist und ob dies ein allgemeiner Wert ist oder er abhängt von Schwerkraft, Jahreszeit, Mondstand und dergleichen. Auch die Messgröße muss vorher festgelegt werden und diese auf ihre Allgemeingültigkeit geprüft sein. Welche Farbe blühender Enzian hat, kann ebenfalls erst bestimmen, wer vorher festgelegt hat, was Farben sind und dass diese Blume dort am Berghang das Referenzobjekt ist, über das wir sprechen.

Aber Eiffelturm und Enzian haben hier etwas gemeinsam. Farbe und Gewicht, Blume und Turm sind keine Ideen, die uns, wie Platon meinte, in einem transzendenten Reich vertraut werden, bevor wir ihre Konkretisierungen in der Realwelt erleben.[21] Stattdessen lernen wir anhand einiger Referenzobjekte, was Farben sind, was Gewicht ist, verallgemeinern das zu einer Begriffsdefinition und wenden diese dann auch auf den Eiffelturm oder den Enzian an. Aber es kann auch sein, dass der Enzian zu unseren frühesten Farberlebnissen gehört hat, ja dass er überhaupt die Idee der Farbe Blau in die Geistesgeschichte der Menschheit eingebracht hat. Dann ließe sich der Begriff der Farbe, erst

---

[21] Platon: Phaidon, 64-65

recht ihre Spezifikation als Blau gar nicht gewinnen, ohne den Enzian zu kennen. Ja vielleicht ist der allererste Urmensch, der plötzlich, wir nehmen an, der Himmel war stets wolkenverhangen, einem Enzian begegnete, in, Archimedes' Heureka nicht unähnlich, einen brachialen Schrei der Erkenntnis ausgebrochen, ausrufend, so blau, blau, blau blühe der Enzian.

Die Stiftung der Begriffe durch die empirischen Eindrücke der in der Welt aufgefundenen Dinge ist aber nur ein Teil der Begriffsbildung in den empirischen Wissenschaften. Die Begriffe müssen hinsichtlich ihrer Definition auch immer wieder überprüft und optimiert werden, wenn entsprechende neue Erkenntnisse vorliegen. Gehört zur Definition des Schafs für den schon genannten Urmenschen auch die Farbe Weiß, so wird er bei ausreichender naturwissenschaftlicher Grundbegabung diesen Begriff um eine Optionalität Schwarz oder Weiß adjustieren, sobald ihm das erste schwarze Schaf begegnet. Und spätestens das erste Schaf, gemalt an die Wand einer Höhle, wird ihn vor die Frage stellen, ob es sich dabei um ein Schaf handelt oder um das Bild eines Schafs, und welche Kriterien geeignet sind, das eine vom anderen zu unterscheiden. Er wird dann darauf kommen, dass das, was er als „Schaf" bezeichnet, durch nichts anderes bestimmt ist als eine Agglomeration von Eigenschaften, die mehrheitlich vorliegen müssen, um von einem Schaf zu sprechen. Einige sind unabdingbar, etwa Dreidimensionalität oder zu den Säugetieren zu gehören, andere können, aber müssen nicht zwingend vorhanden sein, wie genau einen Kopf zu haben, ein Wollfell oder in Herden zu leben.

Wenn die Definition der Begriffe über die Aufstellung ihrer notwendigen und optionalen Eigenschaften erfolgt, welche teils in jedem Fall, teils wenigstens mehrheitlich gegeben sein müssen, um den jeweiligen Begriff anwenden zu können, dann ist die Frage, was der Sinn des Lebens als solcher sei oder was genau man fordere, wenn man nach diesem suche, im Grunde sinnlos, solange man nicht eine Fülle von Beispielen angeben kann, welche durch intensives Studium es erlauben, grundsätzlich die gemeinsamen notwendigen und optionalen Eigenschaften einer solchen Begriffsbildung zu benennen. Nach dem nur zu einem kleinen Teil die Jahrtausende durchziehenden Studium etlicher Tierarten ist irgendwann, wahrscheinlich Carl von Linné, auf die Idee gekommen, hier ein wesentliches Merkmale verschiedener Arten zu identifizieren und diese Tierarten aufgrund dieses gemeinsamen Merkmals als Säugetiere zu bezeichnen. Wohlgemerkt, mehr als zweihundert Jahre vor der Entwicklung einer DNA-Kartografierung, basierend einzig auf phänomenologischen Studien. Erst in der zehnten Auflage seines grundlegenden Werks, nämlich 1758, ersetzte Linné die bis dahin verwendete Klasse der Vierfüßigen Tiere, der „Quadruper", durch die Klasse der „Mammalia", also der Säugetiere, und dies auch nur infolge heftiger Kritik diverser Zeitgenossen aufgrund der ursprünglichen Begriffsbildung.[22] Aber als dann 1901 das Okapi erstmals Eingang in die zoologische Forschung fand, war der Begriff des Säugetiers hinreichend definiert, um ihn dann auch für dieses merkwürdige Tier aus den Tiefen des afrikanischen Regenwalds zu verwenden.

Eine Linnè'sche Begriffsfestlegung liegt aber für den Sinn des Lebens nicht vor. Wer fragt, was der Sinn des Lebens für ihn sei, umreißt anbei auch ein Stück des Kontinents insgesamt. Wie jemand, der in fremdem Land eine Kolonie gründet und ihre Küste auf einer Karte einträgt, auch zugleich den unbekannten Kontinent insgesamt, wenn auch nur in einem kleinen Teil, genauer festlegt, als das bisher der Fall war. Daher ist es kaum möglich, über die essentiellen Fragen unserer Existenz genau, präzise, belastbar und scharf umrissen zu sprechen. Vielmehr ist es unausweichlich ein Tasten, Suchen, Stammeln, Stottern und Stolpern, mit dem hinein wir uns in dieses nebelverhangene, angsteinflößende und vielleicht, aber nur vielleicht noch von keinem vor uns betretene Terrain aufmachen müssen.

Über dies zu sprechen und mit der Angst, mit der Hilflosigkeit, auch mit der fast unvermeidlichen Fehlerhaftigkeit unseres Wanderns umgehen zu lernen, kann die Philosophie Hilfen anbieten. Sie hat sich als Disziplin und der Philosoph in seiner Biografie fast unausgesetzt und damit

---

[22] Linné: Structura, S. 12-77, grundlegend S. 11

deutlich häufiger als andere Disziplinen oder andere Menschen in dieser Hilflosigkeit befunden, befindet sich immer wieder dort und musste und muss folglich Techniken und Einstellungen entwickeln und immer wieder neu erfinden und einüben, um hiermit halbwegs zu Rande zu kommen. Weil sonst das Fach als solches scheitern, der in ihm Arbeitende aber den Verstand verlieren, zur Flasche greifen oder doch noch einen anderen Beruf wählen würde.

Es kann aber dem Einzelnen schon viel helfen, über die eigene Antwortlosigkeit zu sprechen, über das eigene unausgesetzte Scheitern an jenem Verstehensprojekt, auch über die Angst, nie eine Antwort zu finden, vielleicht auch über die Angst, die Antwort irgendwann dann doch zu bekommen, aber sie dann nicht selbst gefunden zu haben oder womöglich mit ihr nicht leben zu können. Denn der Sinn des Lebens etwa ist ein hübsches Beispiel, dass die Antwort, die man vielleicht findet, uns durchaus nicht recht sein muss. Die Bibel etwa erzählt von Jona, dem nun in der Tat keinerlei Zweifel kommen konnten am Sinn seines Lebens, standen ihm doch, jedenfalls laut Bibel, Gott und Gottes Wille als unzweifelhafte Gewissheit vor Augen. Doch statt nach Ninive zu gehen, wie Gott ihm befohlen hatte, floh Jona Richtung Tarschisch. Nicht aus Angst, sondern weil er fürchtete, die Bewohner von Ninive würden von ihrem verruchten Tun ablassen, so er ihnen Gottes Wort predigte, und daraufhin würde Gott in seiner Barmherzigkeit die schon angedrohte Vernichtung der Stadt nicht durchführen.

Wenn also jemand, der den Sinn des Lebens gefunden hat, deswegen nicht notwendig glücklich wird, vielleicht macht es uns dann etwas weniger betrübt, dass uns diese Einsicht bisher nicht zuteil geworden ist, ja die Wahrscheinlichkeit recht klein sein dürfte, hier überhaupt zu Lebzeiten fündig zu werden.

Ähnliches gilt für viele traditionelle Fragen der Philosophie, die in bestimmten Lebensabschnitten für den einen oder anderen, er neige nun der Philosophie zu oder nicht, von essentieller Bedeutung sein können. Was ist gerecht, soll ich danach streben, gerecht zu sein? Warum ist das Böse in der Welt, und was ist das eigentlich, das ich so spontan als das Böse bezeichne? Können die Bösen dafür, dass sie böse sind, und darf ich Böses tun, um Böses zu verhindern? Darf ich töten, um einen Mord zu verhindern, wenn es keine andere Möglichkeit gibt? Darf eine Frau eine Schwangerschaft abbrechen lassen? Darf ein Arzt ihr dabei helfen? Muss ihr Mann oder Lebensgefährte hierzu schweigen, oder darf er eine Ansicht dazu haben, und wenn ja, darf er sie äußern, und wenn ja, mit welchem Nachdruck, welcher Beharrlichkeit? Hat er also eigene Rechte in dieser Entscheidung, oder ist dies allein Sache der Frau? Hat der Embryo eigene Rechte, und wenn ja, wieviel wiegen diese gegenüber den Rechten der Frau?

Solche und ähnliche Fragen lassen sich in großer Fülle leicht finden. Auf einige hat die Philosophie heute bessere Antworten als in der Vergangenheit, auf andere nicht, und auf einige gibt es vielleicht keine hilfreichen Antworten. Aber in all diesem Suchen und Zweifeln und Straucheln kennt die Philosophie Techniken und Erfahrungen, die uns helfen, ein wenig gelassener zu bleiben. Als eine Form praktischer, jedoch nicht belehrender Philosophie, und zugleich als Mittel, den einen oder anderen dann auch an die Ergebnisse und Methoden der Philosophie heranzuführen, die immerhin helfen können, dass man in nach wie vor völlig offenen Fragestellungen wenigstens nicht immer wieder bei Null anfangen muss. Dafür ist das Leben nun mal einfach zu kurz.

12.10 Zitierte Publikationen

Austen, John Langshaw: How to Do Things with Words: The William James Lectures delivered at Harvard University in 1955, 2., verb. Aufl. Boston (Harvard UP) 1975

Boethius, Anicius Manlius Severinus: Consolatio Philosophiae, Wien (Akademie der Wissenschaften) 1934

Cicero, Marcus Tullius: Tusculanarum Disputationes, Liber Primus, et Somnium Scipionis, Boston (Ginn) 1903

Descartes, René: Meditationes de prima philosophia, Hamburg (Meiner) 1977

Dilthey, Wilhelm: Einleitung in die Geisteswissenschaften, Bd. 1, Leipzig (Duncker & Humblot) 1883

Hume, David: A Treatise of Human Nature, Oxford (Clarendon) 1896

Jaspers, Karl: Einführung in die Philosophie, München (Piper) 1989

Kant, Immanuel: Kritik der praktischen Vernunft, Hamburg (Felix Meiner) 2003
Kant, Immanuel: Kritik der reinen Vernunft, Hamburg (Meiner) 2003
Kant, Immanuel: Logik: ein Handbuch zu Vorlesungen, Königsberg (Nicolovius) 1800
Kuhn, Thomas S.: The Structure of Scientific Revolutions, 2. erw. Ausg., Chicago (Univ. of Chicago Press) 1970
Linné, Carl von: Systema Naturae per regna triae naturae, Bd. 1, Stockholm (Lars Salvi) 1758
Marquis, Don: Why Abortion is Immoral, in: Journal of Philosophy, Nr. 86/1989, S. 183-202
Montaigne, Michel de: Les Essais de Michel de Montaigne, Bd. 1, Bordeaux (Pech) 1906
Nagel, Thomas: What Is It Like to Be a Bat?, in: Philosophical Review 83/1974, S. 435–450
Platon: Phaidon, http://www.perseus.tufts.edu/hopper/text?doc=Perseus%3atext%3a1999.01.0169%3atext%3dPhaedo
Platon: Politeia, http://www.perseus.tufts.edu/hopper/text?doc= Perseus%3Atext%3A1999.01.0167%3Abook%3D1%3Asection%3D327a
Platon: Theaitetos, http://www.perseus.tufts.edu/hopper/text?doc=Perseus%3atext%3a1999.01.0171%3atext%3dTheaet
Putnam: Hilary: What Theories are not, in: ders.: Mathematics, Matter, and Method, Cambridge (Cambridge UP) 1975, S. 215-227
Searle, John Rogers: Speech Acts: An Essay in the Philosophy of Language, London (Cambridge UP) 1969
Seneca, Lucius Anaeus: Ad Helviam matrem de consolatione, in: ders.: L. Annnaei Senecae Dialogorum Libri X, XI, XII, Cambridge (Cambridge UP) 1915, S. 60-92
Seneca, Lucius Anaeus: Ad Polybium de consolatione, in: ders.: L. Annnaei Senecae Dialogorum Libri X, XI, XII, Cambridge (Cambridge UP) 1915, S. 32-59
Singer, Peter: Practical Ethics, 2. Aufl., Cambridge (Cambridge UP) 1993
Taureck, Bernhard H. F.: Philosophieren: Sterben lernen? Versuch einer ikonologischen Modernisierung unserer Kommunikation über Tod und Sterben, Frankfurt/M. (Suhrkamp) 2004
Thomson, Judith Jarvis: A Defense of Abortion, in: Philosophy and Public Affairs, Nr. 1.1/1971, S. 47-66
Tooley, Michael: Abortion and Infanticide, in: Philosophy and Public Affairs, Nr. 2.1/1972, S. 37-65
Wittgenstein, Ludwig: Philosophische Untersuchungen, in: ders.: Werkausgabe, B. 1, Frankfurt/Main (Suhrkamp) 1984, S. 225-580.

Arlt Neeskens: Statt eines Schlussworts: Der Aufbruch ins Sein

Der Mensch ist ein merkwürdiges Wesen in einer merkwürdigen Welt, das ist mir zwar nicht erst nach Lektüre der verschiedenen Beiträge zu diesem Band klar geworden, hat sich mir aber anbei noch einmal nachdrücklich vor Augen gestellt. Um mal den Bremer Lyriker und Bildhauer Knut Stang zu zitieren: „Es ist die Welt ein rätselhafter Ort, durch den ich wandle wie im Traume..."

Mit Abschluss der in diesem Band versammelten Beiträge habe ich einen kurzen Blick in die Tageszeitung geworfen. Man gewinnt den Eindruck, dass der Irrsinn mehr denn je Fuß gefasst hat in der Welt. In Syrien, im Irak, in Afghanistan, in Nordafrika, im Sudan gewinnen radikalislamische Formationen weiter an Boden, und der Westen, der an der Entstehung dieser Gruppierungen, vorsichtig gesagt, nicht ganz unschuldig war, ist stark bemüht, die dilettantische Außen- und Sicherheitspolitik der letzten Jahre um ein weiteres schönes Beispiel zu ergänzen. Faschismus und Neofaschismus erheben überall in Europa wieder ihr hässliches Haupt, und Menschen, die selbst nicht mehr unterscheiden können zwischen wirtschaftspolitischer Besorgnis, Xenophobie, Stimmungsmache, allgemeiner Zukunftsangst etc. marschieren einträchtig neben stiernackigen Schlägern, bei deren Anblick sie noch vor Jahresfrist die Straßenseite gewechselt hätten. In Westafrika wird mit Ebola eine Jahrhundertseuche zum Teil des Straßenbilds, aber nach der ersten Welle und dem zugehörigen Medienrummel verschwindet das wieder in den Fachjournalen. Weltweit sterben nach und nach große Teile der heimischen Bienenvölker aus, aber die diversen Landwirtschaftsministerien weltweit winden sich wie die Aale, wenn es darum geht, die hierfür wahrscheinlich wenigstens zu einem erheblichen Teil verantwortlichen Neonicotinoide zu verbieten. Die Five Eyes, also die USA, Canada, Großbritannien, Australien und Neuseeland bohren die Privatsphäre von einfachen Bürgern genau wie Politikern und Staatsoberhäuptern an, als gebe es in ihrer Landessprache das Wort

„Datenschutz" nicht, aber der für die Aufdeckung dieser Praktiken zu rühmende Whistleblower Edward Snowdon muss seine Zuflucht bei einem, sagen wir mal vorsichtig, ambiguen Charakter wie Vladimir Putin suchen, der auch schon dem Steuerflüchtling Gerard Depardieu freundlichst Asyl gewährt hat. Im VW-Skandal wird der weltgrößte Autobauer, der das nun wirklich nicht nötig gehabt hätte, einer geradezu grotesk dämlichen Betrügerei enttarnt, und auf einmal scheint es so, als könnten ein paar Provinzrichter in den USA einen Weltkonzern nicht nur zu Fall bringen, sondern eine ganze Volkswirtschaft vernichten. Egal, ob es dazu kommt, die bloße Tatsache, dass wir über sowas ernsthaft nachdenken, zeigt, wie grotesk die Welt um uns her geworden ist.

Klar geworden ist mir das eigentlich, als die Welt 2005 nach Katrina bereit war, quasi eine ganze Millionenstadt nonchalant dem Meer zu übergeben. Aber wirklich vor Augen steht mir das, seit ich mit meiner Frau Ende 2011 nach ein paar Wochen Urlaub in einer Welt ohne Internet und Nachrichten wieder nach Deutschland kam und in einer Tageszeitung im Flughafen-Café einen Bericht über die zu diesem Zeitpunkt schon seit Wochen laufende Ermittlung gegen den NSU las. Wissen Sie, ich dachte wirklich, ich hielte die Aprilausgabe in Händen. Vielleicht wäre ich auch Opfer eines dieser Streiche mit versteckter Kamera, ich erwartete schon, Frank Elstner oder einen entsprechenden Moderator grinsend hinter einem Vorhang hervorspringen zu sehen. Aber nichts dergleichen. Ich las und las noch einmal, und ich konnte es einfach nicht glauben. Dass da eine dreiköpfige Mörderbande dreizehn Jahre lang sengend und brennend, plündernd und mordend durch die Republik zieht, und keinem fällt es auf, das, dachte ich mir, das kann nicht sein. Das kann nicht sein!

Ich habe dann einsehen müssen, auch das war so. Und da wusste ich, dass es zwischen mir und dem Universum eine, sagen wir mal, unzureichende Verknüpfung gibt. Eine Welt, in der so etwas möglich ist, kann keinesfalls ganz genau die Welt sein, in die ich hineinpasse. Oder ist nicht die Welt, in die ich ganz und gar hineinpassen will.

Arlt Neeskens: Statt eines Schlussworts: Der Aufbruch ins Sein

Sie kennen natürlich den alten Satz Adornos: „Es gibt kein richtiges Leben im falschen."[1] Lassen wir mal die Frage undiskutiert, ob man die Begriffe „richtig" und „falsch" auf das Leben oder die Welt überhaupt sinnvoll anwenden kann, wir verstehen sicher alle, was Adorno gemeint hat, auch jenseits der Tatsache, dass es ihm eigentlich nur um Wohnungen und die Unmöglichkeit ging, in der heutigen Zeit noch Wohnungen zu schaffen, die mehr sind als bloße Aufbewahrungsorte unseres von sich selbst entfremdeten Ichs.

Aber mir scheint, dass auch in einem weiteren Sinne dieser beiden Begriffe ihre Anwendbarkeit auf das Leben und die Welt nicht automatisch möglich ist. Die zunehmend groteske Welt ist längst in einen Zustand eingetreten, vielleicht wieder eingetreten, in dem sie auch in Adornos Verwendung nicht mehr als „falsch" bezeichnet werden kann. Das Leben ist in einem Zustand eingetreten, wo Entsprechendes gilt. Die Welt, dieses Leben, sie sind nicht mehr der Anderort, die Anderzeit, auf die hin ich mein Dort und mein Dann zu bestimmen vermag. Wenn meine Welt die Antithese zur Welt des Faschismus hätte sein können oder vielleicht überhaupt mit Bezug auf Kant und Rousseau die Welt der Aufklärung als Gegenentwurf zur Welt des entmündigten Menschen, so weiß ich heute nicht mehr, was meine Welt als Gegenentwurf zu dieser Welt sein kann. Denn da dies nicht meine Welt ist, nicht meine Zeit und nicht mein Hier und Jetzt, müsste ich ihr doch einen Gegenentwurf ausleiten können. Doch dem verweigert die Welt sich inzwischen, wie sich Leben und wie sich auch der Fortschritt wissenschaftlicher Erkenntnis dafür nicht hergeben mögen.

Damit, und diese Einsicht verdanke ich nicht zuletzt dem Beiträgen in diesem Band, besonders den Worten von Albert Svargt, von Bernd Schierbrook und von Haldert Gudmunsson, damit, sage ich, verfangen die gängigen Strategien einer antithetisch vorgehenden Seinsstiftung nicht mehr. Was ich sein will, ist nicht das Gegenteil von dem, was ich bin, was andere sind, was vielleicht mein Vater ist oder war. Die Welt,

---

[1] Adorno: Minima Moralia, S. 42

in der ich leben will, ist nicht Gegenentwurf zur jetzigen Welt, so wie Dunkelblau nicht Gegenentwurf sein kann zu salzig. In einer Welt, die vom Zustand der Widrigkeit in den des Grotesken eingetreten ist, ist nicht Gegenentwurf, sondern das fortgesetzte Neuent- und Verwerfen die meines Erachtens sinnvollste Antwort.

Allesamt zurückgeworfen auf eine Zielbestimmung nicht hingewendet auf das Hier und Jetzt, dort steht mein Denken heute. Unser Denken. Dies unentwirrbare Ich-Wir-Ihr-Denken, das mit einem unglücklichen Ausdruck „Diskurs" genannt wird. Hieraus entwindet sich unsere Fähigkeit, über Hier und Jetzt und alle Determinanten hinauszudenken. Den Determinanten zu verweigern, immer und überall determinant zu sein, oder jedenfalls nicht zu glauben, dass sie es sind, eh man es nicht mehrfach ausprobiert hat. Dies vielleicht ist mehr als alles andere die trotzige Hinwendung zum und in das Leben hinein, unter der mehr als unter jedem anderen Leitstern dieses Buch steht. Das Leben ist dann keine Reise, dazu hat ja auch Bernd Schierbrook in diesem Band einiges Richtiges gesagt. Sondern es ist ein fortgesetzter Aufbruch in ein Anders, in dem sich mein So versteckt, ich werde es nie finden, aber vielleicht spielt das gar keine Rolle. Denn das unmittelbar Richtige zu erkennen, ist so schwer nicht. Natürlich kann man argumentieren, dass in diesem Aufbruch das Wohin bei genauerer Betrachtung sich nicht nur einer Entdeckung entzieht, sondern wir bemerken, wie wenig richtig alle bisher eingeschlagenen Richtungen, auch unsere eigenen, gewesen sind. Aber seien wir mal ehrlich, es ist doch nicht der Zweifel an der Richtigkeit unserer Ideen, der uns veranlasst, den Gedanken Taten folgen zu lassen. Eher sind es Angst, Trägheit, Erschöpfung. Aber auch dies sind die angeblich unüberwindlichen Determinanten unseres Handelns, bzw. unseres Nichthandelns, und folglich muss man sich auch ihnen, auch ihrer Unbedingtheit, auch ihrer Unhinterfragtheit verweigern. Das ist die Idee des Trotz: Nicht das Unmögliche anstreben, aber jeder rasch erteilten Unmöglichkeitsbehauptung mit fragendem Stirnrunzeln tu begegnen, ein zweitesmal hinzusehen, jedenfalls erstmal nicht zu glauben, auch uns selbst nicht, wenn mahnende Stimmen sich erheben und uns von der Undurchführbarkeit dieser oder jener Idee überzeugen wollen.

Stanisław Lem hat mal in einer Novelle eine Welt durch Psychopharmaka erzeugter Lügen geschildert. Nahm man ein Gegenmittel gegen die Droge, fiel eine Schicht der Wirklichkeit ab, darunter war eine andere. Aber auch diese war nur Illusion, das zeigte das nächste Mittel.[2]

Ich hatte schon als Junge die Befürchtung, dies sei gar keine Satire, auch keine Science Fiction, sondern es handele sich zum einen um die Wirklichkeit, aber zum anderen, und das fand ich viel faszinierender, wenn man einmal die letzte Entgiftung überstanden haben würde, würde da überhaupt noch etwas sein? Was findet, wer Schicht um Schicht die Illusionen abgeschält hat, die uns von der Welt trennen? Vielleicht ist da nicht mehr, so wie von der Zwiebel nichts mehr bleibt, wenn man Schicht um Schicht die Häute abzieht.

Das Aufbegehren des Menschen gegen seine selbstverschuldete Entmündigung durch die angeblichen Grenzen des Machbaren erfordert den Glauben, dass jenseits dieser Grenzen eine ganze Welt auf uns wartet. Diese Welt ist nicht nur nicht statisch, sie ist auch fugativ in dem Sinne, dass sie zu finden und zu verstehen nicht mehr sein kann als zu akzeptieren, dass sie uns wieder einmal entkommen ist. Daher kommen wir nicht aus dem Ich heraus, wenn wir in das Ich hinein aufbrechen, das im Dort der Welt als Antwort auf die Welt in uns steht. Das Tier in uns, das, hier folge ich Bernd Schierbrook, durch seinen Tag wandert zu Grasland und Tränke, nicht ahnend, nicht vermutend, dass es ein Anderes geben könnte, geht doch weiter und findet seinen Weg. Die um jeden von uns täglich länger werdenden Schatten sind am Ende eben nichts als nur dies: Schatten.

In der grotesken Welt ist das Weitergehen die unmittelbare Antwort auf das verwirrte Verharren. Der Trotz, nicht mehr, nicht weniger, ist es,

---

[2] Lem: Kongress, S. 108-134

der uns diese Pfade gehen lässt, wenn es scheinbar keinen Ort gibt, dahin sie führen, ja eigentlich nicht einmal einen Pfad. Aber wie das Tier nicht nach der Wasserstelle fragt, dahin es wandert, so wissen wir doch, nicht immer, aber oft, wohin wir gehen würden, wenn wir nur uns aufraffen könnten zu gehen. Und da man dies nicht nach sinnvoll oder sinnlos entscheiden kann, folgen wir dem Trotz, der uns hilft dahin zu gehen, wo das Richtige ist, statt in uns zu versumpfen oder allenfalls dahin zu wanken, wo es bequem und annehmlich zu sein verspricht. Denn meist wissen wir ziemlich genau, was das Richtige ist, ziemlich oft, sogar in ziemlich schwierigen Fällen. Ich weiß nicht, wer ich bin, ich weiß noch nicht mal, ob es ein Ich in der von mir gedachten Weise überhaupt gibt. Aber wenn im Mittelmeer Hunderte Menschen ertrinken, wird das belanglos, weil richtig und falsch sich jenseits der Zweifel zuordnen lassen.

Die Stiftung der Welt aus Trotz ist eine Verweigerung der Omnipräsenz jener eingangs angesprochenen Welt des Grotesken. Der Held dieser Philosophie ist Don Quichotte, oder eher noch Elwood P. Dowd, der Protagonist aus „Harvey".[3] Mehr noch als Don Quichotte beschließt Dowd, zugunsten des Richtigen auf das – scheinbar – Vernünftige nicht allzu großes Augenmerk zu legen. Und siehe da, mindestens in Theater und Film erweist sich auf den ersten Blick Unvernünftige als das eigentlich Richtige. In der ersten Filmversion gibt es da ein hübsches, oft übersehenes Detail, als Dowd, gespielt von James Steward, eine Ausgabe von Jane Austens „Sense and Sensibility" in die Hand nimmt und amüsiert feststellt, dass das Buch bei Random House erschienen ist, also, wenn Sie so wollen, die Vernunft ausgerechnet im Haus des Zufalls Heimat gefunden hat.

Sie werden die vollendete Synthese aus Don Quichotte und Elwood Dowd finden in „The Man of La Mancha", jenem merkwürdigen Hybriden aus einem gänzlich ahistorischen Cervantes und einem nur noch vage an das Buch angelehnten Don Quichotte. Es ist Cervantes, der im

---

[3] Chase: Harvey, S. 107

Kerker der Inquisition jene inzwischen recht bekannten Sätze spricht, die auch als Credo auf dem Vorsatzblatt dieses Bands hätten stehen können:

„*When life itself seems lunatic, who knows where madness lies? Perhaps to be too practical is madness. To surrender dreams — this may be madness. To seek treasure where there is only trash. Too much sanity may be madness — and maddest of all: to see life as it is, and not as it should be!*"[4]

12.11 Zitierte Publikationen
Adorno, Theodor Wiesengrund: Minima Moralia: Reflexionen aus dem beschädigten Leben, Frankfurt/M. (Suhrkamp) 1988
Chase, Mary: Harvey, London, New York (Josef Weinberger) 1990
Lem, Stanisław: Der futurologische Kongreß, Frankfurt/M. (Suhrkamp) 1974
Wasserman, Dale: The Man of La Mancha, New York (Random House) 1966

---

[4] Wasserman: Man, S. 61